厚德博學
經濟匡時

匯时 工商管理系列

|第2版|

商法

胡志民　环建芬　鲍晓晔　编著

上海财经大学出版社

图书在版编目(CIP)数据

商法/胡志民,环建芬,鲍晓晔编著.—2版.—上海:上海财经大学出版社,2019.6
(匡时·工商管理系列)
ISBN 978-7-5642-3248-1/F·3248

Ⅰ.①商… Ⅱ.①胡…②环…③鲍… Ⅲ.①商法-中国-高等学校-教材
Ⅳ.①D923.99

中国版本图书馆CIP数据核字(2019)第067436号

责任编辑:胡 芸
封面设计:张克瑶
版式设计:朱静怡

商 法(第二版)

著 作 者:胡志民 环建芬 鲍晓晔 编著
出版发行:上海财经大学出版社有限公司
地　　址:上海市中山北一路369号(邮编200083)
网　　址:http://www.sufep.com
经　　销:全国新华书店
印刷装订:上海华业装璜印刷厂
开　　本:787mm×1092mm 1/16
印　　张:29
字　　数:567千字
版　　次:2019年6月第2版
印　　次:2019年6月第1次印刷
定　　价:58.00元

前 言

商法是商品经济发展到一定阶段的产物，并随着商事主体和商事行为的日益多样复杂而丰富起来。在我国，20世纪70年代末之后，伴随着改革开放的推进和社会主义市场经济体制的建立，商法开始建立并逐渐完善，成为中国特色社会主义法律体系中的重要法律部门，商法学也随之建立并发展起来。与此同时，商法课程被列入法学、财经、金融等专业的重要课程，从事法律、经济贸易、企业管理工作的人员也将商法纳入学习的范围。

为了满足人们学习商法的需要，我们着手编写了《商法》一书。《商法》第一版自出版以来，公司、证券、期货、保险等法律法规均有不同程度的修改，有关司法解释相继出台，新的研究成果大量涌现，书中的部分内容已经过时。对此，我们对本书作了全面修订，对相关内容作了增删或者调整，由此形成《商法》第二版。

在编写过程中，我们力求做到科学性、实用性和通俗性相结合，力求反映商法学的最新成果，力求介绍商事法律法规的最新内容，使读者能够全面、系统、准确地了解商法的基本原理和基本制度。由于作者认识水平、掌握材料和写作篇幅的限制，此次改版难免存在不足和疏漏，恳请专家和读者批评指正。

本书第二版由胡志民、环建芬、鲍晓晔合作撰写。具体撰写部分如下（按章节先后为序）：胡志民（第一章、第二章、第三章、第五章、第八章、第九章），鲍晓晔（第四章、第六章、第七章），环建芬（第十章、第十一章）。

本书第二版的出版，得到了上海财经大学出版社领导的大力支持，责任编辑为此付出了辛勤劳动，在此表示诚挚的谢意。

作 者

2019年1月

目　录

第一章　商法总论

商品经济的运行催生商法，商法的实施又推动商品经济的发展。在我国，伴随着以市场为取向的经济体制改革的深入，商事法律制度开始建立并逐渐完善，商法作为一个独立的法律部门应运而生，商法学也随之建立和发展起来。商法的内容非常广泛，包括总论和分论两大部分。本章围绕商法总论的框架，主要介绍商法的一般问题以及商事主体、商事行为、商事登记、商号、商事账簿等内容。

第一节　商法概述

一、商法的概念和特征

（一）商的含义

要把握商法的概念，首先应当理解商的内涵。商，又称商事，在认识的不同层面和社会发展的不同阶段有不同的含义。在经济生活中，人们最初是在相互交换和互通有无这一意义上使用这一概念的。当时，交易的标的仅是简单的生活必需品，交易的标准只是一般的价值标准，交易的目的不是为了营利，而是满足简单生活需要以维持生存。随着商品贸易的发展、交易规模的扩大以及货币的出现，形成了一个以专门从事交易活动并从中获取利益的阶层。这时，“商”成为一种以营利为目的的活动。“商”一词的内涵丰富了，它不仅指称非营利的交换活动，而且指称以营利为目的的交易活动，有时也特指从事这一行为的商人，如布商、盐商等。随着近现代商事交易规模的扩大、商人阶层的出现，特别是商法典和商事专门法规的颁行，商从原先约定俗成的概念嬗变为一个法定概念，特指营利活动。

在现代社会，人们在不同层次上使用商这个词，商的概念在社会学、经济学、法学等学科上有不同的含义。在社会学意义上，商多指中介于农业、工业之间以及从事农工业等生产者与消费者之间的一种社会分工、社会职业和经济部门。在经济学意义上，商被理解为沟通生产与消费的中间环节，是产品进入市场的流通行为，是产品由生产者手中流转到消费者手中的渠道、中介，是生产方式的一种。可见，经济学上所说的商，仅是狭义的解释；法学意义上的商，是广义的解释，是指一切以营利为目的的营业活动。这种活动不局限于流通领域，而且涉及生产领域。应当看到，作为法律概念，商的内涵和外延随着历史的发展而不断丰富。例如，商的标的从动产和有形财产发展到不动产、无形财产，商的行为从买卖发展出代理、票据、运输、保险、海商、信托、证券交易、融资租赁、知识产权贸易等，商的主体从自然人发展出法人和非法人组织等。

(二)商法的概念

商法是指调整商事主体在商事行为中所形成的社会关系即商事关系的法律规范的总称，可见，商法是以商事关系为其调整对象。对于商法的调整对象，我们可从以下三方面来理解：首先，商事关系是平等商事主体之间所形成的经济关系；其次，商事关系是商事主体基于营利目的而形成的经济关系；最后，商事关系是商事主体在持续营业中所形成的经济关系。

商法可以分为形式意义上的商法和实质意义上的商法。形式意义上的商法是指奉行民商分立立法原则的国家在民法典之外制定的以“商法”命名的法典。在大陆法系国家中，德国、法国、奥地利、比利时、卢森堡、希腊、西班牙、葡萄牙、埃及、日本、韩国、巴西、智利等国均制定了商法典。实质意义上的商法是指一切调整商事关系的法律规范的总称。商法规范不仅仅存在于商法典之中，而且还大量地存在于民法、行政法以及其他法律、法规和判例之中。可以看到，一个国家无论属于大陆法系还是英美法系，无论奉行民商分立还是民商合一，都存在着实质意义上的商法。

目前，我国奉行民商合一的立法原则，即不在民法之外另行制定商法典，也就没有形式意义上的商法，但是存在实质意义上的商法，即采取在民法之外进行商事单行立法的方式。至今，我国已经制定了《公司法》《合伙企业法》《个人独资企业法》《中外合资经营企业法》《中外合作经营企业法》《外资企业法》《商业银行法》《企业破产法》《票据法》《证券法》《保险法》《信托法》《海商法》[①]等商事法律、法规。

(三)商法的特征

1. 商法的营利性

商事主体从事商事活动的目的就在于获取经济利益，因而营利性成为商事活动和商事关系的本质。作为调整商事关系的商法，其各项具体制度、规则必然是为适应和

① 为行文方便，本书提及的我国法律、法规，如《中华人民共和国公司法》《中华人民共和国合伙企业法》，均使用简称，即省略“中华人民共和国”字样。

维护商事活动的营利性而设立，从而使商法带有营利性。无论是商事主体、商事登记、商事账簿、商事名称的法律制度，还是买卖、代理、仓储、票据、证券、保险、海商等方面的法律规定，无不具有营利性的特征。正如中国台湾地区学者张国键所言："盖商事法所规定者，乃在于维护个人或团体之营利；民法所规定者，则偏重于保护一般社会公众之利益。"①

2. 商法的技术性

商法是规范商品经济运行的法律，是一个实践性极强的法律部门，它对各类商事主体和商事行为都作了许多具体、翔实并带有技术性的规定。例如，票据法中关于出票、背书、承兑、保证等票据行为、票据抗辩、票据的付款和追索权行使等规定，保险法中关于保险费用、保险金额、保险标的、损害赔偿的估定等规定，公司法中关于公司机关、公司股份、公司债券、公司财务会计等规定，海商法中关于船舶碰撞、海难救助、共同海损等规定，都具有很强的技术性。

3. 商法的兼容性

在大陆法系国家，法律被分为公法和私法。商法的主旨在于调节和保护商事主体的财产利益，强调商事主体的意思自治和商事主体之间的权利义务对等，因而商法为私法的一种形式。19 世纪末 20 世纪初，资本主义从自由竞争阶段发展到垄断阶段，国家权力开始干预经济生活，出现了"私法公法化"的倾向。在这种背景下，商法中加入了大量公法性条款，即国家干预商事交易活动的法律规定，如有关商事登记、商事账簿的规定。应当看到，"这些公法性条款始终处于为私法交易服务的地位，由此，它还不能从根本上改变商法的私法属性"②。

4. 商法的国际性

商事交易本身是一种跨国界的活动，这使得调整商事活动的商法具有国际性。商法的这种特点在中世纪的商人习惯法中就已具备，当时的商人团体甚至视商法为"国际法或自然法之一部分"③。进入资本主义社会后，由于贸易的地位日益提高，各国开始对贸易实施管制，便纷纷制定本国商法。这样，商法开始成为内国法，但它严重妨碍了国际贸易的发展。20 世纪以来，随着贸易全球化趋势的加强，商法国际化呼声日益高涨，商法开始了新的国际化进程，出现了两种倾向：一是国际商事立法得到加强，各国间制定和缔结了大量的国际商事条约、国际商事惯例；二是各国的国内法不断修改，使其彼此之间以及与国际商事条约、惯例之间更为协调。

---

① 张国键：《商事法论》，中国台湾三民书局 1980 年版，第 23 页。

② （德）海曼：《商法典评纂》第 1 卷，第 5 页。转引自范健：《商法》，高等教育出版社、北京大学出版社 2007 年版，第 9 页。

③ 张国键：《商事法论》，中国台湾三民书局 1980 年版，第 22 页。

二、商法的基本原则

商法的基本原则就是贯穿于商法始终、集中体现商法的性质和宗旨、调整商事关系的基本准则。它是商事立法的根本出发点，也是执行和适用商法的指导原则。商法的基本原则究竟包括哪些内容，学术界有不同的看法。我们认为，商法本质上是私法，因而商法的基本原则应当包括私法的共同原则，如平等原则、诚实信用原则、意思自治原则、公序良俗原则、尊重公共利益原则、依法自由行使权利原则等。同时，商法也是一个独立的法律部门，它还有自己特有的基本原则。

(一)商事主体法定原则

由于商事主体的行为直接关系到交易的安全，因而各国商法一般都对商事主体的资格、内容制定强行性规范予以严格控制，从而形成商事主体法定原则。该原则主要体现在三个方面：

1. 商事主体类型法定

所谓商事主体类型法定，就是可以从事商事活动的商事主体的组织形式由法律明确设定。也就是说，非经法律设定者不得享有商事主体资格，当事人不得创设法定类型之外的商事组织形式。例如，无限责任公司、两合公司、股份两合公司是有些国家的法定商事主体，在我国则不能成为商事主体；个体工商户是我国的法定商事主体，在其他国家则没有这类商事主体。

2. 商事主体内容法定

所谓商事主体内容法定，就是可以从事商事活动的商事主体的财产关系和组织关系由法律予以明确规定。也就是说，当事人不得创设非规范性的财产关系和组织关系。例如，在公司、合伙企业、个人独资企业中，投资者与被创设企业之间的财产关系、企业内部机构及其相互关系方面，彼此之间存在着差异。之所以存在这种差异，就在于法律对这些主体的上述关系作出了不同的规定。

3. 商事主体公示法定

所谓商事主体公示法定，就是商事主体的成立必须按照法定程序予以公示，以便交易第三人及时知晓，否则不得用以对抗善意第三人。正是由于商事主体必须依法公示，才产生了商事登记制度。

(二)商事主体维持原则

商事主体维持原则是指商法基于商事主体的使命和社会责任而尽力使其存续和发展。这一原则主要适用于企业，因此它也被称为企业维持原则。从这个意义上说，商法通过各种法律手段确保维持企业的法律人格。

基于这一原则，各国商法都通过制定相应法律制度来确保企业的存续和发展。例如，公司法建立公司设立瑕疵制度，规定公司设立瑕疵可以通过补救措施继续保留其法律人格。再如，合伙企业法完善企业解散制度，规定合伙人退伙导致合伙企业仅有一个合伙人时，该企业不是立即解散，而是可以通过增加合伙人使其继续存续。又如，破产法建立破产预防制度，当企业出现不能清偿债务、资不抵债时，可以通过重整、和解程序让企业起死回生，继续经营和发展。

（三）交易便捷原则

商事主体为商事行为的目的在于追求最大经济效益，自然要求商事交易活动能够简便、迅捷，因此各国商法都将交易简便、迅捷作为商法的一个重要原则。在立法上，交易便捷原则主要体现在以下三个方面：

1. 交易简便

从各国商法来看，相当部分的商事行为采取要式行为方式和文义行为方式，使得这些行为中的许多内容可以通过强行法和推定法预先予以确定，只有部分内容留待当事人协商约定。例如，在商事买卖、商事租赁、商事借贷、商事承揽、商事居间、商事行纪、商事信托等商事行为中就设有大量推定条款，使这些商事行为在法律效力上具有可推定性。这就简化了当事人的协议过程，简便了交易手续，保证了交易的便捷。

2. 短期时效

现代商法对于各类商事请求权，如票据请求权、货物买卖中的瑕疵责任等，普遍采取不同于民法上时效期间的短期时效。例如，我国《票据法》规定，支票持票人对支票出票人的票据权利的时效为 6 个月。采取短期时效的目的，在于促使当事人迅速行使权利，以保证交易的迅捷。

3. 定型化交易

从各国商法看，交易定型化包括交易形态的定型化与交易客体的定型化。交易形态的定型化就是通过强行法规则预先规定若干类型的典型交易方式，使商事交易的方式定型化。例如，销售商先行陈列各种定型货物并标明其品牌、价格、产地等，使买受人直接了解货物，迅速决定承诺与否，以促进交易的便捷。交易客体的定型化就是交易对象的商品化、证券化。也就是说，当交易对象为有形物品时，给予其统一的规格或特定的标记，使交易者对商品易于识别，从而促进交易的便捷；当交易的对象为无形财产或财产权利时，则将权利证券化，按照证券规则进行流通以实现权利转让，从而简化转让程序，促进交易的便捷。

（四）交易安全原则

商事交易需要迅捷，这就要保障商事主体的活动自由。但是，商事交易更需要安全，这就需要国家对商事主体的行为进行干预，否则商业社会将陷入混乱，最终有损商事主体的利益。交易安全原则主要体现在以下四个方面：

1. 强制主义

强制主义，又称干涉主义、要式主义，是指国家运用公法手段对商事关系加以强行规制。它主要体现在以下三个方面：一是各国商法通过公法性规范调控和干预商事关系；二是各国商法日益注重运用强行性规则对商事活动加以控制；三是各国商法在传统私法责任制度之外，发展起多种法律责任并存的法律调整机制。

2. 公示主义

公示主义是指商事主体对于涉及利害关系人利益的营业上的事实，负有公示告知的义务。公司登记的公示、上市公司信息的公开、船舶登记的公告等，都体现了这一点。公示主义的主要目的，在于保护交易相对人或不特定第三人的合法权益。

3. 外观主义

外观主义是指交易行为的效果以交易当事人行为的外观为准。依照外观主义，法律行为一旦完成，原则上不得撤销。也就是说，公示于外表的事实，即使与该事实的真实情形不符合，对于依该外观事实而进行的商事行为，也应当加以保护，以维护交易的安全。

4. 严格责任主义

严格责任主义是指在商事交易中，无论债务人是否有过错，都应对债权人承担责任。例如，根据我国《公司法》第 94 条的规定，股份有限公司不能成立时，发起人对其设立行为所产生的债务和费用负连带责任，对认股人已缴纳的股款，负返还股款并加算银行同期存款利息的连带责任。实行严格责任主义，能够促使商事主体认真履行自己的义务，有利于保障交易安全。

三、商法与其他部门法的关系

（一）商法与民法的关系

无论是奉行民商合一还是民商分立的国家，商法都是一个相对独立的法律部门，而民法和商法又同属私法。因此，民法和商法既有联系又有区别。

从联系来看，民法是一般法，而商法是特别法。从根本上说，商事关系与民事关系是相同的，因而民法和商法规定所涉及的内容是相同的，如都规定财产的归属和移转，商事关系可以适用民法的规定。但是，商事关系又是区别于民事关系的特殊社会关系，这些关系除了由民法的一般法律规范加以调整外，还需要特殊法律规范加以调整，这些特殊法律规范不可能在作为一般法的民法的框架内完成，而是由作为特别法的商法来作出。商法的这些特别规定主要体现在：一是对民法规范或民法制度的具体化；二是对民法规范或民法制度的补充和变更；三是创设民法所没有的特殊规范或制度。正因为民法与商法是一般法和特别法的关系，所以对具体商事关系的法律适用来说，应当先适用商法的规定，当商法没有规定的情况下再适用民法的规定。

商法除了与民法有着天然联系外，还与民法存在着相当的差异。这些差异主要表现在：(1)调整社会关系的性质不同。民法是纯私法，调整的是平权关系；商法则以私法为主体，兼有公法内容，调整的是平权与不平权兼有的关系。(2)调整社会关系的范围不同。民法既调整财产关系，又调整人身关系；商法仅调整财产关系，不调整人身关系，而且商法调整的一些商事关系，民法不予调整。(3)调整社会关系的目的不同。民法调整的社会关系有为了营利目的的，也有不为营利目的的；商法调整的社会关系都具有营利目的。

(二)商法与经济法的关系

商法与经济法的关系，是20世纪以来影响商法发展的重大理论难题。19世纪末20世纪初，西方资本主义发展到垄断阶段，经济危机频发，自由竞争遭到破坏，经济发展面临严峻挑战，各国政府开始实行积极干预的经济政策，推出了一系列干预经济的法律，德国学者赫德曼将其称为"经济法"。因此，"在大陆法系国家和地区，特别是在一些民商分立的国家和地区，当经济法理论产生以后，经济法与商法的关系就是一个需要解决的问题，由此引起了一些争论。"[①]但是，德国学者托伦指出："在普通法系，很少有谁使用经济法概念，它至今还没有得到学术界的承认，人们宁可选择'商事法'(Commercial Law)这一术语。"[②]因此，在普通法系国家，有关经济法和商法的争论是不存在的。

关于商法和经济法的关系，代表性的观点主要有三种：(1)商法和经济法合一说，即认为商法和经济法都是以企业为对象的，对两者持"合一"或总合把握的见解。(2)商法和经济法分离说，即认为商法和经济法的理念、机能是不同的，前者以个别经济主体的利益为基础，调整其间的利益关系，后者以国民经济利益为基础，着眼于超个别经济主体利益的全体的调整，因而商法和经济法应分作两个法域，商法仍应独立存在。(3)名称代替说，即认为经济法为促成民商合一而代替商法的总名称。[③]

商法与经济法有着共同点，主要表现在：(1)两者都是规范经济生活的法律。(2)两者在性质上有共同之处，经济法对经济活动进行微观规制和宏观调控时，都借助国家公权力，因而它具有公法性质；而商法虽从根本上具有私法性质，但为了维护商事交易的安全，它在调整商事关系时也融进了一定的公权力，因而它带有公法的性质。

---

① 梁慧星、王利明：《经济法的理论问题》，中国政法大学出版社1986年版，第132页。

② 同上，第131页。

③ 参见户田修三、中村真澄：《商法总则·商行为法》，青林书院1984年版，第23页；张国键：《商事法论》，中国台湾三民书局1980年版，第30页。以上转引自王保树：《中国商事法》，人民法院出版社2001年版，第16～17页。

商法与经济法虽有相同之处,但又有明显差异。这些差异主要表现在:(1)调整对象不同。商法主要调整平等商事主体之间在交易活动中形成的商事关系,它属于平权关系;经济法则调整因国家干预经济活动中所形成的经济关系,它属于不平权关系。(2)调整方法不同。商法注重采用自我调整的方法,强调意思自治原则;经济法注重采用社会整体调整方法,强调国家统制原则。(3)调整目的不同。商法着眼于个别商事主体的商事行为,调整社会关系的目的在于维护商事主体的利益;经济法着眼于整个国民经济的协调和可持续发展,调整社会关系的目的在于维护社会经济的整体利益。

(三)商法与行政法的关系

商法与行政法既有联系又有区别。从联系看,商法中的公法性规范主要是行政法律规范,如商事登记、商事账簿、股权转让登记、船舶登记等制度中的规范,都属于此类规范。制定和实施这些法律规范的目的,在于保障商事主体权利的实现和维护商事交易的秩序。从这个意义上说,商事活动中的行政法调整,是行政法对商法的补充。

商法与行政法虽有联系,但毕竟属于两种不同的法律,两者之间的差异比较明显。这些差异主要表现在:(1)调整对象不同。商法调整的是商事关系,这种关系是基于平等的商事主体的自由意志而产生的,是商事主体自主自愿行为的结果,因而属于平权关系;行政法调整的是行政关系,这种关系是根据国家意志而产生,是国家权力运用的结果,因而属于不平权关系。(2)调整方法不同。商法注重采用自我调整的方法,强调意思自治原则,因而以任意性规范为主;而行政法采用权力调整的方法,强调命令服从原则,因而以强制性规范为主。(3)调整目的不同。商法着眼于个别商事主体的商事行为,调整社会关系的目的在于维护商事主体的利益;行政法着眼于整个国家的稳定和发展,调整社会关系的目的在于维护国家利益。

四、商法的产生和发展

(一)西方国家商法的产生和发展

1. 中世纪商人习惯法

商法与其他法律一样,其产生来自社会实践。在古代的欧洲,人们已经开始了商品交换的活动,法律中也出现了一些调整商事活动的具体规范,但由于当时的法律诸法合体,而商事交易的规模不大,因而没有形成一个与一般私法相区别的、专门调整商人或者商事行为的独立法律体系。可以说,在古代社会,没有形成近现代意义的商法。

多数学者认为,近代商法起源于中世纪。商法的最初形式是商人习惯法,这一制度的形成有着特定的社会根源,源于中世纪地中海沿岸的商业城市和海上贸易。11 世纪后,欧洲的农本经济进入了发展时期,农业产品和手工业产品都丰富起来,需要向外推销。十字军东征的胜利开通了欧洲通向东方的商路,为欧洲大量剩余产品涌向东方市场提供了条件。东西方贸易的发展促进了地中海海上贸易的发达和地中海沿岸新兴城市商业贸易的繁荣，威尼斯、热那亚、佛罗伦萨等迅速发展成为重要的商业城市。其后，这种高度集中的口岸贸易和海上贸易又相继扩展到欧洲大西洋沿岸、波罗的海沿岸和北海沿岸的一系列商业开放城市。随着商业贸易的发展，商人逐渐成为一个独立阶层，他们迫切需要法律来保护其利益，以实现商业发展和商事交易的自由。

然而，中世纪的欧洲大陆处于封建法和寺院法的支配下，它们不可能实现商人阶层的要求。一方面，法律禁止放贷收息、借本经营、商业投机和各种转手营利活动，将非生产性的中介商业活动、正常的债权让与交易也视为违法行为；另一方面，有关保护商业活动的一系列条件缺少必要的法律保障。因此，从 11 世纪起，意大利的佛罗伦萨和佛兰德诸港率先出现了旨在保护商人自身利益的商人行会组织——商人基尔特，其后这种组织迅速在意大利、西班牙、英格兰、荷兰的许多城市中建立起来。商人行会组织最初的职能在于通过行业自治和习惯规则协调商人之间的关系，反抗封建法制的束缚，处理商人之间的纠纷。随着自身实力和权力的加强，它逐渐担负起认可和接纳商人，制定和编纂规约和习惯规则，组织商事法庭和行使商事裁判权等多种职能。从 11 世纪至 14 世纪的几百年间，正是在商人行会规约、商人惯例和商事判例的基础上，逐步形成了较为系统的商人习惯法。

商人同业行会自治规则是商人习惯法的主要内容，它具有以下主要特点：(1)奉行属人主义原则，为后来商人法的制定以及为属人主义商法典的制定奠定了基础；(2)现代商法中的一些重要原则、商法的特征、现代商法的主要制度不同程度地得到了体现；(3)不同地域、不同商人组织的自治规则的内容有差异，使商人习惯法呈现出非成文性和地域性的特点。

2. 欧洲早期商事成文法

15 世纪后，资本主义经济开始兴起，商品贸易日益繁荣，以宗教为核心的封建割据势力衰落，统一的民族国家逐步形成，原先分散于自治城邦和商业团体的立法权逐渐归集于中央集权的统一国家，寺院法开始被废弃。在这种形势下，法国和德国率先开始了商事法律统一运动，制定统一的商法。与此同时，英国和其他欧洲内陆国家也开始制定成文商法。

严格地说，欧洲各国早期的商事成文法实质上仅仅是对中世纪商人习惯法的确认，其内容上带有浓厚的商人法或属人法的特征。在立法体例上，主要有三种情形：一是制定独立的商事法规；二是实行民商合一立法；三是在一般法律中列出有关商法的专门规章。当时最具代表性的商法主要有：1673 年《法国陆上商事条例》、1681 年《法国海事条例》、1727 年《普鲁士海商法》、1734 年《瑞士民法》、1751 年《普鲁士票据法》、1776 年《普鲁士保险法》、1794 年《普鲁士普通法》、1794 年《波兰基本法》、1861 年《德国普通商法典》。当时商法所涉及的内容已经比较广泛了，如商号、商标、居间、行纪、商事账簿、无限公司、两合公司、商事交互计算、银行、运输、仓储、寄托、冒险贷款、营利保险等制度。这些内容后来不同程度地被各国的商法典所接受。

总的来说，欧洲早期的商事立法是从商人习惯法向现代商法典转变过程中难以逾越的阶段。尽管这一时期的商事成文法实质上不过是封建国家以王权名义对商人习惯法和商人利益的确认，因而其立法内容仍带有模仿商人习惯法的局限性，并且其制法过程显然缺乏类似于民事立法那样的理论准备，但此种最初的商事成文法在当时历史条件下是具有社会进步意义的，它们对于现代商法形成所起的作用也是毋庸置疑的。[①]

3. 现代商法

19 世纪后，随着欧洲资产阶级革命的成功，社会关系发生了根本的变化。保护资本主义商品经济关系，推进商事交易的发展，成为资产阶级国家的基本国策。从 19 世纪开始，欧洲大陆国家开始大规模的法典制定活动，“商法开始在大多数大陆法系国家作为一个独立的法律部门出现。”[②]与此同时，英美法系国家也进行了商法的立法工作。及至第一次世界大战，世界上形成了三大商法法系，即法国商法法系、德国商法法系、英美商法法系。

法国商法法系以法国商法为核心，以行为主义即客观主义为法系的重要特征和商事法规的立法基础。法国商法由 1807 年制定的《法国商法典》以及《公司法》《商事登记法》《有限责任公司法》《证券交易所法》《保险契约法》《票据法》等单行商事法规构成。希腊、西班牙、意大利、葡萄牙、埃及、波兰、南斯拉夫、罗马尼亚、巴西、智利、阿根廷等国家的商法，都以法国商法为直接或间接的历史渊源。

德国商法法系以德国商法为核心，以属人主义即主观主义原则为主要特征和立法基础。德国商法由 1897 年制定的《德国商法典》以及《有限责任公司法》《股份公司法》《保险契约法》《票据法》等单行商事法规组成。直接或间接以德国商法为范例而编制或修订本国商法或制定商事法规的国家主要有奥地利、瑞典、挪威、丹麦、日本以及清朝末期的中国等。

英美商法法系以英美国家商法为代表，其特点是商事习惯法、判例法与商事成文法并存。英美商法起源于英国法，它以习惯法和判例法为其法律渊源，19 世纪中叶起商事成文法相继制定，包括《票据法》《载货证券法》《商务代理法》《合伙法》《商品买卖法》《商船法》《破产法》《海上保险法》《有限责任公司法》等。美国法律在传统上承袭了英国法律，其商法以英国普通法为基础，19 世纪末开始商事立法也开始在美国盛行，

---

① 董安生、王文钦、王艳萍:《中国商法总论》，吉林人民出版社 1994 年版，第 14 页。

② 梁慧星、王利明:《经济法的理论问题》，中国政法大学出版社 1986 年版，第 115 页。

先后制定了《统一流通票据法》《统一买卖法》《统一仓库收据法》《统一股票转让法》《统一提单法》《统一附条件销售法》《统一信托收据法》等，这些法规后经整理编纂为《统一商法典》，于 1952 年颁布。澳大利亚、加拿大、印度、新加坡、马来西亚等国的商法，受英美商法法系的影响。

（二）我国商法的产生和发展

在我国古代，诸法合体，不存在独立的商法部门。同时，当时的统治者奉行重农抑商的政策，商品经济极不发达，因而商法不可能产生，即使有一些关于买卖、钱庄、银票、手工作坊、店铺牌匾等方面的规定，很大程度上也带有行政法和刑法的属性。

近现代意义上的商法始于清朝末期。清光绪皇帝在推行新政时，把制定商法典视为振兴工商业的治国大策。1903 年，清廷委任载振、伍廷芳等人起草商法，1904 年公布了《公司律》《商人通律》，1906 年公布了《破产律》，同时还起草了《公司注册试办章程》《商标注册暂行办法》等，随后又聘请日本人志田钾太郎起草了《大清商律草案》，该草案共 1 008 条，其中有公司法六编、海船法六编、票据法三编。这些商事法律、法规未及颁行，清王朝即被推翻。

辛亥革命后，民国政府在大清商事法律的基础上，重新制定并颁布了一批商事法律，主要有《中华民国商律》《公司条例》《商人通例》等。在此期间，北洋政府于 1923 年起草了《商法》，但未正式出台。1929 年，国民政府采用民商合一的立法体例，在民法典中规定商法的基本内容，将原有商法中有关总则、商人、经理人、代办商、商行为、交互计算、行纪、仓库、运输等规则并入民法债篇。同时，在民法典之外制定一批商事单行法规，主要有《公司法》《票据法》《保险法》《海商法》《船舶法》《商业登记法》《船舶登记法》《商业会计法》《银行法》《证券交易法》《动产担保交易法》等。

中华人民共和国成立后，在很长一段时期，我国实行计划经济体制，因而商法极不发达。改革开放特别是确立社会主义市场经济体制以后，我国开始并加快了商事立法的步伐。目前，我国已经制定了《公司法》《合伙企业法》《个人独资企业法》《商业银行法》《企业破产法》《票据法》《证券法》《保险法》《信托法》《海商法》等法律以及相关的行政法规、规章。可以说，商法作为一个独立的法律部门已经形成。

第二节　商事主体

一、商事主体概述

大陆法学者通常认为，商事主体制度与商事行为制度是构成广义商法的两大基本制度，商法规则或者是为规范商事主体而设，或者是为规范商事行为而设，而其他规则仅具有辅助性的意义。例如，中国台湾地区学者张东亮说道："就规范而言，无论大陆法系或海洋法系皆以能充分规范商业主体与商业行为为归依。"①

(一)商事主体的概念和特征

商事主体，又称商业主体、商主体，是指具有商事能力，依法参与商事法律关系，能够以自己的名义实施商事行为，享受权利和承担义务的人，包括个人和组织。与一般民事主体相比，商事主体具有以下法律特征：

1. 商事主体是具有商事能力的人

商事主体必须具有商事能力。商事能力是商事主体享有的商事权利能力和商事行为能力的统称，是指商事主体依据商事登记所核定的经营范围从事商事行为的资格限制。与民事能力相比，商事能力具有特殊性，主要体现在两个方面：一是能力的形成是特定的，即商事能力的形成须经过国家的特别授权程序，如履行工商登记；二是能力的范围和期限是有限的，即以国家授权的经营许可内容和起止为商事能力的范围和期限。可见，具备商事能力者一般应以具备民事能力为前提，但具备民事能力者并不必然具备商事能力。另外，由于商事能力的特殊性，不少国家法律规定了对商事能力取得的限制，主要包括对未成年人、公务人员、已婚妇女和外国人商事能力的限制等。

2. 商事主体是以营利性活动为营业内容的人

商事主体必须是实施特定商事行为，而且是持续性地实施该种商事行为并以该种商事行为作为其营业内容。也就是说，不实施商事行为或者偶尔实施商事行为的人，不能成为商事主体。

3. 商事主体是参与商事法律关系并享有权利、承担义务的人

商事主体能够以自己的名义从事商事活动，参加到商事法律关系中，由此独立享有权利、承担义务，独立承担财产责任。因此，不能参与商事法律关系的人、不能独立享有权利和承担义务的人，不能成为商事主体。

(二)商事主体的分类

在各国商法中，商事主体表现为多种形式。不同国家的商事立法和商法理论，常常依照不同的标准对商事主体予以分类。②

1. 商个人、商法人和商合伙

这是根据商事主体的组织形式所作的分类。商个人是指按照法定程序取得特定

---

① 参见《法学论集(第九册)》，(台北)中国文化大学出版部 1983 年版，第 506 页。转引自董安生、王文钦、王艳萍：《中国商法总论》，吉林人民出版社 1994 年版，第 124 页。

② 参见范健、王建文：《商法基础理论专题研究》，高等教育出版社 2005 年版，第 142～148 页；王保树：《中国商事法》，人民法院出版社 2001 年版，第 44～48 页。

的商事能力，独立实施商事行为并依法享有权利和承担义务的个体。商法人是指按照法定程序设立的，拥有法人资格，依法参与商事法律关系并独立享有权利和承担义务的组织。商合伙是指两个或两个以上的合伙人按照法律和合伙协议的规定共同出资、共同经营、共享收益、共担风险，合伙人对合伙经营所产生的债务依法承担责任的商事组织。

2. 法定商人、注册商人和任意商人

这是根据商事主体资格的取得是否需要注册登记所作的分类。法定商人是指以法律规定的特定商事行为为营业内容并经特殊程序设立的商事主体。注册商人是指不以绝对商事行为为营业内容，而经商事登记程序设立，并以核准的营业内容为商事行为的商事主体。任意商人是指不以绝对商事行为和营业商事行为为营业内容，并且依法不须进行登记而存在的商事主体。

3. 形式商人、拟制商人和表见商人

这是根据商事主体的法律状态和事实状态所作的分类。形式商人是指具有商人身份和性质的资合公司，包括股份有限公司、股份两合公司和有限责任公司。拟制商人是指商号已经在商事登记簿上登记注册，虽然行为人并不从事商事行为或仅是小商人，但鉴于其登记之效力，该行为人可以被视为商人。表见商人是指没有在商事登记簿上登记注册，却以商人名义从事商事行为的人。

4. 完全商人和小商人

这是根据商事主体的营业规模所作的分类。完全商人，又称大商人，是指以法律规定的商事行为作为其营业内容，并根据法定商事登记的程序和条件进行登记而设立的商事主体。小商人，又称不完全商人，是指从事商法规定的某些商事行为，依商事登记法的特别规定而设立的商事主体。

在我国，按照《民法总则》以及其他法律的规定，商事主体可以分为商事组织和商个人两大类。

二、商事组织

（一）商事组织的概念

商事组织是指依法成立，能以自己的名义从事营利活动的经济组织。根据我国《民法总则》的规定，民事主体包括自然人、法人和非法人组织三类，法人可分为营利法人、非营利法人和特别法人，非法人组织中有从事经营活动的组织和从事公益活动的组织。其中，营利法人和从事经营活动的非法人组织是商事组织。

（二）商事组织的类型

1. 企业法人

《民法总则》第 76 条规定："以取得利润并分配给股东等出资人为目的成立的法人，为营利法人。营利法人包括有限责任公司、股份有限公司和其他企业法人。"可见，这里所说的营利法人就是企业法人或者商法人。

企业法人是指以营利为目的，具有法人地位，独立地从事商品生产和经营活动的商事组织。它具有以下特征：

(1)企业法人具有独立的人格。企业法人通过法定设立程序，履行工商登记而取得主体资格，获得商事权利能力和商事行为能力，具有不同于法人成员的独立人格。

(2)企业法人具有独立的财产和财产权。独立的财产是指企业法人的财产独立于其成员或投资者的财产。独立的财产权是指企业法人能够在法律和其自治规章规定的权限范围内，独立地占有、使用和处分其财产。

(3)企业法人具有统一的组织机构。企业法人作为拟制主体，对外具有统一的法律资格，对内则具有统一的代表机构、意思机构、执行机构和监督机构。

(4)企业法人能独立承担法律责任。企业法人拥有独立的财产，因而能以其独立的财产对外承担责任，而且以全部财产为限对外承担法律责任。

在我国，企业法人可以根据不同标准对商法人作出分类，主要包括：

(1)按照所有制性质的分类。按照这一标准，企业法人可以分为国有企业法人、集体企业法人、私营企业法人和合营或合资企业法人。国有企业法人就是由国家投资设立的企业法人。根据法律规定，国有企业法人包括国有企业和国有公司两种形式，国有公司分为国有独资公司和国有控股公司。集体企业法人就是由公民或集体单位组合而成并取得法人资格的集体商事组织。根据法律规定，集体企业法人有工厂、合作社、合作商店、有限责任公司、股份合作企业等多种组织形式。私营企业法人就是由私人投资设立的企业法人。根据法律规定，私营企业法人可以有限责任公司形式出现。合营或合资企业法人是指不同所有制主体投资设立的企业法人。根据法律规定，合营或合资企业法人可以采取有限责任公司、股份有限公司的形式。

(2)按照是否为公司的分类。按照这一标准，企业法人可以分为公司企业法人和非公司企业法人。公司企业法人就是以公司组织形式建立起来的企业法人，包括有限责任公司和股份有限公司。公司企业法人主要受公司法规范。非公司企业法人就是以公司以外的组织形式建立起来的企业法人，如国有独资企业、中外合资经营企业等。非公司企业法人主要受企业法规范。

(3)按照投资主体国籍的分类。按照这一标准，可以分为内资的企业法人和外商投资的企业法人。内资的企业法人就是由国内投资主体投资设立的企业法人。外商投资的企业法人是指由中国投资者和外国投资者共同投资，或者由外国投资者单独投资在中国境内设立的企业法人，即以公司形式设立的外商投资企业，包括中外合资经营企业、中外合作经营企业和外资企业。

2. 非法人企业

《民法总则》第102条规定:“非法人组织是不具有法人资格,但是能够依法以自己的名义从事民事活动的组织。非法人组织包括个人独资企业、合伙企业、不具有法人资格的专业服务机构等。”其中,从事经营性活动的非法人组织即非法人企业,是商事组织。该组织具有以下特征:

(1)依法设立的不具有法人资格的组织体。非法人企业是依照法律规定的条件和程序设立的组织体,该组织体不具有法人资格,这使它与企业法人和商个人区别开来。

(2)能以自己名义从事经营活动。非法人企业拥有自己的名称、经营场所,以及相应的组织机构和负责人,使之能够以该组织的名义对外从事经营活动,这使它区别于商事组织内部的职能部门。

(3)拥有相对独立的财产。非法人企业不具有法人资格,因而并不拥有完全独立的财产,但它是经核准登记领有营业执照的组织,它可以自己的名义对外从事经营活动,从中享受一定的权利、承担一定的义务,因此它能相对独立地占有、使用或处分财产。

(4)具有相对独立承担民事责任的能力。由于非法人企业不拥有完全独立的财产,因而它不具有完全独立承担民事责任的能力,只具有相对独立承担民事责任的能力,即当其对外进行经营活动而负债时,如其自身所拥有的财产能够清偿债务,则由其自身偿付;如其自身所拥有的财产不足以偿付债务时,则由其出资人或设立人对其所欠债务承担连带清偿责任。

根据我国法律的规定,非法人企业包括个人独资企业,合伙企业,不具有法人资格的中外合作经营企业、外资企业,企业法人的分支机构,经核准登记领取营业执照的乡镇、街道、村办企业等。

三、商个人

(一)商个人的概念和特征

商个人是指按照法定程序取得特定的商事能力,独立实施商事行为并依法承担权利和义务的个体。这里所说的个体,包括自然人和单个自然人出资的组织体。商个人具有以下法律特征:

(1)商个人必须从事营利性的经营活动。作为商事主体的商个人所从事的商品交换活动具有营利性,是一种经营活动,属于广义的社会生产过程,而作为消费者的自然人所从事的商品交换活动则不具有营利性。

(2)商个人必须经登记程序而产生。商个人通过法定设立程序并履行工商登记而取得商事主体资格,获得不同于消费者主体的商事权利能力和商事行为能力。

(3)自然人或其家庭对商个人的债务承担无限责任。由于商个人的财产不能独立于创设商个人的自然人或家庭的财产,因而商个人的财产责任能力是不独立的,创设商个人的自然人或家庭有义务以其全部财产为商个人债务承担无限责任。

(二)个体工商户

根据《民法总则》的规定,商个人主要是个体工商户。《民法总则》第 54 条规定:"自然人从事工商业经营,经依法登记,为个体工商户。"国务院于 2011 年 4 月 16 日公布、2014 年 2 月 19 日和 2016 年 2 月 6 日修订的《个体工商户条例》第 2 条第 1 款规定:"有经营能力的公民,依照本条例规定经工商行政管理部门登记,从事工商业经营的,为个体工商户。"该条第 2 款还规定:"个体工商户可以个人经营,也可以家庭经营。"可见,个体工商户是指在法律允许的范围内,依法经核准登记,从事工商业经营的自然人。个体工商户可以是一个自然人,也可以是一个家庭。

国家工商行政管理总局于 2011 年 9 月 30 日公布、2014 年 2 月 20 日修改的《个体工商户登记管理办法》第 2 条规定:"有经营能力的公民经工商行政管理部门登记,领取个体工商户营业执照,依法开展经营活动。"个体工商户可以在国家法律允许的范围内,从事工业、手工业、建筑业、交通运输业、商业、饮食业、服务业、修理业及其他行业的经营活动。对此,《个体工商户条例》第 4 条规定:"国家对个体工商户实行市场平等准入、公平待遇的原则。申请办理个体工商户登记,申请登记的经营范围不属于法律、行政法规禁止进入的行业的,登记机关应当依法予以登记。"

四、商中间人

(一)商中间人的概念

商中间人是指以从事间接商事行为或者中介商事行为为业的商事主体,包括代理商、居间商和行纪商等。与直接从事商品生产和商品交换的商事主体相比,商中间人在经营方式、商事能力以及政府对其实施的管制方式、税收征收等方面存在差异。

(二)商中间人的类型

1. 代理商

代理商是受其他商事主体(被代理人)委托,在代理权限内,固定地为被代理人促成交易或以被代理人名义缔结交易的商事主体。代理商具有以下特点:

(1)代理商所经营的业务是为被代理人促成交易或以被代理人名义缔结交易。促成交易就是通过代理商的介绍活动,直接或间接地影响到有意缔结交易的第三人,从而使被代理人和第三人之间达成交易协议。缔结交易就是代理商以被代理人的名义向第三人提出缔约表示即交易要约,或者代理商为被代理人接受第三人的缔约表示即交易承诺。

(2)代理商必须固定地从事受他人委托的促成交易或缔结交易的活动。代理商与被代理人之间的关系是一种持续的、完整的委任关系。

(3)代理商是独立的商事主体。这种独立性表现在代理商不依赖于被代理人而存在,即能自由决定自己活动和自由支配自己时间、有自己的经营场所、自己承担营业费用、使用自己的商号、编制自己的商事账簿、通过自己的营业活动收取佣金并可以同时成为数个被代理人的代理人。

2. 居间商

居间商是为获取佣金而从事契约缔结促成活动的商事主体。居间商具有以下特点:

(1)居间商不是以自己或以他人名义为他人从事契约的缔结行为,不负有对这类活动的成功而努力的义务,这与代理商完全不同。

(2)居间商是独立的商事主体,其活动是自由、独立的,这与受雇佣契约约束的雇员不同。

(3)居间商不是基于契约从事契约缔结促成活动,而是基于佣金请求权从事契约缔结的促成活动。

(4)居间商不负有从事缔约促成活动及其所导致的结果,委托人在居间商进行了居间活动并达到预期法律后果时,才负有向居间商支付佣金的义务。

3. 行纪商

行纪商是以自己的名义为委托人购买或销售货物、有价证券并以其作为职业性经营的人。行纪商具有以下特点:

(1)行纪商必须以委托人的利益从事商事活动。行纪商是接受委托人的委托进行某种交易活动的,因而在从事活动中取得的利益应当归属委托人。

(2)行纪商必须以自己的名义实施商事行为。行纪商接受委托人委托后,在与第三人交易时必须以自己的名义进行,这与代理商区别开来。

(3)行纪商必须从事职业性的行纪经营。也就是说,行纪商必须以行纪交易的缔结作为其正常的经营业务,因此,行纪商的身份与职业经营密切相关。

五、商辅助人

商辅助人,又称商使用人,是指参加商事主体的营业组织而辅助其营业的人,包括经理人、代办人等。

1. 经理人

经理人是被商事主体(即商人)通过特殊方式授予经理权从事经营活动的人。西方发达国家商法都不同程度地对经理人及经理权有专门立法,我国至今没有这方面的法律规定。

经理人所享有的经理权,是一种特殊的代理权,它以民法上的代理权为基础,但又有其特殊性。按照大陆法系国家商法的规定,经理人及其所享有的经理权具有以下特点:

(1)经理人是被商事主体通过特殊方式授予经理权的人,是典型的直接代理人,可以被代理人的名义为法律行为。

(2)经理人的经理权必须由商人通过"明确意思表示"方式授予,并经商事登记部门履行登记,方才生效。

(3)只有完全商人才可以授予代理人经理权,小商人不可以授予他人经理权。

(4)经理人在行使权利时,必须将自己的签名附加在商号上,并在签名上附有标明经理权权限的标记,以使经理人的代理行为与其个人行为相区别。

(5)经理人的主要权限在于为商事主体管理事务,并为商号签名。

(6)经理人所享有的经理权受到权限范围的限制,如规定经理权只有在一定业务中、或一定情况下才能被使用。不过,这种限制只是商事主体内部的管理行为,对第三人无效,除非第三人已明知经理权已经受到限制。此外,立法本身也在一定程度上限定了经理权的权限范围,如经理人不享有处置不动产的权利,除非已经获得商人的专门授权。

(7)经理人所享有的经理权不具有单一性和排他性,一个商人可以同时聘用几个经理人,因此,经理权可以分为共同经理权和分经理权等。

2. 代办人

代办人是被商事主体(即商人)授予代办权从事经营活动的人。西方国家商法对此都有专门的立法规定,我国法律没有完备的规定。代办权属于代理权,与经理权存在着明显的差异,主要表现在以下五个方面:

(1)权限不同。经理权的权限范围比代办权广泛,一些国家的商法对代办权的权限范围作了严格限定,如代办人不享有不动产的转让与抵押、汇票和本票债务的接受、消费贷款的接纳、诉讼的实施等权利。另外,对于第三人来说,经理人对于商事主体所经营的业务拥有除法律另有规定外的所有代理权,代办人只有提供授权证明才拥有代理权。

(2)权利的授予不同。经理权必须由商人亲自授予,且明示授予;而对代办权来说,商人及其代理人都可授予,且可默示授予。

(3)权利的行使不同。经理人的签字可以附有标明经理权的附加标记,而代办人的签字只能附有表明代理关系的附加标记。

(4)权利的登记不同。经理权涉及范围相当广泛,因而它必须履行商事登记;但代办权已经被规定在一定范围内,一些国家商法规定其不必履行商事登记。

(5)权利的分类不同。经理权可以分为共同经理权和分经理权,代办权则可以分为全权代办权、种类代办权、特种代办权、总代办权等多种类型。

第三节　商事行为

一、商事行为概述

(一)商事行为的概念和特征

商事行为又称商业行为、商行为,是相对于民事行为的概念,也是与商事主体密切联系的概念。它是导致商法从一般民事法律中独立出来,形成商法独立性的根本原因。商事行为是大陆法系商法中的特有概念,《美国统一商法典》没有关于商事行为的专门概念。但是,大陆法系各国对这一概念的理解不尽相同。在我国,由于没有形式意义上的商法,因而没有关于商事行为的法定概念,学者们对商事行为的概念进行界定,但意见不统一。

我们认为,商事行为是指具有商事行为能力的主体所从事的以营利为目的的营业行为。可见,商事行为具有以下特征:

1. 商事行为是主体以营利为目的而实施的行为

商事行为的重要特点就在于其目的具有营利性,当然这并不意味着实施该行为事实上一定能够营利。在实践中,判断某一行为是否具有营利目的往往须借助法律推定规则。这种判断对于商人来说容易作出,因为许多国家的商法规定,凡商人从事的营业性行为原则上应推定其具有营利目的(如《日本商法典》第503条第2款),但对于非商人而言则较难作出,它需要根据同类行为所具有的客观目的和商事习惯来确定行为是否具有营利性。

2. 商事行为是主体实施的营业性行为

所谓营业性,是指主体以营利性经济活动为业。主体实施的行为要构成营业性,必须具备四个要素:第一,主体的行为必须以营利为目的,即行为不具有营利性,则不构成营业性;第二,主体的营利性行为具有反复性,即同种营利性行为仅为一次或几次,则不构成营利性;第三,主体的营利性行为具有不间断性,即行为必须持续一定时间,否则不构成营利性;第四,主体的营利性行为具有计划性,即对实现营利目标的措施和手段作出具体规划,否则也不构成营利性。

3. 商事行为是具有商事行为能力的主体实施的营利性营业行为

综观各国法律可以看到，主体能够实施营利性营业行为就意味着该主体已经具有商事行为能力。在采取严格商人法主义的国家中，民事主体要实施商事行为，必须先履行商事登记手续，取得商事行为能力；在采取严格商行为法主义的国家中，商法实际上认可民事主体具有商事行为能力，他们可以不履行商事登记手续而实施商事行为。

(二)商事行为的立法规制原则

与对商事主体的规制一样，商事行为法定也是各国商事法的普遍做法。由于各国商事法律的立法理念不同，商事行为的立法规制原则也不同，形成了客观主义原则、主观主义原则和折中主义原则。

1. 客观主义原则

客观主义原则，又称实质主义原则，是以行为的客观性质为基础，并据此确定商事行为。采用此原则国家的商法不强调商人概念在确定商事行为中的地位和作用，而是将商事行为作为认定商事主体的标准。

《法国商法典》最先采用这一原则。该法典第 L121－1 条规定："实施商事行为并以其为经常职业的人是商人。"什么是商事行为呢？该法典第 L110－1 条规定："法律视以下所列为商事行为：(1)任何为再卖出而买进动产，不论是按实物原状卖出还是经制作与加工之后再卖出；(2)任何为再卖出而买进不动产，但买受人是为了建造一幢或多幢建筑物并将其整体或分区卖出而实施的行为，不在此限；(3)为买进、认购或卖出不动产、营业资产、不动产公司的股票或股份而进行的任何中介活动；(4)各种动产租赁业；(5)各种制造业、行纪业、陆路或水路运输业；(6)各种供货、代理、商业事务所、拍卖机构、公众演出业务；(7)各种汇兑、银行与'居间'业务，'电子货币发行与管理活动'以及所有的支付服务活动；(8)公立银行的各种业务；(9)批发商、零售商和银行业者之间的各种债权债务关系；(10)任何人之间的汇票。"该法典第 L110－2 条还规定："法律同样视以下所列为商事行为：(1)任何内水与外海航运船舶之建造业，以及这种船舶的任何买进、卖出与再卖出；(2)各种海运业；(3)船桅设备、海上设备与给养的任何买卖；(4)船舶的各种租赁、整体借用或出借；(5)与海商贸易有关的各种保险及其他契约；(6)就船员薪金与房租订立的各种协定与协议；(7)为服务于商船的海上人员订立的各种契约。"①

2. 主观主义原则

主观主义原则，又称形式主义原则，是以商人概念为前提，并在此基础上推导出商事行为。采用此原则国家的商法首先确定商人的定义，然后推导出商事行为的概念，

① 罗结珍译：《法国商法典》，北京大学出版社 2015 年版，第 4～5、10、15 页。

它们均持商人的营业行为是商事行为的立场，或者强调商人的经营方法在确定商事行为中的意义。

《德国商法典》率先采用此原则。该法典第343条指出："商行为是指一个商人所实施的、属于其商事营利事业经营的一切行为。"[①]瑞士债法是继《德国商法典》之后采用此原则的典型，它强调商人经营方法在确定商事行为上的意义，并认为商业、制造业及其他采用商人经营方法的营业行为为商事行为。此外，《意大利民法典》也作了这样的规定，根据该法典第2082、2083条的规定，商行为就是企业主(含小业主)以生产、交换或提供服务为目的的、从事有组织的职业经济活动。[②]

3. 折中主义原则

折中主义原则是对商事行为的确定采取了客观和主观双重标准，即商事行为既包括任何主体从事的以营利性营业为目的的客观商事行为，也包括商事主体从事的任何营业性活动即主观商事行为。

《日本商法典》《韩国商法典》是采用此原则的典型代表。例如，根据《日本商法典》第501至503条的规定，商事行为是一系列交易性活动的总称，它不仅包括任何主体基于任何目的而从事的"绝对商行为"，如证券交易、票据交易等行为，[③]而且包括主体基于营利性营业目的而从事的"营业性商行为"，如租赁、运输、承揽等行为，[④]还包括商人为其营业而进行的"附属性商行为"。[⑤]

(三)商事行为的性质

就法律性质而言，商事行为究竟是法律行为，还是法律行为与事实行为之总和，学术界一直存在争论，至今未形成统一意见。

1. 法律行为说

该说认为，商事行为是法律行为。有学者指出，商行为仅仅是指某种商事法律行

---

① 杜景林、卢谌译：《德国商法典》，法律出版社2010年版，第211页。

② 费安玲、丁枚译：《意大利民法典》，中国政法大学出版社1997年版，第519页。

③ 《日本商法典》第501条规定，下列行为为商行为：(1)以获利转让的意思，有偿取得动产、不动产或有价证券的行为或者以转让取得物为目的的行为；(2)缔结自他人处取得的动产或有价证券的供给合同以及为履行该合同而实施的以有偿取得为目的的行为；(3)交易所中的交易行为；(4)有关票据及其他商业证券的行为。(见刘成杰译注、柳经纬审校：《日本最新商法典译注》，中国政法大学出版社2012年版，第295页。)

④ 《日本商法典》第502条规定，下列行为，被作为营业实施时为商行为。但专以取得工资报酬为目的制造物品或者从事劳务的行为，不在此限：(1)以出租的意思，有偿取得或承租动产、不动产或者以出租其取得或承租物为目的的行为；(2)为他人实施制造或加工的行为；(3)供电或供气行为；(4)运输行为；(5)工程或劳务承包；(6)出版、印刷或摄影行为；(7)以招徕顾客为目的的服务业经营场所中进行的设施利用交易；(8)兑换及其他银行交易；(9)保险；(10)保管行为；(11)居间或行纪行为；(12)商行为代理；(13)信托行为。(见刘成杰译注、柳经纬审校：《日本最新商法典译注》，中国政法大学出版社2012年版，第295～296页。)

⑤ 《日本商法典》第503条规定，商人为其营业所实施的行为为商行为。商人的行为，推定为为其营业实施的行为。(见刘成杰译注、柳经纬审校：《日本最新商法典译注》，中国政法大学出版社2012年版，第296页。)

为，它仅以意思表示为必备要素，是“商法主体为了确立、变更或终止商事法律关系而实施的行为”。[①] 有学者进一步分析认为，在商事活动中存在的不依当事人意志、由法律直接拟定并确认的事实行为，并不能说明商行为中包含事实行为：这是因为：第一，对商行为的分类中，每一类商行为都依赖于主体的意思表示，如单方商行为和双方商行为只是主体不同，二者都指主体间的法律行为；第二，在转向市场经济的过程中出现的阶段性的事实行为，侧重于法定主义调整，不太注意当事人意思自治的倾向，不足以成为商行为中包含商业性事实行为的依据，合同法的颁布在很大程度上纠正了这种倾向；第三，法律采用事实行为的法定主义调整方式，而以事先拟定的典型状态为标准，若商行为如一些学者所说，是法律行为与事实行为的结合体，则可能导致在判断某一行为时，按照法定要件和探求当事人内心真意之间的无所适从，从而造成法定方式与法律行为方式调整的混淆与误用。[②] 还有学者在赞同这一观点的基础上认为，这种观点“更能反映商行为的法律本质，更有助于揭示商行为的营利性活动之属性。因为既然商行为是以营利性为其基本条件和要求，即具有明确的目的性，因此当然应当以包含有明确目的性的表意行为为其适用对象。”[③]

2. 混合行为说

该说认为，商行为既包括法律行为，也包括事实行为。有学者指出，商行为绝不限于经济学上所理解的以营利为目的的各种商品交换行为，除了包括直接媒介商品交换的“固有商”以外，还包括辅助商品交换的行为。此外，一些特殊的商品交换行为以及与商品交换行为有关的活动，甚至一些单纯以盈利为目的的活动都可以称为商行为。[④] 有学者认为，事实行为包括商人的过错行为、危险行为、无因管理行为以及不当得利行为。[⑤] 有学者进一步分析道，该观点更能反映商事行为的法律本质，更有助于揭示商事行为的营利性活动之属性。概括地说，商事行为概念仅为商特别法规则的适用而创制，它对于解决民商法规则的适用范围和顺序具有重要的意义。因此，商事行为概念中不仅应包括商事法律行为，而且必须包括商业性事实行为。[⑥]

（四）商事行为的分类

1. 绝对商事行为和相对商事行为

这是根据商事行为确认标准和条件所作的分类。绝对商事行为是指依照行为的客观性和法律的规定而必然认定的商事行为。绝对商事行为是当然商事行为，因而又

---

① 徐学鹿：《商法概论》，中国商业出版社 1986 年版，第 117 页。
② 赵中孚：《商法总论》，中国人民大学出版社 1999 年版，第 125 页。
③ 赵万一：《商法基本问题研究》，法律出版社 2002 年版，第 317 页。
④ 梁慧星、王利明：《经济法的理论问题》，中国政法大学出版社 1986 年版，第 111 页。
⑤ 张民安、龚赛红：《商法总则》，中山大学出版社 2004 年版，第 210 页。
⑥ 董安生、王文钦、王艳萍：《中国商法总论》，吉林人民出版社 1994 年版，第 126 页。

被称为客观商事行为。它具有客观性和无条件性,不以行为主体是商人和行为采用营业形式为要件。绝对商事行为由于是由法律限定列举的,因而是不允许作类推性的扩大解释。按照多数国家商法的规定,票据行为、证券交易所内的交易行为、保险行为和海商行为等均属于绝对商事行为。例如,《日本商法典》第 501 条规定了四种绝对商事行为。

相对商事行为是指依行为的主观性和行为自身的性质而认定的商事行为。它具有相对性和条件性,以行为主体是否为商事主体和行为是否具有营利性为认定要件,因而又被称为主观商事行为、营业商事行为。相对商事行为可以是在法律列举的范围内,仅商人实施方可构成商事行为的行为(主观商事行为);也可以是仅基于营利性营业目的方可构成商行为的行为(营业商事行为);还可以是仅由商人基于营利性营业目的实施方可构成商事行为的行为。此类行为通常包括财产出租、加工制造、保管运送、承揽修缮、出版印刷、居间代理、娱乐服务等。例如,《日本商法典》第 502 条列举的十三种营业性行为,即属于相对商事行为。

2. 单方商事行为和双方商事行为

这是根据行为人双方的主体资格所作的分类。单方商事行为是指行为人一方是商事主体而另一方不是商事主体所从事的交易行为。在学理上,这种交易行为被称为混合交易行为。销售商与消费者之间的买卖行为、商业银行与顾客之间的存贷行为、运输商与旅客之间的交易行为等,均属于此类行为。对于单方商事行为的法律适用,各国商法的规定不尽相同。多数大陆法系国家认为,单方商事行为或混合交易行为本质上仍然属于商事行为,应当受到商法的统一控制。因此,这些国家的商法通常规定,只要行为人中有一方为商人,其交易双方都应适用商法。例如,《德国商法典》第 345 条规定:"对于一个法律行为,以其对于双方当事人中的一方为商行为为限,关于商行为的规定,在此种规定中无其他规定的限度内,对于双方均同等地予以适用。"①《日本商法典》第 3 条规定:"当事人一方行为构成商行为的,本法适用于当事人双方。当事人一方为两人以上时,其中一人行为构成商行为的,本法适用于其所有成员。"②但是,法国和英美法系国家则认为,单方商事行为本质上是商事行为与一般民事行为的结合,因此,这些国家的商法规定,当行为人中只有一方为商人时,该商人适用商法,作为另一方的非商人不适用商法。

双方商事行为是指行为人双方均为商事主体所从事的交易行为。制造商与制造商之间的购销行为、批发商与零售商之间的买卖行为、商业居间和代理行为等,均属于

① 杜景林、卢谌译:《德国商法典》,法律出版社 2010 年版,第 211 页。

② 刘成杰译注、柳经纬审校:《日本最新商法典译注》,中国政法大学出版社 2012 年版,第 289 页。

此类行为。一般来说，对于双方商事行为的法律性质和法律适用，各国法学理论和法律实践中不存在争议。

3. 基本商事行为和附属商事行为

这是根据商事行为在同一营业活动内引起商事关系中的作用和地位所做的分类。基本商事行为是指在同一商事营业内直接以营利性交易为内容的商事行为。传统商法学者多强调基本商事行为的“直接媒介商品交易”的属性，认为基本商事行为仅局限于基本商事营业领域内，故又称之为买卖商行为、固有商行为，而现代商法学者则多强调基本商事行为的直接营利性内容，认为在专业分工极度发展的社会中，任何商事营业内均存在具有直接营利内容的基本商事行为和辅助其营利的附属商事行为。

附属商事行为是指在同一商事营业内虽不具有直接营利性内容，但能起到辅助基本商事行为实现作用的商事行为。传统商法理论将附属商事行为称为“间接媒介商品交易”的商事行为，认为仓储、运送、广告、服务等行为属于这种行为。但现代商法理论则认为，附属商事行为仅相对于基本商事行为而存在，任何商事营业范围内都存在基本商事行为和附属商事行为。例如，对于买卖而言，其销售营业为基本商事行为，而其运送和仓储则为附属商事行为；而对于承运商而言，其运送营业为基本商事行为，而其原材料购买则为附属商事行为。

4. 纯然商事行为和推定商事行为

这是根据法律对商事行为的确认方式所作的分类。纯然商事行为是指依据法律规定或法律列举可以直接认定其商事行为性质的商事行为，包括绝对商事行为和固有商人营业有关的商事行为。这种行为的特点是，它不需要通过司法推定或事实推定即可直接依法认定其为商事行为。可见，纯然商事行为的范围通常较为明确。

推定商事行为，又称非纯然的商事行为，是指不能直接依据法律规定或法律列举加以认定，而必须通过事实推定或法律推定方可确认其商事行为性质的商事行为。例如，非商事主体以营利为目的所从事的咨询服务、间接代理等活动，均属于此类行为。推定商事行为与商人的营利性行为有密切的联系，因而它包括商人通过非商人所为的行为、商人在营业范围之外从事的与营业密切相关的行为、在法律列举之外的营利性营业行为等。

二、一般商事行为

在大陆法系国家的商法学理论中，一般商事行为与特殊商事行为是一对重要的概念。按照这种理论，一般商事行为和特殊商事行为问题不是从商事行为本身提出的，而是从商法对商事行为的特别调整的共性和个性的角度提出的。因此，一般商事行为是指在商事交易中具有共性的、并受商法规范所调整的行为，包括商法上的债权行为、商法上的物权行为、商法上的交易结算行为等。

(一)商法上的债权行为

作为民事法律行为特殊形式的商事行为,首先表现为一种特殊形式的债权行为,而债的关系首先表现为一种民事法律关系,因此,商法上的债权行为的构成要件应以民事法律行为的构成要件为基础。但是,鉴于商事交易本身存在的特殊性,许多国家的商法作出了一些特殊规定,如商事合同订立中要约与承诺、商事主体权利义务等特殊规定,这些特殊规定在法律效力上应当优先于民法的规定。

1. 商事合同的订立

在商事合同的订立中,应当遵循民法的规定,但商法有特殊规定。例如,在契约缔结过程中,一方对于另一方的意思表示缄默,民法认为一般不具有意思表示的效果,不构成承诺,但一些国家的商法作出了特别规定。《德国商法典》第 362 条第 1 款规定:"由一个商人的营利事业经营产生为他人处理事务,并且处理此种事务的要约由某人到达该商人,而该商人与此人具有交易关系的,该商人有义务不迟延地作出答复;其沉默视为对该要约的承诺。处理事务的要约由某人到达一个商人,并且该商人已经向此人请求处理此种事务的,适用相同规定。"[①]《日本商法典》第 509 条第 1 款规定:"商人收到与其存在经常性交易关系的交易方所提出的属于其营业部类的合同要约时,必须及时发出对合同要约承诺与否的通知。"该条第 2 款规定:"商人怠于发出前款规定之通知时,视为该商人承诺前款之要约。"[②]这表明,按照商法的特殊规定,商人之缄默在特殊情况下可以构成承诺。

2. 商事主体的权利义务

(1)商事主体的法定义务。民法确认民事主体地位平等的观念,因而强调合同双方的权利义务应当对等。但是,商人拥有信息优势并借此博取商业利益,因此为了增强保护交易的相对方,各国商法都强化商人的注意义务,以维持交易关系的均衡。

首先,告知义务。在民事交易中,法律没有对民事主体的告知义务作出强制规定,而在商事交易中,法律却对告知义务作出强制规定。例如,我国《消费者权益保护法》第 18 条第 1 款规定:"经营者应当保证其提供的商品或者服务符合保障人身、财产安全的要求。对可能危及人身、财产安全的商品和服务,应当向消费者作出真实的说明和明确的警示,并说明和标明正确使用商品或者接受服务的方法以及防止危害发生的方法。"

其次,安全保护义务。关于交易中的安全保护义务,法律对民事主体提出的是一

① 杜景林、卢谌译:《德国商法典》,法律出版社 2010 年版,第 214～215 页。

② 刘成杰译注、柳经纬审校:《日本最新商法典译注》,中国政法大学出版社 2012 年版,第 297 页。

般要求，但对商事主体则提出严格要求。例如，我国《消费者权益保护法》第 18 条第 2 款规定："宾馆、商场、餐馆、银行、机场、车站、港口、影剧院等经营场所的经营者，应当对消费者尽到安全保障义务。"2003 年 12 月 26 日发布、2004 年 5 月 1 日起施行的《最高人民法院关于审理人身损害赔偿案件适用法律若干问题的解释》第 6 条规定："从事住宿、餐饮、娱乐等经营活动或者其他社会活动的自然人、法人、其他组织，未尽合理限度范围内的安全保障义务致使他人遭受人身损害，赔偿权利人请求其承担相应赔偿责任的，人民法院应予支持。"

其次，特别保管义务。民法一般不规定受要约人对要约人要约所附送物品的保管，而商法则对受要约人提出这种保管义务。例如，《日本商法典》第 510 条规定："商人收到属于其营业部类的合同要约且同时接收到物品时，即使拒绝该要约，也必须以要约人的费用保管该物品。但该物品的价额不足以支付保管费用或者商人会因保管该物品遭受损失的情形，不在此限。"①

(2)商事主体的法定请求权。由于商事交易具有营利性的特点，商法赋予商事主体一方可依法向另一方行使某种请求权。

首先，报酬请求权。在民法上，民事活动的报酬请求权应通过约定予以确认，无约定则推定为无偿。例如，《日本民法典》第 648 条第 1 项规定："受任人除非有特约，不得对委任人请求报酬。"②商法上，报酬请求权已转变为一般规则，商事活动报酬请求权的成立不以双方当事人之间的约定为必要条件，无约定须支付报酬。例如，《日本商法典》第 512 条规定："商人在其营业范围内为他人实施行为时，可以请求适当的报酬。"③

其次，利息请求权。在民法上，进行民事活动的利息请求权需通过约定形成，但在商法上，进行借款、垫款或其他商事活动中的利息请求权，允许约定产生，也能依照法律规定形成。例如，《德国商法典》第 353 条规定："商人相互之间有权，自届期之日起，为自己由双方商行为产生的债权请求利息。"该法典第 354 条第 2 款还规定："对于借贷、预付款项、垫付款项和其他费用，其自给付之日起，可以计算利息。"关于利息的数额，该法典第 352 条规定："①法定利息的数额，不包括迟延利息，在双方商行为的情形，为每年 5%。为由此种商行为产生的债务允诺利息，而未指定利率的，适用相同规定。②在本法典中规定支付利息的义务，而未指定数额的，其应当被理解为每年的利息为 5%。"④

---

① 刘成杰译注、柳经纬审校：《日本最新商法典译注》，中国政法大学出版社 2012 年版，第 297 页。

② 王书江译：《日本民法典》，中国法制出版社 2000 年版，第 117 页。

③ 刘成杰译注、柳经纬审校：《日本最新商法典译注》，中国政法大学出版社 2012 年版，第 297 页。

④ 杜景林、卢谌译：《德国商法典》，法律出版社 2010 年版，第 212～213 页。

(二)商法上的物权行为

物权是民法中的一个基本范畴,一般规定在民法典中。民法典中规定的物权原则和规范,通常对于私法活动具有普遍的适用价值,因而在商事活动中所涉及的物权问题,可以适用这些原则和规范。但是,对于一些特殊的商事行为来说,直接适用民法中的原则和规范是不够的,或者是不行的。因此,许多国家的商法对此作出了特殊的、补充的规定,主要涉及商事所有权、商事质权和商事留置权,这些规定对于这些特殊商事行为具有直接的规范意义,它们在一定程度上构成了商事物权与民事物权在法律上的差异。

1. 善意取得

对于财产接受人从无权利人处善意取得财产所有权,民法中所规定的关于接受人对财产让与人所有权的善意信任之保护原则,在商事交易中是不够的。例如,行纪商以自己的名义出售他人之物时,接受人不仅知道此物不属于作为让与人的行纪商,而且作为商事买卖的当事人必须接受此物。针对这种交易物所有权转移的特殊性,《德国商法典》第 366 条第 1 款扩大了《德国民法典》中的有关原则,规定对于善意之保护应有利于财产接受人。该条款规定:“一个商人在自己商事营利事业的经营中,出让或者出质一个不属于自己的动产的,为由一个非权利人得到权利的人的利益,适用《民法典》的规定,即使取得人的善意涉及出让人或者出质人为所有权人处分该物的权限,亦不例外。”①这表明,在商事交易中,财产转让中善意取得的内涵是取得人的善意涉及财产让与人对该财产的处分权。

2. 流质预约

传统民法重视所有权归属和所有人处分所有物的意思,为了防止质权人利用有利地位损害出质人利益,自罗马法以来一直禁止流质预约。例如,《日本民法典》第 349 条规定:“出质人,不得以设定行为或债务清偿期前的契约,使质权人取得作为清偿的质物的所有权,或使质权人不依法律所定方法处分质物。”②在许多国家商法中,禁止流质规则有了根本性改变,均承认商事交易中流质预约的有效性。例如,《日本商法典》第 515 条规定:“民法第三百四十九条之规定,不适用于担保商行为所生债权而设定的质权。”③

3. 商事留置权

在民法上,留置权有两项特别构成条件:第一,债权的发生必须与留置财产之间存在牵连关系。从各国法律来看,这种牵连关系主要有两种,即请求权牵连关系和债权

---

① 杜景林、卢谌译:《德国商法典》,法律出版社 2010 年版,第 216 页。
② 王书江译:《日本民法典》,中国法制出版社 2000 年版,第 62 页。
③ 刘成杰译注、柳经纬审校:《日本最新商法典译注》,中国政法大学出版社 2012 年版,第 298 页。

与标的物的关联，前者源于德国民法，后者为瑞士、日本等国民法所采用。在我国，依照《担保法》的规定，留置权成立之牵连关系直接体现为债权和留置物的占有取得之间的关联，即债权和标的物的占有取得因同一合同关系而发生。[①] 第二，债权人事实上占有留置财产。一旦留置财产脱离留置权人占有，甚至由债务人收回时，民法上的留置权即告消灭。根据《最高人民法院关于适用〈中华人民共和国担保法〉若干问题的解释》第 114 条和第 87 条第 2 款的规定，债务人代替债权人占有留置物的，不得成立留置权；留置权人将留置物返还给债务人以后，以留置权对抗第三人的，人民法院不予支持。[②]

在商法中，立法者将留置权的实际效用放在更为突出的地位上，既不强调债权发生与留置财产存在牵连关系，也不关注债权人对留置财产的占有。例如，《日本商法典》第 521 条规定："商人双方间商行为所产生的债权有清偿期时，在该债权被清偿之前，债权人可以留置基于与债务人间商行为而由自己占有的债务人所有物或有价证券。但当事人间有特别的意思表示时，不在此限。"[③]《德国商法典》第 369 条第 1 款第 2 句规定："即使标的物的所有权已经由债务人转移于债权人，或者已经由一个第三人为债务人转移给了债权人，但应当被返还转移给债务人的，此项留置权仍然成立。"[④]

（三）商法上的交易结算行为

往来账是商事交易中进行相互结算的行为，许多国家的商法或买卖法不同程度地对其作了规定。例如，《日本商法典》第 529 条规定"往来账，是指存在交易关系的商人间或商人与非商人间，相互约定将一定期间内交易所生债权及债务的总额进行抵消，仅支付抵消后余额的具有约定效力的制度。"[⑤]可见，它是以结算结果和结算后所产生的余额的确定来实现债务了结的一种方式。在这种债务了结方式中，借助于定期结算，交易双方当事人在商事业务往来中形成的债权和债务不断得以清算，从而避免了单方面独立的债权和债务的生效。

从本质上说，往来账是民法上的抵销权的延伸，但两者有明显区别，主要表现在以下几个方面：(1)适用的主体不同。往来账既适用于经常发生交易的商人与商人之间，也适用于经常发生交易的商人与非商人之间；民法上的抵销权既适用于商人参加的经济往来，也适用于非商人之间的经济往来。(2)适用的客体不同。往来账适用于金钱债务；民法上的抵销权适用于相同种类的标的物，不限于金钱债务。(3)确定的方法不

---

① 李国光：《担保法新释与适用》，新华出版社 2001 年版，第 1076～1079 页。
② 同上，第 1067～1068 页。
③ 刘成杰译注、柳经纬审校：《日本最新商法典译注》，中国政法大学出版社 2012 年版，第 298～299 页。
④ 杜景林、卢谌译：《德国商法典》，法律出版社 2010 年版，第 217 页。
⑤ 刘成杰译注、柳经纬审校：《日本最新商法典译注》，中国政法大学出版社 2012 年版，第 300 页。

同。往来账的债权债务,必须以各方认可的同意书或者承认书加以确定,未予确认或者承认的金额不列为交互计算的范围;民法上的法定抵销权只需单方发出抵销通知即可确定抵销范围,不考虑当事人不同意抵销理由的合理性。(4)利息的计算不同。在往来账中,除各方另有约定外,仅就抵销后的余额部分计算利息;在民法上的抵销权中,抵销前的债务都可以计算利息。

在商事交易中,采用往来账的方法有着重要意义。具体来说,一是可以大大简化结算的手续,减少资金流通的风险;二是可以忽略债权、债务的性质和产生原因,简化交易中债权债务关系的复杂性;三是可以担保债权的实现,增加债权实现的可靠性;四是可以促进和加快商事交易的进行。

三、特殊商事行为

特殊商事行为是指在商事交易中具有个性的,并受商法中的特别法或特别规范调整的商事行为。与传统商事交易相比,现代商事交易日益发达,交易规模不断扩大,使得交易手段、方法和标的变得纷繁复杂、丰富多彩,这构成了特殊商事行为的基础。综观各国商事立法,对特殊商事行为的法律调整在立法技术上采取两种方法。在有商法典的国家,一方面在商法典中规定了一部分调整特殊商事行为的规则,这些规则主要调整传统的特殊商事行为;另一方面则制定商事单行法来调整其他大量的特殊商事行为。而在没有商法典的国家,特殊商事行为基本上由商事特别立法或商事专门立法予以调整。

(一)商事买卖

商事买卖是最重要、最常见的商事行为。在各国商法中,商事买卖以民事买卖为基础,但又不同于民事买卖,因此对商事买卖规定了不同于民法的特殊规定。在大陆法系国家,都在制定的商法典中对商事买卖行为作出特别规定。这些规定一般是从商事交易的迅捷、安全原则出发而作出,主要涉及商事买卖中的迟延责任、商事买卖中给付标的物瑕疵责任的特殊性问题。在我国,《合同法》第九章"买卖合同"是关于买卖的专门规定,但是这些规定没有区别民事买卖和商事买卖,也没有对商事买卖作出有别于一般民事买卖的特殊规定。

(二)商事代理

商事代理是指在商事交易中,代理人在代理权限内,以被代理人的名义实施法律行为,其结果由被代理人承担的商事行为。在英美法系国家,由于没有民法传统,因此代理法主要是指商事代理法。在大陆法系国家,代理行为则分为民事代理与商事代理,并且分别规定于民法典和商法典之中。商事代理关系以民事代理关系为基础,但在主体、客体和内容上都存在着一定的差异。在大陆法系国家中,以商事主体为立法中心的国家，特别强调代理商的资格；而以商事行为为立法中心的国家，则强调行为的营利性。在我国，《民法总则》第七章对民事代理作了专门规定，商事代理通常参照适用这些规定。

（三）商事行纪

商事行纪是指商事主体以自己的名义为他人（委托人）购买或销售货物、有价证券，由此获取报酬，并以此作为职业性经营的行为。行纪行为是大陆法系国家商法中的一种典型的商事行为。它与代理和居间不同的是，在民商分立的国家，只有商法典才规定有行纪商或行纪商行为，民法典中没有关于行纪的规定。因此，商事行纪是相对独立于民法典的典型商事行为。在我国，《合同法》第二十二章规定了行纪合同的规则，这成为调整行纪行为的法律依据。

（四）商事居间

商事居间是指商事主体为获取一定的报酬（佣金）而从事的为委托人与第三人订立合同提供缔约机会或者进行介绍，以促成合同订立的行为。与代理一样，商事居间以民事居间法律关系为其构成和存在的基础，但两者在主体、客体和内容方面都存在着很多差异。这种差异产生的根本原因在于，作为商事行为，商事居间具有营利性特征，而这种特征导致其行为的构成、行为的有效性以及行为的后果等方面有着不同于民事居间的特殊性。在我国，《合同法》第二十三章中有居间合同的规则，但没有区分民事居间和商事居间，它们可以用来规范商事居间行为。

（五）商事信托

信托是指委托人基于对受托人的信任，将其财产权委托给受托人，由受托人按委托人的意愿以自己的名义，为受益人的利益或者特定目的，进行管理或者处分的行为。信托可分为民事信托和商事信托。民事信托是以安排个人资产移转、承继等为目的的民事法律行为，商事信托则是以获取商业利益为目的的商事行为。在现代经济生活中，商事信托无论在种类还是规模上都远远超过民事信托。目前，商事信托种类繁多，主要有投资基金信托、附担保的公司债信托、贷款信托、设备买卖融资担保信托、公司股东表决权信托、雇员受益信托等。在我国，已经实施的《信托法》没有区别民事信托和商事信托，它可以成为调整商事信托的法律依据。

（六）商事信用

商事信用是指在商事活动中，商品销售、提供服务、提供贷款等交易中取得商品、接受服务或贷款的一方，同意在将来规定的日期支付货款、服务报酬、贷款本息的承诺。在西方社会流行的记账买卖，实质上就是一种商事信用。目前，为了更好地维护商人的利益，商事信用更多地与信用担保联系在一起。在我国，经济生活中已经开始运用商事信用进行交易，这方面的立法正在进行中。

（七）证券交易

证券交易是指证券持有人在证券交易场所，依照交易规则将证券转让给其他投资者的行为。证券交易中，双方当事人通过买卖证券形成法律关系。由于证券交易是一种特殊的买卖行为，在交易主体、交易对象、交易地点、交易方式等方面都有特殊性。因此，许多国家都制定和实施专门法律以调整证券法律关系，维护资本市场的稳定。在我国，证券市场已经建立起来，并初步建立起以《证券法》为基本法的证券法律体系。

（八）商事期货交易

商事期货交易是指按照期货交易所的规定，由期货买卖的商事主体双方在交易所内预先签订产品买卖合同，而货款的支付和货物的交割要在约定的远期进行的一种商事买卖行为。由于期货买卖具有一定的投机性，它常常从物的交易变成了期货合约的交易。因此，期货商事行为与一般买卖商事行为的最大差异在于，交易的标的更多的是合约本身，而且交易具有更大的投机性和风险性。在我国，期货交易已经在经济生活中出现，这方面的立法正在不断完善。

（九）融资租赁

融资租赁是指出租人和承租人双方约定，出租人根据承租人的决定，向承租人选定的第三人（供货方）购买承租人选定的物件，然后将其租给承租人长期使用，以承租人支付租金的方式来收回投资的一种商事行为。融资租赁实质上是将买卖行为、租赁行为、信贷行为融为一体而形成的新型商事行为。对此，西方发达国家都进行专门的立法以规范这种行为。在我国，经济活动中已经开始运用融资租赁，《合同法》第十四章“融资租赁合同”专门对这种行为作出了具体规定。

（十）商事仓储

商事仓储是指由商事主体所从事的仓库经营即货物储存和保管的商事行为。在大陆法系国家的商法典中，商事仓储是一种典型的商事行为，它以民法的寄托行为理论为基础。传统商法中的商事仓储包括仓储和保管，两者在立法上未作出十分严格的区分。在我国，《合同法》将保管和仓储分别立法，在第十九章和第二十章中分别规定了“保管合同”和“仓储合同”，其中有关仓储合同的规则成为调整商事仓储行为的法律依据。

（十一）商事货运

商事货运是以特定标的物为运输对象的商事行为。在立法上，商事货运与旅客运输不同。商事货运是典型的商事行为，是商法调整的对象，而旅客运输由于涉及人身问题，因而它不仅由商法调整，而且更多的由民法、旅客运输法、交通法等法律法规的调整。在我国，《合同法》没有对货物运输和旅客运输作出严格区分并分别立法，而是将两者统一规定在第十七章“运输合同”中，当然对货物运输合同也作出了一些特殊规定。

第四节 商事登记

一、商事登记概述

(一)商事登记的概念和特征

商事登记,又称商业登记,是指商事主体或其筹办人为设立、变更或终止商事主体资格,依照法律规定的内容和程序向登记机关申请登记,登记机关经审查核准将登记事项记载于登记簿的法律行为。就法律性质来说,商事登记具有以下特征:

1. 商事登记是创设、变更或终止商事主体资格的法律行为

商事登记的根本目的在于创设、变更或终止商事主体资格和能力。根据许多国家法律的规定,商事登记的直接后果就是商事主体资格的取得、变更和消灭。因此,商事主体的特定商事能力的起止,取决于商事登记的行为及其效力。

2. 商事登记是要式法律行为

由于商事登记与商事主体的资格密切相关,因而商事登记行为必须按照法律规定的程序和要求进行。也就是说,行为的内容、方式和程序都必须符合法律的规定,否则商事登记不产生效力。

3. 商事登记是公法上的行为

商事登记是国家利用公权力干预商事活动的行为,本质上属于公法上的行为。[①]从另一个角度说,商事登记是商法公法性的集中体现。正因为如此,许多国家将商事登记制度纳入行政法的范畴。

(二)商事登记的意义

对于商事主体、政府以及社会公众来说,商事登记都有着重要意义,具体包括以下几个方面:

1. 商事登记使商事主体取得和保持合法资格,表明自己的身份和信誉

商事主体要进行商事行为必须拥有合法资格,而商事登记能够使商事主体做到这一点。另外,通过商事登记,商事主体能够公示自己的经营身份和经营能力,确立自己的商业信誉,提高自己的知名度。

---

① 关于商事登记的性质,有学者认为,商事登记是商事私法行为和公法行为的复合体(见覃有土:《商法学》,中国政法大学出版社 1999 年版,第 26 页;叶林、黎建飞:《商法学原理与案例教程》,中国人民大学出版社 2006 年版,第 128 页)。还有学者认为,商事登记在本质上是一种私法行为(见苗延波:《中国商法体系研究》,法律出版社 2007 年版,第 392～393 页)。

2. 商事登记便于政府对商事主体及其经营活动实施监管

为了规范经营秩序和实现国家目标，政府需要在工商、质量、价格、税收、金融等各方面对商事主体及其经营活动实施监管。商事登记有助于政府的管理部门了解商事主体的基本情况，便于其开展监管活动。

3. 商事登记有利于维护交易安全

通过商事登记，社会公众可以从公告中了解商事主体的基本情况，也可以到登记机关查阅登记簿知晓商事主体的实际状况。这样，有利于社会公众能更加明智地选择和决定自己的交易行为，从而实现交易安全的目的。

（三）商事登记立法

1. 各国商事登记的立法体例

从各国的法律来看，商事登记的立法体例包括以下四种：

(1)商法典模式，即由商法典规定商事登记制度。例如，《德国商法典》第一编第二章规定了商事登记制度。

(2)单行商事登记法模式，即由专门制定的商事登记法规定商事登记制度。例如，法国在废除了商法典中关于商事登记的规定后，颁布《商事及公司登记法令》来规定商事登记制度。

(3)商法典与单行商事登记法结合模式，即在商法典规定商事登记制度的同时，还专门制定商事登记法具体规定商事登记制度。例如，《日本商法典》第一编第三章规定商事登记制度，此外又制定《商事登记法》对商事登记制度作出具体规定。

(4)分散模式，即由相关企业法规定商事登记制度。例如，英美等国没有商法典，也没有专门的商事登记法，但其公司法和其他企业法中有关于商事登记的法律规定。

2. 我国商事登记的立法体例

在我国，没有商法典和商事登记法规定商事登记制度，有关商事登记制度散见于各种法律法规中。商事登记的法律法规可分为以下两个层面：

(1)主要商事主体共同适用的法律法规。这类法律法规的内容，实际上相当于国外商法典或者商事登记法中的一部分内容。例如，国务院颁布的《企业名称登记管理规定》，国家工商行政管理局颁布的《企业名称登记管理实施办法》《企业登记程序规定》《企业经营范围登记管理规定》等。

(2)某一类商事主体适用的法律法规。这类法律法规包括以下五种：第一种法律法规适用于公司，如《公司法》《公司登记管理条例》《公司注册资本登记管理规定》等；第二种法律法规适用于法人企业，如《企业法人登记管理条例》《企业法人登记管理条例施行细则》《企业法人法定代表人登记管理规定》等；第三种法律法规适用于非法人企业，如《合伙企业法》《个人独资企业法》《合伙企业登记管理办法》《个人独资企业登记管理办法》等;第四种法律法规适用于外商投资企业,如《中外合资经营企业法》《中外合作经营企业法》《外资企业法》《中外合资经营企业法实施条例》《中外合作经营企业法实施细则》《外资企业法实施细则》《关于外商投资企业登记管理适用公司登记管理法规有关问题的执行意见》等;第五种法律法规适用于个体工商户,如《个体工商户条例》《个体工商户登记管理办法》等。

可见,我国商事登记的法律法规是分散的,其内容存在着交叉和冲突。因此,为了更好地规范商事登记行为,有必要制定一部商事登记法。

二、商事登记的对象和主管机关

(一)商事登记的对象

商事登记的对象为商事主体,但哪些商事主体需要履行商事登记以及履行何种商事登记,各国法律的规定不完全一致。多数国家商法规定,行为人要从事商事活动,就必须履行商事登记。但有的国家对此作了限定,规定有些商事主体无须登记。例如,根据《日本商法典》第7条的规定,小商人不必登记。再如,中国台湾商业登记法规定,以下商事主体无须登记:沿门沿路叫卖者;于市场外临时性设摊营业者;自任操作或虽雇用员工而仍由自己操作的家庭农、林、渔、牧业者;自任操作或虽雇用员工而仍由自己操作的家庭手工业者。

在我国,商事登记采取强制登记原则,即主体从事商事活动必须事先进行商事登记,严禁无照经营。根据法律规定,应当进行商事登记的对象有两类:(1)具备企业法人条件的商事主体,如全民所有制企业、集体所有制企业、外商投资企业、有限责任公司、股份有限公司等;(2)不具备企业法人条件的商事主体,如合伙企业、个人独资企业、个体工商户、企业法人的分支机构、外国公司的分支机构等。需要注意的是,根据国务院2003年1月6日发布、2003年3月1日起施行的《无照经营查处取缔办法》第2条和第21条的规定,农民在集贸市场或者地方人民政府指定区域内销售自产的农副产品的,无须登记。

(二)商事登记的主管机关

从各国法律规定看,商事登记主管机关主要有四种模式:(1)法院,如德国、韩国等国商法规定,商事登记由地方法院办理;(2)法院和行政机关,如法国商法规定,法院办理一般商事登记,行政机关办理公司商事登记;(3)行政机关或专门设立的附属行政机构,如美国的一些州规定商事登记在州政府秘书处,日本规定商事登记在地方法务局;(4)专门注册中心和商会,如荷兰《商事注册法》规定地方商会负责商事登记。

在我国,国家工商行政管理机关独立行使登记管理权,并实行分级登记管理原则,即国家工商行政管理局,省、自治区、直辖市工商行政管理局及市、县、区工商行政管理局等多级管理。根据法律规定,分级登记管理规定如下:(1)经国务院或者国务院授权部门核准的全国性的公司、企业集团、经营进出口业务的公司,由国家工商行政管理局核准登记注册;(2)中外合资经营企业、中外合作经营企业、外资企业由国家工商行政管理局或者国家工商行政管理局授权的地方工商行政管理局核准登记注册;(3)全国性公司的子(分)公司,经省、自治区、直辖市人民政府或其授权部门批准设立的企业、企业集团、经营进出口业务的公司,由省、自治区、直辖市工商行政管理局核准登记注册;(4)其他企业,由所在市、县(区)工商行政管理局核准登记注册。

三、商事登记的种类

各国商法都对商事登记的种类作出规定,但所规定的内容不完全相同。在我国,《企业法人登记管理条例》规定的登记种类包括开业登记、变更登记和注销登记,《公司法》规定的登记种类包括设立登记、变更登记、注销登记和分公司的设立登记。

(一)设立登记

设立登记,又称开业登记,是指商事主体的筹办人为设立商事主体而向登记机关提出申请,并由登记机关办理登记的法律行为。

在我国,法律对于企业法人、非法人企业以及特定类型企业的设立登记的事项、条件、程序等作出了不同规范。就登记事项来说,根据《企业法人登记管理条例》第 9 条的规定,企业法人设立登记的主要事项包括企业法人名称,住所、经营场所,法定代表人、经济性质、经营范围、经营方式、注册资金、从业人数、经营期限、分支机构。公司设立登记的事项略有不同,《公司登记管理条例》第 9 条规定,公司设立登记的事项包括名称、住所、法定代表人姓名、注册资本、公司类型、经营范围、营业期限、有限责任公司股东或者股份有限公司发起人的姓名或者名称。但与企业法人、公司相比,非法人企业开业登记的事项有一定的差异。例如,《合伙企业登记管理办法》第 6 条规定,合伙企业设立登记的事项应当包括:名称,主要经营场所,执行事务合伙人,经营范围,合伙企业类型,合伙人姓名或者名称及住所、承担责任方式、认缴或者实际缴付的出资数额、缴付期限、出资方式和评估方式。《个人独资企业登记管理办法》第 8 条规定,个人独资企业设立登记事项应当包括企业名称、企业住所、投资人姓名和居所、出资额和出资方式、经营范围。

此外,我国法律还规定了个体工商户的设立登记。关于登记事项,《个体工商户登记管理办法》第 6 条规定,它包括经营者姓名和住所、组成形式、经营范围、经营场所。另外,个体工商户使用名称的,名称作为登记事项。

(二)变更登记

变更登记是指已成立的商事主体因自身情况发生变化而向登记机关提出申请,并由登记机关对已登记事项进行变更的法律行为。

商事主体出现合并、分立、转让、出租、联营等情况，或者因名称、住所、经营场所、法定代表人、经济性质、经营范围、经营方式、注册资本、经营期限、股东人数等发生变化，应当按照法律规定向登记机关申请办理变更登记。

(三)注销登记

注销登记是指商事主体因出现法定事由而终止经营时向登记机关提出申请，并由登记机关对其进行取消主体资格登记的法律行为。注销登记后，商事主体不再具有商事主体资格，不能开展任何经营活动。

导致商事主体终止经营的原因主要有下列四项：(1)解散，即商事主体根据其章程或实际经营状况作出的停止经营活动、终止主体资格的行为；(2)歇业，即商事主体在一段期限内连续停止经营活动；(3)被撤销，即商事主体根据政府部门依法作出行政命令或行政处分而被迫停止经营活动；(4)破产，即商事主体因经营管理不善造成严重亏损，不能偿还到期债务，依法律程序破产而停止经营活动。

四、商事登记的程序

商事登记的程序是指商事主体的筹办人或者商事主体依法向登记机关申请登记、登记机关依法审查核准并办理登记注册的步骤和方法。从各国法律看，商事登记的程序大致分为申请、受理、审查、核准发照和公告五个阶段。

(一)申请

申请是商事登记的起始阶段，由作为申请人的商事主体的筹办人或者商事主体向登记机关提出登记要求。申请时，申请人必须按照法律规定向登记机关提交相关文件，否则登记机关不予受理。

例如，我国《公司登记管理条例》第 20 条第 2 款规定，申请设立有限责任公司，应当向公司登记机关提交下列文件：(1)公司法定代表人签署的设立登记申请书；(2)全体股东指定代表或者共同委托代理人的证明；(3)公司章程；(4)股东的主体资格证明或者自然人身份证明；(5)载明公司董事、监事、经理的姓名、住所的文件以及有关委派、选举或者聘用的证明；(6)公司法定代表人任职文件和身份证明；(7)企业名称预先核准通知书；(8)公司住所证明；(9)国家工商行政管理总局规定要求提交的其他文件。法律、行政法规或者国务院决定规定设立有限责任公司必须报经批准的，还应当提交有关批准文件。

(二)受理

受理是指登记机关对申请人提交的申请文件予以初步审查，确认文件已经齐备、符合申请条件后作出的接受商事主体申请登记的法律行为。

例如，我国《公司登记管理条例》第51条规定，公司登记机关应当根据下列情况分别作出是否受理的决定：(1)申请文件、材料齐全，符合法定形式的，或者申请人按照公司登记机关的要求提交全部补正申请文件、材料的，应当决定予以受理。(2)申请文件、材料齐全，符合法定形式，但公司登记机关认为申请文件、材料需要核实的，应当决定予以受理，同时书面告知申请人需要核实的事项、理由以及时间。(3)申请文件、材料存在可以当场更正的错误的，应当允许申请人当场予以更正，由申请人在更正处签名或者盖章，注明更正日期；经确认申请文件、材料齐全，符合法定形式的，应当决定予以受理。(4)申请文件、材料不齐全或者不符合法定形式的，应当当场或者在5日内一次告知申请人需要补正的全部内容；当场告知时，应当将申请文件、材料退回申请人；属于5日内告知的，应当收取申请文件、材料并出具收到申请文件、材料的凭据，逾期不告知的，自收到申请文件、材料之日起即为受理。(5)不属于公司登记范畴或者不属于本机关登记管辖范围的事项，应当即时决定不予受理，并告知申请人向有关行政机关申请。公司登记机关对通过信函、电报、电传、传真、电子数据交换和电子邮件等方式提出申请的，应当自收到申请文件、材料之日起5日内作出是否受理的决定。

(三)审查

登记机关在受理申请人的登记申请后，应当在法律规定的期限内对申请文件进行审查，决定是否予以核准登记。

登记机关的审查应达到何种程度，这在各国立法与学说上存在着三种主张：(1)形式审查主义，即登记机关对于登记申请书及有关文件，仅在形式上审查其是否合法，至于其登记事项的内容实际上是否真实则在所不问，因此即使已经登记的事项也很难证明其真实可信。瑞士、比利时等国家均采用此种立法主义。(2)实质审查主义，即登记机关对于登记申请书及有关文件，不仅在形式上审查其是否合法，而且还对申请登记事项的真实性、合法性加以审查，因此凡是已经登记的事项即能证明其具有真实性。法国采用此种立法主义。(3)折中审查主义，即登记机关对申请登记事项有重点地进行审查，如果发现有不符合法律规定的，则不予登记，但已登记的事项不能因此而推定为完全真实，其登记事项的真伪最终应由司法机关加以裁定。

在我国，2004年6月10日国家工商行政管理总局颁布的《企业登记程序规定》第9条规定："登记机关收到登记申请后，应当对申请材料是否齐全、是否符合法定形式进行审查。申请材料齐全是指国家工商行政管理总局依照企业登记法律、行政法规和规章公布的要求申请人提交的全部材料。申请材料符合法定形式是指申请材料符合法定时限、记载事项符合法定要求、文书格式符合规范。"该法第11条还规定："企业登记机关认为需要对申请材料的实质内容进行核实的，应当派两名以上工作人员，对申请材料予以核实。经核实后，提交'申请材料核实情况报告书'，根据核实情况作出是否准予登记的决定。”可见，我国实行折中审查主义。

（四）核准

核准是指登记机关对登记申请人提交的文件予以审查后，作出登记并颁发、收回证照的批准行为。登记机关在收到申请人的申请文件后，必须在规定期限内进行审核，作出核准与不予核准的决定。如果予以核准的，应在规定期限内通知申请人并向其发给或收回证照；如果不予核准的，应说明理由。

例如，《公司登记管理条例》第53条规定，公司登记机关对决定予以受理的登记申请，应当分别情况在规定的期限内作出是否准予登记的决定：(1)对申请人到公司登记机关提出的申请予以受理的，应当当场作出准予登记的决定。(2)对申请人通过信函方式提交的申请予以受理的，应当自受理之日起15日内作出准予登记的决定。(3)通过电报、电传、传真、电子数据交换和电子邮件等方式提交申请的，申请人应当自收到“受理通知书”之日起15日内，提交与电报、电传、传真、电子数据交换和电子邮件等内容一致并符合法定形式的申请文件、材料原件；申请人到公司登记机关提交申请文件、材料原件的，应当当场作出准予登记的决定；申请人通过信函方式提交申请文件、材料原件的，应当自受理之日起15日内作出准予登记的决定。(4)公司登记机关自发出“受理通知书”之日起60日内，未收到申请文件、材料原件，或者申请文件、材料原件与公司登记机关所受理的申请文件、材料不一致的，应当作出不予登记的决定。公司登记机关需要对申请文件、材料核实的，应当自受理之日起15日内作出是否准予登记的决定。

该条例第54条还规定，作出准予公司设立登记决定的，应当出具“准予设立登记通知书”，告知申请人自决定之日起10日内，领取营业执照；作出准予公司变更登记决定的，应当出具“准予变更登记通知书”，告知申请人自决定之日起10日内，换发营业执照；作出准予公司注销登记决定的，应当出具“准予注销登记通知书”，收缴营业执照。公司登记机关作出不予登记决定的，应当出具“登记驳回通知书”，说明不予登记的理由，并告知申请人享有依法申请行政复议或者提起行政诉讼的权利。

（五）公告

商事登记经审查核准后，应当及时向社会公告。向社会进行公告的目的有三个：一是使社会公众及时了解商事主体的基本情况，便于进行交易；二是发挥社会的监督作用，便于登记主管机关依法查处登记中的违法行为；三是保障商事主体的合法权益不受侵犯，除虚假事项外，商事登记的事项经登记后即具有法律效力，可以对抗任何第三人。

各国规定的公告方式不完全相同，有的国家规定在专门设立的公告栏上进行公告，有的国家规定在当地的商业报纸上刊登公告，有的国家规定在政府的官方公报上予以公告。在我国,《企业登记程序规定》第 21 条规定:“企业登记机关应当建立企业登记簿,供社会查阅。企业登记材料涉及国家秘密、商业秘密和个人隐私的,企业登记机关不得对外公开。”根据 2014 年 8 月 7 日国务院公布的《企业信息公示暂行条例》第 6 条的规定,工商行政管理部门应当通过企业信用信息公示系统,公示企业注册登记、备案信息。另外,《个体工商户登记管理办法》第 33、34 条规定,公众查阅个体工商户的下列信息,登记机关应当提供:(1)注册、变更、注销登记的相关信息;(2)国家工商行政管理总局规定公开的其他信息。个体工商户登记管理材料涉及国家秘密、商业秘密和个人隐私的,登记机关不得对外公开。可见,我国主要是通过查阅企业登记簿和在企业信用信息公示系统公布的方式,公告商事主体登记情况。

五、商事登记的效力

商事登记是一种法律行为,一经完成便对申请人和第三人产生相应的法律效力,这些效力主要包括创设效力和公示效力。

(一)创设效力

对于申请人来说,一旦商事登记完成,便取得商事主体的资格,即取得经营的资格。但是,未经登记的行为人能否获得商事主体的资格并享受权利、承担义务呢?各国的规定不一致,主要有以下三种原则:

1. 商事登记是商法人获得法律人格的必要条件

有的国家法律规定,商事登记是商法人获得法律人格的必要条件,未经登记及宣告,商法人不能成立,其行为不能被视为商事行为。但是,对于商个体和商合伙而言,商事登记仅具有宣告性,是其商人身份的法律认可;如果行为人未经登记而实施了商事行为,其不享有商人所享有的权利,但必须履行商人应履行的义务。德国、法国、瑞士的商法均奉行这一原则。

2. 商事登记不是商事主体资格取得的必要条件

有的国家法律规定,商事登记不是商事主体资格取得的必要条件,行为人未经商事登记而实施了商事行为的,同样可以享有商人的权利并履行商人的义务。商事登记的作用仅仅是保护商号和商事主体的商标等与商事主体相关的特殊权利。荷兰等国家的商法奉行这一原则。

3. 商事登记是各类商事主体成立的必要条件

商事登记是各类商事主体成立的必要条件,未经商事登记,行为人即使实施了商事行为,也不得享有商人的权利,不必履行商人的义务,该行为应认定为无效行为。

在我国,根据法律规定,商事登记不仅是商法人取得商事主体资格的必要条件,也是不具备法人条件的组织取得商事主体资格的必要条件。因此,我国法律严禁未经登记的无照经营行为。

(二)公示效力

合法有效的商事登记经过公示后,必然对第三人产生效力。从各国的法律规定看,登记与公示对第三人的法律效力是一个比较复杂的问题。

1. 消极效力

多数国家法律规定,应当在商事登记簿上登记的事项未予登记或已经登记还未公告的,任何该登记事项的行为人都不能用该事项来对抗第三人,除非第三人已经了解该事项的真实情况。例如,《德国商法典》第 15 条第 1 款规定:“在一个应被登入商业登记簿的事实未被登记和公告期间,在其事务上应当对此项事实登记的人,不得以此项事实对抗第三人,但此项事实为第三人所知悉的,不在此限。”[①]《日本商法典》第 9 条第 1 款第 1 句则规定:“本编所规定之应登记事项,未经登记不能对抗善意第三人。”[②]这一规则的目的在于保护善意第三人。

2. 积极效力

许多国家法律规定,如果应登记事项已经登记并已经公布,该事项则对第三人生效。例如,《德国商法典》第 15 条第 2 款第 1 句规定:“此项事实已经被登记和公告的,第三人必须承受此项事实的效力。”但是,有的国家法律规定,如果第三人有法定理由不知道该登记事项,它对其不产生法律效力。例如,《德国商法典》第 15 条第 2 款第 2 句规定:“对于在公告之后 15 日之内实施的法律行为,以第三人能够证明其既不明知亦不应知此项事实为限,不适用此种规定。”[③]《日本商法典》第 9 条第 1 款第 2 句则规定:“即使已做登记,当第三人因正当事由而未能知悉登记事项时,登记同样不具对抗效力。”[④]

3. 登记不实的效力

登记不实就是登记与事实不符的情况,其原因主要有三种:一是因故意或过失而登记不实事项;二是因登记事项发生变化而未予以登记;三是因公告差错而致公告内容与登记事项不符。对此,一些国家法律规定,登记不实不能对抗善意第三人。例如,《德国商法典》第 15 条第 3 款规定:“一项应登记的事实不正确地被公告的,对于在其事务上应当对此项事实登记的人,第三人可以援用所公告的事实,但其知悉不正确的,不在此限。”[⑤]《日本商法典》第 9 条第 2 款规定:“故意或过失登记不实事项者,不能以

---

① 杜景林、卢谌译:《德国商法典》,法律出版社 2010 年版,第 15 页。
② 刘成杰译注、柳经纬审校:《日本最新商法典译注》,中国政法大学出版社 2012 年版,第 290 页。
③ 杜景林、卢谌译:《德国商法典》,法律出版社 2010 年版,第 15 页。
④ 刘成杰译注、柳经纬审校:《日本最新商法典译注》,中国政法大学出版社 2012 年版,第 290 页。
⑤ 杜景林、卢谌译:《德国商法典》,法律出版社 2010 年版,第 15 页。

此事项乃不实事实为由对抗善意第三人。”①

从我国现行法律规定看，已登记的事项应具有对抗第三人的法律效力，应登记而未登记的事项，行为人不得以此对抗善意第三人，除非能证明第三人具有恶意。

六、商事登记的监督管理

对于商事登记的监督管理，各国法律所规定的方法不完全相同。一般来说，商事登记的监督管理包括社会公众的监督和登记主管机关的监督管理。

（一）社会公众的监督

社会公众的监督主要是通过社会公众查阅商事登记簿以及相关资料对商事主体的经营状况进行监督。因此，多数国家法律都规定有公众对商事登记事项的参与权，以保障社会公众对商事主体经营活动的监督。例如，德国法就规定公众享有免费查阅注册簿、发布证书和声明以保证其参与权，瑞士规定公众行使参与权的方式是对注册处的查问和对发布证书的阅读，法国则通过对文件缩本式证书的传递和政府商业公告的发表来保障公众对注册事项的参与。

根据我国法律规定，允许社会公众按规定借阅、抄录、复制工商登记档案资料，以保障社会公众行使监督权。

（二）登记主管机关的监督管理

根据《公司登记管理条例》《企业法人登记管理条例》等法律法规的规定，登记主管机关的监管包括以下主要内容：

1. 登记事项管理

设立登记是商事主体开展经营活动的前提，而商事主体经登记成立后，必须严格按照登记的事项开展经营活动，发生变更事项或解散时必须办理登记，以维护交易相对人的利益和交易秩序。因此，登记主管机关对商事主体的登记事项实施管理。例如，《企业法人登记管理条例》第 29 条规定，企业法人擅自改变主要登记事项或者超出核准登记的经营范围从事经营活动的，登记主管机关可以根据情况分别给予警告、罚款、没收非法所得、停业整顿、扣缴、吊销《企业法人营业执照》的处罚。又如，《公司登记管理条例》第 69 条第 1 款规定：“公司登记事项发生变更时，未依照本条例规定办理有关变更登记的，由公司登记机关责令限期登记；逾期不登记的，处以 1 万元以上 10 万元以下的罚款。其中，变更经营范围涉及法律、行政法规或者国务院决定规定须经批准的项目而未取得批准，擅自从事相关经营活动，情节严重的，吊销营业执照。”再如，《公司登记管理条例》第 67 条规定：“公司的发起人、股东在公司成立后，抽逃出资

① 刘成杰译注、柳经纬审校：《日本最新商法典译注》，中国政法大学出版社 2012 年版，第 290 页。

的，由公司登记机关责令改正，处以所抽逃出资金额5%以上15%以下的罚款。”

2. 年度报告管理

2014年2月7日，国务院印发《注册资本登记制度改革方案》。该方案提出，将企业年检制度改为企业年度报告公示制度。企业应当按年度在规定的期限内，通过市场主体信用信息公示系统向工商机关报送年度报告，并向社会公示，任何单位和个人均可查询。该方案还提出，改革个体工商户验照制度，建立符合个体工商户特点的年度报告制度。

该方案中有关商事主体年度报告制度的内容被写入相关法律法规中。2014年2月19日修订的《企业法人登记管理条例》第24条规定：“企业法人应当于每年1月1日至6月30日，通过企业信用信息公示系统向登记主管机关报送上一年度年度报告，并向社会公示。年度报告公示的内容以及监督检查办法由国务院制定。”①对此，2014年8月7日国务院发布、2014年10月1日起施行的《企业信息公示暂行条例》作出了具体规定。该条例第9条规定，企业年度报告内容包括：(1)企业通信地址、邮政编码、联系电话、电子邮箱等信息；(2)企业开业、歇业、清算等存续状态信息；(3)企业投资设立企业、购买股权信息；(4)企业为有限责任公司或者股份有限公司的，其股东或者发起人认缴和实缴的出资额、出资时间、出资方式等信息；(5)有限责任公司股东股权转让等股权变更信息；(6)企业网站以及从事网络经营的网店的名称、网址等信息；(7)企业从业人数、资产总额、负债总额、对外提供保证担保、所有者权益合计、营业总收入、主营业务收入、利润总额、净利润、纳税总额信息。上述第(1)项至第(6)项规定的信息应当向社会公示，第(7)项规定的信息由企业选择是否向社会公示。经企业同意，公民、法人或者其他组织可以查询企业选择不公示的信息。该条例还规定，公民、法人或者其他组织发现企业公示的信息虚假的，可以向工商行政管理部门举报，接到举报的工商行政管理部门应当自接到举报材料之日起20个工作日内进行核查，予以处理，并将处理情况书面告知举报人。国务院和省级工商行政管理部门按照公平规范的要求，根据企业注册号等随机摇号，确定抽查的企业，组织对企业公示信息的情况进行检查。工商行政管理部门抽查企业公示的信息，可以采取书面检查、实地核查、网络监测等方式。工商行政管理部门抽查企业公示的信息，可以委托会计师事务所、税务师事务所、律师事务所等专业机构开展相关工作，并依法利用其他政府部门作出的检查、核查结果或者专业机构作出的专业结论。抽查结果由工商行政管理部门通过企业信用信息公示系统向社会公布。

3. 登记档案管理

---

① 2016年2月6日修订的《企业法人登记管理条例》，仍作出这样的规定。

登记档案是反映商事主体登记状况的基础材料，也是登记主管机关和其他政府部门对商事主体进行管理的基础信息，因此登记主管机关必须加强登记档案管理，法律对此作出规定。例如，《公司登记管理条例》第 62 条规定："借阅、抄录、携带、复制公司登记档案资料的，应当按照规定的权限和程序办理。任何单位和个人不得修改、涂抹、标注、损毁公司登记档案资料。"

4. 证照管理

证照是商事主体对外表明自己身份的重要法律文件，其是否合法使用关系到第三人的利益，因此登记主管机关需要对此进行严格管理。根据《企业法人登记管理条例》及其实施细则的规定，登记主管部门核发的企业法人营业执照或者营业执照分为正本和副本，同样具有法律效力。正本应悬挂在主要办事场所或者主要经营场所。登记主管机关根据企业申请和开展经营活动的需要，可以核发执照副本若干份。企业营业执照的正、副本，不得伪造、涂改、出租、出借、转让、出卖，否则要承担相应的法律责任，即没收非法所得，处以非法所得额 3 倍以下的罚款，但最高不超过 3 万元，没有非法所得的，处以 1 万元以下的罚款；情节严重的，吊销营业执照。

第五节　商　号

一、商号概述

（一）商号的概念和特征

商号有广义和狭义之分。从狭义上说，商号仅指字号。从广义上说，商号，即商事名称、商业名称，是指商事主体在实施商事行为时用以表明自己的名称。也就是说，商号就是商事主体在商事交易中为法律行为时用于署名的名称，或者同意其代理人与他人进行商事交易时使用的名称。本书是在广义上使用"商号"这一概念。商号具有以下法律特征：

1. 商号是商事主体用以代表自己的名称

为了使商事主体在商事交易活动中具有个性，各国法律都要求商事主体必须有自己的商号。因而商号的重要功能在于代表商事主体，成为商事主体的外在表征，并依附于商事主体。

2. 商号是商事主体在从事商事交易活动中使用的名称

商号是商事主体在从事商事交易活动时使用的名称，在实施交易活动以外的行为时不应使用。例如，自然人成为商事主体时，用自己的姓名作为商号时应添加字样以示区别，他在从事营利性的商事交易活动时使用商号，而从事非营利性活动时则不应使用商号。

3. 商号是与商事主体的特定经营活动和商业信誉联系紧密的名称

商号总是与特定的商事主体紧密联系，而商事主体又有自己特定的经营对象和经营范围，因而商号必然与特定的经营活动联系在一起。另外，商事主体在长期的经营活动中形成商业信誉，最终使得商事主体的名称与其商业信誉紧密联系起来。

（二）商号与相关概念的区别

1. 商号与经营者的姓名

姓名是自然人所具有的表明自己身份的符号，由文字组成。受法律保护的姓名，不仅指身份证上所记载的姓名，还包括曾用名、笔名、艺名以及“字”“号”。

姓名与商号的根本区别在于：姓名是表示自然人身份的符号，因而法律仅将其作为一种人格权加以保护，自然人的姓名权自然不得转让；而商号是表示商事主体的符号，因而法律不仅将其作为一种人格权加以保护，而且更多的是将其作为一种财产权加以保护，商号也就可以转让。

2. 商号与商标

商标是商品生产者或经营者、服务提供者用以标明自己生产或销售的商品、提供的服务与其他人生产、销售的同类商品或提供的同类服务相区别的标记。

商号与商标的区别主要表现在：(1)构成要素不同。商标通常由文字、图形、字母、数字、三维标志和颜色组合以及上述要素的组合构成，而商号只能由文字构成。(2)内在功能不同。商标的功能是区别不同的商品和服务，代表商品和服务的信誉，而商号的功能是区别商事主体，代表商事主体的信誉。(3)是否需要注册不同。商标注册采用自愿注册与强制注册相结合的原则，而商号注册则采用强制原则。(4)注册后效力不同。商标注册后在全国范围内有效且有效期有限制，而商号注册后一般在一定地域内有效且有效期没有限制。

3. 商号与商业招牌

商业招牌是指商事主体挂在营业所门前作为标志的牌子。它往往具有表示商事主体住所和宣示商事主体的广告作用。通常情况下，商业招牌与商号是一致的，但有时商事主体不用商号作为商业招牌，而使用其他的文字、图案、符号作为商业招牌。

商号与商业招牌的区别主要表现在：(1)构成要素不同。商号只能由文字构成，而商业招牌可以由文字、图案、符号等构成。(2)内在功能不同。商号的功能是表彰特定的商事主体，商业招牌的功能是表示商事主体住所和宣示商事主体。(3)适用法律不同。保护商号的法律主要是民法和商法，保护商业招牌的法律主要是反不正当竞争法。

二、商号的选定

(一)商号选定的概念和原则

商号选定是指商事主体按照法律要求取得商号。综观各国法律,在商号选定方面主要奉行两种立法原则,即商号真实原则和商号自由原则。

1. 商号真实原则

所谓商号真实原则,是指法律对商号的选定予以严格限制,商号必须反映商事主体的真实状况。具体来说,商号必须与商事主体的营业种类、经营范围、投资状况等相一致,不可以给社会公众造成假象或者产生迷惑,否则法律将禁止使用。对于非法人的商事主体来说,商号还必须与营业主的姓名相符。采用商号真实原则的国家主要有德国、法国、瑞士等欧洲大陆法系国家。例如,《德国商法典》第 18 条规定:“商号必须适合于标识商人,并且必须具有区分力。商号不得包含适合于对营业情况产生误解、而此种营业情况对于所称的交易范围具有实质意义的事项。在登记法院进行的程序中,适合于引起误解仅在明显可见之时,始被考虑。”[①]再如,《法国商事公司法》第 34 条第 3 款规定:“有限责任公司应有其公司名称,名称中得加入一位或数位参股人的姓名,其前或其后应标明‘有限责任公司’字样,或者加上缩写‘SARL’,并标明公司注册资本。”[②]

2. 商号自由原则

所谓商号自由原则,是指商事主体对商号的选定相对自由,商号中可不反映商事主体的营业种类、经营范围、投资状况与营业主的姓名。采用商号自由原则的国家主要有日本以及美国、英国等英美法系国家。例如,《日本商法典》第 11 条规定:“商人(公司及外国公司除外,下同),可以以其姓、全名或其他名称为商号。”[③]但是,自由原则并非绝对自由,而是相对自由,采用这个原则的国家对商号选定作了一些限制规定,如不允许非法人营业主体使用公司等商法人名称;公司名称中必须标明公司的种类,而不允许只使用单纯的“公司”字样;同类业务公司不得使用相同或类似的名称;不允许使用国名、国际、联邦字样和可能造成公众误解或有欺骗性的字样以及法律明文禁止使用的其他字样等。

在我国,商号的选定采用何种原则,学者们观点不一。有的学者认为,我国原则上

---

① 杜景林、卢谌译:《德国商法典》,法律出版社 2010 年版,第 17 页。

② 罗结珍译:《法国公司法典》,国际文化出版公司 1995 年版,第 46 页。

③ 刘成杰译注、柳经纬审校:《日本最新商法典译注》,中国政法大学出版社 2012 年版,第 290 页。

采取商号真实原则;[①]还有的学者认为,我国原则上采取商号自由原则。[②] 我们认为,从现行法律规定看,我国原则上采取商号真实原则,这可以从商号选定的规定中看到这一点。

(二)商号选定的规定

1. 商号结构的规定

商号结构就是商号的基本要素及其组成顺序。商号类型不同,商号的结构也就不同。根据1991年7月22日国家工商行政管理局发布、2012年11月9日修订的《企业名称登记管理规定》第7条的规定,企业名称一般应由以下四部分依次组成:(1)企业所在地省(包括自治区、直辖市)或者市(包括州)或者县(包括市辖区)行政区划名称;(2)字号;(3)行业或者经营特点;(4)组织形式。但是,经国家工商行政管理局核准,下列企业的企业名称可以不冠以企业所在地行政区划名称:一是获准在企业名称中使用"中国""中华"或者冠以"国际"字样的企业[③];二是历史悠久、字号驰名的企业;三是外商投资企业。

2. 商号选定的限制

根据《企业名称登记管理规定》的规定,商号选定时应符合以下规定:

(1)企业名称数量的限制规定。企业只准使用一个名称,确有特殊需要的,经省级以上登记主管机关核准,企业可以在规定的范围内使用一个从属名称。

(2)企业名称相同或近似的禁止规定。企业在登记主管机关辖区内不得与已登记注册的同行业企业名称相同或者近似。

(3)企业名称内容的禁用规定。企业名称不得含有下列内容和文字:①有损于国家、社会公共利益的;②可能对公众造成欺骗或者误解的;③外国国家(地区)名称、国际组织名称;④政党名称、党政军机关名称、群众组织名称、社会团体名称及部队番号;⑤汉语拼音字母(外文名称中使用的除外)、数字;⑥其他法律、行政法规规定禁止的。

(4)企业名称的语言使用规定。企业名称应当使用汉字,民族自治地方的企业名称可以同时使用本民族自治地方通用的民族文字。企业使用外文名称的,其外文名称应该与中文名称相一致,并报登记主管机关登记注册。

---

① 参见江平:《法人制度论》,中国政法大学出版社1994年版,第176～177页;范健:《商法》,高等教育出版社、北京大学出版社2007年版,第77～78页;赵万一:《商法基本问题研究》,法律出版社2002年版,第335～337页。

② 董安生、王文钦、王艳萍:《中国商法总论》,吉林人民出版社1994年版,第196～197页;赵中孚:《商法总论》,中国人民大学出版社1999年版,第175～176页。

③ 根据《企业名称登记管理规定》第13条的规定,这类企业包括:(1)全国性公司;(2)国务院或其授权的机关批准的大型进出口公司;(3)国务院或其授权的机关批准的大型企业集团;(4)国家工商行政管理局规定的其他企业。

(5)设分支机构的企业及其分支机构名称的规定。在企业名称中使用“总”字的,必须下设三个以上分支机构;不能独立承担民事责任的分支机构,其企业名称应当冠以其所从属企业的名称,缀以“分公司”“分厂”“分店”等字词,并标明该分支机构的行业和所在地行政区划名称或者地名,但其行业与其所从属的企业一致的,可以从略;能够独立承担民事责任的分支机构,应当使用独立的企业名称,并可以使用其所从属企业的企业名称中的字号;能够独立承担民事责任的分支机构再设立分支机构的,所设立的分支机构不得在其企业名称中使用总机构的名称。

(6)联营企业名称的特别规定。联营企业的企业名称可以使用联营成员的字号,但不得使用联营成员的企业名称。联营企业应当在其企业名称中标明“联营”或者“联合”字词。

三、商号的登记

(一)商号登记的概念

商号登记是指商事主体对其选定的商号依法向商事登记机关提出申请,商事登记机关经审查在商事登记簿上记载的法律行为。商号一经登记,商事主体便获得专有使用权。

商号是否必须进行登记注册,各国规定并不相同。在英美法系国家,对于非公司的商号并不要求必须登记,而且商号既可以作为商号登记,也可以作为商标登记。但是,大多数大陆法系国家认为,商号是商事主体商业信誉的标志,商号登记可以防止他人滥用商号,影响商事主体的商业信誉,因而采用强制登记制度。这就意味着,商号选定后,非经登记,不受法律保护。例如,《德国商法典》第29条规定:“任何一个商人均有义务向营业所所在地辖区的法院申请,将自己的商号以及自己主营业所的所在地点和国内营业地址登入商事登记簿。”[①]在我国,法律明确规定,商号登记是商事登记的法定事项,是商事主体成立的必要条件。

(二)商号登记的类型

根据登记原因和目的的不同,商号登记可分为以下几种类型:

1. 商号创设登记

商号创设登记就是商事主体创立时对其商号所进行的登记,它是商事主体设立的必经程序。只有履行了创设登记的商号才能成为商事主体的名称,才能对外产生法律效力,用以对抗善意第三人。

2. 商号变更登记

---

① 杜景林、卢谌译:《德国商法典》,法律出版社2010年版,第20～21页。

商号变更登记就是商事主体在经营存续期内变更原登记商号的全部或一部分，而在登记机关所履行的登记。商事主体变更其商号，必须经过登记机关登记，否则不发生法律效力。因此，在未履行变更登记前，商事主体使用的新商号不能对抗善意第三人。

3. 商号转让登记

商号转让登记就是商事主体对商号权转让后所进行的登记。商号经登记机关登记后，商事主体便取得对该商号的专有使用权，这种权利可以与营业一起转让或者在营业终止时单独转让，商号转让后经登记发生法律效力，可以对抗善意第三人。

4. 商号废止登记

商号废止登记就是商事主体终止经营时为废止商号的继续使用而履行的登记。未经登记，商号的废止不得对抗善意第三人。

5. 商号撤销登记

商号撤销登记就是商号因商事主体被依法撤销而撤销时，商事主体所履行的登记。当法定事由发生时，主管机关依职权撤销商事主体的经营资格，因商号无所依附而一并予以撤销，此时应依法进行登记。

6. 商号继承登记

商号继承登记就是营业主死亡，由继承人继承其营业时，应依继承事由所办理的登记。这种登记包括营业继承登记，还包括商业名称的继承登记。

（三）商号登记的效力

商号一经登记，商事主体就获得了商号的专有使用权，从而产生双重效力，即排他效力和救济效力。

1. 排他效力

排他效力是指商号一旦经某商事主体登记，其他人便不得登记或使用与其相同或类似的商号。可见，商号应当登记，非经登记不具有排他效力；商号登记后，其他同行业营业的商事主体不得再行登记和使用相同或类似的名称。因此，许多国家立法对于商号登记的排他效力均有规定。例如，《德国商法典》第30条第1款规定："任何一个新的商号均必须与在同一地点或者在同一乡镇已经存在，并且已经登入商事登记簿或者登入合作社登记簿的商号明显地相区别。"[①]《日本商法典》第12条第1款规定："任何人均不得以不正当目的使用可能使人误认为是其他商人的名称或商号。"[②]

在我国，《企业名称登记管理规定》第6条规定："企业只准使用一个名称，在登记

① 杜景林、卢谌译：《德国商法典》，法律出版社2010年版，第21页。

② 刘成杰译注、柳经纬审校：《日本最新商法典译注》，中国政法大学出版社2012年版，第291页。

主管机关辖区内不得与已登记注册的同行业企业名称相同或者近似。”可见，我国不允许企业在登记主管机关辖区内登记和使用与已登记注册的同行业企业名称相同或者近似的名称。《企业名称登记管理规定》第 21 条还规定：“申请登记注册的企业名称与下列情况的企业名称相同或者近似的，登记主管机关不予核准：(一)企业被撤销未满三年的；(二)企业营业执照被吊销未满三年的；(三)企业因本条第(一)(二)项所列情况以外的原因办理注销登记未满一年的。”关于企业名称与同一企业登记机关已登记注册、核准的同行业企业名称相同的情形，2017 年 7 月 31 日国家工商行政管理总局发布的《企业名称禁限用规则》第 4 条第 2 款规定了以下四种：(1)与同一登记机关已登记、或者已核准但尚未登记且仍在有效期内、或者已申请尚未核准的同行业企业名称相同；(2)与办理注销登记未满一年的同行业企业名称相同；(3)与同一登记机关企业变更名称未满一年的原同行业名称相同；(4)与被撤销设立登记和被吊销营业执照尚未办理注销登记的同行业企业名称相同。

商号登记对其他商号产生排他效力必须具备以下两个条件：(1)必须是两个以上的商事主体使用的名称相同或近似，即在名称的结构、文字、含义或读音上相同或近似；(2)使用相同或近似名称的商事主体必须是同一行业，否则不得排斥使用。为了在申请中比对企业名称的相同或相近，2017 年 7 月 31 日，国家工商行政管理总局发布了《企业名称相同相近比对规则》。该规则第 3 条规定，申请人提交的企业名称登记、核准申请有下列情形之一的，比对系统提示为企业名称相同：(1)与同一企业登记机关已登记、核准的企业名称完全相同；(2)与同一企业登记机关已登记、核准的企业名称行政区划、字号、行业和组织形式排列顺序不同但文字相同；(3)与同一企业登记机关已登记、核准的企业名称字号、行业文字相同但行政区划或者组织形式不同。该规则第 4 条还规定，申请人提交的企业名称登记、核准申请有下列情形之一的，比对系统提示为企业名称相近：(1)与同一企业登记机关已登记、核准的同行业企业名称字号相同，行业表述不同但含义相同；(2)与同一企业登记机关已登记、核准的同行业企业名称字号的字音相同，行业表述相同或者行业表述不同但内容相同；(3)字号包含同一企业登记机关已登记、核准同行业企业名称字号或者被其包含，行业表述相同或者行业表述不同但内容相同；(4)字号与同一企业登记机关已登记、核准同行业企业名称字号部分字音相同，行业表述相同或者行业表述不同但内容相同；(5)不含行业表述或者以实业、发展等不使用国民经济行业分类用语表述行业的，包含或者被包含同一企业登记机关已登记、核准的同类别企业名称的字号，或者其字号的字音相同，或者其包含、被包含的部分字音相同。

2. 救济效力

救济效力是指商号一旦经某商事主体登记后，同一行业的商事主体非法使用相同或相似商号的,可以依法要求侵权者停止侵权或者赔偿损失。目前,许多国家立法对商号登记的救济效力都有规定。例如,《日本商法典》第 12 条规定:“任何人均不得以不正当目的使用可能使人误认为是其他商人的名称或商号。商人的营业上利益,因他人使用违反前款规定的名称或商号而受到侵害或者存在侵害可能时,商人可以请求侵害或可能侵害其营业上利益者停止或防止侵害。”①《德国商法典》第 37 条对商号的保护规定了两种方式:一为公法保护。该条第 1 款规定:“使用一个依本章规定不属于自己的商号的人,登记法院应当通过判处罚款促使其停止使用商号。”二为私法保护。该条第 2 款规定:“因他人擅自使用一个商号而使自己权利受到侵害的人,可以向该他人请求停止使用商号。依其他规定成立的损害赔偿请求权,不受妨碍。”②

在我国,《企业名称登记管理规定》对商号登记的救济效力作了明确规定。该法规第 27 条规定:“擅自使用他人已经登记注册的企业名称或者有其他侵犯他人企业名称专用权行为的,被侵权人可以向侵权人所在地登记主管机关要求处理。登记主管机关有权责令侵权人停止侵权行为,赔偿被侵权人因该侵权行为所遭受的损失,没收非法所得并处以 5 000 元以上、5 万元以下罚款。对侵犯他人企业名称专用权的,被侵权人也可以直接向人民法院起诉。”

四、商号权

(一)商号权的概念和性质

商号权,又称商事名称权、商业名称权,是指商事主体基于登记机关的登记而对其商号享有的专有使用权。商号权是一种权利,但它属于何种性质权利,理论界却有不同的认识,归纳起来主要有三种观点③:

1. 人格权说

人格权说认为,商号权为人格权的一种。其理由有二:一是商号是商事主体在营业上用以表彰自己的名称,商号权实质上与自然人的姓名权一样,后者被认为是人格权,前者自然也属于人格权;二是商号权系使用商号的权利,对使用相同或类似商号者可以排除其使用,与财产无关,不属于财产权,而是非财产权,即人身权。另外,商号权非因身份而产生,因此它只能属于人格权。

2. 财产权说

财产权说认为,商号在登记之后由商事主体取得专有使用权。属于人格权的姓名权不能作为转让和继承的标的,而商号权可以成为转让、继承的客体,其给付标的为无

① 刘成杰译注、柳经纬审校:《日本最新商法典译注》,中国政法大学出版社 2012 年版,第 291 页。

② 杜景林、卢谌译:《德国商法典》,法律出版社 2010 年版,第 23 页。

③ 董安生等:《中国商法总论》,吉林人民出版社 1994 年版,第 204~205 页。

体物。因此，商号权应属于无体财产权的一种，而不能认为是人格权。

3. 折中说

折中说认为，商号权一方面具有姓名权的排他效力，另一方面又具有财产权的创设效力，可以转让或继承。目前，折中说为通说。

商号权之所以兼具人格权和财产权的性质，主要理由有二：首先，商号权是法律赋予商事主体的权利，是商事主体具有独立人格所必需的权利。可以说，商号权是商事主体存在的基础，缺少这一权利，商事主体就不可能从事营业活动。因此，商号权具有人格权的属性。其次，商号权与自然人的姓名权有显著区别。自然人的姓名权专属于自然人所有，不能转让或继承，这是由自然人的性质所决定的。商号权则不同，由于商号是商事主体商业信誉的象征，因而商号权与商事主体的商业信誉紧密结合在一起。商业信誉是商事主体通过多年工作并耗费大量金钱得来的名誉利益，是一种无形财产。因此，商号权得以体现财产利益，可以被转让或继承，在商事主体破产时还可以作为破产财产的一部分。从这种意义上说，商号权又具有财产权的性质。基于此，知识产权国际公约把商号权归入工业产权范围。

（二）商号权的特征

作为一种特殊的法律权利，商号权具有以下主要特征：

1. 商号权具有严格的地域性

各国法律均规定，商号登记的效力受一定区域范围的限制。从我国法律规定看，除全国性企业对其商号可以在全国范围内享有专有使用权外，其他商事主体对其商号只能在其所登记的某一地区（如省、自治区、直辖市、市、县）的范围内享有专有使用权。

2. 商号权具有公开性

多数国家和地区的商法规定，商号必须通过登记而予以公开，为他人所知晓。通过登记公开的程序，商事主体取得商号权，其使用的商号对外发生效力，可以对抗善意第三人。

3. 商号权具有可转让性

由于商号权本身具有财产权的性质，因而商号权可以转让。但是，商号权如何转让，各国立法所持的原则不同，大致有两种立法主义[①]：

（1）绝对转让主义。它认为，商号转让应当连同商事主体的营业同时转让，或者在营业终止时转让，商号转让以后转让人不再享有商号权，受让人独占该商号权。多数国家立法奉行这一原则，如德国、日本、瑞士、意大利。

（2）相对转让主义。它认为，商号转让可以与营业分离而单独转让，并可以由多个

① 杨立新、吴兆祥："论名称权及其民法保护"，载《江苏社会科学》1995年第1期。

营业同时使用同一商号，商号转让以后转让人仍享有商号权，受让人亦取得商号权。少数国家立法奉行这一原则，如法国。

在我国，《企业名称登记管理规定》第 23 条则规定：“企业名称可以随企业或者企业的一部分一并转让。企业名称只能转让给一户企业。企业名称的转让方与受让方应当签订书面合同或者协议，报原登记主管机关核准。企业名称转让后，转让方不得继续使用已转让的企业名称。”可见，我国奉行绝对转让主义。

（三）商号权的取得和保护

1. 商号权的取得

从各国法律规定看，商号权取得的方式有多种。多数国家的法律规定，商号依法登记后，商事主体方可取得商号权。但也有一些国家的法律规定，在未履行登记之前，商事主体使用了某一商号，它就可以获得商号权，履行登记只是为了加强对商号权的保护。

根据我国法律的规定，商号登记是商事主体进行工商登记的必要事项，商事主体对商号履行登记后方取得商号的专有使用权。可见，我国是以登记作为商号权的取得要件。

2. 商号权的保护

侵害商号权的主要表现是擅自使用他人的商号从事经营活动。对于侵权行为，我国法律规定了民事救济和行政救济的方法来保护商事主体的商号权。

(1)民事救济。对于侵害商号权的行为，权利人可以依据法律规定，通过民事诉讼方式主张权利。根据《民法总则》和《侵权责任法》的规定，侵害他人商号权的行为属于侵权行为，被侵权人可以要求侵权人停止侵害，并赔偿损失。《反不正当竞争法》规定，经营者擅自使用他人有一定影响的企业名称（包括简称、字号等）的行为，属于不正当竞争行为，该行为给被侵害的经营者造成损害的，应当承担损害赔偿责任。赔偿数额按照其因被侵权所受到的实际损失确定；实际损失难以计算的，按照侵权人因侵权所获得的利益确定。赔偿数额还应当包括经营者为制止侵权行为所支付的合理开支。另外，权利人因被侵权所受到的实际损失、侵权人因侵权所获得的利益难以确定的，由人民法院根据侵权行为的情节判决给予权利人 300 万元以下的赔偿。

(2)行政救济。对于侵害商号权的行为，权利人还可以通过有关行政机关对违法者实施行政处罚获得救济。《企业名称登记管理条例》第 27 条规定，擅自使用他人已经登记注册的企业名称或者有其他侵犯他人企业名称专用权行为的，被侵权人可以向侵权人所在地登记主管机关要求处理。登记主管机关有权责令侵权人停止侵权行为，赔偿被侵权人因该侵权行为所遭受的损失，没收非法所得并处以 5 000 元以上、5 万元以下的罚款。《反不正当竞争法》第 18 条第 1 款规定，经营者擅自使用他人有一定影响的企业名称(包括简称、字号等)的,由监督检查部门责令停止违法行为,没收违法商品。违法经营额5万元以上的,可以并处违法经营额5倍以下的罚款;没有违法经营额或者违法经营额不足5万元的,可以并处25万元以下的罚款。情节严重的,吊销营业执照。《产品质量法》第53条规定,经营者伪造或者冒用他人厂名的,主管机关责令改正,没收违法生产、销售的产品,并处违法生产、销售产品货值金额等值以下的罚款;有违法所得的,并处没收违法所得;情节严重的,吊销营业执照。

第六节　商事账簿

一、商事账簿概述

(一)商事账簿的概念和特征

商事账簿,又称商业账簿,是指商事主体为了表明其财产状况和经营状况而依法制作的簿册。它包括形式意义的商事账簿和实质意义的商事账簿。形式意义的商事账簿,是指商事主体依照法律的规定而制作的账簿,即法定账簿,它有广义和狭义之分。广义的商事账簿就是依照会计法、公司法和其他法律法规的要求编制的账簿,狭义上的商事账簿就是依照会计法等特定法律规定而备置的账簿。实质意义的商事账簿,是指商事主体所制作的所有账簿,它既包括商事主体按照法律规定制作的账簿,也包括商事主体根据其经营需要自行制作的账簿。

商事账簿最早起源于古埃及,埃及被认为是"散页账簿记"的故乡。在古罗马时代,由于简单商品经济的繁荣,商事账簿制度得到了一定的发展。但是,当时商事主体编制商事账簿,仅仅是为了自己经营活动的便利,法律上并无强制性要求。到资本主义时期,商品经济发达,经济生活日趋复杂,商事主体的财产状况和经营状况会在很大程度上影响其他主体的利益,进而影响整个市场秩序。因此,客观上要求商事主体必须编制商事账簿,反映其经营状况及财务状况,以维护商事主体的自身利益、公众利益以及社会交易安全。因此,各国在有关法律中建立商事账簿制度,强制商事主体建立商事账簿,并对商事账簿的编制规则、内容等加以规范,形成了当代商法中一个独立而重要的制度。

商事账簿是相对于政府账簿、事业单位账簿、家庭理财账本的一个概念。它具有以下主要特征:

1. 商事账簿制作主体的特定性

商事账簿是由商事主体制作的账簿,它将商事主体在商事经营活动中所形成的权利义务通过账簿语言直接转化为会计要素，即资产、负债、所有者权益、收入、费用、利润等，并借助货币单位计量和表现。政府、事业单位、个人以及其他公益组织、非营利性机构不是商事主体，因而其所设置的账簿不属于商事账簿，不受商事账簿法律的调整。

2. 商事账簿的内容与目的的特定性

商事账簿主要是记录商事主体的财产状况和经营状况，通常包括会计凭证、会计账簿和各种会计报表，商事账簿的目的是营利性的。政府账簿则是记录国家各级政府的财政收支和财物保管情况，其目的是消耗性的。因此，商事账簿比起政府账簿要复杂。

3. 商事账簿的设置具有法定性

商事主体是否必须设置商事账簿，取决于法律的规定，而法律往往根据商事主体经营规模的大小作出决定。一般来说，商事主体的财务状况及其运作过程，直接影响着交易第三人和社会公众的利益，因此，许多国家法律规定商事主体必须设置商事账簿。

（二）商事账簿的设置原则

综观各国的法律，传统上对于商事账簿的设置，各国立法所奉行的原则不完全相同，大致有以下三种情况：

1. 强制原则

强制原则，又称干预原则，是指法律既规定商事主体必须设置商事账簿，又规定商事账簿应记载的内容和应采取的记载方法，还规定国家主管部门应对商事主体制作商事账簿的情况予以监督。在大陆法系国家中，法国及法国法系国家奉行这一原则，我国会计法和公司法及相关法律法规也奉行这一原则。

2. 放任原则

放任原则，又称自由原则，是指法律不直接规定商事主体必须设置商事账簿，商事主体是否设置商事账簿以及如何设置商事账簿完全由其自行选择。一般认为，英美法系国家奉行这一原则。例如，《美国统一商法典》就没有像大陆法系国家商法典那样对商人必须设置商事账簿作出明确规定。自由设置原则存在颇多缺陷，它不便于国家对商事主体账务和税收的管理。

3. 折中原则

折中原则是指法律只规定商事主体必须设置商事账簿，但不规定商事账簿的记载内容和记载方法，也不规定主管部门对商事主体制作商事账簿的情况实行严格监督。在大陆法系国家中，德国及日本和韩国等德国法系国家奉行这一原则。折中原则的优点在于克服了强制原则和放任原则的不足，其缺点则是由于法律未对商事账簿的记账内容和方法作出规定，而留给不同行业的会计惯例去解决，而给会计管理增加了困难。

20世纪以来，资本主义经济得到迅速发展，股份有限公司成为最主要的经营组织形式，放任原则和折中原则的弊端日益显现。因此，为了保障各种利害关系人以及社会公众的利益，强制原则成为当代社会商事账簿立法的发展趋势，许多国家通过颁布会计准则以规范商事账簿的内容和方法。

（三）商事账簿的意义

商事账簿的制作，无论对于商事主体的内部管理和外部监督，还是对于第三人的利益保障和交易安全的维护都具有重要意义。

1. 有利于商事主体的内部管理

商事账簿的制作，便于商事主体及时和准确地了解自身的经营状况和财务状况，并以此为依据计算盈余、分配利润，同时商事主体还可以通过对商事账簿的分析，作出或调整自己的经营决策和发展战略。

2. 有利于保障交易相对人的利益

商事账簿的制作，便于交易相对人了解商事主体的经营状况和资信状况，并据此对其经营能力和发展前景作出判断，进而对是否与其交易、向其投资作出决策，更好地维护自身权益。

3. 有利于政府的管理

商事账簿的制作，便于政府主管部门了解商事主体的经营状况，并以此为据对其开展年度报告检查、税款征收等活动。

4. 有利于开展诉讼活动

在民事诉讼中，商事账簿是重要的证据材料之一。根据我国法律的规定，商事账簿只要内容属实，就成为一种具备证据效力的书证，而且比其他证据具有更强的证明力。因此，商事账簿对于确定案件事实、解决经济纠纷起到重要作用。

二、商事账簿的分类

由于各国的商事账簿制度和会计制度存在差异，因而其对商事账簿所作的分类不尽相同。在我国，商事账簿分为会计凭证、会计账簿和财务会计报告三种。

（一）会计凭证

会计凭证是指记录商事主体经济业务的发生和完成情况，明确经济责任，并作为记账依据的书面证明。

根据法律规定，商事主体在经营活动中所进行的货币收付、款项结算、货物进出、财产增减等行为，都必须由经办人员取得或填制会计凭证，并在会计凭证上签字盖章，经审核无误后作为结算记账的依据。没有会计凭证，不得收付款项，不得进出财物，不得进行财产处理。

会计凭证的作用主要体现在以下三个方面:(1)会计凭证是审核经济业务的依据。商事主体在记账前,都要根据会计凭证进行逐笔审核。通过凭证审核,可以确定经济业务是否真实、合法,从而起到会计监督和保护财产安全的作用。(2)会计凭证是记账的依据。记账必须以经审核无误的会计凭证为依据,没有会计凭证不得记账,这就保证了会计记录的客观性、真实性和准确性。(3)会计凭证是加强经济责任制的手段。每一项经济业务都要取得或填制会计凭证,而经办人员都必须在会计凭证上签字或盖章,这有利于增强经办人员的责任感,加强经济责任制。

根据不同的标准,可以对会计凭证作不同的分类。其中,最基本的分类是按照填制程序和用途所作的分类,会计凭证据此可分为原始凭证和记账凭证两类。原始凭证,又称单据,是指商事主体在商事交易时取得或填制的,用以记录或证明经济业务发生和完成状况的原始书面证明。记账凭证,又称分录凭证、记账凭单,是指根据审核后的原始凭证或原始凭证汇总表,按照交易业务内容予以分类而填制的,作为记账直接依据的凭证。

(二)会计账簿

会计账簿是指按照一定的程序和方法,由一定格式、相互联系的账页所组成,全面、系统、连续和分类记载及反映商事主体经济业务活动的簿册。

设置会计账簿具有重要作用,主要表现在:一是能全面、系统地记录和反映商事主体的经营状况;二是为编制会计报告提供依据;三是能提供经营成果的详细资料,为财务成果的分配和各项计划执行情况的考核评价提供依据;四是为会计检查、会计审计提供依据。

根据我国《会计法》的规定,会计账簿包括总账、明细账、日记账和其他辅助性账簿。总账,又称总分类账簿,是指根据一级会计科目开设,用以记载全部经济业务活动的总括核算资料的分类账簿。明细账,又称明细分类账簿,是指根据总账科目设置,按其所属二级或者明细科目开设,用以记载某一类经济业务活动详细核算资料的分类账簿。日记账,又称序时账簿,是指按照经济业务活动发生时间的先后顺序逐日逐项记载经济业务的账簿。日记账主要有现金日记账和银行存款日记账。其他辅助性账簿,是指除总账、明细账、日记账以外的其他账簿,如备查账簿,其作用在于对总账、明细账、日记账中没有记载或者记载不全的经济业务活动加以补充登记。

(三)财务会计报告

财务会计报告是指商事主体依法向政府主管部门提供或向社会公开披露的反映其财务状况和经营成果的书面文件。财务会计报告包括会计报表、会计报表附注和财务情况说明书。其中,会计报表是财务会计报告中最重要的部分。

会计报表，又称会计表册，是指用货币形式综合反映商事主体在一定时期内经营活动和财务状况的书面报告文件。会计报表的主要作用在于重点、简明、全面地反映商事主体的财务状况和经营成果，并向商事主体的管理机关、投资者、债权人以及政府主管部门提供必要的财务资料和会计信息。会计报表的种类很多，按照反映的内容，可分为反映商事主体财务状况及其变动情况的会计报表（如资产负债表、财务状况变动表），反映商事主体经营成果及其分配情况的会计报表（如损益表、利润分配表），反映商事主体业务收支情况的会计报表（如主营业务收支明细表）；按照用途，可分为主要会计报表（如资产负债表、损益表和财务状况变动表）和附属会计报表（如利润分配表、主营业务收支明细表）。

会计报表附注是指为帮助理解会计报表内容而对报表的有关项目所作的解释。会计报表附注的内容主要包括：所采用的主要会计处理方法；会计处理方法的变更情况、变更原因以及对财务状况和经营成果的影响；非经常性项目的说明；会计报表中有关重要项目的明细资料；其他有助于理解和分析报表需要说明的事项。

财务情况说明书是指为了方便会计报表的使用者而对商事主体的财务情况所作的具体说明。它主要是以文字为主结合数字指标对财务情况进行分析，要求做到全面、详细，有情况、有分析、有建议。

三、商事账簿的编制

在我国，《会计法》《企业会计准则》《企业财务通则》等法规，对商事账簿的编制原则、记载方法以及会计科目等内容作出了明确规定。

（一）商事账簿的编制原则

1. 客观性原则

《会计法》第 9 条规定："各单位必须根据实际发生的经济业务事项进行会计核算，填制会计凭证，登记会计账簿，编制财务会计报告。"《企业会计准则——基本准则》第 12 条则规定："企业应当以实际发生的交易或者事项为依据进行会计确认、计量和报告，如实反映符合确认和计量要求的各项会计要素及其他相关信息，保证会计信息真实可靠、内容完整。"因此，商事主体编制商事账簿必须做到真实可靠，不能弄虚作假。

2. 相关性原则

《企业会计准则——基本准则》第 13 条规定："企业提供的会计信息应当与财务会计报告使用者的经济决策需要相关，有助于财务会计报告使用者对企业过去、现在或者未来的情况作出评价或者预测。"这表明，商事主体编制的商事账簿时要注意相关性，即所提供的会计信息必须满足商事账簿使用者的需要。

3. 明晰性原则

《企业会计准则——基本准则》第 14 条规定："企业提供的会计信息应当清晰明了，便于财务会计报告使用者理解和使用。"这就要求商事主体编制商事账簿时必须做到清晰明了，以便使用者正确把握和利用有关会计信息。

4. 一致性原则

《会计法》第 18 条规定："各单位采用的会计处理方法，前后各期应当一致，不得随意变更；确有必要变更的，应当按照国家统一的会计制度的规定变更，并将变更的原因、情况及影响在财务会计报告中说明。"《企业会计准则》第 15 条则规定："企业提供的会计信息应当具有可比性。同一企业不同时期发生的相同或者相似的交易或者事项，应当采用一致的会计政策，不得随意变更。确需变更的，应当在附注中说明。不同企业发生的相同或者相似的交易或者事项，应当采用规定的会计政策、确保会计信息口径一致、相互可比。"这就要求商事主体在编制商事账簿时，应使用同一会计处理方法，使商事主体的会计报表标准化，以便使用者比较分析。

5. 实质性原则

《企业会计准则——基本准则》第 16 条规定："企业应当按照交易或者事项的经济实质进行会计确认、计量和报告，不应仅以交易或者事项的法律形式为依据。"这就要求商事主体在编制商事账簿时，应当按照经济实质进行。

6. 全面性和重要性原则

《企业会计准则——基本准则》第 17 条规定："企业提供的会计信息应当反映与企业财务状况、经营成果和现金流量等有关的所有重要交易或者事项。"这就要求商事主体所编制的商事账簿，应当反映全面会计信息和重要会计信息。

7. 谨慎原则

《企业会计准则——基本准则》第 18 条规定："企业对交易或者事项进行会计确认、计量和报告应当保持应有的谨慎，不应高估资产或者收益、低估负债或者费用。"这就要求商事主体在编制商事账簿时应当遵循谨慎原则，即在估计和判断不确定时，或者存在几项不同的合理方法可供采用时，应选择较不利的财务状况和使当期净利较低的会计方法。

8. 及时性原则

《企业会计准则——基本准则》第 19 条规定："企业对于已经发生的交易或者事项，应当及时进行会计确认、计量和报告，不得提前或者延后。"这就要求商事主体必须及时进行会计核算，及时编制商事账簿，以便使用者及时了解和利用会计信息。

（二）商事账簿的记账方法和要求

1. 以权责发生制为基础

《企业会计准则——基本准则》第 9 条规定："企业应当以权责发生制为基础进行会计确认、计量和报告。"这就要求商事主体必须按照权责发生制的要求编制商事账簿，即凡本会计期间内已实现的收入或负担的费用，不管其款项是否收到或付出，都作为本会计期间的收入或费用。

2. 采用借贷记账法

《企业会计准则——基本准则》第 10 条规定："企业应当采用借贷记账法记账。"这就要求商事主体在编制商事账簿时，应当适用借贷记账法，即以"资产＝负债＋所有者权益"这一会计等式为理论依据，以"借"和"贷"为记账符号，用以反映商事主体资金增减变化的复式记账法。

3. 以货币计量

《会计法》第 12 条规定："会计核算以人民币为记账本位币。业务收支以人民币以外的货币为主的单位，可以选定其中一种货币作为记账本位币，但是编报的财务会计报告应当折算为人民币。"《企业会计准则——基本准则》第 8 条规定："企业会计应当以货币计量。"这就要求商事主体在编制商事账簿时，应当以人民币或者外币进行记账。

（三）会计科目

会计科目就是将商事主体各项经济业务，依照其性质分别归类的项目。例如，"现金""银行存款""实收资本""商品销售收入"等。每一会计科目都规定一定的名称和核算内容，作为填列会计凭证、登记会计账簿和编制会计报表的依据。会计科目在会计上的作用，在于使种类复杂、名称不同的会计事项获得适当的归类，以便记账编表。

为了正确运用会计科目，必须对其进行科学分类。我国法律以会计要素为依据，将会计科目划分为资产类科目、负债类科目、所有者权益类科目、成本类科目和损益类科目五大类。在这五大类科目下，又包括许多子科目。

四、商事账簿的保管

各国法律都不同程度地规定了商事主体有保管商事账簿的义务。但对于不同的商事主体，保管的方式和期限规定不一。在我国，根据《会计法》第 23 条的规定，商事主体对会计凭证、会计账簿、财务会计报告和其他会计资料应当建立档案，妥善保管。

根据财政部于 2015 年 12 月 19 日修订、2016 年 1 月 1 日起施行的《会计档案管理办法》第 11 条的规定，当年形成的会计档案，在会计年度终了后，可由单位会计机构保管 1 年，再移交单位档案管理机构保管。因工作需要确需推迟移交的，应当经单位档案管理机构同意。单位会计管理机构临时保管会计档案最长不超过 3 年。

《会计档案管理办法》规定，会计档案的保管期限分为永久、定期两类。定期保管期限一般分为10年和30年。会计档案的保管期限，从会计年度终了后的第一天算起。各类会计档案的保管期限原则上应当按照本办法附表执行，本办法规定的会计档案保管期限为最低保管期限。

该办法还规定，单位应当定期对已到保管期限的会计档案进行鉴定，并形成会计档案鉴定意见书。经鉴定，仍需继续保存的会计档案，应当重新划定保管期限；对保管期满，确无保存价值的会计档案，可以销毁。但是，保管期满但未结清的债权债务会计凭证和涉及其他未了事项的会计凭证不得销毁，纸质会计档案应当单独抽出立卷，电子会计档案单独转存，保管到未了事项完结时为止。

五、商事账簿的审计和披露

(一)商事账簿的审计

商事账簿的审计，主要是指审计机构对商事账簿中的会计报表进行审计。从各国情况看，这种审计主要是对企业的会计报表进行审计。

企业在经营中，与投资者、银行和政府等建立各种经济关系，这些利益相关者非常关心企业的经营状况和财务状况，需要企业提供真实、可靠、合法的会计信息。对此，通过审计机构对企业报表进行审计，以确定会计报表的真实性、可靠性和合法性，满足利益相关者的需要。

在我国，根据法律法规的规定，股份制企业、外商投资企业和国有企业等企业的会计报表，需要送交审计机构进行审计。企业会计报表的审计分为两类：(1)正常生产经营情况下的会计报表的审计。一般情况下，对企业年度会计报表进行审计。如果是股份制企业，还可以对其中期会计报表进行审计。(2)清算情况下的会计报表的审计。企业自愿解散、强制解散或者依法被宣告破产的，企业应清理债权债务，编制的会计报表可以进行审计，审计后作为清算的依据。

由于审计的结果直接关系到企业会计报表的真实性、可靠性和合法性，涉及社会各方的利益，因而要求审计人员在审计中必须恪守独立、客观、公正的原则，依照法律规定的准则和程序进行审计。

(二)商事账簿的披露

在商事主体中，股票或者债券上市交易的公司不仅应当依法制作商事账簿，而且还必须向社会公众公开披露商事账簿的内容，以满足投资者、社会公众的知情权和监督权。

根据《证券法》第65条和第66条的规定，股票或者公司债券上市交易的公司，应当在每一会计年度的上半年结束之日起2个月内，向国务院证券监督管理机构和证券交易所提交中期报告，并予以公告；股票或者公司债券上市交易的公司，应当在每一会计年度结束之日起 4 个月内，向国务院证券监督管理机构和证券交易所提交年度报告，并予以公告。在提交和公告的中期报告和年度报告中，公司财务会计报告均是其重要内容。

六、违反商事账簿规定的法律责任

根据《会计法》的规定，商事主体违反商事账簿有关规定的，应当承担相应的法律责任。具体规定如下：

有下列行为之一的，由县级以上人民政府财政部门责令限期改正，可以对单位并处 3 000 元以上 5 万元以下的罚款；对其直接负责的主管人员和其他直接责任人员，可以处 2 000 元以上 2 万元以下的罚款；属于国家工作人员的，还应当由其所在单位或者有关单位依法给予行政处分：(1)不依法设置会计账簿的；(2)私设会计账簿的；(3)未按照规定填制、取得原始凭证或者填制、取得的原始凭证不符合规定的；(4)以未经审核的会计凭证为依据登记会计账簿或者登记会计账簿不符合规定的；(5)随意变更会计处理方法的；(6)向不同的会计资料使用者提供的财务会计报告编制依据不一致的；(7)未按照规定使用会计记录文字或者记账本位币的；(8)未按照规定保管会计资料，致使会计资料毁损、灭失的；(9)未按照规定建立并实施单位内部会计监督制度或者拒绝依法实施的监督或者不如实提供有关会计资料及有关情况的；(10)任用会计人员不符合本法规定的。有前款所列行为之一，构成犯罪的，依法追究刑事责任。会计人员有第一款所列行为之一，情节严重的，5 年内不得从事会计工作。

伪造、变造会计凭证、会计账簿，编制虚假财务会计报告，隐匿或者故意销毁依法应当保存的会计凭证、会计账簿、财务会计报告，构成犯罪的，依法追究刑事责任。有上述行为，尚不构成犯罪的，由县级以上人民政府财政部门予以通报，可以对单位并处 5 000 元以上 10 万元以下的罚款；对其直接负责的主管人员和其他直接责任人员，可以处 3 000 元以上 5 万元以下的罚款；属于国家工作人员的，还应当由其所在单位或者有关单位依法给予撤职直至开除的行政处分；其中的会计人员，5 年内不得从事会计工作。

授意、指使、强令会计机构、会计人员及其他人员伪造、变造会计凭证、会计账簿，编制虚假财务会计报告或者隐匿、故意销毁依法应当保存的会计凭证、会计账簿、财务会计报告，构成犯罪的，依法追究刑事责任；尚不构成犯罪的，可以处 5 000 元以上 5 万元以下的罚款；属于国家工作人员的，还应当由其所在单位或者有关单位依法给予降级、撤职、开除的行政处分。

复习思考题

1. 如何理解商法的基本原则?
2. 商事主体有哪些分类?
3. 试述商事行为的特征和分类。
4. 商事登记产生哪些效力?
5. 怎样取得和保护商号权?

第二章　公司法

公司是从事商品生产和经营活动的重要商事主体，为了规范其组织行为和经营行为，保护投资人和其他市场主体的合法权益，维护正常的社会经济秩序，各国大多通过完善的公司立法，对各类公司的设立条件和程序、治理结构、活动原则、合并分立、解散清算以及违法责任，作出严格而具体的规定。目前，我国已经建立起以《公司法》为基本法的公司法律体系，这对于建立现代企业制度，规范公司的组织和行为，保护公司、股东和债权人的合法权益，维护社会经济秩序，促进社会主义市场经济的发展具有重要意义。本章以《公司法》为主线，介绍公司法的一般问题以及公司的设立、资本、治理机构、发起人与股东、合并分立、解散清算等法律制度。

第一节　公司法概述

一、公司的概念、特征和分类

（一）公司的概念和特征

根据《公司法》的规定，公司是指依法定条件和程序设立的、以营利为目的的企业法人。可见，公司具有以下法律特征：

1. 法人性

公司是企业法人，具有独立人格。具体来说，一是公司拥有独立的法人财产，享有法人财产权；二是公司独立承担责任，即以其全部财产对公司的债务承担责任。这是公司最本质的特征，也是公司与非法人企业的区别所在。但是，《公司法》第20条第3款规定："公司股东滥用公司法人独立地位和股东有限责任，逃避债务，严重损害公司债权人利益的，应当对公司债务承担连带责任。"这意味着，股东滥用公司法人独立地位和股东有限责任，严重损害债权人利益时，公司法人格被否认，股东应当对公司债务承担责任。

2. 社团性

公司是社团组织,属于社团法人。社团是为一定目的、由两人以上所组成的团体,其成员叫作社员。社团成员成立社团的目的是为了实现其共同利益,该利益可以是经济利益,也可以是非经济利益。一般来说,公司是由两个或两个以上股东为了经济利益,通过出资而结成的社团,它具有社团性的特征,该特征将公司与财团法人区别开来。对于一人有限责任公司来说,由于其股东只有一人,曾被认为是对公司社团性的否定而被禁止,目前它已被许多国家法律所承认,但它只是具有社团性的公司的例外。

3. 营利性

公司是以营利为目的的法人,其开展生产经营活动的目的就是为了获得经济利益,并且将所得经济利益分配给股东。从这个意义上说,公司属于营利法人,这使得其与非营利法人区分开来。对此,《民法总则》第 76 条规定:“以取得利润并分配给股东等出资人为目的成立的法人,为营利法人。营利法人包括有限责任公司、股份有限公司和其他企业法人等。”正因为如此,《公司法》第 74 条就规定,公司连续 5 年不向股东分配利润,而公司该 5 年连续盈利,并且符合本法规定的分配利润条件的,对股东会该项决议投反对票的股东可以请求公司按照合理的价格收购其股权。

4. 社会性

营利是公司追求的根本目标,但不是唯一目标。公司作为社会组织,在追逐利润、满足股东利益的同时,应最大限度地考虑劳动者、消费者、债权人、社区居民、社会弱者等其他利害关系人的利益,以及整个社会公共利益,承担起相应的社会责任。因此,《公司法》第 5 条第 1 款规定:“公司从事经营活动,必须遵守法律、行政法规,遵守社会公德、商业道德,诚实守信,接受政府和社会公众的监督,承担社会责任。”

(二)公司的分类

1. 学理分类

(1)资合公司、人合公司和人合兼资合公司。这是根据公司对外信用的基础所作的分类。资合公司是指以公司的资本作为信用基础的公司,如股份有限公司;人合公司是指以股东个人的信用作为信用基础的公司,如无限公司;人合兼资合公司是指公司兼以股东个人信用和资本信用为基础的公司,如两合公司。

(2)总公司和分公司。这是根据公司之间的管辖关系所作的分类。总公司是指管辖公司全部组织的公司;分公司是指被总公司管辖的公司分支机构。需要注意的是,总公司具有法人资格,分公司则不具有法人资格,但具有经营资格。

(3)母公司和子公司。这是根据公司之间的控制与依附关系所作的分类。母公司是指按照股份比例或者协议可以直接或间接控制其他公司的公司；子公司是指按照股份比例或者协议被其他公司控制的公司。需要注意的是，母公司和子公司都具有法人资格。

(4)本国公司、外国公司和跨国公司。这是根据公司的国籍所作的分类。本国公司是指具有本国国籍的公司；外国公司是指不具有本国国籍的公司。关于公司国籍的确定，我国采取复合标准，即依照我国法律并在我国境内设立的公司属于中国公司，否则为外国公司。跨国公司是指以一国为基地或中心，通过对外投资在其他国家或地区设立子公司、分公司，从事国际性生产经营活动的经济组织。

2. 法律分类

从法律上看，各国法律都对设立的公司类型作出规定。由于各国法律制度存在差异，因此各国法律有关公司的分类也有差别。

在大陆法系国家的法律中，一般将公司分为无限责任公司、两合公司、有限责任公司、股份有限公司和股份两合公司。在英美法系国家的法律中，公司可以分为注册公司和非注册公司、开放式公司和封闭式公司、普通有限责任公司和保证有限责任公司等。

根据我国《公司法》的规定，公司包括有限责任公司和股份有限公司两种类型。有限责任公司是指股东以其认缴的出资额为限对公司承担责任，公司以其全部财产对公司债务承担责任的企业法人。它有两种特殊形式，即一人有限责任公司和国有独资公司。一人有限责任公司是指只有一个自然人股东或者一个法人股东的有限责任公司；国有独资公司是指国家单独出资、由国务院或者地方人民政府授权本级人民政府国有资产监督管理机构履行出资人职责的有限责任公司。股份有限公司是指全部资本分成等额股份，股东以其认购的股份为限对公司承担责任，公司以其全部资产对公司债务承担责任的企业法人。其中，股票在证券交易所挂牌交易的股份有限公司为上市公司。

二、公司法的概念和特征

公司法的概念有广义和狭义之分。从广义上说，公司法是指规定公司设立、组织、活动、解散及其对内对外关系的法律规范的总称。它包括调整上述关系的所有法律、法规。从狭义上说，公司法是指以“公司法”命名的立法文件，在我国专指《公司法》。该法于1993年12月29日八届全国人大常委会第五次会议通过，自1994年7月1日起实施。之后，1999年12月25日九届全国人大常委会第十三次会议、2004年8月28日十届全国人大常委会第十一次会议、2005年10月27日十届全国人大常委会第十八次会议、2013年12月28日十二届全国人大常委会第六次会议和2018年10月

26日十三届全国人大常委会第六次会议，对《公司法》进行了五次修改。

公司法是商法中的重要法律，它具有以下基本特征：

(1)公司法是组织法与行为法相结合的法律。公司法主要调整公司的组织关系，如公司设立、变更、组织机构等社会关系，同时也调整部分与公司组织关系密切联系的经营活动关系，如公司发行股份、债券中形成的社会关系。前者的内容构成组织法，后者的内容组成行为法。

(2)公司法是实体法与程序法相结合的法律。公司法主要是实体法，侧重于对参与公司活动各种主体的资格条件、权利义务以及法律责任的规定。同时，公司法又具有程序法的因素，规定了保障其权利实现、追究其法律责任的程序。

(3)公司法是强制性规范与任意性规范相结合的法律。公司法有着大量强制性规范，因为公司设立与运行不仅涉及设立者、股东的利益，而且涉及相对人、债权人的利益，为了保障这些主体的利益和交易的安全，需要将公司法中的某些制度和规则强制化。同时，商法本质上属于私法，而作为其组成部分的公司法应具有私法的属性，因此公司法中又有许多任意性规范，为相关主体提供了更多的选择空间。

(4)公司法是具有技术性和国际性的法律。从公司法的内容看，在公司机关的组成和议事规则、公司股份的构成和股票的发行、公司财务会计等方面，包含了大量技术性规范，这使得公司法具有较强的技术性。公司法在本质上属于国内法，但随着经济的全球化，国际商业交往的加强，加上经济活动对商事主体的共性要求增多，公司法国际化趋势明显，已经出现区域性的统一立法动向，这使得公司法的国际性得以体现。应当看到，公司法的技术性为公司法的国际化提供了条件。

第二节 公司的设立

一、公司设立概述

(一)公司设立的概念

关于公司设立的概念，学术界有不同的观点。一种观点认为，公司的设立是指发起人为组建公司，使其取得法人资格所进行的一系列法律行为的总称。公司设立的本质在于使一个尚不存在或正在形成中的公司逐渐具备条件并取得商事主体资格，因而公司设立与公司成立是两个完全不同的概念。[①] 设立行为主要包括：订立发起人协

---

① 范健：《商法》，高等教育出版社、北京大学出版社2007年版，第111页。

议、订立公司章程、选举董事、监事、申请设立登记、募集股份、出资、认股、缴纳认股款、召开公司创立会议、申请成立登记。① 另一种观点认为，公司的设立就是为使公司成立而依法定程序所进行的一系列行为的总称。公司设立是一种完整的法律程序，它不仅包括设立行为本身，也包括公司成立前后的其他法律事项。② 显然，前一种观点是从狭义上理解的，公司的设立不包含公司的成立，而后一种观点是从广义上理解的，公司的设立包含公司的成立。

从我国《公司法》的规定看，公司设立的内涵是广义的。《公司法》第二章第一节和第四章第一节分别规定了有限责任公司和股份有限公司的设立，其内容既包括对公司设立行为的规制，又包含公司成立条件和成立后行为的规范。

(二)公司设立的立法原则

在经济发展的不同时期，国家对公司设立实行不同的立法原则。在公司立法史上，公司设立原则经历了从自由主义、特许主义、核准主义到准则主义的发展演变过程。这一过程，不仅反映了国家对社会经济发展的认识变化，也反映了国家对公民财产权态度的变化。

1. 自由主义

自由主义，又称放任主义，是指公司的设立依发起人的自由意志，国家不予干涉，也不作任何法律限制。自由主义是中世纪时欧洲国家对公司设立的立法态度，法国大革命时期对无限公司等人合公司也实行过这种原则。但是，随着经济的发展，这种不利于交易安全的设立原则被抛弃。

2. 特许主义

特许主义是指公司的设立必须经国家元首或国家的特别机构予以特别许可。自13世纪起，欧洲国家对公司采取了特别许可设立的态度，以保护其特殊利益。对此，有学者指出，在特许主义下设立的公司，通常被视为早期资本同绝对主义和极权主义王权相结合的产物，是国家权力的延伸。③ 英国1600年诞生的东印度公司(The East India Company)、1670年诞生的哈德逊湾公司(The Governor and Company of Adventurers of England trading into Hudson's Bay)、荷兰1602年诞生的东印度公司(Vereenigde Oost-Indische Compagnie，VOC)，都是特许主义的产物。④ 特许主义有助于控制公司设立数量，获得许可的公司及其经营者和股东会很珍惜经营资格，但它严重阻碍了投资兴业与贸易活动。近代以来，除某些特殊的公司需要国家特别许可设

① 江平：《新编公司法教程》，法律出版社1994年版，第78页。
② 陈共、周开业、吴晓求：《公司的设立与改组》，中国人民大学出版社1998年版，第10页。
③ 江平：《法人制度论》，中国政法大学出版社1994年版，第114～115页。
④ 刘俊海：《现代公司法》，法律出版社2015年版，第96页。

立外，世界各国一般不再采用这种立法原则。

3. 核准主义

核准主义，又称行政许可主义、审批主义，是指设立公司不仅要符合法定的条件和程序，而且还要事先经过行政主管机构审查批准。核准主义由法国 1673 年的《陆上商事条例》最先采用，之后为 1807 年的《法国商法典》和 1861 年的《普通德意志商法》所采用，并逐渐为许多国家所采用。与特许主义相比，核准主义对公司的设立较为有利，但它对公司设立仍然很严格，不利于公司的迅速发展。

4. 准则主义

准则主义是指公司的设立只要具备法定的条件，经主管部门登记注册即可。准则主义由 1862 年的《英国公司法》创设，随后德国 1870 年股份法采纳了这一原则，20 世纪后为各国公司法普遍采用。准则主义在适用初期，由于规定条件过于简单，一度导致公司泛滥，交易秩序遭到破坏，后来各国为保护投资人和债权人的利益，维护交易安全，不同程度地对公司设立准则作出严格规定，从而形成了严格准则主义，而把之前的准则主义称为单纯准则主义。

严格准则主义是指公司要达到法律规定的较为严格的条件，才能被核准登记注册而设立。与单纯准则主义相比，严格准则主义对公司设立的条件，加重了发起人设立责任，也加强了司法机关、行政主管机关对公司设立的监督。严格准则主义既弥补了单纯准则主义对公司设立失控的缺陷，又避免了核准主义对公司设立中的行政干预和手续烦琐的弊端。当代西方国家除对银行等个别特殊意义的公司的设立采用特许主义和核准主义外，对一般公司的设立几乎都采用严格准则主义。

在我国，《公司法》第 6 条第 1 款规定：“设立公司，应当依法向公司登记机关申请设立登记。符合本法规定的设立条件的，由公司登记机关分别登记为有限责任公司或者股份有限公司；不符合本法规定的设立条件的，不得登记为有限责任公司或者股份有限公司。”该条第 2 款还规定：“法律、行政法规规定设立公司必须报经批准的，应当在公司登记前依法办理批准手续。”可见，公司设立一般采用严格准则主义，即符合法律规定的设立条件的，只要到公司登记机关办理设立登记即可。但在特殊情况下，公司设立采用核准主义，即符合法律规定的设立条件，在办理公司设立登记前，须事先经过行政主管机构审查批准。例如，《证券法》第 122 条规定：“设立证券公司，必须经国务院证券监督管理机构审查批准。未经国务院证券监督管理机构批准，任何单位和个人不得经营证券业务。”

二、公司设立的条件和程序

(一)公司设立的条件

1. 有限责任公司设立的条件

根据《公司法》第 23 条的规定,设立有限责任公司,应当具备以下五个条件:

(1)股东符合法定人数。《公司法》第 24 条规定:“有限责任公司由五十个以下股东出资设立。”一般情况下,有限责任公司由 2 个以上、50 个以下的股东组成。但是,在一人有限责任公司和国有独资公司中,股东只有 1 个。

(2)有符合公司章程规定的全体股东认缴的出资额。在公司登记机关登记的全体股东认缴的出资额,构成有限责任公司的注册资本。一般来说,公司的注册资本由股东在公司章程规定,法律不作最低要求,但全体股东必须认缴。但是,《公司法》第 26 条第 2 款规定:“法律、行政法规以及国务院决定对有限责任公司注册资本实缴、注册资本最低限额另有规定的,从其规定。”例如,《商业银行法》第 13 条第 1 款规定:“设立全国性商业银行的注册资本最低限额为十亿元人民币。设立城市商业银行的注册资本最低限额为一亿元人民币,设立农村商业银行的注册资本最低限额为五千万元人民币。注册资本应当是实缴资本。”

(3)股东共同制定公司章程。公司章程是由股东依法制定,规定公司名称、宗旨、注册资本、组织机构等对内对外事务,规范公司组织和活动的基本法律文件。设立公司必须依法制定公司章程,所制定的公司章程对公司、股东、董事、监事、高级管理人员具有约束力。

从各国公司法来看,公司章程内容可分为绝对必要记载事项、相对必要记载事项和任意记载事项。在我国,《公司法》第 25 条规定:“有限责任公司章程应当载明下列事项:(一)公司名称和住所;(二)公司经营范围;(三)公司注册资本;(四)股东的姓名或者名称;(五)股东的出资方式、出资额和出资时间;(六)公司的机构及其产生办法、职权、议事规则;(七)公司法定代表人;(八)股东会会议认为需要规定的其他事项。”可见,我国法律规定了公司章程的绝对必要记载事项和任意记载事项。另外,关于公司章程的生效,《公司法》第 25 条规定:“股东应在公司章程上签名、盖章。”

(4)有公司名称,建立符合有限责任公司要求的组织机构。根据国务院 1994 年 6 月 24 日发布、2014 年 2 月 19 日修订的《公司登记管理条例》的规定,设立有限责任公司,应当由全体股东指定的代表或者共同委托的代理人向公司登记机关申请名称预先核准,预先核准的公司名称保留期为 6 个月。此外,有限责任公司开展生产经营活动,必须建立相应的组织机构,如股东会、董事会、监事会、经理等。

(5)有公司住所。与自然人一样,作为企业的公司也必须有自己的住所。《公司法》第10条规定:“公司以其主要办事机构所在地为住所。”

2. 股份有限公司设立的条件

根据《公司法》第76条的规定,设立股份有限公司,应当具备以下六个条件:

(1)发起人符合法定人数。《公司法》第78条规定:“设立股份有限公司,应当有二人以上二百人以下为发起人,其中须有半数以上的发起人在中国境内有住所。”

(2)有符合公司章程规定的全体发起人认购的股本总额或者募集的实收股本总额。我国法律对股份有限公司的股本总额不作最低要求,而是由公司章程规定,但是法律、行政法规对股份有限公司注册资本最低限额另有规定的除外。同时,我国法律开始实行注册资本认缴制,因而对于发起设立的股份有限公司来说,全体发起人认购公司应发行的全部股份,但是对于募集设立的股份有限公司来说,全体发起人认购公司应发行股份的一部分,其余股份向社会公开募集或者向特定对象募集,但注册资本为在公司登记机关登记的实收股本总额。

(3)股份发行、筹办事项符合法律规定。发起人在股份发行、筹办中,必须符合《公司法》的规定,例如,发起人以募集方式设立股份有限公司公开发行股票的,必须向国务院证券监督管理机构递交募股申请,并经核准等。

(4)发起人制定公司章程,采用募集方式设立的经创立大会通过。发起设立的股份有限公司的章程,由全体发起人共同制定,而募集设立的股份有限公司的章程,则经创立大会通过。根据《公司法》第81条的规定:“股份有限公司章程应当载明下列事项:①公司名称和住所;②公司经营范围;③公司设立方式;④公司股份总数、每股金额和注册资本;⑤发起人的姓名或者名称、认购的股份数、出资方式和出资时间;⑥董事会的组成、职权和议事规则;⑦公司法定代表人;⑧监事会的组成、职权和议事规则;⑨公司利润分配办法;⑩公司的解散事由与清算办法;⑪公司的通知和公告办法;⑫股东大会会议认为需要规定的其他事项。”

(5)有公司名称,建立符合股份有限公司要求的组织机构。根据《公司登记管理条例》的规定,设立股份有限公司,应当由全体发起人指定的代表或者共同委托的代理人向公司登记机关申请名称预先核准,预先核准的公司名称保留期为6个月。此外,股份有限公司开展生产经营活动,必须建立相应的组织机构,如股东大会、董事会、监事会、经理等。

(6)有公司住所。《公司法》规定,公司以其主要办事机构所在地为住所。

(二)公司设立的程序

1. 有限责任公司设立的程序

根据《公司法》的规定,有限责任公司的设立程序主要包括以下程序:

(1)制定公司章程。制定公司章程是有限责任公司设立的重要步骤,公司章程应当由全体股东协商一致并签名、盖章。

(2)申请公司设立审批。法律、行政法规规定设立有限责任公司必须报经批准的，应当在公司登记前依法办理批准手续。

(3)按法律或章程规定缴纳出资。股东按照章程规定缴纳首次出资，或者依照法律规定缴纳出资达到法律规定的最低注册资本数额。

(4)办理公司设立登记。有限责任公司设立登记由全体股东指定的代表或者共同委托的代理人向公司登记机关申请，国有独资公司由国务院或者地方人民政府授权的本级人民政府国有资产监督管理机构作为申请人。设立有限责任公司必须报经批准的，应当自批准之日起90日内申请设立登记。申请时，申请人应报送规定的文件。公司登记机关经审查，符合公司法规定的，予以登记注册，颁发“企业法人营业执照”，营业执照签发日期为有限责任公司的成立日期。

(5)签发出资证明书。有限责任公司成立后，应当向股东签发由公司盖章的出资证明书。出资证明书是证明股东在有限责任公司所持股权的书面凭证。出资证明书应当载明下列事项：①公司名称；②公司成立日期；③公司注册资本；④股东的姓名或者名称、缴纳的出资额和出资日期；⑤出资证明书的编号和核发日期。

2. 股份有限公司设立的程序

股份有限公司设立的方式分为发起设立和募集设立，与之相应的设立程序也不同。发起设立，又称共同设立、单纯设立，是指由发起人认购公司发行的全部股份而设立公司的方式。募集设立，又称渐次设立、复杂设立，是指由发起人认购公司发行股份的一部分，其余股份向社会公开募集或向特定对象募集而设立公司的方式。

(1)募集设立股份有限公司的设立程序。根据《公司法》的规定，以募集方式设立股份有限公司的，应按照下列程序进行：

第一，发起人发起。设立股份有限公司，首先应由发起人签订发起人协议，明确各自在公司设立过程中的权利和义务。同时，发起人制定公司章程。

第二，发起人认购股份并缴纳股款。发起人订立书面协议、制定章程后，认购股份并缴纳股款。发起人认购股份数额应不少于公司股份总数的35%，但法律、行政法规另有规定的除外。

第三，向社会公开募集股份。向社会公开募集股份必须向国务院证券监督管理机构申请，递交募股申请，同时报送公司章程、经营估算书、发起人的姓名、认购的股份数等文件。募股申请批准后，发起人必须公告招股说明书，并制作认股书。发起人应当同依法设立的证券经营机构签订承销协议，并与银行签订代收股款的协议。发行股份的股款缴足后，必须经依法设立的验资机构验资并出具证明。

第四，召开创立大会。发起人应当自股款缴足之日起30日内主持召开公司创立大会。创立大会由发起人、认股人组成。发起人应当在创立大会召开 15 日前将会议日期通知各认股人或者予以公告。创立大会应有代表股份总数过半数的认股人出席，方可举行。创立大会行使下列职权：①审议发起人关于公司筹办情况的报告；②通过公司章程；③选举董事会成员；④选举监事会成员；⑤对公司的设立费用进行审核；⑥对发起人用于抵作股款的财产的作价进行审核；⑦发生不可抗力或者经营条件发生重大变化直接影响公司设立的，可以作出不设立公司的决议。创立大会对上述事项作出决议，必须经出席会议的认股人所持表决权过半数通过。

第五，办理公司设立登记。董事会应于创立大会结束后 30 日内，向公司登记机关报送下列文件，申请设立登记：①公司登记申请书；②创立大会的会议记录；③公司章程；④验资证明；⑤法定代表人、董事、监事、经理的任职文件及其身份证明；⑥发起人的法人资格证明或者自然人身份证明；⑦公司住所证明；⑧国务院证券监督管理机构的核准文件。另外，法律、行政法规规定设立股份有限公司必须报经批准的，应当在公司登记前依法办理批准手续，申请设立登记时应提交批准文件。公司登记机关经审查，符合公司法规定的，予以登记注册，颁发“企业法人营业执照”，公司即告成立，取得法人资格。

(2)发起设立股份有限公司的设立程序。根据《公司法》的规定，以发起设立方式设立股份有限公司的，应按照下列程序进行，主要包括：①发起人发起，即由发起人签订发起人协议，明确各自在公司设立过程中的权利和义务；②发起人认购股份、缴纳出资，即发起人按照章程认购全部股份，并按章程规定缴纳出资；③选举产生公司的组织机构，即发起人认足出资后，选举董事会和监事会；④办理公司设立登记，即由董事会向公司登记机关报送法定文件公司章程申请设立登记，公司登记机关经审查符合条件的，予以登记注册，颁发“企业法人营业执照”，公司即告成立。另外，法律、行政法规规定设立股份有限公司必须报经批准的，应当在公司登记前依法办理批准手续，申请设立登记时应提交批准文件。

需要说明的是，法律对一人有限责任公司和国有独资公司的设立作出了一些特殊规定。关于一人有限责任公司的设立，《公司法》作出以下特殊规定：①一人有限责任公司的注册资本最低限额为人民币 10 万元，股东应当一次足额缴纳公司章程规定的出资额；②一个自然人只能投资设立一个一人有限责任公司，该一人有限责任公司不能投资设立新的一人有限责任公司；③一人有限责任公司章程由股东制定。关于国有独资公司的设立，《公司法》作出以下特殊规定：①国有独资公司由国家单独出资、国务院或者地方人民政府委托本级人民政府国有资产监督管理机构履行出资人职责；②国有独资公司章程由国有资产监督管理机构制定，或者由董事会制定报国有资产监督管理机构批准。

三、公司发起人与设立中公司

(一)公司发起人

1. 公司发起人的概念

公司发起人是指订立设立公司协议,制定公司章程,认购公司股份,向公司登记机关提出公司设立申请,并对公司设立承担责任的人,包括自然人和法人。

从《公司法》来看,我国将创办股份有限公司的人称为发起人,将创办有限责任公司的人称为股东,而《最高人民法院关于适用〈中华人民共和国公司法〉若干问题的规定(三)》(以下简称《公司法司法解释三》)则将两者统称为发起人。同时,该司法解释规定了发起人的认定标准,即为设立公司而签署公司章程、向公司认购出资或者股份并履行公司设立职责的人。[①]

2. 公司发起人的资格和人数

公司发起人的资格是指法律对发起人的行为能力、身份、国籍、住所等所作出的限制性规定。这种限制包括对自然人资格的限制和对法人资格的限制。

关于对自然人的限制主要包括:(1)自然人自然属性的限制。公司发起人的行为不仅会涉及其他发起人的利益和责任,也会涉及债权人利益和社会公共利益,因而自然人要充任公司发起人必须具有民事行为能力,无民事行为能力人或者限制民事行为能力人则不符合此条件。对此,一些国家法律禁止无民事行为能力和限制民事行为能力的自然人充任发起人。在我国,《公司法》没有规定,学界则有不同观点。(2)自然人法律属性的限制。它表现在两个方面:第一,自然人法律身份的限制。一是从维护市场交易公平性和保持公务员职务廉洁性考虑,公务员不适宜充任公司发起人。我国《公务员法》第 59 条规定,公务员不得违反有关规定从事或者参与营利性活动。这意味着,我国公务员不能充任公司发起人。二是从维护公司、合伙企业自身利益和市场公平竞争秩序考虑,法律对公司董事、高级管理人员、合伙人作出竞业禁止的规定,这意味着其不能成为从事与所在公司、合伙企业相同业务的公司的发起人。第二,自然人国籍、住所的限制。少数国家担心民族工业受外国资本的冲击,因而对发起人的国籍作出限制规定,我国对此不作限制。同时,一些国家为了便于对发起人进行监管,防止其利用设立公司的机会损害社会公共利益,对发起人的住所提出限制规定。我国《公司法》第 78 条规定,股份有限公司的发起人须有半数以上的发起人在中国境内有住所。

---

① 本书所说的发起人,包括设立有限责任公司的股东和设立股份有限公司的发起人,但在引用《公司法》条文时,专指股份有限公司的发起人。

关于对法人资格的限制主要包括:(1)法人性质的限制。有些法人如从事公共管理的政府机关,由于利益冲突不适宜充任公司发起人。例如,1984 年 12 月发布的《中共中央、国务院关于严禁党政机关和党政干部经商、办企业的决定》就规定,党政机关不得使用公款、贷款以及在职干部自筹资金,自办企业或与群众合办企业。之后发布的一系列相关文件,重申党政机关不得办企业。(2)法人业务的限制。法律对某些企业法人的投资业务作出限制,这意味着其不能作为从事该业务的公司发起人。例如,《商业银行法》第 43 条规定:"商业银行在中华人民共和国境内不得从事信托投资和证券经营业务,不得向非自用不动产投资或者向非银行金融机构和企业投资,但国家另有规定的除外。"

与许多国家一样,我国法律对公司发起人的人数作出了明确规定。根据《公司法》的规定,有限责任公司的发起人一般为 2 人以上 50 人以下,一人有限责任公司和国有独资公司的发起人为 1 人;股份有限公司的发起人为 2 人以上 200 人以下。

3. 公司发起人的权利和义务

公司发起人的权利和义务包括约定的和法定的两种,前者基于发起人协议而产生,后者基于法律规定而产生。

公司发起人的权利主要包括:(1)设立费用补偿请求权,即公司成立后,发起人对其在公司设立期间支付的必要费用请求公司承担。(2)报酬请求权,即发起人对其在设立过程中付出的劳动请求公司给予报酬。(3)出资方式的选择权,即发起人可以用货币出资,也可以用非货币财产出资。(4)特别利益请求权,即发起人享有公司盈余分配的优先权、优先认股权、公司终止时优先分配剩余财产权。(5)公司章程制定权,即发起人享有制定公司初始章程的权利。(6)发起人协议约定的其他权利。

公司发起人的义务主要包括:(1)出资义务,即发起人必须按照法律或者章程规定交付财产或者履行其他给付义务。(2)勤勉义务,即发起人必须尽力完成公司各项筹办事项以确保公司成立。(3)信义义务,即发起人对其他发起人、公司、后来股东履行信义义务,如出资必须真实等。

4. 公司发起人的责任

公司发起人的责任是公司发起人未履行或未完全履行其义务应承担的法律后果。这种责任可以分为民事责任、行政责任和刑事责任,这里我们只讨论民事责任。应当看到,在公司成立和不能成立两种情形下,发起人的责任是不同的。

(1)公司成立时的发起人责任。公司成立的情况下,发起人违反法律规定的义务,应当对公司、其他发起人、第三人承担相应的责任。

第一,出资违约责任。它是指公司发起人未依照发起人协议约定按时足额缴纳出资,应向其他发起人承担的责任。《公司法》第 28 条第 2 款、第 83 条第 2 款,分别规定了有限责任公司和股份有限公司发起人的出资违约责任。

第二,资本充实责任。它是指公司发起人共同承担的相互担保出资义务的履行,确保公司实收资本与章程记载资本一致的责任。它主要包括:①缴纳担保责任,即在公司成立后,发起人未按照公司章程的规定缴足出资的,应当补缴;其他发起人承担连带责任(《公司法》第93条第1款)。②价值补充责任,即公司成立后,发现作为设立公司出资的非货币财产的实际价额显著低于公司章程所定价额的,除应当由交付该出资的发起人补足其差额外,其他发起人承担连带责任(《公司法》第30条、第93条第2款)。

第三,损害赔偿责任。它是指公司发起人因其设立行为导致公司、其他发起人或者第三人受到损害的赔偿责任。《公司法》第94条第3项规定:"在公司设立过程中,由于发起人的过失致使公司利益受到损害的,应当对公司承担赔偿责任。"《公司法司法解释三》第5条则规定,发起人因履行公司设立职责造成他人损害,公司成立后受害人请求公司承担侵权赔偿责任的,人民法院应予支持。公司承担赔偿责任后,可以向有过错的发起人追偿。

(2)公司不能成立时的发起人责任。公司不能成立的情况下,发起人违反法律规定的义务,应当对其他发起人、认股人、第三人承担相应的责任。

第一,设立费用和债务的清偿责任。从法解释学角度来说,公司发起人是设立中公司债务的保证人,而公司发起人之间的关系为准合伙关系,因此各类公司的全体发起人均对公司不能成立时的债务和费用负连带清偿责任。[1] 基于此,《公司法》第94条第1项规定,股份有限公司发起人在公司不能成立时,对设立行为所产生的债务和费用负连带责任。《公司法司法解释三》第4条则规定:"公司因故未成立,债权人请求全体或者部分发起人对设立公司行为所产生的费用和债务承担连带清偿责任的,人民法院应予支持。部分发起人依照前款规定承担责任后,请求其他发起人分担的,人民法院应当判令其他发起人按照约定的责任承担比例分担责任;没有约定责任承担比例的,按照约定的出资比例分担责任;没有约定出资比例的,按照均等份额分担责任。因部分发起人的过错导致公司未成立,其他发起人主张其承担设立行为所产生的费用和债务的,人民法院应当根据过错情况,确定过错一方的责任范围。"

第二,已收股款的返还责任。认股人与设立中公司的债权人处于同等法律地位,因此在公司设立失败时优先于公司发起人取回其已缴股款。基于此,《公司法》第94条第2项规定,股份有限公司的发起人在公司不能成立时,对认股人已缴纳的股款,负返还股款并加算银行同期存款利息的连带责任。

---

① 刘俊海:《现代公司法》,法律出版社2015年版,第117页。

第三，对第三人损害的赔偿责任。《公司法司法解释三》第5条规定，发起人因履行公司设立职责造成他人损害，公司成立后受害人请求公司承担侵权赔偿责任的，人民法院应予支持；公司未成立，受害人请求全体发起人承担连带赔偿责任的，人民法院应予支持。无过错的发起人承担赔偿责任后，可以向有过错的发起人追偿。

（二）设立中公司

1. 设立中公司的概念

设立中公司是指自发起人订立协议起到公司成立前，实施公司设立行为的组织体。在我国，《公司法》中没有“设立中公司”这一概念，《公司法司法解释三》第3条提到了“设立中公司”。

明确设立中公司地位的根本目的在于确认由发起人以设立公司为目的而取得的权利义务的归属，因而设立中公司始于发起人订立协议。[①] 设立中公司承担的职责主要有：(1)发起人财产的接收，即设立中公司通过银行账户和办理财产转移手续，接收发起人、认股人缴纳的出资。(2)为公司设立实施必要的法律行为，即为将来公司的营业所做的准备行为，如购买或租赁经营场所、购买机器设备和原材料等。(3)公司设立登记的申请，即为办理设立登记而准备和提交相关文件，办理相关登记手续。

2. 设立中公司的法律关系

(1)设立中公司与发起人之间的关系。通说认为，发起人属于设立中公司的代表机关和执行机关。[②] 因而，发起人对外代表设立中公司实施法律行为，进行公司筹办事务，与其他主体形成权利义务关系。公司设立成功，设立中公司的权利义务由公司继受；公司设立不成功的，设立中公司的权利义务由全体发起人承担。

(2)设立中公司与成立后公司之间的关系。通说认为，设立中公司与已成立公司为同一体。该说认为设立中公司是拟成立公司的前身，与成立后的公司可以超越人格的有无而在实质上归属于一体，其因设立行为之权利义务，公司一经成立，就自然归属于公司。德国、日本及我国台湾地区均采用此学说。[③] 当然，并非设立中公司所有行为的法律后果均由成立后公司承担，只有设立中公司基于设立行为所产生的权利义务才归属于成立后公司。

基于此学说，《公司法司法解释三》第3条第1款规定：“发起人以设立中公司名义对外签订合同，公司成立后合同相对人请求公司承担合同责任的，人民法院应予支持。”该条第2款还规定：“公司成立后有证据证明发起人利用设立中公司的名义为自己的利益与相对人签订合同，公司以此为由主张不承担合同责任的，人民法院应予支

---

① 施天涛：《公司法论》，法律出版社2018年版，第113页。

② 同上，第116页。

③ 柯芳枝：《公司法论》，中国政法大学出版社2004年版，第18页。

持，但相对人为善意的除外。”

需要注意的是，发起人以自己的名义实施公司设立行为，并不是设立中公司行为，其法律后果并不当然归属于成立后公司。对此，《公司法司法解释三》第2条规定：“发起人为设立公司以自己名义对外签订合同，合同相对人请求该发起人承担合同责任的，人民法院应予支持。公司成立后对前款规定的合同予以确认，或者已经实际享有合同权利或者履行合同义务，合同相对人请求公司承担合同责任的，人民法院应予支持。”

第三节　公司的资本

一、公司资本与公司资本制度概述

（一）公司资本的概念

公司资本，又称股本、股份资本，是指记载于公司章程、由股东出资构成的公司财产。公司资本具有如下特征：(1)它是公司自有的独立财产；(2)它是抽象的财产金额；(3)它来源于股东的出资；(4)它是由公司章程予以确定的；(5)它是确定不变的财产数额。公司资本根据其形成时间的不同，可分为初始资本和新增资本。初始资本就是公司成立时由公司章程所确认的资本；新增资本就是公司成立后根据经营需要通过增资程序募集所获得的资本。

在不同国家的公司立法、理论和实践中，公司资本有着不同的含义和形式，主要包括：(1)注册资本，又称核定资本，即公司成立时公司章程记载并在登记机构注册登记的资本总额。(2)授权资本，又称名义资本，即公司根据其章程授权可发行的资本。(3)发行资本，又称已发行资本，即公司一次或分期发行股份情况下已经对外发行的资本。(4)实缴资本，又称已缴资本、实收资本，即股东已经向公司实际缴纳的资本。(5)待缴资本，又称催缴资本，即股东已认购但尚未缴纳、公司可随时催缴的资本。

要理解公司资本的含义，还必须明确它与公司资产、公司净资产、股东权益之间的关系。公司资产是指公司实际拥有的全部财产，包括有形财产和无形财产。在资产负债表上，公司资产为所有者权益和负债之和。其中，所有者权益，即股东权益，包括股本(即公司资本)、资本公积金、盈余公积金和未分配利润，因而公司资本是公司资产的组成部分。由此可见，从概念上说，公司资产的外延要比公司资本的外延大。公司净资产是指公司资产减去负债后的余额，包括股本(即公司资本)、资本公积金、盈余公积金和未分配利润。公司资产分为自有资产和借贷资产，因此公司净资产就是公司的自有资产，而公司资本属于公司自有财产。当公司成立时，公司没有负债，公司资本就是公司全部资产，也是公司的全部净资产。但是，公司成立后，随着公司经营的盈亏，公司负债的出现，净资产则处于变化之中，高于、低于或等于公司资本。

（二）公司资本的原则

公司资本原则是大陆法系公司资本制度的核心，包括资本确定原则、资本维持原则和资本不变原则。“资本三原则”的内部逻辑关系是：资本确定原则确定了公司资本的基本水准，资本维持原则确保此水准得以真实反映公司财产实力，资本不变原则是在债权人利益获得确切保障前，禁止此水准的变动。这三项原则的内容各有侧重，相互联系，支撑着公司资本制度，维系着公司资本的真实性、可靠性和稳定性，以维护债权人利益和交易安全，维护公司的稳定和促进公司的发展。

1. 资本确定原则

资本确定原则是指公司在设立时，资本必须在公司章程中明确规定，并由股东全部认足或募足。它包括以下含义：第一，公司资本必须在公司章程中明确规定，这包含公司章程所确定的公司资本不得低于法定最低资本限额。第二，公司资本必须由股东认足，至于股东认缴出资或者认购股份的缴纳有两种做法：在严格法定资本制下，股东应在公司成立前一次缴足，即实行资本实缴制；在较宽松的法定资本制下，股东可分期缴纳，按期缴纳认缴或认购的出资。第三，出资方式的确定性，即出资的财产必须限定在法律规定的范围。可见，资本确定原则能有效保证公司资本的真实性，从而有利于维护债权人利益和交易安全。

在我国，1993 年制定的《公司法》实行的是严格的资本确定原则。2005 年修订的《公司法》实行分期缴纳制、2013 年修订的《公司法》实行认缴制后，《公司法》仍保留了许多体现资本确定原则的规定。例如，有限责任公司和股份有限公司的注册资本应由股东认缴或实缴的规定（第 26 条、第 80 条），有限责任公司和股份有限公司的股东缴纳所认缴出资额或股份的规定（第 28 条、第 93 条），有限责任公司章程应载明公司注册资本、股东出资方式和出资额的规定（第 25 条），股份有限公司章程应载明公司股份总数、每股金额和注册资本的规定（第 81 条）等。

2. 资本维持原则

资本维持原则，又称资本充实原则，是指公司在其存续过程中，应保持与其资本额相当的财产。公司成立时，公司资本代表了公司的实有财产，但在之后的经营过程中，该实有财产可能会因公司经营不善或者其他原因而贬损，从而低于公司资本，导致作为公司真正信用的实际资产与明示的公司资本数额和信用脱节。因此，从保护债权人利益和维护交易安全的目的出发，各国公司立法普遍确立资本维持原则。

在我国，《公司法》的许多规定体现了资本维持原则，它主要包括股东或发起人对非货币财产出资价值担保和差额填补责任的规定(第30条、第93条)、股东不得抽逃出资的规定(第35条)、公司不得以低于票面金额的价格发行股票的规定(第127条)、公司不得收购本公司股份的规定(第142条)、公司不得接受本公司的股票作为质押权标的的规定(第142条)、公司在弥补亏损和提取法定公积金之前不得向股东分配利润的规定(第166条)等。

3. 资本不变原则

资本不变原则是指公司资本一经确定,非依法定程序不得随意改变。资本不变原则并不意味着公司资本的一成不变,如果公司要变更注册资本,尤其是要减少注册资本,就必须严格按照法定程序进行,否则不具有法律效力。该原则是为配合资本维持原则而设,其目的是为了防止公司资本的减少而导致公司财产能力和责任能力的降低,以保护债权人利益和交易安全。

在我国,基于资本不变原则,《公司法》对公司资本的增减规定了严格的程序。该法除了规定公司资本增减相同的程序规定,如由股东会或股东大会表决通过,办理变更登记外,对公司资本减少作出了更多的规定,如公司必须编制资产负债表及财产清单,通知债权人及债权人要求债务清偿或担保,公司减少后的资本不得低于法定的最低资本限额等。

(三)公司资本形成制度

公司资本是通过资本或股份发行而形成,它应当在公司设立时完全形成,还是在公司成立后分次形成? 由于社会需要、法律传统和文化观念的差异,各国制定的公司资本形成法律制度作出了不同回答,由此形成了三种类型,即法定资本制、授权资本制和折中资本制。

1. 法定资本制

法定资本制是指公司在设立时,必须在公司章程中记载公司资本总额,全部资本一次性发行完毕,由股东全部认购并实缴的资本制度。法定资本制为法国首创,后来为其他大陆法系国家所普遍采用。从《公司法》的规定看,我国实行的是法定资本制。

该制度有着鲜明的优缺点。从优点来看,它有利于巩固公司的资本结构,维护交易安全和保护债权人的利益,遏制公司的滥设。就缺陷而言,它妨碍公司的尽快设立,导致公司资金的低效利用,不利于公司资本的变更。

2. 授权资本制

授权资本制是指公司在设立时必须在公司章程中记载公司资本总额,但只需发行、认购一部分资本,其余资本在公司成立后授权董事会认为必要时再一次或分次发行或募集的资本制度。授权资本制起源于英国,后为美国各州所普遍采用。

该制度的优缺点也很明显。其优点是减轻公司的设立难度,筹集资金灵活方便,资本利用率高。缺陷是容易滋生公司设立中的欺诈和投机等行为，不利于维护债权人利益和交易安全。

3. 折中资本制

折中资本制是指结合法定资本制和授权资本制而形成的公司资本制度。它包括以下两种：(1)认许资本制，又称认可资本制，即公司设立时，应在公司章程中记载公司资本总额，全部资本由股东全部认足或募足，同时公司章程授权董事会在公司成立后一定期限内，在授权时公司资本额的一定比例范围内，发行新股，增加资本的资本制度。(2)折中授权资本制，即公司在设立时必须在公司章程中记载公司资本总额，但只需发行、认购一部分资本，但公司第一次发行的资本不得低于资本总额的一定比例，并须一次性全部缴足的资本制度。

二、股东出资

股东出资是形成公司资本的根本途径，也是公司设立的必要条件。股东出资是指股东(包括发起人和认股人)在公司设立或者增加资本时，为取得股份或股权，根据法律和公司章程的规定向公司交付财产或履行其他给付义务的行为。

1. 出资方式

《公司法》第 27 条第 1 款明确规定："股东可以用货币出资，也可以用实物、知识产权、土地使用权等可以用货币估价并可以依法转让的非货币财产作价出资；但是，法律、行政法规规定不得作为出资的财产除外。"

(1)可以出资的财产范围。上述规定表明，股东、发起人可以出资的财产包括货币财产和非货币财产两类。货币财产就是现金，而用来出资的非货币财产必须具有可估价、可转让的特点，包括实物、知识产权、土地使用权，也包括其他财产。

根据 2014 年 2 月 20 日国家工商行政管理总局发布、2014 年 3 月 1 日起施行的《公司注册资本登记管理规定》，股东或者发起人可以股权、债权出资，但应符合条件。该规章第 6 条规定，以股权出资的，该股权应当是在中国境内设立的公司(以下称股权所在公司)股权，且权属清楚、权能完整、依法可以转让。具有下列情形的股权不得用作出资：①已被设立质权；②股权所在公司章程约定不得转让；③法律、行政法规或者国务院决定规定，股权所在公司股东转让股权应当报经批准而未经批准；④法律、行政法规或者国务院决定规定不得转让的其他情形。该规章第 7 条还规定，债权人可以将其依法享有的对在中国境内设立的公司的债权，转为公司股权。转为公司股权的债权应当符合下列情形之一：①债权人已经履行债权所对应的合同义务，且不违反法律、行政法规、国务院决定或者公司章程的禁止性规定；②经人民法院生效裁判或者仲裁机构裁决确认；③公司破产重整或者和解期间，列入经人民法院批准的重整计划或者裁定认可的和解协议。另外，用以转为公司股权的债权有两个以上债权人的，债权人对债权应当已经作出分割。

(2)不可以出资的财产范围。《公司注册资本登记管理规定》第 5 条第 2 款规定："股东或者发起人不得以劳务、信用、自然人姓名、商誉、特许经营权或者设定担保的财产等作价出资。"

2. 出资要求

(1)出资的基本要求。根据《公司法》第 28 条第 1 款、第 83 条第 1 款的规定，有限责任公司股东、发起设立股份有限公司的发起人应当按期足额缴纳公司章程中规定的各自所认缴的出资额或者认购的股份。股东或发起人以货币出资的，应当将货币出资足额存入公司在银行开设的账户；以非货币财产出资的，应当依法办理其财产权的转移手续。

(2)非财产出资的要求。《公司法》第 27 条第 2 款规定："对作为出资的非货币财产应当评估作价，核实财产，不得高估或者低估作价。法律、行政法规对评估作价有规定的，从其规定。"

3. 出资瑕疵

按时足额出资是股东的一项基本义务，当股东出资行为不符合法律规定或章程的规定时，即构成股东出资瑕疵。股东出资瑕疵可分为未履行出资义务、未全面履行出资义务和抽逃出资三种行为。出现这些行为的，相关义务主体应当承担相应责任。

(1)未履行出资义务的行为及其责任。未履行出资义务的行为，也称出资违约行为，是指股东未能按照公司章程规定按期足额缴纳其所认缴的出资额的行为。对于该行为，相关义务主体应当承担以下责任：

第一，对公司的责任。首先，未履行出资义务的股东向公司足额缴纳，其他发起人、该股东的董事和高管承担相应责任。对此，《公司法》第 28 条第 2 款规定，有限责任公司股东不按照前款规定缴纳出资的，应当向公司足额缴纳。该法第 93 条第 1 款规定，股份有限公司成立后，发起人未按照公司章程的规定缴足出资的，应当补缴；其他发起人承担连带责任。《公司法司法解释三》第 13 条第 1 款规定，股东未履行出资义务，公司或者其他股东请求其向公司依法全面履行出资义务的，人民法院应予支持。该条第 3 款则规定，股东在公司设立时未履行出资义务，依照本条第 1 款提起诉讼的原告，请求公司的发起人承担连带责任的，人民法院应予支持；公司的发起人承担责任后，可以向被告股东追偿。该条第 4 款还规定，股东在公司增资时未履行出资义务，依照本条第 1 款提起诉讼的原告，请求未尽公司法第 147 条第 1 款规定的义务而使出资未缴足的董事、高级管理人员承担相应责任的，人民法院应予支持；董事、高级管理人员承担责任后，可以向被告股东追偿。其次，认股人股份认购权丧失，对公司损失承担赔偿责任。《公司法司法解释三》第 6 条规定:"股份有限公司的认股人未按期缴纳所认股份的股款,经公司发起人催缴后在合理期间内仍未缴纳,公司发起人对该股份另行募集的,人民法院应当认定该募集行为有效。认股人延期缴纳股款给公司造成损失,公司请求该认股人承担赔偿责任的,人民法院应予支持。"

第二,对其他股东的责任,即未履行出资义务的股东向已履行出资义务的股东承担违约责任。对此,《公司法》第 28 条规定,有限责任公司股东不按照前款规定缴纳出资的,除应当向公司足额缴纳外,还应当向已按期足额缴纳出资的股东承担违约责任。《公司法》第 83 条第 2 款规定,股份有限公司发起人不依照前款规定缴纳出资的,应当按照发起人协议承担违约责任。

第三,对债权人的责任,即未履行出资义务的股东向债权人承担补充赔偿责任。对此,《公司法司法解释三》第 13 条第 2 款规定,公司债权人请求未履行出资义务的股东在未出资本息范围内对公司债务不能清偿的部分承担补充赔偿责任的,人民法院应予支持。

(2)未全面履行出资义务的行为及其责任。未全面履行出资义务的行为,也称出资不实行为,是指股东出资没有达到公司章程规定价额,或者以有瑕疵的标的物出资的行为。未全面履行出资义务的行为,主要包括以下三种情形:

第一,非货币财产出资的实际价额过低。根据《公司法》第 30 条和第 93 条的规定,公司成立后,发现作为设立公司出资的非货币财产的实际价额显著低于公司章程所定价额的,属于未全面履行出资义务的行为。《公司法司法解释三》第 9 条规定:"出资人以非货币财产出资,未依法评估作价,公司、其他股东或者公司债权人请求认定出资人未履行出资义务的,人民法院应当委托具有合法资格的评估机构对该财产评估作价。评估确定的价额显著低于公司章程所定价额的,人民法院应当认定出资人未依法全面履行出资义务。"

第二,以权利瑕疵的土地使用权出资。《公司法司法解释三》第 8 条规定:"出资人以划拨土地使用权出资,或者以设定权利负担的土地使用权出资,公司、其他股东或者公司债权人主张认定出资人未履行出资义务的,人民法院应当责令当事人在指定的合理期间内办理土地变更手续或者解除权利负担;逾期未办理或者未解除的,人民法院应当认定出资人未依法全面履行出资义务。"

第三,以权利瑕疵的公司股权出资。《公司法司法解释三》第 11 条第 1 款规定,出资人以其他公司股权出资,符合下列条件的,人民法院应当认定出资人已履行出资义务:①出资的股权由出资人合法持有并依法可以转让;②出资的股权无权利瑕疵或者权利负担;③出资人已履行关于股权转让的法定手续;④出资的股权已依法进行了价值评估。该条第 2 款接着规定,股权出资不符合前款第①②③项的规定,公司、其他股东或者公司债权人请求认定出资人未履行出资义务的，人民法院应当责令该出资人在指定的合理期间内采取补正措施，以符合上述条件；逾期未补正的，人民法院应当认定其未依法全面履行出资义务。

对于股东未全面履行出资义务的行为，相关义务主体应当承担以下责任：

首先，对公司的责任，即出资不实的股东承担补足出资、办理相关手续或采取相应补正措施的责任，其他发起人、该股东的董事和高管承担相应责任。对此，《公司法》第30条规定："有限责任公司成立后，发现作为设立公司出资的非货币财产的实际价额显著低于公司章程所定价额的，应当由交付该出资的股东补足其差额；公司设立时的其他股东承担连带责任。"《公司法》第93条第2款规定："股份有限公司成立后，发现作为设立公司出资的非货币财产的实际价额显著低于公司章程所定价额的，应当由交付该出资的发起人补足其差额；其他发起人承担连带责任。"《公司法司法解释三》第13条第1款规定，股东未全面履行出资义务，公司或者其他股东请求其向公司依法全面履行出资义务的，人民法院应予支持。该条第3款则规定，股东在公司设立时未全面履行出资义务，依照本条第1款提起诉讼的原告，请求公司的发起人承担连带责任的，人民法院应予支持；公司的发起人承担责任后，可以向被告股东追偿。该条第4款还规定，股东在公司增资时未全面履行出资义务，依照本条第1款提起诉讼的原告，请求未尽公司法第147条第1款规定的义务而使出资未缴足的董事、高级管理人员承担相应责任的，人民法院应予支持；董事、高级管理人员承担责任后，可以向被告股东追偿。

其次，对债权人的责任，即未履行出资义务的股东向债权人承担补充赔偿责任。对此，《公司法司法解释三》第13条第2款规定，公司债权人请求未全面履行出资义务的股东在未出资本息范围内对公司债务不能清偿的部分承担补充赔偿责任的，人民法院应予支持。

(3)抽逃出资的行为及其责任。抽逃出资是指未经法定程序将出资抽回的行为。其表现为制作虚假财务报表虚增利润进行分配、通过虚构债权债务关系将其出资转出、利用关联交易将出资转出等。对于该行为，相关义务主体应当承担以下责任：

第一，对公司的责任，即抽逃出资的股东向公司承担返还出资本息的责任，协助抽逃出资者承担连带责任。《公司法司法解释三》第14条第1款规定："股东抽逃出资，公司或者其他股东请求其向公司返还出资本息、协助抽逃出资的其他股东、董事、高级管理人员或者实际控制人对此承担连带责任的，人民法院应予支持。"

第二，对债权人的责任，即抽逃出资的股东向债权人承担补充赔偿责任，协助抽逃出资者承担连带责任。对此，《公司法司法解释三》第14条第2款规定："公司债权人请求抽逃出资的股东在抽逃出资本息范围内对公司债务不能清偿的部分承担补充赔偿责任、协助抽逃出资的其他股东、董事、高级管理人员或者实际控制人对此承担连带责任的，人民法院应予支持。”

三、资本的增加与减少

公司法所确立的“资本三原则”强调公司资本的确定和稳定，但这并不意味着公司资本绝对不变，公司可以根据经营活动的需要对公司资本的数量和结构进行调整，因此各国公司法对公司资本的增加和减少作出规定。

（一）增加资本

增加资本，简称增资，是指公司成立后，以筹集资金、扩大经营为主要目的，依照法律规定的条件和程序增加公司的资本总额。

由于资本和出资的构成形式不同，有限责任公司和股份有限公司在增资方式的形式上存在差异，前者是通过认购资本或股权进行增资，后者则是通过发行和认购股份进行增资，但其实质是一致的。公司的增资方式主要分为：(1)内部增资和外部增资。前者是由内部股东认购新增的资本；后者是由股东以外的投资者认购新增的资本。这两种方式可以同时采用。(2)同比增资和不同比增资。前者是内部增资时各股东按原出资比例或持股比例同步增加出资，增资后各股东的股权比例或持股比例保持不变；后者是内部增资时各股东不按原出资比例或持股比例增加出资，增资后各股东的股权比例或持股比例发生改变。(3)追加性增资和分配性增资。前者是通过原有股东或其他投资者对公司进行新的投入而增加出资；后者是公司将未分配利润用于股东出资缴纳或者将公积金转为资本的方式增加资本。(4)增加股份数额和增加股份金额。前者是股份有限公司在不改变每一股份金额的情况下，通过发行新的股份而增资；后者是股份有限公司在不改变股份总数的情况下，通过增加每一股份的金额而增资。这两种方式可以同时采用。(5)配股增资和送股增资。前者是上市公司按股东持股数量、以一定比例向其发售股份而增资；后者是上市公司按股东持股数量、以一定比例用收益向其分配股份而增资。

按照《公司法》及相关法律法规的规定，公司增资必须符合法律规定的条件和程序。从增资的条件来说，股份有限公司发行新股就必须符合证券法规定的条件。就增资的程序而言，主要包括：第一，公司执行机构制订方案。公司增资的，应由董事会制订增加注册资本的方案。第二，公司权力机构通过决议。公司增资的，应由股东会或者股东大会作出决议，该决议必须经代表 2/3 以上表决权的股东通过。第三，政府机关的核准。股份有限公司以公开发行新股方式或者上市公司以非公开发行新股方式增加注册资本的，还应当报国务院证券监督管理机构核准。第四，股东缴纳新增资本的出资。有限责任公司增加注册资本时，股东按照公司法设立有限责任公司缴纳出资的有关规定认缴新增资本的出资;股份有限公司为增加注册资本发行新股时,股东按照公司法设立股份有限公司缴纳股款的有关规定认购新股。第五,办理变更登记。公司应当自增资决议或者决定作出之日起30日内申请变更登记。

(二)减少资本

减少资本,简称减资,是指公司成立后,基于经营需要或者某种原因,依照法律规定的条件和程序减少公司的资本总额。

公司的减资方式主要有:(1)同比减资和不同比减资。前者是各股东按原出资比例或持股比例同步减少出资,减资后各股东的股权比例或持股比例保持不变;后者是各股东不按原出资比例或持股比例减少出资,减资后各股东的股权比例或持股比例发生改变。(2)减少股份数额和减少股份金额。前者是股份有限公司在不改变每一股份金额的情况下,通过减少股份总数而减资;后者是股份有限公司在不改变股份总数的情况下,通过减少每一股份的金额而减资。这两种方式可以同时采用。

按照《公司法》及相关法律法规的规定,公司减资必须符合法律规定的条件和程序。从减资的条件来说,《公司注册资本登记管理规定》第11条第2款就对减资的限额作出规定:"法律、行政法规以及国务院决定规定公司注册资本有最低限额的,减少后的注册资本应当不少于最低限额。"就减资的程序而言,主要包括:第一,公司执行机构制订方案。公司减资的,应由董事会制订减少注册资本的方案。第二,编制财务文件。公司减资的,必须编制资产负债表和财务清单,为制订减资方案提供依据。第三,公司权力机构通过决议。公司减资的,应由股东会或者股东大会作出决议,该决议必须经代表2/3以上表决权的股东通过。第四,通知债权人。公司应当自作出减少注册资本决议之日起10日内通知债权人,并于30日内在报纸上公告。第五,处理公司债务。债权人自接到通知书之日起30日内,未接到通知书的自公告之日起45日内,有权要求公司清偿债务或者提供相应的担保。债权人提出上述要求的,公司必须予以满足,否则不能减资。第六,办理变更登记。公司应当自减资决议或者决定作出之日起30日内申请变更登记。

第四节 股东及其权利义务

一、股东与股东资格

(一)股东的概念

股东是指基于向公司出资或者其他合法原因,持有公司全部或部分资本,依法享有股东权利和承担股东义务的人。股东是公司存在的基础，是公司的核心要素。

股东可以是自然人，也可以是法人或其他组织，还可以是国家。当国家作为股东时需要明确代表国家行使股东权利的组织，如国有资产监督管理机构。根据《公司法》的规定，证明公司股东资格的证据材料包括但不限于出资证明书、股票、公司章程、股东名册、股东协议、工商登记材料等。

股东与发起人是两个既有联系又有区别的概念。在股份有限公司，公司的发起人是指订立发起人协议，提出设立公司申请，认购公司股份，并对公司设立承担责任者。由于法律规定发起人必须认购公司全部或者一定比例的股份，因此公司成立后发起人是当然股东。但是，公司的股东并不以发起人为限，任何在公司设立阶段和公司成立后认购或受让公司股份的人都可以成为公司的股东。在有限责任公司，公司发起人即公司设立时的股东，是指订立发起人协议，提出设立公司申请，认购公司出资，并对公司设立承担责任者。由于法律规定发起人必须认购公司的全部出资，因此公司成立后发起人就成为原始股东，而这些原始股东都是发起人。

（二）股东资格的取得

根据取得股东资格的时间以及原因的不同，股东资格的取得可以分为两种，即原始取得和继受取得。

1. 股东资格的原始取得

股东资格的原始取得，是指通过向公司认购出资或股份而取得股东资格的方式。具体来说，它包括设立取得和增资取得。通过原始取得的股东，称为原始股东。

设立取得就是在公司成立时因创办公司或认购公司首次发行的股份而取得股东资格。通过这种方式取得股东资格的原始股东，包括有限责任公司的设立人、股份有限公司的发起人以及募集设立的股份有限公司设立时认购其发行股份的认股人。增资取得就是在公司成立后认购公司新增资本而取得股东资格，通过这种方式取得股东资格的原始股东就是认购公司新增资本的认股人。

2. 股东资格的继受取得

股东资格的继受取得，是指在公司成立后因转让、继承、赠与、公司合并等概括承继取得公司股权或股份而取得股东资格的方式。它包括转让取得、继承取得、赠与取得和因公司合并取得。通过继受取得的股东，称为继受股东。

转让取得就是在公司成立后因转让股权或股份而取得股东资格。继承取得就是在公司成立后因继承被继承人股权或股份而取得股东资格。赠与取得就是在公司成立后因原股东赠与股权或股份而取得股东资格。因公司合并取得就是在公司成立后因合并其他公司而取得其股东资格。

（三）股东资格的认定与限制

1. 股东资格的认定

在实践中，股份有限公司股东资格的认定，是以持有公司发行的股票为认定标准，通常不会出现纠纷而引发诉讼，而在有限责任公司因表明股东资格的证据不一致而产生纠纷，并引发诉讼。

从理论上说，取得股东资格一般具备形式特征和实质特征。形式特征包括公司登记机关对公司股东的登记、公司章程和股东名册的记载等，其主要功能是对外的，是为使交易相对人易于判断和识别。实质特征则包括向公司实际出资或依法继受股权、取得出资证明书以及实际享有股东权利，其主要功能是对内的，用于确定股东之间的权利和义务。在解决股东资格争议时，形式特征对于解决与公司以外第三人的争议更有意义，而实质特征对于解决股东之间的争议更有价值。

根据多年司法实践的探索，《公司法司法解释三》对于股东资格的认定作出了如下规定：

（1）明确了提起股东资格确认之诉的基本证据要求。该解释第 22 条规定："当事人之间对股权归属发生争议，一方请求人民法院确认其享有股权的，应当证明以下事实之一：（一）已经依法向公司出资或者认缴出资，且不违反法律法规强制性规定；（二）已经受让或者以其他形式继受公司股权，且不违反法律法规强制性规定。"

（2）规定了实际出资人与名义股东不一致时的处理。首先，内部关系上按实质特征来解决。该解释第 24 条第 1 款规定："有限责任公司的实际出资人与名义出资人订立合同，约定由实际出资人出资并享有投资权益，以名义出资人为名义股东，实际出资人与名义股东对该合同效力发生争议的，如无合同法第五十二条规定的情形，人民法院应当认定该合同有效。"其次，外部关系上按形式特征来解决。该解释第 25 条规定："名义股东将登记于其名下的股权转让、质押或者以其他方式处分，实际出资人以其对于股权享有实际权利为由，请求认定处分股权行为无效的，人民法院可以参照物权法第一百零六条的规定处理。名义股东处分股权造成实际出资人损失，实际出资人请求名义股东承担赔偿责任的，人民法院应予支持。"该解释第 26 条还规定："公司债权人以登记于公司登记机关的股东未履行出资义务为由，请求其对公司债务不能清偿的部分在未出资本息范围内承担补充赔偿责任，股东以其仅为名义股东而非实际出资人为由进行抗辩的，人民法院不予支持。名义股东根据前款规定承担赔偿责任后，向实际出资人追偿的，人民法院应予支持。"

2. 股东资格的限制

对股东资格的限制，实质上是对股东投资的限制。各国公司立法一般不对股东资格做过多的限制性规定，因为股东为取得股东主体资格进行投资，是对自己财产的处分，是其意志的体现，法律应当予以尊重。但是，法律对股东的资格会有一些限制，其原因或是基于民事主体自身的特性，或是基于某种立法政策、制度目标等特定原因。在我国，《公司法》对此作出了如下规定：

(1)公司不得自为股东。《公司法》第142条规定："公司不得收购本公司股份。"该规定实际上就是对公司取得本公司股东资格的限制。法律作这样规定的原因主要有两个：一是公司自为股东，即认购本公司的股份，会导致公司资本的虚设；二是公司自为股东，混淆了公司与股东的法律关系，导致公司与股东处于同一法律地位，使控制公司的股东可以利用所持公司股份损害其他股东的利益。

(2)对部分主体通过充当发起人成为股东作出限制。《公司法》第78条规定："设立股份有限公司，应当有二人以上二百人以下为发起人，其中须有半数以上的发起人在中国境内有住所。"这表明，超出规定数量的在中国境内无住所的外国人，不能充当股份有限公司发起人，从而不能成为股东。《公司法》第79条第1款规定："股份有限公司发起人承担公司筹办事务。"《公司法》第94条还规定，公司不能成立时，发起人对设立行为所产生的债务和费用负连带责任，对认股人已缴纳的股款，负返还股款并加算银行同期存款利息的连带责任。这意味着，发起人的设立行为会对其他发起人产生影响，这就要求发起人具有完全民事行为能力。因此，不具有完全民事行为能力的人，实际上是不能通过充当发起人而成为股份有限公司的股东。

二、股东的权利和义务

(一)股东的权利

1. 股东权的概念和种类

股东的权利，即股东权，又称股权，包括广义和狭义两种含义。广义的股东权，泛指股东得以向公司主张的各种权利，故股东依据合同、侵权行为、不当得利和无因管理对公司享有的债权亦包括在内；狭义的股东权，则仅指股东基于股东资格而享有的、从公司获取经济利益并参与公司经营管理的权利。① 这里我们所说的股东权是从狭义上来说的。

股东权可以按不同标准作不同的分类，具体包括：(1)根据股东权行使的目的和内容，股东权可分为自益权和共益权。自益权就是股东以自己的利益为目的而行使的权利；共益权就是股东以自己的利益并兼以公司的利益为目的而行使的权利。(2)根据股东权的性质，股东权可分为固有权和非固有权。固有权，又称不可剥夺权，就是公司法赋予股东的、不得以章程或股东会决议予以剥夺或限制的权利；非固有权，又称可剥

---

① 刘俊海：《股份有限公司股东权的保护》，法律出版社2004年版，第45页。

夺权，就是依章程或股东会决议可剥夺或限制的权利。(3)根据股东权的行使方法，股东权可分为单独股东权和少数股东权。单独股东权是指可以由股东一人单独行使的权利；少数股东权是指持有已发行股份一定比例以上的股东才能行使的权利。(4)根据股东权的行使主体，股东权可分为一般股东权和特别股东权。一般股东权就是公司的普通股东即可行使的权利；特别股东权就是专属于股东中的特定人行使的权利。

2. 股东权的内容

根据《公司法》的规定，股东可以享有以下主要权利：(1)参与重大决策权，即出席股东会并行使表决权。(2)管理者选择权，即选举和被选举为董事会成员、监事会成员。(3)知情权，即查阅、复制公司章程、股东会会议记录、董事会会议决议、监事会会议决议、财务会计报告，依法查阅会计账簿。(4)资产收益权，即按照实缴的出资比例分取红利。(5)优先认购新股权，即优先按照实缴的出资比例认缴公司新增的注册资本。(6)剩余财产分配权，即公司终止后，依法分得公司的剩余财产。(7)诉讼权，即基于股东权受到侵害而享有提起诉讼的权利。股东诉讼分为直接诉讼和间接诉讼。前者是指股东为维护自身利益而以自己的名义提起的诉讼，包括股东会或者股东大会、董事会决议无效、撤销或者不成立之诉，损害赔偿之诉，查阅权请求之诉，异议股东股份回购请求之诉，公司解散请求之诉等。后者是指公司合法权益受到董事、监事和高级管理人员等侵害人侵害而公司怠于起诉时，股东以自己的名义代表公司对其提起的诉讼。(8)公司章程规定的其他权利。

(二)股东的义务

股东应当履行以下主要义务：(1)足额出资的义务，即按期足额缴纳公司章程中规定的各自所认缴的出资额。(2)资本保持的义务，即公司存续期间不得抽逃出资。(3)不干涉公司经营的义务，即应当尊重董事会和监事会依据法律和章程履行职责。(4)权利不得滥用的义务，即不得滥用股东权利损害公司或者其他股东的利益，不得滥用公司法人独立地位和股东有限责任损害公司债权人的利益。(5)公司章程规定的其他义务，如有限责任公司股东和股份有限责任公司发起人应当履行出资差额填补义务。

(三)股东代表诉讼

1. 股东代表诉讼的概念和特征

股东代表诉讼，又称股东派生诉讼，是指当公司的合法权益受到不法侵害而公司怠于起诉时，具备法定资格的股东有权以自己的名义代表公司提起诉讼，而所得赔偿归于公司的诉讼。

股东代表诉讼源于英国。1843 年，英国发生的 Foss vs. Harbottle 一案，确立了否定股东代表诉讼的“Harbottle 规则”。在随后的一些判例中，该规则的适用出现了一些例外，股东可以代表公司提起诉讼，股东代表诉讼制度开始确立起来。在美国，通过判例确认了股东代表诉讼规则，并于1881年确立了关于股东代表诉讼的衡平规则94。进入20世纪后，美国的一些州在其公司法中规定了派生诉讼程序。1943年，美国律师协会制定的《美国商事公司示范法》专门规定了派生诉讼程序。1966年，美国联邦政府修订《联邦民事诉讼法》时，新增了股东派生诉讼的规定。[①] 在我国，2005年修订的《公司法》正式确立了股东代表诉讼制度。

股东代表诉讼与股东直接诉讼不同，它具有以下特征：(1)股东代表诉讼是基于股东所在公司的法律救济权而产生。当公司的合法权益受到不法侵害时，公司享有向侵害者进行赔偿的权利，股东代表诉讼中股东仅仅是代表公司行使这种法律救济权利。(2)股东代表诉讼的目的是为了维护公司利益。股东代表公司对侵害者进行诉讼，其目的是为了维护公司利益，因此经过诉讼获得的赔偿应当归公司所有。(3)股东代表诉讼的提起必须是公司怠于行使法律救济权。当公司的合法权益受到董事、监事、高级管理人员或者他人侵害时，而公司怠于行使法律救济权时，股东可以依法提起股东代表诉讼。(4)股东代表诉讼的提起者必须是符合法定资格的股东。只有股东才能提起股东代表诉讼，但也不是所有股东都有权提起，提起诉讼的股东应当符合法律规定的资格条件。根据《公司法》第151条规定，有限责任公司的股东、股份有限公司连续180日以上单独或者合计持有公司1%以上股份的股东，可以提起股东代表诉讼。

2. 股东代表诉讼的当事人

股东代表诉讼的当事人包括原告和被告。股东代表诉讼的原告应为股东，包括普通股股东和优先股股东。从各国公司法来看，要成为代表诉讼的股东，必须具备一定的资格。在我国，根据《公司法》第151条的规定，在有限责任公司，任一股东都可以提起股东代表诉讼，但在股份有限公司，只有连续180日以上单独或者合计持有公司1%以上股份的股东才可提起股东代表诉讼。这意味着，股份有限公司股东的代表诉讼权属于少数股东权。

股东代表诉讼的被告是侵害公司合法权益的人。从各国规定看，股东代表诉讼的被告范围宽窄不一。在我国，根据《公司法》第151条第1款和第2款的规定，公司董事、监事、高级管理人员均可成为股东代表诉讼的被告。此外，《公司法》第151条第3款规定："他人侵犯公司合法权益，给公司造成损失的，本条第1款规定的股东可以依照前两款的规定向人民法院提起诉讼。"可见，除公司董事、监事、高级管理人员以外其他侵害公司合法权益的人，也可以成为股东代表诉讼的被告。

另外，《最高人民法院关于适用〈中华人民共和国公司法〉若干问题的规定(四)》(以下简称《公司法司法解释四》)第24条第1款规定，股东提起代表诉讼的，应当列公

---

① 范健、王建文：《公司法》，法律出版社2018年版，第283～284页。

司为第三人参加诉讼。

3. 股东代表诉讼的条件和程序

关于股东代表诉讼的条件，根据《公司法》第151条的规定，董事、监事、高级管理人员有本法第149条规定的情形，即他们执行公司职务时违反法律、行政法规或者公司章程的规定，给公司造成损失。

关于股东代表诉讼的程序，《公司法》第151条作出以下前置程序：(1)书面请求公司机构诉讼。董事、高级管理人员有《公司法》第149条规定的情形的，有提起股东代表诉讼资格的股东可以书面请求监事会或者不设监事会的有限责任公司的监事向人民法院提起诉讼；监事有《公司法》第149条规定的情形的，上述股东可以书面请求董事会或者不设董事会的有限责任公司的执行董事向人民法院提起诉讼。(2)被请求的公司机构拒绝诉讼或者未诉讼。监事会、不设监事会的有限责任公司的监事，或者董事会、执行董事收到股东书面请求后拒绝提起诉讼，或者自收到请求之日起30日内未提起诉讼。但是，情况紧急、不立即提起诉讼将会使公司利益受到难以弥补的损害的例外。

4. 股东代表诉讼的利益归属和费用承担

《公司法司法解释四》规定，股东提起的代表诉讼案件，胜诉利益归属于公司；其诉讼请求部分或者全部得到人民法院支持的，公司应当承担股东因参加诉讼支付的合理费用。

(四)股东权的转让

1. 有限责任公司的股权转让

(1)股东之间的股权转让。股东之间的股权转让属于内部转让，其结果仅对公司内部股东的股权结构产生影响，不会影响股东之间紧密而稳定的关系，因而各国公司法对此都不予限制。在我国，《公司法》第71条第1款规定："有限责任公司的股东之间可以相互转让其全部或者部分股权。"

应当看到，尽管各国公司法对股东之间的转让原则上不作限制，但它们大多允许章程对股东之间的股权转让予以特别限制。对此，我国《公司法》第71条第4款也规定："公司章程对股权转让另有规定的，从其规定。"

(2)股东向股东以外的人转让股权。有限责任公司在总体上属于资合性公司，但兼有人合性的特点，股东之间具有紧密而稳定的关系，这种关系成为公司运营和发展的重要基础。当股东将自己的股权转让给股东以外的第三人时，股东之间的紧密而稳定的关系会遭到破坏。因此，为了确保有限责任公司的内部稳定，许多国家的公司法都对股东向股东以外的人转让股权作出限制。

在我国，《公司法》第71条第2款和第3款对股东向股东以外的人转让股权作出如下规定：第一，转让股权应当经其他股东过半数同意。股东应就其股权转让事项书面通知其他股东征求同意,其他股东自接到书面通知之日起满30日未答复的,视为同意转让。第二,其他股东半数以上不同意转让的,不同意的股东应当购买该转让的股权;不购买的,视为同意转让。第三,经股东同意转让的股权,在同等条件下,其他股东有优先购买权。两个以上股东主张行使优先购买权的,协商确定各自的购买比例;协商不成的,按照转让时各自的出资比例行使优先购买权。

关于其他股东的优先购买权及其行使,《公司法司法解释四》作出以下规定:①人民法院在判断是否符合"同等条件"时,应当考虑转让股权的数量、价格、支付方式及期限等因素。②股东主张优先购买转让股权的,应当在收到通知后,在公司章程规定的行使期间内提出购买请求。公司章程没有规定行使期间或者规定不明确的,以通知确定的期间为准,通知确定的期间短于30日或者未明确行使期间的,行使期间为30日。③转让股东在其他股东主张优先购买后又不同意转让股权的,对其他股东优先购买的主张,人民法院不予支持,但公司章程另有规定或者全体股东另有约定的除外。其他股东主张转让股东赔偿其损失合理的,人民法院应当予以支持。④股东向股东以外的人转让股权,未就其股权转让事项征求其他股东意见,或者以欺诈、恶意串通等手段,损害其他股东优先购买权,其他股东主张按照同等条件购买该转让股权的,人民法院应当予以支持,但其他股东自知道或者应当知道行使优先购买权的同等条件之日起30日内没有主张,或者自股权变更登记之日起超过1年的除外。⑤自然人股东因继承发生变化时,其他股东主张行使优先购买权的,人民法院不予支持,但公司章程另有规定或者全体股东另有约定的除外。

2. 股份有限公司的股份转让

在股份有限公司,股东转让所持股份即发生股东权转移的效力。股份有限公司是典型的资合公司,股东的股份转让不影响公司的运营和发展,因而各国公司法对股东转让股份原则上不作限制。在我国,《公司法》第137条规定:"股东持有的股份可以依法转让。"但是,为了保护公司和股东的利益,法律也对股份转让作出一定的限制。

(1)有关主体股份转让的限制。首先,对发起人股份转让的限制。发起人在完成公司设立后即成为股东,他们对公司成立初期的财产稳定和组织管理非常重要,同时他们与其他股东相比对所设立公司的状况了解更多。因此,为了防止发起人滥设公司、损害其他股东以及社会公众的利益,保证公司成立初期的顺利经营,法律对发起人的股份转让作出限制。对此,《公司法》第141条第1款规定:"发起人持有的本公司股份,自公司成立之日起一年内不得转让。公司公开发行股份前已发行的股份,自公司股票在证券交易所上市交易之日起一年内不得转让。"

其次,对公司董事、监事、高级管理人员股份转让的限制。作为股东的公司董事、监事、高级管理人员与其他股东相比,对公司的财产状况和经营状况了解得更多,为了防止这些股东损害其他股东和社会公众的利益，法律应当对其股份转让作出限制。对此，《公司法》第 141 条第 2 款规定：“公司董事、监事、高级管理人员应当向公司申报所持有的本公司的股份及其变动情况，在任职期间每年转让的股份不得超过其所持有本公司股份总数的百分之二十五；所持本公司股份自公司股票上市交易之日起一年内不得转让。上述人员离职后半年内，不得转让其所持有的本公司股份。公司章程可以对公司董事、监事、高级管理人员转让其所持有的本公司股份作出其他限制性规定。”

(2)转让标的的限制。在股份转让中，除特殊情况外，公司不能收购本公司的股份，否则会减少公司财产，影响交易安全。对此，《公司法》第 142 条第 1 款规定，“公司不得收购本公司股份。但是，有下列情形之一的除外：①减少公司注册资本；②与持有本公司股份的其他公司合并；③将股份用于员工持股计划或者股权激励；④股东因对股东大会作出的公司合并、分立决议持异议，要求公司收购其股份；⑤将股份用于转换上市公司发行的可转换为股票的公司债券；⑥上市公司为维护公司价值及股东权益所必需。”此外，《公司法》第 142 条第 2 款至第 4 款规定了公司股份回购的程序、方式和要求。具体包括：第一，公司因上述第①项、第②项规定的情形收购本公司股份的，应当经股东大会决议；公司因上述第③项、第⑤项、第⑥项规定的情形收购本公司股份的，可以依照公司章程的规定或者股东大会的授权，经 2/3 以上董事出席的董事会会议决议。第二，公司依照上述规定收购本公司股份后，属于第①项情形的，应当自收购之日起 10 日内注销；属于第②项、第④项情形的，应当在 6 个月内转让或者注销；属于第③项、第⑤项、第⑥项情形的，公司合计持有的本公司股份数不得超过本公司已发行股份总额的 10%，并应当在 3 年内转让或者注销。第三，上市公司收购本公司股份的，应当依照《证券法》的规定履行信息披露义务。上市公司因上述第③项、第⑤项、第⑥项规定的情形收购本公司股份的，应当通过公开的集中交易方式进行。

另外，《公司法》对股份转让的方式作出了规定。《公司法》第 138 条规定：“股东转让其股份，应当在依法设立的证券交易场所进行或者按照国务院规定的其他方式进行。”其中，证券交易场所包括证券交易所和场外交易市场。

第五节　公司治理结构

一、公司治理结构概述

(一)公司治理结构的概念

公司治理结构是从英文“corporate governance”翻译而来，有的学者将其译为公司治理[①]、公司机关权力构造[②]、公司管治[③]。

对于公司治理的问题，有学者认为，从亚当·斯密开始，就一直不断有人提出公司存在的问题，并且使得有关的公司法律规定不断变化。1932 年，身为律师的 Adolf Berle 和新闻记者 Gardiner Means 出版的《现代企业与私有财产》是现代社会首次系统性地提出公司治理问题的著作，对于后人的研究有着很大的影响。[④] 有学者认为，公司治理结构的概念最早于 20 世纪 80 年代初期出现在经济学文献中。它的含义有广义和狭义之分。从狭义上说，它是解决因所有权和控制权相分离而产生的代理问题，它要处理的是公司股东与公司高层管理人员之间的关系问题；从广义上说，它是关于企业组织方式、控制机制、利益分配的一系列法律、机构、文化和制度安排，它界定的不仅仅是企业与其所有者之间的关系，而且包括企业与其所有利益相关者之间的关系。[⑤] 有学者总结了一些经济学家从不同角度对公司治理结构所作的界定，形成了不同的观点，即制度安排说、相互作用说、组织结构说、决策机制说。[⑥]

从法学上说，公司治理结构就是以所有权和经营权分离为基础，由法律和公司章程规定的公司组织机构之间权力分配与制衡的制度体系。对于公司来说，建立完善的公司治理机构有着很大作用，主要表现在：一是优化公司内部机构的权力配置；二是平衡公司内外不同利益主体之间的利益关系；三是强化公司的激励和约束机制。

(二)公司治理结构的模式

由于经济、历史、文化和法律传统的差异，各国所实行的公司治理结构有所不同，从而形成各具特色的模式。

1. 双层制

在大陆法系国家中，德国、奥地利、荷兰等国家实行双层制，设立具有上下级关系的股东会、监事会和董事会。在德国，实行监事会下的董事会制，即监事会是公司的最高权力机关，由公司股东会、职工委员会各自推选一半代表组成。监事会对公司重大事项进行决策，选举董事会成员，对公司经营、公司财务进行检查监督。全体董事选举产生监事会主席，在职工与股东监事意见相左不能达成一致时，由监事会主席决定，监事会主席有两个表决权。德国公司中的监事会是一个位于董事会之上的实实在在的监督机构。董事会则在监事会的监督之下，专门负责公司的具体经营活动。[⑦]

---

① 赵万一：《公司治理法律问题研究》，法律出版社 2004 年版，第 1 页。
② 梅慎实：《现代公司机关权力构造论》，中国政法大学出版社 2000 年版，第 1 页。
③ 刘冠伦："英国上市公司管治制度近况"，载《中外法学》1998 年第 5 期。
④ 吴谦立：《公司治理——建立利益共存的监督机制》，中国政法大学出版社 2006 年版，第 1 页。
⑤ 范健、王建文：《公司法》，法律出版社 2018 年版，第 326 页。
⑥ 彭群、何玉长："公司法人治理结构简论"，载《南昌大学学报(哲社版)》1998 年第 2 期。
⑦ 赵万一：《公司治理法律问题研究》，法律出版社 2004 年版，第 15 页。

2. 单层二元制

日本公司法在双层制的基础上，创设了董事会与监事会处于并列地位的模式。依日本公司法，所有权与经营权分离，股东会是最高机关，股东会下设有并列的董事会和监事会两个机关。在名义上，股东会为公司的最高机关。董事会负责执行，监事会负责财务监察与业务监督。① 该模式由日本创立后，传入中国、韩国，目前中国、韩国以及中国台湾公司法仍实行这种制度。

3. 单层制

在英美法系国家中，英国与美国实行单层制，即强调公司权力集中于资方，在股东会下仅设立董事会，不设专门的监事会。由于股东会的权力限于公司法与章程规定的部分，其余权力全部由董事会行使，因此董事会在公司中处于核心地位。在美国，公司治理呈现典型的市场导向特征，它建立在高度分散的股权分布结构、高度发达的证券市场的基础上，在法律上主要表现为股东本位主义下的一元制的治理结构、严格的信息披露、完善的并购制度。② 它实质上是借助市场力量来防范经营管理层滥用权利，但这种方式却是事后的。因此，进入 20 世纪 90 年代以后，美国公司为了加强对经营管理层的监控，开始实行独立董事制度，这实际上使实行单层制的美国公司有向监事会过渡的趋势。

二、公司的权力机关

在我国，股东会是有限责任公司的权力机关，股东大会是股份有限公司的权力机关，权力机关负责公司重大事务的决策。

(一)股东会(股东大会)的概念与职权

股东会(股东大会)是指由全体股东组成的公司的最高权力机关。在公司治理机构中，股东会(股东大会)是公司的重要机关。

股东会(股东大会)具有以下主要特征：(1)股东会(股东大会)是由全体股东组成的公司机关。股东是公司的投资者，都有对公司经营中的重大事项作出决定的权利，因而他们都应成为股东会(股东大会)的成员。(2)股东会(股东大会)是公司的意思形成机关和最高权力机关。股东会(股东大会)的重要任务就是要反映全体股东共同意志，对公司的重大事项作出决策，体现其在公司治理结构中的法律地位。(3)股东会(股东大会)是公司的必设机关。为了保障股东的权利，公司应当设立股东会(股东大会)。但也有例外，一人有限责任公司和国有独资公司因股东只有一人而不设股东会，

---

① 赵万一：《公司治理法律问题研究》，法律出版社 2004 年版，第 17～18 页。

② 同上，第 6 页。

外商投资的有限责任公司因其股东较少、治理结构特殊等实际情况可以不设股东会。

根据《公司法》第37条第1款和第99条的规定，股东会(股东大会)主要行使下列职权：(1)决定公司的经营方针和投资计划；(2)选举和更换非由职工代表担任的董事、监事，决定有关董事、监事的报酬事项；(3)审议批准董事会的报告；(4)审议批准监事会或者监事的报告；(5)审议批准公司的年度财务预算方案、决算方案；(6)审议批准公司的利润分配方案和弥补亏损方案；(7)对公司增加或者减少注册资本作出决议；(8)对发行公司债券作出决议；(9)对公司合并、分立、解散、清算或者变更公司形式作出决议；(10)修改公司章程；(11)公司章程规定的其他职权。

另外，《公司法》第37条第2款规定，对上述所列事项股东以书面形式一致表示同意的，可以不召开股东会会议，直接作出决定，并由全体股东在决定文件上签名、盖章。

(二)股东会(股东大会)会议

股东会(股东大会)是会议体组织，因而股东会(股东大会)会议是其主要工作方式，也是股东行使股东会(股东大会)职权、讨论决定公司重大事项的基本途径。

1. 会议的种类

有限责任公司召开的股东会会议，分为定期会议和临时会议。定期会议应当按照公司章程的规定按时召开，代表1/10以上表决权的股东、1/3以上的董事、监事会或者不设监事会的公司的监事提议召开临时会议的，应当召开临时会议。

股份有限公司召开的股东大会会议，分为年会和临时会议。股东大会应当每年召开1次年会。有下列情形之一的，应当在2个月内召开临时股东大会：(1)董事人数不足《公司法》规定人数或者公司章程所定人数的2/3时；(2)公司未弥补的亏损达实收股本总额1/3时；(3)单独或者合计持有公司10%以上股份的股东请求时；(4)董事会认为必要时；(5)监事会提议召开时；(6)公司章程规定的其他情形。

2. 会议的召集与主持

股东会(股东大会)会议由董事会召集，董事长主持；董事长不能履行职务或者不履行职务的，由副董事长主持；副董事长不能履行职务或者不履行职务的，由半数以上董事共同推举一名董事主持。董事会不能履行或者不履行召集股东大会会议职责的，监事会应当及时召集和主持；监事会不召集和主持的，连续90日以上单独或者合计持有公司10%以上股份的股东可以自行召集和主持。但是，在有限责任公司中，首次股东会会议由出资最多的股东召集和主持。

有限责任公司不设董事会的，股东会会议由执行董事召集和主持。执行董事不能履行或者不履行召集股东会会议职责的，由监事会或者不设监事会的公司的监事召集和主持；监事会或者监事不召集和主持的，代表10%以上表决权的股东可以自行召集和主持。

3. 会议的表决

股东会(股东大会)会议的表决程序由公司章程规定,但下列决议必须经出席会议的股东所持表决权的 2/3 以上通过:(1)修改公司章程的决议;(2)增加或者减少公司注册资本的决议;(3)对公司分立、合并、解散或者变更公司形式作出决议。另外,上市公司在 1 年内购买、出售重大资产或者担保金额超过公司资产总额 30%的,应当由股东大会作出决议,并经出席会议的股东所持表决权的 2/3 以上通过。股东会(股东大会)应当对所议事项的决定作成会议记录,出席会议的股东应当在会议记录上签名。

表决权是股东基于股东资格而享有的、在股东会(股东大会)会议上就议决事项作出决定的权利,是股东权实现的基本方式。我国法律与许多国家一样,股东行使表决权实行"一股一票"和"资本多数决"的基本原则,但也对股东表决权行使作出一些限制规定或者其他特别规定。例如,《公司法》第 42 条规定:"股东会会议由股东按照出资比例行使表决权;但是,公司章程另有规定的除外。"《公司法》第 103 条规定:"股东出席股东大会会议,所持每一股份有一表决权。但是,公司持有的本公司股份没有表决权。"《公司法》第 105 条第 1 款还规定:"股东大会选举董事、监事,可以依照公司章程的规定或者股东大会的决议,实行累积投票制。"①

4. 股东会(股东大会)决议的无效、撤销和不成立

(1)基本含义。股东会(股东大会)决议无效,是指因股东会(股东大会)作出的决议内容违反法律、行政法规而导致该决议自始不产生法律效力。对此,《公司法》第 22 条第 1 款规定,公司股东会或者股东大会的决议内容违反法律、行政法规的无效。

股东会(股东大会)决议撤销,是指因股东会(股东大会)严重违反法律规定的程序作出决议,经股东请求由法院判决予以撤销。对此,《公司法》第 22 条第 2 款规定,股东会或者股东大会的会议召集程序、表决方式违反法律、行政法规或者公司章程,或者决议内容违反公司章程的,股东可以自决议作出之日起 60 日内,请求人民法院撤销。《公司法司法解释四》第 4 条还规定,股东请求撤销股东会或者股东大会决议,符合《公司法》第 22 条第 2 款规定的,人民法院应当予以支持,但会议召集程序或者表决方式仅有轻微瑕疵,且对决议未产生实质影响的,人民法院不予支持。

股东会(股东大会)决议不成立,是指股东会(股东大会)没有作出决议,或者股东会(股东大会)作出的决议不具备成立要件。根据《公司法司法解释四》第 5 条的规定,有下列情形之一的,法院认定为股东会(股东大会)决议不成立:①公司未召开会议的,但依据《公司法》第 37 条第 2 款或者公司章程规定可以不召开股东会或者股东大会而

---

① 《公司法》第 105 条第 2 款规定:"累积投票制,是指股东大会选举董事或者监事时,每一股份拥有与应选董事或者监事人数相同的表决权,股东拥有的表决权可以集中使用。"

直接作出决定,并由全体股东在决定文件上签名、盖章的除外;②会议未对决议事项进行表决的;③出席会议的人数或者股东所持表决权不符合公司法或者公司章程规定的;④会议的表决结果未达到公司法或者公司章程规定的通过比例的;⑤导致决议不成立的其他情形。

(2)主要规定。关于股东会或者股东大会决议无效、撤销和不成立之诉,《公司法》和《公司法司法解释四》作出以下主要规定:

第一,关于诉讼当事人。请求确认股东会或者股东大会决议无效或者不成立之诉的原告,为公司股东、董事、监事等;请求撤销股东会或者股东大会决议的原告,应当是在起诉时的公司股东。原告请求确认股东会或者股东大会决议不成立、无效或者撤销决议的案件的被告是公司。对决议涉及的其他利害关系人,可以依法列为第三人。

第二,关于诉讼费用担保。为了防止股东滥诉,使公司由此造成的损失获得赔偿,《公司法》第 22 条第 3 款对股东会或者股东大会决议提起撤销之诉的诉讼担保作出了明确规定,即股东依照《公司法》第 22 条第 2 款规定提起诉讼的,人民法院可以应公司的请求,要求股东提供相应担保。

第三,关于提起诉讼的期间。与其他国家一样,我国公司法也不对股东会(股东大会)无效之诉的诉权行使作出期限限制,但对撤销之诉则作出期限限制。《公司法》第 22 条第 2 款规定,股东提起股东会(股东大会)决议撤销之诉,应当在自决议作出之日起 60 日内向法院提起。

第四,关于诉讼判决的效力。从保护善意第三人利益的角度出发,《公司法司法解释四》第 6 条规定,股东会或者股东大会决议被人民法院判决确认无效或者撤销的,公司依据该决议与善意相对人形成的民事法律关系不受影响。

三、公司的执行机关

董事会是公司的执行机关,负责处理公司的经营管理事宜。经理是董事会聘任、负责公司日常经营管理活动的辅助业务执行机关。

(一)董事会的概念

董事会是指由股东会(股东大会)或者职工选举产生的董事组成的公司业务执行机关和经营意思决定机关。

董事会具有以下主要特点:(1)董事会是由股东会(股东大会)或者职工选举产生的董事组成的公司执行机关。董事会应当执行股东会(股东大会)作出的决议,向股东会(股东大会)负责并报告工作。(2)董事会是公司的核心领导机关。董事会对公司经营事务作出决策,是公司经营中的领导核心。(3)董事会是集体执行公司事务的机关。董事会是以形成集体意思的决议来执行公司事务,作出经营决策。(4)董事会是公司的必设和常设机关。从公司治理结构的建立来说，有限责任公司和股份有限公司都应当设立董事会。但是，根据《公司法》第 50 条的规定，股东人数较少或者规模较小的有限责任公司，可以设 1 名执行董事，不设董事会。

（二）董事会的组成和任期

根据《公司法》的规定，有限责任公司董事会的成员为 3 至 13 人，股份有限公司董事会的成员为 5 至 19 人。国有独资公司和两个以上的国有企业或者其他两个以上的国有投资主体投资设立的有限责任公司，其董事会成员中应当有公司职工代表；其他有限责任公司、股份有限公司董事会成员中可以有公司职工代表。董事会中的职工代表由公司职工通过职工代表大会、职工大会或者其他形式民主选举产生。董事会设董事长一人，可以设副董事长，董事长和副董事长由董事会以全体董事的过半数选举产生。

董事任期由公司章程规定，但每届任期不得超过 3 年。董事任期届满，连选可以连任。董事任期届满未及时改选，或者董事在任期内辞职导致董事会成员低于法定人数的，在改选出的董事就任前，原董事仍应当依照法律、行政法规和公司章程的规定，履行董事职务。

（三）董事会的职权

根据《公司法》第 46 条、第 108 条第 4 款的规定，董事会对股东会（股东大会）负责，行使下列职权：(1)召集股东会（股东大会）会议，并向其报告工作；(2)执行股东会（股东大会）的决议；(3)决定公司的经营计划和投资方案；(4)制订公司的年度财务预算方案、决算方案；(5)制订公司的利润分配方案和弥补亏损方案；(6)制订公司增加或者减少注册资本以及发行公司债券的方案；(7)制订公司合并、分立、解散或者变更公司形式的方案；(8)决定公司内部管理机构的设置；(9)决定聘任或者解聘公司经理及其报酬事项，并根据经理的提名决定聘任或者解聘公司副经理、财务负责人及其报酬事项；(10)制定公司的基本管理制度；(11)公司章程规定的其他职权。

（四）董事会会议

董事会是会议体组织，因而董事会会议是全体董事履行董事会职权，讨论决定公司经营管理重大事项的基本方式。《公司法》第 48 条规定："董事会的议事方式和表决程序，除本法有规定的外，由公司章程规定。"

1. 会议的种类

董事会会议可以分为定期会议（或例行会议）和临时会议。根据《公司法》的规定，有限责任公司每年召开董事会的规定由其章程决定。股份有限公司董事会每年度至少召开 2 次会议。另外，代表 1/10 以上表决权的股东、1/3 以上董事或者监事会，可以提议召开董事会临时会议。

2. 会议的召集与主持

《公司法》规定，董事会会议由董事长召集和主持；董事长不能履行职务或者不履行职务的，由副董事长召集和主持；副董事长不能履行职务或者不履行职务的，由半数以上董事共同推举一名董事召集和主持。

有限责任公司董事会召集的程序，可以由其章程确定。在股份有限公司，董事会召开定期会议的，每次会议应当于会议召开10日前通知全体董事和监事；董事会召开临时会议的，董事长应当自接到提议后10日内，召集和主持董事会会议；董事会召开临时会议，可以另定召集董事会的通知方式和通知时限。

3. 会议的表决

《公司法》规定，董事会决议的表决，实行一人一票。董事会作出决议，必须经全体董事的过半数通过。董事会应当对所议事项的决定作成会议记录，出席会议的董事应当在会议记录上签名。董事应当对董事会的决议承担责任。董事会的决议违反法律、行政法规或者公司章程、股东大会决议，致使公司遭受严重损失的，参与决议的董事对公司负赔偿责任。但经证明在表决时曾表明异议并记载于会议记录的，该董事可以免除责任。

根据《公司法》和《公司法司法解释四》的规定，董事会决议的无效、撤销和不成立的规定与股东会(股东大会)决议无效、撤销和不成立的规定相同。

需要注意的是，《公司法》第124条规定："上市公司董事与董事会会议决议事项所涉及的企业有关联关系的，不得对该项决议行使表决权，也不得代理其他董事行使表决权。该董事会会议由过半数的无关联关系董事出席即可举行，董事会会议所作决议须经无关联关系董事过半数通过。出席董事会的无关联关系董事人数不足三人的，应将该事项提交上市公司股东大会审议。"

(五)经理

根据《公司法》的规定，公司可以设经理，主持公司的日常经营管理工作。经理由董事会决定聘任或者解聘，对董事会负责。从法律地位看，经理是由董事会根据公司经营管理和业务需要设立的辅助执行机关。同时，经理是公司的代理人，是与公司签订劳动合同的高级管理人员，也是公司日常经营管理事务的负责人。

《公司法》第50条规定，经理行使下列职权：(1)主持公司的生产经营管理工作，组织实施董事会决议；(2)组织实施公司年度经营计划和投资方案；(3)拟订公司内部管理机构设置方案；(4)拟订公司的基本管理制度；(5)制定公司的具体规章；(6)提请聘任或者解聘公司副经理、财务负责人；(7)决定聘任或者解聘除应由董事会决定聘任或者解聘以外的负责管理人员；(8)董事会授予的其他职权。另外，公司章程对经理职权另有规定的，从其规定。经理列席董事会会议。

四、公司的监督机关

监事会是公司的监督机关，负责对公司的业务活动进行监督和检查，是公司运营中的重要机关。

（一）监事会的概念

监事会是指由股东会（股东大会）和职工选举产生的监事组成的公司监督机关。在大陆法系国家，公司均设立监事会，以制衡董事会，防止董事和经理违法和滥用职权。

监事会具有以下主要特点：(1)监事会是股东代表和职工代表组成的公司机关。监事会由股东会选举产生的代表和职工民主选举产生的代表组成，这使得职工能够参与公司的管理。(2)监事会是对公司的业务活动进行监督和检查的公司机关。监事会的主要职责就是对董事会、经理开展的业务活动进行监督和检查，以维护公司和股东的利益，维护职工、公司债权人乃至社会公共利益。(3)监事会是公司的必设和常设机构。从公司治理结构的建立来说，有限责任公司和股份有限公司都应当设立监事会。但是，根据《公司法》第 51 条的规定，股东人数较少或者规模较小的有限责任公司，可以设 1 至 2 名监事，不设监事会。

（二）监事会或监事的组成和任期

根据《公司法》的规定，公司设监事会，其成员不得少于 3 人。股东人数较少或者规模较小的有限责任公司，可以设 1 至 2 名监事，不设监事会。但是，董事、高级管理人员（指公司的经理、副经理、财务负责人，上市公司董事会秘书和公司章程规定的其他人员）不得兼任监事。监事会应当包括股东代表和适当比例的公司职工代表，其中职工代表的比例不得低于 1/3，具体比例由公司章程规定。监事会中的职工代表由公司职工通过职工代表大会、职工大会或者其他形式民主选举产生。监事会设主席 1 人，可以设副主席。监事会主席和副主席由全体监事过半数选举产生。

监事的任期每届为 3 年，任期届满，连选可以连任。监事任期届满未及时改选，或者监事在任期内辞职导致监事会成员低于法定人数的，在改选出的监事就任前，原监事仍应当依照法律、行政法规和公司章程的规定，履行监事职务。

（三）监事会或监事的职权

根据《公司法》第 53 条、第 54 条、第 118 条第 1 款的规定，监事会、不设监事会的公司的监事行使下列职权：(1)检查公司财务。(2)对董事、高级管理人员执行公司职务的行为进行监督，对违反法律、行政法规、公司章程或者股东会决议的董事、高级管理人员提出罢免的建议。(3)当董事、高级管理人员的行为损害公司的利益时，要求董事、高级管理人员予以纠正。(4)提议召开临时股东会会议，在董事会不履行《公司法》

规定的召集和主持股东会会议职责时召集和主持股东会会议。(5)向股东会会议提出提案。(6)依照《公司法》第151条的规定,对董事、高级管理人员提起诉讼。(7)可以列席董事会会议,并对董事会决议事项提出质询或者建议。(8)发现公司经营情况异常,可以进行调查;必要时,可以聘请会计师事务所等协助其工作。(9)公司章程规定的其他职权。

(四)监事会会议

监事会会议是监事会的主要工作方式,也是监事行使监事会职权,监督公司经营状况、财务状况以及董事、高级管理人员履职情况的基本途径。《公司法》第55条第2款、第119条第2款规定,监事会的议事方式和表决程序,除本法有规定的外,由公司章程规定。

1. 会议的种类

监事会会议可以分为定期会议(或例行会议)和临时会议。根据《公司法》第55条第1款的规定,有限责任公司监事会每年度至少召开一次会议,监事可以提议召开临时监事会会议。根据《公司法》第119条第1款的规定,股份有限公司监事会每6个月至少召开一次会议,监事可以提议召开临时监事会会议。

2. 会议的召集与主持

《公司法》规定,监事会主席召集和主持监事会会议;监事会主席不能履行职务或者不履行职务的,由监事会副主席召集和主持监事会会议;监事会副主席不能履行职务或者不履行职务的,由半数以上监事共同推举一名监事召集和主持监事会会议。

3. 会议的表决

《公司法》规定,监事会决议应当经半数以上监事通过。监事会应当对所议事项的决定作成会议记录,出席会议的监事应当在会议记录上签名。

五、几种公司组织机构的特别规定

(一)一人有限责任公司和国有独资公司组织机构的特别规定

关于一人有限责任公司,《公司法》第61条规定:"一人有限责任公司不设股东会。股东作出本法第三十七条第一款所列决定时,[①]应当采用书面形式,并由股东签字后置备于公司。"

关于国有独资公司,《公司法》第66条至第70条作出下列规定:(1)国有独资公司不设股东会,由国有资产监督管理机构行使股东会职权。国有资产监督管理机构可以授权公司董事会行使股东会的部分职权,决定公司的重大事项,但公司的合并、分立、

① 《公司法》第37条第1款规定了有限责任公司股东会的职权。

解散、增减注册资本和发行公司债券，必须由国有资产监督管理机构决定；其中，重要的国有独资公司合并、分立、解散、申请破产的，应当由国有资产监督管理机构审核后，报本级人民政府批准。前款所称重要的国有独资公司，按照国务院的规定确定。(2)国有独资公司设立董事会，依照本法第 47 条、第 67 条的规定行使职权。董事每届任期不得超过 3 年。董事会成员中应当有公司职工代表。董事会成员由国有资产监督管理机构委派；但是，董事会成员中的职工代表由公司职工代表大会选举产生。董事会设董事长 1 人，可以设副董事长。董事长、副董事长由国有资产监督管理机构从董事会成员中指定。(3)国有独资公司设经理，由董事会聘任或者解聘。经理依照本法第 50 条规定行使职权。经国有资产监督管理机构同意，董事会成员可以兼任经理。(4)国有独资公司的董事长、副董事长、董事、高级管理人员，未经国有资产监督管理机构同意，不得在其他有限责任公司、股份有限公司或者其他经济组织兼职。(5)国有独资公司监事会成员不得少于 5 人，其中职工代表的比例不得低于 1/3，具体比例由公司章程规定。(6)监事会成员由国有资产监督管理机构委派；但是，监事会中的职工代表由公司职工代表大会选举产生。监事会主席由国有资产监督管理机构从监事会成员中指定。监事会行使《公司法》第 53 条第(1)项至第(3)项规定的职权[①]和国务院规定的其他职权。

(二)上市公司组织机构的特别规定

1. 独立董事

“独立董事”一词源于美国的“independent directors”，在英国被称为非执行董事(non-executive directors)。关于独立董事的含义，美国著名公司法专家罗伯特·W. 汉密尔顿将其定义为“不是公众持股公司的管理人员，在与公司的商业交易中也没有直接或间接重大关系的董事”[②]。我国学者将其定义为：独立董事是指来自外部的与公司没有关联关系的非执行董事[③]。

我国上市公司开始聘请独立董事始于“青岛啤酒”在香港发行 H 股。[④] 2001 年 8 月 16 日，中国证券监督管理委员会发布了《关于在上市公司建立独立董事制度的指导意见》，对建立董事制度以及独立董事的任职条件、产生、职权、保障条件等作出规定，这标志着我国在上市公司正式开始实施独立董事制度。2012 年 1 月 7 日，中国证券监督管理委员会、国家经贸委发布《上市公司治理准则》，对独立董事制度加以规定。

---

① 《公司法》第 53 条第(一)项至第(三)项规定的监事会职权为：“(一)检查公司财务；(二)对董事、高级管理人员执行公司职务的行为进行监督，对违反法律、行政法规、公司章程或者股东会决议的董事、高级管理人员提出罢免的建议；(三)当董事、高级管理人员的行为损害公司的利益时，要求董事、高级管理人员予以纠正。”

② 彭丁带：“美国的独立董事制度及其对我国的启示”，载《法学评论》2007 年第 4 期。

③ 施天涛：《公司法论》，法律出版社 2018 年版，第 380 页。

④ 魏刚、肖泽忠、Nick Travlos、邹宏：“独立董事背景与公司经营绩效”，载《经济研究》2007 年第 3 期。

之后,《公司法》肯定了上市公司引入独立董事的做法。该法第122条规定:“上市公司设立独立董事,具体办法由国务院规定。”

(1)独立董事的任职条件。《关于在上市公司建立独立董事制度的指导意见》(以下简称《指导意见》)指出,上市公司独立董事是指不在公司担任除董事外的其他职务,并与其所受聘的上市公司及其主要股东不存在可能妨碍其进行独立客观判断的关系的董事。其任职必须具备以下基本条件:①根据法律、行政法规及其他有关规定,具备担任上市公司董事的资格;②具有本《指导意见》所要求的独立性;③具备上市公司运作的基本知识,熟悉相关法律、行政法规、规章及规则;④具有5年以上法律、经济或者其他履行独立董事职责所必需的工作经验;⑤公司章程规定的其他条件。

同时,独立董事必须具有独立性,下列人员不得担任独立董事:①在上市公司或者其附属企业任职的人员及其直系亲属、主要社会关系(直系亲属是指配偶、父母、子女等;主要社会关系是指兄弟姐妹、岳父母、儿媳女婿、兄弟姐妹的配偶、配偶的兄弟姐妹等);②直接或间接持有上市公司已发行股份1%以上或者是上市公司前十名股东中的自然人股东及其直系亲属;③在直接或间接持有上市公司已发行股份5%以上的股东单位或者在上市公司前五名股东单位任职的人员及其直系亲属;④最近1年内曾经具有前三项所列举情形的人员;⑤为上市公司或者其附属企业提供财务、法律、咨询等服务的人员;⑥公司章程规定的其他人员;⑦中国证监会认定的其他人员。

(2)独立董事的职权及其行使。为了充分发挥独立董事的作用,独立董事除应当具有公司法和其他相关法律、法规赋予董事的职权外,上市公司还应当赋予独立董事以下特别职权:①重大关联交易(指上市公司拟与关联人达成的总额高于300万元或高于上市公司最近经审计净资产值的5%的关联交易)应由独立董事认可后,提交董事会讨论;②向董事会提议聘用或解聘会计师事务所;③向董事会提请召开临时股东大会;④提议召开董事会;⑤独立聘请外部审计机构和咨询机构;⑥可以在股东大会召开前公开向股东征集投票权。

独立董事行使上述职权应当取得全体独立董事的1/2以上同意。如上述提议未被采纳或上述职权不能正常行使,上市公司应将有关情况予以披露。

2. 董事会专门委员会

根据《上市公司治理规则》的规定,上市公司董事会可以按照股东大会的有关决议,设立战略、审计、提名、薪酬与考核等专门委员会。专门委员会成员全部由董事组成,其中审计委员会、提名委员会、薪酬与考核委员会中独立董事应占多数并担任召集人,审计委员会中至少应有一名独立董事是会计专业人士。

各专门委员会履行自身职责,对董事会负责,其提案应提交董事会审查决定。战略委员会的主要职责是对公司长期发展战略和重大投资决策进行研究并提出建议。

审计委员会的主要职责是:(1)提议聘请或更换外部审计机构;(2)监督公司的内部审计制度及其实施;(3)负责内部审计与外部审计之间的沟通;(4)审核公司的财务信息及其披露;(5)审查公司的内控制度。提名委员会的主要职责是:(1)研究董事、经理人员的选择标准和程序并提出建议;(2)广泛搜寻合格的董事和经理人员的人选;(3)对董事候选人和经理人选进行审查并提出建议。薪酬与考核委员会的主要职责是:(1)研究董事与经理人员考核的标准,进行考核并提出建议;(2)研究和审查董事、高级管理人员的薪酬政策与方案。

3. 董事会秘书

董事会秘书是上市公司掌管董事会文书并协助董事会成员处理日常事务的人员,是公司高级管理人员。《公司法》对上市公司董事会秘书的设立和职责作出规定。该法第 123 条规定:"上市公司设立董事会秘书,负责公司股东大会和董事会会议的筹备、文件保管以及公司股权管理,办理信息披露事务等事宜。"此外,《上海证券交易所股票上市规则》和《深圳证券交易所股票上市规则》对董事会秘书的基本职责、任职资格、聘任和离任等也作出了具体规定。

董事会秘书制度的实施,对上市公司治理有着重要的作用。从公司内部治理来说,董事会秘书集中负责公司的程序性和辅助性事务,使公司董事等经营管理人员能够将更多的精力投入到公司经营中,也使公司信息沟通和决策执行的渠道更为畅通,还对公司经营管理人员的权力具有制约作用,从而促进了公司运作的规范和效率,保护投资者的合法权益。就公司外部治理而言,董事会秘书代表上市公司与公司登记机关、监管机关和证券交易机构进行联络沟通,使相关主体的知情权得以保障。

六、董事、监事和高级管理人员

(一)董事、监事和高级管理人员的任职资格

董事、监事和高级管理人员的任职资格,是指担任公司董事、监事和高级管理人员应当具备的条件,包括积极资格和消极资格。关于董事、监事和高级管理人员任职的积极资格,《公司法》未作一般规定,而《证券法》《保险法》等法律则作出了具体规定。例如,《证券法》第 131 条第 1 款规定,证券公司的董事、监事、高级管理人员,应当正直诚实,品行良好,熟悉证券法律、行政法规,具有履行职责所需的经营管理能力,并在任职前取得国务院证券监督管理机构核准的任职资格。

关于董事、监事和高级管理人员任职的消极资格,《公司法》及其他法律都作了规定。《公司法》第 146 条规定,有下列情形之一的,不得担任公司的董事、监事、高级管理人员:(1)无民事行为能力或者限制民事行为能力;(2)因贪污、贿赂、侵占财产、挪用财产或者破坏社会主义市场经济秩序,被判处刑罚,执行期满未逾 5 年,或者因犯罪被

剥夺政治权利，执行期满未逾5年；(3)担任破产清算的公司、企业的董事或者厂长、经理，对该公司、企业的破产负有个人责任的，自该公司、企业破产清算完结之日起未逾3年；(4)担任因违法被吊销营业执照、责令关闭的公司、企业的法定代表人，并负有个人责任的，自该公司、企业被吊销营业执照之日起未逾3年；(5)个人所负数额较大的债务到期未清偿。公司违反上述规定选举、委派董事、监事或者聘任高级管理人员的，该选举、委派或者聘任无效。董事、监事、高级管理人员在任职期间出现上述所列情形的，公司应当解除其职务。

除了《公司法》对公司董事、监事和高级管理人员任职的消极资格作出一般规定外，其他法律则作了特殊规定。例如，《商业银行法》第27条规定，有下列情形之一的，不得担任商业银行的董事、高级管理人员：(1)因犯有贪污、贿赂、侵占财产、挪用财产罪或者破坏社会经济秩序罪，被判处刑罚，或者因犯罪被剥夺政治权利的；(2)担任因经营不善破产清算的公司、企业的董事或者厂长、经理，并对该公司、企业的破产负有个人责任的；(3)担任因违法被吊销营业执照的公司、企业的法定代表人，并负有个人责任的；(4)个人所负数额较大的债务到期未清偿的。再如，《证券法》第131条第2款规定，有《公司法》第146条规定的情形或者下列情形之一的，不得担任证券公司的董事、监事、高级管理人员：(1)因违法行为或者违纪行为被解除职务的证券交易所、证券登记结算机构的负责人或者证券公司的董事、监事、高级管理人员，自被解除职务之日起未逾5年；(2)因违法行为或者违纪行为被撤销资格的律师、注册会计师或者投资咨询机构、财务顾问机构、资信评级机构、资产评估机构、验证机构的专业人员，自被撤销资格之日起未逾5年。

(二)董事、监事和高级管理人员的义务

董事、监事和高级管理人员是公司和股东的受托人，应当对公司和股东履行诚信义务，而诚信义务包括忠诚义务与勤勉义务。[①]《公司法》第147条规定："董事、监事、高级管理人员应当遵守法律、行政法规和公司章程，对公司负有忠实义务和勤勉义务。董事、监事、高级管理人员不得利用职权收受贿赂或者其他非法收入，不得侵占公司的财产。"

1. 忠实义务

忠实义务是指董事、监事、高级管理人员在管理经营公司业务时，应毫无保留地为公司最大利益努力工作，当自身利益与公司利益发生冲突时，应以公司利益为先。[②]忠实义务是董事、监事、高级管理人员对公司所负的首要义务，而勤勉义务则位居其

---

① 刘俊海：《现代公司法》，法律出版社2015年版，第624页。

② 赵旭东：《公司法学》，高等教育出版社2015年版，第312页。

次。这是因为:第一,从受害程度看,不忠实的行为比不勤勉的行为对公司的杀伤力更大;第二,从义务的履行难度看,履行忠实义务比履行勤勉义务更容易;第三,从问责机制看,违反忠实义务的责任追究难度要小于违反勤勉义务的责任追究。[①]

《公司法》第147条对董事、监事、高级管理人员的忠实义务作出了一般规定,即不得利用职权收受贿赂或者其他非法收入,不得侵占公司的财产。《公司法》第148条对董事、高级管理人员的忠实义务作出了具体规定:(1)不得利用职权获取非法利益,即不得挪用公司资金,不得将公司资金以其个人名义或者以其他个人名义开立账户存储,不得接受他人与公司交易的佣金归为己有;(2)不得擅自借贷和担保,即不得违反公司章程的规定,未经股东会、股东大会或者董事会同意,将公司资金借贷给他人或者以公司财产为他人提供担保;(3)不得与公司从事自我交易,即不得违反公司章程的规定或者未经股东会、股东大会同意,与本公司订立合同或者进行交易;(4)竞业禁止,即不得未经股东会或者股东大会同意,自营或者为他人经营与所任职公司同类的业务;(5)篡夺公司机会的禁止,即不得违反公司章程的规定或者未经股东会、股东大会同意,利用职务便利为自己或者他人谋取属于公司的商业机会;(6)不得擅自披露公司秘密;(7)违反对公司忠实义务的其他行为。

董事、监事、高级管理人员违反上述规定,应当承担法律责任。《公司法》第148条第2款规定:"董事、高级管理人员违反上述规定所得的收入应当归公司所有。"根据《公司法》第149条的规定,董事、监事、高级管理人员违反上述法律规定,给公司造成损失的,应当承担赔偿责任。

2. 勤勉义务

勤勉义务,在大陆法系被称为"善良管理人的注意义务",简称善管义务;在英美法系被称为"注意义务""勤勉、注意和技能义务"。它是指董事、监事、高级管理人员应诚信地履行对公司的职责,尽到普通人在类似情况和地位下如同处理自己的事务那样谨慎的合理的注意义务,为实现公司最大利益努力工作。[②]

由于公司法很难对勤勉义务作明确、细致且具有操作性的界定,因而在大陆法系国家或地区公司法中,很少有对勤勉义务的判断标准作具体界定的立法例。《日本公司法典》第423条仅用了"怠于其职责"这一极为简略的界定,《韩国商法》第399条的界定与日本法基本相同。德国公司法规定相对详细,《德国股份法》第93条第1款规定:"董事会的成员应在其执行业务时,尽通常及认真的业务执行人之注意。"《德国有限责任公司法》第43条第1款则规定:"董事在公司的事务上,应尽通常商人之注意。"

---

① 刘俊海:《现代公司法》,法律出版社2015年版,第625～626页。

② 赵旭东:《公司法学》,高等教育出版社2015年版,第313页。

与此不同的是，英美法系国家和地区大多对勤勉义务确立了较为具体的判断标准。但是，这些判断标准长期存在于判例法中。1974年美国《商事公司示范法》首次引入董事勤勉义务的规定。该法第8.30条(a)款规定："董事会的所有成员在履行其职责时应：(1)善意；(2)以其合理地相信其行为是为了公司的最佳利益。"该条(b)款规定："董事会或者委员会成员在行使其决策职能或者监督职能时，应尽处于相似位置的普通谨慎人在类似情况下所应尽到的注意。"①

在我国，《公司法》第147条规定了董事、监事、高级管理人员的勤勉义务，但没有规定勤勉义务的判断标准。但是，根据《公司法》第149条的规定，董事、监事、高级管理人员违反法律规定的勤勉义务，给公司造成损失的，应当承担赔偿责任。

第六节 公司的合并、分立与组织形式的变更

一、公司的合并

(一)公司合并的概念

公司合并是指两个或两个以上具有法人资格的公司，依法定程序组合成一个公司的法律行为。

公司合并的形式包括两种，即吸收合并和新设合并。吸收合并是指吸收方的公司全面接收被吸收方公司的股东、财产和债权债务，使吸收方的公司继续存续，而被吸收方的公司解散消灭。新设合并是指拟合并的两个或两个以上的公司均归于消灭，并以这些公司的股东、财产创设新的公司。

在现代经济生活中，合并是公司经营中常用的经济手段。公司合并是一柄"双刃剑"，一方面能够促进生产要素的合理流动，实现社会资源的优化配置，推动经济的良性发展；另一方面也会产生垄断，妨碍竞争，不利于经济的健康发展。因此，对于公司合并，我们要通过建立法律制度保障其顺利进行，还要通过立法反对垄断、增加竞争活力。

(二)公司合并的程序

为了确保公司合并行为的顺利、有效开展，保护各方当事人的合法权益，《公司法》对公司合并的程序作出了明确规定。

1. 签订合并协议

---

① 范健、王建文：《公司法》，法律出版社2018年版，第365～366页。

公司合并涉及合并各方的利益，关系具体事项的处理，这就需要通过协商加以确定。因此，《公司法》第173条规定，公司合并，应当由合并各方签订合并协议。合并协议的内容应当根据公司合并的形式，经合并各方的协商确定。一般来说，合并协议包括以下内容：(1)合并各方的名称、住所；(2)合并后存续公司或新设公司的名称、住所；(3)合并各方的资产状况及处理办法；(4)合并各方的债权债务的处理办法；(5)存续公司或新设公司因合并而增资所发行的股份总数、种类和数量；(6)合并各方认为需要载明的其他事项。

2. 编制资产负债表和财产清单

在公司合并中，合并各方的财务状况和财产情况关系到合并工作的开展，也关系到各种当事人的利益，因此，《公司法》第173条规定，公司合并，应当由合并各方编制资产负债表和财产清单。资产负债表应准确反映公司资产的借贷情况，财产清单应记载公司所有的财产以及债权债务。

3. 作出合并决议

在公司运行中，公司合并是关系公司发展的重大问题，也关乎全体股东的根本利益，根据《公司法》第37条和第99条的规定，应当由股东会或股东大会作出决议。因此，在合并协议签订后，合并各方应当召开股东会或股东大会，对公司合并作出决议。合并决议属于特别决议，必须经过出席股东会会议或股东大会会议的股东所持表决权的2/3以上通过。合并决议通过后，所签订的合并协议才能生效。

需要注意的是，根据《公司法》第74条、第142条的规定，在有限责任公司，对股东会作出的公司合并决议投反对票的股东，可以请求公司按照合理的价格收购其股权；在股份有限公司，股东因对股东大会作出的公司合并决议持异议的，可以要求公司收购其股份。

4. 通知债权人

公司合并不仅涉及合并各方自身的利益，而且还会对合并各方债权人的债权实现产生影响，因此应当将合并事项通知债权人，并赋予债权人异议权。对此，《公司法》第173条规定，公司应当自作出合并决议之日起10日内通知债权人，并于30日内在报纸上公告。债权人自接到通知书之日起30日内，未接到通知书的自公告之日起45日内，可以要求公司清偿债务或者提供相应的担保。在规定的异议期内，没有债权人提出异议或者债权人提出异议后公司已清偿债务或提供相应担保的，公司各方即可按合并协议实施合并。

5. 办理商事登记

公司合并后，会导致参加合并公司的变更或者消灭，也会导致新公司的设立，这就需要向工商行政管理部门办理相关商事登记手续。因此，《公司法》第179条规定，公司合并，登记事项发生变更的，应当依法向公司登记机关办理变更登记；公司解散的，应当依法办理公司注销登记；设立新公司的，应当依法办理公司设立登记。

（三）公司合并的效力

公司合并后，就会对合并各方产生法律效力，它主要包括两个方面，即公司组织的变化和债权债务的概括承受。

1. 公司组织的变化

公司合并后，其组织将产生变化，这种变化因合并形式不同而不同，但总体上包括以下三种情况：

(1)公司消灭。在吸收合并中，被吸收方的公司因股东、财产为吸收方的公司全部接收而解散，致使公司消灭。在新设合并中，参加合并的公司均解散而归于消灭。在这种情况下，消灭的公司应办理注销登记。

(2)公司变更。在吸收合并中，吸收方的公司即存续公司因全部接受被吸收方的公司的股东、财产等而导致公司的变化。在这种情况下，存续公司应办理变更登记。

(3)公司设立。在新设合并中，参加合并的公司将其股东、财产整合创设一个新的公司。在这种情况下，合并后的公司应办理设立登记。

2. 债权债务的概括承受

公司合并后，被合并的公司解散，但解散公司的债权债务并不因此而消灭，而是应当由存续公司或者新设公司继续承担。因此，《公司法》第 174 条规定："公司合并时，合并各方的债权、债务，应当由合并后存续的公司或者新设的公司承继。"

二、公司的分立

（一）公司分立的概念

公司分立是指一个具有独立法人资格的公司，依法定程序分为两个或两个以上公司的法律行为。

公司分立的形式包括两种，即新设分立和派生分立两种形式。新设分立是将一个具有法人资格的公司分割成两个或者两个以上的具有法人资格的公司的法律行为，派生分立则是原公司仍然存在且将原公司的一部分分出去成立一个新公司的法律行为。

公司在运行过程中，通过分立来调整公司的业务经营并进行组织再造。对于公司来说，公司分立可以帮助规模大、多元化经营的公司实现经营的专门化，提升经营的效率。同时，公司分立可以帮助解决公司僵局，使公司得以持续经营。对于社会来说，公司分立可以解决经营中的垄断问题，促进经济的健康发展。

（二）公司分立的程序

为了确保公司分立行为的顺利、有效开展，保护各方当事人的合法权益，《公司法》

对公司分立的程序作出了明确规定。

1. 进行财产分割，编制资产负债表和财产清单

要实现公司分立，就必须按照约定对公司财产进行分割。因此《公司法》第 175 条第 1 款规定，公司分立，其财产作相应的分割。在公司分立中，公司的财务状况和财产情况关系到分立行为的进行，也关系到各方当事人的利益，因此，《公司法》第 175 条第 2 款规定："公司分立，应当编制资产负债表和财产清单。"

2. 作出分立决议

在公司运行中，公司分立是关系公司发展的重大问题，也关乎全体股东的根本利益，因此要由公司的权力机关作出决议。对此，根据《公司法》第 37 条和第 99 条的规定，公司分立应当由股东会或股东大会作出决议。分立决议由于属于特别决议，因此必须经过出席股东会会议或股东大会会议的股东所持表决权的 2/3 以上通过。

需要注意的是，根据《公司法》第 74 条、第 142 条的规定，在有限责任公司，对股东会作出的公司分立决议投反对票的股东，可以请求公司按照合理的价格收购其股权；在股份有限公司，股东因对股东大会作出的公司分立决议持异议的，可以要求公司收购其股份。

3. 通知债权人

公司分立会对公司债权人的债权实现产生影响，因此应当将合并事项通知债权人，债权人因此可以与公司就债务清偿达成书面协议。对此，《公司法》第 175 条第 2 款规定，公司应当自作出分立决议之日起 10 日内通知债权人，并于 30 日内在报纸上公告。

4. 办理商事登记

公司分立后，会导致参加合并公司的变更或者消灭，也会导致新公司的设立，这就需要向工商行政管理部门办理相关商事登记手续。因此，《公司法》第 179 条规定，公司合并或者分立，登记事项发生变更的，应当依法向公司登记机关办理变更登记；公司解散的，应当依法办理公司注销登记；设立新公司的，应当依法办理公司设立登记。

（三）公司分立的效力

公司分立后，就会对各方产生法律效力，它主要包括两个方面，即公司组织的变化和公司分立前债务的承担。

1. 合并各方的变化

公司分立后，其组织会产生变化，这种变化因分立形式不同而不同，但总体上包括以下三种情况：

（1）公司消灭。在新设分立中，被分立公司解散而归于消灭。在这种情况下，被分立公司应办理注销登记。

(2)公司变更。在派生分立中,存续公司因部分股东、财产等转移到设立的新公司而发生变化。在这种情况下,存续公司应办理变更登记。

(3)公司设立。在新设分立中,被分立公司的股东、财产重新安排设立两个或者两个以上的新公司。在派生分立中,被分立公司以其部分股东、财产设立新的公司。在这种情况下,新设立的公司应办理设立登记。

2. 公司分立前债务的承担

为了保障被分立公司债权人的利益,《公司法》第 176 条规定:“公司分立前的债务由分立后的公司承担连带责任。但是,公司在分立前与债权人就债务清偿达成的书面协议另有约定的除外。”可见,公司分立前债务的清偿,按照以下办法处理:首先,公司在分立前与债权人达成书面协议的,按照该协议清偿;其次,公司在分立前与债权人未达成书面协议的,由分立后的公司承担连带责任。

三、公司组织形式的变更

(一)公司组织形式变更的概念

公司组织形式的变更是指公司在不改变法人资格的前提下,依法从一种形态转变为另一种形态的行为。这种变更有两种情况,即从有限责任公司变更为股份有限公司和从股份有限公司变更为有限责任公司。

公司组织形式的变更没有改变其法人资格,但是由于不同组织形式的公司有着不同的设立条件,会引起公司的章程、注册资本、组织机构等方面的明显变化,这就需要法律对公司进行组织形式变更的条件和程序作出规定。另外,许多国家法律将公司组织形式的变更限于公司法规定的形态。

(二)公司组织形式变更的规定

各国公司法关于公司组织形式变更的规定,有限制主义和非限制主义两种立法例。依前者,公司组织形式的变更仅限于性质类似的公司之间,如资合公司之间进行变更或者人合公司之间进行变更;依后者,对公司组织形式的变更不作上述限制。在我国,《公司法》第 9 条第 1 款规定:“有限责任公司变更为股份有限公司,应当符合本法规定的股份有限公司的条件。股份有限公司变更为有限责任公司,应当符合本法规定的有限责任公司的条件。”可见,我国有限责任公司和股份有限公司可以相互变更。

两种公司在相互变更中,应当符合变更后公司的设立条件,并按照法律规定的程序进行。其程序主要包括:(1)股东会或股东大会作出决议,且决议必须经过出席会议的股东所持表决权的 2/3 以上通过;(2)办理公司名称的核准登记;(3)办理符合股份有限公司设立条件的相关手续,包括修改公司章程、增加资本发行股份等;(4)如涉及国有股,需上报国有股权管理方案并取得批复意见;(5)办理工商变更登记手续。关于变更前公司债权债务问题,《公司法》第 9 条第 2 款规定:“公司变更前的债权、债务由变更后的公司承继。”

第七节　公司的解散和清算

一、公司的解散

(一)公司解散的概念

公司解散是指公司因发生章程规定或法律规定的解散事由而停止业务活动,致使消灭法律人格的法律行为。

公司解散与公司清算关系紧密。从各国法律来看,主要有两种不同的规定,即“先算后散”和“先散后算”。“先算后散”就是规定公司应当在清算后解散,即先清算、后解散。英国公司法采用这种规定。按照“先算后散”的规定,宣告公司解散即消灭公司的法人资格。“先散后算”就是规定公司应当解散后进行清算,即先解散、后清算。大陆法系国家法律多采用这种规定。按照“先散后算”的规定,宣告公司解散只是消灭公司法人资格的原因,在清算结束后公司的法人资格才消灭。在我国,实行的是“先散后算”的制度。

(二)公司解散的原因

根据《公司法》第 180 条、第 182 条以及其他相关规定,公司解散的原因有多种,根据其与股东的意愿为标准,可以分为自愿解散和强制解散两类。

1. 自愿解散

自愿解散,又称任意解散,是指基于公司自身的意思或者股东的意愿而解散公司。自愿解散是一种自愿行为,而非国家的强制行为。自愿解散的事由包括以下三种:

(1)公司章程规定的事由出现。根据《公司法》第 180 条第 1 项的规定,公司章程规定的营业期限届满或者公司章程规定的其他解散事由出现的,公司由此解散。在公司章程中,公司的营业期限属于任意记载事项,但在章程中约定经营期限的,营业期限届满,公司即可解散。另外,章程还可约定其他解散事由,当该解散事由出现时,公司也可解散。

(2)公司权力机关决议解散。根据《公司法》第 180 条第 2 项的规定,股东会或者股东大会决议解散的,公司由此解散。解散决议属于特别决议,因而该决议作出必须经过出席股东会会议或股东大会会议的股东所持表决权的 2/3 以上通过。

(3)公司因合并或者分立而解散。根据《公司法》第 180 条第 3 项的规定,因公司合并或者分立需要解散的，公司由此解散。公司合并中，吸收合并会导致被吸收方的公司解散，新设合并则导致合并各方全部解散。公司分立中，新设分立会导致原公司解散。当然，因合并或者分立而公司解散的，无须进行公司清算。

2. 强制解散

强制解散，又称非自愿解散，是指因行政机关的决定或者司法机关的判决而解散公司。强制解散是基于国家机关意志的强制行为，而非基于公司或者股东意愿的自愿行为。强制解散的事由包括以下两种：

（1）因行政机关的决定而解散。根据《公司法》第 180 条第 4 项的规定，依法被吊销营业执照、责令关闭或者被撤销的，公司应当解散。例如，根据《公司法》第 198 条的规定，虚报注册资本、提交虚假材料或者采取其他欺诈手段隐瞒重要事实取得登记的公司，情节严重的，撤销公司登记或者吊销营业执照。《公司登记管理条例》还规定，公司有以下违法行为的，公司登记机关吊销其营业执照：①公司成立后无正当理由超过 6 个月未开业的，或者开业后自行停业连续 6 个月以上的；②变更经营范围涉及法律、行政法规或者国务院决定规定须经批准的项目而未取得批准，擅自从事相关经营活动，情节严重的；③伪造、涂改、出租、出借、转让营业执照，情节严重的；④利用公司名义从事危害国家安全、社会公共利益的严重违法行为的。

（2）因司法机关的判决而解散。《公司法》第 182 条规定："公司经营管理发生严重困难，继续存续会使股东利益受到重大损失，通过其他途径不能解决的，持有公司全部股东表决权百分之十以上的股东，可以请求人民法院解散公司。"可见，当公司陷入僵局时，持有一定比例表决权的股东有权请求法院解散公司。为了正确适用该规定，《最高人民法院关于适用〈中华人民共和国公司法〉若干问题的规定（二）》（以下简称《公司法司法解释二》）第 1 条第 1 款规定，单独或者合计持有公司全部股东表决权 10% 以上的股东，以下列事由之一提起解散公司诉讼，并符合《公司法》第 182 条规定的，人民法院应予受理：①公司持续 2 年以上无法召开股东会或者股东大会，公司经营管理发生严重困难的；②股东表决时无法达到法定或者公司章程规定的比例，持续 2 年以上不能做出有效的股东会或者股东大会决议，公司经营管理发生严重困难的；③公司董事长期冲突，且无法通过股东会或者股东大会解决，公司经营管理发生严重困难的；④经营管理发生其他严重困难，公司继续存续会使股东利益受到重大损失的情形。但是，为了防止股东滥用解散公司诉讼，该司法解释第 1 条第 2 款规定，股东以知情权、利润分配请求权等权益受到损害，或者公司亏损、财产不足以偿还全部债务，以及公司被吊销企业法人营业执照未进行清算等为由，提起解散公司诉讼的，人民法院不予受理。

（三）公司解散的法律后果

公司因出现法定原因解散后，会产生两种主要法律后果：一是进入清算程序；二是权利能力受到限制。

1. 进入清算程序

公司因法定原因解散后，就进入清算程序，由依法组成的清算组对公司实施清算。通过清算，清理公司债权债务，处理未了结业务，办理公司注销手续，使公司失去法人地位。

2. 权利能力受到限制

公司解散进入清算程序后，公司就成为清算法人，其权利能力受到限制，在此期间公司只能从事清算业务，不能从事其他经营业务。对此，《公司法》第 186 条第 3 款规定："清算期间，公司存续，但不得开展与清算无关的经营活动。"

二、公司的清算

（一）公司清算的概念

公司清算是指公司解散后，依法处分公司所有财产，终结公司各种法律关系，消灭公司法人资格的法律行为。在我国，除因合并或分立导致公司解散外，凡解散公司均应进行清算。通过清算，终结公司既存的法律关系，分派公司的剩余财产，最终消灭公司的法人资格。

根据不同的标准，我们可以对公司清算作出不同的分类。根据适用的程序和方式，公司清算可以分为任意清算和法定清算。任意清算就是按照公司章程规定或者股东决定的清算程序进行的清算，法定清算就是按照法律规定的清算程序进行的清算。在法定清算中，按照是否受到法院的干预，可以分为普通清算和特别清算。普通清算就是由公司依法自行组织的清算组依照法定程序进行的清算，特别清算就是当公司实行普通清算有明显障碍时，由法院强制其进行的清算。

在普通清算中，清算由公司自行进行，法院不作干预，只作一般监督。普通清算能兼顾股东和公司债权人的利益，一般适用于资产足以偿债且能够自行组织清算的公司。对此，《公司法》第 183 条规定："公司因本法第一百八十条第（一）项、第（二）项、第（四）项、第（五）项规定而解散的，应当在解散事由出现之日起十五日内成立清算组，开始清算。"可见，除因公司合并或者分立而解散不需要清算外，公司的自愿解散和强制解散均可适用普通清算。

当公司自行清算发生障碍时，法院从维护公司债权人的利益出发，强行组织清算人对公司进行清算，并对清算实施严格监督，即进入特别清算程序。对此，《公司法》第 183 条规定：公司"逾期不成立清算组进行清算的，债权人可以申请人民法院指定有关人员组成清算组进行清算。人民法院应当受理该申请,并及时组织清算组进行清算。"关于人民法院受理债权人申请指定清算组清算的情形,《公司法司法解释二》第 7 条第 2 款作出以下规定:①公司解散逾期不成立清算组进行清算的;②虽然成立清算组但故意拖延清算的;③违法清算可能严重损害债权人或者股东利益的。该条第 3 款还规定:"具有本条第二款所列情形,而债权人未提起清算申请,公司股东申请人民法院指定清算组对公司进行清算的,人民法院应予受理。"这表明,当普通清算发生障碍而债权人未申请法院启动特别清算程序的,股东可以提出申请。

(二)清算组

在公司清算中,需要有执行清算事务的人,这种人在国外法律中被称为清算人。清算人可以是单个的自然人,也可以是由多人组成的集合体。在我国,由清算组执行公司清算事务。

1. 清算组的组成

根据《公司法》的规定,公司除因合并或者分立需要解散外,因其他原因解散的,应当在解散事由出现之日起 15 日内成立清算组,开始清算。有限责任公司的清算组由股东组成,股份有限公司的清算组由董事或者股东大会确定的人员组成。

逾期不成立清算组进行清算而进入特别清算程序的,由人民法院指定有关人员组成清算组进行清算。根据《公司法司法解释二》第 8 条的规定,清算组成员可以从下列人员或者机构中产生:(1)公司股东、董事、监事、高级管理人员;(2)依法设立的律师事务所、会计师事务所、破产清算事务所等社会中介机构;(3)依法设立的律师事务所、会计师事务所、破产清算事务所等社会中介机构中具备相关专业知识并取得执业资格的人员。同时,为了确保清算组成员能够胜任工作,该司法解释第 9 条还规定:"人民法院指定的清算组成员有下列情形之一的,人民法院可以根据债权人、股东的申请,或者依职权更换清算组成员:(1)有违反法律或者行政法规的行为;(2)丧失执业能力或者民事行为能力;(3)有严重损害公司或者债权人利益的行为。"

2. 清算组的职权和职责

为了执行清算事务,清算组需要拥有相应的职权。对此,《公司法》第 184 条规定,清算组在清算期间行使下列职权:(1)清理公司财产,分别编制资产负债表和财产清单;(2)通知、公告债权人;(3)处理与清算有关的公司未了结的业务;(4)清缴所欠税款以及清算过程中产生的税款;(5)清理债权、债务;(6)处理公司清偿债务后的剩余财产;(7)代表公司参与民事诉讼活动。

同时,清算组应当履行相应义务,以维护公司和债权人的利益。《公司法》第 189 条明确规定:"清算组成员应当忠于职守,依法履行清算义务。清算组成员不得利用职权收受贿赂或者其他非法收入,不得侵占公司财产。"该条还规定:"清算组成员因故意或者重大过失给公司或者债权人造成损失的，应当承担赔偿责任。”对此，《公司法司法解释二》第23条规定：“清算组成员从事清算事务时，违反法律、行政法规或者公司章程给公司或者债权人造成损失，公司或者债权人主张其承担赔偿责任的，人民法院应依法予以支持。有限责任公司的股东、股份有限公司连续一百八十日以上单独或者合计持有公司百分之一以上股份的股东，依据公司法第一百五十一条第三款的规定[①]，以清算组成员有前款所述行为为由向人民法院提起诉讼的，人民法院应予受理。公司已经清算完毕注销，上述股东参照公司法第一百五十一条第三款的规定，直接以清算组成员为被告、其他股东为第三人向人民法院提起诉讼的，人民法院应予受理。”

（三）清算的程序

1. 成立或组成清算组

根据《公司法》及其司法解释的规定，公司解散的，应当在解散事由出现之日起15日内成立清算组，开始清算。逾期不成立清算组进行清算的，经债权人或者股东申请，由人民法院指定有关人员组成清算组进行清算。

2. 通知债权人

《公司法》第185条规定，清算组应当自成立之日起10日内通知债权人，并于60日内在报纸上公告。通知债权人的目的，是为了督促债权人申报债权，以使其债权获得清偿。对此，《公司法司法解释二》第11条进一步规定道：“公司清算时，清算组应当按照公司法第一百八十五条的规定，将公司解散清算事宜书面通知全体已知债权人，并根据公司规模和营业地域范围在全国或者公司注册登记地省级有影响的报纸上进行公告。清算组未按照前款规定履行通知和公告义务，导致债权人未及时申报债权而未获清偿，债权人主张清算组成员对因此造成的损失承担赔偿责任的，人民法院应依法予以支持。”

3. 申报和登记债权

《公司法》第185条规定，债权人应当自接到通知书之日起30日内，未接到通知书的自公告之日起45日内，向清算组申报其债权。债权人申报债权，应当说明债权的有关事项，并提供证明材料。清算组应当对债权进行登记。

关于债权的补充申报，《公司法司法解释二》第13条第1款规定：“债权人在规定的期限内未申报债权，在公司清算程序终结前补充申报的，清算组应予登记。”该条第2款解释道：“公司清算程序终结，是指清算报告经股东会、股东大会或者人民法院确认完毕。”

债权数额的核定，关系到债权人的利益。对此，《公司法司法解释二》第12条还规

---

① 即有关股东代表诉讼的规定。

定："公司清算时，债权人对清算组核定的债权有异议的，可以要求清算组重新核定。清算组不予重新核定，或者债权人对重新核定的债权仍有异议，债权人以公司为被告向人民法院提起诉讼请求确认的，人民法院应予受理。"

4. 清理财产和编制资产负债表、财产清单

根据《公司法》第 186 条第 1 款、第 187 条的规定，清算组清理公司财产、编制资产负债表和财产清单。清算组在清理公司财产、编制资产负债表和财产清单后，发现公司财产不足清偿债务的，应当依法向人民法院申请宣告破产。需要注意的是，《公司法司法解释二》第 17 条规定，人民法院指定的清算组在清理公司财产、编制资产负债表和财产清单时，发现公司财产不足清偿债务的，可以与债权人协商制作有关债务清偿方案。债务清偿方案经全体债权人确认且不损害其他利害关系人利益的，人民法院可依清算组的申请裁定予以认可。清算组依据该清偿方案清偿债务后，应当向人民法院申请裁定终结清算程序。债权人对债务清偿方案不予确认或者人民法院不予认可的，清算组应当依法向人民法院申请宣告破产。

5. 制定并确认清算方案

《公司法》第 186 条第 1 款规定，清算组在清理公司财产、编制资产负债表和财产清单后，应当制定清算方案，并报股东会、股东大会或者人民法院确认。对此，《公司法司法解释二》第 15 条作出具体规定："公司自行清算的，清算方案应当报股东会或者股东大会决议确认；人民法院组织清算的，清算方案应当报人民法院确认。未经确认的清算方案，清算组不得执行。执行未经确认的清算方案给公司或者债权人造成损失，公司、股东或者债权人主张清算组成员承担赔偿责任的，人民法院应依法予以支持。"

6. 清偿债务和分配剩余财产

《公司法》第 186 条第 2 款规定，公司财产在分别支付清算费用、职工的工资、社会保险费用和法定补偿金，缴纳所欠税款，清偿公司债务后的剩余财产，有限责任公司按照股东的出资比例分配，股份有限公司按照股东持有的股份比例分配。公司财产在未依照规定清偿前，不得分配给股东。

关于补充申报债权的清偿，《公司法司法解释二》第 14 条第 1 款规定："债权人补充申报的债权，可以在公司尚未分配财产中依法清偿。公司尚未分配财产不能全额清偿，债权人主张股东以其在剩余财产分配中已经取得的财产予以清偿的，人民法院应予支持；但债权人因重大过错未在规定期限内申报债权的除外。"

7. 办理清算结束事务

《公司法》第 188 条规定，公司清算结束后，清算组应当制作清算报告，报股东会、股东大会或者人民法院确认，并报送公司登记机关，申请注销公司登记，公告公司终

止。根据《公司登记管理条例》第70条的规定，清算组不按照规定向公司登记机关报送清算报告，或者报送清算报告隐瞒重要事实或者有重大遗漏的，由公司登记机关责令改正。

关于清算期限，《公司法司法解释二》第16条规定："根据人民法院组织清算的，清算组应当自成立之日起六个月内清算完毕。因特殊情况无法在六个月内完成清算的，清算组应当向人民法院申请延长。"

（四）清算中相关主体的民事责任

1. 清算义务人的民事责任

清算义务人是指基于其与公司之间存在的特定法律关系而在公司解散时，对公司负有依法组织清算义务，并在公司未及时清算给相关权利人造成损害时依法承担相应责任的主体。清算义务人主要包括有限责任公司的股东、股份有限公司的董事和控股股东，以及公司的实际控制人。根据《公司法》和《公司法司法解释二》的相关规定，清算过程中，清算义务人承担民事责任的情形有以下几种：

（1）拒绝履行清算义务的民事责任，即有限责任公司的股东、股份有限公司的董事和控股股东未在法定期限内成立清算组开始清算，导致公司财产贬值、流失、毁损或者灭失，债权人可以主张其在造成损失范围内对公司债务承担赔偿责任。

（2）怠于履行清算义务的民事责任，即有限责任公司的股东、股份有限公司的董事和控股股东因怠于履行义务，导致公司主要财产、账册、重要文件等灭失，无法进行清算，债权人可以主张其对公司债务承担连带清偿责任。上述情形系实际控制人原因造成的，债权人可以主张实际控制人对公司债务承担相应民事责任。

（3）恶意处置公司财产的民事责任，即有限责任公司的股东、股份有限公司的董事和控股股东，以及公司的实际控制人在公司解散后，恶意处置公司财产给债权人造成损失，债权人可以主张其对公司债务承担相应赔偿责任。

（4）以虚假的清算报告办理法人注销登记的民事责任，即有限责任公司的股东、股份有限公司的董事和控股股东，以及公司的实际控制人在公司解散后，以虚假的清算报告骗取公司登记机关办理法人注销登记，债权人可以主张其对公司债务承担相应赔偿责任。

（5）未经清算即办理注销登记的民事责任，即公司未经清算即办理注销登记，导致公司无法进行清算，债权人可以主张有限责任公司的股东、股份有限公司的董事和控股股东，以及公司的实际控制人对公司债务承担清偿责任。

2. 清算人的民事责任

关于清算人的民事责任，《公司法》第189条第3款规定："清算组成员因故意或者重大过失给公司或者债权人造成损失的，应当承担赔偿责任。"《公司法司法解释二》第

23 条第 1 款则规定:“清算组成员从事清算事务时,违反法律、行政法规或者公司章程给公司或者债权人造成损失,公司或者债权人主张其承担赔偿责任的,人民法院应依法予以支持。”

该司法解释第 23 条第 2 款、第 3 款还规定了股东可以依法进行代表诉讼,即“有限责任公司的股东、股份有限公司连续一百八十日以上单独或者合计持有公司百分之一以上股份的股东,依据公司法第一百五十一条第三款的规定,以清算组成员有前款所述行为为由向人民法院提起诉讼的,人民法院应予受理。公司已经清算完毕注销,上述股东参照公司法第一百五十一条第三款的规定,直接以清算组成员为被告、其他股东为第三人向人民法院提起诉讼的,人民法院应予受理。”

3. 股东尚未缴纳出资的民事责任

《公司法司法解释二》第 22 条第 1 款规定:“公司解散时,股东尚未缴纳的出资均应作为清算财产。股东尚未缴纳的出资,包括到期应缴未缴的出资,以及依照公司法第二十六条和第八十条的规定分期缴纳尚未届满缴纳期限的出资。”

股东未缴出资如果影响债权人债权清偿的,债权人可以要求股东和发起人承担出资责任。对此,该司法解释第 22 条第 2 款规定:“公司财产不足以清偿债务时,债权人主张未缴出资股东,以及公司设立时的其他股东或者发起人在未缴出资范围内对公司债务承担连带清偿责任的,人民法院应依法予以支持。”

第八节 外国公司的分支机构

一、外国公司分支机构的概念和特征

《公司法》第 191 条规定:“外国公司是指依照外国法律在中国境外设立的公司。”可见,我国是以设立公司的准据法和公司的注册地为标准,来确认公司的国籍,凡依外国法律并在中国境外设立的公司就属于外国公司。外国公司的分支机构就是外国公司在中国境内设立的从事生产经营等活动的分支机构。它具有以下特征:

第一,它是隶属于外国公司的经济实体。外国公司的分支机构不是一个独立的经济实体,而是隶属于外国公司的经济实体。因此,它不同于具有独立地位的外商投资企业。当外国公司终止时,其分支机构也应归于消灭。

第二,它依照中国法律在中国境内设立。外国公司的分支机构是外国公司设立在中国从事生产经营活动的一个经济实体,因此它的设立必须符合中国法律规定的条件和程序,并经中国的政府机关批准,办理设立登记手续。

第三，它不具有中国法人资格。外国公司的分支机构是隶属于外国公司的经济实体，它在开展生产经营活动中具有一定的独立性，但是它不具有独立的法人资格。对此，《公司法》第 195 条规定："外国公司在中国境内设立的分支机构不具有中国法人资格。外国公司对其分支机构在中国境内进行经营活动承担民事责任。"

二、外国公司分支机构的设立

外国公司分支机构的设立，是指外国公司依照中国法律规定的条件和程序，为其设立分支机构取得生产经营资格的行为。从各国情况看，外国公司分支机构要在东道国从事生产经营活动，都需要在东道国办理设立手续，为此各国都制定了有关外国公司分支机构设立的法律制度。依照我国《公司法》的规定，外国公司在中国境内设立分支机构应遵循以下要求。

(一)设立条件

根据《公司法》及相关法律的规定，外国公司在中国境内设立分支机构应具备下列条件：

第一，必须在我国境内指定负责该分支机构的代表人或代理人。这里所说的代表人，是指外国公司分支机构的代表人，属于外国公司及其分支机构的内部人员，而代理人是指受外国公司委托，以该外国公司名义进行活动的人。关于外国公司分支机构代表人或代理人的资格，有些国家的法律作出了规定，我国法律未作规定。

第二，必须向该分支机构拨付与其所从事的经营活动相适应的资金。我国法律作出这一规定的目的在于：一是保证外国公司分支机构生产经营活动的正常开展，二是保护在外国公司分支机构进行营业活动中的债权人利益和社会公共利益。

第三，必须在分支机构名称中标明该外国公司的国籍及责任形式，在分支机构中置备该外国公司章程。我国法律作这样规定的目的，既有利于政府机关对其实施监管，又有利于交易相对人和社会公众了解其情况，以增强交易安全。

(二)设立程序

根据《公司法》的规定，外国公司在中国境内设立分支机构，必须向中国主管机关提出申请，并提交其公司章程、所属国的公司登记证书等有关文件，然后由中国主管机关依照法律规定的条件进行审批。

外国公司的分支机构经中国主管机关批准之日起 30 日内应向公司登记机关申请登记，经核准登记后领取营业执照，此时该分支机构成立。

可见，我国对外国公司设立分支机构的设立实行核准主义原则，即必须经过政府部门审批，并办理工商登记手续，否则要承担相应的法律责任。对此，《公司法》第 212 条规定："外国公司违反本法规定，擅自在中国境内设立分支机构的，由公司登记机关责令改正或者关闭，可以并处5万元以上20万元以下的罚款。”

三、外国公司分支机构的权利和义务

（一）外国公司分支机构的权利

外国公司的分支机构享有法律规定的权利，主要包括：

第一，有权从事依法核准的业务活动。外国公司的分支机构经批准登记后取得经营资格，可以在依法核准的范围内从事业务活动。当然，我国法律也对一些关系国家安全和国计民生的行业，禁止或限制外国公司分支机构进入。

第二，合法权益受中国法律保护。《公司法》第196条规定，经批准设立的外国公司分支机构，在中国境内从事业务活动，其合法权益受中国法律保护。这意味着，我国依法保护外国公司的分支机构在从事业务活动中取得的合法权益，依法追究损害其合法权益的行为。

（二）外国公司的分支机构的义务

外国公司的分支机构应当履行法律的义务，主要包括：

第一，遵守中国法律，不损害中国的社会公共利益。《公司法》第196条规定，经批准设立的外国公司分支机构，在中国境内从事业务活动，必须遵守中国的法律，不得损害中国的社会公共利益。这就要求外国公司的分支机构必须依法开展业务活动，否则会受到中国法律的制裁。

第二，标明基本信息，置备章程。《公司法》第194条规定，外国公司的分支机构应当在其名称中标明该外国公司的国籍及责任形式，并在本机构中置备该外国公司章程。这有利于降低交易风险，维护经济秩序。

四、外国公司分支机构的撤销和清算

外国公司分支机构的撤销，是指因某些事由出现时，外国公司分支机构归于消灭，结束在中国境内的生产经营活动。

关于外国公司分支机构撤销的原因，《公司法》未明确规定，但依相关法律规定一般包括：(1)因经营期满而撤销；(2)因外国公司自行决定而撤销；(3)因外国公司解散而被迫撤销；(4)因违法经营而被责令撤销；(5)因无故歇业而被责令撤销；(6)其他原因。

《公司法》第197条规定：“外国公司撤销其在中国境内的分支机构时，必须依法清偿债务，依照本法有关公司清算程序的规定进行清算。”这表明，外国公司分支机构撤销的，必须按照我国《公司法》规定的公司清算程序，自行成立清算组或者由法院指定相关人员组成清算组进行清算，依法清偿债务。为了保护债权人的利益，该条还规定：

“未清偿债务之前，不得将其分支机构的财产移至中国境外。”清算结束后，清算组应制作清算报告，在报有关主管机关确认后，办理注销登记手续。

复习思考题

1. 试述公司设立的条件和程序。
2. 谈谈股东出资瑕疵的责任。
3. 股东享有哪些权利？股东代表诉讼权如何行使？
4. 董事、监事和高级管理人员应履行哪些义务？
5. 如何理解公司的解散和清算制度？

第三章　合伙企业法和个人独资企业法

在我国，合伙企业和个人独资企业是中小企业普遍采用的企业形式，也是从事生产经营活动的商事主体，在市场经济中发挥着应有的作用。为了规范它们的组织行为和经营行为，保护投资者和其他市场主体的合法权益，维护正常的社会经济秩序，我国已经制定和实施了《合伙企业法》和《个人独资企业法》等法律、法规。本章主要介绍合伙企业法的一般问题、普通合伙企业和有限合伙企业的设立、组织机构、事务管理、入伙退伙、解散清算等法律制度，还介绍了个人独资企业法的一般问题以及个人独资企业的设立、事务管理、解散清算等法律制度。

第一节　合伙企业法

一、合伙企业法概述

（一）合伙企业的概念和特征

1. 合伙企业的概念

合伙企业是指依法在中国境内设立的，由合伙人订立合伙协议，共同投资、合伙经营、共享收益、共担风险，并对合伙企业债务依法承担责任的营利性组织。

合伙企业分为普通合伙企业和有限合伙企业。普通合伙企业是指由普通合伙人组成，合伙人对合伙企业债务承担无限连带责任的合伙企业。有限合伙企业是指由普通合伙人和有限合伙人组成，普通合伙人对合伙企业债务一般承担无限连带责任，有限合伙人以其认缴的出资额为限对合伙企业债务承担责任的合伙企业。

2. 合伙企业的特征

与公司等其他类型的企业相比，合伙企业具有以下主要特征：

(1)从组织形式上看，合伙企业是契约式组织。它是由两个或两个以上的合伙人通过签订合伙协议而设立，合伙协议成为合伙企业的基石。

（2）从财产上看，合伙企业财产由合伙人共有。合伙企业是由两个或两个以上合伙人共同出资而成立，因此合伙人对合伙企业的财产享有共有权。

（3）从经营上看，合伙企业由普通合伙人经营管理。在普通合伙企业中，全体普通合伙人都有权管理企业的经营事务。在有限合伙企业中，企业经营事务只能由普通合伙人管理，有限合伙人不能进行管理。

（4）从责任形态上看，合伙人依法承担法律责任。在普通合伙企业中，除法律规定外，合伙人对合伙企业债务承担无限连带责任。在有限合伙企业中，普通合伙人对合伙企业债务承担无限连带责任，有限合伙人对合伙企业债务承担有限责任。

（5）从法律人格上看，合伙企业不具备法人资格。合伙企业是以合伙协议的形式组建，最终由合伙人承担责任，因此合伙企业是不具有法人资格的组织。

（二）合伙企业法的概念和特征

合伙企业法是指调整合伙企业设立、变更、终止，以及企业内部生产经营与组织领导过程中发生的社会关系的法律规范的总称。它包括 1997 年 2 月 23 日八届全国人大常委会第二十四次会议通过，2006 年 8 月 27 日十届全国人大常委会第二十三次会议修改、2007 年 6 月 1 日起施行的《合伙企业法》，还包括其他法律中有关调整合伙企业的组织和行为的法律规范。

合伙企业法是企业法中的重要组成部分，它具有两大特点：首先，它既是组织法，又是行为法。合伙企业法规定的内容主要涉及合伙企业的设立、变更、解散与清算，合伙协议，合伙人的权利和义务等有关合伙企业组织的问题。同时，合伙企业法还规定了与合伙企业组织特点密切相关的活动。其次，它既有任意性规范，又有强制性规范。在合伙企业法中，任意性规范居多。合伙企业事务的执行、利润的分配与亏损的承担等规范，都属于任意性规范，而合伙人的权利和义务主要取决于合伙协议的约定。同时，合伙企业法又包含一些强制性规范，如普通合伙人对合伙债务承担连带清偿责任、合伙企业解散后合伙人所承担责任等规范即属于此类规范。

二、普通合伙企业

（一）普通合伙企业的设立

1. 普通合伙企业的设立条件

《合伙企业法》第 14 条规定，设立合伙企业，应当具备下列条件：

（1）有两个以上合伙人。合伙人可以是自然人，也可以是法人和其他组织。合伙人为自然人的，应具有完全民事行为能力，依法承担无限责任。法人和其他组织一般可以充当合伙人，但是，《合伙企业法》第 3 条规定：“国有独资公司、国有企业、上市公司以及公益性的事业单位、社会团体不得成为普通合伙人。”限制这五类单位参与合伙企业投资的目的，在于避免它们承担过多风险，防止国有资产流失，确保资本市场稳定，保障社会事业运行。

(2)有书面的合伙协议。《合伙企业法》第 18 条规定，合伙协议应当载明以下事项：①合伙企业的名称和主要经营场所的地点；②合伙目的和合伙企业的经营范围；③合伙人的姓名或者名称及其住所；④合伙人的出资方式、数额和缴付期限；⑤利润分配、亏损分担方式；⑥合伙事务的执行；⑦入伙与退伙；⑧争议解决办法；⑨合伙企业的解散与清算；⑩违约责任。

(3)有各合伙人认缴或实际缴付的出资。由于合伙企业不是法人，法律并未规定合伙企业的最低出资额，只要求其有出资即可。《合伙企业法》第 16 条规定：“合伙人可以用货币、实物、知识产权、土地使用权或者其他财产权利出资，也可以用劳务出资。合伙人以实物、知识产权、土地使用权或者其他财产权利出资，需要评估作价的，可以由全体合伙人协商确定，也可以由全体合伙人委托法定评估机构评估。合伙人以劳务出资的，其评估办法由全体合伙人协商确定，并在合伙协议中载明。”

(4)有合伙企业的名称和生产经营场所。合伙企业要有自己的名称，但《合伙企业法》第 15 条规定：“合伙企业名称中应当标明‘普通合伙’字样。”合伙企业必须有自己的生产经营场所，但《合伙企业登记管理办法》(国务院于 1997 年 11 月 19 日发布，2007 年 5 月 9 日、2014 年 2 月 19 日修订)第 8 条规定：“经企业登记机关登记的合伙企业主要经营场所只能有一个，并且应当在其企业登记机关登记管辖区域内。”

(5)法律、行政法规规定的其他条件。例如，设立餐饮类合伙企业的，还应符合食品卫生法律规定的条件。

2. 普通合伙企业的设立程序

设立普通合伙企业实质上是通过合伙人的一系列行为以及企业登记机关的审核登记行为导致企业成立的过程。根据《合伙企业法》的规定，普通合伙企业的设立程序包括制定合伙协议、合伙人出资和办理工商登记等行为。

(1)制定合伙协议。合伙人设立合伙企业，应当首先制定合伙协议。根据《合伙企业法》的规定，合伙协议依法由全体合伙人协商一致、以书面形式订立，订立时应当遵循自愿、平等、公平、诚实信用原则。合伙协议经全体合伙人签名、盖章后生效。修改或者补充合伙协议，应当经全体合伙人一致同意；但是，合伙协议另有约定的除外。

(2)合伙人依约出资。合伙人在制定合伙协议后，应当履行出资义务。《合伙企业法》第 17 条规定：“合伙人应当按照合伙协议约定的出资方式、数额和缴付期限，履行出资义务。以非货币财产出资的，依照法律、行政法规的规定，需要办理财产权转移手续的，应当依法办理。”实践中，需要办理财产权转移手续的财产包括房地产、股权、知识产权、矿产资源开发权等。

(3)办理工商登记。工商行政管理机关是合伙企业的登记机关。根据《合伙企业登记管理办法》的规定,申请设立合伙企业,应向企业登记机关提交全体合伙人签署的设立登记申请书、全体合伙人的身份证明、全体合伙人指定代表或者共同委托代理人的委托书、合伙协议、全体合伙人对各合伙人认缴或者实际缴付出资的确认书、主要经营场所证明,以及国务院工商行政管理部门规定提交的其他文件。另外,法律、行政法规或者国务院规定设立合伙企业须经批准的,还应当提交有关批准文件。

申请人提交的登记申请材料齐全、符合法定形式,企业登记机关能够当场登记的,应予当场登记,发给营业执照。除前述规定情形外,企业登记机关应当自收到登记申请文件之日起 20 日内,作出是否登记的决定。对于符合法律规定条件的,予以登记,发给营业执照;对于不符合法律规定条件的,不予登记,应当给予书面答复,并说明理由。

营业执照上的签发日期,为合伙企业的成立日期。合伙企业领取营业执照前,合伙人不得以合伙企业的名义从事合伙业务。

3. 普通合伙企业分支机构的设立

《合伙企业法》第 12 条规定:"合伙企业设立分支机构,应当向分支机构所在地的企业登记机关申请登记,领取营业执照。"分支机构的民事责任由设立该分支机构的合伙企业承担,并由合伙人负连带责任。

(二)普通合伙企业的内部关系

1. 合伙企业的财产

(1)合伙企业财产的构成和处分。合伙企业作为一种从事商事活动的组织,应当拥有开展经营的财产。合伙企业财产是合伙人投入合伙企业的财产以及以合伙企业名义取得的所有财产。根据《合伙企业法》第 20 条的规定,合伙企业财产由三部分构成,即合伙人的出资、以合伙企业名义取得的收益和依法取得的其他财产。

与公司制企业不同,合伙企业是一个具有相对独立法律地位的经营组织,其财产既是合伙企业的,也属于合伙人共同共有。为了维护合伙企业和全体合伙人的利益,《合伙企业法》第 21 条第 1 款规定:"合伙人在合伙企业清算前,不得请求分割合伙企业的财产。"但是,在合伙企业运行中,合伙人因某种事由依法退伙的,应当允许分割财产清退其财产份额。

《合伙企业法》第 21 条第 2 款规定:"合伙人在合伙企业清算前私自转移或者处分合伙企业财产的,合伙企业不得以此对抗善意第三人。"在合伙企业的经营中,合伙人有执行合伙事务和对外代表企业的权利,在此过程中有转移和处置合伙企业财产的机会,若私自转移或者处分合伙企业财产会给合伙企业带来损害,但必须保护善意第三人的利益。当然，合伙人私自转移或者处分合伙企业财产，财产被侵占或者给合伙企业、其他合伙人造成损失的，可以依照《合伙企业法》第 96 条、第 97 条追究该合伙人的责任，要求其退还财产或者赔偿损失。

(2)合伙人财产份额的转让和出质。合伙人之间转让在合伙企业中的全部或者部分财产份额时，应当通知其他合伙人。除合伙协议另有约定外，合伙人向合伙人以外的人转让其在合伙企业中的全部或者部分财产份额时，须经其他合伙人一致同意。合伙人向合伙人以外的人转让其在合伙企业中的财产份额的，在同等条件下，其他合伙人有优先购买权；但是，合伙协议另有约定的除外。合伙人以外的人依法受让合伙人在合伙企业中的财产份额的，经修改合伙协议即成为合伙企业的合伙人，依照《合伙企业法》和修改后的合伙协议享有权利，履行义务。

合伙人以其在合伙企业中的财产份额出质的，须经其他合伙人一致同意；未经其他合伙人一致同意，其行为无效，由此给善意第三人造成损失的，由行为人依法承担赔偿责任。

(3)利润分配和亏损分担。合伙企业的利润分配、亏损分担，按照合伙协议的约定办理；合伙协议未约定或者约定不明确的，由合伙人协商决定；协商不成的，由合伙人按照实缴出资比例分配、分担；无法确定出资比例的，由合伙人平均分配、分担。但是，合伙协议不得约定将全部利润分配给部分合伙人或者由部分合伙人承担全部亏损。

2. 合伙企业的事务执行

(1)合伙企业事务执行的含义和基本原则。合伙企业的事务执行是指合伙企业的经营管理以及内外事务处理的活动。它包括对内的管理活动和对外的经营活动，主要有重大问题的决策、经营活动的指挥、经营事务的处理。

与公司制企业相比，合伙企业具有很强的人合性，而且合伙人通常较少，因此不需要像公司制企业那样成立专门的意思表示机关以统制合伙人的意志，合伙人可以直接参与企业的经营管理，以提高企业的经营管理的效率，由此合伙人既是合伙企业的所有者，又是合伙企业的管理者。基于这种考虑，《合伙企业法》第 26 条第 1 款规定："合伙人对执行合伙事务享有同等的权利。"据此，法律确定了合伙企业事务执行的基本原则，即合伙人平等执行合伙企业事务。

(2)合伙企业事务执行的方式。《合伙企业法》虽然确定了合伙人平等执行合伙企业事务的原则，但在实践中有些合伙人能参与事务执行，有些合伙人则因各种原因不参与或不能参与事务执行，因而该法规定了合伙企业事务执行的三种方式，即共同执行、委托执行和分别执行。

共同执行是全体合伙人一同执行合伙企业事务。《合伙企业法》第 26 条第 1 款规定："合伙人对执行合伙事务享有同等的权利。"可见，全体合伙人可以共同执行合伙企业事务。

委托执行是依法委托一个或者数个合伙人执行合伙企业事务。《合伙企业法》第26条第2款规定:"按照合伙协议的约定或者经全体合伙人决定,可以委托一个或者数个合伙人对外代表合伙企业,执行合伙事务。"根据《合伙企业法》第27条和第28条的规定,委托一个或者数个合伙人执行合伙事务的,其他合伙人不再执行合伙事务。不执行合伙事务的合伙人有权监督执行事务的合伙人执行合伙事务的情况,有权查阅合伙企业会计账簿等财务资料。执行事务的合伙人应当定期向其他合伙人报告事务执行情况以及合伙企业的经营和财务状况,其执行合伙事务所产生的收益归合伙企业,所产生的费用和亏损由合伙企业承担。另外,《合伙企业法》第29条第2款还规定:"受委托执行合伙事务的合伙人不按照合伙协议或者全体合伙人的决定执行事务的,其他合伙人可以决定撤销该委托。"

分别执行是各合伙人对外分别代表合伙企业执行合伙事务。《合伙企业法》第29条第1款规定:"合伙人分别执行合伙事务的,执行事务合伙人可以对其他合伙人执行的事务提出异议。提出异议时,应当暂停该项事务的执行。如果发生争议,依照本法第三十条规定作出决定。"

(3)合伙企业有关事项的表决。《合伙企业法》第30条第1款规定了一般表决办法,即"合伙人对合伙企业有关事项作出决议,按照合伙协议约定的表决办法办理。合伙协议未约定或者约定不明确的,实行合伙人一人一票并经全体合伙人过半数通过的表决办法。"

该条第2款规定:"本法对合伙企业的表决办法另有规定的,从其规定。"这意味着《合伙企业法》规定有特别表决办法的,按该办法执行。对此,《合伙企业法》第31条规定,对除合伙协议另有约定外,合伙企业的下列事项应当经全体合伙人一致同意:①改变合伙企业的名称;②改变合伙企业的经营范围、主要经营场所的地点;③处分合伙企业的不动产;④转让或者处分合伙企业的知识产权和其他财产权利;⑤以合伙企业名义为他人提供担保;⑥聘任合伙人以外的人担任合伙企业的经营管理人员。

3. 合伙人对合伙企业的忠实义务

为了防止合伙人谋取个人利益而损害合伙企业,《合伙企业法》第32条规定了合伙人对合伙企业的忠实义务。

(1)同业竞争禁止的义务。该条规定,合伙人不得自营或者同他人合作经营与本合伙企业相竞争的业务。

(2)自我交易禁止的义务。该条规定,除合伙协议另有约定或者经全体合伙人一致同意外,合伙人不得同本合伙企业进行交易。

(3)损害活动禁止的义务。该条规定,合伙人不得从事损害本合伙企业利益的活动。

（三）普通合伙企业的外部关系

1. 合伙人对外行为的效力

合伙人对外执行合伙企业事务或者代表合伙企业的行为，对合伙企业发生效力。但是，《合伙企业法》第37条规定：“合伙企业对合伙人执行合伙事务以及对外代表合伙企业权利的限制，不得对抗善意第三人。”这里所说的善意第三人，是指对合伙人代表合伙企业从事的受限制或者越权的经营行为不知情的交易相对人。该规定意味着，当合伙人违反合伙企业内部限制规定与善意第三人进行交易的，合伙企业不得拒绝承担由此产生的后果。可见，它体现了对善意第三人的保护。

2. 合伙企业和合伙人的债务清偿

（1）合伙企业的债务清偿与合伙人的关系。关于合伙企业的债务清偿，《合伙企业法》作出了以下规定：第一，合伙企业财产优先清偿。该法第38条规定：“合伙企业对其债务，应先以其全部财产进行清偿。”第二，合伙人对未清偿债务承担无限连带责任。该法第39条规定：“合伙企业不能清偿到期债务的，合伙人承担无限连带责任。”第三，合伙人之间的债务分担和追偿。该法第40条规定：“合伙人由于承担无限连带责任，清偿数额超过本法第三十三条第一款规定的其亏损分担比例的，[①]有权向其他合伙人追偿。”

（2）合伙人的债务清偿与合伙企业的关系。关于合伙人的债务清偿，《合伙企业法》作出了以下规定：第一，债权人不得行使抵销权和代位权。该法第41条规定：“合伙人发生与合伙企业无关的债务，相关债权人不得以其债权抵销其对合伙企业的债务；也不得代位行使合伙人在合伙企业中的权利。”第二，合伙人自有财产不足时的债务清偿。该法第42条规定：“合伙人的自有财产不足清偿其与合伙企业无关的债务的，该合伙人可以以其从合伙企业中分取的收益用于清偿；债权人也可以依法请求人民法院强制执行该合伙人在合伙企业中的财产份额用于清偿。人民法院强制执行合伙人的财产份额时，应当通知全体合伙人，其他合伙人有优先购买权；其他合伙人未购买，又不同意将该财产份额转让给他人的，依照本法第五十一条的规定[②]为该合伙人办理退伙结算，或者办理削减该合伙人相应财产份额的结算。”

---

① 《合伙企业法》第33条第1款规定：“合伙企业的亏损分担，按照合伙协议的约定办理；合伙协议未约定或者约定不明确的，由合伙人协商决定；协商不成的，由合伙人按照实缴出资比例分配、分担；无法确定出资比例的，由合伙人平均分配、分担。”

② 《合伙企业法》第51条规定：“合伙人退伙，其他合伙人应当与该退伙人按照退伙时的合伙企业财产状况进行结算，退还退伙人的财产份额。退伙人对给合伙企业造成的损失负有赔偿责任的，相应扣减其应当赔偿的数额。”

（四）普通合伙企业的入伙和退伙

1. 入伙

入伙是指合伙企业存续期间，合伙人以外的人申请加入合伙企业，被合伙企业接纳成为合伙人的法律行为。

新合伙人入伙，除合伙协议另有约定外，应当经全体合伙人一致同意，并依法订立书面入伙协议。订立入伙协议时，原合伙人应当向新合伙人如实告知原合伙企业的经营状况和财务状况。合伙企业在作出入伙决定之日起 15 日内，应当向企业登记机关申请办理变更登记手续。

入伙产生以下法律效力：一是新合伙人与原合伙人享有同等的权利，承担同等的责任，入伙协议另有约定的从其约定；二是入伙的新合伙人对入伙前合伙企业的债务承担连带责任。

2. 退伙

退伙是指合伙企业存续期间，合伙人退出合伙企业，丧失合伙人资格，并引起合伙企业变更或解散的法律行为。退伙包括自愿退伙和法定退伙两种。

（1）自愿退伙。自愿退伙是指基于合伙人意愿的退伙，包括协议退伙和通知退伙两种。

关于协议退伙，《合伙企业法》第 45 条规定，合伙协议约定合伙期限的，在合伙企业存续期间，有下列情形之一的，合伙人可以退伙：①合伙协议约定的退伙事由出现；②经全体合伙人一致同意；③发生合伙人难以继续参加合伙的事由；④其他合伙人严重违反合伙协议约定的义务。

关于通知退伙，《合伙企业法》第 46 条规定，合伙协议未约定合伙企业的经营期限的，合伙人在不给合伙企业事务执行造成不利影响的情况下，可以退伙，但应当提前 30 日通知其他合伙人。

根据《合伙企业法》第 47 条的规定，合伙人违反上述规定退伙的，应当赔偿由此给合伙企业造成的损失。

（2）法定退伙。法定退伙是指基于法定退伙事由的出现而退伙，包括当然退伙和除名两种。

关于当然退伙，《合伙企业法》第 48 条规定，合伙人有下列情形之一的，当然退伙：①作为合伙人的自然人死亡或者被依法宣告死亡；②个人丧失偿债能力；③作为合伙人的法人或者其他组织依法被吊销营业执照、责令关闭撤销，或者被宣告破产；④法律规定或者合伙协议约定合伙人必须具有相关资格而丧失该资格；⑤合伙人在合伙企业中的全部财产份额被人民法院强制执行。另外，合伙人被依法认定为无民事行为能力人或者限制民事行为能力人的，经其他合伙人一致同意，可以依法转为有限合伙人，普通合伙企业依法转为有限合伙企业;其他合伙人未能一致同意的,该无民事行为能力或者限制民事行为能力的合伙人退伙。应当注意的是,退伙事由实际发生之日为退伙生效日。

关于除名,《合伙企业法》第 49 条规定,合伙人有下列情形之一的,经其他合伙人一致同意,可以决议将其除名:①未履行出资义务;②因故意或者重大过失给合伙企业造成损失;③执行合伙事务时有不正当行为;④发生合伙协议约定的事由。对合伙人的除名决议应当书面通知被除名人。被除名人接到除名通知之日,除名生效,被除名人退伙。被除名人对除名决议有异议的,可以自接到除名通知之日起 30 日内,向人民法院起诉。

(3)退伙的效力。退伙后,退伙人丧失了合伙人资格,并对合伙财产进行清理、结算。根据《合伙企业法》的规定,合伙财产的清理、结算包括财产继承和退伙结算两种。

合伙人死亡或者被依法宣告死亡的,对该合伙人在合伙企业中的财产份额享有合法继承权的继承人,按照合伙协议的约定或者经全体合伙人一致同意,从继承开始之日起,取得该合伙企业的合伙人资格。有下列情形之一的,合伙企业应当向合伙人的继承人退还被继承合伙人的财产份额:①继承人不愿意成为合伙人;②法律规定或者合伙协议约定合伙人必须具有相关资格,而该继承人未取得该资格;③合伙协议约定不能成为合伙人的其他情形。另外,合伙人的继承人为无民事行为能力人或者限制民事行为能力人的,经全体合伙人一致同意,可以依法成为有限合伙人,普通合伙企业依法转为有限合伙企业。全体合伙人未能一致同意的,合伙企业应当将被继承合伙人的财产份额退还该继承人。

合伙人退伙,其他合伙人应当与该退伙人按照退伙时的合伙企业财产状况进行结算,退还退伙人的财产份额。退伙人对给合伙企业造成的损失负有赔偿责任的,相应扣减其应当赔偿的数额。退伙时有未了结的合伙企业事务的,待了结后进行结算。退伙人对其退伙前已发生的合伙企业债务,与其他合伙人承担连带责任。退伙人在合伙企业中财产份额的退还办法,由合伙协议约定或者由全体合伙人决定,可以退还货币,也可以退还实物。

(五)特殊的普通合伙企业

1. 特殊普通合伙企业的概念

特殊普通合伙企业是指合伙人依照法律特殊规定承担责任的普通合伙企业。也就是说,在特殊的普通合伙企业中,合伙人不是按照普通合伙企业的一般规定承担法律责任,而是按照特殊规定承担法律责任。

在我国,随着市场经济的发展,对专业服务的需求迅速增长,合伙企业形式的专业服务机构的规模不断扩大,机构内的合伙人大幅增加,这些合伙人之间并不熟悉,因而让合伙人对所有合伙人的行为承担无限连带责任有失公平，也会阻碍这些机构的发展。因此，为了减轻专业服务机构中普通合伙人的风险，为我国各类专业服务机构实现体制创新、发展壮大创造条件，《合伙企业法》借鉴国外的做法规定了特殊普通合伙企业制度。

2. 特殊普通合伙企业的设立

《合伙企业法》第 55 条规定："以专业知识和专门技能为客户提供有偿服务的专业服务机构，可以设立为特殊的普通合伙企业。"这里所说的专业服务机构，主要是指获得法律认可的、具有特殊资质要求的、有偿提供专业服务并独立承担法律责任的机构或组织，如会计师事务所、资产评估事务所、税务师事务所、土地评估事务所、房地产评估事务所等。

由于特殊普通合伙企业承担责任比较特殊，为保护债权人的利益，应当将该企业予以公示。因此，《合伙企业法》第 56 条规定："特殊的普通合伙企业名称中应当标明'特殊普通合伙企业'字样。"

3. 特殊普通合伙企业的责任

(1)合伙人对外分别承担有限责任和无限责任、无限连带责任。《合伙企业法》第 57 条第 1 款规定："一个合伙人或者数个合伙人在执业活动中因故意或者重大过失造成合伙企业债务的，应当承担无限责任或无限连带责任，其他合伙人以其在合伙企业中的财产份额为限承担责任。"可见，当一个合伙人或者数个合伙人在执业活动中因故意或者重大过失造成合伙企业债务时，先以合伙企业财产清偿，不能清偿的部分由该合伙人承担无限责任或者无限连带责任，其他合伙人不再承担责任。

(2)全体合伙人对外承担无限连带责任。《合伙企业法》第 57 条第 2 款规定："合伙人在执业活动中非因故意或者重大过失造成的合伙企业债务以及合伙企业的其他债务，由全体合伙人承担无限连带责任。"可见，合伙人非因故意或者重大过失造成合伙企业债务以及其他债务的，先以合伙企业财产清偿，不能清偿的部分由全体合伙人承担无限连带责任。

(3)合伙人对内承担赔偿责任。《合伙企业法》第 58 条规定："合伙人执业活动中因故意或者重大过失造成的合伙企业债务，以合伙企业财产对外承担责任后，该合伙人应当按照合伙协议的约定对给合伙企业造成的损失承担赔偿责任。"

三、有限合伙企业

有限合伙企业与普通合伙企业相比，既有许多共同点，也有一些不同点，最主要的不同在于因有限合伙人加入而产生的在企业设立、内外部关系、入伙退伙的制度安排上，因此在法律适用上，有限合伙企业除了适用合伙企业的一般规定外，凡是《合伙企业法》对有限合伙企业有特殊规定的，适用该特殊规定；无特殊规定的，适用关于普通合伙企业及其合伙人的规定。

(一)有限合伙企业的设立

1. 合伙人

(1)对合伙人人数的限制。《合伙企业法》第 61 条第 1 款规定："有限合伙企业由二个以上五十个以下合伙人设立；但是，法律另有规定的除外。"该规定对有限合伙企业的合伙人作了限制，这是因为合伙人人数过多会带来两个主要问题：一是有限合伙企业是人合性的经济组织，合伙人人数过多会影响这种人合性；二是有限合伙企业中的有限合伙人承担的是有限责任，如果有限合伙人太多，可能产生企业"乱集资"的状况。但是，考虑到特定行业和领域有限合伙企业的投资需要，该法进一步规定，法律对于有限合伙企业的合伙人人数另有规定的，可以不受 50 人的限制。

(2)对普通合伙人最低人数的规定。《合伙企业法》第 61 条第 2 款规定："有限合伙企业至少应当有一个普通合伙人。"这条规定体现了合伙企业的基本特征。有限合伙企业是合伙企业的一种形式，合伙企业区别于公司的一个基本特征就是要有投资者对企业债务承担无限责任，因此必须规定有限合伙企业中至少要有一个普通合伙人。

2. 合伙协议

《合伙企业法》第 63 条规定，合伙协议除应当符合本法第 18 条的规定外，还应当载明下列事项：(1)普通合伙人和有限合伙人的姓名或者名称、住所；(2)执行事务合伙人应具备的条件和选择程序；(3)执行事务合伙人权限与违约处理办法；(4)执行事务合伙人的除名条件和更换程序；(5)有限合伙人入伙、退伙的条件、程序以及相关责任；(6)有限合伙人和普通合伙人相互转变程序。

3. 出资

(1)出资方式。《合伙企业法》第 64 条规定："有限合伙人可以用货币、实物、知识产权、土地使用权或者其他财产权利作价出资。有限合伙人不得以劳务出资。"

需要注意的是，在有限合伙企业中，普通合伙人可以用劳务出资，而有限合伙人不得以劳务出资。这是因为，有限合伙人在合伙企业中不参与经营管理，不执行合伙事务，依照合伙协议获取收益，承担有限责任。基于此，有限合伙人没有必要以劳务出资。同时，有限合伙人对合伙企业承担有限责任，其投资的财产的支配权应转移到企业，而劳务的支配权无法进行转移。

(2)缴纳出资。《合伙企业法》第 65 条规定："有限合伙人应当按照合伙协议的约定按期足额缴纳出资；未按期足额缴纳的，应当承担补缴义务，并对其他合伙人承担违约责任。"

4. 企业登记

与普通合伙企业一样，有限合伙企业应当依法办理企业登记手续。根据《合伙企业法》第 62 条和第 66 条的规定，有限合伙企业名称中应当标明“有限合伙”字样。有限合伙企业登记事项中，应当载明有限合伙人的姓名或者名称及认缴的出资数额。

(二)有限合伙企业的内部关系

1. 财产份额的转让和出质

《合伙企业法》规定，有限合伙人可以按照合伙协议的约定向合伙人以外的人转让其在有限合伙企业中的财产份额，但应当提前 30 日通知其他合伙人。有限合伙人可以将其在有限合伙企业中的财产份额出质；但是，合伙协议另有约定的除外。

2. 合伙事务的执行

根据《合伙企业法》第 67 条、第 68 条第 1 款的规定，有限合伙企业由普通合伙人执行合伙事务，有限合伙人不执行合伙事务，也不得对外代表有限合伙企业。

《合伙企业法》第 68 条第 2 款还规定，有限合伙人的下列行为，不视为执行合伙事务：(1)参与决定普通合伙人入伙、退伙；(2)对企业的经营管理提出建议；(3)参与选择承办有限合伙企业审计业务的会计师事务所；(4)获取经审计的有限合伙企业财务会计报告；(5)对涉及自身利益的情况，查阅有限合伙企业财务会计账簿等财务资料；(6)在有限合伙企业中的利益受到侵害时，向有责任的合伙人主张权利或者提起诉讼；(7)执行事务合伙人怠于行使权利时，督促其行使权利或者为了本企业的利益以自己的名义提起诉讼；(8)依法为本企业提供担保。可见，有限合伙人虽没有合伙事务执行权，但享有部分事务决定参与权、经营管理建议权、知情权、监督权、诉讼权等。

需要注意的是，《合伙企业法》第 76 条对有限合伙人与第三人进行交易的法律责任作出了两项规定：第一，按普通合伙人承担责任。该条第 1 款规定，第三人有理由相信有限合伙人为普通合伙人并与其交易的，该有限合伙人对该笔交易承担与普通合伙人同样的责任。第二，向有限合伙企业或者其他合伙人承担赔偿责任。该条第 2 款规定，有限合伙人未经授权以有限合伙企业名义与他人进行交易，给有限合伙企业或者其他合伙人造成损失的，该有限合伙人应当承担赔偿责任。

3. 竞业和自我交易

《合伙企业法》第 71 条规定：“有限合伙人可以自营或者同他人合作经营与本有限合伙企业相竞争的业务；但是，合伙协议另有约定的除外。”这表明，除合伙协议另有约定以外，法律允许有限合伙人与本合伙企业开展同业竞争。这是因为，有限合伙人不参与合伙企业经营，不执行合伙事务，在开展竞争业务时，不会发生既代表合伙企业又代表自营或者同他人合作经营企业而发生的利益冲突。

《合伙企业法》第 70 条规定：“有限合伙人可以同本有限合伙企业进行交易；但是，合伙协议另有约定的除外。”可见，除合伙协议另有约定以外，有限合伙人可以进行自身交易。这是因为，有限合伙人不参与合伙企业经营，不执行合伙事务，在与本合伙企业进行交易时，不会发生同时代表合伙企业和自己而发生的利益冲突。

（三）有限合伙企业的外部关系

有限合伙人的自有财产不足清偿其与合伙企业无关的债务的，该合伙人可以以其从有限合伙企业中分取的收益用于清偿；债权人也可以依法请求人民法院强制执行该合伙人在有限合伙企业中的财产份额用于清偿。人民法院强制执行有限合伙人的财产份额时，应当通知全体合伙人。在同等条件下，其他合伙人有优先购买权。

第三人有理由相信有限合伙人为普通合伙人并与其交易的，该有限合伙人对该笔交易承担与普通合伙人同样的责任。

（四）有限合伙企业的入伙和退伙

1. 入伙

《合伙企业法》规定，新入伙的有限合伙人对入伙前有限合伙企业的债务，以其认缴的出资额为限承担责任。

2. 退伙

有限合伙人出现普通合伙企业当然退伙情形的，当然退伙；但是，有限合伙人个人丧失清偿能力的除外。另外，作为有限合伙人的自然人在有限合伙企业存续期间丧失民事行为能力的，其他合伙人不得因此要求其退伙。

作为有限合伙人的自然人死亡、被依法宣告死亡或者作为有限合伙人的法人及其他组织终止时，其继承人或者权利承受人可以依法取得该有限合伙人在有限合伙企业中的资格。有限合伙人退伙后，对基于其退伙前的原因发生的有限合伙企业债务，以其退伙时从有限合伙企业中取回的财产承担责任。

需要注意的是，有限合伙企业仅剩有限合伙人的，应当解散；有限合伙企业仅剩普通合伙人的，转为普通合伙企业。

（五）合伙人身份的转变

合伙人身份的转变，是指在有限合伙企业中，普通合伙人与有限合伙人依法转变自己的合伙人身份，包括普通合伙人转变为有限合伙人和有限合伙人转变为普通合伙人。

1. 合伙人身份转变的程序

在有限合伙企业中，有限合伙人与普通合伙人的法律地位和承担的法律责任存在显著差异，因而合伙人身份的转变会对合伙企业以及其他合伙人产生一定的影响，因此这种转变需要有程序的规范。对此，《合伙企业法》第 82 条规定：“除合伙协议另有约定外，普通合伙人转变为有限合伙人，或者有限合伙人转变为普通合伙人，应当经全体合伙人一致同意。”

2. 合伙人身份转变后的责任

合伙人转变了身份之后，对合伙企业债务的责任会有一定的变化。对此，《合伙企业法》第83条规定："有限合伙人转变为普通合伙人的，对其作为有限合伙人期间有限合伙企业发生的债务承担无限连带责任。"该法第84条则规定："普通合伙人转变为有限合伙人的，对其作为普通合伙人期间合伙企业发生的债务承担无限连带责任。"

四、合伙企业的解散与清算

（一）合伙企业的解散

合伙企业的解散是指因某种法定事由的出现而使合伙企业归于消灭的法律事实。合伙企业一旦解散，即进入清算程序，不能再从事经营活动。

《合伙企业法》第85条规定，合伙企业有下列情形之一的，应当解散：(1)合伙期限届满，合伙人决定不再经营；(2)合伙协议约定的解散事由出现；(3)全体合伙人决定解散；(4)合伙人已不具备法定人数满30天；(5)合伙协议约定的合伙目的已经实现或者无法实现；(6)依法被吊销营业执照、责令关闭或者被撤销；(7)法律、行政法规规定的其他原因。

（二）合伙企业的清算

清算是合伙企业解散后，对企业财产和债权债务进行清理，并终结企业的行为。根据《合伙企业法》的规定，清算按照以下程序进行。

1. 选任清算人

合伙企业解散，清算人由全体合伙人担任；未能由全体合伙人担任清算人的，经全体合伙人过半数同意，可以自合伙企业解散后15日内指定一名或数名合伙人，或者委托第三人，担任清算人。自合伙企业解散事由出现之日起15日内未确定清算人的，合伙人或者其他利害关系人可以申请人民法院指定清算人。

清算人的职责是：(1)清理合伙企业财产，分别编制资产负债表和财产清单；(2)处理与清算有关的合伙企业未了结事务；(3)清缴所欠税款；(4)清理债权、债务；(5)处理合伙企业清偿债务后的剩余财产；(6)代表合伙企业参加诉讼或者仲裁活动。

2. 通知债权人

清算人自被确定之日起10日内将合伙企业解散事项通知债权人，并于60日内在报纸上公告，以便债权人及时申报债权并受偿债权。

3. 债权申报和登记

债权人应当自接到通知书之日起30日内，未接到通知书的自公告之日起45日内，向清算人申报债权。债权人申报债权，应当说明债权的有关事项，并提供证明材料。清算人应当对债权进行登记。

4. 债务清偿和剩余财产分配

合伙企业的财产在支付清算费用后，按照下列顺序清偿：(1)职工工资、劳动保险费用和法定补偿金；(2)合伙企业所欠税款；(3)合伙企业的债务。

合伙企业财产按上述顺序清偿后仍有剩余的，按照以下规定分配：按照合伙协议的约定办理；合伙协议未约定或者约定不明确的，由合伙人协商决定；协商不成的，由合伙人按照实缴出资比例分配；无法确定出资比例的，由合伙人平均分配。

5. 清算结束

清算结束，清算人应当编制清算报告，经全体合伙人签名、盖章后，在15日内向企业登记机关报送清算报告，申请办理合伙企业注销登记。合伙企业注销后，原普通合伙人对合伙企业存续期间的债务仍应承担连带责任。

另外，合伙企业不能清偿到期债务的，债权人可以依法向人民法院提出破产清算申请，也可以要求普通合伙人清偿；合伙企业依法被宣告破产的，普通合伙人对合伙企业债务仍应承担无限连带责任。

第二节　个人独资企业法

一、个人独资企业法概述

(一)个人独资企业的概念和特征

个人独资企业是指依法在中国境内设立，由一个自然人投资，财产为投资人个人所有，投资人以其个人财产对企业债务承担无限责任的经营实体。个人独资企业具有以下主要特征：

第一，从组织形式上看，个人独资企业是由一个自然人投资设立的企业，属于私营企业中的一种类型。

第二，从财产上看，个人独资企业的财产为投资人一人所有，该投资人对企业的财产享有完全的所有权。

第三，从责任形式上看，投资人以其个人财产对个人独资企业的债务承担无限责任。但是，投资人在申请企业设立登记时明确以其家庭共有财产作为个人出资的，应当依法以家庭共有财产对企业承担无限责任。

(二)个人独资企业法的概念

个人独资企业法是指调整个人独资企业设立、变更、终止，以及企业内部生产经营与组织领导中各种社会关系的法律规范的总称。

从广义上说，个人独资企业法不仅包括1999年8月30日九届全国人大常委会第十一次会议通过、2000年1月1日起施行的《个人独资企业法》，还包括其他法律中有关调整个人独资企业的组织和行为的法律规范。

二、个人独资企业的设立

（一）个人独资企业设立的条件

《个人独资企业法》第8条规定，设立个人独资企业，应当具备下列条件：(1)投资人为一个自然人；(2)有合法的企业名称；(3)有投资人申报的出资；(4)有固定的生产经营场所和必要的生产经营条件；(5)有必要的从业人员。

2000年1月13日国家工商管理局发布、2014年2月20日国家工商行政管理总局修改的《个人独资企业登记管理办法》第6条规定："个人独资企业的名称应当符合名称登记管理有关规定，并与其责任形式及从事的营业相符合。个人独资企业的名称中不得使用'有限'、'有限责任'或者'公司'字样。"

（二）个人独资企业设立的程序

1. 设立申请

《个人独资企业法》规定，申请设立个人独资企业，应当由投资人或者其委托的代理人向个人独资企业所在地的登记机关提交投资人签署的个人独资企业设立申请书、投资人身份证明、企业住所证明和国家工商行政管理总局规定提交的其他文件。另外，从事法律、行政法规规定须报经有关部门审批的业务的，应当提交有关部门的批准文件；委托代理人申请设立登记的，应当提交投资人的委托书和代理人的身份证明或者资格证明。

个人独资企业设立申请书应当载明下列事项：(1)企业的名称和住所；(2)投资人的姓名和居所；(3)投资人的出资额和出资方式；(4)经营范围。个人独资企业投资人以个人财产出资或者以其家庭共有财产作为个人出资的，应当在设立申请书中予以明确。

2. 核准登记

登记机关在收到设立申请全部文件之日起15日内，作出核准登记或者不予登记的决定。予以核准的发给营业执照；不予核准的，发给企业登记驳回通知书。

个人独资企业营业执照的签发日期，为个人独资企业成立日期。在领取个人独资企业营业执照前，投资人不得以个人独资企业名义从事经营活动。

（三）个人独资企业分支机构的设立

个人独资企业设立分支机构，应当由投资人或者其委托的代理人向分支机构所在地的登记机关申请登记，领取营业执照。分支机构经核准登记后，应将登记情况报该分支机构隶属的个人独资企业的登记机关备案。分支机构的民事责任由设立该分支机构的个人独资企业承担。

另外，个人独资企业存续期间登记事项发生变更的，应当在作出变更决定或者变更事由发生之日起15日内依法向原登记机关申请办理变更登记。

三、个人独资企业的投资人及事务管理

（一）个人独资企业的投资人

《个人独资企业法》第16条规定："法律、行政法规禁止从事营利性活动的人，不得作为投资人申请设立个人投资企业。"

关于投资人对个人独资企业的财产权及债务承担，《个人独资企业法》规定，个人独资企业投资人对本企业的财产享有所有权，其有关权利可以依法进行转让或继承。个人独资企业投资人由一个自然人投资的，该自然人以其全部财产对企业债务承担无限责任；在申请企业设立登记时明确以其家庭共有财产作为个人出资的，应当依法以家庭共有财产对企业债务承担无限责任。

（二）个人独资企业的事务管理

1. 个人独资企业的事务管理方式

个人独资企业事务管理有三种模式，投资人可以自主选择：(1)自行管理，即投资人本人对企业的经营事务直接进行管理；(2)委托管理，即投资人委托其他具有民事行为能力的人负责企业的事务管理；(3)聘任管理，即投资人聘用其他具有民事行为能力的人负责企业的事务管理。

投资人委托或者聘用他人管理个人独资企业事务，应当与受托人或者被聘用人员签订书面合同，明确委托的具体内容和授予的权利范围。投资人委托或者聘用的人员管理个人独资企业事务时违反双方订立的合同，给投资人造成损害的，承担民事赔偿责任。另外，投资人对受托人或者被聘用的人员职权的限制，不得对抗善意第三人。

2. 受托人或者被聘用的人员的禁止行为

根据《个人独资企业法》第20条的规定，投资人委托或者聘用的管理个人独资企业事务的人员不得有下列行为：(1)利用职务上的便利，索取或者收受贿赂；(2)利用职务或者工作上的便利侵占企业财产；(3)挪用企业的资金归个人使用或者借贷给他人；(4)擅自将企业资金以个人名义或者以他人名义开立账户储存；(5)擅自以企业财产提供担保；(6)未经投资人同意，从事与本企业相竞争的业务；(7)未经投资人同意，同本企业订立合同或者进行交易；(8)未经投资人同意，擅自将企业商标或者其他知识产权转让给他人使用；(9)泄露本企业的商业秘密；(10)法律、行政法规禁止的其他行为。

投资人委托或者聘用的人员违反上述规定，侵犯个人独资企业财产权益的，责令

退还侵占的财产；给企业造成损失的，依法承担赔偿责任；有违法所得的，没收违法所得；构成犯罪的，依法追究刑事责任。

四、个人独资企业的变更、解散和清算

（一）个人独资企业的变更

个人独资企业的变更是指个人独资企业存续期间因某种原因引起的登记事项的变化。登记事项的变化，主要包括企业名称、住所、经营范围、经营场所等的改变。《个人独资企业法》第 15 条规定："个人独资企业存续期间登记事项发生变更的，应当在作出变更决定之日起的十五日内依法向登记机关申请办理变更登记。"

《个人独资企业登记管理办法》规定，个人独资企业申请变更登记，应当向登记机关提交投资人签署的变更登记申请书以及国家工商行政管理总局规定提交的其他文件。从事法律、行政法规规定须报经有关部门审批的业务的，应当提交有关部门的批准文件；委托代理人申请变更登记的，应当提交投资人的委托书和代理人的身份证明或者资格证明。登记机关应当在收到规定的全部文件之日起 15 日内，作出核准登记或者不予登记的决定。予以核准的，换发营业执照或者发给变更登记通知书；不予核准的，发给企业登记驳回通知书。另外，个人独资企业变更住所跨登记机关辖区的，应当向迁入地登记机关申请变更登记；个人独资企业因转让或者继承致使投资人变化的，可向原登记机关提交转让协议书或者法定继承文件，申请变更登记；个人独资企业改变出资方式致使个人财产与家庭共有财产变换的，可向原登记机关提交改变出资方式文件，申请变更登记。

（二）个人独资企业的解散和清算

1. 个人独资企业的解散

个人独资企业的解散是指个人独资企业因出现某种法定事由而导致其主体资格消灭的法律事实。

《个人独资企业法》第 26 条规定，个人独资企业有下列情形之一时，应当解散：(1)投资人决定解散；(2)投资人死亡或者被宣告死亡，无继承人或者继承人决定放弃继承；(3)被依法吊销营业执照；(4)法律、行政法规规定的其他情形。

2. 个人独资企业的清算

个人独资企业的清算是清理企业债权债务并终结企业的行为。清算期间，个人独资企业不得开展与清算目的无关的经营活动。

(1)清算人的产生。清算人是执行清算事务及对外代表企业的人。《个人独资企业法》规定，个人独资企业解散的，由投资人自行清算或者由债权人申请人民法院指定清算人进行清算。可见，个人独资企业的清算原则上以投资人为清算人，但在特殊情

况下，经债权人申请，人民法院指定投资人以外的人为清算人。

(2)通知与债权申报。投资人自行清算的，应当在清算前15日内书面通知债权人，无法通知的，应当予以公告。债权人应当在接到通知之日起30日内，未接到通知的应当在公告之日起60日内，向投资人申报其债权。

(3)清偿债务。个人独资企业解散的，财产应当按照下列顺序清偿：①所欠职工工资和社会保险费用；②所欠税款；③其他债务。在按上述规定清偿债务前，投资人不得转移、隐匿财产。个人独资企业及其投资人在清算前或清算期间隐匿或转移财产，逃避债务的，依法追回其财产，并按照有关规定予以处罚；构成犯罪的，追究其刑事责任。

个人独资企业财产不足以清偿债务的，投资人应当以其个人的其他财产予以清偿。《个人独资企业法》第28条规定，个人独资企业解散后，原投资人对个人独资企业存续期间的债务仍应承担偿还责任，但债权人在5年内未向债务人提出偿债请求的，该责任消灭。

(4)清算结束。个人独资企业清算结束后，投资人或者人民法院指定的清算人应当编制清算报告，并于15日内到登记机关办理注销登记。

复习思考题

1. 设立普通合伙企业和有限合伙企业应具备哪些条件？
2. 试析两种合伙企业有关内部和外部关系法律规定的区别。
3. 如何理解合伙企业的退伙制度？
4. 合伙企业解散的原因有哪些？合伙企业清算中应遵循哪些规定？
5. 试述个人独资企业的事务管理方式。

第四章　商业银行法

商业银行是经营存款、贷款、结算等业务，承担信用中介的金融机构。这种信用中介，是以货币为媒介的，因此银行是经营货币信用的特殊企业。为了调控金融市场，保护存款人的利益，规范金融业，保障金融秩序稳定，我国已经制定了以《银行法》为基本法的银行法律体系。本章以《商业银行法》为主线，介绍商业银行法的一般问题以及商业银行的设立、组织机构、业务规则、接管和终止等法律制度。

第一节　商业银行法概述

一、商业银行的概念和特征

商业银行是主要以吸收短期存款、发放短期商业贷款为基本业务的银行。《商业银行法》第 2 条规定："商业银行是指依照本法和《中华人民共和国公司法》设立的吸收公众存款、发放贷款、办理结算业务的企业法人。"商业银行具有以下几个特征：

1. 商业银行是企业法人

《商业银行法》明确了商业银行的法律地位和组织形式，即采取《公司法》规定的有限责任公司或股份有限公司形态的企业法人，这样就把商业银行与主要为成员提供金融服务、不以营利为主要目的的合作金融组织区别开来。公司是以营利为目的的法人，且实行一股一票的表决机制，而合作制的特点是一人一票。①

商业银行是依法设立、独立开展业务、自负盈亏、以营利为目的的企业法人，是产权明晰、权利明确、政企分开、管理科学的现代企业。商业银行以其全部的法人财产独立承担民事责任，以效益和安全作为商业银行的首要任务。

---

① 吴志攀：《金融法概论》，北京大学出版社 2011 年版，第 33 页。

2. 商业银行是金融企业

商业银行与一般工商企业一样，是以营利为目的的企业。但是，工商企业经营的是具有一定使用价值的商品，从事商品生产和流通；而商业银行经营的是特殊商品——货币和货币资本，是以各种金融资产和金融负债为经营对象的。商业银行通过利率、服务、发放贷款等手段来营利，同时起到稳定币值、调控经济、促进发展的作用。其经营内容包括货币收付、借贷以及各种与货币运动有关的或者与之相联系的金融服务。

3. 商业银行是特殊的企业

商业银行的设立条件和程序非常严格，非经国务院银行业监督管理机构批准，任何单位和个人不得从事吸收公众存款等银行业务。商业银行的终止，须由国务院银行业监督管理机构同意。

二、商业银行的经营原则

（一）安全性、流动性、效益性原则

商业银行作为企业法人，营利是其首要目的。但是，效益性以资产的安全性和流动性为前提，安全性又集中体现在流动性方面，而流动性则以效益性为物质基础。商业银行在经营过程中，必须在三者之间寻求有效的平衡。商业银行以安全性、流动性、效益性为经营原则，实行自主经营、自担风险、自负盈亏、自我约束。

（二）平等、自愿、公平和诚实信用原则

商业银行与客户之间是平等主体之间的民事法律关系，因此它与客户之间的业务往来，应以平等自愿为基础，公平交易，不得强迫，不得附加不合理的条件，双方均应善意、全面地履行各自的义务。另外，对个人客户应遵循存款自愿、取款自由、存款有息的原则。

（三）保障存款的合法权益不受侵犯原则

存款是商业银行的主要资金来源，存款人是商业银行的基本客户。《商业银行法》设专章（第三章）规定对存款人的保护制度。商业银行作为债务人，是否充分尊重存款人的利益，严格履行自己的债务，切实承担保护存款人利益的责任，直接关系到银行自身的经营。如果存款人的合法权益得不到有效的尊重和保护，他们就选择其他银行或退出市场。尤其对于存款人，除法律、法规另有规定的以外，商业银行有权拒绝任何单位和个人的查询、冻结、扣划。

第二节　商业银行的设立和组织机构

一、商业银行的设立

设立商业银行，应当经国务院银行业监督管理机构审查批准。吸收公众存款以及相关的衍生产品业务是商业银行所独有的经营业务，未经国务院银行业监督管理机构批准，任何单位和个人不得从事该项业务、不得使用“银行”字样。

（一）设立商业银行的条件

根据法律规定，设立商业银行应当具备以下条件：

1. 有符合《商业银行法》和《公司法》规定的章程

章程是商业银行用以规定其组织形式、注册资本、业务范围、组织机构、内部管理以及其他重要事项的书面法律文件。

2. 有符合《商业银行法》规定的注册资本最低限额

“银行的注册资本是银行开展业务经营的财务基础，也是存款人利益的一定保障。”[①]《商业银行法》第 13 条规定：“设立全国性商业银行的注册资本最低限额为 10 亿元人民币，设立城市商业银行的注册资本最低限额为 1 亿元人民币，设立农村商业银行的注册资本最低限额为 5 000 万元人民币。注册资本应当是实缴资本。”国务院银行业监督管理机构根据审慎监管的要求可以调整注册资本最低限额，但不得少于《商业银行法》第 13 条规定的限额。

3. 有具备任职专业知识和业务工作经验的董事、高级管理人员

董事、高级管理人员良好的金融专业知识和银行业务能力、优良的品行是决定商业银行能否安全、稳健经营，取得较好经营业绩的重要因素。

4. 有健全的组织机构和管理制度

商业银行应当按照有限责任公司和股份有限公司的标准设置相应的组织机构和建立必要的管理制度。另外，《商业银行法》第 18 条规定，国有独资商业银行需要设立监事会。

5. 有符合要求的营业场所、安全防范措施和与业务有关的其他设施

商业银行是经营货币商品的场所，除了应符合中国人民银行、公安部门、消防部门的有关规定外，网络和金融电子系统的安全也是必须具备的。

---

① 吴志攀：《金融法概论》，北京大学出版社 2011 年版，第 38 页。

《商业银行法》第 16 条规定:“经批准设立的商业银行,由国务院银行业监督管理机构颁发经营许可证,并凭该许可证向工商行政管理部门办理登记,领取营业执照。”

另外,商业银行根据业务需要可以在我国境内外设立分支机构。设立分支机构也必须经国务院银行业监督管理机构审查批准,并由其颁发分支机构经营许可证。分支机构不具有法人资格,其民事责任由总行承担。根据《商业银行法》第 19 条规定,在我国境内的分支机构,不按行政区划设立。

根据中国加入世界贸易组织时的承诺,对于申请设立外资银行或其分行的,依照公平、互惠待遇和国民待遇原则。我国将在规定的时间内开放金融业,对外资金融业进入时的审批因素将会逐渐减弱,直至取消。设立商业银行,还应当符合其他审慎性条件。

(二)设立商业银行的程序

《商业银行法》第 14 条规定,设立商业银行,应由申请人向国务院银行业监督管理机构提供以下文件、资料:(1)申请书,申请书应当载明拟设立的商业银行的名称、所在地、注册资本、业务范围等;(2)可行性研究报告;(3)国务院银行业监督管理机构规定提交的其他文件、资料。

《商业银行法》第 15 条规定,设立商业银行的申请经审查同意,申请人填写正式申请表,并提交下列文件、资料:(1)章程草案;(2)拟任职的董事、高级管理人员的资格证明;(3)法定验资机构出具的验资证明;(4)股东名册及其出资额股份;(5)持有注册资本 5%以上的股东的资信证明和有关资料;(6)经营方针和计划;(7)营业场所安全防范措施和与业务有关的其他设施的资料;(8)国务院银行业监督管理机构规定的其他文件、资料。

经批准设立的商业银行,由国务院银行业监督管理机构颁发经营许可证,并凭该许可证向工商行政管理部门办理登记,领取营业执照。

商业银行经银行业监督管理机构批准,可设立分支机构。分支机构不具有独立法人资格,由总行承担民事责任。

商业银行及其分支机构自取得营业执照之日起无正当理由超过 6 个月未开业的,或者开业后自行停止连续 6 个月以上的,由国务院银行业监督管理机构吊销其经营许可证,并予以公告。

二、商业银行的变更

《商业银行法》第 24 条第 1 款规定,商业银行有下列变更事项之一的,应当经国务院银行业监督管理机构批准:(1)变更名称;(2)变更注册资本;(3)变更总行或者分支行所在地;(4)调整业务范围;(5)变更持有资本总额或者股份总额 5%以上的股东;

(6)修改章程;(7)国务院银行业监督管理机构规定的其他变更事项。

《商业银行法》第 24 条第 2 款规定,更换董事、高级管理人员时,应当报经国务院银行业监督管理机构审查其任职资格。

另外,按照《公司法》的规定,商业银行发生变更的,应向公司登记机关申请办理变更登记手续。

三、商业银行的分立与合并

《商业银行法》第 25 条规定:"商业银行的分立、合并,适用《中华人民共和国公司法》的规定。商业银行的分立、合并,应当经国务院银行业监督管理机构审查批准。"

(一)商业银行的分立

商业银行的分立是指将一个商业银行依法定程序分为两个或者两个以上商业银行的法律行为。新成立的商业银行皆为独立法人。

按照《公司法》的规定,商业银行的分立,应当编制资产负债表及财产清单,自作出分立决议之日起 10 日内通知债权人,并于 30 日内在报纸上公告。商业银行分立前的债务由分立后的商业银行承担连带责任,但商业银行在分立前与债权人就债务清偿达成的书面协议另有约定的除外。

(二)商业银行的合并

商业银行的合并是指两个或者两个以上的商业银行依照法律、法规规定,组成一个商业银行的行为。商业银行的合并可分为吸收合并与新设合并两种。一个商业银行吸收其他商业银行为吸收合并,被吸收的商业银行解散。两个以上商业银行合并设立一个新的商业银行为新设合并,合并各方解散。

按照《公司法》的规定,商业银行合并,应由合并各方签订合并协议,并编制资产负债表及财产清单。商业银行应当自作出合并决议之日起 10 日内通知债权人,并于 30 日内在报纸上公告。债权人自接到通知书之日起 30 日内,未接到通知书的自公告之日起 45 日内,可以要求商业银行清偿债务或者提供相应的担保。不清偿债务或者不提供相应担保的,商业银行不得合并。商业银行合并时,合并各方的债权、债务,应当由合并后存续的一方或者新设的一方承继。

四、商业银行的组织机构

《商业银行法》第 17 条规定:"商业银行的组织形式、组织机构适用《中华人民共和国公司法》的规定。"《公司法》规定的公司形式是有限责任公司、股份有限公司以及国家投资的机构或者国家授权的部门单独投资设立的有限责任公司。因此,我国商业银行的组织形式有三种,即国有独资商业银行、有限责任公司形式的商业银行、股份有限责任公司形式的商业银行。

(一)国有独资商业银行

国有独资商业银行是指由国家授权投资的机构或者国家授权的部门单独投资设立的有限责任公司形式的商业银行,国家是其唯一股东,承担以出资额为限的有限责任。中国原有四大国有独资商业银行:中国银行、中国农业银行、中国工商银行、中国建设银行。自2004年起,国务院决定中国银行和中国建设银行先行实施股份制改造,中国工商银行和中国农业银行随后跟进,核心是要办成真正的商业银行。其主要内容是:按照现代商业银行要求,建立规范的公司治理机构,转换经营机制,改善经营绩效等,使国有商业银行成为资本充足、内控严实、运营安全、服务和效益良好的现代金融企业。国有独资商业银行的组织机构包括董事会、监事会和经理。

1. 董事会

国有独资商业银行不设股东会,董事会由国家授权投资的机构或部门授权行使重大事项的制定权和决定权。涉及银行间的合并、分立、解散、增减资本、发行金融债券等重大事项,由国家授权的机构决定,并经中国人民银行审查批准。董事会成员由国家授权的机构委派,以及由职工民主选举的代表担任的职工董事组成。董事长为银行法人代表人,董事会成员为3~9人。

2. 监事会

根据《商业银行法》第18条规定:"国有独资商业银行设立监事会。监事会的产生办法由国务院规定。监事会对国有独资商业银行的信贷资产质量、资产负债比例、国有资产保值增值等情况以及高级管理人员违反法律、行政法规或者章程的行为和损害银行利益的行为进行监督。"

3. 经理

国有独资商业银行设经理,主持银行的日常经营管理工作。经理由董事会聘任或者解聘,其职权与一般有限责任公司的经理相同,并须经国家授权投资的机构或部门同意。

(二)有限责任公司形式的商业银行

《公司法》规定,有限责任公司形式的商业银行是指50个以下股东共同投资设立,股东以其出资额为限对银行承担责任,银行以其全部资产对外承担责任的商业银行。有限责任公司形式商业银行的组织机构由以下几个部分组成:

1. 股东会

股东会由全体股东组成,它是有限责任公司形式的商业银行的最高权力机构,行使出资人的权利和义务,决定银行的重大事项。

2. 董事会

董事会由股东会决定产生，对股东会负责。董事会是有限责任公司形式商业银行的权力机构的执行机构，董事长为该银行的法定代表人。

3. 经理

经理的产生由董事会决定聘任或解聘。经理负责有限责任公司形式商业银行的日常经营管理活动，列席董事会会议，对董事会负责。

4. 监事会

监事会由股东代表和适当比例的银行职工代表组成，监事会成员一般不得少于3人。监事会是有限责任公司形式的商业银行的监督机构，是代表股东及银行职工对银行（主要是董事、经理）的业务经营活动进行监督的机关。

（三）股份有限责任公司形式的商业银行

《公司法》规定，股份有限责任公司形式的商业银行是指全部资本分为等额股份，股东以其所持股份为限对银行承担责任，银行以全部资本对外承担有限责任的商业银行。股份有限责任形式商业银行的组织机构由以下几个部分组成。

1. 股东大会

股东大会由全体股东组成。股东大会是股份有限责任公司形式的商业银行的权力机构，审议和决定银行的重大问题。股东大会分定期会议（每年召开一次年会）和临时会议两种。当董事人数不足公司法规定的人数或银行章程所定人数的2/3时；当未弥补的亏损达股本总数1/3时；当持有银行股份10%以上股东请求时，当董事会认为必要或监事会提议召开时，都应当召开临时会议。

股东大会召开表决时，每一股份有一个表决权。股东大会决议须半数以上通过。有关银行合并、分立、解散、修改章程等，均须出席会议的股东所持表决权的2/3以上通过。

2. 董事会

按《公司法》规定，股份有限责任公司形式商业银行的董事会由5至19人组成。董事会成员由股东身份的董事和由非股东身份的独立董事组成，独立董事的比例由国家行政主管部门决定。董事会对股东大会负责，董事长是法定代理人。董事会决议如违反法律、法规或银行章程，致使银行遭受严重损失的，或严重损害股东利益的，参加决议的董事对银行应负赔偿责任，但表决时持异议的可免除其责任。

3. 经理

经理由董事会聘任或解聘，对董事会负责。经理既负责日常经营决策，又负责业务执行。

4. 监事会

股份有限责任公司形式的商业银行设监事会，其成员不得少于3人。监事会应在其组成人员中推选1名召集人，监事会由股东代表和适当比例的银行职工代表组成，具体比例由银行章程规定。监事会中的职工代表由银行职工民主选举产生。董事、经理及财务负责人不得兼任董事。

第三节 存款、贷款和其他业务的基本规则

《商业银行法》第2条规定，吸收公众存款、发放贷款、办理结算是商业银行三大类业务。具体来说，商业银行可以经营下列部分或全部业务：(1)吸收公众存款；(2)发放短期、中期和长期贷款；(3)办理国内外结算；(4)办理票据承兑与贴现；(5)发行金融债券；(6)代理发行、代理兑付、承销政府债券；(7)买卖政府债券、金融债券；(8)从事同业拆借；(9)买卖、代理买卖外汇；(10)从事银行卡业务；(11)提供信用证服务及担保；(12)代理收付款项及代理保险业务；(13)提供保管箱业务；(14)经国务院银行业监督管理机构批准的其他业务。经营范围由商业银行章程规定，报国务院银行业监督管理机构批准。商业银行经中国人民银行批准，可以经营结汇、售汇业务。

一、存款和贷款

(一)吸收公众存款

1. 吸收公众存款的概念

吸收公众存款是指银行吸收社会中的货币资金，客户以存款的形式存入银行，客户拥有即期或定期要求银行兑付的权利，而银行承担即期或定期偿付的义务。这是商业银行的主要负债业务。

2. 对存款人的保护

《商业银行法》第29～33条专门规定了保护存款人利益的内容，主要有：(1)商业银行办理个人储蓄存款业务，应当遵循存款自愿、取款自由、存款有息、为存款人保密的原则；(2)对个人储蓄存款，商业银行有权拒绝任何单位或者个人查询、冻结、扣划，但法律另有规定的除外；(3)对单位存款，商业银行有权拒绝任何单位或者个人查询，但法律、行政法规另有规定的除外；(4)有权拒绝任何单位或者个人冻结、扣划，但法律另有规定的除外；(5)商业银行应当按照中国人民银行规定的存款利率的上下限，确定存款利益，并予以公告，商业银行应当按照中国人民银行的规定，向中国人民银行交存存款准备金，留足备付金；(6)商业银行应当保证存款本金和利息的支付，不得拖延、拒绝支付存款本金和利息。

此外，2014年10月29日国务院第67次常务会议通过《存款保险条例》，建立和

规范存款保险制度，依法保护存款人的合法权益，及时防范和化解金融风险，维护金融稳定，该条例自2015年5月1日起施行。

3. 存款合同

存款是商业银行与客户在自愿协商一致的基础上，确定双方权利与义务的合同行为。存款合同的形成主要有，现金存款、票据存款、转账存款、借款存款。存款合同的表现形式为书面形式，主要有以下几种：

(1)存单。存单按期限和提取的方式不同，分为活期存款、定期存款和定活两便的存款；按存单记名与否，分为记名式存单和无记名式存单。存单作为提取款的凭证，可以转让流通，可以质押。

(2)进账单。在转账存款中，商业银行为存款人办理转账存款之后，出具给存款人的进账凭证。

(3)存款合同。存款人将货币资金存入商业银行，商业银行按规定支付存款本金和利息的协议。

(4)对账单。银行向客户提供的反映存款人账户上的存款情况的书面单证。

最高人民法院1997年发布的《关于审理存单纠纷案件的若干规定》第1条就存款合同纠纷确定了以下范围："(一)存单持有人以存单为重要证据向人民法院提起诉讼的纠纷案件；(二)当事人以进账单、对账单、存款合同等凭证为主要证据向人民法院提起诉讼的纠纷案件；(三)金融机构向人民法院起诉要求确认存单、进账单、对账单、存款合同等凭证无效的纠纷案件；(四)以存单为表现形式的借贷纠纷案件。"存单纠纷中，因存单存在瑕疵或存款关系不真实而遭银行拒付的，银行负有举证责任。

4. 存款中的几项规定

(1)存款实名制。国务院于2000年3月20日发布了《个人存款账户实名制规定》，该规定第5条指出："本规定所称实名，是指符合法律、行政法规和国家有关规定的身份证件上使用的姓名。下列身份证件为实名证件：(一)居住在境内的中国公民，为居民身份证或者临时居民身份证；(二)居住在境内的16周岁以下的中国公民，为户口簿；(三)中国人民解放军军人，为军人身份证件；中国人民武装警察，为武装警察身份证件；(四)香港、澳门居民，为港澳居民往来内地通行证；台湾居民，为台湾居民来往大陆通行证或者其他有效旅行证件；(五)外国公民，为护照。前款未作规定的，依照有关法律、行政法规和国家有关规定执行。"另外，如果代理他人在金融机构开立个人存款账户的，代理人应当出示被代理人和代理人的身份证件。

推行实名制，对于防止腐败，了解个人财产状况维护社会公共利益具有重要的现实意义，因为它能对经济生活中的洗钱假名交易、侵占公款、收受贿赂等违法行为进行有效的监管。同时，它对于国家税收的征收、个人信用制度的建立等方面都有重大的意义。

(2)存款的提前支取、挂失和过户制。存款的提前支取是指未到期的定期存款而言。存单是储户与银行债权债务关系的合同。储户提前支取存款实质属于法定的合同解除权,这种解除权的行使,无须相对人的同意。同时,它是因储户的因素而造成的合同解除,因此储户只能按活期存款利率获取利息,并需出示本人真实有效的证件。

存款的挂失是指记名存单的挂失,不记名存单银行不予挂失。挂失是指存单因被盗、遗失或灭失之后,存款人请求银行中止存款账户上的金额在一定期间内的兑付行为。存款口头挂失后必须在5天内申办书面挂失,挂失必须提供本人真实有效的证件。银行受理后,应立即停止支付该存款。挂失后,因银行的过失该存款被他人支取,由此造成储户损失的,银行负赔偿责任。

存款的过户是指变更记名存单上当事人的法律行为。存款过户一般有双方协议过户、存款人死亡继承人过户、判决或仲裁发生过户等。以上过户须凭双方有效真实证件、已公证的继承权证明书、生效的判决书、仲裁书或调解书等到银行办理过户或支付手续,银行在核查无误后,给予办理。如存款人死亡,存单持有人未声明,而代理手续完备的情况下,该存款被支取,如有异议,银行不承担由此产生的法律责任。①

(3)存款的保全和强制执行。《商业银行法》第29条第2款规定:"对个人储蓄存款,商业银行有权拒绝任何单位或者个人查询、冻结、扣划,但法律另有规定的除外。"因此,银行对存款的保护不是绝对的。我国法律规定,国家司法机关、行政机关依职权和法定程序可以对存款进行查询、保全(即冻结)、扣划的强制行为。行政机关一般只限于海关、税务局,司法机关是指公、检、法机关和国家安全局。

(4)存款保险。存款保险是指投保机构向存款保险基金管理机构缴纳保费,形成存款保险基金,存款保险基金管理机构依照本条例的规定向存款人偿付被保险存款,并采取必要措施维护存款以及存款保险基金安全的制度。2015年2月17日国务院发布的《存款保险条例》规定,在中华人民共和国境内设立的商业银行、农村合作银行、农村信用合作社等吸收存款的银行业金融机构,应当依照本条例的规定投保存款保险。该条例还规定,存款保险实行限额偿付,最高偿付限额为人民币50万元。同一存款人在同一家投保机构所有被保险存款账户的存款本金和利息合并计算的资金数额在最高偿付限额以内的,实行全额偿付;超出最高偿付限额的部分,依法从投保机构清算财产中受偿。

(二)发放贷款

商业银行通过发放贷款,实现存款与贷款之间的利差,从中获取经营利润,借款人

---

① 徐新林:《金融法概论》,复旦大学出版社2002年版,第202页。

应按贷款合同的约定履行偿还本金和利息的义务。

贷款法律关系的主体是贷款人与借款人。根据中国人民银行发布的《贷款通则》第 2 条的规定，贷款人是指在中国境内依法设立的经营贷款业务的中资金融机构，借款人系指从经营贷款业务的中资金融机构取得贷款的法人、其他经济组织、个体工商户和自然人。

贷款的基本规则主要有：

1. 商业银行根据国民经济和社会发展的需要，在国家产业政策指导下开展贷款业务

《商业银行法》第 35 条规定："商业银行贷款，应当对借款人的借款用途、偿还能力、还款方式等情况进行严格审查。商业银行贷款，应当实行审贷分离、分级审批的制度。"

借款人应当符合有按期还本付息能力的要求。根据《贷款通则》规定，借款人申请贷款，应当具备产品有市场、生产经营有效益、不挤占挪用信贷资金、恪守信用等基本条件，并且应当符合以下要求：(1)有按期还本付息的能力，原应付贷款利息和到期贷款已清偿；没有清偿的，已经做了贷款人认可的偿还计划。(2)除自然人和不需要经工商部门核准登记的事业法人外，应当经过工商部门办理年检手续。(3)已开立基本账户或一般存款账户。(4)除国务院规定外，有限责任公司和股份有限公司对外股本权益性投资累计额未超过其净资产总额的 50%。(5)借款人的资产负债率符合贷款人的要求。(6)申请中期、长期贷款的，新建项目的企业法人所有者权益与项目所需总投资的比例不低于国家规定的投资项目的资本金比例。

2. 借款人应当提供担保

商业银行应当对保证人的偿还能力、抵押物、质物的权属和价值以及实现抵押权、质权的可行性进行严格的审查。经商业银行审查、评估、确认借款人资信良好、确能偿还贷款的，可以不提供担保。对借款人的信用等级评估可由贷款人独立进行，内部掌握，也可由有关部门批准的评估机构进行。

3. 商业银行应当与借款人订立书面合同

合同应当约定贷款种类、借款用途、金额、利率、还款期限、还款方式、违约责任和双方认为需要约定的其他事项。保证贷款应当由保证人与贷款人签订保证合同或者保证人在借款合同上载明与贷款人协商一致的保证条款，加盖保证人的法人公章，并由保证人的法定代表人或其授权代理人签署姓名。抵押贷款、质押贷款应当由抵押人、出质人与贷款人签订抵押合同、质押合同。需要办理登记的，应依法办理登记。

4. 商业银行应当按照中国人民银行规定的贷款利率的上下限，确定贷款利率，并在借款合同中载明

5. 对贷款人限制

其表现在商业银行贷款应当遵守下列资产负债比例管理的规定：(1)资本充足率不得低于8%；(2)流动性资产余额与流动性负债余额的比例不得低于25%；(3)对同一借款人的贷款余额与商业银行资本余额的比例不得超过10%；等等。商业银行不得向关系人发放信用贷款，向关系人发放担保贷款的条件不得优于其他借款人同等贷款的条件。所谓关系人，根据《商业银行法》第40条第2款规定，主要是指商业银行的董事、监事、管理人员、信贷业务人员及其近亲属，以及上述人员投资或者担任高级管理职务的公司、企业和其他经济组织。

6. 任何单位和个人不得强令商业银行发放贷款或者提供担保

商业银行有权拒绝任何单位和个人强令要求其发放贷款或者提供担保。经国务院批准的特定贷款项目，国有独资商业银行应当发放贷款；因贷款造成的损失，由国务院采取相应的补救措施。根据1999年7月26日中国人民银行、中国经贸委、国家计委、财政部、国家税务总局发布的《封闭贷款管理暂行办法》规定，对政府决定救助的国有工业企业发放流动资金贷款称为封闭贷款，由商业银行自主决定审查发放，并应当遵循“封闭核算、购货签证、足额贷款、专户管理、保值分利”的原则。

7. 借款人应当按期归还贷款的本金和利息

借款人到期不归还担保贷款的，商业银行依法享有要求保证人归还贷款本金和利息或者就该担保物优先受偿的权利。商业银行行使抵押权、质权而取得不动产或者股权，应当自取得之日起2年内予以处分。借款人到期不归还信用贷款的，应当按照合同约定承担责任。

二、办理其他业务规则

(一)办理结算

商业银行办理结算是其三大类业务之一。结算是结清债权人与债务人之间基于商品、劳务及其他原因所产生的货币收付活动。商业银行利用客户在银行的存款账户，接受客户的委托，通过转账、划拨代为办理货币的收付，协助客户完成资金支付程序，清结债权债务。《商业银行法》第44条规定：“商业银行办理票据承兑、汇兑、委托收款等结算业务，应当按照规定的期限兑现、收付入账，不得压单、压票或者违反规定退票。有关兑现、收付入账期限应当公布。”

(二)办理票据承兑与贴现

票据承兑是指汇票付款人承诺在汇票到期日支付汇票金额的票据行为。票据贴现是指银行以折扣方式预先收进利息，购入未到期的商业票据，之后向票据持有人提供短期的资金融通。票据贴现是客户融通短期资金和银行短期放贷的主要方式之一。

（三）发放金融债券

金融债券是金融机构为筹集信贷资金而发行的证明债券，持有人能按约定或票面记载按期取得固定利息和到期取回本金的有价证券。它是一种债权凭证。商业银行发行金融债券或者到境外借款，应当依照法律、行政法规的规定报经批准。

（四）代理发行、代理兑付承销政府债券

政府债券是政府或财政部门发行的委托商业银行向债券持有人兑付到期的本金和利息的有价证券。银行代理销售、兑付债券，从中收取服务手续费。

（五）买卖政府债券、金融债券

商业银行在二级市场上进行债券的买卖活动，从中获得差价收益。政府债券是以国家信用保证的债券，有信用高、可上市转让的特点。买卖债券是商业银行的投资行为，是降低其资金风险、保持资产流动性的重要手段。

（六）从事同业拆借

同业拆借是金融机构之间借贷短期资金的行为。拆入资金禁止用于发放固定资产贷款或者用于投资。拆出资金限于缴足存款准备金、留足备付金和归还中国人民银行到期贷款之后的闲置资金。拆入资金用于弥补票据结算、联行汇差头寸的不足和解决临时性周转资金的需要。

（七）买卖、代理买卖外汇

买卖外汇是指商业银行在外汇市场上从事外汇交易活动，买卖的对象为外汇资金和人民币，通过人民币和外汇资金之间的汇率变化，从中赚取利润，规避汇率风险。同时，商业银行接受客户的委托、代理客户在外汇市场上买卖外汇，银行从中收取服务手续费。

（八）从事银行卡服务

银行卡分为信用卡、借记卡。信用卡又分为贷记卡和准贷记卡。贷记卡是指发卡银行给予持卡人一定的信用额度，持卡人可在信用额度内先消费后还款的信用卡。准贷记卡是指持卡人先按银行要求交付一定金额的备用金，当备用金不足支付时，可在发卡银行的信用额度内透支的信用卡。借记卡不能透支，按不同功能分为转账卡、专用卡、储值卡。转账卡具有转账、存取现金和消费功能；专用卡是具有专门用途、在特定区域使用的借记卡，具有转账、存取现金的功能；储值卡是银行根据持卡人要求将资金转至卡内储存，交易时直接从卡内扣款的预付银包式借记卡。

（九）提供信用证服务及担保

信用证是银行应进口商的要求，开出以出口商为受益人的，凭提交符合信用证要求的单据对付的一项书面付款承诺。银行担保是银行应客户要求，向客户的债权人承诺，当客户不履行债务时，由银行按照约定履行或承担责任的行为。

(十)代理收付款项及代理保险业务

代理收付款项是指银行接受客户的委托,为客户代理收付指定的款项。代理保险业务是指银行根据保险公司的委托,在保险公司授权的范围内代理保险业务,从中收取的代理手续费。收费项目和标准由银保监会、中国人民银行会同国务院价格主管部门制定。

(十一)提供保管箱服务

保管箱服务是指银行利用自己的场地和设施,出租保险箱。供客户存放贵重物品,并收取租金的服务。

(十二)经中国人民银行批准的其他业务

商业银行的工作人员应当遵守法律、行政法规和其他各项业务管理的规定,不得有下列行为:(1)利用职务上的便利,索取、收受贿赂或者违反国家规定收受各种名义的回扣、手续费;(2)利用职务上的便利,贪污、挪用、侵占本行或者客户的资金;(3)违反规定徇私向亲属、朋友发放贷款或者提供担保;(4)在其他经济组织兼职;(5)不得泄露其他任职期间知悉的国家秘密、商业秘密。

商业银行在我国境内不得从事信托投资和证券经营业务,不得向非自用不动产投资或向非银行金融机构和企业投资,但国家另有规定的除外。

第四节 财务会计和监督管理

一、财务会计

商业银行应当依照法律和国家统一的会计制度以及国务院银行业监督管理机构的有关规定,建立和健全本行财务、会计制度,进行会计核算并及时提供合法、真实、准确、完整的会计信息。

《商业银行法》第55条规定:“商业银行应当按照国家有关规定,真实记录并全面反映其业务活动和财务状况,编制年度财务会计报告,及时向国务院银行业监督管理机构、中国人民银行和国务院财政部门报送。商业银行不得在法定的会计账册外另立会计账册。”

商业银行的财务会计报告,是商业银行向国务院银行业监管机构、中国人民银行、财政部门提供财务状况和经营成果的书面文件,由会计报表、会计报表附注和财务情况说明书三部分组成。会计报表是财务会计报告的主要组成部分,是根据会计账簿记录和有关资料,按规定的报表格式,总括反映每一会计年度的经济活动和财务收支情况及其结果的书面文件。

商业银行应当于每一会计年度终了 3 个月内，按照国务院银行业监督管理机构的规定，公布其上一年的经营业绩和审计报告。商业银行的会计年度自公历 1 月 1 日起至 12 月 31 日止。

商业银行应当按照国家有关规定，提取呆账准备金，冲销呆账。呆账贷款的冲销，是指用银行资金去抵消不良贷款的做法。冲销时，应严格按照吊销冲销的条件和程序。

二、监督管理

《商业银行法》第 59～63 条专门规定了商业银行的监督管理。它要求商业银行应当制定本行的业务规则，建立、健全本行的风险管理和内部控制制度；建立、健全本行对存款、贷款、结算、呆账等各项情况的稽核、检查制度；对分支机构应当进行经常性的稽核和检查监督；定期向国务院银行业监督管理机构、中国人民银行报送资产负债表、利润表以及其他财务会计、统计报表和资料。

国务院银行业监督管理机构有权依照《商业银行法》的相关规定，随时对商业银行的存款、贷款、结算、呆账等情况进行检查监督。检查监督时，检查监督人员应当出示合法的证件。商业银行应当按照国务院银行业监督管理机构的要求，提供财务会计资料、业务合同和有关经营管理方面的其他信息。中国人民银行有权依照《中国人民银行法》第 32 条、第 34 条的规定对商业银行进行检查监督。商业银行应当依法接受审计机关的审计监督。

第五节　接管和终止

一、接管

《商业银行法》第 64 条规定："商业银行已经或者可能发生信用危机，严重影响存款人的利益时，国务院银行业监督管理机构可以对该银行实行接管。接管的目的是对被接管的商业银行采取必要措施，以保护存款人的利益，恢复商业银行的正常经营能力。被接管的商业银行的债权债务关系不因接管而变化。"

接管由国务院银行业监督管理机构决定，并组织实施。国务院银行业监督管理机构的接管决定，应当载明被接管的商业银行的名称、接管事由、接管组织、接管期限。接管规定由国务院银行业监督管理机构予以公告。接管自接管决定实施之日起开始。

自接管开始之日起，由接管组织行使商业银行的经营管理权力。接管期限届满，国务院银行业监督管理机构可以决定延期，但接管期限最长不得超过2年。

《商业银行法》第68条规定，发生下列情况之一的，接管终止：(1)接管决定规定的期限届满或者国务院银行业监督管理机构决定的接管延期届满；(2)接管期限届满前，该商业银行已恢复正常经营能力；(3)接管期限届满前，该商业银行被合并或者被依法宣告破产。

二、终止

商业银行的终止，是指商业银行发生法律规定的或者章程约定的情况，其主体资格归于消灭的法律行为。商业银行的终止的法定情形包括解散、被撤销和被宣告破产。

（一）商业银行的解散

商业银行的解散，是指商业银行因法律规定的原因或章程约定的事由发生，法人主体资格消灭的法律行为。商业银行解散的事由主要有分立、合并或者章程规定的解散事由出现。

商业银行需要解散的，应当向国务院银行业监督管理机构提出申请，并附解散的理由和支付存款的本金和利息等债务清偿计划，经国务院银行业监督管理机构批准后解散。商业银行解散的，应当依法成立清算组进行清算，按照清偿计划及时偿还存款本金和利息等债务。国务院银行业监督管理机构监督清算过程。

（二）商业银行被撤销

商业银行被撤销，是指商业银行在经营中违反法律、法规的规定被吊销经营许可证的法律行为。商业银行有违反《商业银行法》第23条、第74条、第75条、第76条、第77条的规定可作为被撤销的事由。

商业银行被撤销的，国务院银行业监督管理机构应当依法及时组织成立清算组进行清算，按照清偿计划及时偿还存款本金和利息等债务。

（三）商业银行的破产

商业银行的破产是指商业银行不能支付到期债务，经国务院银行业监督管理机构同意，由人民法院依法宣告破产的法律行为。商业银行被宣告破产的，由人民法院组织国务院银行业监督管理机构等有关部门和有关人员成立清算组，进行清算。

商业银行破产清算时，在支付清算费用、所欠职工工资和劳动保险费用后，应当优先支付个人储蓄存款的本金和利息。

复习思考题

1. 设立商业银行应具备哪些条件？
2. 试比较不同组织形式商业银行的组织机构制度。
3. 简述存款的法律规定。
4. 试述贷款规则的基本内容。
5. 如何理解商业银行的接管制度？

第五章　破产法

竞争是市场经济运行的一个重要机制，竞争的结果必然导致一些市场主体陷入破产。实施破产法律程序，可以公平清理债权债务，维护债权人的合法权益，同时可以使债务人摆脱债务的困扰，使债务人在出现丧失清偿能力的危险时寻求保护和挽救，从而保障正常的市场经济秩序。为了规范企业破产程序，我国已经初步建立了以《企业破产法》为基本法的破产法律体系。本章主要介绍破产法的一般问题、破产申请、管理人、债务人财产、破产费用和共益债务、破产债权、债权人会议以及重整、和解、破产清算三大程序等内容。

第一节　破产法概述

一、破产的概念

在我国，“破产”一词早已使用，但在不同层面上其含义不同。在日常生活用语中，破产是指彻底失败的意思；在经济生活中，破产是指因经营失败而倾家荡产。作为法律术语的“破产”，则是在近代以后从西方传播而来，它最早出现在1906年颁布的《破产律》中。[①]

破产作为一种法律制度起源于西方。在西方，与“破产”有关的最早用词是拉丁语“falletux”，意为失败。到14世纪，在意大利语中出现了“banca rotta”一词，直译为“砸烂的板凳”（banca意为板凳，rotta意为砸烂），意译为“摊位被毁”。根据中世纪意大利商业城市的习惯，商人在市中心交易市场上各有象征交易席位的板凳，当某个商人不能偿付债务时，其债权人就砸烂他的板凳，以示其经营失败。该词后来演变为英语的

① 汤维建：《破产程序与破产立法研究》，人民法院出版社2001年版，第31页。

"bankruptcy",意为破产。

关于破产概念的含义,有广义和狭义两种。狭义上的破产仅指清算型破产,即当债务人不能清偿到期债务时,法院依法对债务人全部财产公平分配给全体债权人的清算程序。广义上的破产,不仅包括清算型破产,还包括预防型破产,是指当债务人不能清偿到期债务或者出现这种情形的可能时,法院依法对债务人实施的挽救性程序和对债务人全部财产实行的概括性清算程序的统称。可见,它是由破产清算程序与破产和解、破产重整等破产预防程序共同构成的统一的法律程序。[①] 其中,和解是指具备破产原因的债务人,为避免破产清算,而与债权人会议达成以让步方法了结债务的协议,协议经法院认可后生效的法律程序。重整是指经利害关系人申请,在法院主持和利害关系人参与下,对丧失清偿能力或有丧失清偿能力可能的债务人,进行生产经营的整顿和债权债务的清理,以期摆脱财务困境和重获经营能力的法律程序。

传统破产法所说的破产仅在狭义范围,即以破产清算为唯一目的的破产,自1886年比利时颁布《预防破产之和解制度》之后,现代破产法则以破产预防为主要目的,破产的含义拓展到广义。[②] 由此,国外立法所用词汇也发生了变化。在英美法系国家,"bankruptcy"仅指破产清算程序,广义上的破产概念则由"insolvency"(支付不能)表示。德国1994年修订1877年制定的《德国破产法》时,将"破产"一词由"Konkurs"改为"Insolvenz"(支付不能)。在日本法上,为区分狭义和广义上的破产概念,采用了"破产"与"倒产"的概念。[③]

二、破产法的概念和立法目的

(一)破产法的概念

关于破产法的概念,有广义和狭义之分。狭义的破产法,仅指对债务人财产进行破产清算的法律规范的总称。广义的破产法,是指关于在债务人出现破产原因时,法院对其全部财产强制清算分配,或者对债务人进行重整、和解的法律规范的总称。广义的破产法不仅调整破产清算程序,而且调整和解程序及重整程序。

从法律发展来看,传统破产法主张狭义的破产法,它仅调整破产清算关系,即债权人、债务人在法院的主持、监督下,就债务人的财产进行公平清偿而发生的社会关系,其立法目的仅限于对债务人进行破产清算,这必然对债权人、债务人的利益保护以及

---

① 范健、王建文:《破产法》,法律出版社2009年版,第2页。

② 汤维建:"破产概念新论",载《中外法学》1995年第3期。

③ 范健、王建文:《破产法》,法律出版社2009年版,第3页。倒产,又称反破产,是指以破产预防为目的的法律程序,即债务人不能清偿到期债务时,为避免适用破产清算程序以求恢复和重建,经征得债务人的谅解和让步并经法院认可而采取的和解、重整等法律程序的总称。

社会稳定和经济发展带来不利，因而西方法学界称其为“单一功能的破产法”“消极的破产法”。为了克服单纯破产清算制度的不足，就需要扩大破产法的调整对象。1886年比利时颁布《预防破产之和解制度》之后，破产法从传统走向现代。现代破产法主张广义的破产法，它不仅调整破产清算关系，而且调整破产预防关系。破产预防关系就是在债务人出现破产原因时，为挽救债务人以避免其破产而进行的破产和解、重整过程中发生的社会关系。现代破产法扩大了调整对象，增加了立法目的，因而西方法学界称之为“多功能的破产法”“积极的破产法”。这是世界各国破产立法的共同趋势，我国的破产立法也顺应了这种趋势。

此外，破产法还有形式意义和实质意义之分。形式意义的破产法仅指单行的破产法典，在我国指《企业破产法》。实质意义的破产法除破产法典外，还包括民法、商法、刑法以及其他相关法律部门中调整破产清算关系和破产预防关系的法律规范。

从破产法的内容看，它由实体法律规范与程序法律规范所组成。前者主要包括破产原因、债务人财产、破产财产、破产债权、破产取回权、破产抵销权、破产撤销权、破产别除权等内容；后者主要包括破产申请与受理、管辖、管理人、债权人会议、和解、重整、破产清算等内容。

（二）破产法的立法状况

自中华人民共和国成立后，长期实行计划经济体制，否认商品经济的作用，也就没有破产法存在的必要。随着以市场为取向的经济体制改革的进行和深入，破产法律制度开始建立并逐步完善。1986 年 12 月 2 日，六届全国人大常委会第十八次会议通过了《企业破产法(试行)》，该法仅适用于全民所有制企业破产，并于 1988 年 11 月 1 日起生效。1991 年 4 月 9 日，七届全国人大第四次会议通过了《民事诉讼法》，该法第二编专设第 19 章“企业法人破产还债程序”，该章内容适用于非全民所有制企业法人的破产。至此，所有企业法人破产均被纳入法律的调整范围。

为了使上述法律能够在司法实践中得以具体适用，最高人民法院于 1991 年 11 月 7 日下发了《关于贯彻执行〈中华人民共和国企业破产法(试行)〉若干问题的意见》，并于 1992 年 7 月 13 日下发了《关于适用〈中华人民共和国民事诉讼法〉若干问题的意见》。为推动破产试点工作的开展，国务院于 1994 年 10 月 25 日、1997 年 3 月 2 日发布了《国务院关于在若干城市试行国有企业破产有关问题的通知》和《国务院关于在若干城市试行国有企业兼并破产和职工再就业有关问题的补充通知》，对试点城市国有企业破产中的职工安置、破产财产处置、担保债权处理等问题作出规定，由此法院受理的破产案件明显增加，法院在审判中遇到许多新问题。为了解决这些问题，最高人民法院于 2002 年 7 月 30 日发布了《关于审理企业破产案件若干问题的规定》(以下简称《破产案件规定》)，该规定自同年 9 月 1 日起施行。《破产案件规定》将此前司法解释的内容基本加以涵盖，成为最为全面详尽的司法解释。

1994年，制定新的破产法被列入八届全国人大常委会的立法规划，并由全国人大财经委员会组织起草工作。2006年8月27日，十届全国人大常委会第二十三次会议审议通过了《企业破产法》，该法于2007年6月1日起施行。《企业破产法》的制定，不仅使我国的破产法律制度得以统一，而且使我国的破产法律制度取得了许多重要突破。[①] 之后，为了更好地适用《企业破产法》，最高人民法院颁布了一系列司法解释，如2011年9月9日发布的《最高人民法院关于适用〈中华人民共和国企业破产法〉若干问题的规定（一）》（以下简称《企业破产法司法解释（一）》）、2013年9月5日发布的《最高人民法院关于适用〈中华人民共和国企业破产法〉若干问题的规定（二）》（以下简称《企业破产法司法解释（二）》）等。

（三）破产法的立法目的

《企业破产法》第1条规定："为规范企业破产程序，公平清理债权债务，保护债权人和债务人的合法权益，维护社会主义市场经济秩序，制定本法。"可见，破产法的立法目的主要包括以下几个方面：

1. 保护债权人的合法权益

公正保护债权人的合法权益是企业破产法产生的首要原因，也是企业破产立法的首要目的。债权债务关系是重要的社会关系，具有平等性、有期限性、相对性等特点。这就决定了债权债务纠纷出现后，一方面债权人可以通过私下和解及个别诉讼执行解决；另一方面在债务人出现破产原因时，必将在对债务人财产的先后诉讼和先后执行上产生失衡，使正常的债权保护效应减弱和失灵。基于此，"为维持多数相互竞合的债权人间公平清偿起见，不能不特别考虑债权之实现方法，为此需要而产生的制度，则为破产制度。"[②]因此，破产法制定的目的就是给债权人利益以平等和最大限度的保护。

2. 保护债务人的合法权益

破产法的立法目的除了保护债权人利益之外，还要保护债务人的合法权益，这主要体现在以下三个方面：一是破产清算程序可以使债务人摆脱债务缠身的困境，免去个别诉讼和执行的烦琐；二是和解程序可以使债务人减免债务、延期还债，从而避免其破产清算；三是重整程序可以使债务人在出现丧失清偿能力的危险时寻求保护和挽救，以避免进入破产清算程序。

3. 维护社会主义市场经济秩序

破产立法不仅是为了保护债权人和债务人的合法权益，而且通过这种保护能够有

---

① 具体内容参见王欣新：《破产法》，中国人民大学出版社2007年版，第30～31页。

② 陈荣宗：《破产法》，中国台湾三民书局1982年版，第1页。

效地维护社会主义市场经济秩序。首先,和解、重整等破产预防制度的设立,可以使出现债务危机的企业及时得到拯救,债权人的债权得到很好实现,企业职工不至于流向社会,这有利于市场经济的稳定发展。其次,破产清算制度的设立,不仅可以使破产人债务得到及时处理,消除债务膨胀,避免连锁破产,而且可以使债权人的债权得到公平受偿,起到交易安全的作用,这有利于形成良好的市场经济秩序。

第二节 破产申请的提出与受理

一、破产条件

(一)破产条件概述

破产条件就是破产程序开始应当具备的要件,包括形式要件和实质要件。

1. 破产形式要件

破产形式要件是指开始破产程序在形式上应具备的条件。它主要包括破产申请的提出、申请人合格、接受申请的法院有管辖权等。破产形式条件大多可以补救,补救后符合程序要件的仍可开始破产程序。理论上通常将破产条件理解为实质条件。

2. 破产实质要件

破产实质要件是指开始破产程序在实体上应具备的条件。它是开始破产程序的根本条件,主要指债务人具有破产能力、存在破产原因等。

关于破产实质要件,国外主要有以下几种理论:(1)四要件说。该说认为,破产的实质要件有四个,即债务人具有破产能力、债务人发生破产原因、无破产障碍和存在多数债权人。(2)三要件说。该说认为,破产的实质要件有三个,即债务人具有破产能力、债务人发生破产原因和无破产障碍。(3)两要件说。该说认为,破产的实质要件有两个,即债务人具有破产能力和债务人发生破产原因。[①] 在我国,多数学者认为,破产实质要件主要包括债务人具有破产能力和债务人发生破产原因。

(二)破产能力

破产能力是指债务人能够适用破产程序解决债务清偿问题的资格。破产能力与民事权利能力有联系也有不同。一方面,具有民事权利能力是具有破产能力的前提;另一方面,有民事权利能力的人不一定具有破产能力,哪些人具有破产能力由法律加以规定。

---

① 王欣新:《破产法专题研究》,法律出版社 2002 年版,第 39～40 页。

从各国破产法来看，关于破产能力的规定有商人破产主义和一般破产主义两种体例。商人破产主义是指只有商人才有破产能力，非商人不具有破产能力，法国法系国家如法国、意大利、比利时等国在历史上均采用这种立法例。一般破产主义是指所有的民事主体均有破产能力，英国、美国、德国等多数国家则采用这种立法例。

在我国，根据《企业破产法》第 2 条、第 134 条的规定，企业法人具有破产能力，适用破产法的规定。在企业法人中，既包括国有企业，也包括非国有企业；既包括作为非金融机构的一般企业，也包括商业银行、证券公司、保险公司等金融机构。

值得注意的是，其他组织破产清算具有直接及于全体出资人的效力，这有利于降低破产成本，因而立法者为其破产能力留下了制度空间。对此，《破产企业法》第 135 条规定："其他法律规定企业法人以外的组织的清算，属于破产清算的，参照适用本法规定的程序。"对于合伙企业的破产能力，《合伙企业法》第 92 条第 1 款规定："合伙企业不能清偿到期债务的，债权人可以依法向人民法院提出破产清算申请，也可以要求普通合伙人清偿。"该条第 2 款还规定："合伙企业依法被宣告破产的，普通合伙人对合伙企业债务仍应承担无限连带责任。"对于个人独资企业的破产能力，2012 年 12 月 11 日最高人民法院发布的《关于个人独资企业清算是否可以参照适用企业破产法规定的破产清算程序的批复》指出："根据《中华人民共和国企业破产法》第一百三十五条的规定，在个人独资企业不能清偿到期债务，并且资产不足以清偿全部债务或者明显缺乏清偿能力的情况下，可以参照适用企业破产法规定的破产清算程序进行清算。""根据《中华人民共和国个人独资企业法》第三十一条的规定，人民法院参照适用破产清算程序裁定终结个人独资企业的清算程序后，个人独资企业的债权人仍然可以就其未获清偿的部分向投资人主张权利。"

（三）破产原因

1. 破产原因的概念和法律意义

破产原因是指申请债务人破产的事实根据，是对债务人依法进行破产清算和破产预防的法律事实。这种法律事实一般是指债务人的债务状况和财产状况，即当债务人出现了什么样的经济状况时，才能被申请破产，才能确定有必要开始破产清算、和解和重整程序。破产原因具有以下法律意义：

(1)破产原因是申请债务人破产的事实根据。申请人申请债务人破产，必须以债务人出现破产原因为依据，否则申请不会被法院受理，破产程序无法开始。因此，申请债务人破产清算、和解、重整必须以债务人出现破产原因为前提。

(2)破产原因是破产程序变更和终结的依据。破产预防程序启动后的法定期间内，债务人无法消除破产原因的，法院终结破产预防程序并开始破产清算程序；债务人消除破产原因的，法院则裁定终结破产程序。

(3)破产原因是影响社会经济秩序的因素。一个国家有关破产原因法律规定,直接影响该国企业破产率的高低和失业人员数量的多少,从而关系到该国社会经济秩序的稳定。

2. 破产原因的规定

《企业破产法》第 2 条规定:“企业法人不能清偿到期债务,并且资产不足以清偿全部债务或者明显缺乏清偿能力的,依照本法规定清理债务。企业法人有前款规定情形,或者有明显丧失清偿能力可能的,可以依照本法规定进行重整。”可见,总的来说,破产原因包括:一是债务人不能清偿到期债务(即不能清偿),并且资产不足以清偿全部债务(即资不抵债);二是债务人不能清偿到期债务,并且明显缺乏清偿能力。重整原因更为宽松,除了上述两种情形外,还包括债务人有明显丧失清偿能力的可能。

所谓不能清偿,又称支付不能或者不能支付,是指债务人对请求偿还的到期债务,因丧失清偿能力而无法偿还的客观经济状况。构成不能清偿应当具备以下条件:第一,债务人丧失清偿能力,即不能以财产、信用或者技能等任何手段清偿债务;第二,债务人不能清偿的债务,必须是债权人提出清偿要求的到期债务;第三,债务人必须是对债务持续性、一般性地不能清偿,而不是暂时不能清偿;第四,债务人不能清偿到期债务是一种客观经济状态,与债务人主观上的行为或者认识无关;第五,债务人的债务不限于金钱债务,非金钱债务必须是可以转化为金钱债务。关于不能清偿到期债务的认定,《企业破产法司法解释(一)》第 2 条规定,下列情形同时存在的,人民法院应当认定债务人不能清偿到期债务:(1)债权债务关系依法成立;(2)债务履行期限已经届满;(3)债务人未完全清偿债务。

所谓资不抵债,又称债务超过,是指债务人的消极财产总额超过其积极财产总额的状态,即债务人的全部资产总额不足以偿付其所负的全部债务总额。关于资不抵债的认定,《企业破产法司法解释(一)》第 3 条规定:“债务人的资产负债表,或者审计报告、资产评估报告等显示其全部资产不足以偿付全部负债的,人民法院应当认定债务人资产不足以清偿全部债务,但有相反证据足以证明债务人资产能够偿付全部负债的除外。”资不抵债与不能清偿不同,主要表现在:首先,它只考虑债务人的财产因素,通过财产与负债的对比加以衡量,而将债务人的信用、劳务、技能等因素排除在外。这样的话,二者并不一定存在前因后果的必然联系,因为债务超过不必然导致不能清偿(如债务人可以通过信用偿债),而不能清偿也并非一定资不抵债(如账面资产超过负债)。其次,资不抵债不考虑债务人的债务是否到期,即使债务未到期,只要其超过债务人的积极财产即可认定,但不能清偿则只能适用于债务到期之时。

关于债务人明显缺乏清偿能力,《企业破产法司法解释(一)》第 4 条规定,债务人账面资产虽大于负债,但存在下列情形之一的,人民法院应当认定其明显缺乏清偿能力:(1)因资金严重不足或者财产不能变现等原因,无法清偿债务;(2)法定代表人下落不明且无其他人员负责管理财产,无法清偿债务;(3)经人民法院强制执行,无法清偿债务;(4)长期亏损且经营扭亏困难,无法清偿债务;(5)导致债务人丧失清偿能力的其他情形。

结合《企业破产法》第2条和第7条的规定,破产原因因不同申请人提出不同破产程序的申请而不同,具体表现为:(1)债务人提出破产清算、和解申请的,破产原因包括债务人不能清偿并且资不抵债,或者债务人不能清偿并且明显缺乏清偿能力;债务人提出重整申请的,除上述两个原因外,还包括债务人有明显丧失清偿能力的可能。(2)债权人对债务人提出重整或者破产清算申请的,破产原因仅为不能清偿。(3)清算人对已解散但未清算或者未清算完毕的企业法人提出破产清算申请的,破产原因仅为资不抵债。

二、破产申请的提出

(一)破产申请的含义

破产申请是指当债务人出现破产原因时,申请人依法向法院提出对债务人实施破产清算、和解或者重整。

破产程序的启动受制于一定的程序契机,此程序契机自古以来就有所谓职权主义和申请主义的分野和对立。职权主义是指法院在没有利害关系人的申请下,主动依照职权开始破产程序。申请主义是指破产程序依据利害关系人的申请经法院受理而开始,没有申请人的申请,法院不得主动提起破产程序。在早期破产制度中,破产被视为犯罪行为,因此多采用职权主义。在现代社会,破产被视为商品经济中的不可避免的经济现象,因此各国法律一般采取以申请主义为主、以职权主义为辅的立法体例。[①]在我国,破产法采取的是申请主义。

(二)破产申请的程序

1. 债务人提出破产申请

《企业破产法》第7条第1款规定:"债务人有本法第二条规定的情形,可以向人民法院提出重整、和解或者破产清算申请。"可见,债务人享有破产申请权,但这种权利会受到其他法律的限制。例如,《商业银行法》第71条规定:"商业银行不能支付到期债务,经国务院银行业监督管理机构同意,由人民法院依法宣告其破产。"《保险法》第90条规定:"保险公司有《企业破产法》第二条规定情形的,经国务院保险监督管理机构同意,可以依法向人民法院申请重整、和解或者破产清算。"

---

① 汤维建:《破产程序与破产立法研究》,人民法院出版社2001年版,第152页。

债务人向人民法院提出破产申请，应当提交破产申请书和有关证据。破产申请书应当载明下列事项：(1)申请人、被申请人的基本情况；(2)申请目的；(3)申请的事实和理由；(4)人民法院认为应当载明的其他事项。除了破产申请书，债务人还应向人民法院提交财产状况说明、债务清册、债权清册、有关财务会计报告、职工安置预案以及职工工资的支付和社会保险费用的缴纳情况。

2. 债权人提出破产申请

《企业破产法》第7条第2款规定："债务人不能清偿到期债务，债权人可以向人民法院提出对债务人进行重整或者破产清算的申请。"可见，债权人享有破产申请权，但这种权利也会受到其他法律的限制。例如，《保险法》第90条的规定，保险公司有《企业破产法》第二条规定情形的，经国务院保险监督管理机构同意，其债权人可以依法向人民法院申请重整、和解或者破产清算。

债权人向人民法院提出破产申请时，应当提交破产申请书和有关证据。破产申请书记载的事项与债务人申请基本相同，所提供的证据仅限于债权人掌握的材料，即债务人不能清偿到期债务的有关证据，如债权发生的事实与证据，债权性质、数额、有无担保的证据，债务人不能清偿到期债务的证据。

3. 清算人提出破产申请

《企业破产法》第7条第3款规定："企业法人已解散但未清算或者未清算完毕，资产不足以清偿债务的，依法负有清算责任的人应当向人民法院申请破产清算。"可见，与债务人、债权人不同的是，清算人提出破产申请是其法定义务。

清算人向人民法院提出破产申请时，应当按照债务人申请的要求，提交破产申请书和有关证据。

此外，《企业破产法》第134条规定："商业银行、证券公司、保险公司等金融机构有本法第二条规定情形的，国务院金融监督管理机构可以向人民法院提出对该金融机构进行重整或者破产清算的申请。"可见，国务院金融监督管理机构可以成为商业银行、证券公司、保险公司等金融机构的破产申请人。

(三)破产申请的效力

1. 对撤回破产申请的限制

申请人提出破产申请后，可以在人民法院受理前请求撤回，是否准许由人民法院决定。经人民法院准许撤回破产申请的，不影响其以后再次提出破产申请。当然，在企业法人已解散但未清算或者未清算完毕、资产不足以清偿债务的情形下，负有清算责任的人提出破产清算申请系其法定义务，因而除非破产原因消失，否则不能提出撤回申请的请求。另外，《破产案件规定》第11条第2款规定："人民法院准许申请人撤回破产申请的，在撤回破产申请之前已经支出的费用由破产申请人承担。"

2. 诉讼时效中断

债权人提出破产申请，具有请求人民法院保护其民事权利的性质；债务人、清算人提出破产申请，具有承认一般债务的性质。因此，破产申请具有中断诉讼时效的效力。因申请人不同，所中断的诉讼时效所及范围有如下区别：债务人、清算人提出申请的，诉讼时效中断的效力及于其当时已有的所有债权人的请求权；债权人提出申请的，诉讼时效中断的效力仅及于申请人本人的请求权。

三、破产申请的受理

(一)破产案件的管辖

破产案件的管辖是指法院受理破产案件的具体分工。合理确定破产案件的管辖，有利于法院处理破产案件，也有利于当事人参加破产程序。

各国关于破产案件管辖法院的规定有以下几种情况：一是由专门设置的破产法院管辖，如美国；二是由普通法院管辖，如英国、意大利、德国、日本等；三是区分破产人身份以确定管辖法院，商人破产案件由商事法院管辖，非商人破产案件由民事法院管辖，如法国。①

在我国，根据《企业破产法》和《破产案件规定》，破产案件管辖包括地域管辖和级别管辖。从地域管辖看，破产案件由债务人所在地人民法院管辖。债务人住所地指债务人的主要办事机构所在地；债务人无办事机构的，由其注册地人民法院管辖。从级别管辖看，基层人民法院一般管辖县、县级市或区的工商行政管理机关核准登记企业的破产案件；中级人民法院一般管辖地区、地级市(含本级)以上的工商行政管理机关核准登记企业的破产案件。

《企业破产法司法解释(二)》第 47 条第 2 款、第 3 款还规定了破产案件管辖权的转移和破产案件的指定管辖。关于前者，该司法解释规定，受理破产申请的人民法院管辖的有关债务人的第一审民事案件，可以依据《民事诉讼法》第 38 条的规定，由上级人民法院提审，或者报请上级人民法院批准后交下级人民法院审理。关于后者，该司法解释规定，受理破产申请的人民法院，如对有关债务人的海事纠纷、专利纠纷、证券市场因虚假陈述引发的民事赔偿纠纷等案件不能行使管辖权的，可以依据《民事诉讼法》第 37 条的规定，由上级人民法院指定管辖。

(二)破产申请的受理程序

1. 对破产申请的审查与立案

(1)受理申请。债权人提出破产申请的，人民法院应当自收到申请之日起 5 日内

---

① 王欣新：《破产法》，中国人民大学出版社 2007 年版，第 70 页。

通知债务人。债务人对申请有异议的,应当自收到人民法院的通知之日起7日内向人民法院提出。人民法院应当自异议期满之日起10日内裁定是否受理。债务人、清算人提出破产申请的,人民法院应当自收到破产申请之日起15日内裁定是否受理。有特殊情况需要延长上述两项规定的裁定受理期限的,经上一级人民法院批准,可以延长15日。

破产申请后,人民法院在形式要件和实质要件两方面进行审查:前者主要包括申请人是否适格、申请文件是否齐备、接受申请法院是否具有管辖权;后者主要包括债务人是否具备破产能力、是否存在破产原因。

人民法院经审查符合上述条件的,应当裁定受理破产申请,并自裁定作出之日起5日内送达申请人。债权人提出申请的,人民法院应当自裁定受理作出之日起5日内送达债务人。债务人应当自裁定送达之日起15日内,向人民法院提交财产状况说明、债务清册、债权清册、有关财务会计报告以及职工工资的支付和社会保险费用的缴纳情况。债务人违反上述规定拒不提交或者提交不真实材料的,人民法院可以对直接责任人员依法处以罚款。

(2)不予受理。人民法院审查中发现有以下情形的,裁定不予受理:①不符合破产受理的形式要件和实质要件的。②债务人对于债权人的破产申请提出异议且异议成立的。③申请人恶意申请破产的,具体包括:债务人有隐匿、转移财产等行为,为了逃避债务而申请破产的;债权人借破产申请毁损债务人商业信誉,意图损害公平竞争的。

人民法院裁定不受理破产申请的,应当自裁定作出之日起5日内送达申请人并说明理由。申请人对裁定不服的,可以自裁定送达之日起10日内向上一级人民法院提起上诉。

(3)驳回申请。人民法院受理破产申请后至破产宣告前发现有以下情形的,裁定驳回申请:①债务人不具有破产原因的;②债务人巨额财产下落不明的;③申请人恶意申请破产的。申请人对裁定不服的,可以自裁定送达之日起10日内向上一级人民法院提起上诉。

2. 破产申请受理后法院的工作

(1)指定管理人。人民法院裁定受理破产申请的,应当同时指定管理人。人民法院指定管理人后,由管理人接管债务人财产,并决定是否继续债务人的营业。管理人的指定,有利于保全破产程序中债务人的财产,有效地维护全体债权人和债务人的利益。

(2)发出受理通知和公告。人民法院应当自裁定受理破产申请之日起25日内通知已知债权人,并予以公告。通知和公告应当载明下列事项:①申请人、被申请人的名称或者姓名;②人民法院受理破产申请的时间;③申报债权的期限、地点和注意事项;

④管理人的名称或者姓名及其处理事务的地址；⑤债务人的债务人或者财产持有人应当向管理人清偿债务或者交付财产的要求；⑥第一次债权人会议召开的时间和地点；⑦人民法院认为应当通知和公告的其他事项。

(3)受理债权的申报。人民法院受理破产申请后，应当确定债权人申报债权的期限。债权申报期限自人民法院发布受理破产申请公告之日起计算，最短不得少于30日，最长不得超过3个月。

(三)破产申请受理的效力

1. 债务人有关人员应承担的义务

《企业破产法》第15条规定，自人民法院受理破产申请的裁定送达债务人之日起至破产程序终结之日，债务人的有关人员承担下列义务：(1)妥善保管其占有和管理的财产、印章和账簿、文书等资料；(2)根据人民法院、管理人的要求进行工作，并如实回答询问；(3)列席债权人会议并如实回答债权人的询问；(4)未经人民法院许可，不得离开住所地；(5)不得新任其他企业的董事、监事、高级管理人员。上述所称有关人员，是指企业的法定代表人；经人民法院决定，可以包括企业的财务管理人员和其他经营管理人员。

2. 债务人个别清偿无效

《企业破产法》第16条规定，人民法院受理破产申请后，债务人对个别债权人的债务清偿无效。这是因为，破产程序的原则是对债权人的债权公平清偿，即同一顺序债权人的地位完全平等，清偿时应按照债权数额的比例进行分配，如果允许债务人对个别债权人的债务清偿，会造成这些债权人与其他债权人的地位不平等，使其他债权人不能得到公平受偿。

3. 债务人的债务人或者财产持有人清偿债务或者交付财产

《企业破产法》第17条规定，人民法院受理破产申请后，债务人的债务人或者财产持有人应当向管理人清偿债务或者交付财产。这样的话，债务人的财产都能收回，防止债务人隐匿、转移财产，使债权人的利益得到保障。

4. 管理人有权决定解除或者继续履行未履行完毕的合同

《企业破产法》第18条规定，人民法院受理破产申请后，管理人对破产申请受理前成立而债务人和对方当事人均未履行完毕的合同有权决定解除或者继续履行，并通知对方当事人。管理人自破产申请受理之日起2个月内未通知对方当事人，或者自收到对方当事人催告之日起30日内未答复的，视为解除合同。管理人决定继续履行合同的，对方当事人应当履行；但是，对方当事人有权要求管理人提供担保。管理人不提供担保的，视为解除合同。

5. 对债务人财产已采取的保全措施解除，在特定情况下采取保全措施

《企业破产法》第 19 条规定，人民法院受理破产申请后，有关债务人财产的保全措施应当解除。这是因为，破产程序开始后，如果允许对债务人财产已采取的保全措施继续有效的话，那么这些财产将用来实现个别债权人的利益，而无法纳入重整计划、和解程序调整范围或者依据破产分配方案分配给全体破产债权人。但是，为了保护债权人的利益，《企业破产法司法解释（二）》第 8 条规定："人民法院受理破产申请后至破产宣告前裁定驳回破产申请，或者依据企业破产法第一百零八条的规定[①]裁定终结破产程序的，应当及时通知原已采取保全措施并已依法解除保全措施的单位按照原保全顺位恢复相关保全措施。在已依法解除保全的单位恢复保全措施或者表示不再恢复之前，受理破产申请的人民法院不得解除对债务人财产的保全措施。"

另外，进入破产程序后，为了保证债务人财产的完整、完好，防止其被私分、转移、破坏，从而影响破产程序的进行，《企业破产法司法解释（二）》第 6 条规定："破产申请受理后，对于可能因有关利益相关人的行为或者其他原因，影响破产程序依法进行的，受理破产申请的人民法院可以根据管理人的申请或者依职权，对债务人的全部或者部分财产采取保全措施。"

6. 对债务人财产的执行程序中止

《企业破产法》第 19 条规定，人民法院受理破产申请后，执行程序应当中止。这里所说的执行程序应当中止，是指凡法院未执行完毕的执行程序都应当中止。法律之所以作出这样的规定，是因为破产程序开始后，法院仍根据特定债权人申请而对债务人财产采取个别执行措施，只是对特定债权人利益的保护，这不符合全体破产债权人公平受偿的原则。因此，通过中止执行程序使得全体破产债权人受到公平受偿。基于此，《企业破产法司法解释（二）》第 5 条规定："破产申请受理后，有关债务人财产的执行程序未依照企业破产法第十九条的规定中止的，采取执行措施的相关单位应当依法予以纠正。依法执行回转的财产，人民法院应当认定为债务人财产。"

7. 债务人的民事诉讼或者仲裁中止

《企业破产法》第 20 条规定，人民法院受理破产申请后，已经开始而尚未终结的有关债务人的民事诉讼或者仲裁应当中止；在管理人接管债务人的财产后，该诉讼或者仲裁继续进行。这是因为，从保护债务人财产和债权人的利益考虑，破产申请受理后，债务人对其财产只有保管的义务而没有处分的权利，而管理人接管后可依法行使处分权，因此这些民事诉讼或者仲裁在管理人接管之前应当中止，在管理人接管之后继续进行。

8. 受理破产申请的法院对债务人民事诉讼的专属管辖

---

① 《企业破产法》第 108 条规定："破产宣告前，有下列情形之一的，人民法院应当裁定终结破产程序，并予以公告：（一）第三人为债务人提供足额担保或者为债务人清偿全部到期债务的；（二）债务人已清偿全部到期债务的。"

《企业破产法》第21条规定，人民法院受理破产申请后，有关债务人的民事诉讼，只能向受理破产申请的人民法院提起。这既有利于节约司法资源，提高诉讼效率，也有利于及时查清债务人财产的状况，保护各方当事人的合法权益。

第三节　管理人

一、管理人的概念和性质

管理人是指在破产程序启动后，由法院指定并在其指挥和监督下全面接管债务人企业并负责债务人财产的保管、清理、估价、处理和分配等事务的专门机构。管理人是破产程序中的重要机构。它在各国的称谓不同，在德国法中，它被称为"支付不能管理人"；在日本法中，它被称为"破产财产管理人"；在法国法中，它在司法重整程序中称为"司法管理人"，在司法清算程序中称为"清算人"；在美国法中，它在破产宣告前后分别称为"破产托管人"和"官方接管人"，两者统称为"破产管理人"。[①]

关于管理人的性质，学者们说法不一，主要包括代理说、职务说、代表说、信托说、清算机构说等。代理说认为，破产管理人系以他人名义行使破产管理权限的代理人。根据其代理对象的不同，代理说又可分为"债务人代理说""债权人代理说""债务人和债权人共同代理说""破产财团代理说"等。职务说认为，破产程序在法律性质上系带有公法性质的强制执行程序，破产管理人类似于执行机关的公务员，其行为属于法院指挥下的职务行为。代表说认为，破产管理人是破产财团的代表机构或者破产社团的代表机构。前者构成破产财团代表说，它认为，债务人的财产因破产程序开始或破产宣告裁定作出而成为以破产预防或破产清算为目的而独立存在的财产集合，这些财产的整体人格化则形成破产财团，破产管理人是这种人格化财产的代表机构。后者构成破产社团代表说，它认为债务人与债权人都以调整相互之间的财产关系为其共同目的，由此双方共同构成一个具有权利能力的社团，破产管理人就是该社团的代表机构。信托说将信托概念引入破产法，破产管理人被称为"破产托管人"和"官方接管人"。清算机构说认为，破产前后的企业具有同一人格，但破产申请受理后，企业的权利范围和组织机构都发生了变化，破产管理人代替原管理机构成为企业在破产程序中的代表机构。[②]

---

① 范健、王建文：《破产法》，法律出版社2009年版，第88～89页。

② 汤维建：《破产程序与破产立法研究》，人民法院出版社2001年版，第284～291页；范健、王建文：《破产法》，法律出版社2009年版，第91～95页。

二、管理人的选任、更换和辞职

(一)管理人的选任

从各国立法看,管理人的选任有法院选任模式、债权人会议选任模式、折中模式和独立指定机构选任模式。我国《企业破产法》第 22 条第 1 款规定:“管理人由人民法院指定。”显然,我国属于法院选任模式。按照 2007 年 4 月 12 日最高人民法院发布的《关于审理企业破产案件指定管理人的规定》(以下简称《指定管理人规定》),管理人应当从管理人名册中指定。该规定详细规定了管理人名册编制以及法院指定管理人的规则。

根据《企业破产法》第 24 条的规定,管理人可以由机构担任,也可以由个人担任。担任管理人必须符合法律规定的条件,包括积极条件和消极条件。

从积极条件看,机构担任管理人必须符合以下条件:(1)该机构必须是由有关部门、机构的人员组成的清算组或者依法设立的律师事务所、会计师事务所、破产清算事务所等社会中介机构;(2)必须具备专业知识。个人担任管理人必须符合以下条件:(1)属于上述社会中介机构的成员;(2)具备相关专业知识并取得执业资格;(3)应当参加执业责任保险。

从消极条件看,有下列情形之一的,不得担任管理人:(1)因故意犯罪受过刑事处罚;(2)曾被吊销相关专业执业证书;(3)与本案有利害关系;(4)人民法院认为不宜担任管理人的其他情形。根据《指定管理人规定》第 9 条的规定,人民法院认为不宜担任管理人的其他情形包括下列六种:(1)因执业、经营中故意或者重大过失行为,受到行政机关、监管机构或者行业自律组织行政处罚或者纪律处分之日起未逾 3 年;(2)因涉嫌违法行为正被相关部门调查;(3)因不适当履行职务或者拒绝接受人民法院指定等原因,被人民法院从管理人名册除名之日起未逾 3 年;(4)缺乏担任管理人所应具备的专业能力;(5)缺乏承担民事责任的能力;(6)人民法院认为可能影响履行管理人职责的其他情形。

(二)管理人的更换和辞职

管理人指定后,可以依法更换。《企业破产法》第 22 条第 2 款规定:“债权人会议认为管理人不能依法、公正执行职务或者有其他不能胜任职务情形的,可以申请人民法院予以更换。”根据《指定管理人规定》第 31 条和第 32 条的规定,债权人会议申请更换管理人的,应当作出决议并向人民法院提出书面申请,人民法院在收到债权人会议的申请后,应当通知管理人在 2 日内作出书面说明。人民法院认为申请理由不成立的或者成立的,应当自收到管理人书面说明之日起 10 日内作出驳回申请的决定或者更换管理人的决定。

关于管理人更换的条件,《指定管理人规定》第 33 条规定,社会中介机构管理人有下列情形之一的,人民法院可以根据债权人会议的申请或者依职权经行决定更换管理人:(1)执业许可证或者营业执照被吊销或者注销;(2)出现解散、破产事由或者丧失承担执业责任风险的能力;(3)与本案有利害关系;(4)履行职务时,因故意或者重大过失导致债权人利益受到损害;(5)有本规定第 26 条规定的情形,[①]清算组成员参照适用上述规定。《指定管理人规定》第 34 条还规定,个人管理人有下列情形之一的,人民法院可以根据债权人会议的申请或者依职权经行决定更换管理人:(1)执业资格被取消、吊销;(2)与本案有利害关系;(3)履行职务时,因故意或者重大过失导致债权人利益受到损害;(4)失踪、死亡或者丧失民事行为能力;(5)因健康原因无法履行职务;(6)执业责任保险失效;(7)有本规定第 26 条规定的情形。清算组成员的派出人员、社会中介机构的派出人员参照适用上述规定。

关于管理人更换后的事务移交,《指定管理人规定》第 37 条第 1 款规定,人民法院决定更换管理人的,原管理人应当自收到决定书之次日起,在人民法院监督下向新任管理人移交全部资料、财产、营业事务及管理人印章,并及时向新任管理人书面说明工作进展情况。原管理人不能履行上述职责的,新任管理人可以直接接管相关事务。

管理人被指定后,其辞职受到一定的限制。《企业破产法》第 29 条规定:“管理人没有正当理由不得辞去职务。管理人辞去职务应当经人民法院许可。”《指定管理人规定》第 35 条规定,正当理由的认定,可参照适用本规定第 33 条、第 34 条规定的情形。

三、管理人的职责

《企业破产法》第 25 条规定,管理人履行下列职责:(1)接管债务人的财产、印章和账簿、文书等资料;(2)调查债务人财产状况,制作财产状况报告;(3)决定债务人的内部管理事务;(4)决定债务人的日常开支和其他必要开支;(5)在第一次债权人会议召开之前,决定继续或者停止债务人的营业;(6)管理和处分债务人的财产;(7)代表债务人参加诉讼、仲裁或者其他法律程序;(8)提议召开债权人会议;(9)人民法院认为管理人应当履行的其他职责。

上述九项内容是法律对管理人职责的一般规定,此外还规定了管理人职责的特殊规定,如财产管理中的撤销权和追回权、债权调查中的异议权、重整程序中对债务人管理的监督权等。

---

① 《指定管理人规定》第 26 条规定:“社会中介机构或者个人有重大债务纠纷或者因涉嫌违法行为正被相关部门调查的,人民法院不应指定该社会中介机构或者个人为本案管理人。”

四、管理人的义务、报酬和监督

关于管理人的义务,《企业破产法》第27条规定:“管理人应当勤勉尽责,忠实执行职务。”该法第130条还规定:“管理人未依照本法规定勤勉尽责,忠实执行职务的,人民法院可以依法处以罚款;给债权人、债务人或者第三人造成损失的,依法承担赔偿责任。”关于管理人的赔偿责任,《企业破产法司法解释(二)》作出了一些规定。例如,管理人因过错未依法行使撤销权导致债务人财产不当减损,债权人可提起诉讼主张管理人对其损失承担相应赔偿责任。再如,管理人在执行职务过程中,因故意或者重大过失不当转让他人财产或者造成他人财产毁损、灭失,导致他人损害产生的债务作为共益债务,由债务人财产随时清偿不足弥补损失,权利人可向管理人主张承担补充赔偿责任的;上述债务作为共益债务由债务人财产随时清偿后,债权人可以管理人执行职务不当导致债务人财产减少给其造成损失为由提起诉讼,主张管理人承担相应赔偿责任。

关于管理人的报酬,《企业破产法》第28条第2款规定:“管理人的报酬由人民法院确定。”按照2007年4月12日最高人民法院发布的《关于审理企业破产案件确定管理人报酬的规定》(以下简称《确定管理人报酬规定》),人民法院应根据债务人最终清偿的财产价值总额,在规定比例限制范围内分段确定管理人报酬。《企业破产法》第28条第2款还规定:“债权人会议对管理人的报酬有异议的,有权向人民法院提出。”根据《确定管理人报酬规定》,异议书应当附有相应的债权人会议决议。人民法院应当自收到债权人会议异议书之日起3日内通知管理人,管理人应当自收到通知之日起3日内作出书面说明。人民法院应当自收到债权人会议异议书之日起10日内,就是否调整管理人报酬问题书面通知管理人、债权人委员会或者债权人会议主席。

关于管理人的监督,《企业破产法》规定:“管理人依照本法规定执行职务,向人民法院报告工作,并接受债权人会议和债权人委员会的监督。管理人应当列席债权人会议,向债权人会议报告职务执行情况,并回答询问。”

第四节 债务人财产、破产费用和共益债务

一、债务人财产

(一)债务人财产概述

1. 债务人财产的概念和特征

在我国,“债务人财产”是在《企业破产法》中首次出现的概念。在美国破产法中,其同义概念为 Estate,在德国破产法中称 Masse。债务人财产是指破产申请受理时属于债务人的全部财产,以及破产申请受理后至破产程序终结前债务人取得的财产。债务人财产具有以下特征:

(1)目的性。债务人财产是专门依破产程序向全体债权人进行清偿的财产。正是基于这种特殊目的,债务人财产在国外被称为目的财产。

(2)法定性。债务人财产的范围由法律明文规定,因此不在法律规定范围内的财产不属于债务人财产。

(3)独立性。法院受理破产案件后,债务人财产便脱离债务人的支配范围,由管理人占有和支配,因而体现其独立性。

2. 债务人财产的范围

根据《企业破产法》的规定,债务人财产的范围包括:

(1)破产申请受理时属于债务人的全部财产。它包括债务人所有的货币、实物,也包括债务人依法享有的可以用货币估价并可以依法转让的债权、股权、知识产权、用益物权等财产和财产权益。

(2)债务人在破产申请受理后至破产程序终结前取得的财产。它包括债务人投资的收益、破产财产的孳息、债务人继续经营的收益以及基于其他合法原因取得的财产。

(3)管理人追回的财产。它包括因撤销而追回的财产、因无效而追回的财产、出资人补缴的出资以及债务人的董事、监事和高级管理人员利用职权的非法获利和侵占的财产。

(4)管理人取回的质物、留置物。《企业破产法》第 37 条第 1 款规定:“人民法院受理破产申请后,管理人可以通过清偿债务或者提供为债权人接受的担保,取回质物、留置物。”《企业破产法》第 37 条第 2 款还规定:“前款规定的债务清偿或者替代担保,在质物或者留置物的价值低于被担保的债权额时,以该质物或者留置物当时的市场价值为限。”

关于债务人财产的认定,《企业破产法司法解释(二)》第 3 条至第 5 条还作出了以下具体规定:①债务人已依法设定担保物权的特定财产,人民法院应当认定为债务人财产。②债务人对按份享有所有权的共有财产的相关份额,或者共同享有所有权的共有财产的相应财产权利,以及依法分割共有财产所得部分,人民法院均应认定为债务人财产。③破产申请受理后,有关债务人财产的执行程序未依照《企业破产法》第 19 条的规定中止的,采取执行措施的相关单位应当依法予以纠正。依法执行回转的财产,人民法院应当认定为债务人财产。

《企业破产法司法解释(二)》第 2 条规定,以下财产不属于债务人财产:①债务人基于仓储、保管、承揽、代销、借用、寄存、租赁等合同或者其他法律关系占有、使用的他人财产;②债务人在所有权保留买卖中尚未取得所有权的财产;③所有权专属于国家且不得转让的财产;④其他依照法律、行政法规不属于债务人的财产。

需要注意的是,债务人财产和破产财产是相互联系的概念。在我国法学界,“破产财产”这一概念在广义和狭义两个意义上被使用。广义的破产财产,在许多大陆法系国家破产法中被称为破产财团,与《企业破产法》中的“债务人财产”基本同义。狭义的破产财产是指企业被宣告破产后,用以清算和在债权人之间进行分配的财产。《企业破产法》第 107 条第 2 款规定,债务人被宣告破产后,债务人财产称为破产财产。可见,在《企业破产法》中,破产财产仅在狭义上使用。

(二)破产取回权

1. 破产取回权的概念、特征和性质

破产取回权是指管理人占有不属于债务人财产的他人财产,财产权利人可不依破产程序,经管理人同意而直接取回的权利。

破产取回权具有以下特征:(1)破产取回权是对特定物的返还请求权。行使这种权利应同时具备三项条件,即以管理人占有财产权利人财产的事实为前提、以特定物为请求标的、以该特定物的原物返还为请求内容。(2)破产取回权是以物权为基础的请求权。破产取回权的发生依据不是债的关系而是物权关系,取回权人是以物的所有权人或其他权利人的身份提出权利请求。(3)破产取回权是财产权利人在破产程序中行使的特别请求权。此权利仅在破产受理以后发生效力,义务人则是管理人。

破产取回权究竟是诉讼上的异议权,还是实体法上的请求权,学术界存在争议。有学者认为,破产取回权的实质类似于强制执行中的第三人异议权,因为破产程序的实质属于强制执行程序,管理人对破产财产予以接管和处分,类似于强制执行机关对执行标的物予以查封、扣押的行为。按照这种观点,财产权利人只能通过强制执行异议之诉行使权利。另有学者认为,破产取回权并非破产法上新创设的权利,而是财产权利人在实体法上的请求权。这种请求权的性质,不因破产宣告、管理人将其财产不当列入破产财产而受影响,只不过因为发生了破产宣告,财产权利人只能向管理人主张权利,才将这种请求权称为破产取回权。①

2. 破产取回权的种类

(1)一般取回权。一般取回权是指第三人的财产在破产程序前为债务人占有,在破产申请受理后被管理人依法接收并仍然存在于债务人财产中,该财产的权利人可以通过管理人从债务人财产中取回相应财产的权利。《企业破产法》第 38 条规定:“人民

① 邹海林:《破产程序和破产法实体制度比较研究》,法律出版社 1995 年版,第 290 页。

法院受理破产申请后，债务人占有的不属于债务人的财产，该财产的权利人可以通过管理人取回。但是，本法另有规定的除外。”

一般取回权的构成要件是：①权利须成立于人民法院受理破产申请后，并在规定的期限行使；②权利主体须是财产的权利人；③义务主体须是管理人；④取回的须是债务人占有的不属于债务人的财产。

(2)特别取回权。特别取回权是与一般取回权相对而言的。一般取回权是以标的物现实地为管理人所占有为权利行使的前提，特别取回权则是以标的物尚未被管理人所控制为前提，并且多发生在双方有买卖关系的场合，它包括出卖人取回权、行纪人取回权和代偿取回权等。

第一，出卖人取回权。它是指在货物买卖中，货物已经发运，在买受人未付价款或未付清全部价款，并且在未接收或未全部接收买卖标的物时，出卖人享有的解除合同并取回该财产的权利。《企业破产法》第 39 条规定：“人民法院受理破产申请时，出卖人已将买卖标的物向作为买受人的债务人发运，债务人尚未收到且未付清全部价款的，出卖人可以取回在运途中的标的物。但是，管理人可以支付全部价款，请求出卖人交付标的物。”

出卖人取回权的构成要件是：①在货物买卖中，货物需要运输并且在运输途中；②债务人尚未收到买卖标的物且未付清全部价款；③人民法院受理买受人企业的破产申请。

为了正确适用出卖人取回权，《企业破产法司法解释(二)》第 39 条规定：“出卖人依据企业破产法第三十九条的规定，通过通知承运人或者实际占有人中止运输、返还货物、变更到达地，或者将货物交给其他收货人等方式，对在运途中标的物主张了取回权但未能实现，或者在货物未达管理人前已向管理人主张取回在运途中标的物，在买卖标的物到达管理人后，出卖人向管理人主张取回的，管理人应予准许。出卖人对在运途中标的物未及时行使取回权，在买卖标的物到达管理人后向管理人行使在运途中标的物取回权的，管理人不应准许。”

第二，行纪人取回权。它是指行纪人受委托人的委托购入货物且将货物发往委托人，委托人在未付清货款且未收到货物的情况下开始破产程序，行纪人享有就已发运的财产准照出卖人取回权行使取回的权利。

第三，代偿取回权。它是指在取回权标的物毁损、灭失或者被非法转让时，赋予取回权人依法取回标的物代偿财产的权利。《企业破产法司法解释(二)》对这种取回权作出了一些规定。该司法解释第 29 条规定，对债务人占有的权属不清的鲜活易腐等不易保管的财产或者不及时变现价值将严重贬损的财产，管理人及时变价并提存变价款后，有关权利人就该变价款行使取回权的，人民法院应予支持。该司法解释第 32 条第1款还规定，债务人占有的他人财产毁损、灭失，因此获得的保险金、赔偿金、代偿物尚未交付给债务人，或者代偿物虽已交付给债务人但能与债务人财产予以区分的，权利人主张取回就此获得的保险金、赔偿金、代偿物的，人民法院应予支持。

3. 破产取回权的行使

(1)向管理人主张。人民法院受理破产申请后至破产程序终结前，财产权利人可向管理人请求取回自己的财产。管理人收到财产权利人的请求后，经查实即予返还相应财产。需要注意的是，《企业破产法司法解释(二)》第26条规定，权利人行使一般取回权，应当在破产财产变价方案或者和解协议、重整计划草案提交债权人会议表决前向管理人提出。权利人在上述期限后主张取回相关财产的，应当承担延迟行使取回权增加的相关费用。

(2)向人民法院起诉。财产权利人依法向管理人主张取回相关财产，管理人不予认可的，财产权利人可以债务人为被告向人民法院提起诉讼请求行使取回权。诉讼一般是给付之诉，也可能是确认之诉和给付之诉的结合。

另外，《企业破产法司法解释(二)》第28条规定："权利人行使取回权时未依法向管理人支付相关的加工费、保管费、托运费、委托费、代销费等费用，管理人拒绝其取回相关财产的，人民法院应予支持。"

(三)破产撤销权、破产无效行为制度和破产追回权

1. 破产撤销权

破产撤销权是指管理人对于破产债务人在破产程序开始前的法定期间内实施的有害于债权人利益的行为，在破产程序开始后请求法院撤销并将利益返还的权利。其构成要件是：(1)债务人的行为导致财产关系发生变动；(2)债务人的行为有害于债权人利益；(3)债务人的行为使第三人受益；(4)债务人的行为发生在破产程序开始前的法定期间内。

关于破产撤销权的适用范围，首先，《企业破产法》第31条规定，人民法院受理破产申请前一年内，涉及债务人财产的下列行为，管理人有权请求人民法院予以撤销：(1)无偿转让财产的；(2)以明显不合理的价格进行交易的；(3)对没有财产担保的债务提供财产担保的；(4)对未到期的债务提前清偿的；(5)放弃债权的。关于上述规定的适用，《企业破产法司法解释(二)》作出了具体规定。例如，该司法解释第12条规定，破产申请受理前一年内债务人提前清偿的未到期债务，在破产申请受理前已经到期，管理人请求撤销该清偿行为的，人民法院不予支持。但是，该清偿行为发生在破产申请受理前6个月内且债务人有《企业破产法》第2条第1款规定情形的除外。该司法解释第13条还规定，破产申请受理后，管理人未依据《企业破产法》第31条的规定请求撤销债务人无偿转让财产、以明显不合理价格交易、放弃债权行为的，债权人依据

《合同法》第 74 条等规定提起诉讼[①]，请求撤销债务人上述行为并将因此追回的财产归入债务人财产的，人民法院应予受理。

其次，《企业破产法》第 32 条规定，人民法院受理破产申请前 6 个月内，债务人有本法第 2 条第 1 款规定的情形[②]，仍对个别债权人进行清偿的，管理人有权请求人民法院予以撤销。但是，个别清偿使债务人财产受益的除外。

关于债务人个别清偿不予撤销的情形，《企业破产法司法解释(二)》第 14 条至第 16 条作出了以下规定：第一，债务人对以自有财产设定担保物权的债权进行的个别清偿，管理人依据《企业破产法》第 32 条的规定请求撤销的，人民法院不予支持。但是，债务清偿时担保财产的价值低于债权额的除外。第二，债务人经诉讼、仲裁、执行程序对债权人进行的个别清偿，管理人依据《企业破产法》第 32 条的规定请求撤销的，人民法院不予支持。但是，债务人与债权人恶意串通损害其他债权人利益的除外。第三，债务人对债权人进行的以下个别清偿，管理人依据《企业破产法》第 32 条的规定请求撤销的，人民法院不予支持：(1)债务人为维系基本生产需要而支付水费、电费等的；(2)债务人支付劳动报酬、人身损害赔偿金的；(3)使债务人财产受益的其他个别清偿。

2. 破产无效行为制度

破产无效行为制度，是指债务人在破产申请受理前的法定期间内实施的损害债权人利益或破坏公平清偿的行为，而由法院宣告该行为无效的制度。

《企业破产法》第 33 条规定，涉及债务人财产的下列行为无效：(1)为逃避债务而隐匿、转移财产的；(2)虚构债务或者承认不真实的债务的。管理人可以通过法院宣告债务人行为无效，主张返还债务人财产。对此，《企业破产法司法解释(二)》第 17 条规定，管理人依据《企业破产法》第 33 条的规定提起诉讼，主张被隐匿、转移财产的实际占有人返还债务人财产，或者主张债务人虚构债务或者承认不真实债务的行为无效并返还债务人财产的，人民法院应予支持。

3. 破产追回权

破产追回权是指在破产程序中，管理人对于债务人在破产程序开始前一定期限内或开始后所为的有损债权人利益的行为，通过法院确认行为无效、撤销以追回其所转移财产，以及追回其他应归属于债务人财产的权利。

根据《企业破产法》第 31、32、33 条的规定，管理人在发现债务人有损害债权人利

---

① 《合同法》第 74 条规定："因债务人放弃其到期债权或者无偿转让财产，对债权人造成损害的，债权人可以请求人民法院撤销债务人的行为。债务人以明显不合理的低价转让财产，对债权人造成损害，并且受让人知道该情形的，债权人也可以请求人民法院撤销债务人的行为。撤销权的行使范围以债权人的债权为限。债权人行使撤销权的必要费用，由债务人负担。"

② 《企业破产法》第 2 条第 1 款规定的情形为破产原因。

益的行为时,可以依法要求人民法院确认无效或撤销,并追回被转移的财产。此外,管理人可行使追回权的情形还包括:第一,出资人尚未交付的出资。《企业破产法》第 35 条规定:"人民法院受理破产申请后,债务人的出资人尚未完全履行出资义务的,管理人应当要求该出资人缴纳所认缴的出资,而不受出资期限的限制。"第二,债务人的董事、监事、高级管理人员的非法获利和侵占的财产。《企业破产法》第 36 条规定:"债务人的董事、监事和高级管理人员利用职权从企业获取的非正常收入和侵占的企业财产,管理人应当追回。"根据《企业破产法司法解释(二)》第 24 条的规定,债务人的董事、监事和高级管理人员利用职权获取的非正常收入包括:(1)绩效奖金;(2)普遍拖欠职工工资情况下获取的工资性收入;(3)其他非正常收入。

二、破产费用和共益债务

(一)破产费用和共益债务的概念和范围

1. 破产费用的概念和范围

破产费用是指在破产程序进行过程中,为破产程序的顺利进行以及为债务人财产的管理、处分和分配等而必须随时支付的费用。

《企业破产法》第 41 条规定,人民法院受理破产申请后发生的下列费用,为破产费用:(1)破产案件的诉讼费用;(2)管理、变价和分配债务人财产的费用;(3)管理人执行职务的费用、报酬和聘用工作人员的费用。

2. 共益债务的概念和范围

共益债务是指在破产程序开始后,为全体债权人的共同利益而负担的债务。《企业破产法》第 42 条规定,人民法院受理破产申请后发生的下列债务,为共益债务:(1)因管理人或者债务人请求对方当事人履行双方均未履行完毕的合同所产生的债务;(2)债务人财产受无因管理所产生的债务;(3)因债务人不当得利所产生的债务;(4)为债务人继续营业而应支付的劳动报酬和社会保险费用以及由此产生的其他债务;(5)管理人或者相关人员执行职务致人损害所产生的债务;(6)债务人财产致人损害所产生的债务。

另外,《企业破产法司法解释(二)》还对共益债务的认定作出了具体规定。例如,该司法解释第 11 条规定,人民法院根据管理人的请求撤销涉及债务人财产的以明显不合理价格进行的交易的,对于债务人应返还受让人已支付价款所产生的债务,受让人请求作为共益债务清偿的,人民法院应予支持。再如,该司法解释第 31 条规定,债务人占有的他人财产被违法转让给第三人,第三人已向债务人支付了转让价款,但依据《物权法》第 106 条的规定未取得财产所有权,原权利人依法追回转让财产的,对因第三人已支付对价而产生的债务,如转让行为发生在破产申请受理后的,作为共益债务清偿。

(二)破产费用和共益债务的清偿

1. 破产费用和共益债务清偿的一般规定

破产费用和共益债务均是由债务人财产进行清偿，清偿时应遵循三条规则，即优先清偿、随时清偿和足额清偿。

2. 债务人财产不足清偿破产费用和共益债务清偿的规定

(1)破产费用优先清偿。债务人财产不足以清偿所有破产费用和共益债务的，先行清偿破产费用。

(2)按比例清偿。债务人财产不足以清偿所有破产费用或者共益债务的，按照比例清偿。

(3)终结破产程序。债务人财产不足以清偿破产费用的，管理人应当提请人民法院终结破产程序。人民法院应当自收到请求之日起 15 日内裁定终结破产程序，并予以公告。

第五节　破产债权与债权人会议

一、破产债权

(一)破产债权的概念和特征

破产债权是指破产受理前成立的，依法申报并获得确认的，能够通过破产清算程序由破产财产获得清偿并可强制执行的财产请求权。破产债权包括无财产担保的债权(即普通破产债权)和有财产担保的债权(即特殊破产债权)。与民法上的债权相比，破产债权具有以下几个特征：

1. 破产债权是破产受理前成立的债权

从法律规定看，破产债权必须是破产受理前成立的债权。破产受理后，债务人的财产由管理人接管，任何人以债务人名义进行民事活动所发生的债务不属于债务人的债务，债权人的债权不属于破产债权。在破产程序开始后，为全体债权人的共同利益而负担的债务，属于共益债务，债权人享有的债权为共益债权。

当然，基于公平原则，法律规定有些在破产受理后发生的债权也被列为破产债权。《企业破产法》第 53 条、第 54 条、第 55 条规定了三种债权为破产债权：一是破产受理后，管理人或者债务人依法解除合同的，对方当事人因合同解除所产生的损害赔偿请求权；二是债务人是委托合同的委托人，被裁定进入破产程序，受托人不知该事实，继续处理委托事务的，受托人由此产生的请求权；三是债务人是票据的出票人，被裁定进入破产程序，该票据的付款人继续付款或者承兑的，付款人由此产生的请求权。

2. 破产债权是财产上的请求权

民法上的债权是一种请求权，这种请求权可以分为财产上的请求权和非财产上的请求权。前者是直接或间接以金钱为给付标的的请求权，后者是给付标的不是金钱或不能折为金钱的请求权。在一般民事执行程序中，非财产上的请求权可以成为执行的客体。但是，在破产程序中，由于其目的是将债务人财产分配给债权人，因此破产债权必须是财产上的请求权，非财产上的请求权因不能折为货币而不能成为破产债权。

3. 破产债权是可以强制执行的债权

从债务清偿角度看，破产程序实际上是对债务人财产进行分配以实现债权人的债权的执行程序，因此破产债权必须是能够强制执行的债权。超过诉讼时效的自然债权，或者违法犯罪行为而形成的非法债权，不受司法的保护，因而不得强制执行，也就不能列入破产债权。

4. 破产债权是依法申报并获得确认的债权

债权人的债权必须通过主动而及时行使才能得到清偿，因而它要在破产程序中得到清偿也必须行使，即在破产受理后的规定时间内，债权人必须向管理人申报债权，经债权人会议审查和人民法院确认；否则，债权人的债权不能成为破产债权。

（二）破产债权的申报

1. 申报的期限

人民法院受理破产申请后，应当确定债权人申报债权的期限。债权申报期限自人民法院发布受理破产申请公告之日起计算，最短不得少于 30 日，最长不得超过 3 个月。

债权人应当在人民法院确定的债权申报期限内向管理人申报债权。在人民法院确定的债权申报期限内，债权人未申报债权的，可以在破产财产最后分配前补充申报；但是，此前已进行的分配，不再对其补充分配。为审查和确认补充申报债权的费用，由补充申报人承担。

2. 申报的范围

根据《企业破产法》的规定，人民法院受理破产申请时对债务人享有债权的债权人，可以依法申报债权。因此，法院受理破产申请时债权人对债务人享有的债权，均可以申报。此外，以下特殊债权也可以申报：

(1)未到期的债权，在破产申请受理时视为到期，债权人可以申报。

(2)附条件、附期限的债权和诉讼、仲裁未决的债权，债权人可以申报。

(3)债务人的保证人或者其他连带债务人已经代替债务人清偿债务的，以其对债务人的求偿权申报债权。债务人的保证人或者其他连带债务人尚未代替债务人清偿债务的，以其对债务人的将来求偿权申报债权。但是，债权人已经向管理人申报全部债权的除外。

(4)连带债务人数人被裁定进入破产程序的，其债权人有权就全部债权分别在各破产案件中申报债权。

(5)破产受理后，管理人或者债务人依法解除合同的，对方当事人以因合同解除所产生的损害赔偿请求权申报债权。

(6)债务人是委托合同的委托人，被裁定进入破产程序，受托人不知该事实，继续处理委托事务的，受托人以由此产生的请求权申报债权。

(7)债务人是票据的出票人，被裁定进入破产程序，该票据的付款人继续付款或者承兑的，付款人以由此产生的请求权申报债权。

另外，《企业破产法司法解释(二)》还规定了其他债权的申报。例如，该司法解释第 22 条规定，破产申请受理前，债权人就债务人财产向人民法院提起本解释第 21 条第 1 款所列诉讼，人民法院已经作出生效民事判决书或者调解书但尚未执行完毕的，破产申请受理后，相关执行行为应当依据《企业破产法》第 19 条的规定中止，债权人应当依法向管理人申报相关债权。

3. 申报的要求

债权人申报债权时，应当书面说明债权的数额和有无财产担保，并提交有关证据。申报的债权是连带债权的，应当说明。

4. 申报的效力

破产债权申报后产生法律效力，主要体现在以下两个方面：

(1)诉讼时效中断。债权人向管理人申报债权，就是积极地行使自己的债权，因而引起所申报债权的诉讼时效中断。

(2)债权人取得参加破产程序并行使权利的资格。《企业破产法》第 56 条第 2 款规定："债权人未依照本法规定申报债权的，不得依照本法规定的程序行使权利。"因此，债权人依法申报债权才能参加破产程序并行使各项权利。

(三)破产债权的审查与确认

管理人收到债权申报材料后，应当登记造册，对申报的债权进行审查，并编制债权表。债权表和债权申报材料由管理人保存，供利害关系人查阅。依照上述规定编制的债权表，应当提交第一次债权人会议核查。

债务人、债权人对债权表记载的债权无异议的，由人民法院裁定确认。债务人、债权人对债权表记载的债权有异议的，可以向受理破产申请的人民法院提起诉讼。

二、破产别除权

(一)破产别除权的概念和特征

1. 破产别除权的概念

破产别除权是指债权人不依破产程序,而由债务人财产中的特定财产单独优先受偿的权利。破产别除权是大陆法系中使用的概念,在英美法系中与之相应的概念为有担保的债权。

《企业破产法》第109条规定:"对破产人的特定财产享有担保权的权利人,对该特定财产享有优先受偿的权利。"此条中规定的权利,在破产法理论上就称为破产别除权。

2. 破产别除权的特征

(1)破产别除权是以担保物权为基础权利的权利。破产别除权不是破产法创设的实体权利,而是破产程序前形成的担保物权在破产程序中转化的权利,作为基础权利的担保物权主要包括抵押权、质押权和留置权。

(2)破产别除权是优先受偿的权利。破产别除权人有权优先于普通破产债权等债权,就担保物随时、单独优先受偿,不受破产程序的限制。但是,根据《企业破产法》的规定,在重整程序中,破产别除权的行使应受到限制。

(3)破产别除权是对债务人设定担保的特定财产行使的权利。破产别除权享受优先清偿的财产来源是依照合同约定或法律规定被设置了担保权的担保物,而该担保物必须是特定的,这是由一物一权的物权特性所决定的。由于破产别除权的行使仅限于担保物的范围之内,因此,在破产程序中,如果担保物在权利行使前灭失,破产别除权也就随之消灭,破产别除权人的债权只能作为普通破产债权受偿。

(二)破产别除权的行使

1. 破产别除权行使的条件

(1)债权和担保物权合法成立和生效。作为破产别除权基础的债权和担保物权,必须符合民法、合同法、担保法的有关规定,依法成立和生效。

(2)债权和担保物权符合破产法的规定。作为破产别除权根据和基础的债权和担保权,还必须符合破产法的有关规定。具体来说,应符合以下三项要求:一是债权和担保物权必须指向债务人及其财产;二是债权和担保物权必须成立于破产程序以前;三是债权和担保物权的成立不得违反破产法的禁止性规定。

(3)债权已依法申报并获得确认。有担保的债权只有依法申报并经债权人会议核查、法院确认,债权人才能依照法律规定的程序行使破产别除权。

2. 破产别除权行使的途径和结果

破产别除权人行使权利，应经管理人的确认，通过拍卖、变卖或折价方式受偿。破产别除权的受偿范围，包括主债权及其利息、违约金、损害赔偿金和实现权利的有关费用。

破产别除权行使后，有以下三种结果：(1)担保物价值等于其所担保债权的，债权完全实现也没有剩余财产；(2)担保物价值大于其所担保债权的，剩余财产应归入债务人财产或破产财产；(3)担保物价值小于其所担保债权的，未受清偿的债权作为普通破产债权，按照破产程序公平受偿。

三、破产抵销权

(一)破产抵销权的概念和特征

1. 破产抵销权的概念

破产抵销权是指债权人在破产申请时对债务人负有债务的，不论债的种类和到期时间，可以在清算分配前以破产债权抵销其所负债务的权利。《企业破产法》第 40 条规定："债权人在破产申请受理前对债务人负有债务的，可以向管理人主张抵销。"

我国法律之所以规定破产债权人享有抵销权，主要基于以下考虑：第一，债权人和债务人互享的债权在破产申请受理前均未受偿，但在破产申请受理后，债权人享有的债权因其性质转化为破产债权而可能仅获比例清偿甚至得不到清偿，而债权人对债务人所负的债务却必须完全清偿，如果不允许两者抵销，其结果必然对债权人不公平。第二，债权人在债务人破产申请受理前，因有抵销的事实原因存在，可能怠于对债务人所欠债务实施追索，这样做对债务人并无不利，相反却给债务人带来较多的期限利益。如果破产申请受理后不承认债权人抵销权的存在，一则有违抵销权本来的特质属性；二则可能刺激债权人，要么尽早追索债务而较少运用抵销，要么要求债务人对交易提供担保从而增加双方交易的成本。第三，破产程序的价值目标在于在保证公正分配的前提下突出程序的经济、效益和速率，允许抵销无疑能提高程序效率。更为重要的是，抵销具有担保债权回收的作用，也就是所谓"抵销的担保机能"。因此，日本学者伊藤真在《破产法》一书中指出："对一般担保权，只要它被承认为正当的权利，破产法就以破产别除权的形式予以保护，对抵销也尊重其担保机能，允许对破产人负有债务的破产债权人以行使抵销权的形式，不以破产程序行使权利。"①

2. 破产抵销权的特征

破产抵销权为民法上的抵销制度在破产法上的运用，但它与民法上的抵销权存在较大的差异。与民法上的抵销权相比，破产抵销权具有以下主要特征：

---

① 转引自王卫国：《破产法》，人民法院出版社 1999 年版，第 161 页。

(1)权利的行使目的不同。民法上的抵销权的行使目的主要在于简化债的消灭程序,减少交易成本;破产抵销权的行使目的主要在于保护特定债权人的利益,而简化债的消灭程序的目的则是次要的。

(2)权利的归属主体不同。民法上的抵销权归属于双方当事人,他们均可享有;破产抵销权则专属于债权人,债务人和管理人并不享有此项权利。

(3)权利的行使条件不同。民法上的抵销权以当事人互负债务的标的种类相同且均已到期为条件;破产抵销权不受债务的标的种类和履行期限的限制,这是对抵销权的扩张。民法上的抵销权对可抵销债务的形成时间并无限制;破产抵销权对可抵销债务作了限制,即抵销的债务须为债权人在破产申请受理前对债务人所负的债务。

(二)破产抵销权的行使

1. 破产抵销权行使的一般规定

(1)申报和确认债权。债权人必须按破产法的规定申报债权,并经债权人会议确认。破产抵销权是债权人在破产程序中行使的权利,而债权申报和确认是债权人参加破产程序的必要条件,因此,未依法申报的债权,其真实性、准确性未经债权人会议审查确认,不能主张抵销。

(2)破产抵销权行使的方式。首先,向管理人主张。债权人行使抵销权应当向管理人提出抵销主张,管理人不得主动抵销债务人与债权人的互负债务,但抵销使债务人财产受益的除外。管理人收到债权人提出的主张债务抵销的通知后,经审查无异议的,抵销自管理人收到通知之日起生效。其次,向人民法院起诉。管理人对抵销主张有异议的,应当在约定的异议期限内或者自收到主张抵销的通知之日起3个月内向人民法院提起诉讼。无正当理由逾期提起的,人民法院不予支持。人民法院判决驳回管理人提起的抵销无效诉讼请求的,该抵销自管理人收到主张债务抵销的通知之日起生效。

2. 特殊债权的抵销

(1)给付种类不同的债权的抵销。给付种类不同的债权,经过换价和评估后,可以抵销。

(2)附期限而未到期债权的抵销。附期限而未到期债权,在减去和扣除相应利息后,可以抵销。

(3)附停止条件的债权的抵销。附停止条件的债权,不允许直接抵销,但破产债权人可请求破产管理人将与该项债权数额相当的分配额提存,在分配程序终结时,视停止条件成就与否再作处理。条件成就的,以提存额用作抵销;反之,视为破产债权不存在而不得抵销。

(4)附解除条件的破产债权的抵销。附解除条件的破产债权,原则上可以抵销,但债权人必须对破产程序终结前解除条件成就时抵销财产的返还提供担保；或者由破产债权人将其对破产债务人应清偿的财产提存，破产程序终结时解除条件未成就的，再行抵销。

3. 不得抵销的债权

为了保护其他债权人的公平受偿，法律规定了债权人的某些债权不得抵销。《企业破产法》第40条规定，有下列情形之一的，不得抵销：(1)债务人的债务人在破产申请受理后取得他人对债务人的债权的。(2)债权人已知债务人有不能清偿到期债务或者破产申请的事实，对债务人负担债务的；但是，债权人因为法律规定或者有破产申请1年前所发生的原因而负担债务的除外。(3)债务人的债务人已知债务人有不能清偿到期债务或者破产申请的事实，对债务人取得债权的；但是，债务人的债务人因为法律规定或者有破产申请1年前所发生的原因而取得债权的除外。

(三)抵销后的差额处理

被主张抵销的双方债务的数额通常不相等，因而在抵销后难免有差额发生。对此差额部分，应按以下两种不同情况分别处理：

1. 破产债权大于债务

破产债权大于债务的，在抵销后，破产债权超过被抵销债务的部分仍属破产债权，破产债权人可以这部分债权参加清算分配。

2. 破产债权小于债务

破产债权小于债务的，在抵销后，债务超过破产债权的部分仍属债务人财产，管理人有权就这部分债务请求该破产债权人清偿，破产债权人应当履行相应的给付义务。

四、债权人会议

(一)债权人会议的概念和性质

债权人会议是指在破产程序中，为便于全体债权人参与破产程序，维护其共同利益，由全体申报债权的债权人组成的，表达债权人意志和统一债权人行动的议事机构。

债权人会议的性质，关系到它在破产程序中的地位。对于这个问题，学术界有不同的看法，主要包括以下五种：

1. 自治团体说

该说认为，债权人会议并非法人组织，而是非法人性质的特殊团体，是表达债权人共同意志的一种自治团体。我国大陆和台湾部分学者主张这种学说。

2. 债权人团体的机关说

该说认为，破产债权人对破产程序进行中的诸多事项，比如破产财产的增加、破产费用和财团债务的减少、破产财产的拍卖能否获得善价具有共同利益，所以全体债权人构成破产债权人团体，债权人会议是该团体的机关。该说甚至主张，债权人团体是一个法人，债权人会议是该法人的机关。该说是日本学界的传统学说。

3. 事实上的集合体说

该说认为，债权人会议是由法院召集的临时性集合组织。该说不承认债权人团体的机关说，认为一方面债权人团体的法律地位难以认可，另一方面债权人之间的利益未必一致。这是日本学界当前的通说。

4. 破产财产的最高权力机关说

该说认为，债权人会议是破产财产的最高权力机关，相当于公司未破产时的股东会。债权人会议本质上是一种特殊的权力机关，其程序行为在一定情形下能够支配和左右破产程序的进程和方向，此机关奠基于破产财产。

5. 法人说

该说认为，破产债权人在破产申请受理后即构成一个强制的自动的法人组织，由法院指定的司法受托人充当法定代表人。此说强调破产财产是一个完善的组织，有利于协调步伐，统一意志，提高效率，维护债权人的共同利益。[①]

（二）债权人会议的组成

《企业破产法》规定，依法申报债权的债权人为债权人会议的成员，有权参加债权人会议，享有表决权。债权人会议设主席一人，由人民法院从有表决权的债权人中指定。

从法律规定看，债权人会议的成员享有以下权利：(1)请求召开债权人会议的权利；(2)参加债权人会议的权利；(3)发言权；(4)质询权；(5)表决权。但是，对债务人的特定财产享有担保权的债权人，由于对所担保财产可不依破产程序受清偿且大多能够得到满足，因此除非其放弃优先受偿权，否则他们对通过和解协议和通过破产财产的分配方案不享有表决权。

（三）债权人会议的职权

《企业破产法》规定，债权人会议行使下列职权：(1)核查债权；(2)申请人民法院更换管理人，审查管理人的费用和报酬；(3)监督管理人；(4)选任和更换债权人委员会成员；(5)决定继续或者停止债务人的营业；(6)通过重整计划；(7)通过和解协议；(8)通过债务人财产的管理方案；(9)通过破产财产的变价方案；(10)通过破产财产的分配方案；(11)人民法院认为应当由债权人会议行使的其他职权。

（四）债权人会议的召集与召开

《企业破产法》规定，第一次债权人会议由人民法院召集，自债权申报期限届满之

---

① 罗培新：《破产法》，格致出版社、上海人民出版社 2009 年版，第 223～224 页。

日起15日内召开。以后的债权人会议，在人民法院认为必要时，或者管理人、债权人委员会、占债权总额1/4以上的债权人向债权人会议主席提议时召开。

可见，我国实行人民法院和会议主席并行召集主义，即债权人会议的召集主体包括人民法院和债权人会议主席。债权人会议的建议主体有三个，即管理人、债权人委员会、占债权总额1/4以上的债权人。从会议召开来看，分为法定召开和任意召开。第一次债权人会议的召开为法定召开，之后的债权人会议的召开为任意召开。

（五）债权人会议的决议

从各国立法来看，债权人会议的决议的通过有三种规则：一是以同意的债权人所代表的债权额的多数或者绝对多数通过；二是以债权人的人数和所代表的债权额双重多数通过；三是以出席会议的债权人的多数同意通过。

我国《企业破产法》采用第二种规则，即债权人会议的决议，由出席会议的有表决权的债权人过半数通过，并且其所代表的债权额占无财产担保债权总额的1/2以上。但是，通过重整计划草案必须由各表决组通过，而表决组通过应由出席会议的同一表决组的债权人过半数同意，并且其所代表的债权额占该组债权总额的2/3以上；通过和解草案，由出席会议的有表决权的债权人过半数同意，并且其所代表的债权额占无财产担保债权总额的2/3以上。

债权人会议的决议，对于全体债权人均有约束力。当然，有些决议通过后，需报经人民法院裁定认可后才生效。但是，债权人认为债权人会议的决议违反法律规定、损害其利益的，可以自债权人会议作出决议之日起15日内，请求人民法院裁定撤销该决议，责令债权人会议依法重新作出决议。

需要注意的是，人民法院可依法对以下债权人会议未通过的事项进行裁定：(1)对债务人财产的管理方案、破产财产的变价方案，债权人会议表决未通过的，由人民法院裁定；(2)对破产财产的分配方案，债权人会议二次表决仍未通过的，由人民法院裁定。但是，债权人对上述第一种情形下人民法院作出的裁定不服的，债权额占无财产担保债权总额1/2以上的债权人对第二种情形下人民法院作出的裁定不服的，可以自裁定宣布之日或者收到通知之日起15日内向该人民法院申请复议。复议期间不停止裁定的执行。

（六）债权人委员会

《企业破产法》规定，债权人会议可以决定设立债权人委员会。债权人委员会是代表债权人会议对管理人活动以及破产程序的合法与公正进行日常监督，行使法律规定的职权，处理债权人会议授权事项的常设机构。债权人委员会作为债权人自治的辅助形式，是债权人会议的代表机关，代表债权人共同利益监督破产程序的进行。

债权人委员会由债权人会议选任的债权人代表和1名债务人的职工代表或者工

会代表组成，其成员不得超过 9 人并应当经人民法院书面决定认可。

债权人委员会行使下列职权：(1)监督债务人财产的管理和处分；(2)监督破产财产分配；(3)提议召开债权人会议；(4)债权人会议委托的其他职权。

债权人委员会执行职务时，有权要求管理人、债务人的有关人员对其职权范围内的事务作出说明或者提供有关文件。管理人、债务人的有关人员违反法律规定拒绝接受监督的，债权人委员会有权就监督事项请求人民法院作出决定，人民法院应当在 5 日内作出决定。

第六节　重整

一、重整的概念和特征

重整是指经利害关系人申请，在法院主持和利害关系人参与下，对丧失清偿能力或有丧失清偿能力可能的企业，进行生产经营的整顿和债权债务的清理，以期摆脱财务困境和重获经营能力的法律程序。与其他破产程序相比，重整具有以下几个特征：

1. 重整原因宽松

重整原因相对比较宽松，除了债务人不能清偿到期债务，并且资产不足以清偿全部债务或者明显缺乏清偿能力之外，还包括债务人有可能丧失清偿能力。重整原因宽松的目的，在于使债务人“早进程序，早预防”。

2. 申请主体多元

相对和解的申请主体而言，重整的申请主体比较多，既可以是债权人、债务人，也可以是出资额占债务人注册资本 1/10 以上的出资人，还包括国务院金融监督管理机构。

3. 重整程序优先

相对破产清算程序、和解程序和一般民事诉讼程序、民事执行程序而言，重整程序具有优先性。一旦进入重整程序，一般民事诉讼程序、民事执行程序应当中止，破产清算程序、和解程序也应当中止。另外，当破产申请、和解申请与重整申请同时提出时，法院应当优先受理重整申请。

4. 重整程序强制

进入重整程序后，国家对程序运行所实施的干预比其他程序要多，这使重整程序具有强制性，它主要体现在重整计划的强制批准、终止重整程序的裁定、终止重整计划执行的裁定等。

5. 重整措施多样

重整的目标不仅在于清理债务人的债务，而且更为重要的是恢复企业的生产经营能力，并维护劳动者的利益。重整的多元目标决定了其措施的多样化，它不仅包括债权人和债务人的妥协让步以减免债务、延缓还债等措施，还包括资产重组、转让营业、企业合并、债转股等措施。

6. 担保物权受限

与破产清算与和解程序不同，重整程序将有担保物权的债权人纳入利害关系人范围，以限制其担保物权的行使，以使债务人顺利恢复经营能力，避免破产清算。

二、重整程序的启动和终止

（一）重整申请和审查

重整程序比其他破产程序更多地体现国家的干预，但重整程序的启动具有私权化的特点，即重整程序只有经利害关系人申请才能开始，法院不能依职权发动重整程序。

1. 重整申请

重整申请就是债务人、债权人或债务人的出资人对于具备法定重整原因的企业法人向人民法院请求开始重整程序的意思表示。申请人申请重整，必须向人民法院提交重整申请书及有关证据。

2. 重整审查

申请人提出重整申请后，人民法院要对该申请进行实质审查和形式审查，审查通过后重整程序启动。

(1)实质审查。它主要包括：①债务人是否具有重整能力。重整能力就是法律规定的可以成为重整对象的资格或权利。根据《企业破产法》第 2 条的规定，企业法人具有重整能力。②债务人是否具有重整原因。重整原因就是法律规定的可以对重整对象开始重整程序的事实状态。它具体包括：一是企业法人不能清偿到期债务，并且资产不足以清偿全部债务或者明显缺乏清偿能力；二是企业法人有可能丧失清偿能力。

(2)形式审查。它主要包括：①法院是否有管辖权。法律规定，重整案件由债务人所在地人民法院管辖。②申请人是否适格。按照法律规定，重整申请人包括债务人、债权人和出资额占债务人注册资本 1/10 以上的出资人。在商业银行、证券公司、保险公司等金融机构出现破产原因时，国务院金融监督管理机构可以成为申请人。③提出申请的方式是否符合法律规定。按照法律规定，申请方式有两种，即债务人或者债权人可以依法直接向人民法院申请对债务人进行重整；债权人申请对债务人进行破产清算的，在人民法院受理破产申请后、宣告债务人破产前，债务人或者出资额占债务人注册资本 1/10 以上的出资人，可以向人民法院申请重整。④申请书及所附文件是否符合法律规定。

《企业破产法》第71条规定:“人民法院经审查认为重整申请符合本法规定的,应当裁定债务人重整,并予以公告。”

(二)重整程序开始后的效力

自人民法院裁定债务人重整之日起至重整程序终止,为重整期间。在重整期间,会产生一系列的法律效力。

1. 对债务人的效力

经债务人申请,人民法院批准,债务人可以在管理人的监督下自行管理财产和营业事务。

2. 对管理人的效力

管理人负责管理财产和营业事务的,可以聘任债务人的经营管理人员负责营业事务。

3. 对债权人的效力

对有担保物权的债权人的权利进行限制,即对债务人的特定财产享有的担保权暂停行使。但是,担保物有损坏或者价值明显减少的可能,足以危害担保权人权利的,担保权人可以向人民法院请求恢复行使担保权。

4. 对破产取回权人的效力

债务人合法占有的他人财产,该财产的权利人在重整期间要求取回的,应当符合事先约定的条件。但是,因管理人或者自行管理的债务人违反约定,可能导致取回物被转让、毁损、灭失或者价值明显减少的除外。

5. 对出资人和企业管理人员的效力

债务人的出资人不得请求投资收益分配。债务人的董事、监事、高级管理人员不得向第三人转让其持有的债务人的股权,但是经人民法院同意的除外。

(三)重整程序的终止

重整程序的终止是指在重整期间,因法定原因,法院根据管理人或者利害关系人的请求,或者依职权,裁定终止重整程序。根据《企业破产法》的规定,在以下四种情形下重整程序终止:

1. 在重整期间,有下列情形之一的,经管理人或者利害关系人请求,人民法院应当裁定终止重整程序,并宣告债务人破产:(1)债务人的经营状况和财产状况继续恶化,缺乏挽救的可能性;(2)债务人有欺诈、恶意减少债务人财产或者其他显著不利于债权人的行为;(3)由于债务人的行为致使管理人无法执行职务。

2. 债务人或者管理人未按期提出重整计划草案的,人民法院应当裁定终止重整程序,并宣告债务人破产。

3. 重整计划草案未获得通过且未依照《企业破产法》第 87 条的规定获得批准，或者已通过的重整计划未获得批准的，人民法院应当裁定终止重整程序，并宣告债务人破产。

4. 重整计划草案符合法律规定条件，经人民法院裁定批准的，终止重整程序，执行重整计划。

三、重整计划的制订和批准

（一）重整计划的概念和特征

重整计划是指由债务人或管理人制订的，以清理债务、维持营业和复兴企业为内容，并经债权人会议表决通过和法院批准的法律文书。它是债务人或管理人实施重整行为的依据，直接关系到债权人、债务人、企业职工等利害关系人的利益。

重整计划主要具有两大特点：一是预防性，即它的目的在于使企业摆脱财务困境，重获经营能力，避免清算关闭；二是拘束性，即重整计划一旦批准对各方利害关系人均有拘束力，无论其是否同意都必须按照该计划执行。

（二）重整计划的制订

1. 重整计划的制作

债务人自行管理财产和营业事务的，由债务人制作重整计划草案。管理人负责管理财产和营业事务的，由管理人制作重整计划草案。

重整计划草案应当包括以下内容：(1)债务人的经营方案；(2)债权分类；(3)债权调整方案；(4)债权受偿方案；(5)重整计划的执行期限；(6)重整计划执行的监督期限；(7)有利于债务人重整的其他方案。

2. 重整计划的提交

债务人或者管理人应当自人民法院裁定债务人重整之日起 6 个月内，同时向人民法院和债权人会议提交重整计划草案。上述规定的期限届满，经债务人或者管理人请求，有正当理由的，人民法院可以裁定延期 3 个月。债务人或者管理人未按期提出重整计划草案的，人民法院应当裁定终止重整程序，并宣告债务人破产。

（三）重整计划的表决

1. 表决主体及其分组

债务人或管理人提交重整计划草案后，债权人会议对计划草案进行表决。从各国法律规定看，重整计划的表决采取债权人分组表决。为了进行表决，首先要按照一定标准对债权人进行分组。各国在分组标准上主要分为强行性分组和任意性分组两种，我国采取强行性分组的方式，即由法律规定分组标准。

《企业破产法》第 82 条第 1 款规定，下列各类债权的债权人参加讨论重整计划草案的债权人会议，依照下列债权分类，分组对重整计划草案进行表决：(1)对债务人的特定财产享有担保权的债权；(2)债务人所欠职工的工资和医疗、伤残补助、抚恤费用，所欠的应当划入职工个人账户的基本养老保险、基本医疗保险费用，以及法律、行政法规规定应当支付给职工的补偿金；(3)债务人所欠税款；(4)普通债权。《企业破产法》第 82 条第 2 款则规定，人民法院在必要时可以决定在普通债权组中设小额债权组对重整计划草案进行表决。《企业破产法》第 83 条还规定，重整计划不得规定减免债务人欠缴的本法第 82 条第 1 款第 2 项规定以外的社会保险费用；该项费用的债权人不参加重整计划草案的表决。

2. 表决的程序规则

《企业破产法》第 84 条规定，人民法院应当自收到重整计划草案之日起 30 日内召开债权人会议，对重整计划草案进行表决。出席会议的同一表决组的债权人过半数同意重整计划草案，并且其所代表的债权额占该组债权总额的 2/3 以上的，即为该组通过重整计划草案。各表决组均通过重整计划草案时，重整计划即为通过。

(四)重整计划的批准

1. 重整计划批准的种类

(1)正常批准。自重整计划通过之日起 10 日内，债务人或者管理人应当向人民法院提出批准重整计划的申请。人民法院经审查认为符合《企业破产法》规定的，应当自收到申请之日起 30 日内裁定批准，终止重整程序，并予以公告。

(2)强行批准。部分表决组未通过重整计划草案的，债务人或者管理人可以同未通过重整计划草案的表决组协商。该表决组可以在协商后再表决一次。双方协商的结果不得损害其他表决组的利益。

未通过重整计划草案的表决组拒绝再次表决或者再次表决仍未通过重整计划草案，但重整计划草案符合下列条件的，债务人或者管理人可以申请人民法院批准重整计划草案：①按照重整计划草案，《企业破产法》第 82 条第 1 款第 1 项所列债权就该特定财产将获得全额清偿，其因延期清偿所受的损失将得到公平补偿，并且其担保权未受到实质性损害，或者该表决组已经通过重整计划草案；②按照重整计划草案，《企业破产法》第 82 条第 1 款第 2 项、第 3 项所列债权将获得全额清偿，或者相应表决组已经通过重整计划草案；③按照重整计划草案，普通债权所获得的清偿比例不低于其在重整计划草案被提请批准时依照破产清算程序所能获得的清偿比例，或者该表决组已经通过重整计划草案；④重整计划草案对出资人权益的调整公平、公正，或者出资人组已经通过重整计划草案；⑤重整计划草案公平对待同一表决组的成员，并且所规定的债权清偿顺序不违反《企业破产法》第113条的规定[①]；⑥债务人的经营方案具有可行性。

人民法院经审查认为重整计划草案符合上述规定的，应当自收到申请之日起30日内裁定批准，终止重整程序，并予以公告。

2. 重整计划批准的效力

(1)对债务人和债权人的效力。《企业破产法》第92条第1款规定："经人民法院裁定批准的重整计划，对债务人和全体债权人均有约束力。"

(2)对未申报债权的债权人的效力。《企业破产法》第92条第2款规定："债权人未依照本法规定申报债权的，在重整计划执行期间不得行使权利；在重整计划执行完毕后，可以按照重整计划规定的同类债权的清偿条件行使权利。"

(3)对其他相关债务人的效力。《企业破产法》第92条第3款规定："债权人对债务人的保证人和其他连带债务人所享有的权利，不受重整计划的影响。"

四、重整计划的执行

(一)重整计划的执行人

《企业破产法》第89条规定："重整计划由债务人负责执行。人民法院裁定批准重整计划后，已接管财产和营业事务的管理人应当向债务人移交财产和营业事务。"可见，债务人为重整计划的执行人。

(二)重整计划执行的监督

根据《企业破产法》第90条和第91条的规定，在重整计划执行中，由管理人作为监督人对重整计划的执行进行全面监督。

1. 监督期限

监督期限起始之日为人民法院裁定批准重整计划之日，具体期限由重整计划规定。经管理人申请，人民法院可以裁定延长重整计划执行的监督期限。

2. 监督人的权利和义务

管理人作为监督人，有权要求债务人向其报告重整计划执行情况和企业财务状况；监督期届满，管理人应当向人民法院提交监督报告。

3. 利害关系人的权利

重整成功与否和利害关系人的利益相关，因此重整计划的利害关系人有权查阅管

---

① 《企业破产法》第113条第1款规定："破产财产在优先清偿破产费用和共益债务后，依照下列顺序清偿：(一)破产人所欠职工的工资和医疗、伤残补助、抚恤费用，所欠的应当划入职工个人账户的基本养老保险、基本医疗保险费用，以及法律、行政法规规定应当支付给职工的补偿金；(二)破产人欠缴的除前项规定以外的社会保险费用和破产人所欠税款；(三)普通破产债权。"

理人向人民法院提交的监督报告。

(三)重整计划的终止执行

1. 申请重整计划终止执行的主体和原因

根据《企业破产法》第93条的规定,管理人或者利害关系人有权向人民法院请求终止重整计划执行。

申请重整计划终止执行的原因有两种:一是客观不能,即债务人不能执行重整计划;二是主观不能,即债务人不执行重整计划。

2. 重整计划终止执行的效力

人民法院裁定终止重整计划执行后,产生以下法律效力:(1)程序上的效力,即宣告债务人破产。(2)实体上的效力,包括以下三个方面:一是债权人因重整计划实施所受的清偿仍然有效;债权未受清偿的部分,作为破产债权行使权利;接受了部分清偿的债权人,只有在其他债权人所受的清偿达到同一比例时,才能继续接受分配。二是债权人在重整计划中作出的让步失去效力。三是为重整计划执行提供的担保,在重整计划规定的担保范围内继续有效。

(四)重整计划执行完毕的效力

《企业破产法》第94条规定:"按照重整计划减免的债务,自重整计划执行完毕时起,债务人不再承担清偿责任。"

第七节 和解

一、和解的概念、特征和性质

(一)和解的概念和特征

和解是指具备破产原因的债务人,为避免破产清算,而与债权人会议达成以让步方法了结债务的协议,协议经法院认可后生效的法律程序。

和解具有以下特征:(1)债务人已具备破产原因,即债务人不能清偿到期债务,并且资产不足以清偿全部债务或者明显缺乏清偿能力。(2)由债务人提出和解申请,即和解只有债务人向法院申请,债权人或其他人都不能申请。(3)和解是以避免破产清算为目的,即和解的目的不是为了使债务人进行破产清算,而是为了使债务人避免破产清算。(4)和解协议采用让步方法了结债务,即和解协议主要采用减免债务、延缓还债等方法了结债务。(5)和解程序进入必须由债务人与债权人会议达成和解协议,并经法院认可。

（二）和解的性质

关于和解的性质，学术界有不同的观点，主要包括民事契约说、诉讼裁判说、权利说、特殊行为说和诉讼契约说。

民事契约说认为，和解主要由要约和承诺两个环节构成，同民法上的合同最为接近，因而属于民事契约的范畴。诉讼裁判说认为，和解能否产生法律效力，关键环节在于法院的审查与认可。当事人双方提出的和解协议便是一种诉讼材料，法院正是据此作出了裁判。权利说认为，和解是债务人在破产程序中的权利。债务人行使这种权利，可以达到其延期清偿债务或减额清偿的目的；债务人放弃这种权利，也不致产生其他不利后果。特殊行为说认为，和解既不是单纯的民事契约，也不是单纯的诉讼裁判，而是一种兼具二者特征的特殊法律行为。诉讼契约说认为，和解是诉讼契约，因为它符合诉讼契约的性质。具体来说，第一，和解必须经过双方当事人的要约、承诺和法院的审查、认可三大环节；第二，和解能够导致破产程序的中止；第三，和解没有强制执行的效力。①

二、和解程序

（一）和解申请的提出和受理

和解申请提出必须符合以下四个要件：(1)原因要件，即债务人必须具备破产原因。(2)主体要件，即只有债务人才可以提出和解申请。(3)时间要件，即债务人可以在破产案件受理前，直接向人民法院申请和解；也可以在人民法院受理破产申请后、宣告债务人破产前，向人民法院申请和解。(4)能力要件，即债务人申请和解，应当提出和解协议草案。

（二）和解协议草案的审查通过和裁定认可

人民法院经审查认为和解申请符合法律规定的，应当裁定和解，予以公告，并召集债权人会议讨论和解协议草案。债权人会议通过和解协议的决议，由出席会议的有表决权的债权人过半数同意，并且其所代表的债权额占无财产担保债权总额的 2/3 以上。

债权人会议通过和解协议的，由人民法院裁定认可，终止和解程序，并予以公告。管理人应当向债务人移交财产和营业事务，并向人民法院提交执行职务的报告。

和解协议草案经债权人会议表决未获得通过，或者已经债权人会议通过的和解协议未获得人民法院认可的，人民法院应当裁定终止和解程序，并宣告债务人破产。

---

① 徐德敏、梁增昌：《企业破产法论》，陕西人民出版社 1990 年版，第 152 页；汤维建："破产和解制度的改革与完善"，载《中国法学》1995 年第 2 期；李永军：《破产法律制度》，中国法制出版社 2000 年版，第 369～370 页。

(三)和解协议的效力和无效

1. 和解协议的效力

和解协议经人民法院裁定认可后,即产生法律效力。

(1)对债权人的效力。经人民法院裁定认可的和解协议,对全体和解债权人均有约束力。和解债权人是指人民法院受理破产申请时对债务人享有无财产担保债权的人。和解债权人未依照法律规定申报债权的,在和解协议执行期间不得行使权利;在和解协议执行完毕后,可以按照和解协议规定的清偿条件行使权利。

(2)对债务人的效力。该效力具体表现在:①和解协议生效,破产程序中止,债务人取得对财产的重新支配权;②债务人应当按照和解协议规定的条件清偿债务;③债务人不得违反和解协议规定的条件给予个别和解债权人以额外利益;④按照和解协议减免的债务,自和解协议执行完毕时起,债务人不再承担清偿责任。

(3)对保证人、连带债务人的效力。和解债权人对债务人的保证人和其他连带债务人所享有的权利,不受和解协议的影响。

2. 和解协议的无效

《企业破产法》规定,因债务人的欺诈或者其他违法行为而成立的和解协议,人民法院应当裁定无效,并宣告债务人破产。有上述规定情形的,和解债权人因执行和解协议所受的清偿,在其他债权人所受清偿同等比例的范围内,不予返还。

(四)和解协议的终止执行

《企业破产法》规定,债务人不能执行或者不执行和解协议的,人民法院经和解债权人请求,应当裁定终止和解协议的执行。

和解程序终止产生以下法律后果:(1)人民法院宣告债务人破产;(2)和解债权人在和解协议中作出的债权调整的承诺失去效力;(3)和解债权人因执行和解协议所受的清偿仍然有效,和解债权未受清偿的部分作为破产债权,但这些债权人只有在其他债权人同自己所受的清偿达到同一比例时,才能继续接受分配;(4)为和解协议的执行提供的担保继续有效。

第八节 破产清算

一、破产清算的概念和特征

破产清算是指当债务人不能清偿到期债务并且资不抵债时,法院依法对债务人全部财产公平分配给全体债权人的清算程序。

一般而言，破产清算具有以下主要特征：(1)它是一种概括执行程序，即为全体债权人的利益而对债务人的全部财产予以执行的程序；(2)它是在特定情况下适用的法律程序，即破产清算是在债务人出现破产原因的情况下启动的程序；(3)它能导致债务人主体资格消灭，即通过实施破产清算使作为法人的破产人的主体资格消灭；(4)它是对债权人公平清偿的程序，即通过破产清算使债权人的债权获得公平受偿。

二、破产宣告

(一)破产宣告的概念和条件

破产宣告是指受理破产案件的人民法院审查并宣告债务人破产的裁判行为。破产宣告是对企业进行清算的前置程序。

受理破产案件的人民法院只有经过审查认为债务人已具备破产宣告条件时，才作出破产宣告的裁定。根据《企业破产法》的规定，债务人出现以下情形之一的，人民法院可以宣告其破产：(1)具有破产原因；(2)重整计划未通过或未批准，或者未执行重整计划；(3)和解协议未通过或未认可，和解协议无效，或者和解协议不执行。

需要注意的是，《企业破产法》第 108 条规定，破产宣告前，有下列情形之一的，人民法院应当裁定终结破产程序，并予以公告：(1)第三人为债务人提供足额担保或者为债务人清偿全部到期债务的；(2)债务人已清偿全部到期债务的。

(二)破产宣告的程序

破产宣告的程序是指人民法院在审理破产案件中宣告破产需要遵循的程序。它主要包括以下几个步骤：

1. 对破产宣告条件的审查

人民法院在作出破产宣告前，应对债务人是否具备破产宣告的条件进行审查，然后作出裁定。

2. 破产宣告的裁定

人民法院经审查认为债务人具备破产宣告条件的，作出破产宣告裁定。裁定应以书面形式作出，裁定书主要包括：(1)申请人、被申请人的名称、住所、法定代表人；(2)事实，包括破产申请人提出的请求、根据，以及法院认定债务人不能清偿到期债务的事实；(3)理由，即经审查认为该企业应宣告破产的理由及所适用的法律规定；(4)主文，即宣告债务人破产；(5)破产宣告的裁定自宣告之日起生效，为终审裁定。

3. 破产宣告的送达和公告

人民法院依法宣告债务人破产的，应当自裁定作出之日起 5 日内送达债务人和管理人，自裁定作出之日起 10 日内通知已知债权人，并予以公告。

(三)破产宣告的效力

1. 对破产案件的效力

人民法院宣告债务人破产后,破产案件即进入破产清算程序。

2. 对债务人的效力

破产宣告对债务人产生以下效力:(1)债务人成为破产人,其民事权利能力受到限制;(2)债务人财产成为破产财产,成为归管理人占有、支配并用于破产分配的财产;(3)债务人丧失对财产和事务的管理权,而由管理人全面接管。

3. 对债权人的效力

破产宣告对债权人产生以下效力:(1)破产宣告时未到期的债权,视为已到期债权;(2)对破产人的特定财产享有担保权的债权人,对该特定财产享有优先受偿的权利;(3)对破产企业负有债务的债权人享有破产抵销权;(4)无担保的债权人依破产分配方案由破产财产获得清偿。

三、破产财产的变价和分配

(一)破产财产的变价

破产分配可以采取实物分配方式,但大多采用货币分配方式,这就需要对破产财产依法进行作价变卖。

《企业破产法》第111条规定,管理人应当及时拟订破产财产变价方案,提交债权人会议讨论。管理人应当按照债权人会议通过的或者人民法院依照本法第65条第1款规定裁定的破产财产变价方案,适时变价出售破产财产。

《企业破产法》第112条还规定,变价出售破产财产应当通过拍卖进行。但是,债权人会议另有决议的除外。破产企业可以全部或者部分变价出售。企业变价出售时,可以将其中的无形资产和其他财产单独变价出售。按照国家规定不能拍卖或者限制转让的财产,应当按照国家规定的方式处理。

(二)破产财产的分配

1. 破产财产分配的种类

依照破产分配进行阶段的不同,可将分配分为中间分配、最后分配和追加分配。最后分配是指全部破产财产变价之后不留剩余地对一般破产债权人进行的分配,分配完毕后,破产程序终结;中间分配是指在最后分配之前有可分配财产时所进行的分配;追加分配是指在最后分配结束和破产程序终结之后,又发现可分配的破产财产而进行的分配。

《企业破产法》第123条第1款规定,自破产程序依照本法第43条第4款或者第

120 条的规定[①]终结之日起 2 年内，有下列情形之一的，债权人可以请求人民法院按照破产财产分配方案进行追加分配：(1)发现有依照本法第 31 条、第 32 条、第 33 条、第 36 条规定应当追回的财产的；(2)发现破产人有应当供分配的其他财产的。

2. 破产财产分配的方式

管理人分配破产企业的财产时，可以采取分配方式包括金钱分配方式、实物分配方式和债权分配方式。

金钱分配方式是将债务人财产变现分配给债权人的方式，这种方式是最常用的方式。实物分配方式是采用对实物进行评估后分配给债权人的方式，采取这种方式一般在不能采用金钱分配方式又不能采用拍卖等手段变现时采用。债权分配方式是将债务人对外的债权分配给债权人的方式，分配时由管理人向债权人出具债权分配书，债权人可以凭债权分配书要求破产企业的债务人履行。

3. 破产财产分配的方案

管理人应当及时拟订破产财产分配方案，提交债权人会议讨论。破产财产分配方案应当载明下列事项：参加破产财产分配的债权人名称或者姓名、住所；参加破产财产分配的债权额；可供分配的破产财产数额；破产财产分配的顺序、比例及数额；实施破产财产分配的方法。债权人会议通过破产财产分配方案后，由管理人将该方案提请人民法院裁定认可。

破产财产分配方案经人民法院裁定认可后，由管理人执行。《企业破产法》第 116 条第 2 款规定，管理人按照破产财产分配方案实施多次分配的，应当公告本次分配的财产额和债权额。管理人实施最后分配的，应当在公告中指明，并载明本法第 117 条第 2 款规定的事项。

4. 破产财产分配的特殊情况

(1)关于附生效条件或者解除条件债权的分配。《企业破产法》第 117 条第 1 款规定："对于附生效条件或者解除条件的债权，管理人应当将其分配额提存。"对于提存的分配额处理办法，该条第 2 款规定："管理人依照前款规定提存的分配额，在最后分配公告日，生效条件未成就或者解除条件成就的，应当分配给其他债权人；在最后分配公告日，生效条件成就或者解除条件未成就的，应当交付给债权人。"

(2)关于债权人未受领的破产财产分配额的分配。《企业破产法》第 118 条规定："债权人未受领的破产财产分配额，管理人应当提存。债权人自最后分配公告之日起满二个月仍不领取的，视为放弃受领分配的权利，管理人或者人民法院应当将提存的

---

① 《企业破产法》第 43 条第 4 款、第 120 条规定的破产程序终结，分别是指因债务人财产不足以清偿破产费用引起的终结和因破产人无财产可供分配引起的终结。

分配额分配给其他债权人。”

(3)关于诉讼或者仲裁未决债权的分配。《企业破产法》第 119 条规定:“破产财产分配时,对于诉讼或者仲裁未决的债权,管理人应当将其分配额提存。自破产程序终结之日起满二年仍不能受领分配的,人民法院应当将提存的分配额分配给其他债权人。”

5. 破产分配的顺序

《企业破产法》第 113 条规定,破产财产在优先清偿破产费用和共益债务后,依照下列顺序清偿:(1)破产人所欠职工的工资和医疗、伤残补助、抚恤费用,所欠的应当划入职工个人账户的基本养老保险、基本医疗保险费用,以及法律、行政法规规定应当支付给职工的补偿金;(2)破产人欠缴的除前项规定以外的社会保险费用和破产人所欠税款;(3)普通破产债权。破产财产不足以清偿同一顺序的清偿要求的,按照比例分配。

四、破产程序的终结

(一)破产程序终结的概念和种类

破产程序的终结,又称破产程序的终止,是指在破产程序进行过程中发生法律规定的应当终止的原因时,由法院裁定结束破产程序。破产程序的终结具有不可恢复的性质。

破产程序的终结,可分为正常终结和非正常终结。正常终结是指债权人的债权通过破产程序得到全部或部分清偿的终结。非正常终结是指因某种特殊原因的发生,债权人的债权没有得到任何清偿但破产程序进行已失去意义而作出的终结。

(二)破产程序终结的原因

破产程序终结的原因,是指引起破产程序终结的法律事实。各国破产法律关于破产程序终结原因的规定有所不同。根据我国破产法的规定,破产程序终结的原因主要包括以下几种:

1. 因债务人财产不足以支付破产费用而终结

《企业破产法》第 43 条第 4 款规定,债务人财产不足以清偿破产费用的,管理人应当提请人民法院终结破产程序。

2. 因债务人与债权人自行达成协议而终结

《企业破产法》第 105 条规定,人民法院受理破产申请后,债务人与全体债权人就债权债务的处理自行达成协议的,可以请求人民法院裁定认可,并终结破产程序。

3. 因出现破产宣告障碍而终结

《企业破产法》第 108 条规定,破产宣告前,有下列情形之一的,人民法院应当裁定终结破产程序,并予以公告:(1)第三人为债务人提供足额担保或者为债务人清偿全部到期债务的;(2)债务人已清偿全部到期债务的。

4. 破产人无财产可供分配而终结

《企业破产法》第120条第1款规定,破产人无财产可供分配的,管理人应当请求人民法院裁定终结破产程序。

5. 破产财产分配完毕而终结

《企业破产法》第120条第2款规定,管理人在最后分配完结后,应当及时向人民法院提交破产财产分配报告,并提请人民法院裁定终结破产程序。

(三)破产程序终结的程序

人民法院应当自收到管理人终结破产程序的请求之日起15日内作出是否终结破产程序的裁定。裁定终结的,应当予以公告。

对于因破产程序终结而消灭破产人主体资格的,管理人应当自破产程序终结之日起10日内,持人民法院终结破产程序的裁定,向破产人的原登记机关办理注销登记。

(四)破产程序终结的效力

破产程序因债务人与债权人自行达成协议和出现破产宣告障碍而终结的,债务人的主体资格仍然存在。而破产财产分配完毕、破产人无财产可供分配和破产财产不足支付破产费用而终结的,将对不同的主体产生相应的效力。

1. 对破产人的效力

破产程序因破产财产分配完毕、破产人无财产可供分配和破产财产不足以支付破产费用而终结后,破产人的主体资格归于消灭。由于《企业破产法》适用于企业法人,因而破产人的法人资格消灭后,其剩余债务当然免除。

2. 对破产债权人的效力

由于破产程序终结后破产人的法人主体资格归于消灭,债权人未得到分配的债权视为消灭,因而债权人不能再向债务人另行主张。但是,债权人对破产企业的保证人、连带债务人等享有的权利原则上不受影响。

3. 对管理人的效力

伴随着破产人主体资格的消灭,管理人的职责一般已履行完毕。因此,《企业破产法》第122条规定:“管理人于办理注销登记完毕的次日终止执行职务。但是,存在诉讼或者仲裁未决情况的除外。”

复习思考题

1. 如何理解破产实质要件?

2. 试述债务人财产和破产债权的范围。

3. 重整程序开始后产生了哪些效力?

4. 简述和解程序。

5. 破产财产分配法律制度包括哪些内容?

第六章　证券法

在社会主义市场经济的运行和发展中，作为资本市场的证券市场发挥着十分重要的作用。通过证券市场的运作，企业能够筹集大量资金，扩大经营规模，建立起现代企业制度；投资者能够有效利用闲置资金，以获取更多的收益。为了规范证券发行和交易行为，保护投资者的合法权益，维护社会经济秩序和社会公共利益，促进市场经济的发展，我国已建立起以《证券法》为基本法的证券法律体系。

第一节　证券法概述

一、证券的概念和特征

证券有广义和狭义之分。广义的证券是指权利凭证，即用来证明证券持有者有权按其所载取得相应权益的凭证，包括金券、资格证券和有价证券。金券就是标明一定金额，只能为一定目的而使用，其权利与票券密不可分的一种证券，如邮票、印花等。资格证券就是表明持有人具有行使一定权利，义务人向持有人履行义务后即可免责的一种证券，如车票、储蓄存单等。有价证券就是表示一定民事权利，权利的行使以持有证券为必要条件的一种证券，包括商品证券（如提单、仓单），货币证券（如汇票、本票、支票）和资本证券（如股票、债券）。狭义的证券专指资本证券，即证明持有人享有一定的所有权和债权的书面凭证。《证券法》所规范的证券属于狭义的证券，包括股票、公司债券、政府债券、证券投资基金和国务院依法认定的其他证券。

证券具有以下法律特征：(1)证券是一种投资权利证书。它是记载投资者权利的凭证，投资者可以凭此享有请求支付股息、还本付息或相应收益的权利。(2)证券是一种可转让的权利证书。它可以根据当事人的意志在不同主体间转让，以实现当事人的权利。(3)证券是一种面值均等的权利证书。在同一种证券中，标明金额的证券的面值是相等的,不标明金额的证券所代表的价值是相等的。(4)证券是一种内含风险的权利证书。证券投资者的收益和亏损决定于证券发行人经营状况的好坏,而不同的证券其风险不同。

二、证券法的概念

证券法有广义和狭义之分。从狭义上说,证券法是指调整国家在管理证券市场运行中的经济关系的法律规范的总称。这表明,狭义的证券法仅调整证券管理关系,实质上是证券市场管理法。从广义上说,证券法是调整证券活动关系的法律规范的总称。证券活动关系就是在证券发行、交易活动中所形成的各种社会关系,它既包括证券管理关系,还包括证券发行人、证券经营机构、证券服务机构与证券投资人等证券市场主体之间的证券交易关系。从性质上看,有关证券市场管理的法律制度应归属经济法,并作为市场规制法的组成部分。

《证券法》属于证券法中的基本法律,该法于1998年12月29日九届全国人大常委会第六次会议通过,自1999年7月1日起正式实施。2004年8月28日十届全国人大常委会第十一次会议、2005年10月27日十届全国人大常委会第十八次会议、2013年6月29日十二届全国人大常委会第三次会议和2014年8月31日十二届全国人大常委会第十次会议进行修订。此外,证券法还包括其他证券管理的法律、法规,如《公司法》《证券投资基金法》《股票发行与交易管理暂行条例》《国务院关于股份有限公司境外募集股份及上市的特别规定》《国务院关于股份有限公司境内上市外资股的规定》《证券发行与承销管理办法》《证券发行上市保荐业务管理办法》《首次公开发行股票并上市管理办法》《公司债券发行与交易管理办法》《中国证券监督管理委员会发行审核委员会办法》《上市公司收购管理办法》《合格境外机构投资者境内证券投资管理办法》《证券交易所管理办法》《证券公司和证券投资基金管理公司合规管理办法》《证券登记结算管理办法》等。另外,最高人民法院发布了一些司法解释,如《最高人民法院关于审理证券市场因虚假陈述引发的民事赔偿案件的若干规定》等。

三、证券法的基本原则

证券法的基本原则是证券法规定或者体现的、适用于证券法全部领域的基本准则。它是制定各项证券法律制度和法律规范的基础,也是指导证券市场管理的执法和司法活动的根据。

(一)公开、公平、公正的原则

《证券法》第3条规定:“证券的发行、交易活动,必须实行公开、公平、公正的原则。”所谓公开,就是在证券发行和交易的一切活动和所涉及的信息都必须公开,以保证发行和交易的公平和公正。它要求:①证券发行和交易中的一切制度和规则必须公开;②证券发行和交易的活动都必须公开进行,不得暗箱操作;③证券发行和交易过程中影响投资者决策或者影响证券市场价格的信息必须公开。所谓公平,就是在证券发行和交易中,发行人、投资人、证券经营机构和证券服务机构的法律地位平等,他们之间所产生的权利义务应当对等。所谓公正,就是证券监管机关在履行职责过程中,必须依法进行,对所有的主体以同等的对待。

(二)自愿、有偿、诚实信用的原则

《证券法》第 4 条规定:“证券发行、交易活动的当事人具有平等的法律地位,应当遵守自愿、有偿、诚实信用的原则。”这是证券发行、交易活动的当事人在证券市场中应当遵循的基本原则。所谓自愿,就是当事人根据自己的意愿参与证券的发行和交易活动。所谓有偿,就是在证券发行、交易活动中,一方当事人取得另一方当事人的利益必须付出代价。所谓诚实信用,就是证券发行、交易活动中,必须诚实守信,不得欺骗他人,当事人之间、当事人与社会之间必须保持利益的平衡。

(三)合法原则

《证券法》第 5 条规定:“证券的发行、交易活动,必须遵守法律和行政法规;禁止欺诈、内幕交易和操纵证券市场的行为。”合法原则是立法的普遍原则,也是证券法的基本原则,它要求证券发行、交易活动必须具有合法性。

(四)分业经营、分业管理的原则

《证券法》第 6 条规定:“证券业和银行业、信托业、保险业实行分业经营、分业管理,证券公司与银行、信托、保险业务机构分别设立。国家另有规定的除外。”目前,我国的证券市场处于初级阶段,市场的变化较大,国家对证券市场的管理仍在探索中,管理措施不够完善,管理水平不是很高,再加上证券市场本身属于高风险的市场,如果银行、信托、保险资金流入证券市场的话,一旦出现大的风险,势必造成严重的社会问题。因此,证券业和银行业、信托业、保险业实行分业经营、分业管理,有利于防范金融风险,有利于金融业的健康发展。当然,一旦具备混业经营的条件,国家可以另行制定法律予以确认。

(五)国家监管和自律管理相结合的原则

《证券法》第 7 条规定:“国务院证券监督管理机构依法对全国证券市场实行集中统一监督管理。”该法第 8 条还规定:“在国家对证券发行、交易活动实行集中统一监督管理的前提下,依法设立证券业协会,实行自律性管理。”证券市场涉及主体很多,牵涉面很广,各方目标和利益又不完全相同,因此,要使证券市场得到健康、有序的发展,国家就必须进行严格监管。同时,证券市场健康、有序的发展,是各方利益取得的基础,也成为各方追求的共同目标,因此,证券业完全可以实行自律管理。

(六)审计监督的原则

《证券法》第 9 条规定:“国家审计机关依法对证券交易所、证券公司、证券登记结算机构、证券监督管理机构进行审计监督。”审计是审计机关对被审计单位的财政收支、财务收支的真实性、合法性进行审核、评价的经济监督活动。在证券机构中,有的属于政府机关,有的是拥有大量国有资产的单位,国家审计机关依法对其进行审计监督,能够规范其经济行为,维护国家利益和社会公共利益,保护投资者的合法权益,促进证券市场的健康发展。

第二节　证券发行

证券发行就是发行人为募集资金向投资者出售证券的行为。证券发行必须在市场中进行,该市场属于证券的初级市场,或称证券的一级市场。《证券法》第 10 条规定:“公开发行证券,必须符合法律、行政法规规定的条件,并依法报经国务院证券监督管理机构或者国务院授权的部门核准;未经依法核准,任何单位和个人不得公开发行证券。”

一、证券发行的条件

(一)股票发行的条件

股票发行是发行人募集资金的主要形式。根据《证券法》和《公司法》的规定,它包括募集设立公司的公开发行股票、公司公开发行新股以及上市公司非公开发行新股。根据《首次公开发行股票并上市管理办法》(中国证券监督管理委员会于 2006 年 5 月 17 日通过、2015 年 12 月 30 日和 2018 年 6 月 6 日修正)的规定,股票发行还包括首次公开发行股票并上市的形式。

1. 募集设立公司公开发行股票的条件

根据《公司法》的规定,设立股份有限公司的方式包括发起设立和募集设立,而募集设立就需要通过公开发行股票来募集资金。在《公司法》颁布前,募集设立公司可以采取定向募集和非定向募集两种形式,这种做法在《公司法》实施后仍然延续。

《证券法》第 12 条规定,设立股份有限公司公开发行股票,应当符合《公司法》规定的条件和经国务院批准的国务院证券监督管理机构规定的其他条件。需要注意的是,原国家体改委 1994 年 6 月 19 日发布的《关于立即停止审批定向募集股份有限公司并重申停止审批和发行内部职工股的通知》,不再审批采用定向募集方式设立股份有限公司。1998 年 8 月 5 日,依照中国证监会的一份非正式通知,募集设立公司发行股票被禁止。1999 年 2 月 8 日，中国证监会下发了《关于对拟公开发行股票公司改制运行情况进行调查的通知》，其中规定："从 1999 年开始，国有企业和有限责任公司必须改制成规范化的股份有限公司并运行一年以后方可申请公开发行股票。"这使《公司法》和《证券法》关于募集设立发行股票的规定事实上失效。[①]

2. 首次公开发行股票并上市的条件

《首次公开发行股票并上市管理办法》规定，首次公开发行股票并上市，应当符合《证券法》《公司法》和本办法规定的发行条件。该办法规定的发行条件主要包括：

(1)主体资格。发行人应当是依法设立且合法存续的股份有限公司。经国务院批准，有限责任公司在依法变更为股份有限公司时，可以采取募集设立方式公开发行股票。发行人自股份有限公司成立后，持续经营时间应当在 3 年以上，但经国务院批准的除外。有限责任公司按原账面净资产值折股整体变更为股份有限公司的，持续经营时间可以从有限责任公司成立之日起计算。另外，发行人的注册资本已足额缴纳，主要资产不存在重大权属纠纷；发行人的生产经营符合法律、公司章程和国家产业政策；发行人最近 3 年内主营业务和董事、高级管理人员没有发生重大变化、实际控制人没有发生变更；发行人的股权清晰，股东持有的发行人股份不存在重大权属纠纷。

(2)规范运行。发行人已经依法建立健全股东大会、董事会、监事会、独立董事、董事会秘书制度，相关机构和人员能够依法履行职责。发行人的董事、监事和高级管理人员符合法律、行政法规和规章规定的任职资格，已经了解与股票发行上市有关的法律法规，知悉上市公司及其董事、监事和高级管理人员的法定义务和责任。发行人的内部控制制度健全且被有效执行，能够合理保证财务报告的可靠性、生产经营的合法性、营运的效率与效果。发行人以往没有实施各种违法行为，本次报送的股票发行申请文件有虚假记载、误导性陈述或者重大遗漏。发行人的公司章程中已明确对外担保的审批权限和审议程序，不存在为控股股东、实际控制人及其控制的其他企业进行违规担保的情形。发行人有严格的资金管理制度，不得有资金被控股股东、实际控制人及其控制的其他企业以借款、代偿债务、代垫款项或者其他方式占用的情形。

(3)财务与会计。发行人资产质量良好，资产负债结构合理，盈利能力较强，现金流量正常。发行人的内部控制在所有重大方面是有效的，并由注册会计师出具了无保留结论的内部控制鉴证报告。发行人会计基础工作规范，财务报表的编制符合企业会计准则和相关会计制度的规定，在所有重大方面公允地反映了发行人的财务状况、经营成果和现金流量，并由注册会计师出具了无保留意见的审计报告。发行人应完整披露关联方关系并按重要性原则恰当披露关联交易；关联交易价格公允，不存在通过关

① 范健、王建文：《证券法》，法律出版社 2010 年版，第 78 页。

联交易操纵利润的情形。发行人还应当符合下列条件：最近3个会计年度净利润均为正数且累计超过人民币3 000万元，净利润以扣除非经常性损益前后较低者为计算依据；最近3个会计年度经营活动产生的现金流量净额累计超过人民币5 000万元；或者最近3个会计年度营业收入累计超过人民币3亿元；发行前股本总额不少于人民币3 000万元；最近一期末无形资产（扣除土地使用权、水面养殖权和采矿权等后）占净资产的比例不高于20%；最近一期末不存在未弥补亏损。另外，发行人依法纳税，各项税收优惠符合相关法律法规的规定。发行人的经营成果对税收优惠不存在严重依赖；不存在重大偿债风险，不存在影响持续经营的担保、诉讼以及仲裁等重大或有事项；不存在影响持续盈利能力的法定情形；不存在申报文件中的违法情形。

此外，中国证券监督管理委员会2014年2月11日审议通过、2018年1月15日修改的《首次公开发行股票并在创业板上市管理办法》，对首次公开发行股票并在创业板上市的条件作出了规定。

3. 上市公司发行新股的条件

由于募集设立股份有限公司实际上被取消，因而非上市公司公开发行新股也是不可能的。因此，目前仅有上市公司存在发行新股问题。

(1)关于上市公司公开发行新股。上市公司公开发行新股，首先要符合《证券法》的规定。《证券法》第13条规定，公司公开发行新股，应当符合下列条件：具备健全且运行良好的组织机构；具有持续盈利能力，财务状况良好；最近3年财务会计文件无虚假记载，无其他重大违法行为；经国务院批准的国务院证券监督管理机构规定的其他条件。

上市公司公开发行新股，还要符合2006年5月8日施行的《上市公司证券发行管理办法》的规定。该办法规定了上市公司发行证券[①]应当具备的三大条件，即组织机构健全、运行良好；盈利能力具有可持续性，财务状况良好；最近36个月内财务会计文件无虚假记载，且不存在规定的重大违法行为。同时，该办法对上市公司募集资金的数额和使用以及公开发行证券的禁止情形作出了规定。

该办法指出，上市公司存在下列情形之一的，不得公开发行证券：本次发行申请文件有虚假记载、误导性陈述或重大遗漏；擅自改变前次公开发行证券募集资金的用途而未作纠正；上市公司最近12个月内受到过证券交易所的公开谴责；上市公司及其控股股东或实际控制人最近12个月内存在未履行向投资者作出的公开承诺的行为；上市公司或其现任董事、高级管理人员因涉嫌犯罪被司法机关立案侦查或涉嫌违法违规

---

① 《上市公司证券发行管理办法》所说的证券，包括股票、可转换公司债券以及中国证监会认可的其他品种。

被中国证监会立案调查;严重损害投资者的合法权益和社会公共利益的其他情形。

该办法除了规定上市公司发行证券的一般条件外,还规定上市公司发行股票的特殊条件。首先,向原股东配售股份(简称配股),还应当符合下列规定:拟配售股份数量不超过本次配售股份前股本总额的30%;控股股东应当在股东大会召开前公开承诺认配股份的数量;采用证券法规定的代销方式发行。其次,向不特定对象公开募集股份(简称增发),还应当符合下列规定:一是最近三个会计年度加权平均净资产收益率平均不低于6%。扣除非经常性损益后的净利润与扣除前的净利润相比,以低者作为加权平均净资产收益率的计算依据。二是除金融类企业外,最近一期末不存在持有金额较大的交易性金融资产和可供出售的金融资产、借予他人款项、委托理财等财务性投资的情形。三是发行价格应不低于公告招股意向书前20个交易日公司股票均价或前一个交易日的均价。

(2)关于上市公司非公开发行新股。上市公司非公开发行股票,是指上市公司采用非公开方式,向特定对象发行股票的行为。《证券法》规定,上市公司非公开发行新股,应当符合经国务院批准的国务院证券监督管理机构规定的条件,并报国务院证券监督管理机构核准。对此,中国证监会制定的《上市公司证券发行管理办法》和《上市公司非公开发行股票实施细则》(自2007年9月17日起实施),对上市公司非公开发行新股的条件作出了具体规定。

关于非公开发行股票的特定对象,《上市公司证券发行管理办法》第37条作出以下规定:一是特定对象符合股东大会决议规定的条件;二是发行对象不超过10名。另外,发行对象为境外战略投资者的,应当经国务院相关部门事先批准。

关于非公开发行股票的价格、转让、资金使用及产生后果,《上市公司证券发行管理办法》第38条规定,上市公司非公开发行股票,应当符合下列规定:①发行价格不低于定价基准日前20个交易日公司股票均价的90%;②本次发行的股份自发行结束之日起,12个月内不得转让;控股股东、实际控制人及其控制的企业认购的股份,36个月内不得转让;③募集资金使用符合本办法第10条的规定[①];④本次发行将导致上市公司控制权发生变化的,还应当符合中国证监会的其他规定。

关于不得非公开发行股票的情形,《上市公司证券发行管理办法》第39条作出以下规定:①本次发行申请文件有虚假记载、误导性陈述或重大遗漏。②上市公司的权

---

① 《上市公司证券发行管理办法》第10条规定:"上市公司募集资金的数额和使用应当符合下列规定:(一)募集资金数额不超过项目需要量;(二)募集资金用途符合国家产业政策和有关环境保护、土地管理等法律和行政法规的规定;(三)除金融类企业外,本次募集资金使用项目不得为持有交易性金融资产和可供出售的金融资产、借予他人、委托理财等财务性投资,不得直接或间接投资于以买卖有价证券为主要业务的公司;(四)投资项目实施后,不会与控股股东或实际控制人产生同业竞争或影响公司生产经营的独立性;(五)建立募集资金专项存储制度,募集资金必须存放于公司董事会决定的专项账户。"

益被控股股东或实际控制人严重损害且尚未消除。③上市公司及其附属公司违规对外提供担保且尚未解除。④现任董事、高级管理人员最近36个月内受到过中国证监会的行政处罚，或者最近12个月内受到过证券交易所公开谴责。⑤上市公司或其现任董事、高级管理人员因涉嫌犯罪正被司法机关立案侦查或涉嫌违法违规正被中国证监会立案调查。⑥最近1年及一期财务报表被注册会计师出具保留意见、否定意见或无法表示意见的审计报告。保留意见、否定意见或无法表示意见所涉及事项的重大影响已经消除或者本次发行涉及重大重组的除外。⑦严重损害投资者合法权益和社会公共利益的其他情形。

(二)公司债券的发行条件

1. 公开发行公司债券的条件

《证券法》第16条第1、第2款规定，公开发行公司债券，应当符合下列条件：(1)股份有限公司的净资产不低于人民币3 000万元，有限责任公司的净资产不低于人民币6 000万元；(2)累计债券余额不超过公司净资产的40%；(3)最近3年平均可分配利润足以支付公司债券1年的利息；(4)筹集的资金投向符合国家产业政策；(5)债券的利率不超过国务院限定的利率水平；(6)国务院规定的其他条件。公开发行公司债券筹集的资金，必须用于核准的用途，不得用于弥补亏损和非生产性支出。

《证券法》第18条规定，有下列情形之一的，不得再次公开发行公司债券：(1)前一次公开发行的公司债券尚未募足；(2)对已公开发行的公司债券或者其他债务有违约或者延迟支付本息的事实，仍处于继续状态；(3)违反法律规定，改变公开发行公司债券所募资金的用途。

另外，中国证监会于2015年1月15日发布《公司债券发行与交易管理办法》对公司债券发行条件作出了具体规定。

2. 发行可转换公司债券的条件

公司除了可以依法发行公司债券外，还可以依法发行可转换公司债券。可转换公司债券是指发行公司依法发行、在一定期间内依据约定的条件可以转换成股份的公司债券。《证券法》第16条第3款规定："上市公司发行可转换为股票的公司债券，除应当符合第一款规定的条件外，还应当符合本法关于公开发行股票的条件，并报国务院证券监督管理机构核准。"

根据《上市公司证券发行管理办法》的规定，公开发行可转换公司债券的公司，除应当符合本办法关于上市公司发行证券一般条件的规定外，还应当符合下列规定：(1)最近三个会计年度加权平均净资产收益率平均不低于6%。扣除非经常性损益后的净利润与扣除前的净利润相比，以低者作为加权平均净资产收益率的计算依据。(2)本次发行后累计公司债券余额不超过最近一期末净资产额的40%。(3)最近3个会计年度实现的年均可分配利润不少于公司债券 1 年的利息。

二、证券发行的核准

(一)股票发行的核准程序

根据《证券法》的规定,公开发行股票以及上市公司非公开发行新股,应当报经国务院证券监督管理机构核准。为了做好股票核准工作,国务院证券监督管理机构设发行审核委员会,依法审核股票发行申请,以投票方式对股票发行申请进行表决,提出审核意见。

1. 保荐人保荐

发行人申请公开发行股票,依法采取承销方式的,应当聘请具有保荐资格的机构担任保荐人。保荐人应当遵守业务规则和行业规范,诚实守信,勤勉尽责,对发行人的申请文件和信息披露资料进行审慎核查,督导发行人规范运作。

2. 报送申请文件

《证券法》规定,设立股份有限公司公开发行股票,应当向国务院证券监督管理机构报送募股申请和下列文件:(1)公司章程;(2)发起人协议;(3)发起人姓名或者名称,发起人认购的股份数、出资种类及验资证明;(4)招股说明书;(5)代收股款银行的名称及地址;(6)承销机构名称及有关的协议。依照法律规定聘请保荐人的,还应当报送保荐人出具的发行保荐书。法律、行政法规规定设立公司必须报经批准的,还应当提交相应的批准文件。

公司公开发行新股,应当向国务院证券监督管理机构报送募股申请和下列文件:(1)公司营业执照;(2)公司章程;(3)股东大会决议;(4)招股说明书;(5)财务会计报告;(6)代收股款银行的名称及地址;(7)承销机构名称及有关的协议。依照法律规定聘请保荐人的,还应当报送保荐人出具的发行保荐书。

3. 预先披露申请文件

《证券法》第 21 条规定,发行人申请首次公开发行股票的,在提交申请文件后,应当按照国务院证券监督管理机构的规定预先披露有关申请文件。《首次公开发行股票并上市管理办法》第 46 条也规定,申请文件受理后、发行审核委员会审核前,发行人应当将招股说明书(申报稿)在中国证监会网站预先披露。设置发行文件的预先披露程序,有利于加强社会公众对发行审核工作的监督,也有利于社会公众提前获取信息以作出投资决策。

4. 审核并作出决定

根据《证券法》的规定,国务院证券监督管理机构应当自受理股票发行申请文件之日起 3 个月内,依照法定条件和法定程序作出予以核准或者不予核准的决定;不予核准的，应当说明理由。

根据《首次公开发行股票并上市管理办法》和《上市公司证券发行管理办法》的规定，中国证监会依照下列程序审核股票发行申请：(1)收到申请文件后，在5个工作日内决定是否受理；(2)申请受理后，对申请文件进行初审；(3)交由发行审核委员会对申请文件进行审核；(4)作出核准或者不予核准的决定。

(二)公司债券发行的核准程序

根据《证券法》的规定，公开发行债券，应当报经国务院证券监督管理机构核准或者国务院授权的部门核准。

1. 信用评级

根据《公司债券发行与交易管理办法》第19条，公开发行公司债券，应当委托具有从事证券服务业务资格的资信评级机构进行信用评级。

2. 报送申请文件

《证券法》规定，申请公开发行公司债券，应当向国务院授权的部门或者国务院证券监督管理机构报送下列文件：(1)公司营业执照；(2)公司章程；(3)公司债券募集办法；(4)资产评估报告和验资报告；(5)国务院授权的部门或者国务院证券监督管理机构规定的其他文件。依照法律规定聘请保荐人的，还应当报送保荐人出具的发行保荐书。

3. 审核并作出决定

根据《证券法》的规定，国务院证券监督管理机构或者国务院授权的部门应当自受理债券发行申请文件之日起3个月内，依照法定条件和法定程序作出予以核准或者不予核准的决定；不予核准的，应当说明理由。

三、证券承销和证券发行上市保荐

(一)证券承销

证券承销是指证券公司根据发行人的委托，帮助发行人发行证券，发行人向证券公司支付费用的法律行为。根据《证券法》的规定，发行人向不特定对象公开发行的证券，法律、行政法规规定应当由证券公司承销的，必须委托证券公司承销。

1. 承销方式

《证券法》规定，证券承销业务采取代销或者包销方式。证券代销是指证券公司代发行人发售证券，在承销期结束时，将未售出的证券全部退还给发行人的承销方式。证券包销是指证券公司将发行人的证券按照协议全部购入或者在承销期结束时将售后剩余证券全部自行购入的承销方式。可见，证券包销分为全额包销和余额包销。

2. 承销协议

证券公司承销证券，应当同发行人签订代销或者包销协议。承销协议应当载明下列事项：(1)当事人的名称、住所及法定代表人姓名；(2)代销、包销证券的种类、数量、金额及发行价格；(3)代销、包销的期限及起止日期；(4)代销、包销的付款方式及日期；(5)代销、包销的费用和结算办法；(6)违约责任；(7)国务院证券监督管理机构规定的其他事项。

3. 承销团承销与承销期

《证券法》规定，向不特定对象公开发行的证券票面总值超过人民币 5 000 万元的，应当由承销团承销。承销团应当由主承销和参与承销的证券公司组成。证券的代销、包销期限最长不得超过 90 日。

4. 承销人的义务

(1)正当获得承销业务。公开发行证券的发行人有权依法自主选择承销的证券公司，证券公司不得以不正当竞争手段招揽证券承销业务。

(2)核查募集文件。证券公司承销证券，应当对公开发行募集文件的真实性、准确性、完整性进行核查；发现有虚假记载、误导性陈述或者重大遗漏的，不得进行销售活动；已经销售的，必须立即停止销售活动，并采取纠正措施。

(3)将证券先行销给认股人。证券公司在承销期内，对所承销的证券应当保证先行出售给认购人，不得为本公司预留所代销的证券和预先购入并留存所包销的证券。

(4)报告承销情况。承销期届满，发行人应当在规定的期限内将股票发行情况报国务院证券监督管理机构备案。

另外，股票发行采用代销方式，代销期限届满，向投资者出售的股票数量未达到拟公开发行股票数量 70%的，为发行失败。发行人应当按照发行价并加算银行同期存款利息返还股票认购人。

(二)证券发行上市保荐

证券发行上市保荐是指有资格的保荐机构(即保荐人)推荐符合条件的公司公开发行和上市证券，并对所推荐的发行人披露的信息质量和所做承诺提供持续训示、督促、辅导、指导和信用担保的制度。《证券法》规定了这一制度，而证监会于 2009 年 5 月 13 日修改后重新发布的《证券发行上市保荐业务管理办法》以及 2008 年修订的《上海证券交易所股票上市规则》《深圳证券交易所股票上市规则》则对该制度作了具体规定。

1. 保荐机构的职责

发行人应当就下列事项聘请具有保荐机构资格的证券公司履行保荐职责：一是首次公开发行股票并上市；二是上市公司发行新股、可转换公司债券；三是中国证券监督管理委员会认定的其他情形。根据《证券发行上市保荐业务管理办法》的规定，保荐机构应当履行以下职责：

(1)辅导职责。保荐机构在推荐发行人首次公开发行股票并上市前，应当对发行人进行辅导，对发行人的董事、监事和高级管理人员、持有5%以上股份的股东和实际控制人(或者其法定代表人)进行系统的法规知识、证券市场知识培训，使其全面掌握发行上市、规范运作等方面的有关法律法规和规则，知悉信息披露和履行承诺等方面的责任和义务，树立进入证券市场的诚信意识、自律意识和法制意识。保荐机构辅导工作完成后，应由发行人所在地的中国证监会派出机构进行辅导验收。

(2)尽职调查职责。对发行人申请文件、证券发行募集文件中有证券服务机构及其签字人员出具专业意见的内容，保荐机构应当结合尽职调查过程中获得的信息对其进行审慎核查；对发行人申请文件、证券发行募集文件中无证券服务机构及其签字人员专业意见支持的内容，保荐机构应当获得充分的尽职调查证据。

(3)推荐职责。保荐机构应当尽职推荐发行人证券发行上市。保荐机构应当确信发行人符合法律、行政法规和中国证监会的有关规定，方可推荐其证券发行上市。保荐机构推荐发行人发行证券，应当向中国证监会提交发行保荐书、保荐代表人专项授权书以及中国证监会要求的其他与保荐业务有关的文件。保荐机构推荐发行人证券上市，应当向证券交易所提交上市保荐书以及证券交易所要求的其他与保荐业务有关的文件，并报中国证监会备案。

(4)协助配合职责。保荐机构提交发行保荐书后，应当配合中国证监会的审核，并承担下列工作：组织发行人及证券服务机构对中国证监会的意见进行答复；按照中国证监会的要求对涉及本次证券发行上市的特定事项进行尽职调查或者核查；指定保荐代表人与中国证监会职能部门进行专业沟通，保荐代表人在发行审核委员会会议上接受委员质询；中国证监会规定的其他工作。

(5)持续督导职责。保荐机构推荐发行人证券发行上市后，应持续督导发行人履行有关上市公司规范运作、信守承诺和信息披露等义务。首次公开发行股票并在主板上市的，持续督导的期间为证券上市当年剩余时间及其后2个完整会计年度；主板上市公司发行新股、可转换公司债券的，持续督导的期间为证券上市当年剩余时间及其后1个完整会计年度。首次公开发行股票并在创业板上市的，持续督导的期间为证券上市当年剩余时间及其后3个完整会计年度；创业板上市公司发行新股、可转换公司债券的，持续督导的期间为证券上市当年剩余时间及其后2个完整会计年度。首次公开发行股票并在创业板上市的，持续督导期内保荐机构应当自发行人披露年度报告、中期报告之日起15个工作日内在中国证监会指定网站披露跟踪报告，对本办法第35条所涉及的事项，进行分析并发表独立意见。发行人临时报告披露的信息涉及募集资金、关联交易、委托理财、为他人提供担保等重大事项的，保荐机构应当自临时报告披露之日起10个工作日内进行分析并在中国证监会指定网站发表独立意见。

2. 保荐机构和保荐代表人的资格

证券公司从事证券发行上市保荐业务，应依照《证券发行上市保荐业务管理办法》规定向中国证监会申请保荐机构资格。保荐机构履行保荐职责，应当指定依照本办法规定取得保荐代表人资格的个人具体负责保荐工作。未经中国证监会核准，任何机构和个人不得从事保荐业务。

证券公司申请保荐机构资格，应当具备下列条件：(1)注册资本不低于人民币1亿元，净资本不低于人民币5 000万元；(2)具有完善的公司治理和内部控制制度，风险控制指标符合相关规定；(3)保荐业务部门具有健全的业务规程、内部风险评估和控制系统，内部机构设置合理，具备相应的研究能力、销售能力等后台支持；(4)具有良好的保荐业务团队且专业结构合理，从业人员不少于35人，其中最近3年从事保荐相关业务的人员不少于20人；(5)符合保荐代表人资格条件的从业人员不少于4人；(6)最近3年内未因重大违法违规行为受到行政处罚；(7)中国证监会规定的其他条件。

个人申请保荐代表人资格，应当具备下列条件：(1)具备3年以上保荐相关业务经历；(2)最近3年内在《证券发行上市保荐业务管理办法》第2条规定的境内证券发行项目中担任过项目协办人；(3)参加中国证监会认可的保荐代表人胜任能力考试且成绩合格有效；(4)诚实守信，品行良好，无不良诚信记录，最近3年未受到中国证监会的行政处罚；(5)未负有数额较大到期未清偿的债务；(6)中国证监会规定的其他条件。

第三节 证券交易

一、证券交易的一般规定

证券交易是指证券持有人依照交易规则，将证券转让给其他投资者的行为。证券交易是一种已经依法发行并经投资者认购的证券的买卖，是一种具有财产价值的特定权利的买卖，也是一种标准化合同的买卖。证券交易的方式包括现货交易、期货交易、期权交易、信用交易和回购。证券交易形成的市场为证券的交易市场，即证券的二级市场。

(一)证券交易的对象

为了保护投资者的利益，维护证券市场秩序和社会公共利益，《证券法》第37条规定，证券交易当事人依法买卖的证券，必须是依法发行并交付的证券。非依法发行的证券，不得买卖。这意味着证券交易的对象首先必须是合法的证券。

《证券法》第38条还规定，依法发行的股票、公司债券及其他证券，法律对其转让期限有限制性规定的，在限定的期限内不得买卖。这表明，合法发行但处于法定限制交易期间的证券仍然不能进行交易。例如，《公司法》第141条规定，发起人持有的本公司股份，自公司成立之日起1年内不得转让。公司公开发行股份前已发行的股份，自公司股票在证券交易所上市交易之日起1年内不得转让。公司董事、监事、高级管理人员应当向公司申报所持有的本公司的股份及其变动情况，在任职期间每年转让的股份不得超过其所持有本公司股份总数的25%；所持本公司股份自公司股票上市交易之日起1年内不得转让。上述人员离职后半年内，不得转让其所持有的本公司股份。

（二）证券交易的地点和方式

《证券法》第39条规定，依法公开发行的股票、公司债券及其他证券，应当在依法设立的证券交易所上市交易或者在国务院批准的其他证券交易场所转让。这样规定的目的是保证证券市场的稳定，防止和化解金融风险。1990年12月和1991年7月，上海证券交易所和深圳证券交易所先后成立，为证券交易提供了重要场所。此外，1990年12月5日和1993年4月28日，先后开始开设STAQ系统和NET系统两个场外交易市场，1999年9月9日这两个市场被关闭。

为了公平地进行证券交易，适应投资者结构变化和多样化交易的需要，《证券法》第40条规定，证券在证券交易所上市交易，应当采用公开的集中交易方式或者国务院证券监督管理机构批准的其他方式。所谓集中交易方式，是指两个以上的买方和两个以上的卖方公开报价，按照价格优先和时间优先的原则撮合成交的证券交易方式。国务院证券监督管理机构批准的其他方式，是指非集中交易的方式，主要包括协议转让、大宗交易、裁判转让等。

（三）证券交易的要求

1. 采用法律规定的交易方式

经过多年实践，证券市场得到很大发展，交易方式也逐渐多样。《证券法》规定，证券交易以现货和国务院规定的其他方式进行交易。所谓现货交易，就是证券交易双方在成交后即时清算交割证券和价款的交易方式。国务院规定的其他方式包括期货交易和期权交易等方式。所谓期货交易，就是证券交易双方在证券交易所通过买卖证券期货合约并根据该合约规定的条款约定在未来某一特定时间和地点，以某一特定价格买卖某一证券的交易方式。所谓期权交易，就是当事人为获得证券市场价格波动带来的利益，约定在一定时间内，以特定价格买进或卖出指定证券，或者放弃买进或卖出指定证券的交易方式。

2. 证券机构人员禁止参与交易

为了保证证券交易的公开、公平、公正,《证券法》规定,证券交易所、证券公司和证券登记结算机构的从业人员、证券监督管理机构的工作人员以及法律、行政法规禁止参与股票交易的其他人员,在任期或者法定限期内,不得直接或者以化名、借他人名义持有、买卖股票,也不得收受他人赠送的股票。任何人在成为上述所列人员时,其原已持有的股票,必须依法转让。

3. 中介机构人员限制交易

《证券法》规定,为股票的发行人出具审计报告、资产评估报告或者法律意见书等文件的有关专业机构和人员,在该股票承销期内和期满后 6 个月内不得买卖该种股票;为上市公司出具审计报告、资产评估报告或者法律意见书等文件的有关专业机构和人员,自接受上市公司委托之日起至上述文件公开后 5 日内,不得买卖该种股票。

4. 为客户保密

客户开立的证券账户和资金账户是其进行证券交易的基础,账户中记载的各项内容属于客户的个人信息。为了保护客户的利益,《证券法》规定,证券交易所、证券公司、证券登记结算机构必须依法为客户所开立的账户保密。

5. 依法收取费用

在证券交易的各个环节中,投资者、上市公司、证券公司都会因有偿服务而缴纳相应的费用,如佣金、上市初费、上市月费、入场费等。为了规范各类证券交易收费,《证券法》规定,证券交易的收费必须合理,并公开收费项目、收费标准和收费办法。

二、证券上市

证券上市是指公开发行的证券在证券交易所挂牌交易的过程。证券一旦获准上市交易,该证券就被称为上市证券或挂牌证券,发行该证券的股份有限公司被称为上市公司。

(一)股票上市交易

1. 股票上市交易的条件和审核程序

股份有限公司申请股票上市,应当符合下列条件:(1)股票经国务院证券监督管理机构核准已公开发行。(2)公司股本总额不少于人民币 3 000 万元。(3)公开发行的股份达到公司股份总数的 25%以上;公司股本总额超过人民币 4 亿元的,公开发行股份的比例为 10%以上。(4)公司最近 3 年无重大违法行为,财务会计报告无虚假记载。证券交易所可以规定高于上述规定的上市条件,并报国务院证券监督管理机构批准。

申请股票上市交易,应当向证券交易所提出申请,由证券交易所依法审核同意,并由双方签订上市协议。申请人申请时应当向证券交易所报送下列文件:(1)上市报告书;(2)申请股票上市的股东大会决议;(3)公司章程;(4)公司营业执照;(5)依法经会计师事务所审计的公司最近3年的财务会计报告;(6)法律意见书和上市保荐书;(7)最近一次的招股说明书;(8)证券交易所上市规则规定的其他文件。股票上市交易申请经证券交易所审核同意后,签订上市协议的公司应当在规定的期限内公告股票上市的有关文件,并将该文件置备于指定场所供公众查阅。同时,它还应当公告一些事项,包括股票获准在证券交易所交易的日期;持有公司股份最多的前10名股东的名单和持股数额;公司的实际控制人;董事、监事、高级管理人员的姓名及其持有本公司股票和债券的情况。

2. 股票上市交易的暂停和终止

上市公司有下列情形之一的,由证券交易所决定暂停其股票上市交易:(1)公司股本总额、股权分布等发生变化不再具备上市条件;(2)公司不按照规定公开其财务状况,或者对财务会计报告作虚假记载,可能误导投资者;(3)公司有重大违法行为;(4)公司最近3年连续亏损;(5)证券交易所上市规则规定的其他情形。

上市公司有下列情形之一的,由证券交易所决定终止其股票上市交易:(1)公司股本总额、股权分布等发生变化不再具备上市条件,在证券交易所规定的期限内仍不能达到上市条件;(2)公司不按照规定公开其财务状况,或者对财务会计报告作虚假记载,且拒绝纠正;(3)公司最近3年连续亏损,在其后一个年度内未能恢复盈利;(4)公司解散或者被宣告破产;(5)证券交易所上市规则规定的其他情形。

(二)公司债券上市交易

1. 债券上市交易的条件和审核程序

公司申请公司债券上市交易,应当符合下列条件:(1)公司债券的期限为1年以上;(2)公司债券实际发行额不少于人民币5 000万元;(3)公司申请债券上市时仍符合法定的公司债券发行条件。

申请公司债券上市交易,应当向证券交易所提出申请,由证券交易所依法审核同意,并由双方签订上市协议。申请人申请时应当向证券交易所报送下列文件:(1)上市报告书;(2)申请公司债券上市的董事会决议;(3)公司章程;(4)公司营业执照;(5)公司债券募集办法;(6)公司债券的实际发行数额;(7)证券交易所上市规则规定的其他文件。申请可转换为股票的公司债券上市交易,还应当报送保荐人出具的上市保荐书。公司债券上市交易申请经证券交易所审核同意后,签订上市协议的公司应当在规定的期限内公告公司债券上市文件及有关文件,并将其申请文件置备于指定场所供公众查阅。

2. 债券上市交易的暂停和终止

公司债券上市交易后,公司有下列情形之一的,由证券交易所决定暂停其公司债券上市交易:(1)公司有重大违法行为;(2)公司情况发生重大变化不符合公司债券上市条件;(3)公司债券所募集资金不按照核准的用途使用;(4)未按照公司债券募集办法履行义务;(5)公司最近 2 年连续亏损。

公司债券上市交易后,公司有下列情形之一的,由证券交易所决定终止其公司债券上市交易:(1)有暂停公司债券上市交易的第(1)项、第(4)项情形之一经查实后果严重的;(2)有暂停公司债券上市交易的第(2)项、第(3)项、第(5)项情形之一,在限期内未能消除的;(3)公司解散或者被宣告破产的。

三、持续信息公开制度

(一)持续信息公开制度的概念

持续信息公开制度,又称持续信息披露制度,是指申请证券上市的证券发行人,在证券上市前后依法将其经营和财务信息予以充分、完整、准确、及时披露,以供证券投资者作投资决策的制度。《证券法》建立了持续信息公开制度,2007 年 1 月 30 日中国证监会发布的《上市公司信息披露管理办法》则对上市公司信息披露作出了具体规定。

持续信息公开制度的实施,使投资者能准确、及时地获得证券发行人、上市公司的主要信息,有利于投资者作出合理的投资决策;也使投资者对公司的经营进行监督,以防止公司经营混乱,维护投资者的合法权益。

(二)持续信息公开的内容

1. 上市报告

经国务院证券监督管理机构核准依法公开发行股票,或者经国务院授权的部门核准依法公开发行公司债券,应当公告招股说明书、公司债券募集办法。依法公开发行新股或者公司债券的,还应当公告财务会计报告。

2. 中期报告

上市公司和公司债券上市交易的公司,应当在每一会计年度的上半年结束之日起 2 个月内,向国务院证券监督管理机构和证券交易所报送中期报告,并予公告。

中期报告的内容包括:(1)公司财务会计报告和经营情况;(2)涉及公司的重大诉讼事项;(3)已发行的股票、公司债券变动情况;(4)提交股东大会审议的重要事项;(5)国务院证券监督管理机构规定的其他事项。

3. 年度报告

上市公司和公司债券上市交易的公司,应当在每一会计年度结束之日起 4 个月内,向国务院证券监督管理机构和证券交易所报送年度报告,并予公告。

年度报告的内容包括:(1)公司概况;(2)公司财务会计报告和经营情况;(3)董事、监事、高级管理人员简介及其持股情况;(4)已发行的股票、公司债券情况,包括持有公司股份最多的前10名股东名单和持股数额;(5)公司的实际控制人;(6)国务院证券监督管理机构规定的其他事项。

4. 临时报告

发生可能对上市公司股票交易价格产生较大影响的重大事件,投资者尚未得知时,上市公司应当立即将有关该重大事件的情况向国务院证券监督管理机构和证券交易所报送临时报告,并予公告,说明事件的起因、目前的状态和可能产生的法律后果。

上述所称重大事件包括:(1)公司的经营方针和经营范围的重大变化;(2)公司的重大投资行为和重大的购置财产的决定;(3)公司订立重要合同,可能对公司的资产、负债、权益和经营成果产生重要影响;(4)公司发生重大债务和未能清偿到期重大债务的违约情况;(5)公司发生重大亏损或者重大损失;(6)公司生产经营的外部条件发生的重大变化;(7)公司的董事、1/3以上监事或者经理发生变动;(8)持有公司5%以上股份的股东或者实际控制人,其持有股份或者控制公司的情况发生较大变化;(9)公司减资、合并、分立、解散及申请破产的决定;(10)涉及公司的重大诉讼,股东大会、董事会决议被依法撤销或者宣告无效;(11)公司涉嫌犯罪被司法机关立案调查,公司董事、监事、高级管理人员涉嫌犯罪被司法机关采取强制措施;(12)国务院证券监督管理机构规定的其他事项。

(三)持续信息公开的要求和法律后果

《证券法》规定,发行人、上市公司依法披露的信息,必须真实、准确、完整,不得有虚假记载、误导性陈述或者重大遗漏。上市公司董事、高级管理人员应当对公司定期报告签署书面确认意见。上市公司监事会应当对董事会编制的公司定期报告进行审核并提出书面审核意见。上市公司董事、监事、高级管理人员应当保证上市公司所披露的信息真实、准确、完整。依法必须披露的信息,应当在国务院证券监督管理机构指定的媒体发布,同时将其置备于公司住所、证券交易所,供社会公众查阅。

发行人、上市公司公告的招股说明书、公司债券募集办法、财务会计报告、上市报告文件、年度报告、中期报告、临时报告以及其他信息披露资料,有虚假记载、误导性陈述或者重大遗漏,致使投资者在证券交易中遭受损失的,发行人、上市公司应当承担赔偿责任;发行人、上市公司的董事、监事、高级管理人员和其他直接责任人员以及保荐人、承销的证券公司,应当与发行人、上市公司承担连带赔偿责任,但是能够证明自己没有过错的除外;发行人、上市公司的控股股东、实际控制人有过错的,应当与发行人、上市公司承担连带赔偿责任。

国务院证券监督管理机构对上市公司年度报告、中期报告、临时报告以及公告的情况进行监督,对上市公司分派或者配售新股的情况进行监督,对上市公司控股股东及其他信息披露义务人的行为进行监督。证券监督管理机构、证券交易所、保荐人、承销的证券公司及有关人员，对公司依照法律、行政法规规定必须作出的公告，在公告前不得泄露其内容。

四、禁止的交易行为

（一）内幕交易

内幕交易，又称内线交易或知情交易，是指知悉证券交易内幕信息的知情人和非法获取内幕信息的人，利用内幕信息自己买卖证券、建议他人买卖证券，或者泄露内幕信息使他人利用该信息买卖证券，从中牟利或者避免损失的行为。内幕交易行为必然会损害证券市场的秩序，因此，《证券法》明文规定禁止这种行为。

证券交易内幕信息的知情人即内幕人员，包括：(1)发行人的董事、监事、高级管理人员；(2)持有公司5%以上股份的股东及其董事、监事、高级管理人员，公司的实际控制人及其董事、监事、高级管理人员；(3)发行人控股的公司及其董事、监事、高级管理人员；(4)由于所任公司职务可以获取公司有关内幕信息的人员；(5)证券监督管理机构工作人员以及由于法定职责对证券的发行、交易进行管理的其他人员；(6)保荐人、承销的证券公司、证券交易所、证券登记结算机构、证券服务机构的有关人员；(7)国务院证券监督管理机构规定的其他人。可见，我国《证券法》所规定的内幕人员的范围较宽。

内幕信息是指证券交易活动中，涉及公司的经营、财务或者对该公司证券的市场价格有重大影响的尚未公开的信息。根据《证券法》的规定，内幕信息包括：(1)上市公司作临时报告所依据的重大事件；(2)公司分配股利或者增资的计划；(3)公司股权结构的重大变化；(4)公司债务担保的重大变更；(5)公司营业用主要资产的抵押、出售或者报废一次超过该资产的30%；(6)公司的董事、监事、高级管理人员的行为可能依法承担重大损害赔偿责任；(7)上市公司收购的有关方案；(8)国务院证券监督管理机构认定的对证券交易价格有显著影响的其他重要信息。

（二）操纵市场

操纵市场，又称操纵行情，是指操纵人利用掌握的资金、信息等优势，采用不正当手段，人为地制造证券行情，操纵或影响证券市场价格，以诱导证券投资者盲目进行证券买卖，从而为自己谋取利益或者转嫁风险的行为。操纵市场行为必然会扭曲证券的供求关系，导致市场机制失灵，并会形成垄断，妨碍竞争，同时还会诱发过度投机，损害投资者的利益。因此，《证券法》明确禁止这种行为，同时规定，操纵证券市场行为给投资者造成损失的，行为人应当依法承担赔偿责任。

操纵市场的行为包括：(1)单独或者通过合谋，集中资金优势、持股优势或者利用信息优势联合或者连续买卖，操纵证券交易价格或者证券交易量；(2)与他人串通，以事先约定的时间、价格和方式相互进行证券交易，影响证券交易价格或者证券交易量；(3)在自己实际控制的账户之间进行证券交易，影响证券交易价格或者证券交易量；(4)以其他手段操纵证券市场。

（三）信息虚假

信息虚假是指证券机构及其人员以及其他有关人员，作出虚假陈述、信息误导，或者编造并传播虚假信息，以影响证券交易的行为。

在证券交易中，投资者主要是根据所了解的证券市场信息和各证券发行人或上市公司的发行、经营信息，作出证券投资的决定。因此，上述信息是否真实、客观，直接关系到投资者能否作出正确的投资决定，关系到投资者的利益。对此，《证券法》第78条规定："禁止国家工作人员、传播媒介从业人员和有关人员编造、传播虚假信息，扰乱证券市场。禁止证券交易所、证券公司、证券登记结算机构、证券服务机构及其从业人员，证券业协会、证券监督管理机构及其工作人员，在证券交易活动中作出虚假陈述或者信息误导。各种传播媒介传播证券市场信息必须真实、客观，禁止误导。"根据《最高人民法院关于审理证券市场因虚假陈述引发的民事赔偿案件的若干规定》，投资人以自己受到虚假陈述侵害为由，有权依据有关机关的行政处罚决定或者人民法院的刑事判决文书对虚假陈述行为人提起民事赔偿诉讼。

（四）欺诈客户

欺诈客户是指在证券交易中，证券公司及其从业人员利用受托人的地位，进行损害投资者利益或者诱使投资者进行证券买卖并从中获利的行为。欺诈客户必然造成投资者利益的损害，最终将损害证券市场的健康发展。因此，《证券法》明确禁止该行为，并且规定，欺诈客户行为给客户造成损失的，行为人应当依法承担赔偿责任。

欺诈客户的行为包括：(1)违背客户的委托为其买卖证券；(2)不在规定时间内向客户提供交易的书面确认文件；(3)挪用客户所委托买卖的证券或者客户账户上的资金；(4)未经客户的委托，擅自为客户买卖证券，或者假借客户的名义买卖证券；(5)为牟取佣金收入，诱使客户进行不必要的证券买卖；(6)利用传播媒介或者通过其他方式提供、传播虚假或者误导投资者的信息；(7)其他违背客户真实意思表示，损害客户利益的行为。

（五）其他禁止行为

在证券交易中，除了不得进行上述行为外，《证券法》还规定了其他禁止从事的行为，具体包括：禁止法人非法利用他人账户从事证券交易；禁止法人出借自己或者他人的证券账户；禁止资金违规流入股市；禁止任何人挪用公款买卖证券；国有企业和国有资产控股的企业不得违反规定买卖上市交易的股票等。

第四节　上市公司收购

一、上市公司收购的概念和方式

(一)上市公司收购的概念

上市公司收购是指投资者以获得某上市公司的控股权或者对该上市公司进行兼并为目的,依法定的程序和方式购入该上市公司公开发行的部分或者全部股份的行为。在收购行为中,实施收购行为的投资者为收购人,作为收购目标的上市公司为被收购公司或目标公司。

(二)上市公司收购的方式

《证券法》第85条规定:"投资者可以采取要约收购、协议收购及其他合法方式收购上市公司。"要约收购是指收购人通过向目标公司股东发出购买其所持该公司股份的要约,并按照该要约所规定的收购条件、收购价格、收购期限等内容进行收购的方式。协议收购是指收购人通过与目标公司的特定股东进行协商达成收购协议,并按照该协议所规定的收购条件、收购价格、收购期限等内容进行收购的方式。其他合法收购方式是指要约收购和协议收购以外法律规定的收购方式。

二、上市公司收购的制度

(一)持股披露制度

持股披露制度是各国证券法用以规范上市公司收购的主要措施,它要求投资者在持有上市公司股份一定比例时或者达到该比例后持股量发生法定比例的增减变化时,必须向证券管理机关和社会公众披露持股情况。其目的在于防止出现操纵市场等行为,也使上市公司的其他投资者及时了解这些大宗股份买卖行为,对今后的投资作出决策。

1. 持有一定股份的披露

通过证券交易所的证券交易,投资者持有或者通过协议、其他安排与他人共同持有一个上市公司已发行的股份达到5%时,应当在该事实发生之日起3日内,向国务院证券监督管理机构、证券交易所作出书面报告,通知该上市公司,并予公告;在上述期限内,不得再行买卖该上市公司的股票。

2. 持股比例增减的披露

投资者持有或者通过协议、其他安排与他人共同持有一个上市公司已发行的股份达到 5%后,其所持该上市公司已发行的股份比例每增加或者减少 5%,应当在该事实发生之日起 3 日内,向国务院证券监督管理机构、证券交易所作出书面报告,通知该上市公司,并予公告。在报告期限内和作出报告、公告后 2 日内,不得再行买卖该上市公司的股票。

依照上述规定所作的书面报告和公告,应当包括下列内容:(1)持股人的名称、住所;(2)持有股票的名称、数额;(3)持股达到法定比例或者持股增减变化达到法定比例的日期。

(二)要约收购制度

《证券法》第 88 条规定,通过证券交易所的证券交易,投资者持有或者通过协议、其他安排与他人共同持有一个上市公司已发行的股份达到 30%时,继续进行收购的,应当依法向该上市公司所有股东发出收购上市公司全部或者部分股份的要约。

1. 公告收购报告书

依照上述规定发出收购要约的,收购人必须公告上市公司收购报告书,并载明下列事项:(1)收购人的名称、住所;(2)收购人关于收购的决定;(3)被收购的上市公司名称;(4)收购目的;(5)收购股份的详细名称和预定收购的股份数额;(6)收购期限、收购价格;(7)收购所需资金额及资金保证;(8)公告上市公司收购报告书时持有被收购公司股份数占该公司已发行的股份总数的比例。收购人还应当将上市公司收购报告书同时提交证券交易所。

2. 公告收购要约

收购要约约定的收购期限不得少于 30 日,并不得超过 60 日。收购要约提出的各项收购条件,适用于被收购公司的所有股东。

在收购要约确定的承诺期限内,收购人不得撤销其收购要约。收购人需要变更收购要约的,必须及时公告,载明具体变更事项。

3. 进行收购

收购要约公告后,在其有效期届满前,收购人应当按照收购要约规定的各项条件进行收购。收购人在收购期限内,不得卖出被收购公司的股票,也不得采取要约规定以外的形式和超出要约的条件买入被收购公司的股票。

收购期限届满,被收购公司股权分布不符合上市条件的,该上市公司的股票应当由证券交易所依法终止上市交易;其余仍持有被收购公司股票的股东,有权向收购人以收购要约的同等条件出售其股票,收购人应当收购。

在上市公司收购中,收购人持有的被收购的上市公司的股票,在收购行为完成后的 12 个月内不得转让。

4. 收购完成后的事项

收购行为完成后，被收购公司不再具备股份有限公司条件的，应当依法变更企业形式。收购行为完成后，收购人与被收购公司合并，并将该公司解散的，被解散公司的原有股票由收购人依法更换。

收购行为完成后，收购人应当在15日内将收购情况报告国务院证券监督管理机构和证券交易所，并予公告。

（三）协议收购制度

1. 签订收购协议

收购人应当依照法律、行政法规的规定，与被收购公司的股东签订收购协议进行股权转让。

2. 报告与公告

签订收购协议后，收购人必须在3日内将该收购协议向国务院证券监督管理机构及证券交易所作出书面报告，并予公告。在未作出公告前，不得履行收购协议。

3. 托管股票、存入资金

为履行协议，协议双方可以临时委托证券登记结算机构保管协议转让的股票，并将资金存放于指定的银行。

4. 收购完成后的事项

这方面的规定与要约收购的规定相同，此处不再赘述。

第五节　证券机构

一、证券交易所

（一）证券交易所的概念和设立

证券交易所是指依法设立，为证券集中交易提供场所和设施，组织和监督证券交易，实行自律管理的法人。从世界各国的情况看，证券交易所有两种，即公司制的营利性法人和会员制的非营利性法人，我国的证券交易所属于后一种。目前，我国有两家证券交易所，即1990年12月设立的上海证券交易所和1991年7月设立的深圳证券交易所。

《证券法》规定，证券交易所的设立和解散，由国务院决定。设立证券交易所必须制定章程，该章程的制定和修改，必须经国务院证券监督管理机构批准。另外，证券交易所必须在其名称中标明证券交易所字样。

(二)证券交易所的机构设置和人员管理

根据《证券法》和 2018 年 1 月 1 日起实施的《证券交易所管理办法》的规定，证券交易所设会员大会、理事会、总经理和监察委员会四种机构。其中，会员大会由全体会员组成，是证券交易所的最高权力机构，决定重大问题。理事会是证券交易所的执行机构，执行会员大会决议，处理日常工作。理事会由 7～13 人组成，会员理事由会员大会选举产生，非会员理事由证监会委派且其人数不少于成员总数的 1/3、不超过成员总数的 1/2。总经理是协助理事会工作的机构，向理事会负责，总经理由国务院证券监督管理机构任免，不得由理事长兼任。监察委员会是证券交易所的监督机构，对理事、总经理活动的合法性进行监督。

《证券法》规定，有下列情形之一的，不得担任证券交易所的负责人：(1)有《公司法》第 146 条规定情形的；(2)因违法行为或者违纪行为被解除职务的证券交易所、证券登记结算机构的负责人或者证券公司的董事、监事、高级管理人员，自被解除职务之日起未逾 5 年的；(3)因违法行为或者违纪行为被撤销资格的律师、注册会计师或者投资咨询机构、财务顾问机构、资信评级机构、资产评估机构、验证机构的专业人员，自被撤销资格之日起未逾 5 年的。另外，因违法行为或者违纪行为被开除的证券交易所、证券登记结算机构、证券服务机构、证券公司的从业人员和被开除的国家机关工作人员，不得招聘为证券交易所的从业人员。

(三)证券交易所的职能

《证券交易所管理办法》规定，证券交易所履行下列职能：(1)提供证券交易的场所、设施和服务；(2)制定和修改证券交易所的业务规则；(3)审核、安排证券上市交易，决定证券暂停上市、恢复上市、终止上市和重新上市；(4)提供非公开发行证券转让服务；(5)组织和监督证券交易；(6)对会员进行监管；(7)对证券上市交易公司及相关信息披露义务人进行监管；(8)对证券服务机构为证券上市、交易等提供服务的行为进行监管；(9)管理和公布市场信息；(10)开展投资者教育和保护；(11)法律、行政法规规定的以及中国证监会许可、授权或者委托的其他职能。

但是，证券交易所不得直接或者间接从事以下业务或活动：(1)新闻出版业；(2)发布对证券价格进行预测的文字和资料；(3)为他人提供担保；(4)未经中国证监会批准的其他业务。

(四)证券交易所的竞价交易规则

1. 进场交易的主体

进入证券交易所参与集中竞价交易的，必须是具有证券交易所会员资格的证券公司。

2. 投资者委托交易

投资者应当在证券公司开立证券交易账户，以书面、电话以及其他方式，委托为其开户的证券公司代其买卖证券。委托方式包括市价委托和限价委托。

3. 提出交易申报

证券公司根据投资者的委托，按照时间优先的规则提出交易申报，参与集中竞价交易。

4. 进行清算交割

证券登记结算机构根据成交结果，按照清算交割规则进行证券和资金的清算交割，办理证券的登记过户手续。

二、证券公司

（一）证券公司的概念

证券公司是指依照《公司法》和《证券法》规定设立的经营证券业务的有限责任公司或者股份有限公司。《证券法》规定，证券公司必须在其名称中标明证券有限责任公司或者证券股份有限公司字样。

（二）证券公司的设立及业务范围

设立证券公司，必须经国务院证券监督管理机构审查批准。未经国务院证券监督管理机构批准，任何单位和个人不得经营证券业务。证券公司设立、收购或者撤销分支机构，变更业务范围，增加注册资本且股权结构发生重大调整，减少注册资本，变更持有5%以上股权的股东、实际控制人，变更公司章程中的重要条款，合并、分立、停业、解散、破产，必须经国务院证券监督管理机构批准。

设立证券公司，应当具备下列条件：(1)有符合法律、行政法规规定的公司章程；(2)主要股东具有持续盈利能力，信誉良好，最近3年无重大违法违规记录，净资产不低于人民币2亿元；(3)有符合法律规定的注册资本；(4)董事、监事、高级管理人员具备任职资格，从业人员具有证券从业资格；(5)有完善的风险管理与内部控制制度；(6)有合格的经营场所和业务设施；(7)法律、行政法规规定的和经国务院批准的国务院证券监督管理机构规定的其他条件。

经国务院证券监督管理机构批准，证券公司可以经营下列部分或者全部业务：(1)证券经纪；(2)证券投资咨询；(3)与证券交易、证券投资活动有关的财务顾问；(4)证券承销与保荐；(5)证券自营；(6)证券资产管理；(7)其他证券业务。证券公司经营上述第(1)项至第(3)项业务的，注册资本最低限额为人民币5 000万元；经营上述第(4)项至第(7)项业务之一的，注册资本最低限额为人民币1亿元；经营上述第(4)项至第(7)项业务中两项以上的，注册资本最低限额为人民币5亿元。证券公司的注册资本应当是实缴资本。

申请人申请设立证券公司的，国务院证券监督管理机构应当自受理证券公司设立申请之日起6个月内，依照法定条件和法定程序并根据审慎监管原则进行审查，作出批准或者不予批准的决定，并通知申请人；不予批准的，应当说明理由。证券公司设立申请获得批准的，申请人应当在规定的期限内向公司登记机关申请设立登记，领取营业执照。证券公司应当自领取营业执照之日起15日内，向国务院证券监督管理机构申请经营证券业务许可证；未取得经营证券业务许可证，证券公司不得经营证券业务。

(三)证券公司的风险管理与内部控制制度

完善的风险管理与内部控制制度是证券公司设立的重要条件，对此《证券法》作出了一些具体规定。

1. 证券公司的风险管理制度

(1)资产负债管理制度。《证券法》第130条规定，国务院证券监督管理机构应当对证券公司的净资本，净资本与负债的比例，净资本与净资产的比例，净资本与自营、承销、资产管理等业务规模的比例，负债与净资产的比例，以及流动资产与流动负债的比例等风险控制指标作出规定。另外，证券公司不得为其股东或者股东的关联人提供融资或者担保。

(2)投资者保护基金制度。《证券法》第134条规定，国家设立证券投资者保护基金。证券投资者保护基金由证券公司缴纳的资金及其他依法筹集的资金组成，其筹集、管理和使用的具体办法由国务院规定。

(3)客户资金管理制度。《证券法》第139条规定，证券公司客户的交易结算资金应当存放在商业银行，以每个客户的名义单独立户管理。证券公司不得将客户的交易结算资金和证券归入其自有财产。禁止任何单位或者个人以任何形式挪用客户的交易结算资金和证券。证券公司破产或者清算时，客户的交易结算资金和证券不属于其破产财产或者清算财产。非因客户本身的债务或者法律规定的其他情形，不得查封、冻结、扣划或者强制执行客户的交易结算资金和证券。

2. 证券公司的内部控制制度

对于证券公司的内部控制制度，《证券法》规定了风险隔离制度，确立了禁止混合操作规则。《证券法》第136条规定，证券公司应当建立健全内部控制制度，采取有效隔离措施，防范公司与客户之间、不同客户之间的利益冲突。证券公司必须将其证券经纪业务、证券承销业务、证券自营业务和证券资产管理业务分开办理，不得混合操作。

(四)证券公司的业务规则

《证券法》及相关法规对证券公司从事的经纪业务、自营业务、证券资产管理业务和融资融券业务进行了规范。

1. 证券公司的经纪业务规则

《证券法》对证券公司经营经纪业务作出以下规定：(1)证券公司办理经纪业务，应当置备统一制定的证券买卖委托书，供委托人使用；采取其他委托方式的，必须作出委托记录。(2)客户的证券买卖委托，不论是否成交，其委托记录应当按照规定的期限，保存于证券公司。(3)证券公司接受证券买卖的委托，应当根据委托书载明的证券名称、买卖数量、出价方式、价格幅度等，按照交易规则代理买卖证券，如实进行交易记录；买卖成交后，应当按照规定制作买卖成交报告单交付客户。(4)证券公司办理经纪业务，不得接受客户的全权委托而决定证券买卖、选择证券种类、决定买卖数量或者买卖价格。(5)证券公司不得以任何方式对客户证券买卖的收益或者赔偿证券买卖的损失作出承诺。(6)证券公司及其从业人员不得未经过其依法设立的营业场所私下接受客户委托买卖证券。

2. 证券公司的自营业务规则

《证券法》第 137 条规定，证券公司的自营业务必须以自己的名义进行，不得假借他人名义或者以个人名义进行。证券公司的自营业务必须使用自有资金和依法筹集的资金。证券公司不得将其自营账户借给他人使用。

3. 证券资产管理业务规则

《证券法》允许证券公司从事证券资产管理业务，但它未对该业务作出具体规范。对此，中国证券业监督管理委员会 2012 年 8 月 1 日发布、2013 年 6 月 26 日修改的《证券公司客户资产管理业务管理办法》作出了详细规定。该办法规定了一般规范、业务范围、基本业务规范、风险控制和客户资产托管等内容。

4. 融资融券业务规则

《证券法》第 142 条规定，证券公司为客户买卖证券提供融资融券服务，应当按照国务院的规定并经国务院证券监督管理机构批准。

(五)对证券公司的监管规则

1. 监管的一般规则

(1)证券公司承担其从业人员的违规责任。《证券法》第 146 条规定，证券公司的从业人员在证券交易活动中，执行所属的证券公司的指令或者利用职务违反交易规则的，由所属的证券公司承担全部责任。

(2)证券公司应依法保存有关资料。《证券法》第 147 条规定，证券公司应当妥善保存客户开户资料、委托记录、交易记录和与内部管理、业务经营有关的各项资料，任何人不得隐匿、伪造、篡改或者毁损。上述资料的保存期限不得少于 20 年。

(3)证券公司及相关主体应依法报送或提供有关信息、资料。《证券法》第 148 条规定，证券公司应当按照规定向国务院证券监督管理机构报送业务、财务等经营管理信息和资料。国务院证券监督管理机构有权要求证券公司及其股东、实际控制人在指定的期限内提供有关信息、资料。证券公司及其股东、实际控制人向国务院证券监督管理机构报送或者提供的信息、资料，必须真实、准确、完整。

(4)证券监管机构可对证券公司进行审计、评估。《证券法》第 149 条规定，国务院证券监督管理机构认为有必要时，可以委托会计师事务所、资产评估机构对证券公司的财务状况、内部控制状况、资产价值进行审计或者评估。

2. 对违规的监管措施

(1)对公司不达风险控制指标的监管措施。《证券法》第 150 条规定，证券公司的净资本或者其他风险控制指标不符合规定的，国务院证券监督管理机构应当责令其限期改正；逾期未改正，或者其行为严重危及该证券公司的稳健运行、损害客户合法权益的，国务院证券监督管理机构可以区别情形，对其采取下列措施：①限制业务活动，责令暂停部分业务，停止批准新业务；②停止批准增设、收购营业性分支机构；③限制分配红利，限制向董事、监事、高级管理人员支付报酬、提供福利；④限制转让财产或者在财产上设定其他权利；⑤责令更换董事、监事、高级管理人员或者限制其权利；⑥责令控股股东转让股权或者限制有关股东行使股东权利；⑦撤销有关业务许可。证券公司整改后，应当向国务院证券监督管理机构提交报告。国务院证券监督管理机构经验收，符合有关风险控制指标的，应当自验收完毕之日起 3 日内解除对其采取的前款规定的有关措施。

(2)对股东虚假出资、抽逃出资的监管措施。《证券法》第 151 条规定，证券公司的股东有虚假出资、抽逃出资行为的，国务院证券监督管理机构应当责令其限期改正，并可责令其转让所持证券公司的股权。在前款规定的股东按照要求改正违法行为、转让所持证券公司的股权前，国务院证券监督管理机构可以限制其股东权利。

(3)对公司管理层未勤勉尽责的监管措施。《证券法》第 152 条规定，证券公司的董事、监事、高级管理人员未能勤勉尽责，致使证券公司存在重大违法违规行为或者重大风险的，国务院证券监督管理机构可以撤销其任职资格，并责令公司予以更换。

(4)对公司违法经营或出现重大风险的监管措施。《证券法》第 153 条规定，证券公司违法经营或者出现重大风险，严重危害证券市场秩序、损害投资者利益的，国务院证券监督管理机构可以对该证券公司采取责令停业整顿、指定其他机构托管、接管或者撤销等监管措施。该法第 154 条还规定，在证券公司被责令停业整顿、被依法指定托管、接管或者清算期间，或者出现重大风险时，经国务院证券监督管理机构批准，可以对该证券公司直接负责的董事、监事、高级管理人员和其他直接责任人员采取以下措施：①通知出境管理机关依法阻止其出境；②申请司法机关禁止其转移、转让或者以其他方式处分财产，或者在财产上设定其他权利。

三、证券登记结算机构

(一)证券登记结算机构的概念和设立

证券登记结算机构是指为证券交易提供集中登记、存管与结算服务,不以营利为目的的法人。

设立证券登记结算机构,必须经国务院证券监督管理机构批准。设立该机构应具备下列条件:(1)自有资金不少于人民币2亿元;(2)具有证券登记、存管和结算服务所必需的场所和设施;(3)主要管理人员和从业人员必须具有证券从业资格;(4)国务院证券监督管理机构规定的其他条件。另外,证券登记结算机构的名称中应当标明"证券登记结算"字样。

(二)证券登记结算机构的职能和业务规则

《证券法》规定,证券登记结算机构履行下列职能:(1)证券账户、结算账户的设立;(2)证券的存管和过户;(3)证券持有人名册登记;(4)证券交易所上市证券交易的清算和交收;(5)受发行人的委托派发证券权益;(6)办理与上述业务有关的查询;(7)国务院证券监督管理机构批准的其他业务。

证券登记结算机构的业务规则有:(1)证券登记结算采取全国集中统一的运营方式;(2)为投资者开立证券账户;(3)不得挪用客户的证券;(4)向证券发行人提供证券持有人名册及其有关资料;(5)提供净额结算服务时,应当要求结算参与人按照货银对付的原则,足额交付证券和资金,并提供交收担保;(6)收取的各类结算资金和证券,必须存放于专门的清算交收账户,只能用于已成交的证券交易的清算交收;(7)根据证券登记结算的结果,确认证券持有人持有证券的事实,提供证券持有人登记资料;(8)保证证券持有人名册和登记过户记录真实、准确、完整;(9)采取措施保证业务的正常进行,如具有必备的服务设施和完善数据安全保护措施等;(10)妥善保存登记、存管和结算的原始凭证及有关文件和资料,保存期限不得少于20年;(11)设立结算风险基金,用于垫付或者弥补因违约交收、技术故障、操作失误、不可抗力造成的证券登记结算机构的损失。

四、证券交易服务机构

(一)证券交易服务机构的概念

证券交易服务机构是指为证券市场和市场主体提供各种服务的社会中介机构。它包括证券咨询机构、财务顾问机构、资信评级机构、资产评估机构、会计师事务所、律师事务所等。

证券交易服务机构虽然不直接参与证券的发行和交易,只是为证券的发行和交易提供各类服务，但是在证券市场上却发挥着重要的作用。

（二）证券交易服务机构的管理规定

投资咨询机构、财务顾问机构、资信评级机构、资产评估机构、会计师事务所从事证券服务业务，必须经国务院证券监督管理机构和有关主管部门批准。

投资咨询机构、财务顾问机构、资信评级机构从事证券服务业务的人员，必须具备证券专业知识和从事证券业务或者证券服务业务2年以上经验。律师被吊销执业证书的，不得再从事证券法律业务；律师被中国证监会采取证券市场禁入措施或者被司法行政机关给予停止执业处罚的，在规定禁入或者停止执业的期间不得从事证券法律业务。

律师事务所从事证券法律业务，可以为下列事项出具法律意见：(1)首次公开发行股票及上市；(2)上市公司发行证券及上市；(3)上市公司的收购、重大资产重组及股份回购；(4)上市公司实行股权激励计划；(5)上市公司召开股东大会；(6)境内企业直接或者间接到境外发行证券、将其证券在境外上市交易；(7)证券公司、证券投资基金管理公司及其分支机构的设立、变更、解散、终止；(8)证券投资基金的募集、证券公司集合资产管理计划的设立；(9)证券衍生品种的发行及上市；(10)中国证监会规定的其他事项。

投资咨询机构及其从业人员从事证券服务业务不得有下列行为：(1)代理委托人从事证券投资；(2)与委托人约定分享证券投资收益或者分担证券投资损失；(3)买卖本咨询机构提供服务的上市公司股票；(4)利用传播媒介或者通过其他方式提供、传播虚假或者误导投资者的信息；(5)法律、行政法规禁止的其他行为。有上述行为之一，给投资者造成损失的，依法承担赔偿责任。

证券服务机构为证券的发行、上市、交易等证券业务活动制作、出具审计报告、资产评估报告、财务顾问报告、资信评级报告或者法律意见书等文件，应当勤勉尽责，对所制作、出具的文件内容的真实性、准确性、完整性进行核查和验证。其制作、出具的文件有虚假记载、误导性陈述或者重大遗漏，给他人造成损失的，应当与发行人、上市公司承担连带赔偿责任，但是能够证明自己没有过错的除外。

五、证券业协会

（一）证券业协会的概念和机构设置

证券业协会是证券业的自律性组织，是社会团体法人。《证券法》规定，证券公司应当加入证券业协会。1991年8月28日，中国证券业协会正式成立。

证券业协会的权力机构是由全体会员组成的会员大会。会员大会的职责主要是制定和修改章程、审议协会工作计划、听取理事会工作报告等。协会设理事会，作为其执行机构，它的主要职责是执行会员大会的决议，制订协会年度工作计划和实施办法等。

(二)证券业协会的职责

证券业协会履行以下职责：(1)教育和组织会员遵守证券法律、行政法规；(2)依法维护会员的合法权益，向证券监督管理机构反映会员的建议和要求；(3)收集整理证券信息，为会员提供服务；(4)制定会员应遵守的规则，组织会员单位的从业人员的业务培训，开展会员间的业务交流；(5)对会员之间、会员与客户之间发生的证券业务纠纷进行调解；(6)组织会员就证券业的发展、运作及有关内容进行研究；(7)监督、检查会员行为，对违反法律、行政法规或者协会章程的，按照规定给予纪律处分；(8)证券业协会章程规定的其他职责。

六、证券监督管理机构

(一)证券监督管理机构的设立和职责

《证券法》规定，国务院证券监督管理机构依法对证券市场实行监督管理，维护证券市场秩序，保障其合法运行。目前，该机构就是中国证券监督管理委员会。

国务院证券监督管理机构履行以下职责：(1)依法制定有关证券市场监督管理的规章、规则，并依法行使审批或者核准权；(2)依法对证券的发行、上市、交易、登记、存管、结算，进行监督管理；(3)依法对证券发行人、上市公司、证券交易所、证券公司、证券登记结算机构、证券投资基金管理公司、证券服务机构的证券业务活动，进行监督管理；(4)依法制定从事证券业务人员的资格标准和行为准则，并监督实施；(5)依法监督检查证券发行、上市和交易的信息公开情况；(6)依法对证券业协会的活动进行指导和监督；(7)依法对违反证券市场监督管理法律、行政法规的行为进行查处；(8)法律、行政法规规定的其他职责。

(二)证券监督管理机构及其工作人员履行职责的措施和义务

证券监督管理机构在履行职责时可以采取以下措施：(1)对证券发行人、上市公司、证券公司、证券投资基金管理公司、证券服务机构、证券交易所、证券登记结算机构进行现场检查；(2)进入涉嫌违法行为发生场所调查取证；(3)询问当事人和与被调查事件有关的单位和个人，要求其对与被调查事件有关的事项作出说明；(4)查阅、复制与被调查事件有关的财产权登记、通信记录等资料；(5)查阅、复制当事人和与被调查事件有关的单位和个人的证券交易记录、登记过户记录、财务会计资料及其他相关文件和资料；对可能被转移、隐匿或者毁损的文件和资料，可以予以封存；(6)查询当事人和与被调查事件有关的单位和个人的资金账户、证券账户和银行账户；对有证据证明已经或者可能转移，或者隐匿违法资金、证券等涉案财产，或者隐匿、伪造、毁损重要证据的，经国务院证券监督管理机构主要负责人批准，可以冻结或者查封；(7)在调查操纵证券市场、内幕交易等重大证券违法行为时，经国务院证券监督管理机构主要负责人批准，可以限制被调查事件当事人的证券买卖，但限制的期限不得超过15个交易日；案情复杂的，可以延长15个交易日。

证券监督管理机构及其工作人员在履行职责时应当履行以下义务：(1)进行监督检查时，人员不得少于2人并出示有关证件，并对知悉的商业秘密负有保密义务；(2)依法制定的规章、规则和监督管理工作制度应当进行公开；(3)对证券违法行为作出的处罚决定必须公开；(4)发现证券违法行为涉嫌犯罪的，应当将案件移送司法机关处理；(5)工作人员不得在被监管的机构中任职。

第六节 证券投资基金

一、证券投资基金概述

(一)证券投资基金的概念和特征

证券投资基金是指通过发售基金份额募集资金形成独立的基金财产，由基金管理人管理、基金托管人托管，以资产组合方式进行证券投资，基金份额持有人按其所持份额享受收益和承担风险的投资工具。证券投资基金主要具有以下特征：

1. 证券投资基金是以集资的方式集合资金用于证券投资

集资的方式主要是向投资者发行基金券，将众多投资者分散的小额资金汇集成一个较大数额的基金，对股票、债券等有价证券进行投资。

2. 证券投资基金是利用信托关系进行证券投资

所谓信托，就是将本人的财产委托给可以信赖的第三者，让其按照本人的要求加以管理和运用的行为。投资者将财产委托专业机构进行证券投资，就是对该机构的信任，而该机构完全是按照投资者的要求进行管理和投资，并将收益分配给投资者，显然这是一种信托行为。

3. 证券投资基金是间接的证券投资方式

投资者购买基金份额后，基金以自己的财产投资于证券市场，显然投资者的证券投资是间接的。因此，投资者不能参与发行证券的公司的决策和管理。

(二)证券投资基金的种类

根据不同的分类标准，证券投资基金可以分成不同的种类。其中，最常见的分类有以下几种：

1. 根据基金组织形态的不同，分为信托型基金和公司型基金

信托型基金，又称契约型基金，是指基金发起人依据其与基金管理人、基金托管人订立的基金契约，通过发行有受益性质的基金单位而组建的证券投资基金。信托型基金不具有法人资格，而是以基金契约为基础形成的松散的组织体。

公司型基金是指投资者按照为了共同投资目标而组成的以营利为目的的股份制投资公司，并将形成的公司资产投资于有价证券的证券投资基金。公司型基金通过发行股票筹集资金，是具有法人资格的经济组织。公司型基金是美国普遍采用的基金形式，我国目前还没有这种基金形式。

2. 根据基金运作方式的不同，分为开放式基金和封闭式基金

开放式基金是指基金份额总额不固定，基金份额可以在基金合同约定的时间和场所申购或者赎回的基金。

封闭式基金是指基金份额总额在基金合同期限内固定不变，基金份额持有人不得申请赎回的基金。由于封闭式基金的投资者在基金合同期限内不能向发行机构赎回基金份额，基金份额的变现必须通过证券交易场所上市交易。

《中华人民共和国证券投资基金法》(以下简称《证券投资基金法》)第 45 条规定："基金的运作方式可以采用封闭式、开放式或者其他方式。"

3. 根据基金募集方式的不同，分为私募基金和公募基金

私募基金是指以非公开方式向特定投资者募集资金并以证券为投资对象的证券投资基金。私募基金是以大众传播以外的手段招募，发起人集合非公众性多元主体的资金设立投资基金，进行证券投资。

公募基金是指以公开方式向社会公众投资者募集资金并以证券为投资对象的证券投资基金。公募基金是以大众传播手段招募，发起人集合公众资金设立投资基金，进行证券投资。

根据《证券投资基金法》第 2 条的规定，我国允许以公开或者非公开方式募集资金设立证券投资基金。

二、证券投资基金法律关系

证券投资基金法律关系是法律确认和保障的证券投资基金当事人之间形成的权利和义务关系。它包括证券投资基金法律关系的主体、客体和内容。证券投资基金法律关系的主体是指基金持有人、基金管理人和基金托管人，证券投资基金法律关系的内容是指各主体之间的权利和义务，证券投资基金法律关系的客体是指基金财产。从性质上看，证券投资基金法律关系属于信托法律关系。

(一)证券投资基金法律关系的当事人

1. 基金份额持有人

基金份额持有人是指购买证券投资基金份额的投资者。在证券投资基金法律关系中,基金份额持有人处于信托人和受益人的地位,享有广泛的权利,履行相应的义务。

基金份额持有人享有下列权利:(1)分享基金财产收益;(2)参与分配清算后的剩余基金财产;(3)依法转让或者申请赎回其持有的基金份额;(4)按照规定要求召开基金份额持有人大会或者召集基金份额持有人大会;(5)对基金份额持有人大会审议事项行使表决权;(6)对基金管理人、基金托管人、基金服务机构损害其合法权益的行为依法提起诉讼;(7)基金合同约定的其他权利。此外,公开募集基金的基金份额持有人有权查阅或者复制公开披露的基金信息资料;非公开募集基金的基金份额持有人对涉及自身利益的情况,有权查阅基金的财务会计账簿等财务资料。

《证券投资基金法》规定,基金份额持有人大会及其日常机构是基金的组织。基金份额持有人大会由全体基金份额持有人组成,行使下列职权:(1)决定基金扩募或者延长基金合同期限;(2)决定修改基金合同的重要内容或者提前终止基金合同;(3)决定更换基金管理人、基金托管人;(4)决定调整基金管理人、基金托管人的报酬标准;(5)基金合同约定的其他职权。按照基金合同约定,基金份额持有人大会可以设立日常机构,它由基金份额持有人大会选举产生的人员组成,行使下列职权:(1)召集基金份额持有人大会;(2)提请更换基金管理人、基金托管人;(3)监督基金管理人的投资运作、基金托管人的托管活动;(4)提请调整基金管理人、基金托管人的报酬标准;(5)基金合同约定的其他职权。日常机构的议事规则,由基金合同约定。

基金份额持有人大会由基金管理人召集。基金份额持有人大会设立日常机构的,由该日常机构召集;该日常机构未召集的,由基金管理人召集。基金管理人未按规定召集或者不能召开的,由基金托管人召集。代表基金份额 10%以上的基金份额持有人就同一事项要求召开基金份额持有人大会,而基金份额持有人大会的日常机构、基金管理人、基金托管人都不召集的,代表基金份额 10%以上的基金份额持有人有权自行召集,并报国务院证券监督管理机构备案。召开基金份额持有人大会,召集人应当至少提前 30 日公告基金份额持有人大会的召开时间、会议形式、审议事项、议事程序和表决方式等事项。

基金份额持有人大会就审议事项作出决定,应当经参加大会的基金份额持有人所持表决权的 1/2 以上通过;但是,转换基金的运作方式、更换基金管理人或者基金托管人、提前终止基金合同、与其他基金合并,应当经参加大会的基金份额持有人所持表决权的 2/3 以上通过。基金份额持有人大会决定的事项,应当依法报国务院证券监督管理机构备案，并予以公告。

2. 基金管理人

基金管理人是指依法设立基金，并根据基金合同负责基金管理，具体从事基金投资活动的当事人。《证券投资基金法》规定，基金管理人由依法设立的公司或者合伙企业担任。公开募集基金的基金管理人，由基金管理公司或者经国务院证券监督管理机构按照规定核准的其他机构担任。

该法还规定，设立管理公开募集基金的基金管理公司，应当具备下列条件，并经国务院证券监督管理机构批准：(1)有符合本法和《公司法》规定的章程；(2)注册资本不低于1亿元人民币，且必须为实缴货币资本；(3)主要股东应当具有经营金融业务或者管理金融机构的良好业绩、良好的财务状况和社会信誉，资产规模达到国务院规定的标准，最近3年没有违法记录；(4)取得基金从业资格的人员达到法定人数；(5)董事、监事、高级管理人员具备相应的任职条件；(6)有符合要求的营业场所、安全防范设施和与基金管理业务有关的其他设施；(7)有良好的内部治理结构、完善的内部稽核监控制度、风险控制制度；(8)法律、行政法规规定的和经国务院批准的国务院证券监督管理机构规定的其他条件。国务院证券监督管理机构应当自受理基金管理公司设立申请之日起6个月内依照本法第13条规定的条件和审慎监管原则进行审查，作出批准或者不予批准的决定，并通知申请人；不予批准的，应当说明理由。

公开募集基金的基金管理人应当履行下列职责：(1)依法募集资金，办理基金份额的发售和登记事宜；(2)办理基金备案手续；(3)对所管理的不同基金财产分别管理、分别记账，进行证券投资；(4)按照基金合同的约定确定基金收益分配方案，及时向基金份额持有人分配收益；(5)进行基金会计核算并编制基金财务会计报告；(6)编制中期和年度基金报告；(7)计算并公告基金资产净值，确定基金份额申购、赎回价格；(8)办理与基金财产管理业务活动有关的信息披露事项；(9)按照规定召集基金份额持有人大会；(10)保存基金财产管理业务活动的记录、账册、报表和其他相关资料；(11)以基金管理人名义，代表基金份额持有人利益行使诉讼权利或者实施其他法律行为；(12)国务院证券监督管理机构规定的其他职责。

公开募集基金的基金管理人及其董事、监事、高级管理人员和其他从业人员不得有下列行为：(1)将其固有财产或者他人财产混同于基金财产从事证券投资；(2)不公平地对待其管理的不同基金财产；(3)利用基金财产或者职务之便为基金份额持有人以外的人牟取利益；(4)向基金份额持有人违规承诺收益或者承担损失；(5)侵占、挪用基金财产；(6)泄露因职务便利获取的未公开信息、利用该信息从事或者明示、暗示他人从事相关的交易活动；(7)玩忽职守，不按照规定履行职责；(8)法律、行政法规和国务院证券监督管理机构规定禁止的其他行为。

公开募集基金的基金管理人的股东、实际控制人应当按照国务院证券监督管理机构的规定及时履行重大事项报告义务，并不得有下列行为：(1)虚假出资或者抽逃出资；(2)未依法经股东会或者董事会决议擅自干预基金管理人的基金经营活动；(3)要求基金管理人利用基金财产为自己或者他人牟取利益，损害基金份额持有人利益；(4)国务院证券监督管理机构规定禁止的其他行为。

公开募集基金的基金管理人违法违规，或者其内部治理结构、稽核监控和风险控制管理不符合规定的，国务院证券监督管理机构应当责令其限期改正；逾期未改正，或者其行为严重危及该基金管理人的稳健运行、损害基金份额持有人合法权益的，国务院证券监督管理机构可以区别情形，对其采取下列措施：(1)限制业务活动，责令暂停部分或者全部业务；(2)限制分配红利，限制向董事、监事、高级管理人员支付报酬、提供福利；(3)限制转让固有财产或者在固有财产上设定其他权利；(4)责令更换董事、监事、高级管理人员或者限制其权利；(5)责令有关股东转让股权或者限制有关股东行使股东权利。公开募集基金的基金管理人整改后，应当向国务院证券监督管理机构提交报告。国务院证券监督管理机构经验收，符合有关要求的，应当自验收完毕之日起3日内解除对其采取的有关措施。

公开募集基金的基金管理人违法经营或者出现重大风险，严重危害证券市场秩序、损害基金份额持有人利益的，国务院证券监督管理机构可以对该基金管理人采取责令停业整顿、指定其他机构托管、接管、取消基金管理资格或者撤销等监管措施。在公开募集基金的基金管理人被责令停业整顿、被依法指定托管、接管或者清算期间，或者出现重大风险时，经国务院证券监督管理机构批准，可以对该基金管理人直接负责的董事、监事、高级管理人员和其他直接责任人员采取下列措施：(1)通知出境管理机关依法阻止其出境；(2)申请司法机关禁止其转移、转让或者以其他方式处分财产，或者在财产上设定其他权利。

有下列情形之一的，公开募集基金的基金管理人职责终止：(1)被依法取消基金管理资格；(2)被基金份额持有人大会解任；(3)依法解散、被依法撤销或者被依法宣告破产；(4)基金合同约定的其他情形。公开募集基金的基金管理人职责终止的，应当遵循以下规定：首先，基金份额持有人大会应当在6个月内选任新基金管理人；新基金管理人产生前，由国务院证券监督管理机构指定临时基金管理人。其次，应当妥善保管基金管理业务资料，及时办理基金管理业务的移交手续，新基金管理人或者临时基金管理人应当及时接收。再次，应当按照规定聘请会计师事务所对基金财产进行审计，并将审计结果予以公告，同时报国务院证券监督管理机构备案。

3. 基金托管人

基金托管人是指根据基金合同的规定直接控制和管理基金财产并按照基金管理

人的指示进行具体资金运作的基金当事人。《证券投资基金法》规定，基金托管人由依法设立的商业银行或者其他金融机构担任。商业银行担任基金托管人的，由国务院证券监督管理机构会同国务院银行业监督管理机构核准；其他金融机构担任基金托管人的，由国务院证券监督管理机构核准。

担任基金托管人，应当具备下列条件：(1)净资产和风险控制指标符合有关规定；(2)设有专门的基金托管部门；(3)取得基金从业资格的专职人员达到法定人数；(4)有安全保管基金财产的条件；(5)有安全高效的清算、交割系统；(6)有符合要求的营业场所、安全防范设施和与基金托管业务有关的其他设施；(7)有完善的内部稽核监控制度和风险控制制度；(8)法律、行政法规规定的和经国务院批准的国务院证券监督管理机构、国务院银行业监督管理机构规定的其他条件。另外，基金托管人与基金管理人不得为同一人，不得相互出资或者持有股份。

基金托管人应当履行下列职责：(1)安全保管基金财产；(2)按照规定开设基金财产的资金账户和证券账户；(3)对所托管的不同基金财产分别设置账户，确保基金财产的完整与独立；(4)保存基金托管业务活动的记录、账册、报表和其他相关资料；(5)按照基金合同的约定，根据基金管理人的投资指令，及时办理清算、交割事宜；(6)办理与基金托管业务活动有关的信息披露事项；(7)对基金财务会计报告、中期和年度基金报告出具意见；(8)复核、审查基金管理人计算的基金资产净值和基金份额申购、赎回价格；(9)按照规定召集基金份额持有人大会；(10)按照规定监督基金管理人的投资运作；(11)国务院证券监督管理机构规定的其他职责。

基金托管人发现基金管理人的投资指令违反法律、行政法规和其他有关规定，或者违反基金合同约定的，应当拒绝执行，立即通知基金管理人，并及时向国务院证券监督管理机构报告。基金托管人发现基金管理人依据交易程序已经生效的投资指令违反法律、行政法规和其他有关规定，或者违反基金合同约定的，应当立即通知基金管理人，并及时向国务院证券监督管理机构报告。

基金托管人不再具备法律规定的条件，或者未能勤勉尽责，在履行法律规定的职责时存在重大失误的，国务院证券监督管理机构、国务院银行业监督管理机构应当责令其改正；逾期未改正，或者其行为严重影响所托管基金的稳健运行、损害基金份额持有人利益的，国务院证券监督管理机构、国务院银行业监督管理机构可以区别情形，对其采取下列措施：(1)限制业务活动，责令暂停办理新的基金托管业务；(2)责令更换负有责任的专门基金托管部门的高级管理人员。基金托管人整改后，应当向国务院证券监督管理机构、国务院银行业监督管理机构提交报告；经验收，符合有关要求的，应当自验收完毕之日起 3 日内解除对其采取的有关措施。

国务院证券监督管理机构、国务院银行业监督管理机构对有下列情形之一的基金托管人，可以取消其基金托管资格：(1)连续3年没有开展基金托管业务的；(2)违反本法规定，情节严重的；(3)法律、行政法规规定的其他情形。

有下列情形之一的，基金托管人职责终止：(1)被依法取消基金托管资格；(2)被基金份额持有人大会解任；(3)依法解散、被依法撤销或者被依法宣告破产；(4)基金合同约定的其他情形。基金托管人职责终止的，应当遵循以下规定：首先，基金份额持有人大会应当在6个月内选任新基金托管人；新基金托管人产生前，由国务院证券监督管理机构指定临时基金托管人。其次，应当妥善保管基金财产和基金托管业务资料，及时办理基金财产和基金托管业务的移交手续，新基金托管人或者临时基金托管人应当及时接收。再次，应当按照规定聘请会计师事务所对基金财产进行审计，并将审计结果予以公告，同时报国务院证券监督管理机构备案。

需要注意的是，为了保护基金财产和基金份额持有人的利益，《证券投资基金法》第18、19条对公开募集基金的基金管理人的董事、监事、高级管理人员和其他从业人员以及基金托管人的专门基金托管部门的高级管理人员和其他从业人员作出以下规定：第一，本人、配偶、利害关系人进行证券投资，应当事先向基金管理人申报，并不得与基金份额持有人发生利益冲突；第二，不得担任基金托管人或者其他基金管理人的任何职务，不得从事损害基金财产和基金份额持有人利益的证券交易及其他活动。

（二）证券投资基金财产

1. 证券投资基金财产的概念

证券投资基金财产是指基金管理人在设立基金时依法募集的财产以及基金在运作中依法取得的财产。由于证券投资基金属于信托法律关系，因而基金财产的性质类似于信托财产，具有独立性，即独立于基金持有人、基金管理人和基金托管人。

基金财产主要包括两大部分：(1)基金管理人在设立基金过程中依法募集的财产。根据《证券投资基金法》规定，基金募集期限届满，封闭式基金募集的基金份额总额达到准予注册规模的80％以上，开放式基金募集的基金份额总额超过准予注册的最低募集份额总额，并且基金份额持有人人数符合国务院证券监督管理机构规定的，基金管理人办理了规定的手续后，证券投资基金成立，基金财产形成。(2)基金投资运作过程中所得的收益，即基金管理人和基金托管人通过对基金资产的投资、管理和运用而获得的财产收益。

2. 证券投资基金财产的规定

《证券投资基金法》规定，基金财产独立于基金管理人、基金托管人的固有财产。基金管理人、基金托管人不得将基金财产归入其固有财产。基金管理人、基金托管人因基金财产的管理、运用或者其他情形而取得的财产和收益，归入基金财产。基金管理人、基金托管人因依法解散、被依法撤销或者被依法宣告破产等原因进行清算的，基金财产不属于其清算财产。

基金财产的债权，不得与基金管理人、基金托管人固有财产的债务相抵销；不同基金财产的债权债务，不得相互抵销。基金财产的债务由基金财产本身承担，基金份额持有人以其出资为限对基金财产的债务承担责任；但基金合同依照本法另有约定的，从其约定。非因基金财产本身承担的债务，不得对基金财产强制执行。

三、公开募集基金

（一）公开募集基金的程序

根据《证券投资基金法》第50条第2款的规定，公开募集基金包括向不特定对象募集资金、向特定对象募集资金累计超过200人，以及法律、行政法规规定的其他情形。

1. 基金募集的注册

《证券投资基金法》第50条第1款规定："公开募集基金，应当经国务院证券监督管理机构注册。未经注册，不得公开或者变相公开募集基金。"

注册公开募集基金，由拟任基金管理人向国务院证券监督管理机构提交下列文件：(1)申请报告；(2)基金合同草案；(3)基金托管协议草案；(4)招募说明书草案；(5)律师事务所出具的法律意见书；(6)国务院证券监督管理机构规定提交的其他文件。

公开募集基金的基金合同应当包括下列内容：(1)募集基金的目的和基金名称；(2)基金管理人、基金托管人的名称和住所；(3)基金的运作方式；(4)封闭式基金的基金份额总额和基金合同期限，或者开放式基金的最低募集份额总额；(5)确定基金份额发售日期、价格和费用的原则；(6)基金份额持有人、基金管理人和基金托管人的权利、义务；(7)基金份额持有人大会召集、议事及表决的程序和规则；(8)基金份额发售、交易、申购、赎回的程序、时间、地点、费用计算方式，以及给付赎回款项的时间和方式；(9)基金收益分配原则、执行方式；(10)基金管理人、基金托管人报酬的提取、支付方式与比例；(11)与基金财产管理、运用有关的其他费用的提取、支付方式；(12)基金财产的投资方向和投资限制；(13)基金资产净值的计算方法和公告方式；(14)基金募集未达到法定要求的处理方式；(15)基金合同解除和终止的事由、程序以及基金财产清算方式；(16)争议解决方式；(17)当事人约定的其他事项。

公开募集基金的基金招募说明书应当包括下列内容：(1)基金募集申请的准予注册文件名称和注册日期；(2)基金管理人、基金托管人的基本情况；(3)基金合同和基金托管协议的内容摘要；(4)基金份额的发售日期、价格、费用和期限；(5)基金份额的发售方式、发售机构及登记机构名称；(6)出具法律意见书的律师事务所和审计基金财产的会计师事务所的名称和住所；(7)基金管理人、基金托管人报酬及其他有关费用的提取、支付方式与比例；(8)风险警示内容；(9)国务院证券监督管理机构规定的其他内容。

国务院证券监督管理机构应当自受理公开募集基金的募集注册申请之日起 6 个月内依照法律、行政法规及国务院证券监督管理机构的规定进行审查，作出注册或者不予注册的决定，并通知申请人；不予注册的，应当说明理由。

2. 基金募集的进行

基金募集申请经注册后，方可发售基金份额。基金份额的发售，由基金管理人或者其委托的基金销售机构办理。基金管理人应当在基金份额发售的 3 日前公布招募说明书、基金合同及其他有关文件。

基金管理人应当自收到准予注册文件之日起 6 个月内进行基金募集。超过 6 个月开始募集，原注册的事项未发生实质性变化的，应当报国务院证券监督管理机构备案；发生实质性变化的，应当向国务院证券监督管理机构重新提交注册申请。基金募集不得超过国务院证券监督管理机构准予注册的基金募集期限。基金募集期限自基金份额发售之日起计算。

3. 验资和备案

《证券投资基金法》第 58 条规定，基金募集期限届满，封闭式基金募集的基金份额总额达到准予注册规模的 80%以上，开放式基金募集的基金份额总额超过准予注册的最低募集份额总额，并且基金份额持有人人数符合国务院证券监督管理机构规定的，基金管理人应当自募集期限届满之日起 10 日内聘请法定验资机构验资，自收到验资报告之日起 10 日内，向国务院证券监督管理机构提交验资报告，办理基金备案手续，并予以公告。

该法第 60 条还规定，投资人交纳认购的基金份额的款项时，基金合同成立；基金管理人依照本法第 58 条的规定向国务院证券监督管理机构办理基金备案手续，基金合同生效。基金募集期限届满，不能满足本法第 58 条规定的条件的，基金管理人应当承担下列责任：(1)以其固有财产承担因募集行为而产生的债务和费用；(2)在基金募集期限届满后 30 日内返还投资人已交纳的款项，并加计银行同期存款利息。

(二)基金份额的交易

《证券投资基金法》规定，申请基金份额上市交易，基金管理人应当向证券交易所提出申请，证券交易所依法审核同意的，双方应当签订上市协议。基金份额上市交易，应当符合下列条件：(1)基金的募集符合本法规定；(2)基金合同期限为 5 年以上；(3)基金募集金额不低于 2 亿元人民币；(4)基金份额持有人不少于 1 000 人；(5)基金份额上市交易规则规定的其他条件。

基金份额上市交易后，有下列情形之一的，由证券交易所终止其上市交易，并报国务院证券监督管理机构备案：(1)不再具备上述法律规定的上市交易条件；(2)基金合同期限届满；(3)基金份额持有人大会决定提前终止上市交易；(4)基金合同约定的或者基金份额上市交易规则规定的终止上市交易的其他情形。

(三)基金份额的申购与赎回

《证券投资基金法》规定，开放式基金的基金份额的申购、赎回、登记，由基金管理人或者其委托的基金服务机构办理。基金管理人应当在每个工作日办理基金份额的申购、赎回业务；基金合同另有约定的，从其约定。投资人交付申购款项，申购成立；基金份额登记机构确认基金份额时，申购生效。基金份额持有人递交赎回申请，赎回成立；基金份额登记机构确认赎回时，赎回生效。

基金管理人应当按时支付赎回款项，但是下列情形除外：(1)因不可抗力导致基金管理人不能支付赎回款项；(2)证券交易场所依法决定临时停市，导致基金管理人无法计算当日基金资产净值；(3)基金合同约定的其他特殊情形。发生上述情形之一的，基金管理人应当在当日报国务院证券监督管理机构备案。上述规定的情形消失后，基金管理人应当及时支付赎回款项。

开放式基金应当保持足够的现金或者政府债券，以备支付基金份额持有人的赎回款项。基金财产中应当保持的现金或者政府债券的具体比例，由国务院证券监督管理机构规定。

基金份额的申购、赎回价格，依据申购、赎回日基金份额净值加、减有关费用计算。基金份额净值计价出现错误时，基金管理人应当立即纠正，并采取合理的措施防止损失进一步扩大。计价错误达到基金份额净值0.5%时，基金管理人应当公告，并报国务院证券监督管理机构备案。因基金份额净值计价错误造成基金份额持有人损失的，基金份额持有人有权要求基金管理人、基金托管人予以赔偿。

(四)基金的投资与信息披露

1. 基金的投资

基金管理人运用基金财产进行证券投资，除国务院证券监督管理机构另有规定外，应当采用资产组合的方式。资产组合的具体方式和投资比例，依照本法和国务院证券监督管理机构的规定在基金合同中约定。

基金财产应当用于下列投资：一是上市交易的股票、债券；二是国务院证券监督管理机构规定的其他证券及其衍生品种。基金财产不得用于下列投资或者活动：(1)承销证券；(2)违反规定向他人贷款或者提供担保；(3)从事承担无限责任的投资；(4)买卖其他基金份额，但是国务院证券监督管理机构另有规定的除外；(5)向基金管理人、基金托管人出资；(6)从事内幕交易、操纵证券交易价格及其他不正当的证券交易活动；(7)法律、行政法规和国务院证券监督管理机构规定禁止的其他活动。

运用基金财产买卖基金管理人、基金托管人及其控股股东、实际控制人或者与其有其他重大利害关系的公司发行的证券或承销期内承销的证券，或者从事其他重大关联交易的，应当遵循基金份额持有人利益优先的原则，防范利益冲突，符合国务院证券监督管理机构的规定，并履行信息披露义务。

2. 基金的信息披露

在基金的投资运作中，为了保障基金持有人的合法权益，基金管理人、基金托管人和其他基金信息披露义务人应当依法披露基金信息，并保证所披露信息的真实性、准确性和完整性。同时，基金信息披露义务人应当确保应予披露的基金信息在国务院证券监督管理机构规定时间内披露，并保证投资人能够按照基金合同约定的时间和方式查阅或者复制公开披露的信息资料。

公开披露的基金信息包括：(1)基金招募说明书、基金合同、基金托管协议；(2)基金募集情况；(3)基金份额上市交易公告书；(4)基金资产净值、基金份额净值；(5)基金份额申购、赎回价格；(6)基金财产的资产组合季度报告、财务会计报告及中期和年度基金报告；(7)临时报告；(8)基金份额持有人大会决议；(9)基金管理人、基金托管人的专门基金托管部门的重大人事变动；(10)涉及基金财产、基金管理业务、基金托管业务的诉讼或者仲裁；(11)国务院证券监督管理机构规定应予披露的其他信息。

公开披露基金信息，不得有下列行为：(1)虚假记载、误导性陈述或者重大遗漏；(2)对证券投资业绩进行预测；(3)违规承诺收益或者承担损失；(4)诋毁其他基金管理人、基金托管人或者基金销售机构；(5)法律、行政法规和国务院证券监督管理机构规定禁止的其他行为。

(五)基金合同的变更和终止

《证券投资基金法》规定，按照基金合同的约定或者基金份额持有人大会的决议，基金可以转换运作方式或者与其他基金合并。

封闭式基金扩募或者延长基金合同期限，应当符合下列条件，并报国务院证券监督管理机构备案：(1)基金运营业绩良好；(2)基金管理人最近2年内没有因违法违规行为受到行政处罚或者刑事处罚；(3)基金份额持有人大会决议通过；(4)本法规定的其他条件。

有下列情形之一的，基金合同终止：(1)基金合同期限届满而未延期；(2)基金份额持有人大会决定终止；(3)基金管理人、基金托管人职责终止，在6个月内没有新基金管理人、新基金托管人承接；(4)基金合同约定的其他情形。

基金合同终止时，基金管理人应当组织清算组对基金财产进行清算。清算组由基金管理人、基金托管人以及相关的中介服务机构组成。清算组作出的清算报告经会计师事务所审计，律师事务所出具法律意见书后，报国务院证券监督管理机构备案并公告。清算后的剩余基金财产，应当按照基金份额持有人所持份额比例进行分配。

四、非公开募集基金

1. 合格投资者

《证券投资基金法》第 87 条第 1 款规定，非公开募集基金应当向合格投资者募集，合格投资者累计不得超过 200 人。该法第 91 条还规定："非公开募集基金，不得向合格投资者之外的单位和个人募集资金，不得通过报刊、电台、电视台、互联网等公众传播媒体或者讲座、报告会、分析会等方式向不特定对象宣传推介。"

所谓合格投资者，是指达到规定资产规模或者收入水平，并且具备相应的风险识别能力和风险承担能力、其基金份额认购金额不低于规定限额的单位和个人。

2. 基金管理人的登记

《证券投资基金法》规定，担任非公开募集基金的基金管理人，应当按照规定向基金行业协会履行登记手续，报送基本情况。未经登记，任何单位或者个人不得使用"基金"或者"基金管理"字样或者近似名称进行证券投资活动；但是，法律、行政法规另有规定的除外。

3. 制定并签订基金合同

非公开募集基金，应当制定并签订基金合同。基金合同应当包括下列内容：(1)基金份额持有人、基金管理人、基金托管人的权利、义务；(2)基金的运作方式；(3)基金的出资方式、数额和认缴期限；(4)基金的投资范围、投资策略和投资限制；(5)基金收益分配原则、执行方式；(6)基金承担的有关费用；(7)基金信息提供的内容、方式；(8)基金份额的认购、赎回或者转让的程序和方式；(9)基金合同变更、解除和终止的事由、程序；(10)基金财产清算方式；(11)当事人约定的其他事项。

按照基金合同约定，非公开募集基金可以由部分基金份额持有人作为基金管理人负责基金的投资管理活动，并在基金财产不足以清偿其债务时对基金财产的债务承担无限连带责任。上述规定的非公开募集基金，其基金合同还应载明：(1)承担无限连带责任的基金份额持有人和其他基金份额持有人的姓名或者名称、住所；(2)承担无限连带责任的基金份额持有人的除名条件和更换程序；(3)基金份额持有人增加、退出的条件、程序以及相关责任；(4)承担无限连带责任的基金份额持有人和其他基金份额持有人的转换程序。

4. 备案和报告

非公开募集基金募集完毕，基金管理人应当向基金行业协会备案。对募集的资金总额或者基金份额持有人的人数达到规定标准的基金，基金行业协会应当向国务院证券监督管理机构报告。

五、基金服务机构

随着基金行业的迅速发展，其专业程度不断提高，相关服务业务也得到快速发展。为了适应这种迅速发展的需要，修正后的《证券投资基金法》专章对基金销售、基金销售支付、基金份额登记、基金估值服务、基金投资顾问、基金评价、信息技术系统服务等基金服务机构做出明确规定。

（一）基金服务机构的一般规定

1. 基金服务机构的注册或者备案

《证券投资基金法》规定，从事公开募集基金的销售、销售支付、份额登记、估值、投资顾问、评价、信息技术系统服务等基金服务业务的机构，应当按照国务院证券监督管理机构的规定进行注册或者备案。

2. 基金服务机构的基本义务

《证券投资基金法》规定，基金服务机构应当勤勉尽责、恪尽职守，建立应急等风险管理制度和灾难备份系统，不得泄露与基金份额持有人、基金投资运作相关的非公开信息。

3. 基金销售结算资金、基金份额的保护

《证券投资基金法》规定，基金销售结算资金、基金份额独立于基金销售机构、基金销售支付机构或者基金份额登记机构的自有财产。基金销售机构、基金销售支付机构或者基金份额登记机构破产或者清算时，基金销售结算资金、基金份额不属于其破产财产或者清算财产。非因投资人本身的债务或者法律规定的其他情形，不得查封、冻结、扣划或者强制执行基金销售结算资金、基金份额。

《证券投资基金法》还规定，基金销售机构、基金销售支付机构、基金份额登记机构应当确保基金销售结算资金、基金份额的安全、独立，禁止任何单位或者个人以任何形式挪用基金销售结算资金、基金份额。

（二）基金服务机构的具体规定

1. 基金销售机构的规定

《证券投资基金法》规定，基金销售机构应当向投资人充分揭示投资风险，并根据投资人的风险承担能力销售不同风险等级的基金产品。

2. 基金销售支付机构的规定

《证券投资基金法》规定，基金销售支付机构应当按照规定办理基金销售结算资金的划付，确保基金销售结算资金安全、及时划付。

3. 基金份额登记机构的规定

《证券投资基金法》规定，基金份额登记机构应当妥善保存登记数据，并将基金份额持有人名称、身份信息及基金份额明细等数据备份至国务院证券监督管理机构认定的机构。其保存期限自基金账户销户之日起不得少于 20 年。基金份额登记机构应当保证登记数据的真实、准确、完整,不得隐匿、伪造、篡改或者毁损。

4. 基金投资顾问机构的规定

《证券投资基金法》规定,基金投资顾问机构及其从业人员提供基金投资顾问服务,应当具有合理的依据,对其服务能力和经营业绩进行如实陈述,不得以任何方式承诺或者保证投资收益,不得损害服务对象的合法权益。

5. 基金评价机构的规定

《证券投资基金法》规定,基金评价机构及其从业人员应当客观公正,按照依法制定的业务规则开展基金评价业务,禁止误导投资人,防范可能发生的利益冲突。

6. 信息技术系统服务机构

《证券投资基金法》规定,基金管理人、基金托管人、基金服务机构的信息技术系统,应当符合规定的要求。国务院证券监督管理机构可以要求信息技术系统服务机构提供该信息技术系统的相关资料。

7. 律师事务所、会计师事务所的规定

《证券投资基金法》规定,律师事务所、会计师事务所接受基金管理人、基金托管人的委托,为有关基金业务活动出具法律意见书、审计报告、内部控制评价报告等文件,应当勤勉尽责,对所依据的文件资料内容的真实性、准确性、完整性进行核查和验证。其制作、出具的文件有虚假记载、误导性陈述或者重大遗漏,给他人财产造成损失的,应当与委托人承担连带赔偿责任。

六、基金的行业管理和政府监管

(一)基金的行业管理

《证券投资基金法》规定,基金行业协会是证券投资基金行业的自律性组织,是社会团体法人。基金管理人、基金托管人应当加入基金行业协会,基金服务机构可以加入基金行业协会。

基金行业协会的权力机构为全体会员组成的会员大会。基金行业协会设理事会,理事会成员依章程的规定由选举产生。基金行业协会章程由会员大会制定,并报国务院证券监督管理机构备案。

基金行业协会履行下列职责:(1)教育和组织会员遵守有关证券投资的法律、行政法规,维护投资人合法权益;(2)依法维护会员的合法权益,反映会员的建议和要求;(3)制定和实施行业自律规则,监督、检查会员及其从业人员的执业行为,对违反自律规则和协会章程的,按照规定给予纪律处分;(4)制定行业执业标准和业务规范,组织基金从业人员的从业考试、资质管理和业务培训;(5)提供会员服务,组织行业交流,推动行业创新,开展行业宣传和投资人教育活动;(6)对会员之间、会员与客户之间发生的基金业务纠纷进行调解;(7)依法办理非公开募集基金的登记、备案;(8)协会章程规定的其他职责。

(二)基金的政府监管

根据《证券投资基金法》的规定,国务院证券监督管理机构对证券投资基金的活动依法实施监管。

国务院证券监督管理机构依法履行下列职责:(1)制定有关证券投资基金活动监督管理的规章、规则,并行使审批、核准或者注册权;(2)办理基金备案;(3)对基金管理人、基金托管人及其他机构从事证券投资基金活动进行监督管理,对违法行为进行查处,并予以公告;(4)制定基金从业人员的资格标准和行为准则,并监督实施;(5)监督检查基金信息的披露情况;(6)指导和监督基金行业协会的活动;(7)法律、行政法规规定的其他职责。

国务院证券监督管理机构依法履行职责,有权采取下列措施:(1)对基金管理人、基金托管人、基金服务机构进行现场检查,并要求其报送有关的业务资料。(2)进入涉嫌违法行为发生场所调查取证。(3)询问当事人和与被调查事件有关的单位和个人,要求其对与被调查事件有关的事项作出说明。(4)查阅、复制与被调查事件有关的财产权登记、通讯记录等资料。(5)查阅、复制当事人和与被调查事件有关的单位和个人的证券交易记录、登记过户记录、财务会计资料及其他相关文件和资料;对可能被转移、隐匿或者毁损的文件和资料,可以予以封存。(6)查询当事人和与被调查事件有关的单位和个人的资金账户、证券账户和银行账户;对有证据证明已经或者可能转移或者隐匿违法资金、证券等涉案财产或者隐匿、伪造、毁损重要证据的,经国务院证券监督管理机构主要负责人批准,可以冻结或者查封。(7)在调查操纵证券市场、内幕交易等重大证券违法行为时,经国务院证券监督管理机构主要负责人批准,可以限制被调查事件当事人的证券买卖,但限制的期限不得超过15个交易日;案情复杂的,可以延长15个交易日。

复习思考题

1. 如何理解证券法的基本原则?
2. 公开发行股票应具备哪些条件?
3. 试述证券交易的基本制度。
4. 法律对证券公司监管作出哪些规定?
5. 谈谈证券投资基金公开募集法律制度的主要内容。

第七章　期货法

期货交易是商品经济发展到一定阶段的产物，它在发现商品价格、转移价格风险、平衡供求关系方面发挥着重要作用。从各国情况看，期货交易都是在期货市场上进行，而期货市场已经成为市场经济中重要的组成部分。20 世纪 90 年代开始，我国开始建立期货市场，并在部分商品上开展期货交易。为了规范期货交易行为和交易市场，保障期货交易各方权益，维护社会经济秩序和社会公共利益，促进社会主义市场经济的发展，我国开始着手期货交易管理的立法，并已制定了一系列期货交易管理的法规。本章主要介绍期货法的一般问题以及期货交易所、期货公司、期货交易规则等法律制度。

第一节　期货法概述

一、期货交易的概念和功能

（一）期货交易的概念

期货交易有广义和狭义之分。从狭义上说，期货交易是指在期货交易所内集中买卖某种期货合约的交易活动。也就是说，参加期货买卖的交易各方，在依法缴纳保证金后委托期货公司在法定的期货交易场所内买卖期货合约[①]，该合约约定在将来的某一时间和地点交割一定数量的标的物。期货交易的目的不是转移标的物的所有权，而是规避现货价格的风险。从广义上说，期货交易除了上述交易外，还包括期货选择权

---

① 根据《期货交易管理条例》第 2 条第 3 款、第 4 款的解释，期货合约是指期货交易场所统一制定的、规定在将来某一特定的时间和地点交割一定数量标的物的标准化合约。期货合约包括商品期货合约和金融期货合约及其他期货合约。期权合约是指期货交易场所统一制定的、规定买方有权在将来某一时间以特定价格买入或者卖出约定标的物（包括期货合约）的标准化合约。

合约的交易。《期货交易管理条例》第2条第2款规定:"期货交易,是指采用公开的集中交易方式或者国务院期货监督管理机构批准的其他方式进行的以期货合约或者期权合约为交易标的的交易活动。"可见,我国的期货交易是指广义的期货。

根据交易的品种,期货交易可以分为商品期货交易和金融期货交易。商品期货交易就是以实物作为交易标的物的期货交易,金融期货交易则是以金融产品为交易标的物的期货交易。目前,在我国期货市场中,可以进行商品期货交易,也允许进行金融期货交易。

一般认为,规范化的期货交易产生于美国。19世纪中叶,芝加哥成为美国农产品的集散中心,收获季节时大量谷物涌入市场,导致价格下降,农场主利益受损,而来年播种季节时谷物大幅减少,引起价格暴涨,加工商、消费者利益受损。于是,谷物产地的经销商在交通要冲设立商行、修建仓库,收获季节时利用银行贷款收购谷物并储存起来,来年播种季节时则将谷物运往芝加哥出售,从而缓解了季节性供求矛盾,抑制了价格的剧烈波动。但是这些经销商却面临谷物过冬期间的价格风险和偿还银行贷款的风险。为了避免这些风险,产地经销商与芝加哥的经销商和加工商签订现货远期合同,提前卖出谷物。1848年,美国82位商人发起组建了世界上第一个期货交易所——芝加哥期货交易所,进行远期合同交易和合同期满后所进行的现货交割。与此同时,一些非谷物商人为牟利,买卖远期合同来赚取差价,成为期货交易的参与者。1865年,芝加哥期货交易所率先推出标准化期货合约,极大地便利了期货合约的流通转让。同年,芝加哥期货交易所又实行了保证金制度。1891年,明尼亚波里谷物交易所首先设立了结算所,之后芝加哥期货交易所也成立了结算所。标准化合约、保证金制度和现代结算所的推行和设立,标志着现代意义的期货交易的产生和规范化期货市场的建立。20世纪60年代开始,一些非耐储藏品和工业初级原材料、制造品陆续进入期货交易所,突破了只交易耐藏农产品的格局。到了20世纪70年代,随着全球金融投资事业的扩大,金融期货在美国诞生,之后许多国家和地区都相继推出了金融期货交易,目前金融期货交易已经成为国际期货交易的主流。[①]

(二)期货交易的特征

期货交易与现货交易等其他商品交易方式相比,具有鲜明的特点,具体表现在:

1. 期货交易是一种合约交易

在期货交易所进行期货买卖时,交易双方买卖的不是现货,而是期货合约或者期权合约,因而不需要双方当场交付和接收商品。在期货合约期满之前,买方或卖方通过卖出或买入与其所持期货合约的品种、数量及交割月份相同但交易方向相反的期货

① 唐波:《期货法论》,世界图书出版公司1998年版,第1～2页。

合约,可以解除交割实物的义务,因此真正需要履约并进行实物交割的在成交合约中的比例很低。在期权交易中,投资者往往通过买卖合约来实现自己投资的目的。

2. 期货交易采用标准化的合约

当标准化期货合约出现时,期货交易才产生。因此,在期货交易中,必须使用标准化的期货合约和期权合约。合约的条款,除了商品价格由交易各方协商外,均由期货交易所统一制定并标准化。标准化合约的出现,便于交易活动的进行。

3. 期货交易必须在依法设立的期货交易场所进行

期货交易各方必须通过期货交易所进行期货买卖,各国一般都明文规定禁止场外交易和直接交易。在我国,根据《期货交易管理条例》第4条的规定:"期货交易应当在依照本条例第六条第一款规定设立的期货交易所、国务院批准的或者国务院期货监督管理机构批准的其他期货交易场所进行。禁止在前款规定的期货交易场所之外进行期货交易。"由于依法设立的期货交易场所不仅为交易者提供了交易场所和交易设施,而且为期货交易制定了包括结算交割制度在内的各项规章制度并对制度的实施进行监督,因而在这些交易场所进行交易能保障其公平和有序。

4. 期货交易实行保证金制度

与现货交易、证券交易等交易方式不同的是,在期货交易中,交易者不需要先支付期货合约中的全部货款,只需支付一定的履约保证金。因此,从某种角度说,期货交易允许买空卖空。

5. 期货交易大多是投机交易

在期货交易中,多数交易者通过预测某种交易标的物价格的涨落变化,进行期货合约的买卖,以获取标的物价格的差额,从而实现保值或盈利的目的。显然,交易者通过期货交易更多的是为了投机获利,而不是为了获取交易的标的物。在期权交易中,投资者通过买进或卖出期权,不仅可以达到商品或者期货合约保值的目的,而且还可以获得由于商品或者期货合约价格升降而带来的盈利机会。

(三)期货交易的功能

1. 价格发现

交易各方在期货交易场所通过公开竞价而形成期货价格,这种价格能够真实地反映交易商品的价格变动趋势,因而具有权威性,通过传播对生产者和经营者起着重要的指导作用。

2. 套期保值

交易各方通过期货交易对其现在或将来拥有的商品价格进行风险转移。由于同种商品的现货市场价格和期货市场价格呈现相同的运动方向,因此,期货交易使得期货市场的盈亏可以弥补或抵消现货市场的亏盈,从而达到转移价格风险的目的。

3. 平衡供求，抑制价格

期货价格对市场调节具有超前性，它可以影响生产者和经营者的决策来平衡供求关系，从而抑制价格波动，合理配置社会资源。

二、期货法的概念和基本原则

（一）期货法的概念

期货法有广义和狭义之分。从狭义上说，期货法是指调整国家在管理期货交易中的经济关系的法律规范的总称。这表明，狭义的期货法仅调整期货交易管理关系，因而它实质上是期货管理法。从广义上说，期货法是调整期货交易关系的法律规范的总称。期货交易关系就是在期货交易活动中形成的各种社会关系，它不仅包括期货交易主体相互之间的横向的、平等的经济关系，如期货交易关系、期货经纪关系、期货投资咨询服务关系、期货投资基金委托关系等，而且还包括期货交易管理关系，如政府主管部门对期货交易的监督管理关系、期货行业协会对期货交易的自律管理关系。这里所讲的期货法，是在广义上使用的概念。

在我国，对期货市场的探索始于 20 世纪 80 年代末。1988 年初，国务院发展研究中心与国家体制改革委员会联合成立了“期货市场研究工作小组”，对我国期货市场的试点方案设计进行了初步探索。之后，在该小组的组织下，河南等省市成立了地方性的期货交易市场研究工作小组，进行当地试点方案的研究。1990 年 10 月 12 日，中国郑州粮食批发市场正式开业，这成为自中华人民共和国成立以来期货市场发展的起点。之后，各地陆续成立了一些期货市场。1992 年 1 月 18 日，深圳有色金属交易所开业。1992 年 5 月，上海金属交易所开业。1993 年 5 月，在郑州粮食批发市场的基础上，郑州商品交易所成立。至 1993 年底，全国有 31 家期货交易所开业，1993 年全年总成交金额达到 7 150 亿元。另外，1992 年 12 月，上海证券交易所首先推出国债期货合约，同年上海外汇调剂中心开始试行外汇期货交易，这表明我国金融期货市场开始运作。与此同时，随着 1992 年 8 月第一家期货经纪公司——广东万通期货经纪公司的诞生，期货经纪公司在全国大批涌现。[①]

在期货市场发展的初期，由于没有规范期货交易行为和交易市场的法规，因而期货交易和期货市场运作不够规范，问题较多，从而妨碍了期货市场的健康发展。为了规范期货交易行为和期货市场，自 1993 年起国家开始进行期货立法，制定了一系列期货方面的行政法规和部门规章，如《期货交易管理暂行条例》《期货交易所管理办法》《期货经纪公司管理办法》《期货经纪公司登记管理暂行办法》《期货业从业人员资格管

---

① 唐波：《期货法论》，世界图书出版公司 1998 年版，第 31～34 页。

理办法》《期货经纪公司高级管理人员任职资格管理办法》《中国证券监督管理委员会关于规范期货经纪公司接受出资若干问题的通知》等。近年来，随着期货市场的迅速发展，这些法规已经不能完全适应形势的变化，对此立法机关开展了立、改、废的活动。2007 年 3 月 6 日，国务院颁布了《期货交易管理条例》(国务院令第 489 号)。此后，根据 2012 年 10 月 24 日《国务院关于修改〈期货交易管理条例〉的决定》、2013 年 7 月 18 日《国务院关于废止和修改部分行政法规的决定》、2016 年 2 月 6 日《国务院关于修改部分行政法规的决定》和 2017 年 3 月 1 日《国务院关于修改和废止部分行政法规的决定》分别对《期货交易管理条例》进行过四次修订。《期货交易管理条例》颁布后，中国证券监督管理委员会制定了一系列规章，如《期货交易所管理办法》《期货公司管理办法》《期货公司风险监管指标管理试行办法》《期货公司董事、监事和高级管理人员任职资格管理办法》《期货公司金融期货结算业务试行办法》《证券期货业信息安全保障管理办法》等。这些法规的制定和修改，使我国初步形成了规范期货交易行为和期货市场的法律体系框架。另外，最高人民法院于 2003 年 6 月 18 日、2010 年 12 月 31 日发布了《最高人民法院关于审理期货纠纷案件若干问题的规定》和《最高人民法院关于审理期货纠纷案件若干问题的规定(二)》。

(二)期货法的基本原则

1. 公开、公平、公正原则

《期货交易管理条例》第 3 条规定，从事期货交易活动，应当遵循公开、公平、公正原则。所谓公开，就是期货交易活动和所涉及的信息都必须公开，以保证期货交易的公平和公正。所谓公平，就是在期货交易中，各方主体的法律地位平等，他们之间所产生的权利义务应当对等。所谓公正，就是期货监管部门必须依法履行职责，平等对待各种主体，确保期货交易公平进行。

2. 诚实信用原则

《期货交易管理条例》第 3 条规定，从事期货交易活动，应当遵循诚实信用原则。所谓诚实信用，就是在期货交易活动中，当事人必须诚实守信，不得欺骗他人，当事人之间、当事人与社会之间必须保持利益的平衡。在期货交易中，投资者只能通过期货公司的经纪活动来进行交易，因此，期货公司应当遵循诚实信用原则，以适当的技能和小心谨慎、勤勉尽责的态度执行作为客户的投资者的委托，同时不得隐瞒重要事项或者使用其他不正当手段诱骗客户发出交易指令。

3. 合法原则

合法原则是立法的普遍原则，也是期货法的基本原则。因此，根据《期货交易管理条例》第 3 条的规定，在期货交易中，各方当事人必须严格遵守法律、法规，禁止欺诈、内幕交易和操纵期货交易价格等违法行为。《期货交易管理条例》第 4 条还规定："期货交易应当在依照本条例第六条第一款规定设立的期货交易所、国务院批准的或者国务院期货监督管理机构批准的其他期货交易场所进行。禁止在前款规定的期货交易场所之外进行期货交易。”

4. 政府监管和行业自律管理相结合原则

期货市场涉及的主体很多，各方目标和利益又不完全相同，因此，要使期货市场能够健康、有序发展，政府就必须进行严格监管。同时，期货市场健康、有序发展，是各方取得利益的基础，也是各方追求的共同目标，因此，期货业完全可以实行行业自律管理。基于此，《期货交易管理条例》第 5 条第 1 款规定："国务院期货监督管理机构对期货市场实行集中统一的监督管理。"[①]《期货交易管理条例》第五章则专门阐述了期货业协会对期货行业的自律管理。

第二节 期货交易所

一、期货交易所的概念和职责

期货交易所是指依照法律规定设立，不以营利为目的，履行法律规定的职责，按照章程和交易规则实行自律管理的法人。经中国证监会批准，期货交易所可以采取会员制或者公司制的组织形式。

《期货交易管理条例》第 10 条规定，期货交易所履行下列职责：(1)提供交易的场所、设施和服务；(2)设计合约，安排合约上市；(3)组织并监督交易、结算和交割；(4)为期货交易提供集中履约担保；(5)按照章程和交易规则对会员进行监督管理；(6)国务院期货监督管理机构规定的其他职责。根据《期货交易所管理办法》的规定，其他职责包括：制定并实施期货交易所的交易规则及其实施细则；发布市场信息；监管会员及其客户、指定交割仓库、期货保证金存管银行及期货市场其他参与者的期货业务；查处违规行为。

二、期货交易所的设立、变更和终止

(一)期货交易所的设立

设立期货交易所，由中国证监会审批。经中国证监会批准设立的期货交易所，应当标明"商品交易所"或者"期货交易所"字样。其他任何单位或者个人不得使用期货

---

① 目前，国务院期货监督管理机构为中国证券监督管理委员会，简称中国证监会。

交易所或者近似的名称。

《期货交易所管理办法》规定，申请设立期货交易所，应当向中国证监会提交下列文件和材料：(1)申请书；(2)章程和交易规则草案；(3)期货交易所的经营计划；(4)拟加入会员或者股东名单；(5)理事会成员候选人或者董事会和监事会成员名单及简历；(6)拟任用高级管理人员的名单及简历；(7)场地、设备、资金证明文件及情况说明；(8)中国证监会规定的其他文件、材料。

(二)期货交易所的变更

期货交易所成立后，出现下列情形的，应当经中国证监会批准：(1)制定、修改章程、交易规则；(2)上市、中止、取消或者恢复交易品种；(3)国务院期货监督管理机构规定的其他事项。

另外，期货交易所的合并、分立，也应由中国证监会批准。期货交易所合并可以采取吸收合并和新设合并两种方式，合并前各方的债权、债务由合并后存续或者新设的期货交易所承继。期货交易所分立的，其债权、债务由分立后的期货交易所承继。期货交易所设立分所或者其他任何期货交易场所，应当经中国证监会批准。

(三)期货交易所的终止

期货交易所的终止是指期货交易所因法定原因而关闭。根据法律规定，终止的原因包括解散、合并和分立。

根据《期货交易所管理办法》的规定，期货交易所因下列情形之一解散：(1)章程规定的营业期限届满；(2)会员大会或者股东大会决定解散；(3)中国证监会决定关闭。期货交易所因上述第(1)项、第(2)项情形解散的，由中国证监会批准。

期货交易所终止的，由中国证监会予以公告，并成立清算组进行清算。清算组制定的清算方案，应当报中国证监会批准。

三、期货交易所的组织机构

(一)会员制期货交易所的组织机构

1. 会员大会

会员大会是会员制期货交易所的权力机构，由全体会员组成。会员通过会员大会表达意愿，决定重大事项。

会员大会行使下列职权：(1)审定期货交易所章程、交易规则及其修改草案；(2)选举和更换会员理事；(3)审议批准理事会和总经理的工作报告；(4)审议批准期货交易所的财务预算方案、决算报告；(5)审议期货交易所风险准备金使用情况；(6)决定增加或者减少期货交易所注册资本；(7)决定期货交易所的合并、分立、解散和清算事项；(8)决定期货交易所理事会提交的其他重大事项；(9)期货交易所章程规定的其他职权。

会员大会由理事会召集，每年召开一次。有下列情形之一的，应当召开临时会员大会：会员理事不足期货交易所章程规定人数的 2/3；1/3 以上会员联名提议；理事会认为必要。

会员大会由理事长主持。召开会员大会，应当将会议审议的事项于会议召开 10 日前通知会员。临时会员大会不得对通知中未列明的事项作出决议。

会员大会有 2/3 以上会员参加方为有效。会员大会应当对表决事项制作会议纪要，由出席会议的理事签名。会员大会结束之日起 10 日内，期货交易所应当将大会全部文件报告中国证监会。

2. 理事会

理事会是会员大会的常设机构，对会员大会负责，每届任期 3 年。理事会由会员理事和非会员理事组成；其中会员理事由会员大会选举产生，非会员理事由中国证监会委派。理事会设理事长 1 人、副理事长 1～2 人。理事长、副理事长的任免，由中国证监会提名，理事会通过。理事长不得兼任总经理。

理事会行使下列职权：(1)召集会员大会，并向会员大会报告工作；(2)拟订期货交易所章程、交易规则及其修改草案，提交会员大会审定；(3)审议总经理提出的财务预算方案、决算报告，提交会员大会通过；(4)审议期货交易所合并、分立、解散和清算的方案，提交会员大会通过；(5)决定专门委员会的设置；(6)决定会员的接纳和退出；(7)决定对违规行为的纪律处分；(8)决定期货交易所变更名称、住所或者营业场所；(9)审议批准根据章程和交易规则制定的细则和办法；(10)审议结算担保金的使用情况；(11)审议批准风险准备金的使用方案；(12)审议批准总经理提出的期货交易所发展规划和年度工作计划；(13)审议批准期货交易所对外投资计划；(14)监督总经理组织实施会员大会和理事会决议的情况；(15)监督期货交易所高级管理人员和其他工作人员遵守国家有关法律、行政法规、规章、政策和期货交易所章程、交易规则及其实施细则的情况；(16)组织期货交易所年度财务会计报告的审计工作，决定会计师事务所的聘用和变更事项；(17)期货交易所章程规定和会员大会授予的其他职权。

理事长行使下列职权：(1)主持会员大会、理事会会议和理事会日常工作；(2)组织协调专门委员会的工作；(3)检查理事会决议的实施情况并向理事会报告。另外，副理事长协助理事长工作。理事长因故临时不能履行职权的，由理事长指定的副理事长或者理事代其履行职权。

理事会会议至少每半年召开一次。每次会议应当于会议召开 10 日前通知全体理事。有下列情形之一的，应当召开理事会临时会议：1/3 以上理事联名提议；期货交易所章程规定的情形；中国证监会提议。理事会召开临时会议，可以另定召集理事会临时会议的通知方式和通知时限。

理事会会议须有2/3以上理事出席方为有效，其决议须经全体理事1/2以上表决通过。理事会应当对会议表决事项作成会议记录，由出席会议的理事和记录员在会议记录上签名。理事会会议结束之日起10日内，理事会应当将会议决议及其他会议文件报告中国证监会。

理事会可以根据需要设立监察、交易、结算、交割、会员资格审查、纪律处分、调解、财务和技术等专门委员会。各专门委员会对理事会负责，其职责、任期和人员组成等事项由理事会规定。

3. 总经理

总经理是会员制期货交易所的最高行政领导，负责主持期货交易所的日常管理工作。期货交易所设总经理1人，副总经理若干人。总经理、副总经理由中国证监会任免。总经理每届任期3年，连任不得超过两届。总经理是期货交易所的法定代表人，也是当然理事。

总经理行使下列职权：(1)组织实施会员大会、理事会通过的制度和决议；(2)主持期货交易所的日常工作；(3)根据章程和交易规则拟订有关细则和办法；(4)决定结算担保金的使用；(5)拟订风险准备金的使用方案；(6)拟订并实施经批准的期货交易所发展规划、年度工作计划；(7)拟订并实施经批准的期货交易所对外投资计划；(8)拟订期货交易所财务预算方案、决算报告；(9)拟订期货交易所合并、分立、解散和清算的方案；(10)拟订期货交易所变更名称、住所或者营业场所的方案；(11)决定期货交易所机构设置方案，聘任和解聘工作人员；(12)决定期货交易所员工的工资和奖惩；(13)期货交易所章程规定的或者理事会授予的其他职权。另外，总经理因故临时不能履行职权的，由总经理指定的副总经理代其履行职权。

(二)公司制期货交易所的组织机构

1. 股东大会

股东大会是公司制期货交易所的权力机构，由全体股东组成。股东通过股东大会表达意愿，决定重大事项。

股东大会行使下列职权：(1)会员制期货交易所会员大会行使的第(1)项、第(4)项至第(7)项规定的职权；(2)选举和更换非由职工代表担任的董事、监事；(3)审议批准董事会、监事会和总经理的工作报告；(4)决定期货交易所董事会提交的其他重大事项；(5)期货交易所章程规定的其他职权。

股东大会会议的召开及议事规则应当符合期货交易所章程的规定。会议结束之日起10日内，期货交易所应当将会议全部文件报告中国证监会。

2. 董事会

董事会是公司制期货交易所的执行机构，对股东大会负责，每届任期 3 年。董事会行使下列职权：(1)召集股东大会会议，并向股东大会报告工作；(2)拟订期货交易所章程、交易规则及其修改草案，提交股东大会审定；(3)审议总经理提出的财务预算方案、决算报告，提交股东大会通过；(4)审议期货交易所合并、分立、解散和清算的方案，提交股东大会通过；(5)监督总经理组织实施股东大会和董事会决议的情况；(6)会员制期货交易所理事会行使的第(5)项至第(13)项、第(15)项、第(16)项职权；(7)期货交易所章程规定和股东大会授予的其他职权。

期货交易所设董事长 1 人，副董事长 1～2 人。董事长、副董事长的任免，由中国证监会提名，董事会通过。董事长不得兼任总经理。董事长行使下列职权：(1)主持股东大会、董事会会议和董事会日常工作；(2)组织协调专门委员会的工作；(3)检查董事会决议的实施情况并向董事会报告。另外，副董事长协助董事长工作。董事长因故临时不能履行职权的，由董事长指定的副董事长或者董事代其履行职权。

董事会会议的召开和议事规则应当符合期货交易所章程的规定。董事会会议结束之日起 10 日内，董事会应当将会议决议及其他会议文件报告中国证监会。

董事会可以根据需要设立监察、交易、结算、交割、会员资格审查、纪律处分、调解、财务和技术等专门委员会。各专门委员会对董事会负责，其职责、任期和人员组成等事项由董事会规定。另外，期货交易所应当设独立董事。独立董事由中国证监会提名，股东大会通过。

3. 总经理

公司制期货交易所设总经理 1 人，副总经理若干人。总经理、副总经理由中国证监会任免。总经理每届任期 3 年，连任不得超过两届。总经理是期货交易所的法定代表人，应当由董事担任。

总经理行使下列职权：(1)组织实施股东大会、董事会通过的制度和决议；(2)会员制期货交易所总经理行使的第(2)项至第(12)项职权；(3)期货交易所章程规定或者董事会授予的其他职权。总经理因故临时不能履行职权的，由总经理指定的副总经理代其履行职权。

4. 监事会

监事会是公司制期货交易所的监督机构，每届任期 3 年。监事会成员不得少于 3 人。监事会设主席 1 人，副主席 1～2 人。监事会主席、副主席的任免，由中国证监会提名，监事会通过。

监事会行使下列职权：(1)检查期货交易所财务；(2)监督期货交易所董事、高级管理人员执行职务行为；(3)向股东大会会议提出提案；(4)期货交易所章程规定的其他职权。

监事会会议的召开和议事规则，应当符合期货交易所章程的规定。监事会会议结束之日起10日内，监事会应当将会议决议及其他会议文件报告中国证监会。

四、期货交易所的会员

（一）会员的种类和资格取得

期货交易所会员应当是在中华人民共和国境内登记注册的企业法人或者其他经济组织。取得期货交易所会员资格，应当经期货交易所批准。期货交易所批准、取消会员的会员资格，应当向中国证监会报告。

经中国证监会批准，期货交易所可以实行全员结算制度或者会员分级结算制度。实行全员结算制度的期货交易所会员均具有与期货交易所进行结算的资格，由期货公司会员和非期货公司会员组成。实行全员结算制度的期货交易所对会员结算，会员对其受托的客户结算。实行会员分级结算制度的期货交易所会员由结算会员和非结算会员组成。结算会员具有与期货交易所进行结算的资格，非结算会员不具有与期货交易所进行结算的资格。期货交易所对结算会员结算，结算会员对非结算会员结算，非结算会员对其受托的客户结算。

需要注意的是，结算会员由交易结算会员、全面结算会员和特别结算会员组成。全面结算会员、特别结算会员可以为与其签订结算协议的非结算会员办理结算业务。交易结算会员不得为非结算会员办理结算业务。申请成为结算会员的，应当取得中国证监会批准的结算业务资格。另外，实行会员分级结算制度的期货交易所可以根据结算会员资信和业务开展情况，限制结算会员的结算业务范围，但应当于3日内报告中国证监会。

（二）会员的权利和义务

会员制期货交易所会员享有下列权利：（1）参加会员大会，行使选举权、被选举权和表决权；（2）在期货交易所从事规定的交易、结算和交割等业务；（3）使用期货交易所提供的交易设施，获得有关期货交易的信息和服务；（4）按规定转让会员资格；（5）联名提议召开临时会员大会；（6）按照期货交易所章程和交易规则行使申诉权；（7）期货交易所章程规定的其他权利。公司制期货交易所会员的权利包括：一是上述第（2）项和第（3）项权利；二是按照交易规则行使申诉权；三是期货交易所交易规则规定的其他权利。

会员制期货交易所会员应当履行下列义务：（1）遵守国家有关法律、行政法规、规章和政策；（2）遵守期货交易所的章程、交易规则及其实施细则及有关决定；（3）按规定缴纳各种费用；（4）执行会员大会、理事会的决议；（5）接受期货交易所监督管理。公司制期货交易所会员应当履行上述第（1）项至第（3）项、第（5）项义务。

(三)期货交易所对会员的管理

期货交易所应当制定会员管理办法,规定会员资格的取得与终止的条件和程序、对会员的监督管理等内容。

期货交易所每年应当对会员遵守期货交易所交易规则及其实施细则的情况进行抽样或者全面检查,并将检查结果报告中国证监会。期货交易所行使监管职权时,可以按照期货交易所章程和交易规则及其实施细则规定的权限和程序对会员进行调查取证,会员应当配合。

第三节　期货公司

一、期货公司的概念和义务

期货公司是依照《公司法》和《期货交易管理条例》规定设立的经营期货业务的金融机构。设立期货公司,应当经国务院期货监督管理机构批准,并在公司登记机关登记注册。

期货公司应当遵守法律、行政法规和中国证监会的规定,审慎经营,履行对客户的诚信义务。期货公司的控股股东、实际控制人和其他关联人不得滥用权力,不得占用期货公司的资产或者挪用客户保证金和其他资产,不得损害期货公司、客户的合法权益。

二、期货公司的设立、变更和终止

(一)期货公司的设立

设立期货公司,应当经国务院期货监督管理机构批准,并在公司登记机关登记注册。未经国务院期货监督管理机构批准,任何单位或者个人不得设立或者变相设立期货公司,经营期货业务。

1. 设立条件

《期货交易管理条例》第 16 条规定,申请设立期货公司,应当符合《公司法》的规定,并具备下列条件:(1)注册资本最低限额为人民币 3 000 万元,货币出资比例不得低于 85%,但中国证监会根据审慎监管原则和各项业务的风险程度,可以提高注册资本最低限额;(2)董事、监事、高级管理人员具备任职资格,从业人员具有期货从业资格;(3)有符合法律、行政法规规定的公司章程;(4)主要股东以及实际控制人具有持续盈利能力,信誉良好,最近 3 年无重大违法违规记录;(5)有合格的经营场所和业务设施;(6)有健全的风险管理和内部控制制度;(7)国务院期货监督管理机构规定的其他条件。国务院期货监督管理机构根据审慎监管原则和各项业务的风险程度，可以提高注册资本最低限额。注册资本应当是实缴资本。股东应当以货币或者期货公司经营必需的非货币财产出资，货币出资比例不得低于85%。

中国证监会2014年8月21日发布、2017年12月7日修改的《期货公司监督管理办法》第6条规定，申请设立期货公司，除应当符合《期货交易管理条例》第16条规定的条件外，还应当具备下列条件：(1)具有期货从业人员资格的人员不少于15人；(2)具备任职资格的高级管理人员不少于3人。此外，该办法对持有5%以上股权的股东作出条件规定。具体来说，首先，该办法第7条规定，持有5%以上股权的股东为法人或者其他组织的，应当具备下列条件：(1)实收资本和净资产均不低于人民币3 000万元；(2)净资产不低于实收资本的50%，或有负债低于净资产的50%，不存在对财务状况产生重大不确定影响的其他风险；(3)没有较大数额的到期未清偿债务；(4)近3年未因重大违法违规行为受到行政处罚或者刑事处罚；(5)未因涉嫌重大违法违规正在被有权机关立案调查或者采取强制措施；(6)近3年作为公司(含金融机构)的股东或者实际控制人，未有滥用股东权利、逃避股东义务等不诚信行为；(7)不存在中国证监会根据审慎监管原则认定的其他不适合持有期货公司股权的情形。其次，该办法第8条规定，持有期货公司5%以上股权的个人股东应当符合本办法第7条第(3)项至第(7)项规定的条件，且其个人金融资产不低于人民币3 000万元。再次，该办法第9条规定，持有期货公司5%以上股权的境外股东，除应当符合本办法第7条规定的条件外，还应当具备下列条件：(1)依其所在国家或者地区法律设立、合法存续的金融机构；(2)近3年各项财务指标及监管指标符合所在国家或者地区法律的规定和监管机构的要求；(3)所在国家或者地区具有完善的期货法律和监督管理制度，其期货监管机构已与中国证监会签订监管合作备忘录，并保持有效的监管合作关系；(4)期货公司外资持股比例或者拥有的权益比例，累计(包括直接持有和间接持有)不得超过我国期货业对外或者对我国香港特别行政区、澳门特别行政区和台湾地区开放所作的承诺。最后，该办法第10条规定，期货公司有关联关系的股东持股比例合计达到5%的，持股比例最高的股东应当符合本办法第7条至第9条规定的条件。

2. 设立程序

根据《期货交易管理条例》第15条的规定，设立期货公司，必须经国务院期货监督管理机构批准，并在公司登记机关登记注册。

申请设立期货公司，应当向中国证监会提交下列申请材料：(1)申请书；(2)公司章程草案；(3)经营计划；(4)发起人名单及其审计报告或者个人金融资产证明；(5)拟任用高级管理人员和从业人员名单、简历和相关资格证明；(6)拟订的期货业务制度、内部控制制度和风险管理制度文本;(7)场地、设备、资金证明文件;(8)律师事务所出具的法律意见书;(9)中国证监会规定的其他申请材料。中国证监会应当在受理期货公司设立申请之日起6个月内,根据审慎监管原则进行审查,作出批准或者不批准的决定。中国证监会作出批准决定后,应当按照公司法的规定办理工商登记手续。

《期货交易管理条例》第17条规定,期货公司业务实行许可制度,由中国证监会按照其商品期货、金融期货业务种类颁发许可证。期货公司除申请经营境内期货经纪业务外,还可以申请经营境外期货经纪、期货投资咨询以及中国证监会规定的其他期货业务。但是,期货公司不得从事或者变相从事期货自营业务,法律、行政法规或者中国证监会另有规定的除外。《期货公司监督管理办法》第13条规定,按照本办法设立的期货公司,可以依法从事商品期货经纪业务;从事金融期货经纪、境外期货经纪、期货投资咨询的,应当取得相应业务资格。从事资产管理业务的,应当依法登记备案。

(二)期货公司的变更

期货公司成立后部分事项变更的,应当报中国证监会或其派出机构批准,并根据法律规定向登记机关办理变更登记手续。

期货公司办理下列变更事项,应当经国务院期货监督管理机构批准:(1)合并、分立;(2)变更业务范围;(3)变更注册资本且调整股权结构;(4)新增持有5%以上股权的股东或者控股股东发生变化;(5)国务院期货监督管理机构规定的其他事项。上述第(3)项、第(5)项所列事项,国务院期货监督管理机构应当自受理申请之日起20日内作出批准或者不批准的决定;前款所列其他事项,国务院期货监督管理机构应当自受理申请之日起2个月内作出批准或者不批准的决定。

(三)期货公司的终止

1. 业务终止

《期货交易管理条例》第20条第1款规定,期货公司或者其分支机构有《行政许可法》第70条规定的情形或者下列情形之一的,国务院期货监督管理机构应当依法办理期货业务许可证注销手续:(1)营业执照被公司登记机关依法注销;(2)成立后无正当理由超过3个月未开始营业,或者开业后无正当理由停业连续3个月以上;(3)主动提出注销申请;(4)国务院期货监督管理机构规定的其他情形。另外,《期货公司监督管理办法》第30条规定,期货公司因遭遇不可抗力等正当事由申请停业的,停业期限届满后,期货公司未能恢复营业或者不符合持续性经营规则的,中国证监会可以根据《期货交易管理条例》第20条第1款规定注销其期货业务许可证。

期货公司被撤销所有期货业务许可的,应当妥善处理客户的保证金和其他资产,结清期货业务;公司继续存续的,应当依法办理名称、营业范围和公司章程等工商变更登记，存续公司不得继续以期货公司名义从事期货业务，其名称中不得有“期货”或者近似字样。

2. 公司终止

根据《期货交易管理条例》《期货公司监督管理办法》以及《公司法》的规定，期货公司可以因解散、破产而终止，但必须经国务院期货监督管理机构批准。经批准后，到公司登记机关办理注销手续。另外，期货公司解散、破产的，应当先行妥善处理客户资产，结清业务。

三、期货公司的公司治理

《期货公司监督管理办法》规定，期货公司应当按照明晰职责、强化制衡、加强风险管理的原则，建立并完善公司治理。

（一）股东与股东会

《期货公司监督管理办法》规定，期货公司与其控股股东、实际控制人在业务、人员、资产、财务等方面应当严格分开，独立经营，独立核算。未依法经期货公司股东会或者董事会决议，期货公司控股股东、实际控制人不得任免期货公司的董事、监事、高级管理人员，或者非法干预期货公司经营管理活动。

期货公司股东会应当按照《公司法》和公司章程，对职权范围内的事项进行审议和表决。股东会每年应当至少召开一次会议。期货公司股东应当按照出资比例或者所持股份比例行使表决权。

持有期货公司5%以上股权的股东或者实际控制人出现下列情形之一的，应当在3个工作日内通知期货公司：(1)所持有的期货公司股权被冻结、查封或者被强制执行；(2)质押所持有的期货公司股权；(3)决定转让所持有的期货公司股权；(4)不能正常行使股东权利或者承担股东义务，可能造成期货公司治理的重大缺陷；(5)涉嫌重大违法违规被有权机关调查或者采取强制措施；(6)因重大违法违规行为受到行政处罚或者刑事处罚；(7)变更名称；(8)合并、分立或者进行重大资产、债务重组；(9)被采取停业整顿、撤销、接管、托管等监管措施，或者进入解散、破产、关闭程序；(10)其他可能影响期货公司股权变更或者持续经营的情形。持有期货公司5%以上股权的股东发生上述规定情形的，期货公司应当自收到通知之日起3个工作日内向期货公司住所地中国证监会派出机构报告。期货公司实际控制人发生上述第(5)项至第(9)项所列情形的，期货公司应当自收到通知之日起3个工作日内向住所地中国证监会派出机构报告。

期货公司有下列情形之一的，应当立即书面通知全体股东或进行公告，并向住所地中国证监会派出机构报告：(1)公司或者其董事、监事、高级管理人员因涉嫌违法违规被有权机关立案调查或者采取强制措施;(2)公司或者其董事、监事、高级管理人员因违法违规行为受到行政处罚或者刑事处罚;(3)风险监管指标不符合规定标准;(4)客户发生重大透支、穿仓,可能影响期货公司持续经营;(5)发生突发事件,对期货公司或者客户利益产生或者可能产生重大不利影响;(6)其他可能影响期货公司持续经营的情形。另外,中国证监会及其派出机构对期货公司及其分支机构采取《期货交易管理条例》第55条第2款、第4款或者第56条规定的监管措施或者作出行政处罚,期货公司应当书面通知全体股东或进行公告。

(二)董事会与独立董事

《期货公司监督管理办法》规定,期货公司应当设立董事会。期货公司可以设立独立董事,期货公司的独立董事不得在期货公司担任董事会以外的职务,不得与本期货公司存在可能妨碍其作出独立、客观判断的关系。另外,董事长和总经理不得由一人兼任。

(三)监事会与首席风险官

《期货公司监督管理办法》规定,期货公司应当按照《公司法》的规定设立监事会或监事,切实保障监事会和监事对公司经营情况的知情权。

期货公司应当设首席风险官,对期货公司经营管理行为的合法合规性、风险管理进行监督、检查。首席风险官发现涉嫌占用、挪用客户保证金等违法违规行为或者可能发生风险的,应当立即向住所地中国证监会派出机构和公司董事会报告。期货公司拟解聘首席风险官的,应当有正当理由,并向住所地中国证监会派出机构报告。

需要注意的是,期货公司的董事长、总经理、首席风险官之间不得存在近亲属关系。

另外,《期货公司监督管理办法》还对期货公司业务部门的设置、分支机构和营业部的管理作出规定,具体包括:第一,期货公司业务部门的设置。期货公司应当合理设置业务部门及其职能,建立岗位责任制度,不相容岗位应当分离。交易、结算、财务业务应当由不同部门和人员分开办理。期货公司应当设立风险管理部门或者岗位,管理和控制期货公司的经营风险;应当设立合规审查部门或者岗位,审查和稽核期货公司经营管理的合法合规性。第二,期货公司分支机构和营业部的管理。期货公司应当对分支机构实行集中统一管理,不得与他人合资、合作经营管理分支机构,不得将分支机构承包、租赁或者委托给他人经营管理;分支机构经营的业务不得超出期货公司的业务范围,并应当符合中国证监会对相关业务的规定。期货公司应当按照规定对营业部实行统一结算、统一风险管理、统一资金调拨、统一财务管理和会计核算。

第四节　期货交易规则

一、期货交易与结算流程

(一)交易

1. 开户

投资者要进行期货交易,必须委托期货公司,成为其客户。这样的话,公司就要为客户开立账户,申请设置编码。可见,开立账户是期货交易客户进入期货市场的首要程序。从法律意义上说,开立账户的目的是为了在期货公司与客户之间建立期货交易委托法律关系。

根据《期货公司监督管理办法》的规定,期货公司应当按照规定实行投资者适当性管理制度,建立执业规范和内部问责机制,了解客户的经济实力、专业知识、投资经历和风险偏好等情况,审慎评估客户的风险承受能力,提供与评估结果相适应的产品或者服务。期货公司应当向客户全面客观介绍相关法律法规、业务规则、产品或者服务的特征,充分揭示风险,并按照合同的约定,如实向客户提供与交易相关的资料、信息,不得欺诈或者误导客户。期货公司应充分了解和评估客户风险承受能力,加强对客户的管理。

除中国证监会另有规定外,客户开立账户,必须出具中国公民身份证明或者中国法人资格或者其他经济组织资格的合法证件。期货公司在为客户开立账户前,应当向客户出示《期货交易风险说明书》,由客户签字确认已了解《期货交易风险说明书》的内容,并签订期货经纪合同。《〈期货经纪合同〉指引》和《期货交易风险说明书》由中国期货业协会制定。期货公司不得向客户做获利保证;不得在经纪业务中与客户约定分享利益或者共担风险。

期货公司不得接受下列单位和个人的委托,为其进行期货交易:(1)国家机关和事业单位;(2)中国证监会及其派出机构、期货交易所、期货保证金安全存管监控机构、中国期货业协会工作人员及其配偶;(3)期货公司工作人员及其配偶;(4)证券、期货市场禁止进入者;(5)未能提供开户证明材料的单位和个人;(6)中国证监会规定的不得从事期货交易的其他单位和个人。

期货公司应当为每一个客户单独开立专门账户、设置交易编码,不得混码交易。期货公司办理客户销户手续时,应当按照规定及时向期货交易所申请注销客户的交易编码。

2. 下单

下单，即下达交易指令，是具体期货交易的起点。期货公司应当建立交易指令委托管理制度，并与客户就委托方式和程序进行约定。期货公司必须按照客户下达的交易指令为其进行期货交易，不得未经客户委托或者不按照客户委托内容而擅自进行期货交易。法律规定，客户需要委托他人办理下达指令、调拨资金等事项的，应当在期货经纪合同中指定受托人及明确其受托权限，约定联络方式、指令下达方式并预留受托人签字。

客户可以通过书面、电话、计算机、互联网等委托方式下达交易指令。以书面方式下达交易指令的，客户应当填写书面交易指令单；以电话方式下达交易指令的，期货公司应当同步录音；以计算机、互联网等委托方式下达交易指令的，期货公司应当以适当的方式保存该交易指令。客户下达的交易指令，应当明确、全面。期货公司应当在传递交易指令前对客户账户资金和持仓进行验证。期货公司收到客户指令后，应当按照时间优先的原则传递。

3. 竞价与成交

期货交易市场的交易竞价存在两种形式：一种是喊价式，即由场上的交易员以口头叫喊的方式来表达；另一种是电子系统竞价，即由场内的交易员通过电子交易系统输入交易指令的一种交易方式。我国国内的期货交易竞价采用的是电子竞价模式，期货公司应当按照时间优先的原则传递客户交易指令，计算机处理中心接收到各交易员输入的交易指令后，对买进单按价格自高至低序列编排，对卖出单则按价格自低至高序列编排，根据价格优先、时间优先原则配对成交。

期货公司应当在每日结算后为客户提供交易结算报告，并提示客户可以通过期货保证金安全存管监控机构进行查询。客户应当按照期货经纪合同约定方式对交易结算报告内容进行确认。客户对交易结算报告有异议的，应当在期货经纪合同约定的时间内以书面方式提出，期货公司应当在约定时间内进行核实。客户未在约定时间内提出异议的，视为对交易结算报告内容的确认。

（二）结算

结算，是指根据期货交易所公布的结算价格对交易双方的交易盈亏状况进行的资金清算和划转，分为期货交易所对会员的结算以及期货公司对客户的结算。我国实行当日无负债结算制度，具体的操作方法是：依据每日的结算价格对当日所有未平仓的期货合约的盈亏进行核算，然后调整保证金账户，使保证金水平保持稳定。

从各国情况看，结算机构有两种类型：一种是独立型，即由独立于期货交易所的专门结算公司负责结算工作；另一种是非独立型，即由期货交易所在内部设立一个结算部门负责结算工作。在我国，期货结算的机构属于非独立型。因此，《期货交易管理条例》第 33 条第 1 款规定，期货交易的结算，由期货交易所统一组织进行。《期货公司监督管理办法》第 57 条规定，期货公司应当在每日结算后为客户提供交易结算报告，并提示客户可以通过期货保证金安全存管监控机构进行查询。客户应当按照期货经纪合同约定方式对交易结算报告内容进行确认。

（三）交割

交割是指合约到期时，按照期货交易所的规则和程序，交易双方通过该合约所载标的物所有权的转移，或者按照规定结算价格进行现金差价结算，了结到期未平仓合约的过程。期货合约进入交割月份，卖方可以提出交割要求，买方应随时准备接受交割。交割采用实物交割或者现金交割方式。实物交割，是指期货合约到期时，按照交易所的规则和程序，交易双方通过该合约所载标的物所有权的转移，了结到期未平仓合约的过程；现金交割，是指期货合约到期时，按照交易所的规则和程序，交易双方按照规定结算价格进行现金差价结算，了结到期未平仓合约的过程。

《期货交易管理条例》第 35 条规定，期货交易的交割，由期货交易所统一组织进行。交割仓库由期货交易所指定。期货交易所不得限制实物交割总量，并应当与交割仓库签订协议，明确双方的权利和义务。交割仓库不得有下列行为：(1)出具虚假仓单[①]；(2)违反期货交易所业务规则，限制交割商品的入库、出库；(3)泄露与期货交易有关的商业秘密；(4)违反国家有关规定参与期货交易；(5)国务院期货监督管理机构规定的其他行为。

二、期货交易风险监管制度

（一）保证金制度

根据《期货交易管理条例》第 11 条的规定，期货交易所应当建立保证金制度。保证金是指期货交易者按照规定缴纳的资金或者提交的价值稳定、流动性强的标准仓单、国债等有价证券，用于结算和保证履约。保证金制度的实施，既降低了期货交易的成本，发挥了套期保值的功能，又担保了期货合约的履行，起到了风险控制的作用。

《期货交易管理条例》第 28 条规定，期货交易应当严格执行保证金制度。期货交易所向会员、期货公司向客户收取的保证金，不得低于中国证监会、期货交易所规定的标准，并应当与自有资金分开，专户存放。《期货交易管理条例》第 37 条规定，实行会员分级结算制度的期货交易所，应当向结算会员收取结算担保金。《期货交易所管理办法》第 70 条规定，期货交易所可以接受以下有价证券充抵保证金：(1)经期货交易所

---

① 根据《期货交易管理条例》第 81 条的解释，标准仓单是指交割仓库开具并经期货交易所认定的标准化提货凭证。

认定的标准仓单;(2)可流通的国债;(3)中国证监会认定的其他有价证券。

期货交易所向会员收取的保证金,属于会员所有,除用于会员的交易结算外,严禁挪作他用。期货公司向客户收取的保证金,属于客户所有,除下列可划转的情形外,严禁挪作他用:(1)依据客户的要求支付可用资金;(2)为客户交存保证金,支付手续费、税款;(3)中国证监会规定的其他情形。

期货交易所会员的保证金不足时,应当及时追加保证金或者自行平仓。会员未在期货交易所规定的时间内追加保证金或者自行平仓的,期货交易所应当将该会员的合约强行平仓,强行平仓的有关费用和发生的损失由该会员承担。客户保证金不足时,应当及时追加保证金或者自行平仓。客户未在期货公司规定的时间内及时追加保证金或者自行平仓的,期货公司应当将该客户的合约强行平仓,强行平仓的有关费用和发生的损失由该客户承担。

(二)当日无负债结算制度

当日无负债结算制度,又称逐日盯市制度,是指按照逐日盯市的原则制定保证金要求,由期货交易所对当日全部账户的所有交易及头寸进行清算,根据反映的盈亏进行资金的收付和保证金账户的调整,以防止负债现象发生的制度。

我国法律规定,期货交易所实行当日无负债结算制度。期货交易所应当在当日及时将结算结果通知会员。期货公司根据期货交易所的结算结果对客户进行结算,并应当将结算结果按照与客户约定的方式及时通知客户。客户应当及时查询并妥善处理自己的交易持仓。通过这种结算,可以对保证金账户进行相应调整,确保所需资金到位,从而避免期货交易中的风险。

(三)涨跌停板制度

涨跌停板制度,又称限价制,就是期货合约在一个交易日中的交易价格不能高于或低于规定的幅度,超过该幅度的报价无效而不能成交的制度。涨跌停板的幅度分为百分比和固定数额两种。实施涨跌停板制度,可以防止期货交易价格暴涨暴跌,避免价格过大的波动,从而抑制交易中过多的投机行为,减少期货交易中的风险。

《期货交易管理条例》第11条规定,期货交易所应当按照国家有关规定建立、健全涨跌停板制度。我国的上海期货交易所、大连期货交易所、郑州期货交易所和中国金融期货交易所均设有涨跌停板制度。涨跌停板幅度由交易所设定,交易所可以根据市场风险状况调整涨跌停板幅度。

(四)持仓限额和大户持仓报告制度

持仓限额是指期货交易所对期货交易者的持仓量[①]规定的最高数额,但获批套期

---

① 根据《期货交易管理条例》第81条的解释,持仓量,是指期货交易者所持有的未平仓合约的数量。

保值额度的会员或者客户持仓不受此限。持仓限额制度是指期货交易所对会员和客户持有的未平仓合约的最高数量作出限制，但获批套期保值额度的会员或者客户持仓不受此限的制度。《期货交易所管理办法》第 79 条规定："期货交易实行限仓制度和套期保值审批制度。"实行持仓限额制度，能够防止少数交易者过度承担市场的风险，也能够避免少数交易者操纵期货交易市场，破坏市场秩序。

大户持仓报告制度是指会员或客户持有的未平仓合约的数量达到期货交易所的规定时，他们必须向期货交易所进行申报。《期货交易所管理办法》第 80 条规定："期货交易实行大户持仓报告制度。会员或者客户持仓达到期货交易所规定的持仓报告标准的，会员或者客户应当向期货交易所报告。客户未报告的，会员应当向期货交易所报告。期货交易所可以根据市场风险状况制定并调整持仓报告标准。"实行大户持仓报告制度，使得期货交易所能随时跟踪监控交易大户的交易情况，以便及时采取有效措施防止大户操纵市场，或者避免会员或投资者风险过度。

（五）风险准备金制度

风险准备金制度是指期货交易所和期货公司提取部分费用形成风险基金，当会员或客户违约而保证金不足以承担责任时，以风险准备金来承担责任的制度。实施该制度的目的是为了防范市场风险。

根据《期货交易管理条例》第 11 条的规定，期货交易所应当建立风险准备金制度。期货交易所、期货公司、非期货公司结算会员应当按照国务院期货监督管理机构、财政部门的规定提取、管理和使用风险准备金，不得挪作他用。《期货交易所管理办法》第 77 条规定："期货交易所应当按照手续费收入的 20％的比例提取风险准备金，风险准备金应当单独核算，专户存储。中国证监会可以根据期货交易所业务规模、发展计划以及潜在的风险决定风险准备金的规模。"

（六）结算担保金制度

结算担保金是指结算会员依交易所规定缴纳的，用于应对结算会员违约风险的共同担保资金。结算担保金包括基础结算担保金和变动结算担保金。《期货交易管理条例》第 37 条规定："实行会员分级结算制度的期货交易所，应当向结算会员收取结算担保金。期货交易所只对结算会员结算，收取和追收保证金，以结算担保金、风险准备金、自有资金代为承担违约责任，以及采取其他相关措施；对非结算会员的结算、收取和追收保证金、代为承担违约责任，以及采取其他相关措施，由结算会员执行。"

关于结算担保金的归属和管理，《期货交易所管理办法》第 76 条规定："结算担保金属于结算会员所有，用于应对结算会员违约风险。期货交易所应当按照有关规定管理和使用，不得挪作他用。期货交易所调整基础结算担保金标准的，应当在调整前报告中国证监会。"

（七）化解风险制度

化解风险制度是指在期货交易中，当法定的风险出现时，期货交易所可以采取一定措施加以化解的制度。

《期货交易管理条例》第 12 条规定，当期货市场出现异常情况时，期货交易所可以按照其章程规定的权限和程序，决定采取下列紧急措施，并应当立即报告国务院期货监督管理机构：(1)提高保证金；(2)调整涨跌停板幅度；(3)限制会员或者客户的最大持仓量；(4)暂时停止交易；(5)采取其他紧急措施。上述所称异常情况，是指在交易中发生操纵期货交易价格的行为或者发生不可抗拒的突发事件以及中国证监会规定的其他情形。根据《期货交易所管理办法》第 87 条的规定，其他情形包括：一是地震、水灾、火灾等不可抗力或者计算机系统故障等不可归责于期货交易所的原因导致交易无法正常进行；二是会员出现结算、交割危机，对市场正在产生或者即将产生重大影响；三是期货价格出现同方向连续涨跌停板的情形，期货交易所采用调整涨跌停板幅度、提高交易保证金标准及按一定原则减仓等化解风险措施仍未化解风险；四是期货交易所交易规则及其实施细则中规定的其他情形。需要注意的是，期货交易所宣布进入异常情况并决定采取紧急措施前应当报告中国证监会。期货交易所宣布进入异常情况并决定暂停交易的，暂停交易的期限不得超过 3 个交易日，但经中国证监会批准延长的除外。

《期货交易所管理办法》规定，期货价格出现同方向连续涨跌停板的，期货交易所可以采用调整涨跌停板幅度、提高交易保证金标准及按一定原则减仓等措施化解风险。期货交易所实行风险警示制度。期货交易所认为必要的，可以分别或同时采取要求会员和客户报告情况、谈话提醒、发布风险提示函等措施，以警示和化解风险。

《期货交易所管理办法》第 84 条还规定，有根据认为会员或者客户违反期货交易所交易规则及其实施细则并且对市场正在产生或者即将产生重大影响，为防止违规行为后果进一步扩大，期货交易所可以对该会员或者客户采取下列临时处置措施：(1)限制入金；(2)限制出金；(3)限制开仓；(4)提高保证金标准；(5)限期平仓；(6)强行平仓。期货交易所按交易规则及其实施细则规定的程序采取前款第(4)项、第(5)项或者第(6)项措施的，应当在采取措施后及时报告中国证监会。期货交易所对会员或者客户采取临时处置措施，应当按照期货交易所交易规则及其实施细则规定的方式通知会员或者客户，并列明采取临时处置措施的根据。

三、期货交易行为禁止和限制的规定

（一）禁止的行为

1. 操纵期货交易价格的行为

《期货交易管理条例》第 39 条规定，任何单位或者个人不得编造、传播有关期货交易的虚假信息，不得恶意串通、联手买卖或者以其他方式操纵期货交易价格。

任何单位或者个人有下列行为之一，属于操纵期货交易价格：(1)单独或者合谋，集中资金优势、持仓优势或者利用信息优势联合或者连续买卖合约，操纵期货交易价格的；(2)蓄意串通，按事先约定的时间、价格和方式相互进行期货交易，影响期货交易价格或者期货交易量的；(3)以自己为交易对象，自买自卖，影响期货交易价格或者期货交易量的；(4)为影响期货市场行情囤积现货的；(5)国务院期货监督管理机构规定的其他操纵期货交易价格的行为。

2. 使用信贷资金、财政资金进行期货交易的行为

《期货交易管理条例》第 40 条第 1 款规定，任何单位或者个人不得违规使用信贷资金、财政资金进行期货交易。

3. 欺诈的行为

期货公司不得有下列欺诈客户行为：(1)向客户作获利保证或者不按照规定向客户出示风险说明书的；(2)在经纪业务中与客户约定分享利益、共担风险的；(3)不按照规定接受客户委托或者不按照客户委托内容擅自进行期货交易的；(4)隐瞒重要事项或者使用其他不正当手段，诱骗客户发出交易指令的；(5)向客户提供虚假成交回报的；(6)未将客户交易指令下达到期货交易所的；(7)挪用客户保证金的；(8)不按照规定在期货保证金存管银行开立保证金账户，或者违规划转客户保证金的；(9)国务院期货监督管理机构规定的其他欺诈客户的行为。

4. 内幕交易行为

期货交易内幕信息的知情人或者非法获取期货交易内幕信息的人，不得在对期货交易价格有重大影响的信息尚未公开前，利用内幕信息从事期货交易，或者向他人泄露内幕信息，使他人利用内幕信息进行期货交易。

(二)限制的行为

1. 从事期货交易融资或者担保业务的行为

《期货交易管理条例》第 40 条第 2 款规定，银行业金融机构从事期货交易融资或者担保业务的资格，由国务院银行业监督管理机构批准。

2. 国有以及国有控股企业的期货交易行为

《期货交易管理条例》第 41 条规定，国有以及国有控股企业进行境内外期货交易，应当遵循套期保值的原则，严格遵守国务院国有资产监督管理机构以及其他有关部门关于企业以国有资产进入期货市场的有关规定。

3. 从事境外商品期货交易的行为

《期货交易管理条例》第 42 条规定，境内单位或者个人从事境外期货交易的办法，

由国务院期货监督管理机构会同国务院商务主管部门、国有资产监督管理机构、银行业监督管理机构、外汇管理部门等有关部门制定，报国务院批准后施行。境外期货项下购汇、结汇以及外汇收支，应当符合国家外汇管理有关规定。

复习思考题

1. 什么是期货交易？它具有哪些功能？
2. 试论期货法的基本原则。
3. 设立期货交易所应具备哪些条件？
4. 简述期货交易的基本规则。
5. 如何理解期货交易风险管理制度？

第八章　票据法

票据是商品经济发展到一定阶段的产物，是财产证券化的结果。票据不仅充当支付工具、汇兑工具和结算工具，而且充当信用工具和融资工具，在经济生活中发挥了重要作用。为了规范票据行为和票据关系，充分发挥票据的各种功能，我国已经初步建立了以《票据法》为基本法的票据法律体系。本章主要介绍票据法的一般问题以及汇票、本票、支票法律制度。

第一节　票据法概述

一、票据

（一）票据的概念

票据有广义和狭义之分。从广义上说，票据相当于有价证券，是指一切体现商事权利或具有财产价值的书面凭证。[1] 它包括汇票、本票、支票、股票、债券、国库券、提单、仓单、托运单、车船票等。

从狭义上说，票据是指出票人依票据法签发的，约定自己或委托他人在见票时或者一定日期无条件支付确定金额给收款人或持票人的有价证券。我国《票据法》所指的票据系狭义的票据，包括汇票、本票和支票。

（二）票据的性质

票据是最先产生的有价证券，也是最重要的有价证券[2]，自然具有有价证券的全部特征，是权利与证券的结合体。但是，与其他有价证券相比，票据还具有自己独特的

---

① 谢怀栻：《票据法概论》，法律出版社 1990 年版，第 8 页。

② 赵新华：《票据法》，吉林人民出版社 1996 年版，第 10 页。

性质。

1. 票据是完全有价证券

票据是完全有价证券，即票据权利的发生、移转、行使都必须以票据的存在为必要，由此派生出票据的提示性、交付性和交回性。票据的提示性是指票据权利人在向票据债务人行使权利时必须提示票据。票据的交付性是指票据权利人如果要移转票据上的权利，必须将票据实际交付给受让人。票据的交回性是指票据权利人在实现了权利即从票据债务人那里受领了票据金额以后，必须将票据交还给票据债务人。

2. 票据是设权证券

设权证券是指票据权利的发生必须首先作成证券。也就是说，票据权利是因出票这一票据行为而创设，在证券做成之前权利不存在。因此，无票据即无票据上的权利。设权证券不同于证权证券，证权证券是用来证明已经存在的权利。

3. 票据是无因证券

无因证券是指票据权利仅以票据法的规定而发生，无须考虑票据权利发生的原因或基础。权利人只要持有票据，就可以行使票据上的权利，不必证明其取得票据的原因。换言之，取得票据的原因是否存在、是否有效，原则上都不影响票据权利的存在。

4. 票据是文义证券

文义证券是指票据所创设的一切权利和义务，必须严格依照票据上所记载的文字含义，不得以其他事实或因素来确定。因此，即使票据上记载的文义有错，也要以该文义为准，而不得以当事人的意思或其他有关事项来确定票据上的权利义务关系。

5. 票据是金钱债权证券

票据所表示的权利，是一种以给付一定金钱为标的的债权，因此票据是金钱债权证券。也就是说，票据表示的是一种债法上的请求权，而且这项权利是以给付一定数量的金钱为内容。

6. 票据是流通证券

票据体现的是一种财产权利，自然可以流通转让。但是，票据权利的转让比民法上一般财产权利的转让更为灵活简便。票据权利只需经背书或交付即可转让他人，而无须依民法有关债权让与的规定通知债务人。另外，票据权利转让后，原则上新权利人不承受原权利人在权利上的瑕疵。

7. 票据是要式证券

要式证券是指票据的作成必须依票据法规定的格式进行，票据上的记载事项必须严格遵循票据法的规定，否则会影响票据的效力。此外，票据的转让、承兑、付款、追索等行为，也必须严格按照票据法规定的程序和方式进行。

（三）票据的分类

1. 法律上的分类

各国票据立法对票据的种类均采法定主义，不允许有法律规定以外的票据存在。目前，各国票据法对票据种类的规定很不一致。《美国统一商法典》将票据分为汇票、支票、存款单和本票四种。《德国票据法》《法国商法典》《瑞士债务法》《日本票据法》《海牙统一票据规则》以及《日内瓦统一汇票本票法》等将票据仅分为汇票和本票，不包括支票，支票则由专门制定的支票法规范。1882 年的《英国票据法》将票据分为汇票、本票和支票，但将支票作为汇票的一种加以规定。

在我国，根据《票据法》第 2 条第 2 款的规定，票据分汇票、本票和支票三种。汇票是出票人签发的，委托付款人在见票时或者在指定日期无条件支付确定的金额给收款人或者持票人的票据。本票是出票人签发的，承诺自己在见票时无条件支付确定的金额给收款人或者持票人的票据。支票是出票人签发的，委托办理支票存款业务的银行或者其他金融机构在见票时无条件支付确定的金额给收款人或者持票人的票据。

2. 学理上的分类

在票据法理论上，可依据不同的标准，对票据作出不同的分类。

(1)委付票据和自付票据。这是根据出票人是否充当付款人所作的分类。委付票据是指出票人不充当付款人，而是委托他人支付票据金额的票据，如汇票、支票。自付票据是指出票人充当付款人，无条件支付票据金额的票据，如本票。

(2)支付票据与信用票据。这是根据票据的功能所作的分类。支付票据是指其功能仅限于见票即付，并且只能由银行或其他金融机构充当付款人的票据，如支票。信用票据是指票据金额在出票日后的指定到期日才能支付的票据，如汇票和本票。

(3)记名式票据、无记名式票据和指示式票据。这是根据票据对权利人的记载方式所作的分类。记名式票据是指在票据上记明特定的人为权利人的票据。无记名式票据是指票据上不记载权利人的姓名、名称，或者将权利人记作“持票人”或“来人”的票据。指示式票据是指在票据上记载“特定人或其指定的人”为权利人的票据。

(4)银行票据和商业票据。这是根据票据的出票人所作的分类。银行票据是指出票人为银行的票据，如银行汇票。商业票据是指出票人为公司、企业的票据，如商业承兑汇票。

(5)即期票据和远期票据。这是根据票据记载的付款期限所作的分类。即期票据是指见票即付的票据，如支票。远期票据是指出票后定期付款、见票后定期付款、定日付款的票据，如远期汇票。

(6)空白票据、完成票据和不完成票据。这是根据票据格式的完成与否所作的分类。空白票据，又称空白授权票据，是指票据行为在票据上签章后将票据的其余全部或一部分应记载事项授权他人补记完成的票据,如空白支票。完成票据是指将票据应记载事项记载完成并签章后再予发行的票据。不完成票据是指出票人出票时因疏忽而导致票据应记载事项未作记载而发行的票据。

(四)票据的功能

商品经济的发展催生了票据,而票据的广泛运用又促进了商品经济的进一步发展。由于票据在经济生活中的功能日趋增多、作用日益显著,因此人们将它与公司、合同一起并称为市场经济运行的三大支柱。[①]

1. 汇兑功能

汇兑功能是票据的最初功能。12 世纪时,欧洲各国的贸易发达起来。在异地贸易中,商人们往往需要将一笔款项由甲地送往乙地,如果随身携带,既不方便又不安全,从而造成贸易障碍。为了解决这一问题,产生了汇款业务和货币兑换业务。商人们在某地给汇款和货币兑换的经营者以一定数量的现金,领取兑付款项的凭证,到贸易目的地后向汇款和货币兑换的经营者在当地开设的分店或代理店出示凭证,领取相等数量的在当地可通用的货币,这种兑付款项的凭证,即为本票的起源。之后,为了扩大业务,汇款和货币兑换的经营者相互之间逐渐建立起业务往来,相互接受各地汇款和货币兑换的经营者所发的付款证书,相互代为付款,汇票逐渐形成。可见,汇票、本票的最初功能是汇兑工具。[②] 在现代社会中,票据的汇兑功能因其他汇兑方式的兴起而日趋式微,但在国际贸易中仍有其一席之地。

2. 支付功能

汇票、本票作为汇兑工具的功能逐渐成形后,在交易中以支付票据代替现金支付的方式逐渐流行开来,汇票、本票在汇兑工具的基础上发展出支付工具的功能。17 世纪之后发展起来的支票,主要就是用来代替现金支付。[③] 使用票据来代替现金支付,使当事人方便而安全,也使国家减少货币的发行。

3. 信用功能

票据的信用功能主要表现在汇票和本票上。在商业交易中票据当事人可以凭借某人的信用,就未来可取得的金钱作为现在的金钱来使用。也就是说,在将来一定日期支付款项的票据具有信用功能,因为付款人实际上得到了收款人的短期贷款。票据的信用功能还不止于此,如果取得票据的人在票据到期日前急需现金,可以将未到期的票据送到银行贴现;如果取得票据的人在票据到期日前需要履行债务,也可以将票据转让给债权人,以达到履行债务的目的。另外,票据的背书制度在客观上又增强了

---

① 杨忠孝:《票据法论》,立信会计出版社 2001 年版,第 12 页。

② 姜建初:《票据原理与票据法比较》,法律出版社 1994 年版,第 6～7 页。

③ 同上,第 7 页。

票据的信用功能。因为在票据上背书的人，都对票据持有人负有付款义务，所以票据上背书的人越多，票据的信用就越高。

4. 结算功能

结算就是使用票据在债权人与债务人之间进行相互支付，从而使当事人之间的债权债务相互抵销，原来的账目因此得以结清。简单的结算可通过互负债务的双方当事人分别签发一张本票给对方，待两张本票都到到期日即可抵销债务。复杂的结算可通过票据交换制度来完成。

5. 融资功能

票据的融资功能就是利用票据筹集、融通或调度资金，它是票据的新型功能。票据的融资功能主要是通过票据的贴现来实现。所谓票据贴现，是指将未到期的票据通过买卖行为，使持有未到期票据的人卖出票据以取得现金。票据贴现业务由商业银行经营，中央银行则经营票据的再贴现业务。

二、票据法

（一）票据法的概念和性质

1. 票据法的概念

票据法是指调整票据关系以及与票据关系相关的社会关系的法律规范的总称。票据关系是票据当事人之间因票据行为而产生的票据权利义务关系。与票据关系相关的社会关系则是为保障票据关系的产生、变更、实现而产生的社会关系，如因票据付款而产生的缴回票据关系。

票据法有广义和狭义之分。从广义上说，票据法是指各个法律部门中有关票据法律规范的总和，即除了票据专门立法以外，还包括民法、刑法、诉讼法、破产法、税法等法律中有关票据的一切规定，如民法中关于民事法律行为、代理、质押、各种期间的计算等规定，刑法中关于伪造、变造有价证券的规定，破产法中关于票据当事人受破产宣告的规定，税法中关于票据印花税的规定，民事诉讼法中关于票据纠纷管辖的规定和对失票人权利补救的公示催告的规定，公证法律中关于票据拒绝证书的规定等。

从狭义上说，票据法仅指有关票据的专门立法，即以“票据法”为名称的法律、法规，如《票据法》《票据管理实施办法》等。

2. 票据法的性质

作为商法重要组成部分的票据法，从根本上说属于私法，但又具有不同于私法的一些特性。

（1）票据法具有公法性。票据法调整的是平等主体之间因票据而产生的社会关系，属于私法范畴。但是，为了打击票据欺诈行为，规范社会经济秩序，国家对票据活动进行必要的干预，因而票据法中包含一定的公法规范，使票据法具有公法性。

(2)票据法具有强行性。票据关系属于债的关系，但又不同于一般的债的关系。因为票据经过流通后，使得没有交易关系的不特定当事人之间建立起票据关系，所以为了保证票据流通的安全，票据法的规定带有更多的强制性。它主要体现在两个方面：首先，票据的种类法定，即票据的种类由票据法规定，当事人自己创设的票据不产生票据法上的效力；其次，票据行为的要求法定，即行为人作票据行为必须遵循法定的、严格的形式，不允许当事人自主决定或变更，否则不能产生票据法上的效力。当然，这种强制性也是相对的，票据法也规定了由当事人可以决定的事项。

(3)票据法具有技术性。票据是商品经济发展过程中产生的支付工具和信用工具，票据法是保证当事人合理正确地使用这种工具，因此票据法中的大多数规范属于技术性规范，不涉及恶与善的伦理道德问题。当然，票据法上也有包含伦理道德价值的规范。例如，《票据法》第 12 条规定："以欺诈、偷盗或者胁迫等手段取得票据的，或者明知有前列情形，出于恶意取得票据的，不得享有票据权利。"

(4)票据法具有国际性。票据法是由一个国家结合本国的实际情况制定的，在本国领土内生效，因而属于国内法范畴。但是，票据作为一种金钱支付工具，具有流通性，它不仅在国内流通，而且跨越国界流通。因此，为了使票据在不同国家加以流通，发挥其金钱支付功能，各国努力将票据法内容统一起来，并尽可能将本国票据法与国际上的票据法规范接轨，同时票据法的技术性也使得这种统一和接轨变得可能。经过努力制定的 1930 年《日内瓦统一汇票本票法》和 1931 年《日内瓦统一支票法》，被许多国家票据立法时所采纳或者参考。

(二)票据法的历史发展

1. 外国票据法的历史发展

近代意义上的票据法是在欧洲中世纪末期商业习惯法的基础上形成并发展起来的。随着中央集权国家的形成，商业习惯法被成文法所取代。在 20 世纪前，票据法已经形成法国法系、德国法系和英美法系。

(1)法国法系。1673 年，法国国王路易十四颁布了《陆上商事条例》，其中关于票据的规定是法国票据法的基础，也是近代票据成文法的典范。1807 年，拿破仑主持制定并颁布了《法国商法典》，其中第 1 编第 8 章第 110 条至第 189 条为票据法的内容，规定了汇票和本票。1865 年，法国又颁布了《支票法》。

从内容看，法国票据法强调票据仅仅是输送金钱的工具，并且是证明票据当事人之间基础关系的契约，因而未将票据关系与基础关系分离，这不利于票据的流通和信用功能的发挥。对此，法国于 1935 年 10 月 30 日在参考了《日内瓦统一汇票本票法》后，修订其商法，并于 1936 年 2 月 1 日公布施行。

受法国法影响的国家包括波兰、比利时、希腊、土耳其、埃及、西班牙、意大利及拉丁美洲诸国，从而形成法国法系。

(2)德国法系。从17世纪开始，德意志各邦相继制定票据法规，种类达56种之多，且内容相互抵触，不利于适用。1846年，由关税同盟倡导，掀起了统一各邦票据法的运动。1847年，以普鲁士邦法案为基础，制定了《普通票据条例》，为关税同盟各邦采用，后经修订，于1871年4月16日正式公布施行，成为德意志帝国的法律。该法仅规定了汇票和本票。1908年6月12日，德国另行制定了《支票法》。1933年6月21日，德国在参考了《日内瓦统一汇票本票法》和《日内瓦统一支票法》后，制定了《票据法》和《支票法》。

从内容看，德国票据法认为票据的功能不仅在于输送金钱，而且是重要的流通工具和信用工具，因而票据关系与基础关系应该分离，使票据成为无因证券。

受德国法影响的国家包括奥地利、匈牙利、瑞士、瑞典、丹麦、日本、挪威、荷兰等国，从而形成德国法系。

(3)英美法系。1882年国会通过并颁布了《票据法》，它集票据习惯法、特别法和判例法而成，包括汇票、本票和支票(作为汇票的一部分)。1957年，英国又颁布了《支票法》。英国票据法的精神与德国法系相近，但关于票据的形式则比较简便，有关票据的各种手续也较宽松。加拿大、美国、澳大利亚、印度以及英属各殖民地，都采用英国票据法模式。

在美国，在殖民地时代，在普通法和各州法律中有一些票据的规定。独立后，1878年美国律师公会开始从事法律统一运动，1896年制定出《统一流通证券法》，对汇票、本票、支票作了规定。1952年公布的《统一商法典》中第3编规定了商业证券，包括汇票、本票、支票和存款单，取代了《统一流通证券法》，并逐渐为各州立法所采用。

2. 票据法的国际统一

各国票据法的内容不尽一致，但票据的流通不可能局限于一国范围内，因而不统一的票据法严重阻碍了票据在国家间流通。因此，为了促进票据的流通功能，推动国际经济贸易的迅速发展，自19世纪后期开始，国际上掀起了票据法统一运动。

1910年，由德国、意大利提议，荷兰政府在海牙主持召开了国际票据法统一会议(又称第一次海牙会议)。会议有31个国家参加，拟定了《统一票据法草案》和《票据统一有关条约草案》。1912年，在海牙召开的、有37个国家参加的第二次国际票据法统一会议，在修正第一次海牙会议草案的基础上，制定了《统一票据规则》，草拟了《票据统一公约》和《统一国际支票规则草案》等。由于第一次世界大战爆发，这些规则没来得及得到各国政府批准，票据法统一运动被迫中止。

第一次世界大战结束后，国际联盟于1920年在布鲁塞尔召开了一个国际财政会议，会上重新提及统一票据法的问题。1927年国际联盟又设立一个法律专家委员会，负责起草统一票据法及公约草案。1930年，国际联盟理事会在日内瓦召集第一次国际票据法统一会议，有30多个国家参加。大会议定了《统一汇票本票法》，并议决了三个公约，即《汇票本票统一公约》《解决汇票本票法律抵触事项公约》和《汇票本票印花税法公约》。前两个公约有22国政府签字，后一个公约有23国政府签字。1931年，在日内瓦召开了第二次国际票据法统一会议，议定了《统一汇票支票法》，并议决了三个公约，即《支票统一公约》《解决支票法律抵触事项公约》和《支票印花税法公约》。对于这三个公约，有29国政府签字。

从《统一汇票本票法》和《统一支票法》的内容看，它们集法国法系、德国法系和英美法系三大法系之长，形成较完善的立法体例，受到与会多数国家的认可。但是，英、美两国认为，它们主要依据大陆法传统、尤其是德国法传统而制定，并且其不少规定与本国的票据实践相左，故未能签字认可。由此，票据法体系形成日内瓦统一票据体系和英美票据法体系并存的格局。

3. 中国票据法的历史发展

在我国，票据立法始于清朝末年。1907年，日本学者志田钾太郎受宪政编查馆的聘请起草票据法，并于1911年完成《大清票据法草案》，该法因清政府被推翻而未公布。1913年和1922年，我国又制定过两部票据法，但都因各种原因而未能实施。

1929年，国民政府立法院订立了《票据立法原则》，呈经中央政治会议通过。立法院商法委员会遵循该立法原则，在参考了以往各种票据法草案、1912年海牙国际会议议定的《统一票据规则》以及德、日、英、美诸国的票据法，起草了《票据法》，共5章139条，该法于1929年9月28日经立法院第21次会议通过，并由国民政府于同年10月30日公布施行。该法的施行，标志着我国历史上第一部正式票据法的诞生。该法在大陆施行到1949年，之后在台湾地区继续施行，并在1954年、1960年、1973年、1977年和1986年被五次修订。

中华人民共和国成立后，废除了旧时期所有的法律，包括票据法。之后相当长的时期内，票据的功能弱化，使用范围缩小，管理票据主要采用行政手段。改革开放后，随着商品经济的发展，票据为经济生活所必需，票据立法活动开始进行。起初，票据法规主要是地方法规和行政规章，如1984年中国人民银行发布的《商业汇票承兑、贴现暂行办法》、1988年中国人民银行发布的《银行结算办法》、1988年上海市人民政府发布的《上海市票据暂行规定》等。1990年，在全国人大会议上，一些代表提出制定票据法的议案；同年底，中国人民银行成立了票据法起草小组。经过几年的起草、修改和审议，《票据法》于1995年5月10日经八届全国人大常委会第十三次会议通过，并于1996年1月1日起施行。至此，自中华人民共和国成立以来的第一部票据法诞生了。

之后，为配合该法的实施，中国人民银行颁布了《票据管理实施办法》《支付结算办法》等行政规章，最高人民法院也颁布了《关于审理票据纠纷案件若干问题的规定》等司法解释。[①] 2004年8月28日，十届全国人大常委会第十一次会议对《票据法》作了修改，并重新公布。

三、有关票据的法律关系

有关票据的法律关系包括票据关系和非票据关系两种。票据关系是票据本身所固有的法律关系，产生于确定的票据行为；非票据关系是与票据和票据行为有密切关系但不是基于票据行为而产生的债权债务关系，包括票据法上的非票据关系和民法上的非票据关系。

（一）票据关系

票据关系是基于票据行为而发生的法律关系，是在票据债权人与票据债务人之间的票据权利义务关系。票据行为包括出票、背书、承兑、保证等行为，由此而形成的票据关系包括票据的出票关系、票据的背书转让关系、票据的承兑关系、票据的保证关系等。票据关系具有以下特点：

1. 票据关系是基于票据行为而发生的票据权利义务关系

无论哪种票据行为，都表现为票据当事人在票据上表意并签章和交付票据。当事人一旦在票据上作票据行为，就在当事人之间产生以权利义务为内容的票据关系。在票据上签章的人就是票据义务人，承担票据上记载的义务；持有票据的人就是权利人，享有票据上记载的权利。但是，票据当事人作票据行为以外的行为，则不发生票据关系。

2. 票据关系主体的多极性

票据是一种流通的有价证券，出票人在签发票据后，收款人或持票人可以将票据权利进行转让，每多一次转让，票据关系就多一个人参加，再加上承兑、参加承兑、保证、保付等票据行为，票据关系的主体就更多。为了保证票据流通的安全，票据法规定每个背书转让的人都要对票据的真实性负责。所以，票据流通后已不再是特定人之间简单的债权债务关系，而是不特定人之间复杂的债权债务关系，有的学者因此将票据关系称作“团体权利关系”[②]。

3. 票据关系具有独立性

尽管票据行为都表示于票据上，但票据行为人所作的票据行为本身都是各自独立

---

① 王小能：《票据法教程》，北京大学出版社2001年版，第3～10页；杨忠孝：《票据法论》，立信会计出版社2001年版，第25～32页。

② 赵新华：《票据法》，吉林人民出版社1996年版，第27页。

的，因而由许多票据行为而形成的各种票据关系当然是各自独立的，不因其他瑕疵票据行为而对票据关系产生影响。

4. 票据关系的客体为票据所载货币金额

由于票据是一种金钱有价证券，票据行为指向的均为票据记载的货币金额。至于该类票款所代表的货币种类，一般不加以特别限制，而由当事人在法律允许范围内自由选择。但是，票据关系的客体能否分割，各国的规定不一。在我国，票据款项不能分别为两个以上当事人享有，因而票据行为的客体为票据所载明的全部金额。

（二）非票据关系

1. 票据法上的非票据关系

票据法上的非票据关系，是指根据票据法的直接规定而在当事人之间产生的权利义务关系。票据法上的非票据关系与票据关系不同，主要表现在两个方面：一是两者产生的原因不同。票据关系是基于票据当事人的票据行为而形成，票据法上的非票据关系则是因票据法的规定而产生。二是两者体现的权利义务关系的内容不同。票据关系所体现的权利为票据权利，因而其权利存在与否与是否持有票据相关联，只有持有票据时才能主张票据权利，票据法上的非票据关系所体现的权利源于票据法规定，而不是在票据上设定，不必以持有票据为要件，票据不过是一种证据而已。

根据《票据法》的规定，票据法上的非票据关系主要包括：

（1）票据返还关系。票据是无因证券，一般情况下，票据持有人即享有票据权利。但是，《票据法》第12条规定："以欺诈、偷盗或者胁迫等手段取得票据的，或者明知有前列情形，出于恶意取得票据的，不得享有票据权利。"据此，正当权利人有权要求其返还票据。

（2）票据交还关系。根据《票据法》的规定，票据交还关系主要包括两种：一是付款人付款后请求收款人交还票据而发生的关系；二是履行票据清偿责任的票据债务人请求追索权行使人交还票据而发生的关系。

（3）利益返还关系。票据为债权证券，票据债权人一般都有相当的对价交付给票据债务人。票据的债权人由于一定的原因不能实现票据权利时，就会使得原先双方互为的利益失去平衡，因而通过票据的交换得到的利益或对价应该返还，这就是利益返还的非票据关系。例如，《票据法》第18条规定："持票人因超过票据权利时效或者因票据记载事项欠缺而丧失票据权利的，仍享有民事权利，可以请求出票人或者承兑人返还其与未支付的票据金额相当的利益。"

2. 民法上的非票据关系

民法上的非票据关系，又称票据基础关系，是指票据关系赖以产生的民事基础法律关系。一般来说，票据基础关系与票据关系是分离的，但在特定情况下两者有牵连。

票据基础关系包括以下几种：

(1)票据原因关系。票据原因关系是指作为票据直接当事人授受票据原因而发生的法律关系。出票人之所以签发票据给收款人，背书人之所以将票据背书交付给被背书人，必定存在一定的理由，这种理由就是票据原因。例如，为支付买卖货物的价款而签发票据。

(2)票据资金关系。票据资金关系是指汇票、支票的付款人与出票人、其他资金义务人之间所建立的委托付款的法律关系。汇票、支票的出票人之所以委托付款人付款，付款人之所以愿意承兑或者付款，就是因为他们之间有资金和付款方面的约定。票据资金关系的成立一般具备两个条件：一是出票人已预先将资金交存于付款人处；二是出票人与付款人之间形成由付款人支付票据金额的约定。

(3)票据预约关系。票据预约关系是指当事人在授受票据之前就票据的签发或转让形成合意的法律关系。具体来说，当事人在授受票据之前，就票据的种类、金额、到期日、付款地等事项进行预先的约定，这种约定就是票据预约。正是有了票据预约，才有票据行为，继而建立票据关系。

四、票据行为

(一)票据行为的概念和分类

票据行为有广义和狭义之分。狭义的票据行为是指以发生票据债权债务关系为目的的法律行为，广义的票据行为是指以发生、变更或消灭票据关系为目的的法律行为。

狭义的票据行为包括出票、背书、承兑、保证、参加承兑、保付六种行为。出票是出票人签发票据，并将其交付收款人的行为。背书是持票人在票据背面签章，将票据上所载明的票据权利转让给他人的行为。承兑是付款人承诺在票据到期日向持票人支付票据金额的行为。保证是保证人担保某一票据债务人履行票据债务的行为。参加承兑是在付款人拒绝承兑的情况下，参加承兑人在票据到期日前代替付款人作承兑的行为。保付是支票的付款人保证支付票据金额的行为。

广义的票据行为除狭义票据行为以外，还包括付款、参加付款、见票、划线、更改、涂销等行为。付款是票据付款人以消灭票据关系为目的而向持票人支付票据金额的行为；参加付款是参加人为某一票据债务人的利益而向持票人支付票据金额的行为；见票是本票的持票人为确定票据的到期日向出票人提示票据，出票人在票据上记载“见票”字样并签名的行为；划线是为确定支票的收款人只能是银行或付款人的客户所作的行为；更改是原记载人依法对票据上的记载事项进行修改的行为；涂销是票据权利人故意将票据上记载的文句全部或部分涂掉的行为。

除广义和狭义的分类以外，票据行为还可以分为基本票据行为和附属票据行为。基本票据行为，又称主票据行为，是指创设票据权利的行为，即出票行为。附属票据行为，又称从票据行为，是指在出票行为完成的基础上，在已实际存在的票据上所作的票据行为，包括背书、承兑、保证等行为。

（二）票据行为的特点和性质

1. 票据行为的特点

票据行为属于民事法律行为，自然具有民事法律行为的一般特点，但为了确保票据流通的安全和可靠，票据行为又具有不同于一般民事法律行为的特点。

（1）要式性。一般民事法律行为在形式上多实行自由原则，即法律行为由当事人任意选择，而票据行为必须遵循法定、严格的形式，不允许当事人自主决定或变更，否则不能产生票据法上的效力，因此票据被称为“要式证券”。票据行为的要式性具体表现在：第一，票据行为必须由行为人签名或盖章；第二，票据行为必须以书面形式作成；第三，票据行为必须以一定的款式记载有关内容。

（2）抽象性。票据行为是以买卖、借贷等票据的基础关系为前提，但票据行为一旦成立，就与该基础关系分离，基础关系的有效或存在与否都不会影响票据行为的效力。因此，持票人不用证明给付原因就可行使票据权利，也就是说，票据行为只需具备其抽象的形式即可生效，而不问其实质如何。票据行为的抽象性主要表现在：除票据授受的直接当事人之间或者出于恶意而取得票据的持票人之外，不能以票据原因关系为理由而主张票据行为无效或者对抗善意持票人。

（3）文义性。文义性是指票据行为的内容完全以票据上记载的文义为准。也就是说，即使票据上记载的文字与实际情况不符，也不允许票据当事人以票据以外的证据加以变更或者补充。因此，票据债权人不能向票据债务人主张票据上文字记载以外的权利，票据债务人也不得以票据上文字记载以外的事项对抗票据债权人。

（4）独立性。在同一票据上有数个票据行为时，每一票据行为人各自依其在票据上所载文义独立发生效力，互相不发生影响。也就是说，一个票据行为无效，不影响其他票据行为的效力。在《票据法》中，票据行为独立性原则主要表现在：第一，无民事行为能力人或者限制民事行为能力人在票据上签章的，其签章无效，但是不影响其他签章的效力；第二，没有代理权而以代理人名义在票据上签章的，应当由签章人承担票据责任；代理人超越代理权限的，应当就其超越权限的部分承担票据责任；第三，票据上有伪造、变造的签章的，不影响票据上其他真实签章的效力。

2. 票据行为的性质

票据行为是票据债务人以承担票据上债务为目的的要式法律行为，那么它究竟是契约行为还是单方法律行为？对于这个问题，理论界一直有争论。

英美法系学者大多主张契约行为说，认为票据债务人之所以承担票据上的债务，是因为其与票据债权人订立了契约。不仅如此，只有票据债务人将票据交付债权人，而债权人又必须受领该票据，才产生票据上的法律关系。所以，票据本身就是契约，无须另订契约来证明其存在。该说还认为，这种票据契约具有流通性，因此票据法只从形式上推定在票据上签名的人与持票人存在契约关系，至于他们之间实际是否订有契约则在所不问。契约行为说可以分为单数契约说和复数契约说。前者认为，票据行为人的票据行为只是一个契约；后者认为，票据行为是出票人与票据上的其他当事人分别订立的数个契约。

大陆法系学者大多主张单方法律行为说，认为票据上的债务仅因债务人的单方行为而成立。因为票据是流通证券，持票人不特定，所以行为人作成票据并在其上签章，即对不特定持票人作意思表示。该说又分为创造说和发行说。前者认为，出票人一经创设票据，其权利义务关系就已存在；后者认为，出票人作成票据并经交付后，其权利义务关系才存在。

根据我国《票据法》的规定，票据须作成、签章并经交付后成立，产生票据权利义务关系。可见，我国法律采用的是单方法律行为说中的发行说。

（三）票据行为的构成要件

票据行为的构成要件就是使票据行为有效而必须具备的条件，包括实质要件和形式要件。

1. 票据行为的实质要件

（1）票据能力。票据行为的实质要件中最核心的内容是票据行为人的票据能力，它包括票据权利能力和票据行为能力。

票据权利能力是指票据行为人可以享受票据权利、承担票据义务的资格或能力。对于票据权利能力，《票据法》没有作出限制性规定。因此，只要具备民事主体资格，无论是自然人、法人还是非法人组织，都具有票据权利能力。自然人的票据权利能力始于出生，终于死亡。法人、非法人组织的票据权利能力，始于成立，终于终止。需要说明的是，法人的票据权利能力不受法人章程所定目的范围的限制。

票据行为能力是指通过独立的票据行为取得票据权利、承担票据义务的资格或能力。就自然人而言，完全民事行为能力人有票据行为能力，可以独立为票据行为，但无民事行为能力人和限制民事行为能力人不具有票据行为能力，所为票据行为无效。就法人而言，其票据行为能力与票据权利能力一样，始于成立，终于终止，也不应受法人章程的限制。不过，法人的票据行为能力实际上是由其机关即法定代表人来完成。就非法人组织而言，票据行为能力同于其票据权利能力，也同于法人的票据行为能力。

（2）意思表示。票据行为属于民事法律行为，民法上有关意思表示的规则原则上适用于票据行为，因而票据行为人的意思表示原则上应当真实、合法。但是，票据是文义证券、无因证券，又在不特定的多数人之间辗转流通，行为人的意思表示是否真实、合法不易查实，为了保护善意第三人的权利，促进票据的流通，对行为人的意思表示采取表示主义的标准即行为的外观加以解释或判断，以确定票据行为的效力。具体地说，一个票据行为只要在形式上符合票据法的要求，就属于有效行为，行为人就应承担相应的票据义务，而不问其在为此票据行为时的意思表示是否真实。只有在直接当事人之间或非善意持票人主张权利的情况下，票据行为人才可以意思表示不真实为理由行使抗辩权。

2. 票据行为的形式要件

票据具有要式性、文义性和无因性的特点，因而票据法对票据行为的形式要件作了非常严格的规定。

(1)书面。票据与其体现的权利密不可分，而且又属文义证券，因而票据法要求票据行为必须以书面形式作成，并且对票据用纸有严格的要求。《票据法》第 108 条规定："汇票、本票、支票的格式应当统一。票据凭证的格式和印制管理办法，由中国人民银行规定。"《票据管理实施办法》第 5 条进一步规定："票据当事人应当使用中国人民银行规定的统一格式的票据。"《中国人民银行支付结算办法》(以下简称《支付结算办法》)第 9 条第 2 款则规定："未使用按中国人民银行统一规定印制的票据，票据无效。"

(2)签章。票据当事人所为的各种票据行为的内容不同，但签章是所有票据行为共同的要件。与其他国家的票据法一样，我国《票据法》第 4 条也规定，在票据上签章的人，按照票据所记载的事项承担票据责任。因此，签章的意义在于识别行为人，并确定行为人的票据责任。对于签章的形式，《票据法》第 7 条规定："票据上的签章，为签名、盖章或者签名加盖章。法人和其他使用票据的单位在票据上的签章，为该法人或者该单位的盖章加其法定代表人或者其授权的代理人的签章。在票据上的签名，应当为该当事人的本名。"

(3)记载事项。票据行为要有效成立，就必须按照票据法的规定在票据上记载有关事项。记载事项可以分为必要记载事项、任意记载事项、不得记载事项和不生票据法上效力的事项。

必要记载事项是指依据票据法的规定必须记载的事项，分为绝对必要记载事项和相对必要记载事项。前者是必须在票据上记载的事项，欠缺此事项票据无效；后者是票据法规定应予记载，但未作记载则按法律规定推定，票据不因此而无效的事项。

任意记载事项是指是否记载可由票据当事人自由选择，但一经记载即发生票据法上效力的事项。例如，出票人在汇票上记载"不得转让"字样。

不得记载事项是指票据法规定不得记载的事项，分为记载无效的事项和使票据无效的事项。前者又称记载无益事项，就是虽记载于票据上但被视作未记载，并且不影响票据效力的事项，如汇票上记载“免除担保承兑和免除担保付款”的事项；后者又称记载有害事项，就是一经记载使整个票据无效的事项，如汇票上记载了附条件付款的事项。

不生票据法上效力的事项，是指虽记载于票据上但不发生票据上效力的事项。例如，汇票出票人在记载票据金额之外，又记载了违约金内容，该内容即属此类事项。

(4)交付。交付是指票据行为人将票据实际交给相对人持有。有效的票据行为，除行为人以书面在票据上记载法定事项并签章以外，还需要将票据交付给相对人。不同的票据行为，其接受交付的相对人也不一样。例如，出票人须将票据交付给收款人，背书人须将票据交付给被背书人，而承兑人及保证人则须将票据交付给持票人。

(四)票据行为的代理

1. 票据行为代理的概念和要件

票据行为的代理是指代理人在其代理权限范围内，在票据上载明本人(即被代理人)的名称及为本人代理的意思，并在票据上签章的行为。成立票据行为的代理，必须具备下列要件：

(1)代理人必须在票据上表明本人的名义。票据是文义证券，因而代理人必须将本人的姓名或名称明确记载在票据上。只有这样，本人才承担票据责任，否则不发生票据代理的效果。

(2)代理人必须在票据上明确记载为本人代理的意思。《票据法》第5条第1款规定，代理人应当在票据上表明其代理关系。但是，法律没有明确规定表示的方式，代理人可以直接记载“代理人”字样表明其代理意思。一般来说，如果依票据交易习惯，足以认为存在代理人是代本人为有关票据行为的记载，即可视为有代理的意思。

(3)代理人必须在票据上签章。票据行为是要式行为，以在票据上签章为必要，因此代理人在票据上签章，票据行为代理有效。如果票据上仅记载本人的姓名或名称而无代理人的签章，这种情况被称为票据行为的代行。

(4)代理人必须具有票据代理权限。代理人具有票据代理权限，是票据行为代理有效的关键。根据代理权发生的原因，代理可分为法定代理、指定代理和委托代理。从《票据法》第5条第1款的规定看，我国只承认票据行为的委托代理。

2. 无权代理

票据行为的无权代理，是指无代理权而以代理人的名义代本人实施票据行为或者有代理权人超越代理权限而实施票据行为。

《票据法》第5条第2款规定：“没有代理权而以代理人名义在票据上签章的，应当由签章人承担票据责任；代理人超越代理权限的，应当就其超越权限的部分承担票据责任。”

五、票据权利

(一)票据权利的概念和特征

票据权利是指持票人向票据债务人请求支付票据金额的权利,包括付款请求权和追索权。可见,票据权利是一种特殊的民事债权,除具有民事债权的一般特征以外,还具有以下特征:

1. 票据权利是金钱性权利

票据权利是一种金钱性权利,这是因为票据权利的内容是请求票据债务人支付票据金额,即权利的客体只能是一定数量的货币。

2. 票据权利是证券性权利

证券性权利是表现在证券上的权利。作为一种证券性权利,持有证券的人既享有证券本身的所有权即证券所有权,又享有证券上所记载的权利即证券权利,证券权利和证券所有权具有一体性的特点。票据权利作为证券性权利,其存在、行使、移转应以票据的存在为必要,即作为无形债权的票据权利,必须与有形的票据所有权相结合。

3. 票据权利是无因性权利

票据权利的这一特征是由票据的无因性所决定的。票据权利是纯粹的金钱债权,权利人主张票据权利仅以持有票据为必要,至于票据权利发生的原因或权利人取得票据的原因,无须向义务人说明,义务人也没有审查的权利。

4. 票据权利是双重性权利

票据权利不同于一般民事权利,权利人可以行使两次请求权来取得票据金额。第一次请求权是付款请求权,即票据权利人对票据主债务人或其他付款义务人请求支付票据金额的权利;第二次请求权是追索权,即票据权利人在付款请求权得不到实现时向付款人以外的票据债务人要求支付票据金额和其他有关费用的权利。

(二)票据权利的取得

票据是一种完全有价证券,取得票据权利必须占有票据并取得票据上的所有权。从票据权利的取得与票据权利发生的关系看,票据权利的取得分为原始取得和继受取得。

1. 票据权利的原始取得

票据权利的原始取得是指持票人不经由其他前手权利人而最初取得票据权利的方式,包括出票取得和善意取得两种情形。

(1)出票取得。它是指票据的出票人在作成票据,并将票据交付给收款人而完成出票行为时,收款人即取得票据权利。票据是设权证券,出票就是创设票据权利的票据行为，出票人签发票据并交付给收款人时，收款人就实现了对票据的最初占有并取得了票据权利。

(2)善意取得。它是指票据受让人依票据法规定的转让方法，从无处分权人手中善意受让票据，从而取得票据权利。

善意取得应当具备下列构成要件：第一，受让人必须从无处分权人处取得票据。无处分权人是对票据权利不享有处分权的人，主要包括通过盗窃、欺诈、胁迫等非法手段持有票据的人、拾得票据的人以及依原持票人的意思占有票据但不享有处分权的持票人。另外，无处分权人还必须是取得人的直接前手。第二，受让人必须依票据法规定的权利转让方法取得票据。票据法规定的权利转让方法只有两种，即背书交付和单纯交付。第三，受让人必须是基于善意取得票据。所谓善意，是指没有恶意或重大过失。第四，受让人必须是付出相应对价。需要注意的是，《票据法》第 11 条第 1 款规定："因税收、继承、赠与可以依法无偿取得票据的，不受给付对价的限制。但是，所享有的票据权利不得优于其前手[①]的权利。"

2. 票据权利的继受取得

票据权利的继受取得是指持票人通过背书或者单纯交付从有票据处分权人处受让票据权利的方式，包括票据法上的继受取得和非票据法上的继受取得两种情形。

(1)票据法上的继受取得。它主要是指持票人依票据法规定的转让方法从有权处分的票据权利人处受让票据，取得票据权利。此外，票据保证人因履行保证责任而取得票据权利、被追索人被追索时因清偿债务而取得票据权利等，也属于此种继受取得。

(2)非票据法上的继受取得。它是指持票人通过民法规定的一般债权转让方式取得票据权利。例如，通过遗产继承、企业合并、破产清偿等方式取得票据权利。此种继受取得由民法调整，因而不能得到票据法对持票人的特别保护。

(三)票据权利的行使、保全和消灭

1. 票据权利的行使

票据权利的行使是指票据的权利人请求票据债务人履行票据债务的行为，包括付款请求权的行使和追索权的行使。

票据权利行使的方式是票据的提示，即由持票人将票据向票据债务人出示。提示包括提示承兑和提示付款两种。提示承兑就是请求票据记载的付款人进行承兑而为的提示，提示付款就是请求票据债务人进行付款而为的提示。由于票据在承兑之前付款人的付款义务尚未确定，因而有学者认为提示承兑不属于权利的行使行为，而只属

---

① 前手是指在票据签章人或者持票人之前签章的其他票据债务人。

于为行使权利而做的准备。[①] 根据《票据法》第 16 条的规定，持票人对票据债务人行使票据权利，应当在票据当事人的营业场所和营业时间内进行，票据当事人无营业场所的，应当在其住所进行。

2. 票据权利的保全

票据权利的保全是指票据权利人为防止票据权利的丧失而依法作出的行为。票据权利的丧失有两种情况：一是票据权利的全部丧失，即付款请求权和追索权全部丧失；二是单纯追索权的丧失。票据权利的丧失主要是因为权利人在规定的时间内不行使票据权利或者未取得行使权利遭到拒绝的证明所致。票据权利保全的方式主要有以下三种：

(1)提示票据。票据权利人在法律规定的期间内向票据债务人提示票据，这既是票据权利行使的方式，也是票据保全的方式。如果票据权利人在法律规定的期间内不提示票据，就会丧失全部票据权利或者追索权。

(2)作成拒绝证明。票据权利人行使票据权利而未获承兑或者未获付款时，必须在规定的期间内，就不获承兑或者不获付款的事实作成拒绝证明。否则，票据权利人将丧失对前手的追索权。

(3)中断时效。票据债权人实施一定的行为中断票据权利的时效，使票据权利的时效重新起算。这些行为大多是诉讼上的行为，如提起诉讼、申请支付令、破产清算等。

3. 票据权利的消灭

票据权利的消灭是指基于一定法律事实的出现，付款请求权和追索权归于消灭。能够引起票据权利消灭的法律事实主要有以下三种：

(1)因付款人的付款而消灭。付款人向持票人支付票据金额后，持票人的付款请求权和追索权消灭。

(2)因票据时效届满而消灭。票据时效，又称票据权利的消灭时效，是指票据权利人在一定时间内不行使其权利，票据权利就归于消灭。《票据法》第 17 条规定，票据权利在下列期限内不行使而消灭：①持票人对汇票的出票人和承兑人的权利，自汇票到期日起 2 年；见票即付的汇票、本票上的权利，自出票日起 2 年。②持票人对支票出票人的权利，自出票日起 6 个月。③持票人对前手的追索权，自被拒绝承兑或者被拒绝付款之日起 6 个月。④持票人对前手的再追索权，自清偿日或者被提起诉讼之日起 3 个月。

(3)因其他事实而消灭。其他事实主要是依一般债权消灭的情况，如抵销、免除、

---

① 参见王小能：《票据法教程》，北京大学出版社 2001 年版，第 65 页。

混同、提存等，也包括票据被销毁等情况。

六、票据的瑕疵

票据的瑕疵是指票据行为人或其他人进行了影响票据效力的行为，致使票据权利义务的实现受到影响。一般来说，票据的瑕疵包括票据的伪造、变造和涂销。

(一)票据伪造

1. 票据伪造的概念和条件

票据伪造是指假冒他人名义而实施的票据行为。它有广义和狭义之分。广义的票据伪造，包括出票行为的伪造、背书行为的伪造、承兑行为的伪造、保证行为的伪造等；狭义的票据伪造，仅指假冒出票人的名义签发票据的行为。我国《票据法》规定的票据伪造，属于广义的票据伪造。

构成票据伪造必须具备以下三个条件：(1)伪造人所为的行为在形式上符合票据行为的构成要件。伪造行为不是票据行为，但该行为从形式看是票据行为。如果伪造人的伪造行为形式上并非票据行为，则不构成票据的伪造。(2)伪造人假冒他人的名义在票据上签章。假冒他人名义是票据伪造的根本。所谓假冒他人名义，就是没有得到他人的授权。如果不是假冒他人名义而是受他人的委托在票据上代他人签章的，则属于票据代理或者有权代行。(3)伪造人的目的是为了行使票据权利。伪造人实施票据伪造行为，并不想承担票据义务，而是为了享有票据权利，否则不构成票据伪造。

2. 票据伪造的法律后果

对伪造人来说，由于其未在票据上签章，因此不承担票据责任。但是，这并不意味着伪造人不承担其他法律责任。根据《票据法》第 14 条、102 条第 1 项、第 103 条以及有关司法解释的规定，伪造人伪造票据的，应当承担法律责任，包括民事赔偿责任、行政责任和刑事责任。

对被伪造人来说，由于其未在票据上签章，因此其不负票据法上的责任。① 这一抗辩事由是绝对的，被伪造人可以对抗一切持票人，包括善意持票人。

对其他真实签章人来说，由于票据行为具有独立性和文义性，因而票据的伪造行为不影响其在票据上真实签章的效力。② 也就是说，在伪造的票据上有真实签章的人，仍然必须依票据上的文义负责。

对持票人来说，他不能向伪造人和被伪造人主张票据权利，但可以向票据上有真实签章人主张票据权利。如果票据上无真实签章人，持票人只能依民法向伪造人要求

---

① 参见《最高人民法院关于审理票据纠纷案件若干问题的规定》第 67 条第 2 句。

② 参见《票据法》第 14 条第 2 款的规定。

民事赔偿。

(二)票据变造

1. 票据变造的概念和条件

票据变造是指没有变更权的人以行使票据权利为目的,对票据上除签章以外的其他记载事项进行变更的行为。例如,甲签发一张金额为10万元的汇票给乙,乙受让后将10万元改为16万元,然后背书给丙,此时乙的行为就是票据的变造。构成票据变造必须具备以下三个条件:

(1)必须是没有变更权的人所为的变更行为。具体来说,首先,原则上非自己记载的事项不得变更,否则构成票据变造。其次,即使是自己记载的事项,如果属于法律规定不得改写的事项,原记载人也不得变更,否则构成票据变造。根据《票据法》第9条的规定,票据金额、日期、收款人名称,任何人都无权变更。再次,即使有变更权的人变更票据上除签章以外的其他记载事项,也必须在变更处签章。

(2)必须是变更票据签章以外的其他记载事项的变更行为。无变更权的人变更票据上的签名,则构成票据伪造。只有在无变更权的人变更票据签章以外的其他记载事项才构成票据变造。例如,变更票据到期日、票据付款地等。

(3)必须是以行使票据权利为目的的变更行为。无变更权的人变更票据的目的,在于行使该票据权利。如果变更票据后不行使票据权利的,则不构成票据变造,如变更事项仅为自己观赏等。

2. 票据变造的法律后果

对变造人来说,如果其在作票据行为的同时变造票据的,就应承担票据责任;如果其未作票据行为而对票据进行变造的,则不承担票据责任。同时,票据变造行为属于严重的违法行为,变造人还应承担其他责任。根据《票据法》第14条、第102条第1项、第103条以及有关司法解释的规定,变造票据的行为人应当分别承担民事赔偿责任、行政责任和刑事责任。

对其他真实签章人来说,按照《票据法》第14条第3款的规定承担责任,即在变造之前签章的人,对原记载事项负责;在变造之后签章的人,对变造之后的记载事项负责;不能辨别是在票据变造之前或者之后签章的,视同在变造之前签章。

对持票人来说,或者向真实签章人主张票据权利,或者向变造人提出民事损害赔偿。持票人如果向变造之后的签章人主张票据权利的,可以实现全部票据权利;持票人如果向变造之前的签章人主张票据权利的,不足受偿部分还可以向变造人行使民事赔偿请求权。在持票人向变造人主张权利的情况下,如果变造人同时又是票据行为人的,持票人既可以行使票据权利,也可以行使民事赔偿请求权;如果变造人不是票据行为人的,持票人只能行使民事赔偿请求权。

(三)票据涂销

票据涂销是指将票据上的签名或其他记载事项加以涂抹或消除的行为。例如,汇票的付款人将其在汇票上记载的"承兑"字样涂去,持票人将其前手的签名涂去。

票据涂销包括法定涂销和任意涂销。法定涂销是票据法上明确规定其法律效力的涂销,分为票据背书的涂销、汇票承兑的涂销和支票划线的涂销三类。任意涂销是在票据法上未规定其效力,而是按照民法规定确定其效力的涂销,分为保持票据效力的涂销和丧失票据效力的涂销。

票据涂销与票据变造均属于对票据上记载事项的变更,但两者的法律性质不同,具体表现在:(1)变更的内容不同。票据涂销仅限于对票据上记载内容的消除,不包括对票据上记载内容的增加,而票据变造既包括对票据上记载内容的消除,也包括对票据上记载内容的增加。(2)变更的主体不同。票据涂销一般是有相应权限的人所为,而票据变造则是无变更权限的人所为。(3)变更的责任不同。票据涂销多为合法行为,不承担票据伪造、变造的法律责任,而票据变造属于违法行为,应承担相应法律责任。

目前,我国票据法对票据涂销未作规定。但是,在票据实务中存在票据当事人对票据涂销的情况,因而其法律性质及其法律后果需要立法解决。

七、票据抗辩

(一)票据抗辩的概念

票据抗辩是指票据债务人对票据债权人提出的请求依法予以拒绝的行为。在票据抗辩中,抗辩所依据的事由称为抗辩原因,票据债务人享有的拒绝向票据债权人履行义务的权利称为抗辩权。

票据债务人行使抗辩权,旨在阻止票据权利人行使票据权利。票据抗辩以民法上的抗辩为基础,但又不同于民法上的抗辩。民法上的抗辩具有延续性,即债权转让后,债务人对原债权人的抗辩,对新债权人仍然有效。但是,票据的基本性质就在于流通,如果票据权利转让后,债务人的抗辩权随之转移的话,势必影响票据的流通。因此,票据法就规定了票据抗辩切断制度,即票据权利转让后,票据债务人对原票据债权人的抗辩权原则上不同时转移。这表明,票据抗辩不具有延续性。

(二)票据抗辩的种类

票据抗辩事由,又称票据抗辩原因,是指法律规定的票据债务人对票据债权人实施抗辩的情事。根据票据抗辩事由的不同,票据抗辩可以分为物的抗辩和人的抗辩。

1. 物的抗辩

物的抗辩,又称绝对抗辩、客观抗辩,是指基于票据或票据行为本身的事由而发生的抗辩。物的抗辩的重要特点在于，票据债务人可以对抗一切票据债权人，并不因持票人的变更而受到影响。根据行使抗辩权的债务人的不同，可以将物的抗辩分为以下两种：

（1）一切票据债务人可以对一切票据债权人行使的抗辩。这种抗辩主要是因票据本身的事由而发生的抗辩。它主要包括以下四种情况：①因票据欠缺绝对必要记载事项或记载不得记载事项而致票据无效的抗辩；②因票据付款日期尚未届至的抗辩；③因票据债务人已依法付款而使票据权利归于消灭的抗辩；④因票据被法院作除权判决而使票据失效的抗辩。

（2）特定票据债务人可以对一切票据债权人行使的抗辩。这种抗辩主要是因票据行为本身的事由而发生的抗辩。它主要包括以下五种情况：①欠缺票据行为能力的抗辩。无民事行为能力人或限制民事行为能力人为票据行为的，可以自己欠缺票据行为能力为由进行抗辩。②无权代理的票据行为的抗辩。行为人没有代理权、超越代理权为票据行为的，本人可以行为人无代理权或超越代理权为由进行抗辩。③票据伪造或变造的抗辩。在票据伪造的情况下，被伪造人可以未在票据上签章为由进行抗辩；在票据变造的情况下，在变造前签章的票据债务人，可以对票据债权人主张变造后的票据权利进行抗辩。④欠缺票据保全手续的抗辩。在欠缺票据保全手续的情况下，前手可以此为由对后手行使追索权进行抗辩。⑤票据权利因时效届满而消灭的抗辩。票据权利因法律规定的时效届满而消灭，票据债务人可以此为由进行抗辩。

2. 人的抗辩

人的抗辩，又称相对抗辩、主观抗辩，是指基于债权人自身或者票据债务人与特定的票据债权人之间关系的事由所发生的抗辩。在人的抗辩中，抗辩对象是特定的债权人，因而离开了特定的债权人，如债权人发生变更的，抗辩事由即被切断，债务人不得再以原来的抗辩事由对抗新的债权人。根据行使抗辩权的债务人的不同，可以将人的抗辩分为以下两种：

（1）一切票据债务人可以对特定票据债权人行使的抗辩。这种抗辩主要是因特定票据债权人资格方面的事由而发生的抗辩。它主要包括以下三种情况：①票据债权人欠缺实质上受领票据金额资格的抗辩。如在受领票据时，作为票据债权人的法人被宣告破产，则票据债权人就欠缺票据金额受领能力，票据债务人可以此为由进行抗辩。②票据债权人欠缺形式上受领票据金额资格的抗辩。如以背书方式取得的汇票不具有背书的连续性的，票据债务人可以此为由进行抗辩。③因恶意取得票据而不享有票据权利的抗辩。以恶意或重大过失取得票据的持票人，不得享有票据权利，票据债务人可以此为由进行抗辩。

（2）特定票据债务人可以对特定票据债权人行使的抗辩。这种抗辩主要是因直接当事人之间的原因关系或者特别约定而发生的抗辩。它主要包括以下四种情况:①原因关系不成立或无效的抗辩。票据是无因证券,但在直接当事人之间,原因关系的当事人与票据关系的当事人具有同一性,因而票据债务人可以原因关系不成立或无效为由进行抗辩。②欠缺对价的抗辩。在直接当事人之间,授受票据是以给付对价为条件的,因此票据债权人没有给付对价或者给付对价不足而取得票据的,票据债务人可以此为由进行抗辩。③基于当事人之间特别约定的抗辩。直接当事人之间在授受票据时有特别约定,而票据债权人不履行该约定的,票据债务人可以此为由进行抗辩。④欠缺交付行为的抗辩。票据的盗取人或拾得人持票主张权利时,票据债务人可以欠缺交付行为为由进行抗辩。

(三)票据抗辩的限制

1. 票据抗辩限制的概念

票据抗辩的限制是指票据法规定的对票据债务人抗辩予以约束的制度,即抗辩切断制度。票据法规定该制度的目的是为了保障票据的流通性,保护票据债权人的利益。

在上述两类票据抗辩中,由于物的抗辩是基于票据本身或票据行为本身的原因而发生的抗辩,无论票据怎样流转,抗辩事由都会存在,票据债务人始终可以此对任何持票人进行抗辩,因此票据法不对此类抗辩进行限制。而人的抗辩是基于特定的当事人之间的关系所发生的抗辩,仅对特定持票人主张,而票据经流通持票人即发生变化,因而对人的抗辩应给予限制。

2. 票据抗辩限制的内容和例外

《票据法》第 13 条第 1 款规定:“票据债务人不得以自己与出票人或者与持票人的前手之间的抗辩事由,对抗持票人。”可见,票据抗辩限制的内容包括以下两个方面:

(1)票据债务人不得以自己与出票人之间的抗辩事由对抗持票人。票据债务人与出票人之间形成的基础关系,可能是原因关系,也可能是资金关系,但票据债务人不得以这些关系中产生的抗辩事由对抗持票人。这是由票据关系与票据基础关系相分离的原则决定的。

(2)票据债务人不得以自己与持票人的前手之间的抗辩事由对抗持票人。票据债务人与持票人的前手之间如果存在抗辩事由,他可以对持票人的前手行使抗辩权,但不得以此抗辩事由对抗持票人。这也是由票据关系与票据基础关系相分离的原则决定的。

票据抗辩限制的例外,是指不适用票据抗辩限制的情形,即票据债务人仍可以自己与出票人或与持票人的前手之间的抗辩事由对抗持票人。根据《票据法》第 13 条第 1 款的规定,持票人明知票据债务人与出票人之间或者与出票人的前手之间存在抗辩事由而取得票据的,票据债务人可以该抗辩事由对抗持票人。

八、票据丧失与补救

(一)票据的丧失

票据丧失是指持票人无抛弃票据的意思而丧失对票据的占有。按照票据是否还存在,票据丧失可分为票据绝对丧失和票据相对丧失。

1. 票据绝对丧失

票据绝对丧失,又称票据的灭失,是指票据在物质形态上发生根本变化,致使其不再成为票据,例如票据被烧毁或撕毁。

2. 票据相对丧失

票据相对丧失是指票据在物质形态上没有发生变化,但因某种事由持票人脱离了对票据的占有,例如票据遗失或被盗。

(二)票据的补救

票据是完全有价证券,票据的占有与票据权利的行使密不可分,票据权利人只有提示票据才能行使票据权利,因而持票人丧失票据就意味着其无法行使票据权利。票据丧失并非出于持票人的本意,为了保护持票人的权利和票据流通的安全,票据法规定了一些补救方法。

1. 挂失止付

挂失止付是指失票人将票据丧失的情况通知付款人,并指示其停止付款的行为。挂失止付仅是临时性措施,给失票人采取其他措施留出必要的时间。

根据法律规定,进行挂失止付应符合以下条件:(1)必须是存在票据丧失的情况。票据未丧失的,不得挂失。(2)丧失的票据必须属于挂失止付的范围。《票据法》第15条第1款规定,未记载付款人或者无法确定付款人及其代理付款人的票据不能办理挂失止付。《支付结算办法》第48条规定,已承兑的商业汇票、支票、填明“现金”字样和代理付款人的银行汇票以及填明“现金”字样的银行本票丧失,可以由失票人通知付款人或者代理付款人挂失止付。未填明“现金”字样和代理付款人的银行汇票以及未填明“现金”字样的银行本票丧失,不得挂失止付。(3)必须采用书面通知形式。《支付结算办法》第49条规定,允许挂失止付的票据丧失,失票人需要挂失止付的,应填写挂失止付通知书并签章。挂失止付通知书应当记载下列事项:票据丧失的时间、地点和原因;票据的种类、号码、金额、出票日期、付款日期、付款人名称、收款人名称;挂失止付人的名称、营业场所或者住所以及联系方法。(4)必须由失票人实施挂失止付。依照票据法规定,非失票人不能进行挂失止付。

票据丧失经失票人挂失止付后,付款人不得再履行付款义务,否则将自负其责。需要指出的是,挂失止付不是效力确定的补救措施,仅是一种临时性的预防措施,因此失票人必须将它与其他法定措施结合起来，才能切实起到救济的作用，这就存在挂失止付的临时性效力和与其他救济措施的持续性效力的接驳问题。根据《票据法》和《支付结算办法》的规定，挂失止付有以下三种效力期限：第一，挂失止付后付款人暂停支付的期限为 3 日，自挂失止付通知的次日起算。失票人应当在挂失止付后 3 日内依法向法院申请公示催告或直接向法院提起诉讼。第二，由于暂停支付的 3 日效力期限很短，失票人难以进一步完成某些事项进行补救。法律规定，失票人需要延续挂失止付有效期限的，应在挂失止付的有效期(3 日)内，向法院请求采取一定的措施，在向付款人或者代理付款人提供这方面证明后，挂失止付的效力期限延长到 12 日。第三，在挂失止付的有效期内，法院受理公示催告或者起诉后，即向付款人或者代理付款人签发止付通知书，该通知书具有接续期限的效力。付款人或者代理付款人自收到挂失止付通知书之日起 12 日内没有收到法院的止付通知书的，自第 13 日起，持票人提示付款并依法向持票人付款的，不再承担责任。

2. 公示催告

公示催告既是一种法律制度，又是一种法律程序。作为一种法律制度，它是指失票人在丧失票据后请求法院宣告票据无效，从而使票据权利与票据本身相分离的权利救济制度。作为一种法律程序，它是指法院应失票人的申请，以公示的方法，催告票据利害关系人在一定期限内向法院申报权利，如在该期限内无人申报的，即产生失权后果的程序。

根据我国《民事诉讼法》以及《最高人民法院关于适用〈中华人民共和国民事诉讼法〉的解释》的规定，公示催告的程序如下：

(1)申请。失票人在票据丧失后，可以向票据支付地的基层法院提出公示催告的申请。申请人向法院提交的催告申请书应当载明下列事项：①票面金额；出票人、持票人、背书人；②申请的理由、事实；③通知票据付款人或者代理付款人挂失止付的时间；④付款人或者代理付款人的名称、通信地址、电话号码等。

应当注意的是，不是所有票据丧失都可以向法院申请公示催告。根据《民事诉讼法》第 218 条第 1 款第 1 句的规定，可以背书转让的票据被盗、遗失或者灭失，票据持有人可以向人民法院申请公示催告。

(2)受理。法院收到公示催告的申请后，应当立即审查，结合票据存根、丧失票据的复印件、出票人关于签发票据的证明、申请人合法取得票据的证明、银行挂失止付通知书、报案证明等证据，决定是否受理。经审查认为符合受理条件的，通知予以受理；认为不符合受理条件的，7 日内裁定驳回申请。如果受理的，法院需要做两项工作：一是在受理后的当日通知付款人或者代理付款人停止支付；二是在受理后的 3 日内发出公告，催促利害关系人来申报权利。公示催告的期间，由法院根据具体情况依法予以确定,但不得少于 60 日。

(3)申报权利。利害关系人在公示催告期间或者公示催告期满、判决作出之前向法院申报权利的,法院应当裁定终结公示催告程序,并通知申请人和支付人。申请人和申报人之间的权属争议由双方通过普通民事诉讼程序解决。

(4)除权判决。在申报权利的期间无人申报权利,或者申报被驳回的,申请人在公示催告期满起 1 个月内请求法院作出除权判决的,法院作出除权判决,终结公示催告的程序。在上述期限内,申请人未申请除权判决的,公示催告程序也终结。

除权判决生效后,申请人有权依据该判决向付款人请求付款。另外,利害关系人因正当理由不能在除权判决前向法院申报权利的,自知道或者应当知道除权判决公告之日起 1 年内向原作出判决的法院提起撤销之诉。

3. 提起诉讼

根据《票据法》的规定,失票人在丧失票据后,可以直接向法院提起民事诉讼,要求法院判令票据债务人向其支付票据金额,使自己的票据权利得以救济。我国《票据法》虽然明文规定诉讼是票据丧失的一种补救方法,但是对诉讼主体、管辖法院、诉因等都没有作出具体规定。对此,《最高人民法院关于审理票据纠纷案件若干问题的规定》第 35 条至 38 条作了一些规定。

根据上述司法解释的规定,在丧失票据后,失票人在票据权利时效届满之前,可以请求出票人补发票据,或者请求债务人付款,在提供相应担保的情况下因债务人拒绝付款或者出票人拒绝补发票据的,可以向被告住所地或者票据支付地法院提起诉讼。在此类诉讼中,原告为失票人,被告为与失票人具有票据债权债务关系的出票人、拒绝付款的票据付款人或者承兑人。此外,行为人采用欺诈、胁迫、抢夺、恐吓等非法手段剥夺票据所有人对票据占有的,失票人有权向非法持有票据人提起诉讼,要求返还票据。在此类诉讼中,原告为失票人,被告为非法持有票据人。需要注意的是,失票人向法院提起诉讼的,除向法院说明曾经持有票据及丧失票据的情形外,还应当提供担保,担保的数额相当于票据载明的金额。

第二节 汇票

一、汇票概述

(一)汇票的概念和特征

《票据法》第 19 条第 1 款规定:“汇票是出票人签发的,委托付款人在见票时或者在指定日期无条件支付确定的金额给收款人或者持票人的票据。”汇票是最基本、最重要的票据，它除了具有票据的一般属性外，还具有以下特征：

1. 汇票是委付证券

汇票的出票人仅为签发票据的人，不是票据的付款人，不直接承担付款的责任，而是另行委托他人支付汇票金额。从这个意义上说，汇票属于委付证券，与作为自付证券的本票区分开来。

2. 汇票是信用证券

汇票不以见票即付为限，多数汇票都记载将来的某个日期付款。这种需要经过一段时间才能兑现票据金额的汇票具有信用功能，这与作为支付证券的支票是截然不同的。

在汇票关系中有三个基本当事人，即出票人、收款人和付款人。出票人就是依照法定方式签发汇票委托他人付款的人，收款人就是从出票人处接受票据并享有票据权利的人，付款人就是按照出票人的付款委托无条件支付汇票金额的人。

(二)汇票的种类

1. 银行汇票和商业汇票

这是根据汇票的出票人所作的分类。银行汇票是指出票银行签发的，由其在见票时按照实际结算金额无条件支付给收款人或持票人的汇票。根据用途的不同，银行汇票可分为现金银行汇票和转账银行汇票。商业汇票是指由银行以外的其他主体签发的，委托付款人在指定日期无条件支付确定的金额给收款人或者持票人的汇票。根据《票据管理实施办法》第 8 条的规定，商业汇票的出票人限于银行以外的企业和其他组织。根据承兑人的不同，商业汇票可分为银行承兑汇票和商业承兑汇票。

2. 即期汇票和远期汇票

这是根据汇票指定的付款日期所作的分类。即期汇票是指见票即付的汇票。即期汇票有三种类型，即载明“见票即付”字样的汇票、未记载到期日的汇票、记载的到期日与出票日相同的汇票。远期汇票是指载明付款日期，在该日期到来之前不得请求付款的汇票。根据付款日期记载方式的不同，远期汇票分为定日付款的汇票、出票后定期付款的汇票和见票后定期付款的汇票。

3. 一般汇票和变式汇票

这是根据汇票基本当事人中是否有兼任两种以上身份所作的分类。一般汇票是指汇票的基本当事人即出票人、收款人和付款人分别由不同的人充任的汇票。变式汇票是指一个人同时充任基本当事人中的两种以上身份的汇票。根据兼具身份的种类不同，变式汇票可分为以下四种：(1)指已汇票，又称已受汇票，即出票人以自己为收款人的汇票；(2)对己汇票，又称己付汇票，即出票人以自己为付款人的汇票；(3)付受汇票,即以付款人为收款人的汇票;(4)已受已付,即汇票出票人以自己为收款人和付款人的汇票。

4. 记名汇票、无记名汇票和指示汇票

这是根据收款人的记载方式所作的分类。记名汇票,又称抬头汇票,是指出票人明确记载收款人姓名或名称的汇票。对于这种汇票,转让票据权利须通过背书方式完成。无记名汇票是指出票人不记载收款人姓名或名称,或仅记载"将票据金额付与来人或持票人"字样的汇票。对于这种汇票,只需交付就可转让票据权利。指示汇票是指出票人在记载收款人姓名或名称的同时又附加记载"或其指定人"字样的汇票。对于这种汇票,出票人不得禁止持票人以背书方式进行转让,否则与汇票上记载权利人的方式相矛盾。另外,转让票据权利也须通过背书方式完成。

5. 光票和跟单汇票

这是根据票据承兑、付款是否需要附具有关单据所作的分类。光票是指不需附具任何单据,仅以汇票本身到期即可承兑、付款的汇票。跟单汇票,又称押汇汇票、信用汇票,是指必须附具与商务有关的单据才能获得承兑、付款的汇票。跟单汇票的单据,一般是指提单、仓单、保险单、商业发票、重量证明单、产地证明书、卫生证明文件等商务单据。

二、汇票的出票

(一)出票的概念

《票据法》第 20 条规定:"出票是指出票人签发票据并将其交付给收款人的票据行为。"该规定不仅适用于汇票,而且适用于本票和支票。汇票的出票,又称汇票的发票、汇票的签发、汇票的发行,就是出票人签发汇票并将其交付给收款人的票据行为。

出票行为是最基本的票据行为,没有出票行为,背书、承兑、保证等票据行为就无从谈起。汇票的出票由作成票据和交付票据两项行为构成。作成票据就是出票人依法在票据上记载法定事项并签章的行为,交付票据则是出票人依据自己的本意将作成的票据实际交给收款人占有的行为。作成或交付行为中欠缺任何一项,出票行为就不成立。

为了保证票据活动的安全,出票人出票时必须遵守诚信原则。对此,根据《票据法》第 10 条的规定,汇票的签发应当遵循诚实信用的原则,具有真实的交易关系和债权债务关系。《票据法》第 21 条还规定:"汇票的出票人必须与付款人具有真实的委托付款关系,并且具有支付汇票金额的可靠资金来源。不得签发无对价的汇票用以骗取银行或者其他票据当事人的资金。"

（二）出票的记载事项

汇票是要式证券，出票是要式行为，因此汇票的出票必须依据《票据法》的规定记载一定的事项，即符合法定的格式或款式。

1. 必要记载事项

根据《票据法》的规定，汇票上的必要记载事项包括绝对必要记载事项和相对必要记载事项。

（1）绝对必要记载事项。根据《票据法》第22条第1款的规定，汇票必须记载以下七个事项，否则票据无效：表明"汇票"的字样、无条件支付的委托、确定的金额、付款人的名称、收款人的名称、出票日期和出票人签章。需要注意的是，根据《票据法》第8条的规定，如果汇票金额以中文大写和数码同时记载，二者必须一致，二者不一致的，汇票无效。

（2）相对必要记载事项。根据《票据法》第23条第1款的规定，出票人在出票时应当在汇票上明确记载付款日期、付款地和出票地等事项，但如果未作记载，可根据法律规定推定，汇票并不因此而无效。根据《票据法》第23条第2款至第4款的规定，汇票上未记载付款日期的，为见票即付；汇票上未记载付款地的，付款人的营业场所、住所或者经常居住地为付款地；汇票上未记载出票地的，出票人的营业场所、住所或者经常居住地为出票地。

2. 任意记载事项

任意记载事项是指是否记载可由票据当事人自由选择，但一经记载即发生票据法上效力的事项。例如，《票据法》第27条第2款规定："出票人在汇票上记载'不得转让'字样的，汇票不得转让。"

3. 不得记载的事项

不得记载的事项包括记载无效的事项和使票据无效的事项。对于前者来说，汇票出票人出票时记载的视作未记载，但不影响票据效力。例如，出票人违反《票据法》第26条的规定，在汇票上记载"免除担保承兑和免除担保付款"的事项，即属于此类事项。对于后者来说，一经记载使整个票据无效。例如，出票人违反《票据法》第22条第1款规定，在汇票上记载了附条件委托付款的事项，即属于此类事项。

4. 不生票据法上效力的记载事项

《票据法》第24条规定："汇票上可以记载本法规定事项以外的其他出票事项，但是该记载事项不具有汇票上的效力。"例如，在汇票上记载违约责任的事项，该事项不发生汇票上的效力。

（三）出票的效力

汇票的出票行为一经完成即对汇票当事人产生票据法上的效力，具体表现在以下几个方面：

1. 对出票人的效力

《票据法》第 26 条规定："出票人签发汇票后，即承担保证该汇票承兑和付款的责任。出票人在汇票得不到承兑或者付款时，应当向持票人清偿本法第七十条、第七十一条规定的金额和费用。"可见，出票人出票后即成为票据债务人，必须对其签发的汇票向收款人或持票人承担获得承兑和获得付款的担保责任。

2. 对收款人的效力

出票人作成汇票并将汇票实际交付给收款人后，收款人便取得了汇票上的权利，包括付款请求权和追索权。当然，在付款人对汇票进行承兑之前，付款请求权只是一种期待权利，在付款人承兑以后，付款请求权才成为现实权利。此外，收款人行使追索权必须符合一定的条件。

3. 对付款人的效力

出票行为是一种单方法律行为，它只能为他人设定权利，而不能为他人设定义务。因此，出票行为对付款人的效力，是使其取得对汇票进行承兑和付款的资格，即可以对汇票进行承兑或者付款。付款人一旦对汇票进行承兑，就成为汇票的第一债务人，对收款人或持票人负绝对的付款义务。

三、汇票的背书

(一)背书的概念和特征

《票据法》第 27 条第 4 款规定："背书是指在票据背面或者粘单上记载有关事项并签章的票据行为。"可见，汇票的背书是指持票人以转让汇票权利或授予他人一定的汇票权利为目的，在汇票的背面或粘单上记载有关事项并签章的票据行为。

从背书的定义中可以看到，背书具有以下特征：

其一，背书是一种附属票据行为。它只能在出票行为完成后，在已经作成并交付的汇票上才能进行。

其二，背书是由持票人所为的票据行为。为背书行为的持票人称背书人，从背书人处接受汇票的人称被背书人。

其三，背书是要式行为。它必须由背书人在汇票的背面或者粘单上签名或盖章。

其四，背书是以转让权利和授予权利为目的的票据行为。转让的权利就是票据权利，授予的权利主要包括委托收款的权利和设定质押的权利。

(二)转让背书

转让背书是指持票人以转让汇票权利为目的而为的背书，包括完全背书和空白背书。

1. 完全背书

完全背书，又称记名背书、正式背书，是指背书人在汇票背面或粘单上记载背书的意思、被背书人的名称并签章的背书。背书是要式行为，应当按照《票据法》规定的事项作记载。

(1)必要记载事项。根据《票据法》第 29 条、第 30 条的规定，完全背书的必要记载事项包括三项，即背书人的签章、背书日期和被背书人的名称。其中，背书人的签章和被背书人的名称则属于绝对必要记载事项；背书日期属于相对必要记载事项，法律规定，背书未记载日期的，视为在汇票到期日前背书。

(2)任意记载事项。《票据法》第 34 条规定："背书人在汇票上记载'不得转让'字样，其后手再背书转让的，原背书人对后手的被背书人不承担保证责任。"可见，汇票上记载"不得转让"事项，属于任意记载事项。

(3)不得记载事项。《票据法》第 33 条第 1 款规定："背书不得附有条件。背书时附有条件的，所附条件不具有汇票上的效力。"《票据法》第 33 条第 2 款还规定："将汇票金额的一部分转让的背书或者将汇票金额分别转让给二人以上的背书无效。"可见，附条件的背书属于无益记载事项，将汇票金额部分转让或分别转让的背书属于有害记载事项。

2. 空白背书

空白背书，又称无记名背书、略式背书、不完全背书，是指背书人不记载被背书人的名称，仅仅由自己签章的背书。

《票据法》第 30 条规定："汇票以背书转让或者以背书将一定的汇票权利授予他人行使时，必须记载被背书人名称。"可见，我国法律不承认空白背书。

3. 转让背书的效力

我国法律只承认完全背书，不承认空白背书，因此转让背书的效力实际上是指完全背书的效力。一般来说，这种背书一经成立即具有以下三方面的效力：

(1)权利移转效力。背书成立后，汇票上的一切权利便由背书人移转给被背书人，被背书人取代背书人成为汇票权利人。依背书移转的权利，包括付款请求权和追索权。

(2)权利担保效力。背书成立后，背书人对被背书人及其后手负有担保承兑和担保付款的责任。也就是说，如果持票人请求承兑或请求付款遭到拒绝，就可以向背书人行使追索权。

(3)权利证明效力。它又被称为资格授予效力，即持票人所持汇票上的背书只要具有连续性，票据法就推定其为合法的汇票权利人而享有汇票上的一切权利。也就是说，如果持票人所持汇票上的背书连续，那么凭此即可证明自己享有汇票权利。

(三)非转让背书

非转让背书是指持票人非以转让汇票权利为目的,而是以授予他人一定的汇票权利为目的而为的背书。它主要包括委任背书与设质背书。

1. 委任背书

委任背书,又称委托收款背书,是指以委托他人代为收款为目的的背书。《票据法》第35条第1款规定:"背书记载'委托收款'字样的,被背书人有权代背书人行使被委托的汇票权利。但是,被背书人不得再背书转让汇票权利。"可见,委任背书除必须由背书人签章外,还必须有"委托收款"的字样。

委任背书并不以转让权利为目的,因而不发生权利移转效力,被背书人仅取得代理背书人行使汇票权利的权限。另外,委任背书还产生权利证明效力,即证明被背书人享有代理权。

2. 设质背书

设质背书,又称质权背书、质押背书,是指以在汇票上设定质权而担保债务为目的的背书。《票据法》第35条第2款规定:"汇票可以设定质押;质押时应当以背书记载'质押'字样。被背书人依法实现其质权时,可以行使汇票权利。"可见,设质背书除必须由背书人签章外,还必须记明"质押"或"设质"等文句。

设质背书的法律效力主要体现为质权设定效力,即被背书人经设质背书就取得汇票质权,在依法实现其质权时,可以行使汇票权利。另外,设质背书具有权利证明效力,即证明被背书人享有质权。

四、汇票的承兑

(一)承兑的概念和特征

《票据法》第38条规定:"承兑是指汇票付款人承诺在汇票到期日支付汇票金额的票据行为。"汇票是委付证券,是出票人委托付款人支付票据金额的票据,但这种委托是一种单方法律行为,付款人可以接受,也可以不接受,因此,付款人并不因出票人的委托行为而承担付款义务。由于付款人是否对汇票付款不能确定,因而持票人的票据权利只是一种期待权,为了使付款人的汇票义务、收款人的汇票权利得以确定,便于汇票流通,票据法特设立承兑制度。

从承兑的定义中可以看到,承兑具有以下特征:

其一,承兑是一种附属票据行为。承兑行为以出票行为为前提,只有出票行为有效才谈得上承兑行为的效力。

其二,承兑是汇票付款人所为的票据行为。承兑是远期票据所特有的票据行为。根据我国法律的规定,只有汇票有远期的,付款人可以对此作承兑,本票、支票均为即期，其付款人无需作承兑。

其三，承兑是汇票付款人表示愿意在汇票到期日支付汇票金额的行为。付款人一旦作出这种表示，即承担付款的责任。

其四，承兑是要式行为。付款人作承兑，就必须在汇票正面记载一定事项并签章。

（二）承兑的原则

1. 承兑自由原则

承兑自由原则是指汇票上记载的付款人可以依自己的意思决定是否承兑，而不受出票人指定其为付款人的限制。也就是说，付款人是否作出承兑，完全由其自由决定。即使出票人和付款人之间的基础关系中约定付款人须承担承兑义务，付款人仍然可以拒绝承兑。

2. 全面承兑原则

全面承兑原则，又称完全承兑原则，是指付款人对票据进行承兑时，必须对全部汇票金额进行承兑，而不能仅就其中部分金额进行承兑。从《票据法》的规定看，我国不允许对汇票金额作部分承兑。

3. 单纯承兑原则

单纯承兑原则，又称无条件承兑原则，是指付款人在进行承兑时，仅以记载相应的承兑文句为限，不得附加其他条件或变更票据上已有记载事项。《票据法》第 43 条规定："付款人承兑汇票，不得附有条件；承兑附有条件的，视为拒绝承兑。"

（三）承兑的程序

1. 提示承兑

《票据法》第 39 条第 2 款规定："提示承兑是指持票人向付款人出示汇票，并要求付款人承诺付款的行为。"可见，提示承兑有两方面的含义：一是持票人必须向付款人出示汇票，以表明其为汇票的持有者；二是持票人必须向付款人作出请求承兑的意思表示。在提示承兑中，为提示承兑的行为人称提示人，付款人称被提示人。

提示承兑本身不是票据行为，而是付款人为承兑行为的必要前提。与此同时，提示承兑对于持票人保全其汇票权利至关重要。根据《票据法》第 40 条第 2 款的规定，如果持票人未按照规定期限向付款人提示承兑，即丧失对其前手的追索权。

提示承兑的期间包括法定提示承兑期间和指定提示承兑期间两种。根据《票据法》的规定，提示承兑期间仅指法定提示承兑期间。它包括两种：(1)到期日前提示承兑。《票据法》第 39 条第 1 款规定，定日付款的汇票和出票后定期付款的汇票，持票人应当在汇票到期日前向付款人提示承兑。(2)出票日起规定期限内提示。《票据法》第 40 条第 1 款规定，见票后定期付款的汇票，持票人应当自出票日起 1 个月内向付款人提示承兑。

《票据法》第 41 条第 2 款规定:“付款人收到持票人提示承兑的汇票时,应当向持票人签发收到汇票的回单。回单上应当记明汇票提示承兑的日期并签章。”

2. 承兑和拒绝承兑

《票据法》第 41 条第 1 款规定:“付款人对向其提示承兑的汇票,应当自收到提示承兑的汇票之日起三日内承兑或者拒绝承兑。”付款人作承兑的,必须按照法律规定在票据上记载一定事项。承兑的记载事项包括必要记载事项和不得记载事项。

(1)必要记载事项。《票据法》第 42 条第 1 款规定:“付款人承兑汇票的,应当在汇票正面记载‘承兑’字样和承兑日期并签章;见票后定期付款的汇票,应当在承兑时记载付款日期。”可见,承兑的必要记载事项有签章、承兑文句和承兑日期。其中,签章、承兑文句是绝对必要记载事项,承兑日期是相对必要记载事项。根据《票据法》第 42 条第 2 款和第 41 条第 1 款的规定,汇票上未记载承兑日期的,以持票人提示承兑之日起的第 3 日,即付款人 3 天承兑期的最后一天,为承兑日期。

(2)不得记载事项。《票据法》第 43 条规定:“付款人承兑汇票,不得附有条件;承兑附有条件的,视为拒绝承兑。”可见,附条件的记载导致承兑行为无效。

3. 汇票的交还

付款人收到持票人提示承兑的汇票后即占有该汇票,在决定承兑或者拒绝承兑后都应当将票据交还给持票人。如果付款人决定承兑并在汇票上为承兑行为后,必须将汇票交还给持票人,这样承兑行为才发生法律效力。

(四)承兑的效力

付款人在汇票上为承兑行为并将汇票交还给持票人后,承兑即发生法律效力。《票据法》第 44 条规定:“付款人承兑汇票后,应当承担到期付款的责任。”可见,付款人一经承兑,便成为承兑人,对汇票债务承担第一或主要的责任。付款人的这种票据责任具有绝对性,除非汇票权利因时效届满而消灭,否则不受其他因素的影响,特别是不受付款人是否已从出票人处接受资金的影响。

在付款人承兑之前,持票人所享有的付款请求权只是一种期待权,其能否实现处于不确定状态。付款人一旦承兑,持票人的期待权利便转化为现实权利,只要汇票到期日届至,持票人就可以向承兑人请求付款。

五、汇票的保证

(一)保证的概念和特征

保证是指汇票债务人以外的第三人为担保特定汇票债务人履行债务,以负担同一内容的汇票债务为目的而为的票据行为。

从保证的定义中可以看到,保证具有以下特征:

其一，保证是一种附属法律行为。保证以出票行为为前提，其效力受出票行为效力的影响。

其二，保证是以担保票据债务为目的的票据行为。保证所担保的债务，可以是第一次的债务，即承兑人的付款债务；也可以是第二次的债务，即出票人和背书人的偿还债务。

其三，保证是债务人以外的第三人所为的票据行为。保证的目的在于增强票据的信用，因而债务人本身不能作保证人，否则与保证的目的相悖。

其四，保证必须在票据上进行。保证人在票据以外的其他文件上承诺保证的，不构成票据保证，仅产生民法上的保证效力。

（二）保证的分类

1. 全部保证和部分保证

这是根据保证所担保的汇票金额的多少所作的分类。全部保证是指保证人就汇票全部金额进行保证。部分保证是指保证人仅就汇票的部分金额进行保证。从《票据法》的规定看，我国仅承认全部保证，不承认部分保证。

2. 单独保证和共同保证

这是根据保证人的多少所作的分类。单独保证是指保证人仅为一人的保证。共同保证是指由两个或两个以上保证人就同一汇票债务所进行的保证。《票据法》第 51 条规定："保证人为二人以上的，保证人之间承担连带责任。"

3. 正式保证和略式保证

这是根据保证人在汇票上记载的内容不同所作的分类。正式保证是指保证人在汇票上签章的同时还记载保证文句的保证。略式保证是指仅有保证人签章而没有记载保证文句的保证。我国《票据法》仅承认正式保证，不承认略式保证。

4. 单纯保证和不单纯保证

这是根据保证是否附有条件所作的分类。单纯保证是指不附加任何条件的保证。不单纯保证是指附加一定条件的保证。我国《票据法》仅承认单纯保证，不承认不单纯保证。

（三）保证的记载事项

1. 必要记载事项

根据《票据法》第 46 条的规定，保证人必须在汇票或者粘单上记载下列事项：(1)表明"保证"的字样；(2)保证人的名称和住所；(3)被保证人的名称；(4)保证日期；(5)保证人签章。

在上述事项中，保证人签章、保证文句属于绝对必要记载事项，保证人的名称和住所、被保证人名称、保证日期属相对必要记载事项。《票据法》第 47 条规定，保证人未记载被保证人名称的,已承兑的汇票,承兑人为被保证人;未承兑的汇票,出票人为被保证人。保证人未记载保证日期的,出票日期为保证日期。

2. 不得记载事项

《票据法》第 48 条规定:"保证不得附有条件;附有条件的,不影响对汇票的保证责任。"这表明,附条件的保证属于不得记载事项中的无益记载事项。

(四)保证的效力

1. 对保证人的效力

保证人为保证行为后,便承担相应的票据责任,也享有一定的票据权利。

(1)保证人的责任。保证人主要承担三方面的责任:第一,保证人负有与被保证人同一的票据责任。保证人作保证后,应承担的票据责任从属于被保证人的票据责任,而且所承担责任在种类和范围上与被保证人的责任相同。第二,保证人承担独立的票据责任。保证人承担的保证责任独立于被保证的票据债务,因而被保证的票据债务即使无效,也不影响保证责任的成立。但是,被保证的票据债务因在形式上欠缺票据行为的要件而无效时,保证人可不负保证责任。第三,保证人与被保证人承担连带责任。保证一旦作出,保证人与被保证人之间形成连带责任关系。因此,《票据法》第 50 条规定:"被保证的汇票,保证人应当与被保证人对持票人承担连带责任。汇票到期后得不到付款的,持票人有权向保证人请求付款,保证人应当足额付款。"

(2)保证人的权利。保证人在承担保证责任后,便取得汇票持票人的地位,可以向汇票上的其他有关债务人行使追索权。《票据法》第 52 条规定:"保证人清偿汇票债务后,可以行使持票人对被保证人及其前手的追索权。"

2. 对持票人的效力

保证人在汇票上为保证行为后,对于持票人来说,增加了一个履行汇票义务的人,使其汇票权利的实现有了更多的保证。当条件具备时,持票人可以向保证人行使付款请求权(为承兑人保证)或者追索权(为出票人或背书人保证)。保证人清偿汇票债务后,持票人权利实现,使票据关系全部消灭,或者使持票人资格移转于保证人。

3. 对被保证人及其前、后手的效力

保证行为的成立,并不免除包括被保证人及其前、后手在内的所有票据债务人的票据责任。但是,如果保证人清偿了持票人的追索,被保证人的后手即可免责,对被保证人及其前手(包括承兑人)来讲,仍负有对保证人清偿的责任。

六、汇票的付款

(一)付款的概念和特征

汇票付款有广义和狭义之分。从广义上说,付款是指一切汇票债务人支付汇票金额的行为。从狭义上说,付款是指汇票的付款人或其代理付款人支付汇票金额以消灭汇票关系的行为。这里所说的付款仅限于狭义理解。

从付款的定义可以看到,付款具有以下特征:

第一,付款是付款人或其代理付款人所为的行为。付款的意义在于消灭票据关系,其他票据债务人也有支付金钱的行为,但是这种支付不能完全消灭票据关系,只有付款人或其代理付款人向持票人付款才符合这种意义。

第二,付款是支付汇票金额的行为。支付汇票金额是付款行为的基本内容,因而付款人或其代理付款人应按照汇票记载的金额付款。

第三,付款是以消灭票据关系为目的的行为。在票据关系中,其他票据行为的目的是产生票据关系,而付款则是以消灭票据关系为目的。

(二)付款的程序

1. 提示付款

提示付款是指持票人向付款人或代理付款人出示汇票并请求其付款的行为。提示付款是持票人行使其付款请求权的必要前提,也是付款人支付汇票金额的必经程序。提示付款的意义在于:

(1)提示付款能确认真正合法的票据权利人。汇票是一种流通证券,持票人无须与付款人商量,就可以依背书方式转让票据权利,因此付款人无法知晓谁是真正合法的票据权利人,也无法履行票据义务,提示付款即可解决这一问题。另外,票据是提示证券,又是完全有价证券,主张权利的人应以持有票据为必要,只有持票人向债务人提示自己所持有的票据,债务人才产生付款的义务。

(2)提示付款是确定持票人行使追索权的程序要件。根据《票据法》的规定,持票人只有在法定期限内向付款人提示付款而未获得相应的付款,且依法取得拒绝证明后,才能向背书人、出票人以及汇票的其他债务人行使追索权。

(3)提示付款对确定某些汇票的到期日具有重要意义。例如,《票据法》第 53 条第 1 款第 1 项规定,见票即付的汇票,持票人应当在出票日起 1 个月内向付款人提示付款。因此,只有当持票人在该期间内向付款人提示付款的,才能确定汇票到期日的到来。

关于付款提示的期间,《票据法》第 53 条第 1 款规定,见票即付的汇票,其持票人应当自出票日起 1 个月内为付款提示;定日付款、出票后定期付款以及见票后定期付款的汇票,其持票人应当自到期日起 10 日内为付款提示。

2. 支付票款

《票据法》第 54 条规定:“持票人依照前条规定提示付款的,付款人必须在当日足额付款。”可见,我国《票据法》采用即时足额付款原则,不允许付款人延期付款、部分付款。

根据《票据法》的规定,付款人及其代理付款人付款时,应当对汇票进行审查,主要是进行形式审查,主要包括两个方面:①对票据自身的形式审查,即对汇票的样式、签章、记载事项、是否伪造和变造等进行审查;②对持票人进行形式上的审查,即主要对背书是否连续进行审查。另外,对提示付款人的合法身份证明或者有效证件进行审查。

当然,付款人在付款时具有恶意或重大过失的,其所为的付款行为不能使自己免责,而且还须自行承担责任。根据司法解释的有关规定,恶意或重大过失付款的情形主要包括:(1)未依票据法的规定,对提示付款人的合法身份证明或者有效证件以及汇票背书的连续性履行审查义务,而为错误付款;(2)在公示催告期间对公示催告的汇票进行付款;(3)收到人民法院的止付通知书后进行付款;(4)其他以恶意或者重大过失付款的。

3. 交回汇票

汇票是交回证券,付款人付款后,持票人应将汇票交给付款人。《票据法》第 55 条规定:"持票人获得付款的,应当在汇票上签收,并将汇票交给付款人。持票人委托银行收款的,受委托的银行将代收的汇票金额转账收入持票人账户,视同签收。"

(三)付款的效力

《票据法》第 60 条规定:"付款人依法足额付款后,全体汇票债务人的责任解除。"可见,付款人按照汇票记载的文义,按时足额支付汇票金额后,汇票法律关系全部归于消灭,付款人和其他汇票债务人的票据责任因此而解除。

七、汇票的追索权

(一)追索权的概念和特征

追索权是指持票人在汇票到期不获付款、期前不获承兑或出现其他法定原因时,在依法履行了保全手续后,向其前手或其他票据债务人请求偿还汇票金额、利息及其他费用的一种票据权利。

从追索权的定义可以看到,追索权具有以下特征:(1)追索权是为补充付款请求权不足而设的票据上的第二次请求权;(2)追索权是在票据不获承兑、不获付款或其他法定原因出现时才能行使的权利;(3)追索权是持票人履行了票据保全手续才能行使的权利;(4)追索权行使的对象是持票人的前手或者其他有关票据债务人;(5)追索权是持票人请求偿还汇票金额、利息及其他法定款项的权利。

(二)追索权的种类

1. 期前追索权和到期追索权

这是根据持票人行使追索权的时间所作的分类。期前追索权是指在汇票上记载的到期日到来之前，因到期付款不可能时，持票人所行使的追索权。到期追索权是指在汇票到期时，持票人因不获付款而行使的追索权。

2. 最初追索权和再追索权

这是根据行使的追索权人所作的分类。最初追索权是指最后持票人在提示承兑、提示付款遭拒绝或者出现其他法定原因时所行使的追索权。再追索权是指被追索人在向追索人清偿了债务后向其前手再行使的追索权。

（三）追索权行使的要件

1. 实质要件

行使追索权的实质要件就是持票人行使追索权的法定原因。持票人在汇票到期日前和到期日后行使追索权，其实质要件是不同的。

（1）到期追索。持票人在汇票到期日后行使追索权的唯一法定原因是汇票到期被拒绝付款。《票据法》第 61 条第 1 款规定："汇票到期被拒绝付款的，持票人可以对背书人、出票人以及汇票的其他债务人行使追索权。"

（2）期前追索。持票人在汇票到期前可因法定原因出现而行使追索权。《票据法》第 61 条第 2 款规定："汇票到期日前，有下列情形之一的，持票人也可以行使追索权：（一）汇票被拒绝承兑的；（二）承兑人或者付款人死亡、逃匿的；（三）承兑人或者付款人被依法宣告破产的或者因违法被责令终止业务活动的。"

2. 形式要件

行使追索权的形式要件就是行使追索权必须遵循一定的程序，履行法定的保全追索权的手续。

（1）提示承兑或提示付款。根据《票据法》的规定，持票人依法提示承兑和提示付款的，就能保全追索权，否则就丧失追索权。但是，付款人或承兑人死亡、逃匿、被宣告破产，使持票人无法为承兑提示或付款提示的，持票人可以不为承兑提示或付款提示而直接行使追索权。

（2）提供拒绝证明、退票理由书或者其他有关证明。根据《票据法》第 62 条至第 65 条的规定，持票人行使追索权时，应当提供被拒绝承兑或者被拒绝付款的有关证明，包括拒绝证明、退票理由书和其他有关证明。持票人不能出示上述证明的，丧失对前手的追索权。

拒绝证明是指由法律规定的，承兑人、付款人对持票人提示承兑或者提示付款而被拒绝的事实具有证明效力的文书。退票理由书是指承兑人或付款人委托的付款银行出具的、记载不承兑或不付款理由的书面证明。其他有关证明包括：人民法院出具的宣告承兑人、付款人失踪或者死亡的法律文书；公安机关出具的承兑人、付款人逃匿或者下落不明的证明;医院或者有关单位出具的承兑人、付款人死亡的证明;公证机关出具的具有拒绝证明效力的文书。

(四)追索权行使的程序

持票人行使追索权一般包括以下程序:持票人依法提示票据、持票人依法取证、拒绝事由的通知、确定追索对象、被追索人清偿、追索权人受领等。

1. 持票人依法提示票据

为了行使追索权,持票人必须在规定的期限内向付款人提示付款或提示承兑。通过提示票据,以保全追索权。这是持票人行使追索权的首要程序。

2. 持票人依法取得证据

持票人在向付款人提示付款或提示承兑遭到拒绝时,必须取得拒绝证明、退票理由书或者其他有关证明。

3. 拒绝事由的通知

《票据法》第 66 条规定,持票人应当自收到被拒绝承兑或者被拒绝付款的有关证明之日起 3 日内,将被拒绝事由书面通知其前手;其前手应当自收到通知之日起 3 日内书面通知其再前手。持票人也可以同时向各汇票债务人发出书面通知。

未按照上述规定期限通知的,持票人仍可以行使追索权。因延期通知给其前手或者出票人造成损失的,由没有按照规定期限通知的汇票当事人,承担对该损失的赔偿责任,但是所赔偿的金额以汇票金额为限。

4. 确定追索对象

《票据法》第 68 条规定,汇票的出票人、背书人、承兑人和保证人对持票人承担连带责任。持票人可以不按照汇票债务人的先后顺序,对其中任何一人、数人或者全体行使追索权。持票人对汇票债务人中的一人或者数人已经进行追索的,对其他汇票债务人仍可以行使追索权。

需要注意的是,持票人基于自身的特殊地位,法律规定其不得对某些票据债务人行使追索权。《票据法》第 69 条规定,持票人为出票人的,对其前手无追索权。持票人为背书人的,对其后手无追索权。

5. 持票人请求偿还

持票人选定追索对象后即可行使追索权,向被追索人提示汇票和拒绝证明,请求偿还。关于请求偿还的范围,《票据法》第 70 条规定,持票人行使追索权,可以请求被追索人支付下列金额和费用:(1)被拒绝付款的汇票金额;(2)汇票金额自到期日或者提示付款日起至清偿日止,按照中国人民银行规定的利率计算的利息;(3)取得有关拒绝证明和发出通知书的费用。被追索人清偿债务时,持票人应当交出汇票和有关拒绝证明,并出具所收到利息和费用的收据。

《票据法》第 71 条还规定，被追索人依照上述规定清偿后，可以向其他汇票债务人行使再追索权，请求其他汇票债务人支付下列金额和费用：(1)已清偿的全部金额；(2)前项金额自清偿日起至再追索清偿日止，按照中国人民银行规定的利率计算的利息；(3)发出通知书的费用。

6. 受领清偿与交付汇票、拒绝证明

追索权人在受领清偿时负有将汇票和拒绝证明交付给被追索人的义务。对此，《票据法》第 70 条第 2 款规定："被追索人清偿债务时，持票人应当交出汇票和有关拒绝证明，并出具所收到利息和费用的收据。"《票据法》第 71 条第 2 款还规定："行使再追索权的被追索人获得清偿时，应当交出汇票和有关拒绝证明，并出具所收到利息和费用的收据。"

(五)追索权的效力

1. 对追索权人的效力

追索权的行使对追索权人产生以下效力：第一，追索权人受清偿后，其票据权利消灭，并应向被追索人交付汇票、拒绝证明，出具收据；第二，追索权人因怠于履行拒绝事由通知义务而致被追索人损害时，应承担赔偿责任。

2. 对被追索人的效力

追索权的行使对被追索人产生以下效力：第一，所有被追索人对持票人负有法定的连带责任；第二，是被追索人清偿完债务后，其责任解除；第三，被追索人因清偿债务而取得票据，与持票人享有同一权利；第四，被追索人因清偿债务而取得票据并产生抗辩切断的效力，即当其进行再追索时，票据债务人不得以自己与出票人或者被追索人的前手之间存在的抗辩事由，对抗被追索人，但是如果该被追索人未履行与票据债务人之间的约定义务，以至于两者之间存在直接的债权债务关系的除外。

第三节　本票

一、本票概述

(一)本票的概念和特征

《票据法》第 73 条规定："本票是出票人签发的，承诺自己在见票时无条件支付确定的金额给收款人或者持票人的票据。"本票作为一种票据，具有票据的一般性质，但是与汇票、支票等其他票据相比，又有自己的一些特点。

1. 本票是出票人自己付款的票据

这是本票区别于汇票、支票的根本所在。本票的出票人就是付款人，出票人自己承担绝对的付款责任，而在汇票、支票中，出票人一般自己不承担付款责任。因此，汇票、支票被称为委付证券，而本票被称为自付证券。正因为如此，在本票中只存在两方基本当事人，即出票人和收款人，而在汇票和支票中存在三方基本当事人，即出票人、付款人和收款人。

2. 本票是出票人无条件支付的预约证券

本票由出票人付款，源于出票人自付票款的承诺。虽然出票属于单方法律行为，但是出票人出票时作出的付款承诺，事实上是预先作出的支付一定金额的约定，对出票人有绝对的约束力，因而被称为无条件支付的预约证券。

3. 本票是信用证券

在多数国家的票据法中，本票是出票人在到期日无条件支付票据金额的票据，且到期日不以见票即付为限，因此本票与汇票一样成为一种信用证券。这一点与见票即付的支票不同。但是，我国法律规定本票仅为银行签发，且见票即付，以限制本票作为信用证券的功能。

（二）本票的种类

1. 记名本票、无记名本票和指示本票

这是根据本票上记载权利人的方式所作的分类。记名本票，又称抬头本票，是指出票人明确记载收款人姓名或名称的本票。无记名本票是指出票人不记载收款人姓名或名称，或仅记载“持票人”或“来人”字样的本票。指示本票是指出票人在记载收款人姓名或名称的同时又附加记载“或其指定人”字样的本票。《票据法》第 75 条规定，本票必须记载收款人名称，因此，我国只允许签发记名本票，不允许签发指示本票和无记名本票。

2. 即期本票和远期本票

这是根据本票上指定的到期日所作的分类。即期本票是指见票即付的本票。远期本票是指载明付款日期，在该日期到来之前不得请求付款的本票，包括定期本票、出票日后定期付款本票以及见票日后定期付款本票。在我国，只允许签发即期本票，不承认远期本票。

3. 银行本票和商业本票

这是根据本票的出票人所作的分类。银行本票是指银行签发的本票。商业本票是指除银行以外的其他企业、事业、机关、团体等单位和个人签发的本票。《票据法》第 73 条第 2 款规定：“本法所称本票，是指银行本票。”可见，我国只承认银行本票，不承认商业本票。

二、本票的特殊规则

(一)本票的出票

1. 本票出票的概念

本票的出票是指出票人作成票据,并将票据交付给收款人的票据行为。从形式上看,本票的出票与汇票的出票一样,都以创设票据法律关系为目的,作成票据和交付票据。但是,从内容上看,本票的出票则与汇票的出票不同,汇票的出票是出票人委托付款人向收款人或持票人支付一定金额的意思表示,而本票的出票则是出票人承诺自己在见票时支付确定金额给收款人或持票人的意思表示。

2. 本票出票的款式

本票出票的款式是指本票的出票人在出票时在本票上记载的事项,包括绝对必要记载事项、相对必要记载事项等。

(1)绝对必要记载事项。根据《票据法》第 75 条的规定,本票必须记载六个事项,即表明"本票"的字样、无条件支付的承诺、确定的金额、收款人名称、出票日期、出票人签章。

(2)相对必要记载事项。根据《票据法》第 76 条的规定,本票的相对必要记载事项有两项:第一,付款地。本票上记载付款地的,应当清楚、明确;未记载付款地的,出票人的营业场所为付款地。第二,出票地。本票上记载出票地的,应当清楚、明确;本票上未记载出票地的,出票人的营业场所为出票地。

3. 本票出票的效力

本票出票的效力是指出票人签发本票后应承担的责任和收款人因此所享有的权利。因此,本票出票的效力分为对出票人的效力和对收款人的效力。

(1)对出票人的效力。出票人出票后即应承担对本票持票人的绝对付款责任。这种责任具有以下特点:第一,这种付款责任是与第一次请求权相应的责任,出票人为第一债务人或主债务人,持票人可以直接向出票人行使付款请求权。第二,这种付款责任是无条件的责任,本票一旦到期,出票人必须对持票人付款,对此不得附加任何条件。第三,这种付款责任是绝对的责任,即出票人的付款义务不因持票人对其权利的行使或保全手续的欠缺而免除,除非票据时效完成。第四,这种付款责任是最终的责任,即出票人一经付款,全部本票关系便归于消灭。

(2)对收款人的效力。出票人签发本票后,收款人(包括以后的持票人)即取得本票上的权利,包括付款请求权和追索权。根据本票的性质,本票出票后,出票人就被确定为主债务人,因此,收款人取得的付款请求权不是期待权利,而是现实权利。本票上的追索权与汇票上的追索权一样,只有在一定条件下才可以行使。

（二）本票的见票

本票的见票是指本票的持票人为确定票据的到期日向出票人提示票据，出票人在票据上记载“见票”字样并签名的行为。

本票的见票仅适用于见票后定期付款的本票，其他种类的本票均不存在见票问题。需要注意的是，见票后定期付款的本票和汇票都需要持票人向付款人提示票据，但两者的目的不完全相同，前者的目的是确定票据的到期日，保全向前手的追索权，而后者的目的除上述内容以外，还包括确定付款人承担付款责任。在我国，由于《票据法》规定的本票仅为见票即付的本票，因此没有规定本票见票的法律制度。

（三）本票的付款

1. 本票付款的被提示人

汇票的付款是由承兑汇票的付款人承担，本票的付款是由本票出票人承担，因此，在汇票付款中，被提示人是已为承兑的承兑人，而在本票付款中，被提示人是本票出票人，即出票银行。

2. 本票的付款期限

根据《票据法》第 78 条和第 79 条的规定，本票自出票日起，付款期限最长不得超过 2 个月。如果本票的持票人未按照规定期限提示见票的，丧失对出票人以外的前手的追索权。

三、本票准用汇票的规定

本票与汇票的共同处较多，因而《票据法》第 80 条规定：“本票的背书、保证、付款行为和追索权的行使，除本章规定外，适用本法第二章有关汇票的规定。本票的出票行为，除本章规定外，适用本法第二十四条关于汇票的规定。”可见，本票的出票、背书、保证、付款行为和追索权行使方面与汇票相同的，则可准用汇票的规定，但不得违反本票的特性。

（一）本票的出票对汇票规定的准用

本票由于在性质、基本当事人等方面与汇票存在着差异，因此本票出票的规定与汇票出票的规定有着较大差别。但是，本票出票中关于不发生票据效力的记载事项的规定，可以准用《票据法》第 24 条有关汇票的规定，即“汇票上可以记载本法规定事项以外的其他出票事项，但是该记载事项不具有汇票上的效力。”

（二）本票的背书对汇票规定的准用

《票据法》有关本票的章节中，没有对本票的背书作出特别规定，因而本票的背书应完全适用汇票背书的规定。但是，根据本票的特性，本票无须承兑，所以，《票据法》第 36 条关于汇票被拒绝承兑情况下背书转让的规定、第 37 条关于背书人负有担保承兑责任的规定，不应适用。

（三）本票的保证对汇票规定的准用

《票据法》有关本票的章节中，没有对本票的保证作出特别规定，因而本票的保证应适用汇票保证的规定。但是，根据本票的特性，本票无须承兑，所以《票据法》第 47 条有关汇票中对未记载被保证人时以承兑人为保证人的规定，不应适用。

（四）本票的付款对汇票规定的准用

除了提示付款中被提示人和付款期限等特殊规定以外，本票的付款应适用汇票付款的规定。但是，本票只有见票即付一种，因此有关远期汇票的付款规定不适用。

（五）本票的追索权对汇票规定的准用

在追索权方面，本票原则上适用汇票的规定。但是，根据本票的特性，两方面的规定不适用：一是因汇票被拒绝承兑而行使追索权的规定；二是取得拒绝承兑证明的规定。

第四节　支票

一、支票概述

（一）支票的概念和特征

《票据法》第 81 条规定："支票是出票人签发的，委托办理支票存款业务的银行或者其他金融机构在见票时无条件支付确定的金额给收款人或者持票人的票据。"支票作为一种票据，具有票据的一般性质，但是与汇票、本票等其他票据相比，又有自己的一些特点。

1. 支票的付款人仅限于银行或者其他金融机构

支票与汇票一样是委付证券，不是自付证券。但与汇票不同的是，法律对支票付款人的资格作出限制，即仅限于银行或者其他金融机构。这样规定使支票金额的支付在资金上和技术上得到更多的保障，以体现支票的支付性。

2. 支票的签发以出票人与付款人存在资金关系为前提

汇票是信用证券，不注重资金关系，而支票为支付证券，其功能在于代替现金进行流通，故能得到现实支付。因此，支票的出票人签发支票必须与付款银行存在资金关系。《票据法》第 82 条第 2 款规定："开立支票存款账户和领用支票，应当有可靠的资信，并存入一定的资金。"

3. 支票是见票即付的票据

汇票属于信用证券，持票人不强调现实支付，因而通常确定在一定期限到来时付款。支票属于支付证券，代替现金使用，持票人需要随时得到兑现，因而法律规定支票为见票即付的票据。

（二）支票的种类

1. 根据支票上记载权利人的方式，分为记名支票、无记名支票和指示支票

记名支票，又称抬头支票，是指出票人明确记载收款人姓名或名称的支票。无记名支票是指出票人不记载收款人姓名或名称，或者仅记载“持票人”或“来人”字样的支票。指示支票是指出票人在记载收款人姓名或名称的同时又附加记载“或其指定人”字样的支票。

2. 根据支票的付款方式，分为转账支票、现金支票和普通支票

转账支票是出票人签发的给收款人凭以办理转账结算或委托银行等金融机构支付给收款人确定金额的票据，它不能用于支取现金，只能用于转账。现金支票是指出票人签发的委托银行等金融机构以现金支付给收款人确定金额的票据，它只能用于支取现金。普通支票是指票面上未印有“现金”或“转账”字样的支票，它可以用于支取现金，也可以用于转账。

3. 根据支票基本当事人中是否有兼任两种以上身份，分为一般支票和变式支票

一般支票就是出票人、付款人、收款人各不兼任的支票。变式支票就是一个人同时充任基本当事人中的两种以上身份的支票。变式支票又有对已支票、指已支票和受付支票三种。对已支票就是出票人以自己为付款人签发的支票；指已支票就是出票人以自己为收款人所签发的支票；受付支票就是出票人以付款人为收款人所签发的支票。

二、支票的特殊规则

（一）支票的出票

1. 支票出票的概念

支票的出票是指出票人作成票据并将票据交付给收款人的票据行为。从形式上看，支票的出票与汇票、本票的出票一样，都以创设票据法律关系为目的，作成票据和交付票据。但是，从内容上看，支票的出票则与汇票、本票不同，汇票的出票是出票人委托付款人向收款人或持票人支付一定金额的票据行为，本票的出票是出票人表示自己承担支付本票金额的票据行为，而支票的出票则是出票人委托银行或者其他金融机构无条件向收款人或持票人支付一定金额的票据行为。

2. 支票出票的款式

支票出票的款式是指支票的出票人在出票时在支票上记载的事项，包括绝对必要

记载事项、相对必要记载事项、任意记载事项、记载不产生票据法上效力的事项等。

(1)绝对必要记载事项。根据《票据法》第84条的规定,本票必须记载六个事项,即表明“支票”的字样、无条件支付的委托、确定的金额、付款人名称、出票日期、出票人签章。需要注意的是,《票据法》第85条规定:“支票上的金额可以由出票人授权补记,未补记前的支票,不得使用。”

(2)相对必要记载事项。根据《票据法》第86条第2款、第3款的规定,本票的相对必要记载事项有两项:第一,付款地。支票上未记载付款地的,付款人的营业场所为付款地。第二,出票地。支票上未记载出票地的,出票人的营业场所、住所或者经常居住地为出票地。

(3)任意记载事项。《票据法》第86条第1款还规定:“支票上未记载收款人名称的,经出票人授权,可以补记。”

(4)记载不产生票据法上效力的事项。《票据法》第90条规定:“支票限于见票即付,不得另行记载付款日期。另行记载付款日期的,该记载无效。”

3. 支票出票的效力

支票出票的效力是指出票人签发支票后,出票人、付款人和收款人所承担的责任或享有的权利。因此,本票出票的效力分为对出票人的效力、对付款人的效力和对收款人的效力。

(1)对出票人的效力。出票人一经签发支票,就应向持票人承担担保支票付款的责任。《票据法》第89条第1款规定:“出票人必须按照签发的支票金额承担保证向该持票人付款的责任。”即使支票因超过提示付款期限等原因而不获付款,出票人仍应当对持票人承担票据责任。

(2)对付款人的效力。出票人签发支票的行为对付款人没有强制性效力,付款人是否接受出票人的委托向持票人付款,应由付款人自己决定。但是,在一定条件下(即有支票资金关系),付款人就必须向持票人付款。《票据法》第89条第2款规定:“出票人在付款人处的存款足以支付支票金额时,付款人应当在当日足额付款。”

(3)对收款人的效力。出票人一经签发支票,收款人就取得向付款人请求付款的权利。由于支票属于委付证券,而出票行为是单方法律行为,因此持票人无法确切知道付款人是否会付款。所以,收款人的这种权利是一种期待权。当然,如果付款人在支票上为保付行为,该权利可以变成现实权利。此外,收款人在一定条件下还可以行使追索权。

(二)支票的资金关系与空头支票

1. 支票资金关系

由于支票是支付证券,而且限于见票即付,因此,为了确保支票即期支付功能的实现，各国票据法都要求签发支票的出票人必须与付款人之间存在资金关系，我国《票据法》也强调这一点。这表明，与汇票、本票相比，支票的无因性受到一定的限制。

《票据法》对支票的资金关系作了具体规定。该法第82条规定："开立支票存款账户，申请人必须使用其本名，并提交证明其身份的合法证件。开立支票存款账户和领用支票，应当有可靠的资信，并存入一定的资金。开立支票存款账户，申请人应当预留其本名的签名式样和印鉴。"该法第87条第1款还规定："支票的出票人所签发的支票金额不得超过其付款时在付款人处实有的存款金额。"可见，出票人与付款人之间存在合法的资金关系，是出票人有效签发支票的重要前提。

支票资金关系的法律表现形式主要有两种：(1)支票合同，即支票出票人与付款人就出票人签发支票并由付款人从出票人的存款中支付支票金额而形成的协议；(2)透支合同，即支票出票人与付款人就出票人存款不足以支付支票金额时由付款人垫付而形成的协议。

2. 空头支票

空头支票是指出票人签发的支票金额超过其付款时在付款人处实有的存款金额的支票。《票据法》第87条第2款明确规定："禁止签发空头支票。"

根据《票据法》、其他法律法规以及相关司法解释的规定，签发空头支票骗取财物的行为，属于票据欺诈行为，对行为人应当追究刑事责任。不以骗取财物为目的，签发空头支票的，构成行政违法行为，由中国人民银行处以票面金额5%但不低于1 000元的罚款。另外，因出票人签发空头支票而给他人造成损失的，应当依法承担民事责任。

（三）支票的付款

支票的付款是指付款人根据持票人的请求向其支付支票金额，以消灭支票关系的行为。由于支票是一种单纯的支付手段，注重付款的迅捷和确定，因此票据法作出了一些特别规定。

持票人在请求付款时，必须为付款提示。《票据法》第91条规定："支票的持票人应当自出票日起十日内提示付款；异地使用的支票，其提示付款的期限由中国人民银行另行规定。超过提示付款期限的，付款人可以不予付款；付款人不予付款的，出票人仍应当对持票人承担票据责任。"

持票人在提示期限内提示付款时，付款人应立即付款。《票据法》第89条第2款规定："出票人在付款人处的存款足以支付支票金额时，付款人应当在当日足额付款。"

付款人在支付支票金额之前，应当对持票人提示的支票进行认真审查。支票付款人的这一审查义务，原则上与汇票付款人的审查义务相同，即仅需审查票据形式上的要件。如果付款人在付款时具有恶意或重大过失，那么其行为不仅不能使自己免责，而且还须自行承担责任。此外，由于支票出票人在开立支票存款账户时必须使用本名，而且预留了本名的签名式样和印鉴，因此付款人在支付金额时，还必须对支票上的签名或印鉴是否与预留签名和印鉴相符进行审查。

付款人的依法付款行为具有免除其责任的效力。《票据法》第 92 条规定："付款人依法支付支票金额的，对出票人不再承担受委托付款的责任，对持票人不再承担付款的责任。但是，付款人以恶意或者有重大过失付款的除外。"

三、支票准用汇票的规定

虽然支票与汇票、本票的功能不同，但它们同属于有价证券，而且支票中的许多规定与汇票中的规定相同。因此，《票据法》第 93 条规定："支票的背书、付款行为和追索权的行使，除本章规定外，适用本法第二章有关汇票的规定。支票的出票行为，除本章规定外，适用本法第二十四条、第二十六条关于汇票的规定。"可见，支票的出票、背书、付款行为和追索权行使方面与汇票相同的，则可准用汇票的规定，但不得违反支票的特性。

（一）支票的出票对汇票规定的准用

支票的出票与汇票的出票存在着许多差异，因此，《票据法》对支票的出票作了详细规定，准用汇票出票的规定较少。但是，支票出票中关于不发生票据效力的记载事项可以准用《票据法》第 24 条有关汇票的规定，出票人出票后承担担保付款责任的规定可以准用《票据法》第 26 条有关汇票的规定。

（二）支票的背书对汇票规定的准用

票据的最大特点是流通性，票据的流通主要通过背书方式进行。支票是票据的一种，也具有流通性，持票人往往通过背书方式进行转让。《票据法》对于支票的背书没有作出任何规定，因而支票的背书应当准用有关汇票背书的规定。当然，汇票背书规定中涉及承兑的规定，不应适用。

（三）支票的付款对汇票规定的准用

在支票的付款上，除提示付款期限、付款人的义务以外，其他付款制度应当准用有关汇票付款的规定。当然，汇票付款规定中涉及远期汇票的期前付款的规定、有关承兑的规定，不应适用。

（四）支票的追索权对汇票规定的准用

《票据法》对于支票的追索权没有作出任何规定，因而支票的追索权应当准用有关汇票追索权的规定。当然，汇票追索权规定中涉及承兑的规定，不应适用。

复习思考题

1. 如何理解票据的性质?
2. 试述票据行为的构成要件。
3. 如何取得和行使票据权利?
4. 简述汇票背书和承兑制度的内容。
5. 追索权人如何行使追索权?

第九章　保险法

人们在生产和生活中会遇到各种危险，保险能够分散风险、补偿损失，还能防灾防损、融通资金。为了规范当事人之间形成的保险关系，维护其合法权益，促进保险业的健康发展，我国已建立了以《保险法》为基本法的保险法律体系。本章以《保险法》等法律、法规为主线，阐述保险法的一般问题，介绍保险合同总论、财产保险合同、人身保险合同、保险业及其监督管理等法律制度。

第一节　保险法概述

一、保险的概念和分类

（一）保险的概念

人们在生产和生活中会遇到各种危险，危险事故的发生将造成财产或人身的损害。为了规避或转移危险，补偿危险事故所带来的损害，求得人们生活的安定，保险就应运而生了。保险有广义和狭义两种理解，广义的保险包括社会保险和商业保险，而狭义的保险仅指商业保险，本章是在狭义上使用保险的概念。

《保险法》第 2 条规定："保险，是指投保人根据合同约定，向保险人支付保险费，保险人对于合同约定的可能发生的事故因其发生所造成的财产损失承担赔偿保险金责任，或者当被保险人死亡、伤残、疾病或者达到合同约定的年龄、期限等条件时承担给付保险金责任的商业保险行为。"

从上述定义中可以看到，保险包括以下三层含义：一是这里所说的保险特指商业保险，包括财产保险和人身保险；二是保险以保险合同成立为基础，并以此明确投保人支付保险费的义务和保险人赔偿或给付保证金的责任；三是保险是以实现一定经济利益为目的，以一方当事人根据合同约定向另一方当事人提供特定给付为前提。

（二）保险的本质

关于保险的本质，学者观点不一。概括起来，主要有损失说、非损失说和二元说三种主要流派。[①]

1. 损失说

损失说将损失补偿作为保险的本质。该说可分为损失赔偿说、损失分担说和风险转嫁说三种代表性观点。

损失赔偿说认为，保险是一种赔偿合同，其本质在于赔偿保险事故造成的损失。该说的代表人物是英国学者马歇尔（S. Marshall）和德国学者马修斯（E . A. Masius）。

损失分担说认为，保险是众多人合作分担损失。该说的倡导者德国学者瓦格纳（A. Wagner）认为："从经济意义上，保险是把个别人由于未来特定的、偶然的、不可预测的事故在财产上所受的不利结果，使处于同一危险之中，但未遭遇事故的多数人予以分担以排除或减轻灾害的一种经济补偿制度。"[②]

风险转嫁说认为，保险的本质就是风险转移，即被保险人把个人危险转嫁给保险人，保险人把这种共同性质的危险大量汇集起来，并由团体成员均摊。它是由损失分担说演变而来。该说的代表人物是美国学者魏莱特（A. H. Willet）和休伯纳（S. S. Huebner）。

2. 非损失说

损失说围绕损失解释保险，在外延上不能涵盖人身保险，因而学者在损失说之外产生了非损失说。非损失说主要包括技术说、欲望满足说、经济生活确保说和相互金融机关说。

技术说认为，保险的本质在于技术，就是根据偶然事件发生的概率来计算保险费，科学地建立保险基金，而在偶然事件发生时支付保险金额的制度。该说的代表人物是意大利学者费芳德（C. Vivante）。

欲望满足说认为，保险的目的是为了满足人们因意外事故造成经济损失或资金困难而产生的需要和欲望。该说由意大利学者戈比（U. Gobbi）创立，后由德国学者马纳斯（A. Manes）所发展。

经济生活确保说认为，保险的目的在于为可能遭受事故的损失提供经济上的保障，从而确保经济生活的安定。该说的代表人物是奥地利学者胡布卡（J. Hupka）、日本学者小岛昌太郎和近藤文二。

相互金融机关说认为，保险实质上是一种通货的供求关系，保险机构与银行、信用

---

① 参见孙积禄：《保险法论》，中国法制出版社 1997 年版，第 6～9 页；许崇苗、李利：《保险合同法理论与实务》，法律出版社 2002 年版，第 3～5 页；温世扬主编：《保险法》，法律出版社 2003 年版，第 1～2 页。

② ［日］园乾治著，李进之译：《保险总论》，中国金融出版社 1983 年版，第 7 页。

社一样，是一种互助合作基础上的金融机构。该说的代表人物是日本学者米谷隆三和酒井正二郎。

3. 二元说

二元说认为，财产保险与人身保险具有不同的性质，前者以损失赔偿为目的，后者以给付一定金额为目的，不可能对两者作统一定义。该说主要有人身保险否定说和择一说等观点。

人身保险否定说认为，损失赔偿是保险的根本属性，而人身保险并不具有或极少具有这一属性，因此人身保险并不体现保险的性质，而是一种带有储蓄或投资性质的金钱支付合同。该说的代表人物是科恩（G. Cohn）、埃斯特（L. Elster）和魏特（J. D. Witt）等。

择一说认为，人身保险与财产保险分别予以界定，即保险合同不是损失赔偿的合同，就是以给付一定金额为目的的合同。该说的代表人物是爱伦贝格（N. Ehrenberg）。

（三）保险的特征

1. 自愿性

保险是通过当事人之间签订保险合同而建立起来，而保险合同的签订一般是基于当事人的自愿。对此，《保险法》第 11 条第 2 款明确规定："除法律、行政法规规定必须保险的外，保险合同自愿订立。"

2. 有偿性

保险人从事商业保险活动属于商事行为，商事行为是一种以盈利为目的的行为，因而保险人提供保险保障的对价则是根据保险费率向投保人收取的保险费，并可以从中获取利益。

3. 双向性

保险是投保人和保险人双方约定的法律行为，彼此之间互为法律上权利义务关系的主体，各自履行义务和享受权利。投保人履行交付保险费的义务，享有获得保险金的权利；保险人享有收取保险费的权利，负有支付保险金的义务。

4. 不确定性

在保险责任期间，保险人是否支付保险金、支付多少保险金往往是不确定的。在保险事故发生或者约定期限到来时，保险人才支付相应数额的保险金。

5. 互助性

保险是以多数人的互助共济为基础，是一种互助合作行为。保险的经营方式就是通过集合多数人以共同筹集资金，建立集中的保险基金，用以补偿少数人遭受的损失。

(四)保险的分类

1. 财产保险和人身保险

这是根据保险标的所作的分类。财产保险是指以财产及其有关利益为保险标的的保险,包括财产损失保险、责任保险、信用保险等。人身保险是指以人的寿命和身体为保险标的的保险,包括人寿保险、健康保险、意外伤害保险等。

2. 自愿保险和强制保险

这是根据保险实施的方式所作的分类。自愿保险是指投保人和保险人自愿协商一致建立的保险。目前,大多数保险采取自愿保险的方式。强制保险,又称法定保险,是指投保人和保险人依据法律规定必须建立的保险。例如,《道路交通安全法》和《机动车交通事故责任强制保险条例》规定的机动车交通事故责任强制保险,就属于强制保险。

3. 原保险和再保险

这是根据保险人承担的责任次序所作的分类。原保险就是保险人对被保险人直接承担原始的赔偿责任的保险。再保险就是保险人对原保险的保险责任再予以承保的保险。

4. 个人保险和团体保险

这是根据保险人所作的分类。个人保险就是自然人作为投保人为自己或其他人投保的保险。团体保险就是单位作为投保人为其职工投保的保险。

二、保险法的概念和基本原则

(一)保险法的概念

保险法是指调整保险关系的法律规范的总称。保险法有广义和狭义之分。广义的保险法是调整一切保险关系的法律规范的总称,包括商业保险法和社会保险法两类。狭义的保险法则是调整商业保险关系的法律规范的总称,仅包括商业保险法,它由保险合同法、保险业法和保险特别法等所组成。其中,保险合同法是规范保险合同的订立、履行、变更、解除、终止和纠纷处理的法律,是保险法的核心内容;保险业法是关于国家对保险业进行监督和管理的法律,具体规定保险组织的设立、变更、终止、经营等事项;保险特别法是保险合同法以外、规范某一险种保险关系的法律,例如海商法中关于海上保险的规定。

保险法的调整对象是保险关系,而保险关系主要是指因保险合同的发生而在当事人、关系人之间形成的权利义务关系,以及国家对保险业进行监督管理过程中所发生的各种社会关系。

在我国,近代的保险立法始于清朝末年。1904 年制定的《大清商律》中就将保险法单列一章。北洋政府于1917年、1927年先后制定了《保险业法案》和《保险契约法草案》。1927年后，民国政府先后颁布了《保险法》《保险业法》《简易人寿保险法》。中华人民共和国成立后，中央政府在20世纪50年代颁布过《财产强制保险条例》《公民财产自愿保险条例》等保险法规。改革开放以后，伴随保险业发展的迫切需要，保险立法有了很大发展。20世纪80年代，国家颁布了《财产保险合同条例》《保险企业管理暂行条例》等法规。1995年6月，作为保险基本法的《保险法》正式颁布，为保险业迅速发展和保险立法的发展奠定了坚实基础。之后，2002年10月28日九届全国人大常委会第三十次会议、2009年2月28日十一届全国人大常委会第七次会议、2014年8月31日十二届全国人大常委会第十次会议、2015年4月24日十二届全国人大常委会第十四次会议对《保险法》作了修改。与此同时，一批保险法规相继出台，如《保险公司管理规定》《外资保险公司管理条例》《保险公司偿付能力管理规定》《保险保障基金管理办法》《保险资金运用管理办法》《保险专业代理机构监管规定》《保险兼业代理管理暂行办法》《保险经纪机构监管规定》《保险公估机构监管规定》等。

（二）保险法的基本原则

保险法的基本原则是体现保险法的本质和特征，贯穿于保险法律规范之中，并对保险立法、执法和司法活动起指导作用的根本准则。

1. 最大诚信原则

诚实信用起源于罗马法，是现代民商法中最基本的原则，是指当事人在从事民商事行为时，应当诚实守信，以善意的方式履行其义务，不得滥用权力，不得规避法律规定的义务。在保险活动中，保险人对保险标的的危险状况难以获知，保险人往往根据投保人或被保险人的陈述决定是否承保，而且在保险关系建立后，保险人对其所承保的标的无法控制，需要被保险人对保险标的尽到谨慎管理的责任，同时投保人在决定订立保险合同时需要保险人对合同内容进行明确说明，在履行保险合同时要求保险人履行已经作出的承诺，因而就需要对保险活动当事人提出特别高的诚信要求。对此，《保险法》第5条明确规定："保险活动当事人行使权利、履行义务应当遵循诚实信用原则。"由于诚实信用原则在保险活动中特别重要，人们往往称之为最大诚信原则。为了贯彻这一原则，《保险法》规定了投保人的如实告知义务、履约保证以及保险风险增加时的通知义务，同时也规定了保险人的提示说明义务、弃权和禁止反言规则。

2. 保险利益原则

保险利益原则是保险法的重要原则，是指只有具有保险利益的保险行为才产生法律效力。《保险法》第12条第6款规定："保险利益是指投保人或者被保险人对保险标的具有的法律上承认的利益。"保险利益可以是投保人或者被保险人对其保险标的所具有的某种经济上的利益，也可以是投保人或者被保险人所承担的责任、义务而产生的利害关系。从构成要件看,保险利益必须是合法的利益、确定的利益和经济的利益。在保险中强调保险利益具有重要意义,主要有三个方面:一是能够消除赌博的可能,使保险与赌博的行为严格区分开来;二是能够预防道德风险的发生,维护社会的安定;三是能够限制损害赔偿的数额,保障保险人的利益。由此,保险利益成为评价保险合同的成立和效力的要件。正因为其如此重要,《保险法》第 12 条第 1 款和第 2 款还规定:"人身保险的投保人在保险合同订立时,对被保险人应当具有保险利益。财产保险的被保险人在保险事故发生时,对保险标的应当具有保险利益。"

3. 损失补偿原则

损失补偿原则是指当保险事故发生时,被保险人有权从保险人处得到保险赔偿,用于填补因事故所造成的损失,但不能由此获得额外的利益。可见,它包括两方面的含义:一是损失补偿以保险责任范围内的损失发生为前提;二是损失补偿以被保险人的实际损失为限。当然,这并不意味着被保险人实际损失有多少就赔偿多少,损失补偿还应当以投保人的投保金额以及以投保人或被保险人所具有的保险利益为限。从内容看,这一原则主要适用于财产保险,一般不适用于人身保险。实施这一原则,既能充分发挥保险的经济补偿功能,又能防止被保险人通过保险赔偿而获取额外利益,还能防止道德危险的发生。

4. 合法性原则

合法性原则是指在保险活动中,行为人的各种行为必须符合法律、行政法规的规定,不违反社会公德和社会公共利益。对此,《保险法》第 4 条规定:"从事保险活动必须遵守法律、行政法规,尊重社会公德,不得损害社会公共利益。"保险是由众多单位和自然人参与其中的活动,涉及广大公众的经济利益,因而具有广泛的社会性。为了维护保险合同主体的利益,保证社会安定和经济发展,保险法要求各种行为人在实施保险行为时,必须符合法律、行政法规的规定,不违反社会公德和社会公共利益。例如,投保人不能以非法持有的财产或者违禁物品作为保险标的进行投保;保险人不能违反保险法以及其他法律的规定开展保险经营业务等。

5. 近因原则

近因原则是明确事故与损失之间的因果关系,认定保险责任的一项基本原则。"近因"一词是由英文"Proximate Cause"翻译而来。《布莱克法律词典》解释道:"近因,是指从法律上看,足以产生责任的原因。""这里所谓的最近,不必是时间或空间上的最近,而是一种因果关系的最近。损害的近因是主因或动因或有效原因。"[①]可见,保险损害的近因是指引起保险损害最有效的、起主导作用的或支配作用的原因,而不

---

① 转引自任以顺:"保险近因原则之'近因'概念内涵探析",载《保险研究》2008 年第 5 期。

一定是在时间上或空间上与保险损害最接近的原因。近因原则是指保险人对因所承保的原因直接造成的保险事故产生的损失承担保险责任,对承保范围以外的原因造成的损失不承担保险责任。英国 1906 年《海上保险法》最早确立了近因原则,该法第 55 条规定:“依照本法的规定,除保险单另有约定外,保险人对由其承保危险为近因造成的损失,承担赔偿责任;但对非由其承保危险近因造成的损失,概不承担责任。”[①] 自此,该原则为许多国家保险法所接受。在我国,《保险法》没有明文规定近因原则,但该法第 22 条至第 25 条有关保险赔付的规定,体现了近因原则。在保险实务中,保险人将近因原则作为承担保险责任的重要依据。另外,《海商法》第 251 条关于海上保险合同的保险人保险赔偿支付的规定,充分体现了近因原则。

第二节 保险合同总论

一、保险合同概述

(一)保险合同的概念和特征

《保险法》第 10 条第 1 款规定:“保险合同是投保人与保险人约定保险权利义务关系的协议。”可见,保险合同的当事人是投保人和保险人,他们是订立保险合同、规定合同中权利义务关系的主体。但是,保险合同的履行涉及被保险人、受益人等关系人的利益,他们不参与订立保险合同但对于保险合同规定的利益享有独立的请求权。保险合同具有以下特征:

1. 保险合同是双务合同

所谓双务合同,就是双方当事人互为对待给付的合同。在保险合同中,投保人负有向保险人支付保险费的义务,保险人在保险事故发生时或者约定的条件出现时负有向被保险人、受益人支付保险金的义务。可见,保险合同属于双务合同。

2. 保险合同是有偿合同

所谓有偿合同,就是当事人一方享有合同规定的权益,必须向对方当事人偿付相应代价的合同。在保险合同中,投保人以支付保险费为代价换取保险人承诺承担危险的责任。如果没有这种代价,保险合同不生效,因为保险补偿是基于投保人缴纳保险费来实现的。因此,保险合同属于有偿合同。

3. 保险合同是诺成合同

---

① 转引自邹海林:《保险法》,社会科学文献出版社 2017 年版,第 197 页。

所谓诺成合同,就是双方当事人意思表示一致即可成立的合同。有学者认为,保险合同属于实践合同,[①]对照现行法律规定,这种观点是不正确的。《保险法》第 13 条第 1 款规定:“投保人提出保险要求,经保险人同意承保,保险合同成立。”《保险法》第 14 条还规定:“保险合同成立后,投保人按照约定交付保险费,保险人按照约定的时间开始承担保险责任。”所以,保险合同属于诺成合同。

4. 保险合同是附和合同

所谓附和合同,又称定式合同、标准合同、格式合同,是指合同条款由一方当事人事先拟定,另一方当事人只能就该条款表示接受而签订的合同。《保险法》第 135 条规定:“关系社会公众利益的保险险种、依法实行强制保险的险种和新开发的人寿保险险种等的保险条款和保险费率,应当报国务院保险监督管理机构批准。……其他保险险种的保险条款和保险费率,应当报保险监督管理机构备案。”可见,保险合同的条款往往由保险人依法制定,投保人对于这些合同条款只能附和。从这个意义上说,保险合同属于附和合同。针对保险合同的这一特点,为了保障合同订立的公正性,《保险法》第 17 条、第 19 条和第 30 条对采用格式条款订立保险合同作出了具体规定。

5. 保险合同是最大诚信合同

在保险合同的订立和履行中,保险标的在投保人或被保险人占有、控制下,他们最了解保险标的及其危险状况,而保险人一般对此知之甚少或一无所知,因此保险人是否决定承保、承保费率高低的确定以及是否承担保险责任,很大程度上取决于投保人、被保险人对保险标的及其危险状况的如实告知,即取决于投保人、被保险人的诚实信用,这就要求投保人、被保险人在保险合同订立和履行中具有超过一般合同关系的最大诚信。从这个意义上说,保险合同是最大诚信合同。当然,作为最大诚信合同的保险合同,也要求保险人在订立保险合同时,向投保人说明保险合同的条款内容,尤其是责任免除条款,否则这些条款不产生法律效力。

6. 保险合同是射幸合同

所谓射幸合同,是指在合同订立时当事人的给付义务尚未确定的合同。保险合同特别是财产保险合同,属于典型的射幸合同。保险合同订立时,投保人的给付义务是确定的,即应按合同约定交付保险费,但保险人是否承担保险金的义务则是不确定的,这种义务是否产生完全取决于保险责任期间保险事故是否发生。保险合同的这一特点,是由保险事故发生的偶然性决定的。需要注意的是,保险合同的射幸性只是从单个保险合同来说的,但就全部保险合同而言,保险费与保险赔偿金额的关系是根据大数法则计算出来的,两者大体保持相当,因此保险合同在总体上不存在偶然性。

---

① 孙积禄:《保险法论》,中国法制出版社 1997 年版,第 57～58 页。

7. 保险合同是不要式合同

所谓不要式合同,是指法律不要求具备一定形式的合同。《保险法》第 13 条第 1 款规定:“投保人提出保险要求,经保险人同意承保,保险合同成立。保险人应当及时向投保人签发保险单或者其他保险凭证。”《保险法》第 13 条第 2 款还规定:“保险单或者其他保险凭证应当载明当事人双方约定的合同内容。当事人也可以约定采用其他书面形式载明合同内容。”可见,保险合同可以采用书面形式、口头形式和其他形式。当然,书面形式是保险合同的主要形式。①

(二)保险合同的分类

根据不同的标准,保险合同可分为不同的种类。在法律上,保险合同主要有以下几种分类:

1. 根据保险标的属性的不同,分为财产保险合同和人身保险合同

财产保险合同是指以财产及其有关利益为保险标的的合同,包括财产损失保险合同、运输工具保险合同、货物运输保险合同、农业保险合同、责任保险合同、信用保险合同、保证保险合同和海上保险合同等。人身保险合同是指以人的寿命和身体为保险标的的合同,包括人寿保险合同、意外伤害保险合同和健康保险合同等。

2. 根据保障性质的不同,分为定额保险合同和损失补偿保险合同

定额保险合同是指在保险事故发生时,保险人按照约定的保险金额给付保险金的保险合同。一般的人寿保险合同属于定额保险合同。损失补偿保险合同是指在保险事故发生时,保险人按被保险人的实际损失进行补偿但不超过保险金额的保险合同。多数的财产保险合同属于损失补偿保险合同。

3. 根据是否事先约定保险标的价值,分为定值保险合同和不定值保险合同

定值保险合同是指双方当事人事先约定保险标的的价值并将其明确记载于合同之中的保险合同。当事人订立这种合同的,当保险事故发生时,保险人和被保险人不需要再对保险标的进行估价,而是直接按照合同约定的价值以及保险标的实际损失与保险金额之比确定应当赔偿的数额。不定值保险合同是指双方当事人事先不约定保险标的的价值,仅约定在保险事故发生后再确定保险标的的实际价值的保险合同。当事人订立这种合同的,当保险事故发生时,保险人和被保险人需要对保险标的进行估价,确定价值。

4. 根据保险金额与保险价值的关系的不同,分为足额保险合同、不足额保险合同和超额保险合同

足额保险合同,又称全额保险合同,是指保险金额与保险价值完全相等的保险合

---

① 邹海林:《保险法》,社会科学文献出版社 2017 年版,第 80～84 页。

同。根据该合同,保险事故发生时,如果保险标的遭受全部损失的,保险人按保险金额全部赔偿;如果保险标的遭受部分损失的,保险人按实际损失额赔偿。不足额保险合同,又称低额保险合同,是指保险金额低于保险价值的合同。根据该合同,保险事故发生时,如果保险标的遭受全部损失的,保险人按保险金额全部赔偿,其与保险价值的差额部分由保险人自己承担;如果保险标的遭受部分损失的,保险人按保险金额与保险价值的比例承担赔偿责任。超额保险合同是指保险金额大于保险价值的合同。《保险法》第 55 条第 3 款规定:"保险金额不得超过保险价值。超过保险价值的,超过部分无效,保险人应当退还相应的保险费。"

5. 根据投保人是否就同一保险标的、同一保险利益、同一保险事故、在同一保险期间与数个保险人订立保险合同,分为单一保险合同和重复保险合同

单一保险合同是指投保人就同一保险标的、同一保险利益、同一保险事故与一个保险人订立的保险合同。重复保险合同是指投保人就同一保险标的、同一保险利益、同一保险事故与两个以上保险人分别建立保险关系的保险合同。《保险法》第 56 条第 2 款规定:"重复保险的各保险人赔偿保险金的总和不得超过保险价值。除合同另有约定外,各保险人按照其保险金额与保险金额总和的比例承担赔偿保险金的责任。"

6. 根据保险人承担责任次序的不同,分为原保险合同和再保险合同

原保险合同是指保险人对被保险人直接承担保险责任的保险合同。再保险合同是指其他保险人与原保险的保险人签订的,承诺赔偿原保险的保险人因原保险合同约定事故所发生的部分或全部责任的保险合同。原保险合同和再保险合同既相互依存,又相互独立。

7. 根据在同一保险合同中保险人数量的不同,分为单独保险合同和共同保险合同

单独保险合同是指由一个保险人与投保人就同一保险标的、同一保险责任订立的保险合同。共同保险合同是指两个或两个以上的保险人与投保人就同一保险标的、同一保险责任订立的保险合同。

8. 根据订立保险合同目的的不同,分为为自己利益的保险合同和为他人利益的保险合同

为自己利益的保险合同是指投保人以自己为被保险人与保险人订立的保险合同。为他人利益的保险合同是指投保人以他人为被保险人与保险人订立的保险合同。

二、保险合同的主体

保险合同的主体是指在保险合同中享有权利和承担义务的人,包括保险合同的当事人和保险合同的关系人。前者是订立保险合同并规定合同权利和义务的人,包括投保人和保险人;后者是保险合同当事人以外的、对于保险合同规定的利益享有独立请

求权的人，包括被保险人和受益人。

（一）投保人

《保险法》第 10 条第 2 款规定："投保人是指与保险人订立保险合同，并按照合同约定负有支付保险费义务的人。"投保人可以是自然人，也可以是法人或者其他组织，但作为签订保险合同的当事人，应当具备以下条件：

1. 投保人应当具有完全民事行为能力

投保人是签订保险合同的当事人，应当具有完全民事行为能力。就自然人而言，只有具有完全民事行为能力的人才能成为投保人，限制民事行为能力人和无民事行为能力人不能充当投保人。法人在其存续期限内具有民事主体资格，可以成为投保人。合伙企业、个体工商户、农村承包经营户等非法人组织，在拥有民事主体资格期间，可以充当投保人。

2. 投保人对保险标的应当具有保险利益

为了防止投保人利用保险合同获取非法利益，防止保险活动中道德危险的发生，各国法律都规定投保人必须对保险标的具有保险利益。对此，我国《保险法》第 12 条第 1 款就规定："人身保险的投保人在保险合同订立时，对被保险人应当具有保险利益。"

（二）保险人

《保险法》第 10 条第 3 款规定："保险人是指与投保人订立保险合同，并按照合同约定承担赔偿或者给付保险金责任的保险公司。"作为保险合同当事人的保险人，应当具备以下条件：

1. 保险人应当是依法成立的保险经营组织

由于保险业务涉及众多自然人、法人和其他组织的利益，又关系到国民经济的稳定和发展，因此各国法律都对保险人的资格和设立作出了严格规定。只有符合法律规定的条件、按照法律规定的程序设立的保险经营组织，才能成为保险人，从事保险业务。我国《保险法》第 6 条明确规定："保险业务由依照本法设立的保险公司以及法律、行政法规规定的其他保险组织经营，其他单位和个人不得经营保险业务。"

2. 保险人应当在核准的业务范围内开展业务活动

保险业务关系重大，因而依法成立的保险经营组织不能从事所有的保险经营活动，其经营活动应当被限制在核准的经营范围内。对此，《保险法》第 95 条第 3 款规定："保险公司应当在国务院保险监督管理机构依法核准的业务范围内从事保险经营活动。"保险公司超出核准业务范围从事保险活动，该活动无效而且还要受到行政处罚。《保险法》第 160 条规定，保险公司违反法律规定，超出批准的业务范围经营的，由保险监督管理机构责令限期改正，没收违法所得，并处违法所得 1 倍以上 5 倍以下的罚款；没有违法所得或者违法所得不足 10 万元的，处 10 万元以上 50 万元以下的罚款。逾期不改正或者造成严重后果的，责令停业整顿或者吊销业务许可证。

（三）被保险人

《保险法》第 12 条第 5 条规定："被保险人是指其财产或者人身受保险合同保障，享有保险金请求权的人。"在财产保险中，被保险人可以是自然人，也可以是法人或者其他组织；在人身保险中，被保险人只能是自然人。被保险人具有以下法律特征：

1. 被保险人是对保险标的具有保险利益的人

被保险人对保险标的具有保险利益，即被保险人与保险标的具有利害关系。因此，在财产保险中，被保险人必须是保险财产的所有权人或其他权利人，或者是对他人遭受的损害有利害关系的人，或者是因信用遭破坏等原因而使自己蒙受损失的人。在人身保险中，被保险人必须是以自己的生命或身体为保险标的的人。

2. 被保险人是享有保险金给付请求权的人

正因为被保险人与保险标的具有利害关系，当保险事故发生时遭受损失或者达到保险合同约定的条件时，被保险人即可通过保险金获得补偿和回报，因而他对保险人享有保险给付请求权。应当注意的是，这种请求权在不同的保险中的行使方式是不同的。在财产保险中，它一般由被保险人亲自行使，如果被保险人在保险事故中死亡的，其继承人可以行使该请求权；在人身保险中，它可以由被保险人自己行使，也可以由受益人根据合同约定行使，但在受益人死亡的情况下，由被保险人的继承人行使。

3. 被保险人可以是投保人自己，也可以是投保人以外的人

投保人以自己的财产或者生命、身体作为保险标的即为自己利益订立保险合同的，投保人自己就充当了被保险人。投保人以他人的财产或者生命、身体作为保险标的即为他人利益订立保险合同的，他人是被保险人。但是，为有效保护无民事行为能力人的生存利益，法律原则上禁止投保人以无民事行为能力人为被保险人订立以死亡为给付保险金条件的保险合同。对此，我国《保险法》第 33 条规定，投保人不得为无民事行为能力人投保以死亡为给付保险金条件的人身保险，父母为其未成年子女投保的人身保险不受此限。

（四）受益人

《保险法》第 18 条第 3 款规定："受益人是指人身保险合同中由被保险人或者投保人指定的享有保险金请求权的人。"可见，受益人实际上是人身保险中的被保险人或者投保人指定的保险金受领人。受益人可以是被保险人或者投保人，也可以是被保险人或者投保人指定的其他人。受益人具有以下法律特征：

1. 受益人由被保险人或者投保人指定

根据《保险法》第 39 条的规定，人身保险的受益人由被保险人或者投保人指定。

被保险人为无民事行为能力人或者限制民事行为能力人的，可以由其监护人指定受益人。但是，投保人的指定受到限制，即投保人指定受益人时须经被保险人同意；投保人为其有劳动关系的劳动者投保人身保险，不得指定被保险人及其近亲属以外的人为受益人。

2. 受益人无偿享有保险金给付请求权

受益人的这种请求权是无偿的，不需要给付对价的。也就是说，受益人享有保险金给付请求权，但无须承担缴纳保险费的义务，保险人也无权向受益人追索保险费。当然，这种请求权必须是在被保险人发生保险事故或者达到保险合同约定条件时才产生。

3. 受益人只存在于人身保险

在人身保险中，投保人投保的一个重要目的，就是在被保险人死亡后为其亲友免遭经济上的困难，由保险人向其支付保险金，因此需要指定受益人来享有保险金给付请求权。在财产保险中，被保险人通常就是受益人，也就无须指定受益人。

4. 受益人的资格没有限制

受益人不是签订保险合同的当事人，在行使保险金给付请求权时无须承担交付保险费的义务，因此受益人的资格不受任何限制，他既不需要具有完全民事行为能力，也不需要对保险标的具有保险利益。

三、保险合同的订立

保险合同的订立是指投保人和保险人在平等、自愿的基础上就保险合同条款形成合意。它是双方当事人自接触、洽商直至达成合意的过程，也是动态行为与静态协议的统一体。动态行为包括投保和承保两个阶段，静态协议就是双方达成合意使合同成立。

（一）保险合同的订立程序

1. 投保

投保，又称要保，是指投保人向保险人提出的明确订立保险合同的意思表示。从合同订立程序看，投保是一种要约。

在保险实务上，投保人向保险人索取投保单，按其所列事项填写完毕，如实回答保险人所需了解的问题，认可保险人确定的保险条款和保险费率，然后将此投保单交付保险人，此时才构成投保。作为一种要约，投保从到达保险人时生效。当然，投保人除了直接向保险人投保以外，还可以通过保险代理人、保险经纪人或者其他途径投保。

2. 承保

承保是指保险人完全同意投保人提出的保险要约的意思表示。从合同订立程序看，承保属于承诺。

在保险实务上，保险人收到投保人填写的投保单后，经过核保审查认为符合承保条件的，在保险单上签字盖章并通知投保人，此时构成承保。

(二)保险合同订立主体的缔约义务

为了保险合同双方当事人的利益，按照最大诚信原则的要求，法律规定保险人和投保人在订立合同时应当履行缔约义务。

1. 保险人的缔约义务

保险人在从事保险业务中，为了提高专业化程度和加快交易速度，往往采用格式条款与投保人订立保险合同，该条款通常包含免除保险人责任的内容。由于格式条款是由保险人提供的，所订立的保险合同会损害投保人的利益，因此法律需要对保险人附加一些缔约义务。

(1)格式条款的说明义务。《保险法》第 17 条第 1 款规定："订立保险合同，采用保险人提供的格式条款的，保险人向投保人提供的投保单应当附格式条款，保险人应当向投保人说明合同的内容。"可见，只要保险人采用格式条款订立保险合同，都要向保险人说明合同的内容。关于说明的方式，法律没有作出强制要求，这表明口头和书面两种方式均可。

(2)免除保险人责任条款的提示和明确说明义务。《保险法》第 17 条第 2 款规定："对保险合同中免除保险人责任的条款，保险人在订立合同时应当在投保单、保险单或者其他保险凭证上作出足以引起投保人注意的提示，并对该条款的内容以书面或者口头形式向投保人作出明确说明；未作提示或者明确说明的，该条款不产生效力。"可见，对于记载免除保险人责任的条款，保险人需要向投保人履行提示义务和说明义务，而且这些义务有程度方面的要求，即提示要达到足以引起投保人注意的程度，说明要达到清晰明白的程度。

关于免除保险人责任条款的范围，《最高人民法院关于适用〈中华人民共和国保险法〉若干问题的解释(二)》(以下简称《保险法司法解释二》)第 9 条规定，保险人提供的格式合同文本中的责任免除条款、免赔额、免赔率、比例赔付或者给付等免除或者减轻保险人责任的条款，可以认定为免除保险人责任条款。保险人因投保人、被保险人违反法定或者约定义务，享有解除合同权利的条款，不属于免除保险人责任的条款。

关于免除保险人责任条款的提示和明确说明义务的履行，《保险法司法解释二》第 11 条规定，保险人在投保单或者保险单等其他保险凭证上，以足以引起投保人注意的文字、字体、符号或者其他明显标志作出提示的，人民法院应认定其履行了法定的提示义务；保险人对该条款的概念、内容及其法律后果以书面或者口头形式向投保人作出常人能够理解的解释说明的，人民法院应认定其履行了法定的明确说明义务；通过网络、电话等方式订立的保险合同，保险人以网页、音频、视频等形式对该条款予以提示和明确说明的，人民法院可以认定其履行了提示和明确说明义务。

2. 投保人的缔约义务

保险合同是最大诚信合同。保险人是否愿意为投保人承保，承担风险保障，是基于其对承保危险的正确估计上，因而投保人要提供有关保险标的风险和被保险人情况的真实信息；否则，将会损害保险人的利益，甚至会动摇保险制度的基础。因此，法律需要对投保人附加一些缔约义务。

《保险法》第16条第1款规定："订立保险合同，保险人就保险标的或者被保险人的有关情况提出询问的，投保人应当如实告知。"可见，订立保险合同时，投保人在保险人提出询问时必须如实告知相关情况。因此，该条第2款规定："投保人故意或者因重大过失未履行前款规定的如实告知义务，足以影响保险人决定是否同意承保或者提高保险费率的，保险人有权解除合同。"

关于如实告知义务的范围，根据《保险法司法解释二》第6条的规定，投保人的告知义务限于保险人询问的范围和内容。对于对投保单询问表中所列概括性条款，除非其有具体内容，投保人无告知义务。另外，根据《最高人民法院关于适用〈中华人民共和国保险法〉若干问题的解释(三)》(以下简称《保险法司法解释(三)》)第5条的规定，被保险人根据保险人要求在指定医疗服务机构进行体检的，不能免除如实告知义务，除非保险人知道被保险人的体检结果。

(三)保险合同的成立

保险合同的成立是指投保人和保险人对保险合同的主要条款达成协议。《保险法》第13条第1款规定："投保人提出保险要求，经保险人同意承保，保险合同成立。"

保险合同的成立不同于保险合同的生效。保险合同的成立表明双方当事人经协商就保险合同条款达成一致，解决的只是合同存在的问题；保险合同的生效则表明已经成立的保险合同条款对双方当事人产生拘束力，体现的是国家对保险合同的评价。因此，保险合同成立尚未生效前发生保险事故的，保险人不承担保险责任；保险合同生效后发生保险事故的，保险人应按合同约定承担保险责任。

(四)保险合同的内容

保险合同的内容，又称保险合同条款，是指投保人和保险人约定而载于保险合同的、明确保险合同主体权利义务的事项。保险合同条款可以分为法定条款和约定条款两类。

法定条款是指法律规定保险合同必须记载的条款，为保险合同的基本条款。根据《保险法》第18条的规定，保险合同应当包括下列事项：

1. 当事人和关系人的姓名或者名称、住所保险合同由当事人即投保人和保险人签订,他们是合同权利义务的承受者,同时合同的履行又牵涉关系人即被保险人和受益人的利益。记载当事人、关系人的姓名或者名称、住所,可以使其特定化、固定化。

2. 保险标的

保险标的是指作为保险对象的财产及其有关利益或者人的寿命和身体。也就是说,保险标的是保险权利义务指向的对象,是保险利益的载体。保险标的是保险合同中的重要条款,是确定保险费、保险责任、保险期限等其他条款的基础。

3. 保险责任和责任免除

保险责任是指保险合同约定的危险发生并造成保险标的损失,或者人身保险事件出现时,保险人所承担的赔偿或给付的责任。它通常被分为基本保险责任和特约保险责任,前者是保险人对基本险承担的保险责任,后者是保险人对附加险和特约危险所承担的保险责任。保险责任与保险危险有联系又有区别,保险危险是引起保险人承担支付保险金责任的原因,而保险责任是保险危险产生的应由保险人支付保险金的结果。

责任免除,又称除外责任,是指依照保险合同的约定保险人不承担保险金支付责任的情形。责任免除条款是对保险责任的限制性规定,应当在合同中具体列明。当然,《保险法》第 17 条第 2 款规定:“对保险合同中免除保险人责任的条款,保险人在订立合同时应当在投保单、保险单或者其他保险凭证上作出足以引起投保人注意的提示,并对该条款的内容以书面或者口头形式向投保人作出明确说明。”

4. 保险期间和保险责任开始时间

保险期间是指保险人承担保险责任的期限。在保险期间发生保险事故的,保险人才承担保险责任。通常情况下,保险期间有两种计算方法:(1)以年、月、日、小时计算保险期间。按照日、月、年计算的,从下一天开始计算,其间的最后一天截止于该日的 24 点;按照小时计算的,从规定时开始计算。(2)以某一时间的始末为保险期间。例如,货物运输保险就是以一个航程为保险期间。

保险责任开始时间是指保险人开始承担保险责任的时间。保险责任开始时间与保险合同的生效时间是不同的,两者可以一致,也可以不一致。

5. 保险金额

保险金额是指保险人承担赔偿或者给付保险金责任的最高限额。保险金额是投保人对保险标的的实际投保金额,是计算保险费的基础,也关系到被保险人的利益保障和保险人的责任承担。在财产保险合同中,保险金额不得超过保险价值,超过部分无效。在人身保险合同中,对保险标的无法确定保险价值,因而投保人根据自身的需要和支付保险费的能力,与保险人加以约定,不发生超额保险的问题。

6. 保险费以及支付办法

保险费是指投保人为使保险人承担保险责任而向保险人支付的费用。保险费是投保人为换取保险人承担保险责任所付出的代价,也是保险人承担保险责任应取得的报酬。保险费的确定,主要取决于保险金额和保险费率两个因素。保险费的支付办法可以由当事人在保险合同中约定,具体约定支付的方式和期限。合同约定一次付清的,投保人应在合同成立后一次性支付全部保险费;合同约定分期支付的,投保人应在合同成立时支付首期保险费,之后按期支付各期保险费。

7. 保险金赔偿或者给付办法

在发生保险事故或者保险合同约定的给付保险金的条件具备时,被保险人或者受益人有权请求保险人依约赔偿或者给付保险金,保险人应当予以支付。保险金赔偿或者给付的办法可以在保险合同中加以约定,即在保险合同中约定赔偿或者给付保险金的计算方法、赔偿或者支付保险金的申请人及提交的证明、保险金支付的期限等。

8. 违约责任和争议处理

违约责任是指保险合同的当事人违反合同约定的义务而应承担的法律责任。在保险合同中,当事人可以约定一方违约后向对方承担的违约责任的具体方式;否则,一方违约后对方只能按照法律规定要求其承担责任。争议处理是指保险合同的双方当事人发生纠纷后的解决方式。一般来说,争议的解决方式包括协商、调解、仲裁和诉讼。如果当事人愿意采用仲裁方式解决纠纷的,应当在保险合同中约定仲裁条款。

9. 订立合同的年、月、日

订立合同的年、月、日就是订立合同的日期。订立合同的日期对于认定保险合同的成立时间,判定保险利益的存在和保险责任的确定,具有积极的意义,因而当事人必须在保险合同中载明。

保险合同条款除了法定条款外,还包括约定条款。约定条款,又称特约条款,是指投保人和保险人在保险合同的法定条款之外,根据具体保险合同特别需要就保险的其他事项作出约定的条款。在保险合同中,约定条款为合同的任意条款。在不同类型的保险合同中,可以有不同的约定条款,如投保范围条款、解除合同条款、年龄计算及错误处理条款、宽限期条款、自杀条款、合同效力中止和复效条款等。

(五)保险合同的形式

保险合同的形式是保险合同双方当事人意思表示一致的表现形式。根据《保险法》的规定,保险合同主要采取书面形式,包括投保单、保险单、保险凭证、暂保单和其他书面形式。

1. 投保单

投保单是指保险人预先备制供投保人提出保险要求时使用的格式文件。它是投保人向保险人提出保险要约的书面形式，是保险人出具保险单的依据和前提。投保单经投保人如实填具，保险人签章承保后，构成保险合同的组成部分。

投保单应载明保险合同的主要条款，包括投保人、被保险人、人身保险的受益人、保险标的、保险金额、保险责任、保险期限、保险费率等，并列出投保人应当告知的事项。

2. 保险单

保险单，又称保单，是指保险人交付给投保人以证明双方已订立保险合同的正式书面文件。根据各国法律规定，保险单是保险合同的主要形式，记载双方当事人约定的保险条款，用来明确当事人和关系人之间的权利义务，因而它在保险业务中被普遍运用。保险单是保险合同的重要组成部分，但签发保险单不是保险合同成立的要件，而是保险人的法定义务。对此，《保险法》第13条第1款规定："投保人提出保险要求，经保险人同意承保，保险合同成立。保险人应当及时向投保人签发保险单或者其他保险凭证。"

保险单应当载明保险合同的主要内容，一般包括以下事项：保险人、投保人和被保险人的名称和住所；受益人的名称和住所；保险标的和险种名称；保险责任和除外责任；保险金额；保险期间及起止日期；保险费及支付方式；保险金给付方式以及保险合同的订立日期等。

3. 保险凭证

保险凭证，又称小保单，是指内容和格式简化了的保险单。保险凭证在条款的列举上较为简单，但具有与保险单相同的效力。通常情况下，保险凭证在以下业务中使用：一是为简化单证手续而使用，便于投保人携带；二是在团体保险中，除签发保险单外，对参加保险的个人再签发保险凭证。

在实践中，保险凭证不列明具体的保险条款，只记载投保人和保险人约定的险种名称和主要保险内容。虽然保险凭证没有记载保险合同的全部内容，但它和保险单具有相同的法律效力。保险凭证与保险单的内容相抵触的，以保险凭证记载的特约条款为准。

4. 暂保单

暂保单，又称临时保单，是指保险人或其代理人同意承保而不能立即出具保险单或保险凭证时，临时向投保人签发的保险凭证。

暂保单不同于保险单，一般适用于财产保险，其有效期较短，一般为15～30天，由保险人具体确定。从暂保单效力看，在正式保险单签发前，它与保险单具有相同的法律效力；在正式保险单签发后，它就自动失效。暂保单的内容比较简单，一般包括被保险人姓名或名称、保险标的、保险金额、保险费率、保险期限等基本内容。

5. 其他书面形式

除了以上书面形式外，保险合同也可以采取其他书面协议形式，如保险协议书、电报、电传等形式。保险协议书是投保人与保险人经协商一致后共同拟定的书面协议，载明当事人的权利义务，并由当事人双方盖章或签字。当保险标的较为特殊或投保人的要求较为特殊，不能采用标准化的保险单或保险凭证时，可以采用保险协议书的形式。

需要注意的是，根据《保险法司法解释二》第 14 条的规定，保险合同中记载的内容不一致的，按照下列规则认定：(1)投保单与保险单或者其他保险凭证不一致的，以投保单为准。但不一致的情形系经保险人说明并经投保人同意的，以投保人签收的保险单或者其他保险凭证载明的内容为准；(2)非格式条款与格式条款不一致的，以非格式条款为准；(3)保险凭证记载的时间不同的，以形成时间在后的为准；(4)保险凭证存在手写和打印两种方式的，以双方签字、盖章的手写部分的内容为准。

四、保险合同的效力

(一)保险合同的生效

保险合同的生效是指已经成立的保险合同在当事人之间产生一定的约束力。只有具备有效条件的保险合同，才产生法律效力。保险合同生效应具备以下要件：

1. 当事人必须合格

根据《保险法》的规定，保险人必须是依法成立的保险公司，其保险经营活动应在核准的业务范围内。投保人必须具有民事行为能力，对保险标的依法具有保险利益。

2. 意思表示必须真实

在保险合同订立过程中，双方当事人意思表示真实，不存在一方采用欺诈、胁迫或者乘人之危的手段与对方订立合同。

3. 合同的内容必须合法

双方当事人所订立的保险合同的内容，必须符合法律、行政法规的规定，不违反社会公共利益。这里所说的法律和行政法规，不限于保险领域，而是包括全部范围。

(二)无效保险合同

无效保险合同是指保险合同虽已成立，但因违反法律规定或者社会公共利益自始不产生法律约束力。可见，无效保险合同具有违法性、不履行性和自始无效性。根据法律规定，出现下列情形的，保险合同无效。

1. 主体不合格

不具有主体资格的当事人缔结的保险合同无效，如投保人为无民事行为能力人或者对保险标的没有保险利益，保险人不是依法成立的保险公司。

2. 内容不合法

内容违反法律、行政法规的强制性规定或者社会公共利益的保险合同全部或部分无效，具体情形包括：(1)一方以欺诈、胁迫手段损害国家利益的；(2)恶意串通，损害国家、集体或者第三人利益的；(3)以合法形式掩盖非法目的的；(4)损害社会公共利益的；(5)违反法律、行政法规的强制性规定的，如保险人未向投保人说明免除保险人责任条款内容的，父母以外的人为无民事行为能力人订立的以死亡为给付保险金条件的人身保险合同的等。

需要注意的是，保险合同无效可以分为全部无效和部分无效。前者是保险合同内容的全部内容自始不产生法律效力，如投保人没有民事行为能力而订立的保险合同；后者是保险合同的部分内容不具有法律效力，其余部分仍然有效，如当事人订立的保险金额超过保险价值的保险合同。

（三）可变更、可撤销的保险合同

可变更、可撤销的保险合同是指当事人意思表示不真实的保险合同。该合同在撤销之前是有效的，是否撤销由撤销权人决定。

根据法律规定，出现下列情形的，保险合同可变更、可撤销：(1)重大误解，即一方当事人因自己的过错而对合同的主要内容等发生误解订立的保险合同；(2)显失公平，即一方当事人在紧迫或缺乏经验的情况下而订立的明显对自己重大不利的保险合同；(3)一方当事人以欺诈、胁迫的手段或者乘人之危，使对方当事人在违背真实意思的情况下订立的保险合同。

（四）效力未定的保险合同

效力未定的保险合同是指已经成立的保险合同因其不完全符合生效的条件，其是否生效取决于第三人或者合同一方当事人作出的意思表示。

根据法律规定，效力未定的保险合同主要有两种：(1)限制民事行为能力人订立的保险合同。这种合同主要表现为限制民事行为能力人作为投保人与保险人签订保险合同。这种情况下，保险人可以催告法定代理人在1个月内予以追认。法定代理人未作表示的，视为拒绝追认。合同被追认之前，善意相对人有撤销的权利。(2)无权代理人订立的保险合同。这种合同主要表现为保险人的代理人没有代理权、超越代理权或者代理权终止后仍以保险人名义订立保险合同和代签名订立的保险合同。这种情况下，代理人所订的保险合同，未经保险人追认，对保险人不发生效力，作为相对人的投保人可以催告保险人在1个月内予以追认。保险人未作表示的，视为拒绝追认。合同被追认之前，投保人有撤销的权利。

五、保险合同的履行

保险合同的履行是指保险合同订立并生效后，投保人、被保险人和保险人应当按照合同的约定全面完成各自的义务以实现权利人权利的行为。

(一)投保人、被保险人的义务

保险合同订立后,作为当事人的投保人和作为关系人的被保险人应当按照合同约定履行自己的义务。投保人、被保险人应履行的义务很多,归纳起来主要有以下六项:

1. 交付保险费

保险合同是有偿合同,投保人要求保险人承担赔偿和给付保险金的责任是要付出相应代价的,因此,《保险法》第 14 条规定:“保险合同成立后,投保人按照约定交付保险费。”一般来说,保险费的数额是由投保人与保险人按照保险费率约定的。但是,在财产保险合同的有效期内,保险费的数额并不是固定不变的,而是可以改变的。例如,根据《保险法》第 52 条第 1 款的规定,在合同有效期内,保险标的的危险程度显著增加的,被保险人应当按照合同约定及时通知保险人,保险人可以按照合同约定增加保险费。《保险法》第 53 条则规定,有下列情形之一的,除合同另有约定外,保险人应当降低保险费,并按日计算退还相应的保险费:(1)据以确定保险费率的有关情况发生变化,保险标的的危险程度明显减少的;(2)保险标的的保险价值明显减少的。

2. 维护保险标的的安全

保险标的处于投保人或被保险人的控制下,他们对保险标的的安全状况最为了解。为了避免保险事故的发生,保护保险人的利益,投保人、被保险人应当维护保险标的的安全。对此,《保险法》第 51 条规定:“被保险人应当遵守国家有关消防、安全、生产操作、劳动保护等方面的规定,维护保险标的的安全。保险人可以按照合同约定对保险标的的安全状况进行检查,及时向投保人、被保险人提出消除不安全因素和隐患的书面建议。投保人、被保险人未按照约定履行其对保险标的的安全应尽责任的,保险人有权要求增加保险费或者解除合同。”

3. 危险增加的通知

保险人所承担的保险责任以及所收取的保险费,是以保险合同订立时保险标的的危险状态及程度为标准确定的。因此,保险标的的危险程度增加,则保险人承担的风险随之增大。对此,《保险法》第 52 条对财产保险中保险标的危险增加时被保险人的通知义务以及未履行该义务的后果作出规定。该条第 1 款规定:“在合同有效期内,保险标的的危险程度显著增加的,被保险人应当按照合同约定及时通知保险人,保险人可以按照合同约定增加保险费或者解除合同。”

4. 保险事故发生的通知

《保险法》第 21 条规定:“投保人、被保险人或者受益人知道保险事故发生后,应当及时通知保险人。”在发生保险事故后及时通知保险人,有利于保险人迅速到达现场进行查勘,准确把握损害发生的原因和程度,以决定是否向被保险人或受益人承担赔偿、给付保险金责任，因而它成为投保人、被保险人和受益人的一项主要义务。

5. 保险事故发生的施救

在财产保险中，保险事故发生后，为防止保险标的损失的扩大，被保险人必须采取积极的救助措施。对此，《保险法》第 57 条规定："保险事故发生时，被保险人应当尽力采取必要的措施，防止或者减少损失。保险事故发生后，被保险人为防止或者减少保险标的的损失所支付的必要的、合理的费用，由保险人承担；保险人所承担的费用数额在保险标的损失赔偿金额以外另行计算，最高不超过保险金额的数额。"

6. 提供保险事故相关证明和资料

保险事故发生后，保险人需要按照相关证明和资料来认定事故，决定是否承担保险责任。因此，《保险法》第 22 条规定："保险事故发生后，按照保险合同请求保险人赔偿或者给付保险金时，投保人、被保险人或者受益人应当向保险人提供其所能提供的与确认保险事故的性质、原因、损失程度等有关的证明和资料。保险人按照合同的约定，认为有关的证明和资料不完整的，应当及时一次性通知投保人、被保险人或者受益人补充提供。"

（二）保险人的义务

保险人是订立保险合同的当事人，在合同生效后，必须严格按照合同约定的义务履行。归纳起来说，保险人的义务主要有以下三项：

1. 赔偿或者给付保险金

对于保险人来说，赔偿或者给付保险金是其主要义务。也就是说，在发生保险事故或者达到保险约定的条件时，被保险人或者受益人有权请求保险人赔偿或者给付保险金，保险人应当按照合同约定向其赔偿或者给付保险金。

当然，保险人在给付保险金之前，必须对于被保险人、受益人提出的请求和提供的证明、资料进行审查核定，以确定是否需要承担保险责任。对此，《保险法》第 23 条第 1 款规定："保险人收到被保险人或者受益人的赔偿或者给付保险金的请求后，应当及时作出核定；情形复杂的，应当在三十日内作出核定，但合同另有约定的除外。保险人应当将核定结果通知被保险人或者受益人。"[①]按照《保险法》第 23 条、第 24 条的规定，对于不同的核定结果，保险人作出不同的处理：第一，对属于保险责任的，在与被保险人或者受益人达成赔偿或者给付保险金的协议后 10 日内，履行赔偿或者给付保险

---

① 对于核定时间的计算，《保险法司法解释二》第 15 条规定："保险法第二十三条规定的三十日核定期间，应自保险人初次收到索赔请求及投保人、被保险人或者受益人提供的有关证明和资料之日起算。保险人主张扣除投保人、被保险人或者受益人补充提供有关证明和资料期间的，人民法院应予支持。扣除期间自保险人根据保险法第二十二条规定作出的通知到达投保人、被保险人或者受益人之日起，至投保人、被保险人或者受益人按照通知要求补充提供的有关证明和资料到达保险人之日止。"

金义务。保险合同对赔偿或者给付保险金的期限有约定的,保险人应当按照约定履行赔偿或者给付保险金义务。第二,对不属于保险责任的,应当自作出核定之日起3日内向被保险人或者受益人发出拒绝赔偿或者拒绝给付保险金通知书,并说明理由。

另外,《保险法》还对保险人先予支付保险金作出了规定。该法第25条规定:“保险人自收到赔偿或者给付保险金的请求和有关证明、资料之日起六十日内,对其赔偿或者给付保险金的数额不能确定的,应当根据已有证明和资料可以确定的数额先予支付;保险人最终确定赔偿或者给付保险金的数额后,应当支付相应的差额。”

2. 承担必要的合理费用

根据《保险法》的规定,保险人应当承担的合理费用包括以下三种:

(1)施救费用。保险事故发生后,被保险人采取积极的救助措施,会使保险人给付的保险金减少,自己却支出了一定的施救费用。为了鼓励被保险人实施这种行为,《保险法》第57条第2款规定:“保险事故发生后,被保险人为防止或者减少保险标的的损失所支付的必要的、合理的费用,由保险人承担;保险人所承担的费用数额在保险标的损失赔偿金额以外另行计算,最高不超过保险金额的数额。”

(2)事故调查费用。调查保险事故,确定保险标的的损失程度,是保险人的责任。因此,《保险法》第64条规定:“保险人、被保险人为查明和确定保险事故的性质、原因和保险标的的损失程度所支付的必要的、合理的费用,由保险人承担。”

(3)责任保险的仲裁或诉讼费用。在责任保险中,当被保险人给第三者造成损害,依法应对该第三者负赔偿责任时,该责任最终应由保险人承担,因此,《保险法》第66条规定:“责任保险的被保险人因给第三者造成损害的保险事故而被提起仲裁或者诉讼的,被保险人支付的仲裁或者诉讼费用以及其他必要的、合理的费用,除合同另有约定外,由保险人承担。”

3. 保守秘密

在保险业务中,投保人、被保险人的商业秘密需要得到保护。因此,《保险法》第116条规定,保险公司及其工作人员不得泄露在业务活动中知悉的投保人、被保险人的商业秘密。根据《保险法》第175条和第179条的规定,保险公司及其工作人员违反上述规定给投保人、被保险人造成损害的,依法承担民事责任;构成犯罪的,依法追究刑事责任。

六、保险合同的变更

保险合同的变更有广义和狭义之分。从狭义上说,它是指在保险合同有效期限内,当事人按照法律规定或者合同约定,在协商一致的基础上,对保险合同的内容进行改变。狭义的保险合同变更,仅指保险合同内容的变更。从广义上说,它不仅包括保险合同内容的变更，还包括保险合同主体的变更。本书采用广义的概念。

（一）保险合同内容的变更

保险合同内容的变更就是在保险合同主体不变的情况下，保险合同约定的事项发生变更，包括保险责任范围的变更、责任免除事项的变更、保险期限的变更、保险费数额的变更等。

保险合同内容的变更，应当具备以下条件：(1)必须以有效的保险合同存在为前提。如果当事人之间未订有保险合同，或者所订立保险合同无效，或者保险合同已经履行完毕，那么就谈不上对保险合同内容进行变更。(2)必须按照法律规定或者合同约定进行。保险合同主要是经双方协商一致进行变更，一方擅自变更合同内容会构成违约，但当出现法律规定的情形时也可进行变更。(3)必须是合同内容发生部分变化。保险合同内容的变更是对原合同部分条款的修改或补充，不是对其全部内容的重新商定。(4)必须符合法律规定的形式。当事人变更保险合同必须遵循法律规定的形式，否则合同变更无效。《保险法》第20条第2款规定："变更保险合同的，应当由保险人在保险单或者其他保险凭证上批注或者附贴批单，或者由投保人和保险人订立变更的书面协议。"可见，保险合同内容的变更必须采取书面形式。

保险合同内容的变更可以分为协议变更和法定变更。协议变更是指双方当事人经协商而改变保险合同的内容。《保险法》第20条第1款规定："投保人和保险人可以协商变更合同内容。"只要双方当事人按照自愿、协商一致原则协议变更合同内容，且变更后的合同内容不违反法律法规的规定，合同的变更就是有效的。

法定变更是指在保险合同有效期间，因法律规定的情况出现而发生的保险合同内容的改变。根据《保险法》的规定，保险合同内容的变更主要有以下两种情形：(1)增加保险费的情形。《保险法》第51条第3款规定："投保人、被保险人未按照约定履行其对保险标的的安全应尽责任的，保险人有权要求增加保险费或者解除合同。"《保险法》第52条第1款还规定："在合同有效期内，保险标的的危险程度显著增加的，被保险人应当按照合同约定及时通知保险人，保险人可以按照合同约定增加保险费或者解除合同。"(2)降低保险费的情形。《保险法》第53条规定："有下列情形之一的，除合同另有约定外，保险人应当降低保险费，并按日计算退还相应的保险费：(一)据以确定保险费率的有关情况发生变化，保险标的的危险程度明显减少的；(二)保险标的的保险价值明显减少的。"

（二）保险合同主体的变更

保险合同主体的变更就是在保险合同内容不变的情况下，保险合同的权利主体或者义务主体发生变更。其实质是保险合同的转让，即保险合同当事人或关系人将合同权利义务的全部或部分转让给第三人。

1. 财产保险合同主体的变更

引起财产保险合同变更的主要原因是保险标的的转让。从保险利益原则角度考虑,保险财产的转让将引起财产的所有权或者使用权、收益权发生变化,原财产的权利人即丧失对该财产的保险利益,这将导致保险人保险责任终止、保险合同无效,为防止这一结果出现,就需要变更保险合同的投保人或被保险人。

关于财产保险合同主体变更的程序和后果,《保险法》作出了以下规定:(1)受让人对权利义务的承继。该法第 49 条第 1 款规定:“保险标的转让的,保险标的的受让人承继被保险人的权利和义务。”(2)被保险人或受让人的通知义务。该法第 49 条第 2 款规定:“保险标的转让的,被保险人或者受让人应当及时通知保险人,但货物运输保险合同和另有约定的合同除外。”(3)保险标的危险程度增加的处理。该法第 49 条第 3 款和第 4 款对以下两种情形作出了不同规定:首先,被保险人或者受让人履行通知义务,因保险标的转让导致危险程度显著增加的,保险人自收到通知之日起 30 日内,可以按照合同约定增加保险费或者解除合同。保险人解除合同的,应当将已收取的保险费,按照合同约定扣除自保险责任开始之日起至合同解除之日止应收的部分后,退还投保人。其次,被保险人、受让人未履行通知义务,因转让导致保险标的危险程度显著增加发生保险事故的,保险人不承担赔偿保险金的责任。

2. 人身保险合同主体的变更

人身保险合同主体的变更包括投保人、被保险人和保险人的变更。关于投保人的变更,《保险法》作出以下规定:(1)死亡险必须经被保险人书面同意。该法第 34 条第 2 款规定:“按照以死亡为给付保险金条件的合同所签发的保险单,未经被保险人书面同意,不得转让或者质押。”(2)受让人应对被保险人具有保险利益。该法第 12 条第 1 款规定:“人身保险的投保人在保险合同订立时,对被保险人应当具有保险利益。”据此,人身保险合同的受让人应对被保险人具有保险利益。

关于受益人的变更,《保险法》作出以下规定:(1)必须经受益人同意。该法第 41 条第 2 款规定:“投保人变更受益人时须经被保险人同意。”(2)必须通知保险人,办理变更手续。该法第 41 条第 1 款规定:“被保险人或者投保人可以变更受益人并书面通知保险人。保险人收到变更受益人的书面通知后,应当在保险单或者其他保险凭证上批注或者附贴批单。”

关于保险人的变更,《保险法》第 92 条第 1 款规定:“经营有人寿保险业务的保险公司被依法撤销或者被依法宣告破产的,其持有的人寿保险合同及责任准备金,必须转让给其他经营有人寿保险业务的保险公司;不能同其他保险公司达成转让协议的,由国务院保险监督管理机构指定经营有人寿保险业务的保险公司接受转让。”

七、保险合同的终止

(一)保险合同终止的概念、原因和后果

1. 保险合同终止的概念和特征

保险合同的终止是指由于一定法律事实的出现,使保险合同约定的权利义务关系归于消灭。保险合同的终止具有以下特征:(1)它导致合同权利义务关系当然消灭;(2)它导致合同权利义务关系绝对消灭和永久消灭;(3)它一般不具有溯及既往的效力。

保险合同的终止不同于保险合同的变更,前者是消灭合同的权利义务关系,使合同的效力不复存在,后者是使合同主体或内容的部分变化,合同关系则依然存在。保险合同的终止也不同于保险合同的中止,前者使合同的效力永久停止,不存在复效的问题,后者是使合同的效力暂时停止,一旦条件具备效力可以恢复。

2. 保险合同终止的原因

引起保险合同终止的原因主要包括以下五种:

(1)合同有效期限届满。保险合同所规定的保险期限届满,能引起合同权利义务关系消灭,导致合同终止,这种终止属于自然终止或届期终止。在保险期限内,保险事故的发生是偶然的,因此自然终止是保险合同终止的主要原因。

(2)合同义务得到全部履行。当保险合同约定的保险事故发生或者约定的条件出现时,保险人依合同约定给付全部保险金后,保险合同即告终止。

(3)合同解除。在保险合同履行中,当事人一方通过行使解除权解除合同,或者当事人双方通过协商一致解除合同,使保险合同约定的权利义务关系归于消灭。

(4)保险标的灭失或被保险人死亡。保险标的灭失或被保险人死亡,是非因保险事故的出现而导致的结果。在财产保险合同中,保险标的非因保险事故而灭失的,保险保障对象不复存在,投保人丧失保险利益,保险合同当然终止。在人身保险合同中,被保险人非因保险事故而死亡的,使得保险事故的发生成为不可能,保险合同随即终止。

(5)其他情形。例如,《保险法》第 43 条第 1 款规定:“投保人故意造成被保险人死亡、伤残或者疾病的,保险人不承担给付保险金责任。投保人已交足二年以上保险费的,保险人应当按照合同约定向其他权利人退还保险单的现金价值。”

3. 保险合同终止的后果

保险合同终止的,保险合同关系绝对消灭,保险人所承担的保险责任即予免除,即在保险合同终止后发生保险事故的,保险人无须承担保险责任。但是,如果保险事故发生在保险合同终止前的,保险人的保险责任则不能免除。

保险合同终止后,保险人在某些情况下须向投保人退还保险费。例如,根据《保险法》第 58 条的规定,在财产保险合同中,因保险标的发生部分损失,保险人在赔偿后解

除合同的，应将保险标的未受损失部分的保险费，按照合同约定扣除自保险责任开始之日起至合同解除之日止应收的部分后，退还投保人。再如，根据《保险法》第45条的规定，在人身保险合同中，因被保险人故意犯罪或者抗拒依法采取的刑事强制措施导致其伤残或者死亡的，保险人不承担给付保险金的责任。投保人已交足2年以上保险费的，保险人应当按照合同退还保险单的现金价值。

（二）保险合同的解除

1. 保险合同解除的概念和条件

保险合同的解除是指在保险合同生效后、有效期满前，经过双方当事人协商一致或者由一方当事人根据法律规定或合同约定行使解除权，使合同关系归于消灭的法律行为。保险合同的解除应当符合以下条件：

（1）必须存在合法有效的保险合同。如果保险合同不成立、无效或被撤销，或者保险合同已经履行完毕，那就谈不上保险合同的解除。

（2）必须经双方协商或者解除权条件成就。在保险合同履行中，未经双方当事人协商或者解除权行使的条件尚未成就，保险合同不能解除。

（3）必须有双方形成的解除合意或者有解除权的一方作出的解除行为。双方当事人进行协商或者解除权行使的条件成就，并不当然发生保险合同解除的后果。因此，双方当事人经协商形成解除合意或者有解除权的一方当事人作出解除行为后，才能使保险合同解除。

（4）必须采取书面形式。保险合同的解除关系到合同主体权利义务关系的消灭，进而产生一系列法律后果，因而应当采取书面形式。具体来说，一方当事人决定解除保险合同的，应当用书面形式通知对方当事人；双方协议解除保险合同的，应当就合同解除达成书面协议。

2. 保险合同解除的种类

（1）单方解除。单方解除是指一方当事人行使解除权解除保险合同，使保险合同效力归于消灭的行为。由于解除权属于形成权，因而解除权人行使解除权，只需单方为解除的意思表示即可发生解约的效力，无须经对方当事人同意。

一方当事人的解除权来源于法律的规定或合同的约定，由此单方解除分为法定解除和约定解除。法定解除是指在保险合同的有效期限内，出现法律规定的解除原因时，当事人一方行使解除权而使合同效力归于消灭的行为。约定解除是指在保险合同的有效期限内，出现合同约定的解除原因时，当事人一方行使解除权而使合同效力归于消灭的行为。

《保险法》第15条规定："除本法另有规定或者保险合同另有约定外，保险合同成立后，投保人可以解除合同，保险人不得解除合同。"可见，保险合同双方当事人都有合同解除权，但合同解除的原则不同。具体来说，投保人原则上可以解除保险合同，不得解除合同是例外；保险人原则上不可以解除保险合同，解除合同是例外。当然，法律也规定双方当事人都不能解除保险合同的情形。例如，《保险法》第50条规定："货物运输保险合同和运输工具航程保险合同，保证责任开始后，合同当事人不得解除合同。"

根据《保险法》的规定，在下列情形下，保险人有权解除保险合同：

第一，投保人违反如实告知义务的。《保险法》第16条第2款规定："投保人故意或者因重大过失未履行前款规定的如实告知义务，足以影响保险人决定是否同意承保或者提高保险费率的，保险人有权解除合同。"

第二，被保险人或者受益人骗取保险金的。《保险法》第27条第1款规定："未发生保险事故，被保险人或者受益人谎称发生了保险事故，向保险人提出赔偿或者给付保险金请求的，保险人有权解除合同，并不退还保险费。"

第三，投保人、被保险人故意制造保险事故的。《保险法》第27条第2款规定："投保人、被保险人故意制造保险事故的，保险人有权解除合同，不承担赔偿或者给付保险金的责任；除本法第四十三条规定外，不退还保险费。"

第四，投保人误告年龄且真实年龄超限的。《保险法》第32条第1款规定："投保人申报的被保险人年龄不真实，并且其真实年龄不符合合同约定的年龄限制的，保险人可以解除合同，并按照合同约定退还保险单的现金价值。"

第五，效力中止的人身保险合同逾期未复效的。《保险法》第37条第1款规定："合同效力依照本法第三十六条规定中止的，经保险人与投保人协商并达成协议，在投保人补交保险费后，合同效力恢复。但是，自合同效力中止之日起满二年双方未达成协议的，保险人有权解除合同。"

第六，被保险人未履行保险标的危险程度增加的通知义务的。《保险法》第52条第1款规定："在合同有效期内，保险标的的危险程度显著增加的，被保险人应当按照合同约定及时通知保险人，保险人可以按照合同约定增加保险费或者解除合同。"

第七，被保险人转让保险标的导致危险程度明显增加的。《保险法》第49条第3款规定："因保险标的的转让导致危险程度显著增加的，保险人自收到前款规定的通知之日起三十日内，可以按照合同约定增加保险费或者解除合同。"

第八，投保人、被保险人违反维护保险标的安全义务的。《保险法》第51条第3款规定："投保人、被保险人未按照约定履行其对保险标的的安全应尽责任的，保险人有权要求增加保险费或者解除合同。"

第九，保险标的发生部分损失后保险人已赔偿保险金的。《保险法》第58条第1款规定："保险标的发生部分损失的，自保险人赔偿之日起三十日内，投保人可以解除合同；除合同另有约定外，保险人也可以解除合同，但应当提前十五日通知投保人。"

(2)协议解除。协议解除是指双方当事人经过协商达成一致,使保险合同的效力归于消灭的行为。在保险实务中,通过协议解除方式消灭保险合同关系的不多,但并不能排除这种方式的存在。当事人协议解除保险合同的,必须遵循自愿、公平原则,并不得损害国家、集体和第三人的利益。

协议解除不同于约定解除。首先,约定解除源于事前的约定,即解除事由是当事人在订立保险合同时约定;协议解除则属于事后约定,是当事人根据保险合同履行中出现的实际情况而作出的解除约定。其次,在约定解除中,解除事由的出现仅意味着解除权的形成,解除权人实际行使解除权后才产生合同解除的效果;在协议解除中,约定本身就可以直接产生合同解除的效果。

3. 保险合同解除的后果

保险合同解除的后果就是使保险合同的效力提前消灭。但是,保险合同的效力从何时开始消灭,则取决于保险合同的解除有无溯及力。确定保险合同的解除有无溯及力,涉及对当事人已经作出的履行如何解决的问题,主要表现为投保人已经交付的保险费是否应当返还,以及保险人已经支付的保险金是否应当返还。这个问题不能一概而论,需要具体分析。

(1)投保人解除保险合同的后果。投保人可以解除保险合同,而解除保险合同的溯及力因财产保险合同和人身保险合同的不同而不同。

投保人解除人身保险合同的,其效力具有溯及力,即合同关系自始消灭。《保险法》第 47 条规定:“投保人解除合同的,保险人应当自收到解除合同通知之日起三十日内,按照合同约定退还保险单的现金价值。”

投保人解除财产保险合同的,解除的效力是否具有溯及力,要看保险责任是否已经开始。保险责任未开始的,具有溯及力;保险责任已经开始,则不具有溯及力。《保险法》第 54 条规定:“保险责任开始前,投保人要求解除合同的,应当按照合同约定向保险人支付手续费,保险人应当退还保险费。保险责任开始后,投保人要求解除合同的,保险人应当将已收取的保险费,按照合同约定扣除自保险责任开始之日起至合同解除之日止应收的部分后,退还投保人。”

(2)保险人解除保险合同的后果。保险人根据法律规定解除保险合同是否具有溯及力,要根据投保人、被保险人或者受益人的过错程度以及保险合同的种类而定。

第一,投保人违反如实告知义务的情形。《保险法》第 16 条第 4 款和第 5 款规定,投保人故意不履行如实告知义务的,保险人对于合同解除前发生的保险事故,不承担赔偿或者给付保险金的责任,并不退还保险费。投保人因重大过失未履行如实告知义务,对保险事故的发生有严重影响的,保险人对于合同解除前发生的保险事故,不承担赔偿或者给付保险金的责任,但应当退还保险费。

第二，被保险人或者受益人骗取保险金的情形。《保险法》第 27 条第 1 款规定，保险人因被保险人或者受益人谎称发生保险事故而解除保险合同的，不退还保险费。

第三，投保人、被保险人故意制造保险事故的情形。《保险法》第 27 条第 2 款规定，保险人因投保人、被保险人故意制造保险事故解除保险合同的，不承担赔偿或者给付保险金的责任，除本法第 43 条规定外，不退还保险费。①

第四，投保人误告年龄且真实年龄超限的情形。《保险法》第 32 条第 1 款规定，保险人因投保人误告年龄且真实年龄超限而解除保险合同的，按照合同约定退还保险单的现金价值。

第五，效力中止的人身保险合同逾期未复效的情形。《保险法》第 37 条第 2 款规定，保险人因效力中止的人身保险合同逾期未复效而解除保险合同的，应当按照合同约定退还保险单的现金价值。

第六，被保险人未履行保险标的危险程度增加的通知义务的后果。《保险法》第 52 条第 1 款规定，保险人因被保险人未履行保险标的危险程度增加的通知义务而解除保险合同的，应当将已收取的保险费，按照合同约定扣除自保险责任开始之日起至合同解除之日止应收的部分后，退还投保人。

第七，被保险人转让保险标的导致危险程度显著增加的后果。《保险法》第 49 条第 3 款规定，保险人因被保险人转让保险标的导致危险程度显著增加而解除保险合同的，应当将已收取的保险费，按照合同约定扣除自保险责任开始之日起至合同解除之日止应收的部分后，退还投保人。

第八，保险标的发生部分损失后保险人赔偿保险金的。《保险法》第 58 条第 2 款规定，保险人因保险标的发生部分损失赔偿保险金后而解除保险合同的，应当将保险标的未受损失部分的保险费，按照合同约定扣除自保险责任开始之日起至合同解除之日止应收的部分后，退还投保人。

第三节 人身保险合同

一、人身保险合同的概念和特征

（一）人身保险合同的概念

关于人身保险，《保险法》第 12 条第 3 款作出如下界定：“人身保险是以人的寿命

---

① 《保险法》第 43 条规定：“投保人故意造成被保险人死亡、伤残或者疾病的，保险人不承担给付保险金的责任。投保人已交足二年以上保险费的，保险人应当按照合同约定向其他享有权利人退还保险单的现金价值。”

和身体为保险标的的保险。”它包括人寿保险、年金保险、健康保险、意外伤害保险。其中，人寿保险是指以人的寿命为保险标的的人身保险，分为定期寿险、终身寿险、两全保险等；年金保险是指以被保险人生存为给付保险金条件，并按约定的时间间隔分期给付生存保险金的人身保险；健康保险是指以因健康原因导致损失为给付保险金条件的人身保险，分为疾病保险、医疗保险、失能收入损失保险、护理保险等；意外伤害保险是指以被保险人因意外事故而导致身故、残疾或者发生保险合同约定的其他事故为给付保险金条件的人身保险。

根据上述法律规定，人身保险合同是指以人的寿命和身体为保险标的的保险合同。具体来说，人身保险合同就是投保人和保险人约定，由投保人向保险人支付保险费，保险人在被保险人死亡、伤残、疾病或者达到合同约定的年龄、期限时承担给付保险金责任的保险合同。

（二）人身保险合同的特征

1. 保险标的的不可估价性

财产保险合同的保险标的是财产及相关利益，是能够用货币来衡量的。但是，人身保险合同的保险标的是人的寿命和身体，是无法用货币来衡量的。因此，人身保险合同的保险金额的约定就不能以保险价值为依据，而是由投保人与保险人在合同中协商确定。

2. 保险金的定额给付性

人身保险合同的保险标的具有不可估价性，其保险金额的约定就不能以保险标的的价值为依据，而是由双方当事人在订立合同时通过协商确定一个数额，以此作为保险人支付保险金的最高限额，或者由保险人通过科学计算规定保险金的固定数额，由投保人选择适用。因此，在保险事故发生时，保险人不必考虑事故造成多大损失，只需按照合同约定给付保险金。正因为人身保险合同具有这一特征，所以它不适用补偿原则，不存在保险代位权，重复投保时不存在各保险人按比例分摊损失。

3. 保险费交付的不可诉性

人身保险合同的保险费以自愿支付为原则，保险人对保险费不得以诉讼方式要求投保人交付。《保险法》第 38 条规定：“保险人对人寿保险的保险费，不得用诉讼方式要求投保人支付。”之所以这样规定，是因为人身保险合同多数是保险期间长的人寿保险合同，长期的人寿保险合同一般采用分期支付保险费的方式。在保险期间，投保人的经济状况和支付能力会发生变化。在投保人生活困难的情况下，保险人采用诉讼方式要求投保人支付保险费，会加重投保人的困难，也违背人身保险安定人们生活的宗旨。

二、人身保险合同的分类

(一)根据保障的范围,分为人寿保险合同、健康保险合同和意外伤害保险合同

人寿保险合同是指以被保险人在一定期限内死亡或生存为给付保险金条件的人身保险合同。健康保险合同是指以被保险人因疾病、生育而伤残或死亡为给付保险金条件的人身保险合同。意外伤害保险合同是指以被保险人遭受意外伤害并致伤残或死亡为给付保险金条件的人身保险合同。

(二)根据保险的期限,分为长期人身保险合同和短期人身保险合同

长期人身保险合同是指保险期限超过1年的人身保险合同,大多数人寿保险合同属于此类合同。短期人身保险合同是指保险期限为1年或1年以下的人身保险合同,许多人身意外伤害保险合同都属于此类合同。

(三)根据被保险人的数量,分为单独人身保险合同和团体人身保险合同

单独人身保险合同是指被保险人为一个的人身保险合同,如航空旅客意外伤害保险合同。团体人身保险合同是指以法人或其他社会组织的全体成员为被保险人的人身保险合同,如团体人身意外伤害保险合同。

三、人身保险合同的主体

(一)人身保险合同的当事人

1. 人身保险合同的保险人

在人身保险合同中,保险人是与投保人订立保险合同,并承担给付保险金责任的保险公司。从事人身保险业务的保险公司,必须经保险监督管理机构批准,获得保险业务许可证,并办理工商登记,领取营业执照。从《保险法》的规定看,从事人身保险业务的保险公司主要是人寿保险公司,但财产保险公司经保险监督管理机构核准,也可以经营部分人身保险业务。

2. 人身保险合同的投保人

在人身保险合同中,投保人是与保险人订立保险合同,并负有支付保险费义务的人。作为人身保险合同的投保人必须具备两大条件:一是投保人应当具有订立合同的能力;二是投保人对保险标的应当具有保险利益。

人身保险合同的保险利益,是指投保人对于被保险人的寿命或身体所具有的利害关系。投保人对保险标的不具有保险利益的,保险合同无效。在人身保险合同中,将保险利益作为合同有效要件的目的,在于防止道德危险。

根据《保险法》第31条的规定,投保人对下列人员具有保险利益:(1)本人。投保人对自己的寿命和身体具有保险利益,投保人可以自己为被保险人订立保险合同。

(2)配偶、子女、父母。投保人与配偶、子女、父母之间有亲属、血缘以及经济上的利害关系,对他们的寿命和身体具有保险利益。(3)与投保人有抚养、赡养或者扶养关系的家庭其他成员、近亲属。家庭其他成员、近亲属,主要有投保人的祖父母、外祖父母、孙子女、外孙子女等直系血亲和投保人的兄弟姐妹等旁系血亲。投保人对家庭其他成员、近亲属有保险利益,必须以对他们有抚养、赡养或者扶养关系为前提。(4)与投保人有劳动关系的劳动者。用人单位与劳动者依法建立劳动关系后,对他们具有保险利益。(5)同意投保的被保险人。被保险人同意投保人为其订立合同的,视为投保人对被保险人具有保险利益。

(二)人身保险合同的关系人

1. 人身保险合同的被保险人

人身保险合同的被保险人,就是其寿命或身体受保险合同保障、享有保险金请求权的人。在人身保险合同中,被保险人与保险人之间的关系有两种:一是被保险人与投保人为同一人;二是被保险人与投保人为不同的人。

在人身保险合同中,被保险人只能是自然人,法人不能充当。在以死亡为给付条件的合同中,为了保护被保险人的利益,防止道德危险的发生,法律规定被保险人必须具有一定的行为能力或者作出同意的意思表示。首先,禁止投保人为无民事行为能力人投保。《保险法》第 33 条第 1 款明确规定:“投保人不得为无民事行为能力人投保以死亡为给付保险金条件的人身保险,保险人也不得承保。”但是,该条第 2 款规定了例外,即“父母为其未成年子女投保的人身保险,不受前款规定限制。但是,因被保险人死亡给付的保险金额总和不得超过国务院保险监督管理机构规定的限额。”其次,具有行为能力的被保险人作出同意的意思表示。《保险法》第 34 条第 1 款规定:“以死亡为给付保险金条件的合同,未经被保险人同意并认可保险金额的,合同无效。”该条第 2 款还规定:“按照以死亡为给付保险金条件的合同所签发的保险单,未经被保险人书面同意,不得转让或者质押。”

关于“被保险人同意并认可保险金额的”的认定,《保险法司法解释(三)》第 1 条规定,“被保险人同意并认可保险金额的”可以采取书面形式、口头形式或者其他形式;可以在合同订立时作出,也可以在合同订立后追认。有下列情形之一的,应认定为被保险人同意投保人为其订立保险合同并认可保险金额:(1)被保险人明知他人代其签名同意而未表示异议的;(2)被保险人同意投保人指定的受益人的;(3)有证据足以认定被保险人同意投保人为其投保的其他情形。

2. 人身保险合同的受益人

受益人是指人身保险合同中由被保险人或者投保人指定的享有保险金请求权的人。受益人是人身保险合同中特有的主体,它享有保险金的请求权,但不负交付保险费的义务。

根据《保险法》第39条的规定，受益人的产生主要包括两种方式：(1)投保人指定。人身保险合同是为第三人的利益订立的，投保人可以指定受益人以享受保险合同规定的权利。但是，投保人指定受益人时须经被保险人同意。投保人为其有劳动关系的劳动者投保人身保险，不得指定被保险人及其近亲属以外的人为受益人。(2)被保险人指定。被保险人受保险合同保障，为了使其死亡时与其有一定关系的人享有保险金请求权，被保险人可以指定受益人。需要注意的是，被保险人为无民事行为能力人或者限制民事行为能力人的，可以由其监护人指定受益人。

所指定的受益人可以为一人，也可以为数人。《保险法》第40条规定："被保险人或者投保人可以指定一人或者数人为受益人。受益人为数人的，被保险人或者投保人可以确定受益顺序和受益份额；未确定受益份额的，受益人按照相等份额享有受益权。"关于数个受益人中部分受益人丧失的受益份额的处理，《保险法司法解释(三)》第12条规定："投保人或者被保险人指定数人为受益人，部分受益人在保险事故发生前死亡、放弃受益权或者依法丧失受益权的，该受益人应得的受益份额按照保险合同的约定处理；保险合同没有约定或者约定不明的，该受益人应得的受益份额按照以下情形分别处理：(1)未约定受益顺序和受益份额的，由其他受益人平均享有。(2)未约定受益顺序但约定受益份额的，由其他受益人按照相应比例享有。(3)约定受益顺序但未约定受益份额的，由同顺序的其他受益人平均享有；同一顺序没有其他受益人的，由后一顺序的受益人平均享有。(4)约定受益顺序和受益份额的，由同顺序的其他受益人按照相应比例享有；同一顺序没有其他受益人的，由后一顺序的受益人按照相应比例享有。"

从保护被保险人的利益出发，《保险法》第41条规定："被保险人或者投保人可以变更受益人并书面通知保险人。保险人收到变更受益人的书面通知后，应当在保险单或者其他保险凭证上批注或者附贴批单。投保人变更受益人时须经被保险人同意。"关于变更受益人的生效时间，《保险法司法解释(三)》第10条第1款规定："投保人或者被保险人变更受益人，当事人主张变更行为自变更意思表示发出时生效的，人民法院应予支持。"

经投保人或者被保险人指定的受益人，取得受益权。所谓受益权，是指受益人基于人身保险合同所享有的保险金请求权。受益人可以依法行使受益权，也可以放弃受益权。当然，如果受益人有不法行为时，其受益权将丧失。对此，《保险法》第43条第2款规定："受益人故意造成被保险人死亡、伤残、疾病的，或者故意杀害被保险人未遂的，该受益人丧失受益权。"

在没有受益人的情况下，保险金的给付依照法律规定处理。根据《保险法》第42

条的规定，被保险人死亡后，有下列情形之一的，保险金作为被保险人的遗产，由保险人依照《继承法》的规定履行给付保险金的义务：(1)没有指定受益人，或者受益人指定不明无法确定的；(2)受益人先于被保险人死亡，没有其他受益人的；(3)受益人依法丧失受益权或者放弃受益权，没有其他受益人的。另外，受益人与被保险人在同一事件中死亡，且不能确定死亡先后顺序的，推定受益人死亡在先。

四、人身保险合同的内容

人身保险合同的内容，又称人身保险合同的条款，是指投保人和保险人约定而载于人身保险合同的、明确人身保险合同主体权利义务的事项。人身保险合同除了法律规定的保险合同的基本条款外，还包括具有自身特点的特有条款。

(一)不可抗辩条款

不可抗辩条款，又称不可争条款，是指在被保险人生存期间，从保险合同订立之日起满一定期限后，保险人不得以投保人在投保时未履行如实告知义务为由主张解除合同的条款。该条款主要存在于人寿保险合同和健康保险合同中。

根据最大诚信原则，投保人在投保时，应向保险人如实告知被保险人的职业、年龄、健康状况，以便保险人决定是否承保。如果投保人对所保危险故意隐瞒、过失遗漏或作不实说明，保险人可以主张合同无效，从而不承担保险责任。但是，人身保险合同的期限一般较长，被保险人的健康状况在合同订立后会发生很大变化，在合同订立多年后保险人以投保人未如实告知为由解除合同，会使被保险人或受益人失去保险保障，也使投保人已履行的义务付之东流且丧失再度保险的可能。况且在被保险人死亡后，要受益人对当初投保人误报隐瞒承担责任，未免不尽合理。因此，为了保护被保险人和受益人的利益，法律规定保险人只能在保险合同订立之日一段期限内可以投保人告知不实为由解除合同。例如，根据《保险法》第 32 条第 1 款和第 16 条第 3 款、第 6 款的规定，投保人申报的被保险人年龄不真实，并且其真实年龄不符合合同约定的年龄限制的，保险人可以解除合同，并按照合同约定退还保险单的现金价值。但是，合同解除权自保险人知道有解除事由之日起，超过 30 日不行使而消灭；自合同成立之日起超过 2 年，或者保险人在合同订立时已经知道投保人未如实告知的情况的，保险人不得解除合同。

(二)年龄误告条款

年龄误告条款是指投保人投保时错误地申报了被保险人的年龄，保险人按照其实际年龄进行补救的条款。

在人身保险合同中，保险人是否决定承保以及保险费率的确定，都与被保险人的年龄关系紧密。根据最大诚信原则，投保人在投保时应当如实申报被保险人年龄。但是，在订立人身保险合同时，保险人要对各个被保险人的实际年龄予以考察是有困难的，只有在发生保险事故或者要发放年金时才对被保险人的年龄予以核实。因此，人身保险合同中需要订立年龄误告条款，但它不能违反保险法有关该条款的强制性规定。

根据《保险法》第 32 条的规定，投保人申报的被保险人的年龄有误时，应根据不同的情况作出不同的处理：(1)投保人申报的被保险人年龄不真实，并且其真实年龄不符合合同约定的年龄限制的，保险人可以解除合同，并按照合同约定退还保险单的现金价值。(2)投保人申报的被保险人年龄不真实，致使投保人支付的保险费少于应付保险费的，保险人有权更正并要求投保人补交保险费，或者在给付保险金时按照实付保险费与应付保险费的比例支付。(3)投保人申报的被保险人年龄不真实，致使投保人支付的保险费多于应付保险费的，保险人应当将多收的保险费退还投保人。

(三)宽限期条款

宽限期条款，又称缴纳保险费宽限期条款，是指保险人和投保人在人身保险合同中约定的，允许投保人向保险人缓交保险费期限的条款。依照宽限期条款，投保人只要在宽限期内交付保险费，保险合同的效力继续。宽限期条款的设置，有利于保障人身保险合同效力的稳定性。

《保险法》第 36 条第 1 款规定："合同约定分期支付保险费，投保人支付首期保险费后，除合同另有约定外，投保人自保险费催告之日起超过三十日未支付当期保险费，或者超过约定的期限六十日未支付当期保险费的，合同效力中止，或者由保险人按照合同约定的条件减少保险金额。"可见，宽限期的产生有两种方式：一是合同约定的方式；二是法律规定的方式。在保险合同中，对宽限期有约定的，当事人遵守合同的约定；对宽限期没有约定的，该期限按照法律规定确定。如果投保人在宽限期届满时仍未支付当期保险费的，就要承担对其不利的后果，即合同效力中止或者保险人按照合同约定的条件减少保险金额。

(四)复效条款

复效条款是指投保人因超过宽限期缴纳保险费而导致保险合同中止后，重新恢复合同效力的条款。

在人身保险合同中，投保人支付首期保险费后，在宽限期届满时仍未支付已到期的保险费的，保险人不能用诉讼方式要求投保人支付保险费，可以将保险合同效力中止。对此，《保险法》第 36 条规定："合同约定分期支付保险费，投保人支付首期保险费后，除合同另有约定外，投保人自保险人催告之日起超过三十日未支付当期保险费，或者超过约定的期限六十日未支付当期保险费的，合同效力中止。"合同效力中止后的一定期限内，投保人与保险人可以通过达成协议来恢复合同的效力。如果投保人与保险人未达成恢复合同效力的协议，保险人有解除合同的权利。对此，《保险法》第 37 条第 1 款规定：“合同效力依照本法第三十六条规定中止的，经保险人与投保人协商达成协议，在投保人补交保险费后，合同效力恢复。但是，自合同效力中止之日起二年双方未达成协议的，保险人有权解除合同。”《保险法司法解释（三）》第 8 条则规定：“投保人提出恢复效力申请并同意补交保险费的，除被保险人的危险程度在中止期间显著增加外，保险人拒绝恢复效力的，人民法院不予支持。保险人在收到恢复效力申请后，三十日内未明确拒绝的，应认定为同意恢复效力。保险合同自投保人补交保险费之日恢复效力。保险人要求投保人补交相应利息的，人民法院应予支持。”

（五）不丧失价值条款

不丧失价值条款，又称不丧失价值任选条款，是指投保人有权在合同有效期内选择有利于自己的方式处置保险单上的现金价值的条款。

人身保险具有储蓄性质，保险费交给保险人后，其中一部分用于支付保险人的费用，剩下的部分积存为一定的责任准备金，以便将来给付被保险人或受益人，责任准备金就是投保人的储蓄。因此，在人身保险合同中，一般在支付一定期间的保险费后都有一定的现金价值。现金价值属于投保人所有，对投保人来说，保单上的现金价值不会因保险合同效力的变化而丧失，从这个意义上说，现金价值通常被称为不没收价值或不没收给付。

在合同有效期内，投保人有权任意选择有利于自己的方式处置保单上的现金价值。具体来说，主要有以下三种方式：(1)投保人停交保险费，将现金价值作为保险费缴纳，仍可享有保险保障，但减少保险金额；(2)投保人停交保险费，将现金价值作为保险费缴纳，将原来的终身保险改为定期保险，而保险金额不变；(3)投保人放弃保险，办理退保手续，领回现金价值。《保险法》第 47 条规定：“投保人解除合同的，保险人应当自收到解除合同通知之日起三十日内，按照合同约定退还保险单的现金价值。”

（六）贷款条款

贷款条款，又称保单贷款条款、保单质押贷款条款，是指投保人可以在其保险单具有的现金价值内，以保险单向保险人质押贷款的条款。

在人身保险中，投保人交满一定期限的保险费后，在保险单上就具有了现金价值，在经济困难时可以保险单质押向保险人申请贷款，其贷款额度连同利息不得超过该保险单上的现金价值。贷款条款设定的目的，在于维持保险单的继续率，解决投保人因暂时资金紧张而带来的困难。

保险人质押贷款是保险资金运用的一种形式，应当遵守有关监管规定。根据《保险法》第 34 条第 2 款的规定，按照以死亡为给付保险金条件的合同所签发的保险单，未经被保险人书面同意，不得质押。中国人民银行 1998 年 7 月 3 日作出的《关于人寿保险中保单质押贷款问题的批复》指出，保险公司办理保单质押贷款应遵循以下原则：第一，保单质押贷款仅对订有保单质押贷款条款的个人寿险保单办理。第二，个人寿险保费支付 2 年以上，保单产生现金价值后，经被保险人书面签字同意，投保人可以保单为质，向保险公司借款。第三，保单质押贷款的期限、金额、按保险条款中的约定执行。在保单条款中要明确规定保单质押贷款期限不超过 6 个月，保单质押贷款金额不超过贷款时保单现金价值的 80%。在确定每一具体保单贷款的期限和金额时，要使在保单质押贷款期限内，贷款本息之和(若有自动垫交保费约定时，应计入垫交保费的本息之和)必须低于保单现金价值。第四，保单质押贷款利率按保险条款中的约定执行，如无约定，则按同期银行贷款利率执行。第五，当投保人逾期不偿还贷款，使贷款本息累积达到保单现金价值时，保险公司应及时通知投保人，终止保险合同。

(七)自杀条款

自杀条款是指在保险合同成立起一定期限后，被保险人自杀而由保险人承担给付保险金责任的条款。自杀条款只适用于以死亡为给付保险金条件的合同，不适用于意外伤害保险合同。

将自杀列入保险人的除外责任条款，可以防止被保险人蓄意自杀为家属图谋保险金，从而增加道德危险。但是，死亡保险的给付对象是受益人或者被保险人的继承人，如果将自杀完全归入除外责任，保险人不给付保险金，也会使受益人或者被保险人的继承人失去保障。因此，不能将自杀一概列为保险人的除外责任。对此，《保险法》第 44 条第 1 款规定："以被保险人死亡为给付保险金条件的合同，自合同成立或者合同效力恢复之日起二年内，被保险人自杀的，保险人不承担给付保险金的责任，但被保险人自杀时为无民事行为能力人的除外。"可见，被保险人自杀一般不能作为保险事故，但有两种例外情形：第一，自保险合同成立之日或者合同效力恢复之日起满 2 年后，如果被保险人自杀的，除合同有明确约定外，保险人应当承担保险责任；第二，被保险人自杀时为无民事行为能力人的，保险人应当承担保险责任。

(八)战争条款

战争条款是指在人身保险合同有效期间，被保险人因战争或军事行动造成死亡或者残疾的，保险人不承担给付保险金责任的条款。

一般来说，战争容易导致大量人员伤亡，因而将其列入除外责任的范围。如果不把战争作为除外责任，一旦战争爆发，大量被保险人伤亡，保险人将承担相当大的责任，使其难以为继。当然，只有战争与被保险人的伤亡存在直接的因果关系，才能成为除外责任，否则保险人仍需承担保险责任。对于战争条款，我国《保险法》没有规定，通常由双方当事人在保险合同中约定。

第四节　财产保险合同

一、财产保险合同的概念和特征

(一)财产保险合同的概念

关于财产保险,《保险法》第 12 条第 4 款作出如下界定:“财产保险是以财产及其有关利益为保险标的的保险。”它主要以补偿财产的实际损失为目的,为纯粹填补损害的一种保险,因而也被称为损失保险。根据上述法律规定,财产保险合同是指以财产及其有关利益为保险标的的保险合同。具体来说,财产保险合同是投保人与保险人之间以某项财产或财产利益为保险标的而订立的明确双方权利与义务的协议,是投保人与保险人之间设立保险法律关系的法律行为。

传统的财产保险合同以有形财产保险合同为限,例如火灾保险合同、海上保险合同等。现代的财产保险合同,则在有形财产保险合同的基础上得到发展,出现了以无形财产或者财产利益作为保险标的的保险合同,形成了有形财产保险合同和无形财产保险合同两类。由于财产和财产利益种类繁多,因而财产保险的标的范围十分广泛。

(二)财产保险合同的特征

财产保险合同与人身保险合同一样,具有保险合同的一般属性,但又有区别于人身保险合同的特征,主要表现在以下四个方面。

1. 财产保险合同是以财产及其有关利益为保险标的

财产保险合同的保险标的,是投保人对其享有保险利益的物质财产以及与物质财产有关的利益。这既是财产保险合同区别于人身保险合同的根本特征,也是财产保险合同其他特征赖以存在的基础。财产及其有关利益的价值是可以确定的,保险事故发生时被保险人的损失也是可以确定的,这就决定了财产保险合同可以适用损害填补原则。财产及其有关财产利益具有可转让性,决定了财产保险合同的标的可以随其所有权的转移而转移。

2. 财产保险合同是补偿性合同

财产保险合同的目的,就是补偿被保险人所遭受的财产或经济损失。也就是说,在财产保险合同中,严格适用无损失无赔偿的规则,只有当保险标的因保险事故遭受损失时,保险人才负责填补被保险人的损失,部分损失部分补偿,全部损失全部补偿,但补偿不得超过保险标的的保险价值,即被保险人不能通过保险获得额外利益。《保险法》第 55 条第 3 款规定:“保险金额不得超过保险价值。超过保险价值的,超过部分无效,保险人应当退还相应的保险费。”该法第 56 条第 2 款还规定:“重复保险的各保险人赔偿保险金的总和不得超过保险价值。除合同另有约定外,各保险人按照其保险金额与保险金额总和的比例承担赔偿保险金的责任。”

3. 财产保险合同是限定最高赔偿责任的合同

在财产保险合同中,保险金额的约定以及保险人承担责任的约定受保险标的价值的制约。《保险法》第 55 条第 3 款规定:“保险金额不得超过保险价值。超过保险价值的,超过的部分无效,保险人应当退还相应的保险费。”该条第 4 款还规定:“保险金额低于保险价值的,除合同另有约定外,保险人按照保险金额与保险价值的比例承担赔偿保险金的责任。”可见,保险人的赔偿责任以有效的保险金额为限。

4. 财产保险合同的保险人享有保险代位权

财产保险合同的目的是补偿被保险人因保险事故而造成的损失,被保险人所获得的赔偿不能超过保险金额,不能因保险而重复获利。在第三者对于被保险人发生的损失应当负损害赔偿责任的情况下,被保险人在获得保险金之后仍享有对第三者请求损害赔偿权利的,将重复获得利益,与损害填补原则相悖,因此财产保险合同的保险人在偿付保险金后享有保险代位权。对此,《保险法》第 60 条第 1 款规定:“因第三者对保险标的的损害而造成保险事故的,保险人自向被保险人赔偿保险金之日起,在赔偿金额范围内代位行使被保险人对第三者请求赔偿的权利。”

二、财产保险合同的分类

(一)立法上的分类

根据《保险法》和《海商法》等法律法规的规定,财产保险合同可以分为财产损失保险合同、责任保险合同、信用保险合同、保证保险合同以及海上保险合同。

财产损失保险合同是指以各种有形财产为保险标的的财产保险合同,包括企业财产保险合同、家庭财产保险合同、运输工具保险合同、货物运输保险合同、建筑工程保险合同、安装工程保险合同和农业保险合同等。

责任保险合同是指以被保险人的民事损害赔偿责任为保险标的,为被保险人可能承担民事损害赔偿责任而丧失的经济利益提供补偿的保险合同,包括公众责任保险合同、产品责任保险合同、雇主责任保险合同、职业责任保险合同、环境责任保险合同、机动车责任保险合同等。

信用保险合同是指以债务人的信用作为保险标的,在债务人不履行债务时,由保险人向债权人给予赔偿的财产保险合同,包括出口信用保险合同、投资信用保险合同和国内商业信用保险合同等。

保证保险合同是指由商品交易活动的债务人向保险人投保,在债务人不履行债务时，由保险人向债权人给予赔偿的财产保险合同，包括诚实保证保险合同和履约保证保险合同等。

海上保险合同是指保险人按照约定，对被保险人遭受海上保险事故造成保险标的的损失和产生的责任负责赔偿的保险合同，包括海上船舶保险合同和海上货物运输保险合同等。

（二）学理上的分类

1. 根据保险的标的，分为有形财产保险合同和无形财产保险合同

有形财产保险合同是指以物质形式存在的财产为保险标的的财产保险合同，如企业财产保险合同、家庭财产保险合同、运输工具保险合同、货物运输保险合同等。无形财产保险合同是指以无形财产或者财产利益作为保险标的的财产保险合同，如责任保险合同、信用保险合同、保证保险合同等。

2. 根据当事人订约时的意愿，分为自愿财产保险合同和强制财产保险合同

自愿财产保险合同是指合同当事人双方在自愿基础上订立的财产保险合同。《保险法》第 11 条第 2 款规定："除法律、行政法规规定必须保险的外，保险合同自愿订立。"据此，大多数财产保险合同属于自愿财产保险合同。强制财产保险合同，又称法定财产保险合同，是指根据法律和行政法规规定必须订立的财产保险合同。根据我国法律规定，强制财产保险合同是以危险范围较广、影响公众利益较大、与人民群众生活密切相关的财产及其有关利益作为保险标的。例如，机动车交通事故责任强制保险合同即属于强制财产保险合同。

此外，财产保险合同还可以作其他分类。例如，根据保险价值是否预先确定，可以分为定值保险合同和不定值保险合同；根据保险价值与保险金额的关系，可以分为足额保险合同、不足额保险合同和超额保险合同。

三、财产保险合同的内容

财产保险合同的内容，又称财产保险合同的条款，是指投保人和保险人约定而载于财产保险合同的、明确财产保险合同主体权利义务的事项。财产保险合同属于保险合同的一种，因而法律规定的保险合同基本条款都应当记载。但是，与人身保险合同相比，财产保险合同在保险标的、保险责任和除外责任、保险价值、保险金额等方面都具有自身的特点。

（一）保险标的

财产保险合同的保险标的是投保人投保以寻求保险保障的对象，也是保险人同意承保并负担保险责任的目标。保险标的的确定，对于确定保险条件、保险费率、保险金额等具有重要意义。

在财产保险合同中，保险标的的范围非常广泛，既包括有形的物质财产，也包括与物质财产有直接或间接联系的各种利益。但是，不是所有的财产及其有关利益都能够成为财产保险合同的保险标的，只有可保财产和可保利益才能成为这种标的。可保财产就是投保人依法所有或者控制的价值可以衡量的财物，包括一般可保财产和特约可保财产。可保利益就是投保人或被保险人可以向保险人投保的合法经济利益，通常包括两种：一是基于可保利益的权利性质的概括；二是基于可保利益现存性的概括。

(二)保险价值

保险价值，又称保险价额，是指订立保险合同时或发生保险事故时财产保险标的所具有的实际价值。保险价值是用货币对保险标的计量的金钱价值，财产保险的标的可以用货币计量其金钱价值，而人身保险的标的不能用货币计量其金钱价值，因而保险价值是财产保险合同的特有概念。

保险价值有两种存在形式：(1)投保人和保险人在合同中载明保险价值，即投保人和保险人在订立财产保险合同时，对保险标的事先予以估价，并在合同中明确约定其价值。《保险法》第55条第1款规定："投保人和保险人约定保险标的的保险价值并在合同中载明的，保险标的发生损失时，以约定的保险价值为赔偿计算标准。"(2)投保人和保险人在合同中未载明保险价值，即投保人和保险人在订立财产保险合同时，对保险标的的价值事先不加以确定，而在保险事故发生时按当时的市场实际价值予以确定。《保险法》第55条第2款规定："投保人和保险人未约定保险标的的保险价值的，保险标的发生损失时，以保险事故发生时保险标的的实际价值为赔偿计算标准。"

(三)保险金额

保险金额是指保险事故发生时保险人承担赔偿保险金的最高限额。保险金额是保险赔偿限度的标准，也是计算投保人交付保险费的依据。

财产保险合同中的保险金额由投保人和保险人在保险合同中约定，但以保险标的的保险价值为基础。也就是说，财产保险合同约定的保险金额，应当以保险标的的保险价值为限。保险金额与保险价值的关系有三种：(1)足额保险，即保险金额等于保险价值。在足额保险中，被保险人因保险事故发生的实际损失可以获得充分的赔偿。(2)超额保险，即保险金额高于保险价值。《保险法》第55条第3款规定："保险金额不得超过保险价值。超过保险价值的，超过的部分无效，保险人应当退还相应的保险费。"(3)不足额保险，即保险金额低于保险价值。《保险法》第55条第4款规定："保险金额低于保险价值的，除合同另有约定外，保险人按照保险金额与保险价值的比例承担赔偿保险金的责任。"

(四)保险费

保险费是指投保人为获得保险人承诺给付保险金而向其支付的费用。投保人只有同意支付或者已经支付保险费的前提下,才能获得保险人承担因保险事故造成损害的赔偿的承诺。因此,《保险法》第 14 条规定,保险合同成立后,投保人按照约定交付保险费。

实践中,财产保险合同的保险费一般是按年一次性缴付,但考虑到有些作为投保人的单位应缴保险费数额较大,因此允许这些单位分期缴付。需要注意的是,根据《保险法》第 53 条的规定,有下列情形之一的,除合同另有约定外,保险人应当降低保险费,并按日计算退还相应的保险费:(1)据以确定保险费率的有关情况发生变化,保险标的的危险程度明显减少的;(2)保险标的的保险价值明显减少的。

(五)保险责任和除外责任

保险责任是保险人在保险合同约定的危险发生并造成保险标的损失时所承担的赔偿责任。保险责任是保险人承担经济补偿的依据和范围,也是被保险人要求赔偿的依据和范围。

造成被保险人保险标的损失的灾害事故很多,但并非所有的灾害事故引起的损失被保险人都可以获得保险人的赔偿,只有发生所承保的危险范围内的灾害事故引起的损失时,保险人才承担赔偿责任。因此,保险责任条款具体规定保险人承担赔偿责任的危险种类或范围,即承保风险。承保风险是可保风险的一部分,并且是在可保风险的基础上确定的。可保风险是保险人可以承保的风险,通常包括自然灾害、意外事故和其他保险事故三大类。

在财产保险合同中,规定承保风险有两种基本方式:一是以具体指明风险的方式规定承保风险,即保险人仅承保在保单中列明的风险给保险标的造成损失的赔偿责任,如火灾保险就是以这种方式规定承保风险;二是概括规定一切风险,即保险人承保除合同中明文规定的除外责任以外的一切原因造成保险标的损失的赔偿责任,如海上保险和责任保险就是以这种方式规定承保风险。

除外责任是依照保险合同的规定保险人不承担保险金支付责任的情形。也就是说,保险人在某些危险致保险标的损失时赔偿责任的免除。财产保险中的除外责任比较复杂,大多数保险中的除外责任都是相对的。除少数违法行为或严重影响公共利益外,很多基本险的除外责任可以通过背书条款或附加条款并加收保费的方式而转化为该险种附加险的承保风险,如海上保险中的战争风险和罢工风险。另外,在财产保险中,存在一些普遍适用的除外责任,主要有自然损耗、战争或敌对行为以及被保险人的故意违法行为。

四、保险代位权

(一)保险代位权的概念和特征

保险代位权,又称代位求偿权,是指因第三者对保险标的的损害而造成保险事故,保险人自向被保险人赔偿保险金后,在赔偿金额范围内享有的代位行使被保险人对第三者请求赔偿的权利。

保险代位权是保险人享有的特殊权利,它具有以下特征:(1)保险代位权产生的必要条件,是被保险人因保险事故对第三者有赔偿请求权;(2)保险代位权是一种转移债权,是被保险人对第三者所享有的损害赔偿请求权转移给保险人;(3)保险代位权的取得以保险人履行赔偿义务为前提;(4)保险人行使保险代位权时向第三者追偿的金额不得超过已支付的保险金。

(二)保险代位权的取得

从各国法律规定看,保险代位权的取得有两种立法体例:一是当然代位主义,即保险人只要向被保险人履行了赔偿义务,就自动取得代位权;二是请示主义,即保险人向被保险人赔偿后,还必须有被保险人将其对第三者的损害赔偿请求权转让给保险人的行为。[①] 在我国,《保险法》第 60 条第 1 款规定:"因第三者对保险标的的损害而造成保险事故的,保险人自向被保险人赔偿保险金之日起,在赔偿金额范围内代位行使被保险人对第三者请求赔偿的权利。"可见,我国法律采用的是当然代位主义,保险人只要支付了保险金,就自动取得代位权而无须被保险人确认。

保险代位权的成立必须具备以下条件:(1)保险标的的损害必须由第三者的行为引起。只有保险标的的损害由第三者行为引起,第三者才会承担赔偿责任。(2)第三者造成的损失必须在保险合同约定的保险责任范围内。如果第三者造成的损失在保险合同约定的保险责任范围之外,保险人不承担保险责任,也不存在保险代位权。(3)保险人必须已经赔偿保险金。保险人按照保险合同约定对被保险人支付保险金之后,才有权取得保险代位权。

(三)保险代位权的行使

1. 保险代位权的行使范围

《保险法》第 60 条第 1 款规定:"因第三者对保险标的的损害而造成保险事故的,保险人自向被保险人赔偿保险金之日起,在赔偿金额范围内代位行使被保险人对第三者请求赔偿的权利。"可见,保险人行使保险代位权,不得超过其已经赔偿的保险金。

2. 保险代位权的行使限制

---

① 温世扬:《保险法》,法律出版社 2003 年版,第 203 页。

(1)行使对象的限制。《保险法》第 62 条还规定:“除被保险人的家庭成员或者其组成人员故意造成本法第六十条第一款规定的保险事故外,保险人不得对被保险人的家庭成员或者其组成人员行使代位请求赔偿的权利。”这意味着,为实现保险的目的,保障被保险人的利益,排除保险人在一定情况下对被保险人的家庭成员或者其组成人员行使代位权。被保险人的家庭成员,是指作为自然人的被保险人的配偶、子女、父母以及与被保险人有抚养、赡养或者扶养关系的人。被保险人的组成人员,是指作为法人或其他组织的被保险人的内部工作人员。

(2)诉讼时效期间的限制。被保险人对第三人的损害赔偿请求权,受诉讼时效期间的限制,因而由这种请求权转移而形成的保险代位权也同样受到诉讼时效期间的限制,即保险人应当在《民法总则》规定的诉讼时效期间内行使权利。关于诉讼时效期间的计算,《保险法司法解释二》第 16 条第 2 款规定:“保险人代位求偿权的诉讼时效期间应自其取得代位求偿权之日起算。”之所以这样规定,是因为在保险人取得保险代位求偿权之前,保险人无从管控被保险人的行为,以避免被保险人因消极懈怠导致对第三者赔偿请求权的诉讼时效届满。从权利转移至保险人开始起算,对保险人的保护较为有利。维护保险人利益的价值更大于加害人利益维护的价值。①

3. 被保险人的义务

为了使保险人顺利行使保险代位权,被保险人必须履行法律规定的义务,主要包括以下两项:

(1)不得损害保险人的代位权。保险人赔付保险金后即取得保险代位权,但如果被保险人放弃对第三者的请求赔偿权,那么其无债权可以转移,或者被保险人其他行为导致保险人不能行使保险代位权的,保险代位权都会落空。因此,为了维护保险人的利益,法律规定被保险人不得放弃对第三者的请求赔偿权,或者有损害代位权的行为。《保险法》第 61 条明确规定:“保险事故发生后,保险人未赔偿保险金之前,被保险人放弃对第三者请求赔偿的权利的,保险人不承担赔偿保险金的责任。保险人向被保险人赔偿保险金后,被保险人未经保险人的同意放弃对第三者请求赔偿的权利的,该行为无效。被保险人故意或者因重大过失致使保险人不能行使代位请求赔偿的权利的,保险人可以扣减或者返还相应的保险金。”

(2)协助保险人行使代位权。在保险人行使保险代位权时,被保险人应当加以协助。《保险法》第 63 条规定:“保险人向第三者行使代位请求赔偿的权利时,被保险人应当向保险人提供必要的文件和所知道的有关情况。”

---

① 奚晓明主编:《最高人民法院关于保险法司法解释(二)理解与适用》,人民法院出版社 2013 年版,第 374 页。

第五节 保险业及其监督管理

一、保险公司

保险组织形式就是保险人以何种机构来经营保险业务。在现代社会,保险组织对国民经济和人民生活影响很大,因此各国对保险组织形式都作了严格限制。《保险法》第6条规定:“保险业务由依照本法设立的保险公司以及法律、行政法规规定的其他保险组织经营,其他单位和个人不得经营保险业务。”可见,保险公司为我国保险组织的基本形式。根据《保险法》的规定,保险公司主要采取两种组织形式,即有限责任公司和股份有限公司。

(一)保险公司的设立

保险公司以风险作为经营对象,这关系到社会经济秩序的稳定,因而其设立条件和程序比一般公司更为严格。

1. 保险公司设立的条件

根据《保险法》第68条的规定,设立保险公司应当具备以下条件:

(1)主要股东符合法律规定,即主要股东具有持续盈利能力,信誉良好,最近3年内无重大违法违规记录,净资产不低于人民币2亿元。

(2)章程符合法律规定,即有符合《保险法》和《公司法》规定的章程。章程是规定保险公司名称、宗旨、注册资本、组织机构等对内对外事务,规范保险公司组织和活动的基本法律文件,其内容、制定和生效必须符合《保险法》和《公司法》的规定。

(3)注册资本符合法律规定,即有符合《保险法》规定的注册资本。根据《保险法》第69条的规定,设立保险公司,其注册资本最低限额为人民币2亿元,且必须为实缴货币资本。但是,国务院保险监督管理机构根据保险公司的业务范围、经营规模,可以调整其注册资本的最低限额,但不能低于人民币2亿元。

(4)董事、监事和高级管理人员符合法律规定,即有具备任职专业知识和业务工作经验的董事、监事和高级管理人员。按照中国保监会2014年1月23日发布的《保险公司董事、监事和高级管理人员任职资格管理规定》的规定,高级管理人员是指对保险机构经营管理活动和风险控制具有决策权或者重大影响的下列人员:总公司总经理、副总经理和总经理助理;总公司董事会秘书、合规负责人、总精算师、财务负责人和审计责任人;分公司、中心支公司总经理、副总经理和总经理助理;支公司、营业部经理;与上述高级管理人员具有相同职权的管理人员。

关于董事、监事和高级管理人员的任职资格,《保险法》第 81 条第 1 款规定,保险公司的董事、监事和高级管理人员,应当品行良好,熟悉与保险相关的法律、行政法规,具有履行职责所需的经营管理能力,并在任职前取得保险监督管理机构核准的任职资格。《保险法》第 82 条还规定,有《公司法》第 146 条规定的情形①或者有下列情形之一的,不得担任保险公司的董事、监事、高级管理人员:①因违法行为或者违纪行为被金融监督管理机构取消任职资格的金融机构的董事、监事和高级管理人员,自被取消任职资格之日起未逾 5 年的;②因违法行为或者违纪行为被吊销执业资格的律师、注册会计师或者资产评估机构、验证机构等机构的专业人员,自被吊销执业资格之日起未逾 5 年的。另外,《保险公司董事、监事和高级管理人员任职资格管理规定》对董事、监事和高级管理人员的任职资格及其核准程序作出了具体规定。

(5)组织机构和管理制度符合法律规定,即有健全的组织机构和管理制度。保险公司的组织机构,适用公司法的规定。另外,保险公司应有完备的管理制度,包括业务、财务、合规、风险控制、资产管理、反洗钱等制度。

(6)营业场所、设施符合法律规定,即有符合要求的营业场所和与经营业务有关的其他设施。保险公司是一个固定的组织体,持续从事保险经营业务活动,需要有符合经营要求的营业场所和与经营业务有关的安全、消防设施。

(7)法律、行政法规和国务院保险监督管理机构规定的其他条件。中国保监会 2009 年 9 月 25 日发布、2015 年 10 月 19 日修订的《保险公司管理规定》,对保险公司设立规定了筹建申请条件和开业申请条件。其中,除了上述内容外,还提出了其他一些条件,如具有明确的发展规划、经营策略、组织机构框架、风险控制体系,有具体的业务发展计划和按照资产负债匹配等原则制订的中长期资产配置计划等。

2. 保险公司设立的程序

保险业是一种特殊行业,因此,保险公司的设立程序较其他行业的公司的设立程序要严格和复杂。根据《保险法》和《保险公司管理规定》,保险公司的设立要经过筹建申请和批准、实施筹建、开业申请和批准、设立登记等阶段。

(1)筹建申请和批准。申请设立保险公司,应当向国务院保险监督管理机构(以下

---

① 《公司法》第 146 条规定:"有下列情形之一的,不得担任公司的董事、监事、高级管理人员:(一)无民事行为能力或者限制民事行为能力;(二)因贪污、贿赂、侵占财产、挪用财产或者破坏社会主义市场经济秩序,被判处刑罚,执行期满未逾五年,或者因犯罪被剥夺政治权利,执行期满未逾五年;(三)担任破产清算的公司、企业的董事或者厂长、经理,对该公司、企业的破产负有个人责任的,自该公司、企业破产清算完结之日起未逾三年;(四)担任因违法被吊销营业执照、责令关闭的公司、企业的法定代表人,并负有个人责任的,自该公司、企业被吊销营业执照之日起未逾三年;(五)个人所负数额较大的债务到期未清偿。"

简称保险监督管理机构)[①]提出书面申请,并提交下列材料一式三份:①设立申请书;②可行性研究报告;③筹建方案,投资人的营业执照或者其他背景资料,经会计师事务所审计的上一年度财务会计报告;④投资人认可的筹备组负责人和拟任董事长、经理名单及本人认可证明;⑤保险监督管理机构规定的其他材料,如保险公司章程草案。

保险监督管理机构应当对设立保险公司的申请进行审查,自受理之日起6个月内作出批准或者不批准筹建的决定,并书面通知申请人。决定不批准的,应当书面说明理由。

(2)实施筹建。经保险监督管理机构批准筹建保险公司的,申请人应当自收到批准筹建通知之日起1年内完成筹建工作。筹建期间届满未完成筹建工作的,原批准筹建决定自动失效。筹建机构在筹建期间不得从事保险经营活动。筹建期间不得变更主要投资人。

筹建工作主要根据保险公司设立的条件来进行,包括制定公司章程、筹集资本、聘任公司的高级管理人员、建立健全公司的组织机构和规章制度、租赁营业场所和购置相关设备、公司名称预先核准申请等。

(3)开业申请和批准。筹建工作完成后,申请人具备《保险法》第68条规定的设立条件的,可以向保险监督管理机构提出开业申请,并提交下列材料一式三份:①开业申请书;②创立大会决议,没有创立大会决议的,应当提交全体股东同意申请开业的文件或者决议;③公司章程;④股东名称及其所持股份或者出资的比例,资信良好的验资机构出具的验资证明,资本金入账原始凭证复印件;⑤保险监督管理机构规定股东应当提交的有关材料;⑥拟任该公司董事、监事、高级管理人员的简历以及相关证明材料;⑦公司部门设置以及人员基本构成;⑧营业场所所有权或者使用权的证明文件;⑨按照拟设地的规定提交有关消防证明;⑩拟经营保险险种的计划书、3年经营规划、再保险计划、中长期资产配置计划,以及业务、财务、合规、风险控制、资产管理、反洗钱等主要制度;⑪信息化建设情况报告;⑫公司名称预先核准通知;⑬保险监督管理机构规定提交的其他材料。

保险监督管理机构应当审查开业申请,进行开业验收,并自受理开业申请之日起60日内作出批准或者不批准开业的决定。验收合格决定批准开业的,颁发经营保险业务许可证;验收不合格决定不批准开业的,应当书面通知申请人并说明理由。

(4)设立登记。经批准设立的保险公司,应当持批准文件以及经营保险业务许可

---

① 国务院保险监督管理机构原为中国保险监督管理委员会(简称中国保监会)。2018年3月,十三届全国人大一次会议表决通过了关于国务院机构改革方案的决定,中国保监会与中国银行监督管理委员会合并设立中国银行保险监督管理委员会。因此,有关法律文件中提到的"中国保监会"均改为"国务院保险监督管理机构"或者"保险监督管理机构"。

证，向工商行政管理机关办理登记，领取营业执照。保险公司自取得经营保险业务许可证之日起 6 个月内，无正当理由未向工商行政管理机关办理登记的，其经营保险业务许可证失效。领取营业执照后，保险公司可以从事保险经营活动。

3. 保险公司境内外机构的设立

(1)保险公司境内分支机构的设立。《保险法》规定，保险公司在我国境内设立分支机构，应当经保险监督管理机构批准。保险公司分支机构不具有法人资格，其民事责任由保险公司承担。按照《保险公司管理规定》，保险公司分支机构的层级依次为分公司、中心支公司、支公司、营业部或者营销服务部。保险公司可以不逐级设立分支机构，但其在住所地以外的各省、自治区、直辖市开展业务，应当首先设立分公司。

《保险公司管理规定》第 18 条规定，保险公司设立分支机构应当符合下列条件：①上一年度偿付能力充足，提交申请前连续 2 个季度偿付能力均为充足；②保险公司具备良好的公司治理结构，内控健全；③申请人具备完善的分支机构管理制度；④对拟设立分支机构的可行性已进行充分论证；⑤在住所地以外的省、自治区、直辖市申请设立省级分公司以外其他分支机构的，该省级分公司已经开业；⑥申请人最近 2 年内无受金融监管机构重大行政处罚的记录，不存在因涉嫌重大违法行为正在受到保险监督管理机构立案调查的情形；⑦申请设立省级分公司以外其他分支机构，在拟设地所在的省、自治区、直辖市内，省级分公司最近 2 年内无受金融监管机构重大行政处罚的记录，已设立的其他分支机构最近 6 个月内无受重大保险行政处罚的记录；⑧有申请人认可的筹建负责人；⑨保险监督管理机构规定的其他条件。

保险公司申请设立分支机构，应当向保险监督管理机构提出书面申请，并提交规定的材料。① 保险监督管理机构应当对保险公司设立分支机构的申请进行审查，自受理之日起 60 日内作出批准或者不批准的决定。决定批准的，颁发分支机构经营保险业务许可证；决定不批准的，应当书面通知申请人并说明理由。

经批准设立的保险公司及其分支机构，凭经营保险业务许可证向工商行政管理机关办理登记，领取营业执照。保险公司分支机构自取得经营保险业务许可证之日起 6 个月内，无正当理由未向工商行政管理机关办理登记的，其经营保险业务许可证失效。领取营业执照后，保险公司可以从事保险经营活动。

(2)保险公司境外保险类机构的设立。按照中国保监会 2006 年 7 月 31 日发布、2015 年 10 月 19 日修订的《保险公司设立境外保险类机构管理办法》的规定，境外保险类机构，是指保险公司的境外分支机构、境外保险公司和保险中介机构。设立境外保险类机构，是指保险公司的下列行为：一是设立境外分支机构、境外保险公司和保险

① 参见《保险法》第 75 条和《保险公司管理规定》第 19 条。

中介机构；二是收购境外保险公司和保险中介机构。《保险法》第 79 条规定："保险公司在中华人民共和国境外设立子公司、分支机构、代表机构，应当经国务院保险监督管理机构批准。"

保险公司设立境外保险类机构的，应当具备下列条件：①开业 2 年以上；②上年末总资产不低于 50 亿元人民币；③上年末外汇资金不低于 1 500 万美元或者其等值的自由兑换货币；④偿付能力额度符合中国保监会有关规定；⑤内部控制制度和风险管理制度符合中国保监会有关规定；⑥最近 2 年内无受重大处罚的记录；⑦拟设立境外保险类机构所在的国家或者地区金融监管制度完善，并与中国保险监管机构保持有效的监管合作关系；⑧保险监督管理机构规定的其他条件。

保险公司申请设立境外保险类机构的，应当向保险监督管理机构提交规定的材料。[①] 保险监督管理机构应当依法对设立境外保险类机构的申请进行审查，并自受理申请之日起 20 日内作出批准或者不予批准的决定。决定不予批准的，应当书面通知申请人并说明理由。另外，保险公司应当在境外保险类机构获得许可证或者收购交易完成后 20 日内，将其有关情况书面报告保险监督管理机构。

(二)保险公司的变更和终止

1. 保险公司的变更

保险公司的变更是指保险公司设立后，在存续期间内，依法对公司名称、注册资本、营业场所、业务范围等重要事项的变动。

《保险法》第 84 条规定，保险公司有下列情形之一的，应当经保险监督管理机构批准：(1)变更名称；(2)变更注册资本；(3)变更公司或者分支机构的营业场所；(4)撤销分支机构；(5)公司分立或者合并；(6)修改公司章程；(7)变更出资额占有限责任公司资本总额 5%以上的股东，或者变更持有股份有限公司股份 5%以上的股东；(8)保险监督管理机构规定的其他情形。根据《保险公司管理规定》第 26 条的规定，保险公司的变更情形还包括扩大业务范围。

另外，根据《保险公司管理规定》第 27 条的规定，保险机构有下列情形之一，应当自该情形发生之日起 15 日内，向保险监督管理机构报告：(1)变更出资额不超过有限责任公司资本总额 5%的股东，或者变更持有股份有限公司股份不超过 5%的股东，上市公司的股东变更除外；(2)保险公司的股东变更名称，上市公司的股东除外；(3)保险公司分支机构变更名称；(4)保险监督管理机构规定的其他情形。

2. 保险公司的终止

---

① 《保险公司设立境外保险类机构管理办法》第 10 条、第 11 条，分别规定了保险公司申请设立境外分支机构、境外保险公司和保险中介机构，以及申请收购境外保险公司和保险中介机构，应向保险监督管理机构提交的材料。

保险公司的终止是指因一定法律事实的发生而导致其法人资格消灭。保险公司终止后，其权利能力和行为能力消灭，保险业务活动随之停止。引起保险公司终止的原因，包括保险公司的解散和保险公司的破产。

(1)保险公司的解散。根据《保险法》和《公司法》的规定，保险公司的解散包括任意解散和强制解散。任意解散就是保险公司基于自己的意志自愿终止公司的活动或消灭法人资格。任意解散的事由有三种：一是公司章程规定的营业期限届满或者其他解散事由出现；二是公司权力机构的决议或决定；三是公司分立或者合并。强制解散就是保险公司因法律规定或者保险监督管理机构的命令而被迫解散。强制解散的事由主要有两种：一是行政解散，即公司因依法被吊销经营保险业务许可证而撤销；二是司法解散，即法院按照《合同法》第182条的规定判决解散[①]。

需要注意以下两点：第一，经营有人寿保险业务的保险公司解散的特殊规定。《保险法》第89条第2款规定："经营有人寿保险业务的保险公司，除因分立、合并或者被依法撤销外，不得解散。"根据《保险法》第92条第1款的规定，经营有人寿保险业务的保险公司被依法撤销的，其持有的人寿保险合同及责任准备金，必须转让给其他经营有人寿保险业务的保险公司；不能同其他保险公司达成转让协议的，由国务院保险监督管理机构指定经营有人寿保险业务的保险公司接受转让。第二，任意解散须经批准的规定。保险公司解散必须经保险监督管理机构批准，并依法进行清算。《保险法》第89条第1款规定："保险公司因分立、合并需要解散，或者股东会、股东大会决议解散，或者公司章程规定的解散事由出现，经国务院保险监督管理机构批准后解散。"

根据《保险法》第89条第3款和《保险公司管理规定》第29条第1款的规定，保险公司解散，应当依法成立清算组进行清算，清算工作由保险监督管理机构监督指导。

(2)保险公司的破产。保险公司的破产是由于保险公司的财务状况严重恶化所引起。《保险法》第90条规定："保险公司有《中华人民共和国企业破产法》第二条规定情形的，经国务院保险监督管理机构同意，保险公司或者其债权人可以依法向人民法院申请重整、和解或者破产清算；国务院保险监督管理机构也可以依法向人民法院申请对该保险公司进行重整或者破产清算。"

关于保险公司破产财产的清偿顺序，《保险法》第91条规定，破产财产在优先清偿破产费用和共益债务后，按照下列顺序清偿：①所欠职工工资和医疗、伤残补助、抚恤费用，所欠应当划入职工个人账户的基本养老保险、基本医疗保险费用，以及法律、行政法规规定应当支付给职工的补偿金；②赔偿或者给付保险金；③保险公司欠缴的除

① 《公司法》第182条规定："公司经营管理发生严重困难，继续存续会使股东利益受到重大损失，通过其他途径不能解决的，持有公司全部股东表决权百分之十以上的股东，可以请求人民法院解散公司。"

第①项规定以外的社会保险费用和所欠税款;④普通破产债权。破产财产不足以清偿同一顺序的清偿要求的,按照比例分配。破产保险公司的董事、监事和高级管理人员的工资,按照该公司职工的平均工资计算。

需要注意的是,根据《保险法》第 92 条第 1 款的规定,经营有人寿保险业务的保险公司被依法宣告破产的,其持有的人寿保险合同及责任准备金,必须转让给其他经营有人寿保险业务的保险公司;不能同其他保险公司达成转让协议的,由国务院保险监督管理机构指定经营有人寿保险业务的保险公司接受转让。

(三)外资保险公司

1. 外资保险公司的概念和法律适用

根据国务院于 2001 年 12 月 12 日发布、2013 年 5 月 30 日修订的《外资保险公司管理条例》第 2 条的规定,外资保险公司是指依照我国有关法律、行政法规的规定,经批准在中国境内设立和营业的下列保险公司:一是外国保险公司同中国的公司、企业在中国境内合资经营的保险公司(以下简称合资保险公司);二是外国保险公司在中国境内投资经营的外国资本保险公司(以下简称独资保险公司);三是外国保险公司在中国境内的分公司(以下简称外国保险公司分公司)。

关于外资保险公司的法律适用,《保险法》第 183 条规定:"中外合资保险公司、外资独资保险公司、外国保险公司分公司适用本法规定;法律、行政法规另有规定的,适用其规定。"另外,《保险公司管理规定》第 70 条规定:"外资独资保险公司、中外合资保险公司分支机构设立适用本规定;……对外资独资保险公司、中外合资保险公司的其他管理,适用本规定,法律、行政法规和保险监督管理机构另有规定的除外。"根据《保险公司管理规定》第 71 条第 2 款的规定,除本条第 1 款规定的事项外,对外国保险公司分公司的其他管理,参照本规定对保险公司总公司的有关规定执行,法律、行政法规和保险监督管理机构另有规定的除外。

2. 外资保险公司的设立

根据《外资保险公司管理条例》的规定,设立外资保险公司,应当经保险监督管理机构批准,办理工商登记。

申请设立外资保险公司的外国保险公司,应当具备下列条件:(1)经营保险业务 30 年以上;(2)在中国境内已经设立代表机构 2 年以上;(3)提出设立申请前 1 年年末总资产不少于 50 亿美元;(4)所在国家或者地区有完善的保险监管制度,并且该外国保险公司已经受到所在国家或者地区有关主管当局的有效监管;(5)符合所在国家或者地区偿付能力标准;(6)所在国家或者地区有关主管当局同意其申请;(7)保险监督管理机构规定的其他审慎性条件。

设立外资保险公司,申请人应当向保险监督管理机构提出书面申请,并提交申请文件[1]。保险监督管理机构应当对设立外资保险公司的申请进行初步审查，自收到完整的申请文件之日起 6 个月内作出受理或者不受理的决定。决定受理的，发给正式申请表；决定不受理的，应当书面通知申请人并说明理由。申请人应当自接到正式申请表之日起 1 年内完成筹建工作，并将填写好的申请表连同其他申请文件[2]报保险监督管理机构审批。保险监督管理机构应当自收到设立外资保险公司完整的正式申请文件之日起 60 日内，作出批准或者不批准的决定。决定批准的，颁发经营保险业务许可证；决定不批准的，应当书面通知申请人并说明理由。经批准设立外资保险公司的，申请人凭经营保险业务许可证向工商行政管理机关办理登记，领取营业执照。

外资保险公司可以根据业务发展需要申请设立分支机构。合资保险公司、独资保险公司在其住所地以外的各省、自治区、直辖市开展业务的，应当设立分公司。《外资保险公司管理条例实施细则》规定了外资保险公司分支机构的设立条件和程序。

3. 外资保险公司的终止和清算

外资保险公司因解散、依法被撤销和破产而终止。具体来说，其原因包括：(1)因公司分立、合并而解散；(2)因公司章程规定的解散事由出现而解散；(3)被保险监督管理机构吊销经营保险业务许可证而依法撤销；(4)不能支付到期债务而宣告破产。《外资保险公司管理条例》规定，外资保险公司因分立、合并或者公司章程规定的解散事由出现，经保险监督管理机构批准后解散。外资保险公司不能支付到期债务，经保险监督管理机构同意，由人民法院依法宣告破产。

外资保险公司终止必须依法进行清算。《外资保险公司管理条例》规定，外资保险公司解散的，应当依法成立清算组，进行清算；外资保险公司违反法律、行政法规被依法撤销的，由保险监督机构依法及时组织成立清算组进行清算；外资保险公司被宣告破产的，由人民法院组织保险监督机构等有关部门和有关人员成立清算组进行清算。另外，外资保险公司因解散、依法被撤销而清算的，应当自清算组成立之日起 60 日内在报纸上至少公告 3 次，公告内容应当经保险监督机构核准。该条例还规定，外资保险公司解散、依法被撤销或者被宣告破产的，未清偿债务前，不得将其财产转移至中国境外。

二、保险经营规则

保险经营是一种特殊的经营活动，具有保障性、负债性和广泛性的特点，确立保险经营规则，有利于防止和控制保险经营中的不规范行为，维护保险市场秩序，充分发挥保险的作用。

---

① 申请人应提交的申请文件，见《外资保险公司管理条例》第 9 条。

② 申请人应提交的申请文件，见《外资保险公司管理条例》第 11 条。

(一)保险公司的业务范围

业务范围是指由保险监督管理机构依法核定,并经工商行政管理部门核准登记的保险公司经营活动的范围。《保险法》第 95 条第 3 款规定:“保险公司应当在国务院保险监督管理机构依法批准的业务范围内从事保险经营活动。”

1. 可从事的业务范围

《保险法》第 95 条第 1 款规定,保险公司的业务范围为:(1)人身保险业务,包括人寿保险、健康保险、意外伤害保险等保险业务;(2)财产保险业务,包括财产损失保险、责任保险、信用保险、保证保险等保险业务;(3)国务院保险监督管理机构批准的与保险有关的其他业务。

《保险法》第 96 条还规定,经国务院保险监督管理机构批准,保险公司可以经营本法第 95 条规定的保险业务的下列再保险业务:(1)分出保险;(2)分入保险。

2. 不得兼营业务的规定

《保险法》第 95 条第 2 款规定,保险人不得兼营人身保险业务和财产保险业务。但是,经营财产保险业务的保险公司经国务院保险监督管理机构批准,可以经营短期健康保险业务和意外伤害保险业务。

(二)保险公司的偿付能力

根据中国保监会 2008 年 7 月 10 日发布的《保险公司偿付能力管理规定》第 2 条第 2 款的规定,保险公司偿付能力是指保险公司偿还债务的能力。在保险合同中,主体的权利义务的行使和履行有时间上的差异,保险公司总是先获得投保人的保险费,而在未来约定事件发生后才向被保险人、受益人负赔偿或给付的义务。如果保险公司偿付能力不足,就无法履行其赔付能力,被保险人、受益人的利益就得不到保障。因此,各国保险法都将偿付能力作为监管核心。在我国,国务院保险监督管理机构建立以风险为基础的动态偿付能力监管标准和监管机制,对保险公司偿付能力进行综合评价和监督检查,并依法采取监管措施。

1. 最低偿付能力

对保险公司最低偿付能力进行监管,是对保险公司偿付能力监管的重要内容。各国保险法都规定保险公司应具有最低偿付能力,但所规定的标准不一。在我国,《保险法》第 101 条规定:“保险公司应当具有与其业务规模和风险程度相适应的最低偿付能力。保险公司的认可资产减去认可负债的差额不得低于国务院保险监督管理机构规定的数额;低于规定数额的,应当按照国务院保险监督管理机构的要求采取相应措施达到规定的数额。”可见,我国以保险公司实际资产减去实际负债的差额,作为确定保险公司最低偿付能力的标准。

《保险公司偿付能力管理规定》第 3 条规定:“保险公司应当具有与其风险和业务

规模相适应的资本，确保偿付能力充足率不低于100％。偿付能力充足率即资本充足率，是指保险公司的实际资本与最低资本的比率。”保险公司的最低资本，是指保险公司为应对资产风险、承保风险等风险对偿付能力的不利影响，依据中国保监会的规定而应当具有的资本数额。保险公司的实际资本，是指认可资产与认可负债的差额。

保险监督管理机构对保险公司偿付能力的监督检查采取现场监管与非现场监管相结合的方式。它根据保险公司偿付能力状况将保险公司分为下列三类，实施分类监管：(1)不足类公司，指偿付能力充足率低于100％的保险公司；(2)充足Ⅰ类公司，指偿付能力充足率在100％到150％之间的保险公司；(3)充足Ⅱ类公司，指偿付能力充足率高于150％的保险公司。

2. 资本充足

(1)最低注册资本与保险保证金。最低注册资本是保险公司获得市场准入的资格条件，又是保险公司获取偿付能力的前提。因此，《保险法》第69条明确规定，设立保险公司注册资本的最低限额为人民币2亿元，且为实缴货币资本。同时，国务院保险监督管理机构根据保险公司业务范围、经营规模，可以调整其注册资本的最低限额，但不得低于上述规定的限额。

保险保证金是法律规定由保险公司成立时向国家交存的金额。通过缴存保险保证金，可以保证保险公司一定的偿付能力。《保险法》第97条规定，保险公司应当按照其注册资本总额的20％提取保证金，存入国务院保险监督管理机构指定的银行，除公司清算时用于清偿债务外，不得动用。

(2)保险责任准备金。保险责任准备金是保险人为了承担未到期责任和处理未决赔款而从保险费收入中提存的一种准备资金。《保险法》第98条第1款规定：“保险公司应当根据保障被保险人利益、保证偿付能力的原则，提取各项责任准备金。”

根据2004年12月15日中国保监会发布的《保险公司非寿险业务准备金管理办法(试行)》的规定，保险公司非寿险业务准备金包括未到期责任准备金、未决赔款准备金和保险监督管理机构规定的其他责任准备金。其中，未到期责任准备金是指在准备金评估日为尚未终止的保险责任而提取的准备金，包括保险公司为保险期间在1年以内(含1年)的保险合同项下尚未到期的保险责任而提取的准备金，以及为保险期间在1年以上(不含1年)的保险合同项下尚未到期的保险责任而提取的长期责任准备金。未决赔款准备金是指保险公司为尚未结案的赔案而提取的准备金，包括已发生已报案未决赔款准备金、已发生未报案未决赔款准备金和理赔费用准备金。

(3)保险公积金。保险公积金是保险公司基于增强自身财产能力，为扩大经营范围以及弥补亏损，按照法律和公司章程的规定，从公司税后利润中以一定比例提取的资金。提取公积金是巩固公司财产基础、提高公司信用的重要措施，其目的是为了保护股东和债权人的利益。对此,《保险法》第 99 条规定:“保险公司应当依法提取公积金。”这里所说的“依法”,就是依照《公司法》以及相关法律的专门规定。

3. 保险保障基金

根据《保险法》和《保险保障基金管理办法》的规定,保险保障基金是指依法由保险公司缴纳形成,按照集中管理、统筹使用的原则,在保险公司被撤销、被宣告破产以及在保险业面临重大危机可能严重危及社会公共利益和金融稳定的情形下,用于救助保单持有人、保单受让公司或者处置保险业风险的非政府性行业风险救助基金。

保险公司履行保险金给付义务具有滞后性,因而保险公司经营失败会影响社会稳定、经济发展和人民安居乐业。因此,各国保险法都规定建立保险保障基金,以补偿保单持有人或者保单受让公司因保险公司破产而遭受的经济损失,维护经济发展,促进社会稳定。对此,《保险法》第 100 条规定,保险公司应当缴纳保险保障基金。保险保障基金应当集中管理,并在下列情形下统筹使用:(1)在保险公司被撤销或者被宣告破产时,向投保人、被保险人或者受益人提供救济;(2)在保险公司被撤销或者被宣告破产时,向依法接受其人寿保险合同的保险公司提供救济;(3)国务院规定的其他情形。根据中国保监会、财政部、中国人民银行 2008 年 9 月 11 日联合发布的《保险保障基金管理办法》第 16 条的规定,有下列情形之一的,可以动用保险保障基金:(1)保险公司被依法撤销或者依法实施破产,其清算财产不足以偿付保单利益的;(2)保险监督管理机构经商有关部门认定,保险公司存在重大风险,可能严重危及社会公共利益和金融稳定的。

保险保障基金分为财产保险保障基金和人身保险保障基金。《保险保障基金管理办法》第 18 条规定:“保险保障基金公司应当对财产保险保障基金和人身保险保障基金分账管理、分别使用。财产保险保障基金仅用于向财产保险公司的保单持有人提供救助,以及在根据本办法第十六条第(二)项认定存在重大风险的情形下,对财产保险公司进行风险处置。人身保险保障基金仅用于向人身保险公司的保单持有人和接受人寿保险合同的保单受让公司提供救助,以及在根据本办法第十六条第(二)项认定存在重大风险的情形下,对人身保险公司进行风险处置。”

(三)保险公司的风险控制

保险业是经营风险的行业,风险的不确定性决定了保险公司自身具有较高的经营风险。保险公司的承保风险,就是保险合同中规定的由保险公司承担的责任。在现代保险业中,由于再保险的兴起,承保风险可分解为自留风险与分保风险。因此,要防范保险经营风险,可以从自留额与再保险两方面入手。

1. 风险自留责任的限制

风险自留责任,又称自留额,有广义和狭义之分。从广义上说,自留额是指保险公司承保业务中由自己承担的责任限额。从狭义上说，自留额是指在某一险种的一个风险单位的总投保额中由自己所承担的责任限额。

(1)风险单位总体自留责任的确定。风险单位总体自留责任的确定，一般以一年为考察时间。以当年承保保费扣除分保净保费的结余为当年自留保费，当年自留保费数额对应当年确定的风险最大责任。自留保费与偿付能力有关，而偿付能力又体现为实有资本金加公积金的总和。因此，国家对最大自留责任的规范，就是在自留保费与实有资本金加公积金的总和之间确定一个具体的比例。对此，《保险法》第 102 条规定："经营财产保险业务的保险公司当年自留保险费，不得超过其实有资本金加公积金总和的四倍。"

(2)风险单位个体最大自留责任的确定。风险单位个体最大自留责任的确定，实际上也是在自留责任与偿付能力之间确定一个比例。《保险法》第 103 条第 1 款规定："保险公司对每一危险单位，即对一次保险事故可能造成的最大损失范围所承担的责任，不得超过其实有资本金加公积金总和的百分之十；超过的部分应当办理再保险。"

2. 再保险的分出

再保险的分出业务能够分散保险公司的保险经营风险，稳定保险公司的经营，也使被保险人的权益更有保障。因此，法律规定在特定情况下，保险公司必须办理再保险的分出业务。根据《保险法》第 103 条的规定，保险公司对一次保险事故可能造成的最大损失范围所承担的责任，超过其实有资本金加公积金总和的 10%的部分，应当办理再保险。该法第 105 条还规定，保险公司应当按照国务院保险监督管理机构的规定办理再保险，并审慎选择再保险接受人。

(四)保险资金运用

保险资金运用是指保险公司在经营活动中，将积聚的保险资金进行投资和融资的活动。根据中国保监会于 2018 年 1 月 24 日发布的《保险资金运用管理暂行办法》的规定，保险资金是指保险集团(控股)公司、保险公司以本外币计价的资本金、公积金、未分配利润、各项准备金及其他资金。保险资金的合理运用，可以使其保值增值，增强保险公司的偿付能力，更好地保护被保险人和受益人的利益；保险资金的不当运用，会造成保险资金的损失，降低保险公司的偿付能力，以至损害被保险人和受益人的利益。因此，国家有必要对保险资金的运用进行监管。

1. 保险资金运用的原则

《保险法》第 106 条第 1 款规定："保险公司的资金运用必须稳健，遵循安全性原则。"《保险资金运用管理办法》第 4 条规定："保险资金运用必须以服务保险业为主要目标，坚持稳健审慎和安全性原则，符合偿付能力监管要求，根据保险资金性质实行资产负债管理和全面风险管理，实现集约化、专业化、规范化和市场化。"可见，安全性原则是保险资金运用的核心原则。

2. 保险资金运用的形式

根据《保险法》第 106 条第 2 款和《保险资金运用管理办法》第 6 条的规定，保险公司资金的运用形式包括：

(1)银行存款。保险资金办理银行存款的，应当选择符合下列条件的商业银行作为存款银行：①资本充足率、净资产和拨备覆盖率等符合监管要求；②治理结构规范、内控体系健全、经营业绩良好；③最近 3 年未发现重大违法违规行为；④连续 3 年信用评级在投资级别以上。

(2)买卖债券、股票、证券投资基金份额等有价证券。保险资金买卖的债券，应当达到保险监督管理机构认可的信用评级机构评定的、且符合规定要求的信用级别，主要包括政府债券、金融债券、企业(公司)债券、非金融企业债务融资工具以及符合规定的其他债券。保险资金买卖的股票，主要包括公开发行并上市交易的股票和上市公司向特定对象非公开发行的股票。保险资金买卖证券投资基金的，其基金管理人应当符合下列条件：①公司治理良好、风险控制机制健全；②依法履行合同，维护投资者合法权益；③设立时间 1 年(含)以上；④最近 3 年没有重大违法违规行为；⑤设立未满 3 年的，自其成立之日起没有重大违法违规行为；⑥建立有效的证券投资基金和特定客户资产管理业务之间的防火墙机制；⑦投资团队稳定，历史投资业绩良好，管理资产规模或者基金份额相对稳定。

(3)投资不动产。保险资金投资的不动产，是指土地、建筑物及其他附着于土地上的定着物。

(4)投资股权。保险资金投资的股权，应当为境内依法设立和注册登记，且未在证券交易所公开上市的股份有限公司和有限责任公司的股权。

(5)国务院规定的其他资金运用形式。例如，保险资金可以投资资产证券化产品，可以投资创业投资基金等私募基金，可以投资设立不动产、基础设施、养老等专业保险资产管理机构。

另外，除保险监督管理机构另有规定外，保险集团(控股)公司、保险公司从事保险资金运用，不得有下列行为：①存款于非银行金融机构；②买入被交易所实行“特别处理”“警示存在终止上市风险的特别处理”的股票；③投资不符合国家产业政策的企业股权和不动产；④直接从事房地产开发建设；⑤将保险资金运用形成的投资资产用于向他人提供担保或者发放贷款，个人保单质押贷款除外；⑥保险监督管理机构禁止的其他投资行为。

3. 保险资金运用的模式

保险集团(控股)公司、保险公司应当按照“集中管理、统一配置、专业运作”的要求，实行保险资金的集约化、专业化管理。保险资金应当由法人机构统一管理和运用，分支机构不得从事保险资金运用业务。

保险集团(控股)公司、保险公司应当选择符合条件的商业银行等专业机构，实施保险资金运用第三方托管和监督。托管机构从事保险资金托管的，主要职责包括:(1)保险资金的保管、清算交割和资产估值;(2)监督投资行为;(3)向有关当事人披露信息;(4)依法保守商业秘密;(5)法律、行政法规、保险监督机构规定和合同约定的其他职责。

保险集团(控股)公司、保险公司根据投资管理能力和风险管理能力，可以按照相关监管规定自行投资或者委托符合条件的投资管理人作为受托人进行投资。这里所说的投资管理人，是指依法设立的，符合保险监督管理机构规定的保险资产管理机构、证券公司、证券资产管理公司、证券投资基金管理公司等专业投资管理机构。保险集团(控股)公司、保险公司委托投资管理人投资的，应当订立书面合同，约定双方权利与义务，确保委托人、受托人、托管人三方职责各自独立。

三、保险中介人

(一)保险代理人

《保险法》第 117 条规定:“保险代理人是根据保险人的委托，向保险人收取佣金，并在保险人授权的范围内代为办理保险业务的机构或者个人。保险代理机构包括专门从事保险代理业务的保险专业代理机构和兼营保险代理业务的保险兼业代理机构。”可见，保险代理人分为保险代理机构和个人保险代理人，前者包括保险专业代理机构和保险兼业代理机构。

根据《保险法》第 126 条和第 127 条第 1 款的规定，保险人委托保险代理人代为办理保险业务，应当与其签订委托代理协议，依法约定双方的权利和义务。保险代理人根据保险人的授权代为办理保险业务的行为，由保险人承担责任。

1. 保险专业代理机构

中国保监会于 2009 年 9 月 25 日发布、2015 年 10 月 19 日修订的《保险专业代理机构监管规定》第 2 条第 1 款规定:“保险专业代理机构是指根据保险公司的委托，向保险公司收取佣金，在保险公司授权的范围内专门代为办理保险业务的机构，包括保险专业代理公司及其分支机构。”

在我国境内设立保险专业代理机构，应当符合保险监督管理机构规定的资格条件，取得经营保险代理业务许可证。设立保险专业代理公司，应当具备下列条件:(1)股东、发起人信誉良好，最近 3 年无重大违法记录;(2)除保险监督管理机构另有规定外，注册资本不得少于人民币 5 000 万元，且必须为实缴货币资本;(3)公司章程符合有关规定;(4)董事长、执行董事、高级管理人员符合本规定的任职资格条件;(5)具备健全的组织机构和管理制度;(6)有与业务规模相适应的固定住所;(7)有与开展业务相适应的业务、财务等计算机软硬件设施;(8)法律、行政法规和保险监督管理机构规定的其他条件。另外,保险专业代理公司申请设立分支机构应当具备法律规定的条件。

设立保险专业代理机构的,申请人应当向保险监督管理机构申请。保险监督管理机构依法批准设立的,应当向申请人颁发许可证。申请人收到许可证后,方可开展保险代理业务。保险专业代理机构有下列情形之一的,应当自事项发生之日起5日内,书面报告保险监督管理机构:(1)变更名称或者分支机构名称;(2)变更住所或者分支机构营业场所;(3)发起人、主要股东变更姓名或者名称;(4)变更主要股东;(5)变更注册资本;(6)股权结构重大变更;(7)变更组织形式;(8)分立、合并;(9)修改公司章程;(10)设立、撤销分支机构。保险专业代理公司变更事项涉及许可证记载内容的,应当交回原许可证,领取新许可证。保险专业代理公司许可证的有效期为3年,保险专业代理公司应当在有效期届满30日前,向保险监督管理机构申请延续。保险监督管理机构经全面审查、综合评价并作出批准延续许可证有效期决定的,保险专业代理公司应当自收到决定之日起10日内向保险监督管理机构缴回原证,领取新许可证。

保险专业代理机构可以经营下列保险代理业务:(1)代理销售保险产品;(2)代理收取保险费;(3)代理相关保险业务的损失勘查和理赔;(4)保险监督管理机构批准的其他业务。

2. 保险兼业代理机构

保险兼业代理机构是指符合保险监督管理机构规定的资格条件,并经保险监督管理机构批准取得保险兼业代理许可证,从事保险兼业代理活动的各类机构。

为进一步规范保险兼业代理市场,促进保险兼业代理机构依法合规经营,提高监管效率,实现保险业做大做强和又快又好发展,中国保监会于2006年10月24日制定了《保险兼业代理机构管理试点办法》,对保险兼业代理监管制度进行重大改革,并决定在北京和辽宁两地先行试点,待条件成熟时在全国推广执行。为进一步促进保险中介市场健康规范发展,中国保监会于2015年9月17日发布了《关于深化保险中介市场改革的意见》。该意见指出,对兼业代理机构,坚持商业企业性、窗口便利性、业务兼营性和主业相关性准入标准,实施行业准入清单和代理险种目录,实行法人机构申报资格、法人机构持证、营业网点统一登记制度。

鉴于许多商业银行兼营保险业务,中国保监会于2016年4月25日发布了《关于银行类保险兼业代理机构行政许可有关事项的通知》。通知指出,银行类机构实行法人机构申请保险兼业代理资格、法人机构持证、营业网点统一登记制度。银行类机构的法人机构(以下简称法人机构)取得保险兼业代理业务许可证(以下简称许可证)后,其分支机构可凭法人机构的授权开展保险兼业代理业务。通知规定,申请保险兼业代理资格的法人机构，应具备下列条件：(1)具有经银行业监管机构批准的金融业务经营资格；(2)主业经营情况良好，最近3年无重大违法违规记录；(3)具有敞开式店面、网点等便民服务的营业场所；(4)具备必要的软硬件设施，业务信息系统与保险公司对接，业务、财务数据可独立于主营业务单独查询统计；(5)已建立保险代理业务管理制度和机制，并具备相应的专业管理能力；(6)配备符合条件的保险代理业务责任人；(7)保险监督管理机构规定的其他条件。自2016年6月1日起，法人机构可以通过中国保监会指定的信息系统向注册地保监局新申请保险兼业代理业务资格。保监局依据法律法规及本通知要求审核保险兼业代理业务资格申请，对符合条件的法人机构颁发许可证。

3. 个人保险代理人

个人保险代理人是指根据保险人委托，向保险人收取佣金，并在保险人授权的范围内代为办理保险业务的个人。

根据《保险法》第122条的规定，个人保险代理人应当品行良好，具有从事保险代理业务或者保险经纪业务所需的专业能力。《保险法》第125条还规定："个人保险代理人在代为办理人寿保险业务时，不得同时接受两个以上保险人的委托。"这表明，个人保险代理人在代为办理人寿保险业务时，属于专属保险代理人。

（二）保险经纪人

《保险法》第118条规定："保险经纪人是基于投保人的利益，为投保人与保险人订立保险合同提供中介服务，并依法收取佣金的机构。"可见，我国没有个人保险经纪人，只有保险经纪机构。根据中国保监会于2009年9月25日发布、2015年10月19日修订的《保险经纪机构监管规定》第2条的规定，保险经纪机构包括保险经纪公司及其分支机构。

这里所说的保险经纪，包括直接保险经纪和再保险经纪。直接保险经纪是指保险经纪机构与投保人签订委托合同，基于投保人或者被保险人的利益，为投保人与保险公司订立保险合同提供中介服务，并按约定收取佣金的行为。再保险经纪是指保险经纪机构与原保险公司签订委托合同，基于原保险公司的利益，为原保险公司与再保险公司安排再保险业务提供中介服务，并按约定收取佣金的行为。

设立保险经纪公司，应当具备下列条件：(1)股东、发起人信誉良好，最近3年无重大违法记录；①(2)除保险监督管理机构另有规定外，注册资本不得少于人民币5 000

① 《保险经纪机构监管规定》第9条规定："依据法律、行政法规规定不能投资企业的单位或者个人，不得成为保险经纪公司的发起人或者股东。保险公司员工投资保险经纪公司的，应当书面告知所在保险公司；保险公司、保险中介机构的董事或者高级管理人员投资保险经纪公司的，应当根据《公司法》有关规定取得股东会或者股东大会的同意。"

万元，且必须为实缴货币资本；(3)公司章程符合有关规定；(4)董事长、执行董事和高级管理人员符合本规定的任职资格条件；(5)具备健全的组织机构和管理制度；(6)有与业务规模相适应的固定住所；(7)有与开展业务相适应的业务、财务等计算机软硬件设施；(8)法律、行政法规和保险监督管理机构规定的其他条件。保险经纪公司可以申请设立分支机构，但应当具备法律规定的条件。

设立保险经纪公司的，申请人应当向保险监督管理机构申请。保险监督管理机构依法批准设立的，应当向申请人颁发许可证。申请人收到许可证后，方可开展保险经纪业务。保险经纪机构有下列情形之一的，应当自事项发生之日起5日内，书面报告保险监督管理机构：(1)变更名称或者分支机构名称；(2)变更住所或者分支机构营业场所；(3)发起人、主要股东变更姓名或者名称；(4)变更主要股东；(5)变更注册资本；(6)股权结构重大变更；(7)变更组织形式；(8)分立、合并；(9)修改公司章程；(10)设立、撤销分支机构。保险经纪公司变更事项涉及许可证记载内容的，应当交回原许可证，领取新许可证。保险经纪公司许可证的有效期为3年，保险经纪公司应当在有效期届满30日前，向保险监督管理机构申请延续。保险监督管理机构经全面审查、综合评价并作出批准延续许可证有效期决定的，保险经纪公司应当自收到决定之日起10日内向保险监督管理机构交回原证，领取新许可证。

保险经纪机构可以经营下列保险经纪业务：(1)为投保人拟订投保方案、选择保险公司以及办理投保手续；(2)协助被保险人或者受益人进行索赔；(3)再保险经纪业务；(4)为委托人提供防灾、防损或者风险评估、风险管理咨询服务；(5)保险监督管理机构批准的其他业务。

（三）保险公估人

保险公估人是指接受委托，专门从事保险标的或者保险事故评估、勘验、鉴定、估损理算等业务，并按约定收取报酬的机构。根据中国保监会于2009年9月25日发布、2015年10月19日修订的《保险公估机构监管规定》第7条的规定，保险公估机构应当采取的组织形式为三种，即有限责任公司、股份有限公司和合伙企业。

设立保险公估机构，应当具备下列条件：(1)股东、发起人或者合伙人信誉良好，最近3年无重大违法记录；(2)公司章程或者合伙协议符合有关规定；(3)董事长、执行董事和高级管理人员符合规定的条件；(4)具备健全的组织机构和管理制度；(5)有与业务规模相适应的固定住所；(6)有与开展业务相适应的业务、财务等计算机软硬件设施；(7)法律、行政法规和保险监督管理机构规定的其他条件。保险公估机构可以申请设立分支机构，但应当具备法律规定的条件。

设立保险公估机构、保险公估分支机构的，申请人应当向保险监督管理机构申请。保险监督管理机构依法批准设立的，应当向申请人颁发许可证。保险公估机构有下列情形之一的,应当自变更决议作出之日起5日内,书面报告保险监督管理机构:(1)变更名称或者分支机构名称;(2)变更住所或者分支机构营业场所;(3)发起人、主要股东或者出资人变更姓名或者名称;(4)变更主要股东或者出资人;(5)股权结构或者出资比例重大变更;(6)变更注册资本或者出资;(7)修改公司章程或者合伙协议;(8)分立、合并、解散或者变更组织形式;(9)撤销分支机构。保险公估机构及其分支机构变更事项涉及许可证记载内容的,应当交回原许可证,领取新许可证。保险公估机构许可证的有效期为3年,保险公估机构应当在有效期届满30日前,向保险监督管理机构申请延续。保险监督管理机构经全面审查、综合评价并作出批准延续许可证有效期决定的,保险公估机构应当自收到决定之日起10日内向保险监督管理机构交回原证,领取新许可证。

保险公估机构可以经营下列业务:(1)保险标的承保前和承保后的检验、估价及风险评估;(2)保险标的出险后的查勘、检验、估损理算及出险保险标的残值处理;(3)风险管理咨询;(4)中国保监会批准的其他业务。

四、保险业监督管理

(一)保险监管机构及其职责

保险业监督管理,简称保险监管,是指国家保险管理部门依法对保险经营组织及其经营行为进行监督管理的行为。保险监管包括对保险业组织的监管、对保险经营行为的监管、对保险公司偿付能力的监管等。

在我国,保险监管机构是中国银行保险监督管理委员会。依照法律规定,保险监管机构履行以下主要职责:(1)拟定保险业发展的方针政策,制定行业发展战略和规划,起草保险业监管的法律、法规,制定业内规章。(2)审批保险公司及其分支机构、保险集团公司、保险控股公司的设立,会同有关部门审批保险资产管理公司的设立,审批境外保险机构代表处的设立,审批保险代理公司、保险经纪公司、保险公估公司等保险中介机构及其分支机构的设立,审批境内保险机构和非保险机构在境外设立保险机构,审批保险机构的合并、分立、变更、解散,决定接管和指定接受,参与、组织保险公司的破产、清算。(3)审查、认定各类保险机构高级管理人员的任职资格,制定保险从业人员的基本资格标准。(4)审批关系社会公众利益的保险险种、依法实行强制保险的险种和新开发的人寿保险险种等的保险条款和保险费率,对其他保险险种的保险条款和保险费率实施备案管理。(5)依法监管保险公司的偿付能力和市场行为;负责保险保障基金的管理,监管保险保证金;根据法律和国家对保险资金的运用政策,制定有关规章制度,依法对保险公司的资金运用进行监管。(6)对政策性保险和强制保险进行业务监管,对专属自保、相互保险等组织形式和业务活动进行监管,归口管理保险行业协会、保险学会等行业社团组织。(7)依法对保险机构和保险从业人员的不正当竞争等违法、违规行为以及对非保险机构经营或变相经营保险业务进行调查、处罚。(8)依法对境内保险及非保险机构在境外设立的保险机构进行监管。(9)制定保险行业信息化标准;建立保险风险评价、预警和监控体系,跟踪分析、监测、预测保险市场运行状况,负责统一编制全国保险业的数据、报表,并按照国家有关规定予以发布。(10)承办国务院交办的其他事项。

(二)保险监管的内容

1. 保险条款、保险费率的审批和备案

保险合同是明确当事人和关系人权利义务的重要依据,而其内容往往被格式化、标准化,因此,在保险合同订立中,投保人一般只能依据保险人设定的格式合同进行选择,显然双方当事人的力量不对等。为了保护投保人、被保险人的权益,国家有必要对保险条款和保险费率进行监管。

《保险法》第135条第1款规定:"关系社会公众利益的保险险种、依法实行强制保险的险种和新开发的人寿保险险种等的保险条款和保险费率,应当报国务院保险监督管理机构批准。……其他保险险种的保险条款和保险费率,应当报保险监督管理机构备案。"可见,对于基本险种的合同条款和保险费率实行审批制,对于非基本险种的合同条款和保险费率实行备案制。

2. 对保险公司偿付能力的监管

在保险监管中,对保险公司偿付能力实施监管是其核心内容。这是因为,保险公司的偿付能力关系到其赔付约定的履行,关系到被保险人、受益人利益的实现。对此,《保险法》第137条规定:"国务院保险监督管理机构应当建立健全保险公司偿付能力监管体系,对保险公司的偿付能力实施监控。"

《保险法》第138条规定,对偿付能力不足的保险公司,国务院保险监督管理机构应当将其列为重点监管对象,并可以根据具体情况采取下列措施:(1)责令增加资本金、办理再保险;(2)限制业务范围;(3)限制向股东分红;(4)限制固定资产购置或者经营费用规模;(5)限制资金运用的形式、比例;(6)限制增设分支机构;(7)责令拍卖不良资产、转让保险业务;(8)限制董事、监事、高级管理人员的薪酬水平;(9)限制商业性广告;(10)责令停止接受新业务。

3. 对保险公司进行整顿

保险公司的整顿是指在保险公司实施违反保险法的行为,并且在规定的期限未改正的情况下,保险监督管理机构采取措施对该公司进行整治的行为。其目的是使保险公司纠正违规行为,改善经营状况,保障保险市场的正常秩序。

《保险法》第139条规定:"保险公司未依照本法规定提取或者结转各项责任准备

金，或者未依照本法规定办理再保险，或者严重违反本法关于资金运用的规定的，由保险监督管理机构责令限期改正，并可以责令调整负责人及有关管理人员。”该法第140条还规定：“保险监督管理机构依照本法第一百三十九条的规定作出限期改正的决定后，保险公司逾期未改正的，国务院保险监督管理机构可以决定选派保险专业人员和指定该保险公司的有关人员组成整顿组，对公司进行整顿。”

根据《保险法》的规定，整顿组有权监督被整顿保险公司的日常业务。被整顿公司的负责人及有关管理人员应当在整顿组的监督下行使职权。整顿过程中，被整顿保险公司的原有业务继续进行。但是，国务院保险监督管理机构可以责令被整顿公司停止部分原有业务、停止接受新业务，调整资金运用。被整顿保险公司经整顿已纠正其违法行为，恢复正常经营状况的，由整顿组提出报告，经国务院保险监督管理机构批准，结束整顿，并由国务院保险监督管理机构予以公告。

4. 对保险公司实施接管

保险公司的接管是指在保险公司实施了保险法的行为，并且造成了严重后果的情况下，保险监督管理机构采取措施代为行使该公司的经营管理权，以恢复公司正常经营，保护被保险人利益的行为。

《保险法》第144条规定，保险公司有下列情形之一的，国务院保险监督管理机构可以对其实行接管：(1)公司的偿付能力严重不足的；(2)违反本法规定，损害社会公共利益，可能严重危及或者已经严重危及公司的偿付能力的。该法第145条还规定，接管组的组成和接管的实施办法，由国务院保险监督管理机构决定，并予以公告。

根据《保险法》第146条至第148条的规定，接管期限届满，国务院保险监督管理机构可以决定延长接管期限，但接管期限最长不得超过2年。接管期限届满，被接管的保险公司已恢复正常经营能力的，由国务院保险监督管理机构决定终止接管，并予以公告。但是，被整顿、被接管的保险公司有《企业破产法》第2条规定情形的，国务院保险监督管理机构可以依法向人民法院申请对该保险公司进行重整或者破产清算。

复习思考题

1. 如何理解保险法的基本原则？
2. 保险人、投保人和被保险人应履行哪些义务？
3. 如何取得和行使保险代位权？
4. 人身保险合同应包括哪些主要内容？
5. 简述保险公司偿付能力的措施和监管规定。

第十章 信托法

在经济生活中，商事主体运用信托进行财产管理，以实现相关当事人的利益。为了调整信托关系，规范信托行为，我国开始建立以《信托法》为基本法的信托法律体系。本章根据《信托法》的具体内容，结合国外信托法的法律规定和基本原理，主要介绍信托法的一般问题以及信托的设立、信托财产、信托当事人、信托的变更和终止等法律制度。

第一节 信托法概述

一、信托的概念和特征

(一)信托的概念

1. 信托的定义

信托是一种特殊的财产管理制度和法律行为，同时又是一种金融制度，信托与银行、保险、证券一起构成了现代金融体系。“信托”一词，据说最早出现在古埃及人于公元前2548年所写的关于信托自己财产的遗嘱。[①] 作为一种法律制度的信托起源于何处，尚有不同观点。比较一致的观点是，信托制度最早产生于中世纪的英国受益制。1066年威廉一世征服英格兰以后，在英国走向法治的进程中，为克服普通法的僵化和缺陷，纠正个案判决的不公，由衡平法院的审判活动发展起来的一种法律制度，它先后被引入了英美法系和部分大陆法系国家。

关于信托的定义，《信托法》第2条规定：“本法所称信托，是指委托人基于对受托人的信任，将其财产权委托给受托人，由受托人按委托人的意愿以自己的名义，为受益

---

① 何宝玉：《信托法原理研究》，中国政法大学出版社2005年版，第1页。

人的利益或者特定目的，进行管理或者处分的行为。”从上述定义可以看出，信托的基本要素包含了信托当事人、信托行为、信义关系、信托目的等。[①]

2. 信托与委托代理的区别

信托与委托代理既有共同之处，也有明显的区别。根据我国《合同法》和《信托法》的规定，信托与委托代理的区别主要表现在以下几个方面：

(1)适用的范围不同。委托代理的事项可以是民事法律行为，也可以是具有法律意义的其他事务或事实行为。只要不是违反法律和社会公共利益的事项，均可委托他人代理。信托主要适用于委托他人管理、处分财产，以达到一定目的，即通常所说的“受人之托，代人理财”，其适用范围显然比委托代理要窄一些。

(2)成立的条件不同。委托代理关系的成立不以存在一定的财产为前提，委托人没有确定的财产，代理关系亦可有效成立。信托关系的成立必须以一定的信托财产为前提，委托人没有合法、确定的信托财产，信托关系无从确立。

(3)实施行为的名义不同。委托代理关系中，代理人通常以委托人的名义处理受托事务，只有例外情况下才以代理人的名义行事。信托关系的受托人以自己的名义，以信托财产权利主体的身份管理、处分信托财产，与第三人进行交易。

(4)委托人的权利不同。委托代理关系中，委托人可以随时向代理人发出指示，也可以变更对代理人的指示，代理人应当服从，并按照委托人的指示处理受托事务。信托关系中，委托人在信托成立后不得随意变更信托文件的内容，受托人按照信托文件或者法律规定管理、处分信托财产，享有充分的自主权，委托人不得干预受托人正常处理信托事务的各项活动。

(5)终止的情形不同。委托代理关系因任何一方当事人丧失主体资格而终止。信托关系则不因双方当事人丧失民事主体资格而终止，即使委托人、受托人均丧失民事行为能力，也不影响信托的效力，只需按照信托文件或法律规定选任新的受托人，继续管理信托事务。

(二)信托的法律特征

根据我国《信托法》对信托的定义，信托具有如下法律特征：

1. 信托以委托人对受托人的信任为基础

信托是因为信任而委托，信托的成立是基于委托人对受托人的信任为基础的。受托人本着受人之托、忠人之事的原则，按照委托人指定的目的实施信托财产管理和处分的行为。“信任”在各国信托法中都是作为第一要素来对待的，委托人和受托人之间如果没有信任的存在，就不会把信托财产转移到受托人名下，也更谈不上信托行为的

① 赵廉慧：《信托法解释论》，中国法制出版社 2015 年版，第 45～48 页。

发生;正是因为信托当事人之间的相互信任,即受益人对受托人的信赖关系,才会有信托的成立。

2. 信托以委托人向受托人转移财产或财产权为条件

所谓财产权,是指以特定财产上的利益为标的的权利,如专利权、商标权、著作权等。像名誉权、身份权等非财产权以及事业经营权是不能作为信托标的的。《信托法》将信托定位于一种理财制度或财产管理制度。所以,从本质上讲,信托是以一种以财产为中心的法律关系,没有特定的财产,信托关系就无法成立。因此,委托人在信任受托人的基础上,必须将一定的财产或财产权委托给受托人,由受托人为实现一定的信托目的而管理、处分。需要指出的是,为了受益人的利益,财产或财产权只是形式上转移给受托人而已,信托的财产并没有在实质上归属于受托人。

3. 受托人是为受益人的最大利益管理和处分财产

受托人管理、处分信托财产的目的,必须是为了受益人的利益和特定目的[①]。虽然财产或财产权自委托人转移给受托人,但其宗旨是为受益人的利益而转移。"为受益人的利益"意味着由受托人的管理和处分行为所产生的所有实际利益都将全部归属于受益人。《信托法》第 26 条规定:"受托人除依照本法规定取得报酬外,不得利用信托财产为自己谋取利益。受托人违反前款规定,利用信托财产为自己谋取利益的,所得利益归入信托财产。"为此,作为受托人不能为了自己、亲友或其他第三人的利益而管理受托事务。在信托法律关系中,受托人管理信托事务,除依照信托文件约定或法律规定取得适当的报酬外,不能从信托财产方面获取任何个人利益;否则,受托人属于违背信托义务,应当承担相应的法律责任。

4. 受托人以自己的名义管理和处分信托财产

委托人一旦将财产或财产权委托给了受托人之后,委托人就失去了对信托财产的直接控制权,信托财产转而有受托人控制。委托人完全以自己的名义独立地管理和处分信托财产,无须再借助于其他人的名义,包括受托人、受益人的名义。这是信托区别于一般委托代理关系的重要特征。

二、信托的分类

信托的类型多样化,分类比较复杂。同时,英美法系的分类与大陆法系的分类也

---

① 信托目的是委托人在设定信托时指定的、通过信托行为意欲达成的目的。受托人在管理和处分信托财产时所享有的权限不能超越信托目的所规定的范围。英美信托法传统上承认一些私人目的的信托或不完全义务的信托,如委托人设立的保护宠物的信托。所以,"特定目的"可以解释为包括此类私人目的。但是大陆法系普遍不承认私人目的的信托。因此,其信托定义中的"特定目的"仅仅解释为公益目的,因为公益目的的信托没有确定的受益人。

存在一些差别。本书主要介绍比较常见的信托分类。

(一)按信托设立的目的不同,分为私益信托、公益信托与目的信托

私益信托是指为某个或某些特定个人的利益而设立的信托。现实生活中,大部分信托属于私益信托。公益信托是指为整个社会或社会公众中相当一部分人的利益而设立的信托。此外,比较法上还存在既不是以特定人利益为目的,也不是以公益为目的的中间形态的一类信托,即目的信托。

(二)按受托人是否专门经营信托业务,分为商事信托与民事信托

这一分类主要适用于私益信托。

商事信托是指委托人为自己和他人的利益,委托专门经营信托业务的商业机构(包括银行、证券公司等从事信托业务的金融机构)为受托人从事商业活动而设立的信托,也称营业信托。民事信托是指委托人为自己和他人的利益,委托普通的自然人(如自己的亲朋好友)为受托人,从事一般民事活动而设立的信托,也可以称为非营业信托。

(三)按信托是否依据当事人的意愿而设立,分为意定信托、法定信托与推定信托

意定信托是指依委托人或信托当事人的意思表示而设立的信托,它是按照委托人或信托当事人的意愿而设立的,所以也称为设定信托。意定信托是最常见的信托,它可以是公益信托或私益信托、自益信托或他益信托,也可以是生前信托或遗嘱信托等。法定信托是指依法律规定、不依委托人或信托当事人的意思表示而成立的信托。有关法律明确规定,在某种情况下应当成立信托,依此成立的信托,即法定信托。推定信托是指在某些情况下法院推定存在一项信托,并要求当事人作为推定受托人而承担责任,以实现正义,防止当事人获得不正当利益。

(四)按信托设立的方式不同,分为合同信托与遗嘱信托

合同信托是指委托人与受托人之间达成意思表示一致或通过签订合同(契约)而设立的信托。合同信托的设立除了应符合信托法的规定外,还要适用合同法有关合同成立、生效的规定。遗嘱信托是指委托人通过订立遗嘱或签署遗嘱性文件而设立的信托。

(五)按同一信托委托人的人数多少,分为个别信托与集团信托

这种分类主要适用于大陆法系国家,在英美信托法著作里尚未发现这种分类。

个别信托是指个别委托人与受托人签订合同而设立的信托。集团信托是指由一定数量不特定多数的委托人,按照格式化的信托合同,分别将数额不等的金钱委托给同一受托人进行统一管理和运用而设立的信托。集团信托主要体现为日本的贷款信托以及日益普及的证券投资基金信托,广大的社会公众分别将小额资金交由信托经营机构集中起来,合并管理和运用,对不同受益人(通常即委托人)的受益权分别记账,并将投资收益分配给受益人。

(六)按委托人信托关系存续期间是否能终止信托关系的不同,分为可撤销信托与

不可撤销信托

这种区分观念来自英美信托法。

可撤销信托是委托人保留撤销权的信托，即信托关系存续期间，委托人随时可以终止信托关系。不可撤销信托是委托人没有保留撤销权的信托。使用“撤销”一词，是因为民事信托为无偿行为，与赠与类似，均以撤销为毁约的方式。[①]

三、信托法的立法概况

信托是发源于英美法系的一种独特的法律制度，是以追求良心和正义而著称的衡平法的主要产物，在英美法系国家运用十分广泛。信托概念已经渗入英美法系国家经济和社会生活的许多方面，并引入一些大陆法系国家。

欧洲大陆法系国家较早通过制定信托法引入英美信托制度的是列支敦士登，它在1926年制定《信托法》，基本上接受了英美的信托理论。该国的信托制度和信托业吸引了世界各大公司和富豪们的大量资金，对经济发展功不可没。[②] 值得关注的是，拉丁美洲国家比较普遍接受了信托制度，不少国家先后在20世纪60年代和70年代制定了信托法。在拉美国家，1956年委内瑞拉制定的信托法可能是最全面的。

日本是亚洲最早引入信托法的大陆法系国家。日本于1922年制定了《信托法》和《信托业法》。继日本之后，1961年底韩国制定《信托法》，大部分条款直接取自日本《信托法》，几乎是一个翻版。我国台湾地区经过二十多年的努力，终于在1996年初出台了台湾地区“信托法”，并于2000年出台了“信托业法”。

1992年八届全国人大常委会将信托法列入立法规划，全国人大财经委员会负责起草，经过反复研究论证，广泛听取国内外专家学者和信托业界人士的意见，形成《信托法(草案)》，于1996年12月提交全国人大常委会审议。2001年4月28日九届全国人大常委会第二十一次会议通过了《信托法》，并于同年10月1日起施行。

第二节 信托的设立

一、信托设立的条件和形式

(一)信托设立的条件

1. 委托人具有设立信托的意思表示

① 谢哲胜:《信托法》，中国台湾元照出版公司2007年版，第48页。

② 冯军:“列支敦士登信托法介评”，载《当代法学》2003年第9期。

这是设立信托的首要条件,委托人是信托的创设者,没有委托人设立信托的意图,就谈不上信托的设立。①

2. 必须是确定和合法的信托财产或财产权利

《信托法》第7条:"设立信托,必须有确定的信托财产,并且该信托财产必须是委托人合法所有的财产。本法所称财产包括合法的财产权利。"委托人设立信托,必须具有确定的财产或财产权利。因为信托是一种财产管理制度,否则,就没有存在载体,信托就无法存在。此外,用于设立信托的财产或财产权利必须是合法所有的,且信托的财产必须是法律允许自由流通的财产。再者,委托人用于设立信托的财产,应该是能够用金钱计算其价值的。

3. 必须有确定或可以确定的受益人

设立信托阶段,应有确定或可以确定的受益人。因为受益人是信托的受益对象,是享有信托利益之人,委托人设立信托是为了受益人的利益。如果受托人不知道谁是信托的受益对象,信托无法实施。

4. 必须具有合法的信托目的

信托目的的多样性,是信托具有高度灵活性和广泛适用性的基础。当事人利用信托,可以实现各种各样的目的。信托目的是委托人确定的、通过受托人管理运用信托财产所要实现的目的。同时,信托目的还必须合法;若信托目的违法的,信托关系不能成立。

(二)信托设立的形式

关于以何种形式设立信托,除我国以外,各国信托法均以不要式为原则,以要式为例外。我国《信托法》对设立信托采取要式主义,该法第8条规定:"设立信托,应当采取书面形式。书面形式包括信托合同、遗嘱或者法律、行政法规规定的其他书面文件等。"之所以这样规定,主要考虑到信托在我国还是一个新生事物,信托的核心是委托人对受托人的信任和受托人的忠诚,目前我国的诚信状况总体上还需要完善,为防止由于缺乏证据造成过多的信托纠纷,影响信托事业的发展,对设立信托的形式采取严格的谨慎态度,较为适宜。

1. 合同和其他书面文件

即以合同形式设立信托。一般而言,合同可以采用书面形式和口头形式。但在实践中,各国法律的具体要求不尽相同。一般来说,英美信托法允许委托人以口头合同形式设立信托,日本、韩国和我国台湾地区的"信托法"承受了英美信托法的这一传统,委托人可依口头合同设立信托。而在我国,设立信托必须采取书面形式。这里的"其

---

① 何宝玉:《信托法原理研究》,中国政法大学出版社2005年版,第79页。

他书面形式”，主要是指有关的法律、行政法规规定的书面形式。

2. 遗嘱

遗嘱是立遗嘱人的单方意思表示，以便在生前按照法律规定处分其遗产，在立遗嘱人死亡时发生法律效力。遗嘱行为是要式法律行为，必须符合法定形式才能成立。原则上，立遗嘱人可以通过口头遗嘱设立信托，但现实中通常采用书面遗嘱的形式。《信托法》规定，设立信托必须采取书面形式，因而立遗嘱人只能以书面遗嘱设立信托。

3. 信托宣言

信托宣言是委托人通过对外宣言自己担任一定财产的受托人而设立的信托。即委托人公开对外宣布，将自己所有的一定财产独立出来，为他人利益或公益目的设立一项信托，由委托人继续持有这部分财产，并担任信托的受托人。设立信托宣言，只需要委托人对外作出公开宣言，即可有效成立，对外宣言的人既是委托人，又是受托人。因信托财产继续由委托人持有和管理，故信托宣言不需要转移信托财产。

二、信托的公示

在财产法上，基于某些目的对某些财产进行特别对待，为此有必要对财产进行公示。对信托财产公示，主要是告示与受托人交易的第三者，用来说明该财产属信托财产，非受托人的固有财产。倘若不履行信托公示手续的话，与受托人交易的第三者将无从知道该财产是否属于信托财产，以致遭受不必要的损失。①

（一）信托的公示方法

信托的标的物分为不动产、动产和权利，为此信托的公示方法由此存在差异。

1. 不动产的信托公示

我国《土地管理法实施条例》第 6 条规定，变更土地的所有权或使用权的，因转让地上的建筑物、附着物而使使用权发生转移时，必须向县级以上的人民政府所属的土地行政管理部门申请土地使用权的变更，并就土地所有权或使用权的变更办理登记手续。《信托法》第 10 条第 1 款规定：“设立信托，对于信托财产，有关法律、行政法规规定应当办理登记手续的，应当依法办理信托登记。”因此，虽然《信托法》没有明文规定有关土地所有权或者使用权的信托的公示方法，但是，根据上述这两个法律规定，一般认为受托人作为登记权利者、委托人作为登记义务者，应当在县级以上的人民政府所属的土地行政管理部门办理信托登记。

2. 动产的信托公示

动产的信托公示通常是所信托的动产不在受托人的亲手控制之下，而是通过借贷

① 中野正俊、张军建：《信托法》，中国方正出版社 2004 年版，第 87～88 页。

等方法由第三人占有。

3. 权利的信托公示

这里所说的权利一般指财产权，如金钱、动产和一般债权等，此类财产权不存在法定的公示方法，所以，此时移交财产权的法律效果即为该权利的信托公示方式，信托当事人可以此主张信托关系的存在而对抗善意第三人。

（二）信托登记的效力

信托登记的效力主要体现为信托财产的确权、公示两个方面，即确认信托财产所有权的转移及信托财产的所有者或持有者，进行信托财产的公示。

1. 信托财产的有效转移

信托登记的基本效力是信托财产的有效转移，从委托人转移给受托人，发生设权的效力，使信托财产登记到受托人的名下，成为受托人的财产，即从法律上确认受托人作为信托财产的所有人。当然，信托财产虽在法律上属于受托人所有，但财产的利益归受益人，这是与一般财产转移的不同之处。

2. 信托财产的公示

除确权以外，财产登记的效力主要还在于财产的公示。信托登记的公示效力主要应当是，通过登记将信托财产的情况向社会公示，产生公信力，表明该财产的所有人或持有人是受托人，同时指明该财产属于信托财产，以便在受托人以信托财产进行交易时，保护与受托人进行交易的第三人的利益。另外，通过信托登记产生公信力，主要目的是保护与受托人就信托财产进行交易的善意第三人。如果第三人并非善意，则不能通过公示得到保护。因为公示的目的就是要让第三人知道该财产是信托财产，提醒第三人进行交易时注意，受托人依照信托文件的授权是否有权处分该信托财产。如果受托人的处分违反信托目的，善意的第三人不应当继续完成交易；否则，受益人有权撤销受托人的处分。

具体来说，信托登记的公示效力体现在，信托财产依法登记后，受托人违反信托目的处分信托财产的，受益人有权撤销受托人的处分，就该信托财产与受托人进行交易的第三人不能对抗受益人的撤销权；也就是说，第三人不能取得信托财产。在这种情况下，法律推定，与受托人进行交易的第三人知道受托人的处分违反信托目的。

三、信托的无效

信托无效，是指意欲设立信托，但其行为不符合法律规定，而不被法律所认可，因而是无效的。信托无效是自始不能产生信托法律效力。各国信托法关于无效信托的表述有所差别，但实质基本相同。无效信托，依信托无效的原因，大体上可以分为三类：违法信托、欠缺法定要件的信托、以诉讼为目的的信托。

1. 违法信托

信托作为一种民事法律关系，设立信托是一种普通民事行为，必须遵守法律的强制性规定；否则，便会出现违法信托。综合各国法律规定，违法信托主要包括以下三种情况：

(1)目的违法的信托。信托目的违法一般是指当事人设立信托的目的是为了规避法律，利用法律的不周密之处实施行为。具体来说，为违法目的设立信托，主要包括下列三种情况：一是直接违反法律的信托；二是为犯罪目的而设立的信托；三是为鼓励犯罪而设立的信托。

(2)违反公共政策或损害公共利益的信托。违反公共政策或损害公共利益的信托，就是实现信托目的将有悖于社会的公共政策、公序良俗或者可能损害公共利益的，亦属不能有效成立的违法信托。

(3)脱法信托。对于违法信托，大陆法系进一步区分为直接违法信托和脱法信托。直接违反法律的强制性规定的信托，称为直接违法信托。这种信托，从表面上和实质上看都违反了法律规定。间接地违反法律规定或者以某种方式逃避法律的禁止性规定的信托，称为脱法信托。这种信托，表面看来是合法的，但实质上是通过表面合法的形式来实现非法目的，因而也应归于无效。

2. 欠缺法定要件的信托

欠缺法定要件的信托具体表现在以下三种情况：

(1)委托人的意图不能确定。英美信托法特别强调，委托人必须具有确定的设立信托的意图。不论委托人采取什么具体方式，必须表明自己有意设立信托。如何确定委托人的意图，法院通常要求委托人的言语、行为或书面文件表明，他向受托人施加了一项具有足够强制性的义务，该义务相当于一项信托。

(2)信托财产不能确定。信托财产不确定，受益人的受益权无法确定，受托人管理、处分信托财产的权利和义务也不明确，信托难以实施，不仅难以实现信托目的，反而可能引起纠纷。

(3)受益人不能确定。受益人是信托的施惠对象，私益信托没有确定或可以确定的受益人，信托没有明确的受益对象，信托受益权的归属无法落实，信托的设立就失去了意义。公益信托的受益人是不特定的社会公众，只要受益人的范围是明确的，或者委托人有普遍的慈善意图，信托即可成立。因此，受益人确定性的要求只适用于私益信托。

3. 以诉讼或者讨债为目的的信托

委托人以诉讼或讨债为目的而设立的信托无效，这是各国信托法的一项通行规则。

（1）禁止诉讼信托的理由。各国法律普遍不承认诉讼信托的有效性，主要理由都是为了避免滥诉，特别是防止非律师人员以助诉揽讼为业，介入他人之间涉及法律的纠纷，以谋取不正当的个人利益。①

（2）诉讼信托的判定。如何判定当事人设立信托的主要目的是为了诉讼或讨债，从而构成诉讼信托？一般有以下几点：一是必须确定当事人有关诉讼的行为是否构成信托；二是当事人设立的信托是否构成诉讼信托，不仅要通过信托文件的用词来认定，而且要根据案件的具体情况加以确认；三是消费者保护组织代表消费者进行诉讼，可以视为诉讼信托的例外；四是信托成立后，受托人因实施信托发生纠纷而代表信托进行诉讼，应当与专门以诉讼或讨债为目的设立信托加以区别。

对于信托无效，我国《信托法》第 11 条规定："有下列情形之一的，信托无效：（一）信托目的违反法律、行政法规或者损害社会公共利益；（二）信托财产不能确定；（三）委托人以非法财产或者本法规定不得设立信托的财产设立信托；（四）专以诉讼或者讨债为目的设立信托；（五）受益人或者受益人范围不能确定；（六）法律、行政法规规定的其他情形。"

四、信托的撤销

信托的撤销主要包括委托人撤销信托和委托人的债权人撤销信托两种情形。

（一）委托人撤销信托

委托人撤销信托是指委托人依照信托文件中保留的权利撤销信托。依照私法自治原则，委托人设立信托后，如果希望为自己保留一定的权利，以便将来根据情况的变化，在必要时可以撤销信托，那么信托法应该尊重委托人的意愿。

（二）债权人撤销信托

债权人撤销信托是指信托法赋予了委托人的债权人撤销信托的权利。委托人因设立信托导致其财产不足以清偿债务，或者委托人在资不抵债的情况下设立信托意图欺诈债权人的，如移转财产、逃避债务等行为会损害债权人的利益，在这样的情形下，通过法律予以明确规定债权人的撤销权，有利于保护债权人的合法权益。

关于债权人撤销信托，《信托法》第 12 条作出了明确规定。该条第 1 款规定："委托人设立信托损害其债权人利益的，债权人有权申请人民法院撤销该信托。"该条第 2 款规定："人民法院依照前款规定撤销信托的，不影响善意受益人已经取得的信托利益。"对于撤销权的行使期限，该条第 3 款则规定："本条第一款规定的申请权，自债权

① 日本《信托法》第 11 条（信托不得以诉讼行为为主要目的）的立法理由是，防止滥诉和回避律师辩护主义。具体来说，立法目的在于：一是回避律师辩护主义所造成的结果；二是防止没有执业资格的诉讼代理人滥诉；三是减轻滥诉弊端；四是防止介入他人法律纠纷，利用司法程序，谋取不正当利益。

人知道或者应当知道撤销原因之日起一年内不行使的，归于消灭。”

第三节　信托财产

一、信托财产的概念和构成要件

信托财产是指“受托人因承诺信托而取得的财产”，即“信托的标的物”[①]。

一项财产要成为信托财产，应当满足四个条件：(1)应当是可以用金钱计算价值的财产或财产权；(2)应当是积极财产；(3)应当是委托人可以处分、转让的财产；(4)应当是确定且现实存在的财产。

二、信托财产的范围

《信托法》第14条规定：“受托人因承诺信托而取得的财产是信托财产。受托人因信托财产的管理运用、处分或者其他情形而取得的财产，也归入信托财产。”即信托财产包括受托人接受信托取得的财产，受托人管理运用、处分或者其他情形而取得的财产。据此，信托财产可以概括为两个部分，即原始信托财产、原始信托财产的增值和变形。这种区分有利于明确原始信托财产所得收益及增值的归属。

原始信托财产，是指受托人因承诺信托而接收的财产。委托人设立信托，必须将一定的财产转移或委托给受托人，受托人承诺接受信托的，委托人应当在信托成立之前或者之后将信托财产转移给受托人，这部分财产被认为是原始信托财产。此外，信托成立后，委托人向信托续加的财产，以及其他人向信托转移的财产(例如公益信托设立后，社会公众向信托的捐款)，虽然不是原始信托财产所产生的，但性质上也被看作原始信托财产。当然，信托财产不仅包括委托人现实占有的财产，还可以包括委托人指示某义务人将他所得请求的权利，直接转移给受托人，即进行指示交付。

原始信托财产的增值和变形，是指受托人管理运用、处分原始信托财产所取得的财产。一般认为，受托人因管理运用、处分信托财产或因其他情形而取得财产，既包括由此取得的收益、孳息、补偿金、赔偿金等积极财产，也包括正当产生的债务和正当支出的费用等消极财产。

三、信托财产的独立性

目前，从我国信托业发展的实际情况看，无论是养老基金、社会保障基金的运作，

① 谢哲胜：《财产法专题研究(三)》(台湾法学研究精要丛书)，中国人民大学出版社2004年版，第194页。

还是资金信托、投资基金等信托业务的发展,都迫切需要信托财产独立性的法律支撑。信托财产独立性体现为信托财产经由委托人根据信托文件转移给受托人后,在信托存续期间,该信托财产即独立于委托人的其他固有财产,独立于受托人其他固有财产及其受托管理的其他信托财产,独立于受益人的其他固有财产,独立于委托人、受托人和受益人(以下简称信托当事人)的债权人;信托财产依法不被强制执行和破产清算,不得抵销、混同或继承;在受托人违反信托目的使第三人取得的信托财产时,受益人可以享有追及权。

(一)信托财产独立于委托人

《信托法》第15条规定:"信托财产与委托人未设立信托的其他财产相区别。"委托人依信托文件将其合法拥有且确定的信托财产所有权转移给受托人后,对信托财产的占有权、使用权、处分权也随即自动转移给了受托人,信托财产的所有权即脱离并独立于委托人,委托人不得以信托法律法规和信托文件之外的原因对该信托财产主张所有人的权利。

(二)信托财产独立于受托人

《信托法》第16条第1款规定:"信托财产与属于受托人所有的财产(以下简称固有财产)相区别,不得归入受托人的固有财产或者成为固有财产的一部分。"在信托存续期间,受托人依据信托文件取得的仅仅是对信托财产名义上的所有权,受托人对获得的信托财产应恪守信托责任,不得将信托财产转为其固有财产;对信托财产所带来的利益,受托人不得享有也不得利用信托财产为其个人谋取私利。

(三)信托财产独立于受益人

虽然信托财产是为了受益人的利益而设置并转移给受托人占有、管理、使用和处分,受托人的职责也正是服务于受益人利益最大化,但受益人在信托存续期间并非信托财产的所有权人,不能直接享有对信托财产的实际控制和处置权,受益人是在信托关系中纯享利益的人,其受益权利体现在按照信托文件约定,除约定信托终止时信托财产归属于其他人之外,向受托人主张支付信托利益及在信托终止后获得信托财产实际所有权的期待权。

(四)信托财产独立于信托当事人的债权人

信托财产独立于信托当事人的债权人,是信托独立性原则对外效果的自然体现。信托设立后,对委托人而言,信托财产的所有权从委托人处移转至受托人,信托财产与委托人实现隔离,委托人已经不能对其主张所有权,故委托人的债权人通常不能直接对信托财产主张权利。对受托人而言,因其并未实质拥有信托财产的所有权,仅是名义上的所有人,并受到信托义务的约束,实际只是获得了所有权能中的部分权能,所以对于专属于受托人的非因履行信托义务而形成的债务,只能以受托人的自有财产进行清偿,其债权人也不能就信托财产主张对受托人的债务进行清偿。对受益人而言,由于受益人对信托财产拥有的仅仅是受益请求权和信托终止后的信托财产取得期待权,在信托存续期间并未直接取得信托财产的所有权,故受益人的债权人对信托财产是不能行使追及权或代为求偿权,也不能直接通过信托财产实现债权,而仅能对受益人的受益权或信托终止后受益人可能获得的信托财产主张行使权利,但是,当事人在信托文件中可以约定受益人在出现特定情况下可以用信托受益权清偿债务,但法律、行政法规以及信托文件有限制性规定的除外。

(五)信托财产不被强制执行和破产清算

信托财产原则上不被强制执行和破产清算,既是信托财产独立性的程序法体现,也是信托目的得以实现的一个重要保障。《信托法》第 17 条第 1 款规定:"除因下列情形之一外,对信托财产不得强制执行:(一)设立信托前债权人已对该信托财产享有优先受偿的权利,并依法行使该权利的;(二)受托人处理信托事务所产生债务,债权人要求清偿该债务的;(三)信托财产本身应担负的税款;(四)法律规定的其他情形。"《信托法》第 16 条第 2 款规定:"受托人死亡或者依法解散、被依法撤销、被宣告破产而终止,信托财产不属于其遗产或者清算财产。"

信托财产独立性使得其与委托人分离,与受托人固有财产相分离,与受益人分离。信托存续期间,信托财产处于自行封闭运转状态,对信托当事人或外部第三人均实现法律和风险隔离,委托人、受托人或受益人的债权人自然也都不能申请对该信托财产的强制执行和破产清算。"信托财产被隔断于受托人的破产风险,体现了信托的'破产隔离功能'。"[①]

(六)信托财产不得抵销、混同或继承

《信托法》第 18 条规定:"受托人管理运用、处分信托财产所产生的债权,不得与其固有财产产生的债务相抵销。受托人管理运用、处分不同委托人的信托财产所产生的债权债务,不得相互抵销。"因信托财产的债权与受托人固有财产的债务以及其他信托财产的债务,虽名义上都同为受托人持有或承担,但实质上,债权与债务的主体是不一样的。因此,如果允许抵销,那么受托人将可能以信托财产清偿自己的债务,这就违反了信托制度中受托人"为受益人或者特定目的"对信托财产进行管理和处分的宗旨;同时,允许抵销将无法有效避免利益冲突的可能性。因此,受托人在管理、运用、处分信托财产过程中,信托财产所产生的债权,与受托人的固有财产所产生的债务,以及受托人管理处分不同委托人的信托财产所产生的债权和债务,均不能相互抵销。

信托财产的独立性是信托制度的最大优势所在,其核心就是通过使得所有权、处

---

① 赵廉慧:《信托法解释论》,中国法制出版社 2015 年版,第 225 页。

理权和收益权相分离，最大限度地利用信托财产创造利益，如允许信托财产适用混同制度，那么信托财产就可能因受托人的行为产生混同而消灭，从而使信托终止。显然，这样受益人的利益得不到保护。

信托存续期间，信托财产的独立性使其与信托当事人的其他固有财产相分离，当委托人或受托人死亡时，其遗产范围自然不包括信托财产，不能将信托财产列为委托人或受托人的遗产。如果委托人是信托的唯一受益人，当委托人死亡或破产时，信托财产应当列为其遗产或清算财产。同时，由于受益人在信托期间并未获得信托财产的所有权，仅能请求受托人支付信托利益，因此，当受益人死亡时，除非信托文件规定，否则信托财产一般也不列入受益人的遗产范围。

（七）受益人的追及权

我国《信托法》并未明确规定受益人的追及权，但依据《信托法》中信托终止后信托财产归属的规定以及信托原理，可以得出信托受益人是信托财产的最终事实所有权人，所以基于物权无限追及性，不论物权标的流转到什么人手中，所有权人都可以依法请求其返还原物，其权利不仅可以对抗受托人及其债权人，而且可以对抗受托人因其过错行为将信托财产让与的第三人。

第四节　信托当事人

一、委托人

（一）委托人的资格

委托人是信托的发起人，是将自己的一定财产转移或委托给受托人而设立信托法律关系的人当事人。各国信托法都要求委托人应当具备下列资格条件：

1. 具有完全民事行为能力

这主要是针对自然人作为委托人而言的。只有具备完全民事行为能力的自然人，才能独立实施民事法律行为，处分自己的财产，产生相应的权利义务关系。

2. 拥有一定数量的财产或财产权利

信托是一种以财产为核心的制度，委托人设立信托，必须具有一定的财产或财产权利。

3. 未处于资不抵债的境地

根据我国《破产法》的规定，当事人一旦被宣告破产，除专属其本身的权利和法律禁止扣押的财产以外，其他一切财产都应列入破产财产，用于清偿债务。即当事人完全丧失了对这些财产的管理和处分权，自然不能作为委托人用这些财产设立信托。

（二）委托人的范围

《信托法》第 19 条规定："委托人应当是具有完全民事行为能力的自然人、法人或者依法成立的其他组织。"由此，我国法律规定的信托关系中的委托人主要包括以下三类：

1. 具有完全民事行为能力的自然人

根据我国《民法总则》的有关规定，年满 18 周岁的成年人是完全民事行为能力人，可以独立进行民事活动，因而可以作为委托人自主地设立信托。年龄在 16 周岁以上不满 18 周岁的未成年人，以自己的劳动收入为主要生活来源的，视为完全民事行为能力人，也具有设立信托的民事主体资格。

2. 法人

法人是依法享有民事权利、承担民事义务的组织。法人拥有独立的法人财产，能够独立承担民事责任，自成立之日起即具有民事权利能力和民事行为能力。因此，从理论上说，法人完全有能力作为委托人设立信托。

3. 非法人组织①

根据我国《民法总则》第 102 条规定："非法人组织是不具有法人资格，但是能够依法以自己的名义从事民事活动的组织。非法人组织包括个人独资企业、合伙企业、不具有法人资格的专业服务机构等。"非法人组织虽不具备法人资格，但经依法登记，具有从事一定生产经营活动的资格，它们能够以自己的名义从事生产经营活动，独立参加诉讼活动，因而可以作为委托人设立信托。

此外，在一些信托中，委托人必须是特定主体。例如，根据《信托公司集合资金信托计划管理办法》规定，信托公司集合资金信托计划委托人必须是合格投资者；根据劳动和社会保障部颁布的《企业年金试行办法》规定，企业年金信托的委托人必须是实行企业年金的企业；等等。

（三）委托人的权利和义务

1. 委托人的权利

一般来说，委托人享有的权利可以分为委托人保留的权利和法律规定的权利。

（1）委托人保留的权利。信托是委托人创设的，按照意思自治原则，委托人可以在信托文件中为自己保留一定的权利。各国信托法普遍尊重委托人的愿望，承认委托人

---

① 《信托法》第 19 条规定："委托人应当是具有完全民事行为能力的自然人、法人或者依法成立的其他组织"，即能够成为委托人的主体包括具有完全民事行为能力的自然人、法人或者依法成立的其他组织三类民事主体。而 2017 年 10 月 1 日实施的《民法总则》将民事主体设定为自然人、法人和非法人组织三类民事主体，为了与《民法总则》规定保持一致，故将依法成立的其他组织均改为非法人组织。以下受益人部分也是如此。

为自己保留权利。

通常情况下，委托人可以保留下列权利：其一，撤销、变更信托的权利；其二，指示受托人的权利；其三，解任受托人的权利；其四，变更受益人或受益权的权利。

(2)委托人的法定权利。委托人除在信托文件中自行保留的权利以外，信托法特别是大陆法系信托法还规定了委托人享有的其他一些权利。

通常情况下，委托人的法定权利包括：其一，剩余信托财产的归复权；其二，解除信托的权利；其三，变更受益人或处分受益权的权利；其四，要求受托人调整财产管理方法的权利。

2. 委托人的义务

委托人作为提供财产设立信托的人，其主要义务是提供相应的信托财产并依法转移给受托人。同时，依信托文件的规定，委托人可能需要承担支付报酬、提供补偿等其他义务。

(1)转移信托财产的基本义务。即委托人必须按照信托财产的类型和法律规定的程序，确保信托财产的所有权转移给受托人。委托人履行这项义务后，信托才能完全有效成立。

(2)支付报酬和提供补偿的义务。民事信托的受托人一般不能取得报酬，但商业信托的受托人作为专门经营信托业务的营利性法人组织，通常要取得报酬，信托文件会规定报酬的数额或计算方法、取得方式等。

同样，受托人就信托财产或处理信托事务所支出的税款、正常支出的费用或负担的债务，原则上也应以信托财产承担。但在信托财产的资金不能承担或不足以承担时，通常应当由受益人承担；信托文件规定由委托人承担的，应当由委托人承担。在这种情况下，受托人以固有财产先行承担的，受益人、委托人负有补偿受托人的义务。

二、受托人

(一)受托人的资格

受托人是委托人信任的信托关系中的当事人，其实际控制信托财产，承担着依信托文件管理、处分信托财产的责任[①]。《信托法》第 24 条第 1 款规定："受托人应当是具有完全民事行为能力的自然人、法人。"这一点，各国信托法的规定均如此，即担任受托人具备的条件与委托人一样，具有完全民事行为能力，并且未处于资不抵债的情形。另外与委托人不同的是，对营业受托人(如信托投资公司等)具有法律上的特殊要求。《信托法》第 24 条第 2 款指出："法律、行政法规对受托人的条件另有规定的，从其规

---

① 何宝玉：《信托法原理研究》，中国政法大学出版社 2005 年版，第 13 页。

定。”这为今后制定相应的信托法律或行政法规，明确信托经营机构应具备的具体条件，留下一定的余地。

中国银行业监督管理委员会2006年12月28日通过、2007年3月1日起施行的《信托公司管理办法》对信托公司设立的条件和程序作了规定。该办法第8条规定，设立信托公司，应当具备下列条件：(1)有符合《公司法》和中国银行业监督管理委员会规定的公司章程；(2)有具备中国银行业监督管理委员会规定的入股资格的股东；(3)具有本办法规定的最低限额的注册资本；(4)有具备中国银行业监督管理委员会规定任职资格的董事、高级管理人员和与其业务相适应的信托从业人员；(5)具有健全的组织机构、信托业务操作规程和风险控制制度；(6)有符合要求的营业场所、安全防范措施和与业务有关的其他设施；(7)中国银行业监督管理委员会规定的其他条件。该办法第10条规定，信托公司注册资本最低限额为3亿元人民币或等值的可自由兑换货币，注册资本为实缴货币资本。

(二)共同受托人

《信托法》第31条第1款规定：“同一信托的受托人有两个以上的，为共同受托人。”共同受托人共同拥有信托财产，共同处理信托事务，并承担连带责任。

一项信托之所以指定共同受托人，主要有三个理由：首先，保持管理信托事务的连续性。独任受托人一旦出现死亡、解散、被撤销或宣告破产的情形，肯定会暂时中断信托事务的管理。指定共同受托人就可以避免这一后果，确保信托管理的连续性。其次，通过共同受托人之间相互监督，为信托财产提供更大的保障。共同受托人之间依法承担连带责任，促使他们相互监督，防止受托人违反信托义务。再次，商业信托指定共同受托人，可以提高受托人的整体信用。

(三)受托人的权利和义务

1. 受托人的权利

(1)管理信托财产、处理信托事务的权利。这项权利可以说是伴随信托关系的成立而产生的，信托成立后，受托人自然地享有这一权利，因为它是受托人实施信托所必需的权利，没有这项权利，受托人就不能有效地实施信托行为。

(2)投资的权利。现代社会中，受托人投资信托财产的权利几乎是不言而喻的。如果说早期的信托主要是民事信托，信托目的主要是抚养委托人的家人或实现委托人的其他目的，那么，现代的信托更多的是具有商业性质，信托目的主要是财产的保值增值。商业信托的目的主要是获得收益或财产增值，而投资是现代社会财产保值增值的重要途径，因此，受托人自应享有投资信托财产的权利。

(3)支付费用和优先受偿的权利。受托人管理、处分信托财产和处理信托事务，必然发生一些费用，并且可能产生债务，甚至可能给自己造成损失。受托人的所作所为都是为受益人的利益，不是为了自身利益。因此，受托人只要行为正当，没有疏忽或过失，由此产生的费用、债务和损失应当以信托财产承担，不能要求受托人以固有财产承担。

依信托法原理，受托人应当以信托财产承担的费用支出项目主要有三项内容：一是信托财产的税赋；二是管理信托事务正当发生的费用；三是信托财产所负担的债务。

关于受托人的优先受偿权，通常认为，受托人的受偿权优先于受益人的信托利益以及信托财产的一般债权，受托人在向受益人支付信托利益或偿还一般债权之前，有权先以信托财产补偿自己。但是，受托人的补偿权不能优先于信托财产上的有担保的债权，除非信托已经公示。为保障交易安全，受托人的优先受偿权应后于抵押权、质权和留置权行使。

(4)取得报酬的权利。《信托法》第 9 条规定："设立信托，其书面文件应当载明下列事项：……(五)受益人取得信托利益的形式、方法。除前款所列事项外，可以载明信托期限、信托财产的管理方法、受托人的报酬、新受托人的选任方式、信托终止事由等事项。"第 35 条规定："受托人有权依照信托文件的约定取得报酬。信托文件未作事先约定的，经信托当事人协商同意，可以做出补充约定；未做事先约定和补充约定的，不得收取报酬。约定的报酬经信托当事人协商同意，可以增减其数额。"由此可见，按照《信托法》第 9 条和第 35 条的规定，受托人的报酬是信托文件的选择性条款，信托当事人可以在信托文件做出约定，也可以不做约定。做出约定的，受托人才能收取报酬；未事先约定的，可由信托当事人进行补充约定；未事先约定和补充约定的，不得收取报酬。

(5)受托人的其他权利。受托人除享有上述权利外，还可能享有其他一些权利，如请求法院变更信托财产管理方法的权利，放弃信托财产的权利等。

2. 受托人的义务

(1)依照信托文件处理信托事务的义务。信托关系是信托当事人通过信托文件创设的。信托文件属于信托合同的，受托人作为合同的一方当事人，一旦承诺信托，信托文件即产生约束力，受托人必须遵从并且按照合同约定履行自己的义务。

(2)谨慎义务。根据《信托法》第 25 条和《信托公司管理办法》第 24 条规定，受托人应当遵守信托文件的规定，为受益人的最大利益处理信托事务；受托人管理信托财产，必须恪尽职守，履行诚实、信用、谨慎、有效管理的义务。

(3)忠实义务。依信托的性质，信托利益只能由受益人享有。受托人管理信托财产和处理信托事务，只能为了受益人的利益，不能为自己、亲友或其他第三人的利益。这一义务是为了防止受托人滥用受托人地位和信托财产牟取私利。

另外，法律给受托人施加了一项强制性义务，受托人处理信托事务和管理信托财产的过程中，不得使自己的个人利益与其受托人职责发生冲突。受托人只要使自己处于职责与个人利益相冲突的地位，受益人就有权要求撤销受托人的行为，并由受托人承担责任，赔偿信托财产的损失。概括来说，受托人的忠实义务主要体现在五个方面：一是受托人不得享有信托利益；二是不得利用信托牟取私利；三是不得以固有财产与信托财产进行交易；四是不宜购买受益人的信托利益；五是不得以个人偏好影响信托利益。

(4)分别管理义务。受托人的分别管理义务，是指受托人应当将信托财产与固有财产分别管理；同一受托人同时接受两项以上信托的，受托人还应当将不同信托的信托财产分别管理。实行分别管理必须分别记账，准确记录信托财产的账目，避免信托财产与其他财产混合，防止受托人滥用权利，不公平地对待不同信托财产，将信托财产的收益记入固有财产或其他信托财产，或者将固有财产或其他信托财产的损失记入信托财产。

(5)亲自管理义务。即受托人的直接管理义务，即受托人必须亲自管理信托财产和处理信托事务，不得随意委托他人代为处理。信托以当事人之间的信任关系为基础，委托人设立信托之时指定了受托人，是出于对受托人的信任，相信受托人能够按照委托人的意愿实现信托目的。因此，受托人接受信托，等于做出了承诺，应当尽心尽力亲自处理信托事务，不辜负委托人的信任。

(6)记录和说明义务。受托人受人之托，代人理财，为受益人的利益管理信托财产、处理信托事务，有义务向受益人以及委托人说明信托财产的管理运用和处分情况，这一义务主要包括以下四个方面的内容：一是设置账簿和记录的义务；二是报告的义务；三是说明情况的义务；四是保密的义务。需要指出的是，关于说明的义务，披露相关信息便是其内容之一。

(四) 受托人职责的终止

《信托法》第39条规定："受托人有下列情形之一的，其职责终止：(一)死亡或依法被宣告死亡；(二)被依法宣告为无民事行为能力人或限制民事行为能力人；(三)被依法撤销或者被宣告破产；(四)依法解散或者法定资格丧失；(五)辞职或者被解任；(六)法律、行政法规规定的其他情形。"

三、受益人

(一)受益人的资格

受益人是委托人设立信托时意图给予利益之人，是在信托关系中享有受益权之人。虽然受益人不是设立信托关系的当事人，但是委托人设立信托的目的都是为了受益人的利益。设立信托的行为，对受益人来说，通常都是无偿的，受益人是纯粹取得信托利益之人，一般不承担任何义务，也不需要满足其他要求。因此，法律对受益人的资格几乎没有限制，只要求受益人具有接受信托利益的权利能力。

受益人可以是自然人、法人或非法人组织。自然人作为受益人的，既可以是完全民事行为能力人，也可以是限制民事行为能力人、无民事行为能力人，即任何自然人都可以成为信托的受益人。法人、非法人组织有民事行为能力和民事权利能力，自然可以成为受益人。

（二）受益人的权利

1. 受益权

受益权是指受益人因信托有效成立而享有的权利。受益人通过行使其受益权达到享受信托利益的目的。受益权一般可以包括四个方面：

(1)基于信托关系和信托财产所产生的债权和物权。例如，向受托人主张信托利益的债权请求权；对信托财产非法强制执行提出异议的权利；受托人破产时主张取回信托财产的权利，即取回权；受托人违背职责或管理不当而处分信托财产时，请求撤销受托人的处分行为的撤销权；受托人的不当行为给信托财产造成损失的，请求受托人赔偿损失的权利等。

(2)强制实施信托的权利。受益人基于对信托财产享有的权益，有权要求受托人依照信托文件管理运用、处分信托财产，并向受益人支付信托利益。受托人如不实施信托或不依照信托文件实施信托，受益人有权请求法院强制受托人依照信托文件实施信托。信托财产的管理方法不利于信托目的或受益人利益的，受益人有权请求法院或受托人变更信托财产管理方法等。此外，在受托人行为不当或其他一些必要的情况下，受益人还享有请求法院干预的权利。

(3)监督受托人和追索信托财产的权利。为促使受托人适当管理信托事务、处分信托财产，确保自己的利益，受益人还享有信托事务的知情权和监督权。例如，了解信托事务处理情况的权利；请求查阅、复制受托人处理信托事务的相关文件的权利；受托人违背管理职责或处理信托事务不当的，受益人有权请求法院解任受托人；受托人违背职责错误地处分信托财产的，受益人有权申请法院撤销其处分，并向明知接收信托财产的第三人追索信托财产。

(4)对信托的相关事务表示意见的权利。受益人有权对信托的某些事项表示意见，有的事项甚至必须取得受托人的同意。例如，对于受托人辞任、增加或减少受托人的报酬，受益人有权表示同意或不同意；共同受托人处理信托事务意见不一致的，应征求受益人的意见后，再作决定；受托人做出的处理信托事务的报告，须经受益人同意，方能解除受托人的责任等。

2. 受益人的其他权利

受益人除了具备上述受益权之外，主要还有以下这些权利：

(1)对受托人处分行为的撤销权。即受托人违反信托目的处分信托财产，受益人可以申请法院撤销受托人的处分，使受托人的处分行为自始归于无效。

(2)对信托财产的权利。这一权利包括恢复原状和损害赔偿请求权，强制执行信托财产的异议权，剩余信托财产的归属权等权利。

(3)信托有关事务的决定权。该决定权包括：一是对受托人的权利，如强制实施信托的权利，新受托人的选任权，受托人辞任的同意权，增减受托人报酬的决定权等；二是参与处理信托事务的权利，如受托人共同处理信托事务不能达成一致时受益人的决定权，受托人将信托财产交易时受益人的同意权，受托人做成处理信托事物报告时受益人的认可权等。

(4)知情权与监督权。《信托法》第 20 条规定，受益人的知情权主要体现在两方面：一是有权了解信托财产的管理运用、处分及收支情况；如有疑问，有权要求受托人予以解释和说明；二是有权查阅、抄录、复制与其信托财产有关的信托账目，以及受托人处理信托事务的其他文件，使受益人了解信托财产管理状况，也可借此收集受托人处分信托财产、管理信托事务的相关证据，便于受益人根据情况行使其权利。

(三)受益人的义务

我国《信托法》规定的受益人不承担任何义务，也就是说，受益人是信托财产利益的纯享受人。但是，根据《信托法》第 13 条第 2 款的规定，在遗嘱信托的情形下，遗嘱指定的受托人拒绝接受信托或者无能力接受信托时，受益人必须另行选任新受托人。

第五节　信托的变更与终止

一、信托的变更

信托的变更，广义上说，包括信托目的、信托内容(条款)和信托当事人的变更；狭义上说，主要是指信托条款(特别是有关信托财产管理方式的条款)的变更，另外还包括信托的分立和合并[①]。因情势变更或者出现委托人设立信托时未能预料的情况，信托变更在所难免。对此，各国信托法的原则是，信托文件对信托的变更有规定的，依信托文件的规定予以变更；信托文件没有规定的，大陆法系通常允许委托人直接要求受

① 参见(日)能见善九：《现代信托法》，有斐阁 2004 年版，第 248～253 页。转引自赵廉慧：《信托法解释论》，中国法制出版社 2015 年版，第 499 页。

托人变更，英美法系倾向于由当事人申请法院决定予以变更。

信托目的是信托财产和信托管理的指向所在，信托目的的变更不同于一般信托条款的变更，在一定意义上，变更信托目的相当于终止信托，重新设立一项新的信托。从这个意义上看，变更信托目的，不宜视为一般意义上的信托变更。

信托条款的变更可能涉及信托各个条款的变更，但英美法系长期的信托实践表明，信托条款的变更，主要是变更有关信托财产管理方式的条款，特别是涉及受托人投资权的条款，即根据情势变化，适当变更或扩大对受托人的投资授权或信托财产的投资范围。

信托当事人的变更，理论上应当包括委托人、受托人和受益人的变更。委托人作为设立信托的人，严格地说，其地位是不容变更的。而且，在英美法系，委托人设立信托后即退出信托关系，亦无变更的必要。即使在大陆法系，信托法也只是规定，在特殊情况下，委托人的继承人可以行使委托人的某些权利，并未就委托人的变更作出规定。①

信托的分立和合并是基于从事信托业务主体，尤其是企业经营过程中发生了分立或合并，由此导致原从事信托业务的主体产生一些变更，这种变更将会使原来的受托人在主体上发生变化。

上述内容表明，信托变更有不少情形，本书重点阐述信托财产管理方式的变更和受益人的变更。

（一）信托财产管理方式的变更

信托财产的管理方式是信托的一项重要内容，信托文件可以做出具体规定。各国信托法基本上都将信托财产的管理方式作为信托文件的选择性内容，是否规定，由当事人自行决定。我国《信托法》第9条第五项内容对此也作了明确规定。实践中，可由委托人自行确定，或由委托人与受托人协商确定。依信托法原理和信托法律规定，在信托文件有明确规定，或因情势变更致使信托财产的管理方法不利于实现信托目的时，也可以依照法律规定变更信托财产的管理方法。

1. 信托文件有规定

信托文件规定允许变更信托财产管理方式的，各国信托法均予以尊重，允许有关当事人依信托文件的规定予以变更。

2. 情势变更

---

① 但日本有关法律的一些规定，表面上体现为委托人的变更。例如，根据日本《贷款信托法》第2条和第10条的规定，贷款信托的受益权抽象体现为受益证券。受益证券的转让意味着委托人的权利义务随之转移，表面上意味着委托人的变更。不过，贷款信托不得为他益信托，即委托人必须同时为受益人。因此，受益证券的转让，也可以理解为受益权的转让。

信托财产的管理方式确定后，可能发生当事人设立信托时未能预料的情形，从而导致信托财产的管理方式不利于实现信托目的。在这种情况下，不允许变更信托财产的管理方式，显然不利于实现委托人的意图，也不尽合理。因此，《信托法》第21条规定："因设立信托时未能预见的特别事由，致使信托财产的管理方法不利于实现信托目的或者不符合受益人的利益时，委托人有权要求受托人调整该信托财产的管理方法。"

（二）受益人的变更

受益人是信托必不可少的人，受益人的确定性是私益信托有效成立的要件之一。信托关系是一种特殊的关系，信托受益权也是一种特殊的权利，信托有效成立后，受益人享有信托利益，除非信托文件明确地为委托人保留了相应权利，否则，委托人不能随意变更受益人。即使委托人与受托人协商一致，未经受益人同意，也不能变更受益人。

但是，不能变更受益人的规则也不是绝对的。根据《信托法》的规定，出现以下三种情况，可以变更受益人：一是依信托文件的授权变更；二是经受益人同意变更；三是依法律的授权变更。所谓依法律的授权变更，根据《信托法》第51条规定，主要指受益人对委托人有重大侵权行为、受益人对其他共同受益人有重大侵权行为等。

二、信托的终止

信托的终止，是指信托关系最终归于消灭。法律不仅关注信托终止的事由，更注重信托终止后相关事务的处理，使信托有一个完满的终结。

（一）信托终止的事由

信托终止的事由是各种各样的，但各国信托法的规定却大同小异。一般来说，终止信托的事由主要包括四类：

1. 信托文件规定的终止事由发生

信托当事人可以在信托文件中明确规定信托终止的事由，只要信托文件明确规定了信托终止的具体事由，一旦该事由出现，信托应当终止。这是各国信托法的通例。

对于信托文件可以规定哪些具体的终止事由，各国信托法均未予以明确规定。一般而言，信托文件规定的终止事由大体可分为三类：一是特定的受托人无法履行职责；二是特定的受益对象已不再依靠信托利益；三是发生违背委托人意愿的事件。

2. 信托期限届满

不论是私益信托还是公益信托，信托文件如果规定了信托期限，那么，一旦规定的期限届满，信托即应终止。但在实践中，这一规定主要构成私益信托。

3. 信托目的已经实现或已不可能实现

委托人设立信托是为了实现一定的目的，信托的实施就是围绕这个目的进行的。私益信托的信托目的完全实现以后，信托的任务即告完成。公益信托在信托目的实现后仍有剩余信托财产的，可以按照近似原则[①]，将剩余的信托财产用于类似的公益目的或公益组织。

另一方面，由于种种原因，信托目的在客观上可能已经变得无法实现了。例如，由于自然灾害，作为信托财产的土地被冲蚀或毁坏，难以恢复，同时又没有其他信托财产可以运用，在这种情况下，客观上已经不可能按照委托人的意愿实现信托目的，信托继续存在也随之失去了意义。

4. 信托当事人协商同意

信托的终止主要涉及信托当事人即委托人、受托人和受益人的利益，通常不涉及其他人的利益。因此，当事人如能协商达成一致的，信托法应当允许其终止信托。

（二）信托终止的法律后果

1. 信托终止的法律效力

信托终止后，信托关系产生的权利义务归于消灭，但信托终止之前，已经通过信托关系或实施信托而产生的权利和义务以及由此带来的利益，仍然有效。信托终止的原因比较复杂，一般包括信托的撤销和解除。

2. 信托财产的归属

信托终止后，信托关系不复存在，受益人的受益权也随之消灭。信托财产有剩余的，就会产生剩余信托财产的归属问题。一般来说，剩余的信托财产，首先应当依照信托文件的规定来确定归属；信托文件没有规定的，依法律规定予以确定。

作为受托人有义务进行清算，然后将剩余信托财产转移给权利归属人。当然，信托文件如果指定受托人作为剩余信托财产的权利归属人，就不需要办理转移剩余信托财产的手续了。权利归属人有权要求获得剩余信托财产，以及相关的财产所有权文件。信托财产如属依法应登记的财产，还应当进行财产变更登记，将财产登记在权利归属人或其指名人的名下。

3. 以信托财产归属人作为强制执行的对象

信托成立后，信托财产独立于委托人与受托人的固有财产，成为一项只服从于信托目的之独立财产。为确保信托财产的独立性，大陆法系各国信托法均规定，除法律明确规定的下述情形外，不得对信托财产强制执行：一是信托设立前债权人已对该信托财产享有优先受偿的权利；二是受托人处理信托事务所产生的债务；三是信托财产

---

① 我国《信托法》第六章对公益信托作了专门规定，其中第72条提到“近似原则”，这一原则的适用也使信托财产具有特殊的连续性。在私益信托中，如果信托目的不能实现，信托关系即告消灭。与此不同，公益信托终止后没有权利归属人或者权利归属人不是特定的社会公众的，经公益事业管理机构批准，受托人应当将剩余信托财产用于与原信托目的相近似的目的，或者转移给具有近似目的的其他公益信托或者公益组织。这样是为了保持信托作为长期管理财产制度的本质不受改变。

本身应担负的税款；四是法律规定的其他情形。

4. 受托人行使补偿权

受托人实施信托的过程中，因处理信托事务所支出的费用、税赋以及对第三人所负担的债务，应当以信托财产承担。受托人以固有财产先行支付的，有权从信托财产中获得补偿。信托存续期间，受托人可以直接针对信托财产，行使报酬权和补偿权。信托终止时，受托人由于种种原因可能未行使报酬权和补偿权，同时负有义务将剩余信托财产转移给权利归属人，在这种情况下，如不允许受托人继续行使报酬权和补偿权，对受托人显然不公平。

具体来说，受托人可以获得补偿的内容包括依信托文件或者依法应取得的报酬、管理信托事务的过程中正当发生的支出和费用、信托财产上所负的债务、信托财产应缴纳的税款等。

受托人行使补偿权获得补偿，可以采取两种方式：一是留置信托财产；二是请求权利归属人予以补偿。

（三）受托人的清算义务及责任解除

1. 受托人作出清算报告的义务

受托人处理信托事务，主要是管理、运用、处分信托财产。受托人应当恪尽职守，谨慎、有效地管理信托财产。信托终止时，信托财产的管理和处分即将结束，受托人有义务做出处理信托事务的清算报告，说明信托财产的处分情况。当然，受托人也可以通过清算报告，证明自己管理信托是适当的，没有不当行为。

2. 受托人责任的解除

受托人做出的清算报告，应当说明信托财产的处分情况，经受益人或者权利归属人确认，以解除自己的责任。

复习思考题

1. 简述信托的概念和法律特征。
2. 设立信托应具备哪些条件？
3. 如何理解信托财产的独立性？
4. 谈谈信托当事人的权利和义务。
5. 试述信托终止的法律后果。

第十一章　海商法

海上运输以其运量大、成本低的优点，在世界经济贸易中占有重要地位。海上运输伴随着特殊风险，所涉及的法律关系复杂。我国海上运输比较发达，为了促进海上运输和经济贸易的发展，维护各方当事人的合法权益，我国制定了《海商法》。本章根据我国《海商法》的基本规定，结合有关海商法的国际惯例和国际公约，主要介绍海商法的一般问题以及船舶与船员、海上运输合同、船舶租用合同、海上拖航合同、船舶碰撞、海难救助、共同海损、海事赔偿责任限制等法律制度。

第一节　海商法概述

一、海商法的概念和特征

(一)海商法的概念

海商法是调整海上运输活动中船舶及其所有人与其他当事人之间各种社会关系的法律规范的总称。《海商法》第 1 条规定:“为了调整海上运输关系、船舶关系，维护当事人各方的合法权益，促进海上运输和经济贸易的发展，制定本法。”可见，海商法的调整对象是海上运输关系和船舶关系。

海上运输关系是指基于海上货物运输和旅客运输所发生的各种关系以及与海上运输关系有关的其他各种关系，包括海上货物运输关系、海上旅客运输关系、海上拖航关系、船舶碰撞关系、共同海损关系、海上保险关系等。根据《海商法》第 2 条规定，海上运输包括海江之间、江海之间的直达运输，而不包括我国港口之间的海上货物运输。海上运输关系主要是平等主体之间的海上运输关系，如海上货物和旅客运输关系、海上拖航关系、船舶碰撞关系等，同时也包括一部分不平等主体之间的海上运输关系，如海上运输管理关系。

船舶关系是指基于船舶而发生的各种关系。任何海上运输关系都离不开船舶，因此基于船舶而发生的各种关系均可以成为海商法的调整对象。船舶所有关系、船舶抵押关系、船舶优先权关系、船舶租用关系等，都属于船舶关系的范围。船舶关系可以发生在平等主体之间，也可以发生在不平等主体之间，前者如船舶所有关系、船舶抵押关系、船舶优先权关系、船舶租用关系等；后者如船舶登记关系、船舶检验关系、船舶航行权关系等。

另外，与运输关系和船舶关系相关联的还有保险关系与被保险人之间的关系、救助方与被救助方之间的关系、共同海损中各分摊方关系等。《海商法》中的海难救助、共同海损、海上保险等主要调整这方面的关系。由于我国《海商法》是狭义海商法，所以一般将上述这些关系划归为海上运输关系和船舶关系。[①]

(二)海商法的特征

海商法是一部涉及面广、专业性强的法律，对其特征，学者们有不同的观点。本书认为，海商法应具备以下五个特征：

1. 海商法具有国际性

一方面，海上运输关系往往涉及不同的国家和地区，从而使海商法所调整的关系具有涉外性；另一方面，随着海商法的国际统一化趋势的增强，统一规范的国际公约会随着国际航运的发展而发展，各国海商法也逐渐与国际公约、国际惯例接轨，从而使各国海商法的国际性越来越强。

2. 海商法具有公法性

海商法所规定的事项，大多涉及平等主体之间的权利义务关系，所以海商法属于私法。同时，国家为贯彻海事政策，维护海上安全，海商法中也有关于海商管理事项的规定，由此反映了海商法的公法性。如关于船舶登记和检验、运输管理等规定，都是公法性质的规定。

3. 海商法具有技术性

海商法是技术性和专业性很强的法律规范，涉及许多技术规范。如在船舶方面，涉及船舶的结构、性能、设备、安全等；在航行方面，涉及船舶驾驶、航线的确定、海上避碰、轮机操作等；在货运方面，涉及货物的配载、装卸规程等。

4. 海商法具有责任限制性

责任限制是海上运输中发生损害赔偿时的一种特别法律规范。按照责任限制规定，责任人只有在法律规定的限额内负赔偿责任，超过规定限额的，责任人不负赔偿责任。这项特殊规定主要是考虑到船东从事航运的风险，从而在法律上给予特别保障。

---

① 司玉琢主编：《海商法》，法律出版社 2012 年版，第 3 页。

5. 海商法具有航运习惯法的规定

航运习惯法是规范海上运输的一项重要的法规，早在中世纪就制定了罗得海法以及三部著名的法律——《奥列隆海法》《康苏拉度海法》《威斯比海法》，这些法律都列举了许多海事判例、惯例。海上抛货政策就是当时一个典型的习惯法，现在称之为共同海损，这个习惯法已被制定为成文法，即《约克—安特卫普规则》。当今许多国家海商法都吸收了古老海法的精华和原则，国际公约也引用了它们的法律典范为当代国际航运服务。

二、海商法的适用范围

海商法的适用范围，是指海商法调整对象的具体化。一般而言，主要包括以下几个方面：

1. 适用主体

海商法的适用主体具有多重性。如海上货物运输合同的主体有承运人、多式联运经营人等；旅客运输合同适用的主体有实际承运人、旅客等。

2. 适用客体

海商法适用的客体主要是船舶和货物。船舶是海上运输的主要工具；货物是海上运输的对象。

3. 适用水域

因为各国的自然条件和航运政策不同，对海商法适用水域的规定也不完全相同。如《日本海商法》仅适用沿海、近海和远洋运输，但不适用于内河和港湾等区域；北欧国家海商法适用于一切水域。

4. 适用内容

主要包括海上运输法、海上保险法、海上侵权法、船舶物权法。

三、我国海商法的历史发展

海商法是随着航海贸易的兴起而产生的，其历史的发展主要有古代海商法、中世纪海商法、近代海商法和现代海商法几个阶段。

我国有着悠久的海上航运历史，但中国的海商法却是近代以来才发展起来的。1909 年，清政府在日本法学专家的主持下，制定了《大清商律》(草案)，其中包括海船法 263 条，内容涉及海船关系人、海损、海难救助、海船债权的担保等。该草案因清政府被推翻而未能颁布施行。后来，国民党政府以上述海船法为蓝本，在法国专家的帮助下，经过修改加工，于 1929 年颁布了《海商法》，1930 年又颁布了《船舶法》和《船舶登记法》。这些法律经过多次修订，至今仍在台湾地区实施。

中华人民共和国成立后，即开始了海商法的立法工作。从1952年到1963年，我国先后起草了《海商法》(草案)共9稿，并制定了一些海商法规。1981年以后，我国重新开始了海商法的起草工作，1985年完成了新的《海商法》(草案)。后经过广泛地调查和多次修改，《海商法》于1992年11月7日在七届全国人大常委会第二十八次会议上获得通过，并于1993年7月1日起施行。这是自1949年以来第一部调整海商关系的基本法，对于促进中国海运业的发展具有十分重要的意义。我国《海商法》广泛吸收了国际公约和国际惯例的一些做法，增强了其国际性，是一部适应国际形势发展需要的比较完善的法律。

除《海商法》外，我国还有其他有关海商方面的法律、法规，如全国人大常委会通过的《海上交通安全法》、国务院颁布的《船舶登记条例》等。

四、海商法的法律冲突与统一

(一)海商法的法律冲突与统一的概念

海商法的法律冲突，简称海商法律冲突，是指涉外海商法律关系涉及两个以上不同国家的法律，而有关国家的海商法对该海商法律关系的规定不同所引起的法律适用上的抵触状态。海商法的冲突实质上就是海商法适用上的冲突。海商法的统一是指为避免海商法的法律冲突而使各国海商法的规定趋于一致。①

(二)统一海商法律冲突的一般方法

与其他涉外民事法律关系一样，海商法的法律冲突主要通过两种方法加以解决：一种是冲突法的解决方式，即通过制定国内或国际的冲突规范来确定各国不同性质的涉外海商法律关系应适用何国法律，从而解决海商法的法律冲突；另一种是统一实体法的解决方式，即有关国家通过国际公约和国际惯例中的实体规范直接确定涉外海商法律关系的适用，从而避免或消除海商法的法律冲突。关于国际公约，如《统一提单的若干法律规则的国际公约》《统一船舶碰撞若干法律规定的国际公约》《统一海上救助若干法律规则的国际公约》等，都为统一海商法，这些法律为避免和解决海商法的法律冲突起到了不可估量的作用。同时，统一的国际惯例在统一海商法方面也起到了积极的作用，如各国一般都接受《约克—安特卫普规则》作为共同海损的理算规则，这为各国解决共同海损理算规则的冲突创造了条件。

(三)我国《海商法》的冲突规范

我国《海商法》第十四章“涉外关系的法律适用”，具体规定了涉外海商法律关系的法律冲突规范。《海商法》第268条规定：“中华人民共和国缔结或者参加的国际条约

---

① 范健主编：《商法》，北京大学出版社、高等教育出版社2002年版，第558页。

同本法有不同规定的，适用国际条约的规定；但是，中华人民共和国声明保留的条款除外。中华人民共和国法律和中华人民共和国缔结或者参加的国际条约没有规定的，可以适用国际惯例。”第276条又规定：“依照本章规定适用外国法律或国际惯例，不得违背中华人民共和国的社会公共利益。”上述规定，是我国涉外海商法律关系的法律适用的基本原则。在这一原则下，《海商法》对于不同类型的涉外海商法律关系的法律适用作了不同的规定。

1. 合同的法律适用

《海商法》第269条规定：“合同当事人可以选择合同适用的法律，法律另有规定的除外。合同当事人没有选择的，适用与合同有最密切联系的国家的法律。”法院在确定最密切联系的法律时，通常要考虑合同签订地、合同履行地、合同标的物所在地、当事人的住所地和国籍、船舶的船旗、起运港和目的港等因素。

2. 船舶物权的法律适用

船舶物权包括船舶所有权、船舶抵押权和船舶优先权。《海商法》第270条规定：“船舶所有权的取得、转让和消灭，适用船旗国法律。”该法第271条规定：“船舶抵押权适用船旗国法律。船舶在光船租赁以前或者光船租赁期间，设立船舶抵押权的，适用原船舶登记国的法律。”该法第272条规定：“船舶优先权，适用受理案件的法院所在地法律。”

3. 船舶碰撞的法律适用

船舶碰撞属于海上侵权行为。根据《海商法》第273条的规定，船舶碰撞的法律适用分五种情况：(1)一般情况下，船舶碰撞的损害赔偿，适用侵权行为地法律。(2)船舶在公海上发生碰撞的损害赔偿，适用受理案件的法院所在地法律。(3)同一国籍的船舶，不论碰撞发生于何地，碰撞船舶之间的损害赔偿适用船旗国法律。(4)共同海损的法律适用，《海商法》第274条规定：“共同海损理算，适用理算地法律。”理算地可能是航次终止地，也可能是其他地点。(5)海事赔偿责任限制的法律适用，《海商法》第275条规定：“海事赔偿责任限制，适用受理案件的法院所在地法律。”

第二节　船舶与船员

一、船舶

(一)船舶的概念和法律特征

1. 船舶的概念

一般而言,船舶是指一种水上浮动装置。从法律意义上讲,由于各国海商法对各类船舶的适用范围不同,对船舶所下的定义不尽相同。

《海商法》第3条规定:"本法所称船舶,是指海船和其他海上移动式装置,但是用于军事的、政府公务的船舶和20吨以下的小型船艇除外。前款所称船舶,包括船舶属具。"从该定义可以看出,《海商法》从四个方面界定了适用于该法的船舶:(1)可航性。这是指海船或海上移动装置应具有海上航行能力或海上自航能力。(2)吨位。海商法不适用总吨位20吨以下的船舶,一些对海船优惠的规定不适用于小船,因为小型船对远洋航运业的发展并无助益。(3)目的。海商法意义上的船舶应用于商业或民用目的,军事的、政府公务的船舶均不适用海商法的规定。(4)区域。在区域方面,适用于海商法的船舶须在海上及与海相通水面或水中航行,水面不能供上述船舶航行的区域不是海商法中的"水",在其上航行的船舶也不是海商法中的船舶。

2. 船舶的法律特征

(1)船舶具有不动产性。船舶是可以移动的物,因此,在物理上船舶应属于动产。尽管如此,但是因为船舶的标的巨大,不易带到市场上交易,同时对海上运输的各方当事人和国家有重大的直接利益关系,所以,海商法对船舶进行特殊的法律处理,即将船舶按不动产对待。

(2)船舶是合成物。根据《海商法》第3条第2款规定,船舶包括船舶属具。船舶是由船体、设备和船舶属具等独立物结合而成的。法律上船舶就被视为一物,是一个整体,构成船舶的各部分一般不能独立处分。

(3)船舶的拟人化处理。船舶是产权的对象,但是为了便于管理,海商法对船舶作了拟人化处理,使其具有人的某些外在特征,如船名、住址、国籍、船舶的生存期等,而且船舶发生灭失、失踪、沉没等时,还同公司、法人一样进行注销登记。船舶的拟人化处理所强调的是船舶的法律属性,它使船舶的法律地位发生了与一般物不同的变化。在英美法中,船舶可以产生责任。

(二)船舶的登记

1. 船舶登记的意义

船舶登记是指船舶所有人向经国家授权的船舶登记机关提出申请,并提交相应的文件,经船舶登记机关审查,符合规定后依法予以登记的法律行为。[①] 其审查批准的标志就是以国家的名义颁发登记证书。《海上交通安全法》第5条规定:"船舶必须持有船舶国籍证书,或船舶登记证书,或船舶执照。"只有通过登记,才能取得船舶国籍证

① 张湘兰等:《海商法论》,武汉大学出版社2003年版,第39页。

书或船舶执照。可见,船舶登记是确认航行权的必要程序,也是确定船籍港,建立港航行政上管辖关系,使船舶在法律上能够享受权利、承担义务的重要手续。

2. 船舶登记的效力

《海商法》第 9 条第 1 款规定:"船舶所有权的取得、转让和消灭,应当向船舶登记机关登记;未经登记的,不得对抗第三人。"我国《物权法》第 24 条规定:"船舶、航空器和机动车等物权的设立、变更、转让和消灭,未经登记,不得对抗善意第三人。"可见,我国船舶登记的效力为登记对抗要件主义,即未经登记不得对抗善意第三人。

3. 船舶登记的机关

根据我国《海商法》《船舶登记办法》等规定,交通运输部海事局负责全国船舶登记管理工作,各级海事管理机构依据职责具体开展辖区内的船舶登记工作。

4. 船舶登记的要求

我国《船舶登记条例》对在中国境内登记的船舶作了以下要求:

(1)船舶所有人必须是在中国境内有住所或主要营业所的中国公民,或者是依据中国法律设立的主要营业所在中国境内的企业法人。

(2)登记船舶不得具有双重国籍,凡是在外国登记的船舶,未中止或注销原登记国国籍的,不能取得中国国籍。

(3)在中国登记的船舶上的船员要由中国公民担任;确需雇佣外国籍船员的,应当报国务院交通主管部门批准。

(4)登记船舶只能拥有一个名称,由船籍港船舶登记机关核定,不得与登记在先的船舶重名或同音。

5. 船舶登记的种类

各海运国家或地区对船舶登记有如下几种分类:船舶原始登记、船舶所有权转移登记、注销登记和双重登记。我国立法与这些国家或地区差异较大。

根据《船舶登记条例》的规定,船舶进行登记,主要有以下几种:一是船舶所有权登记;二是船舶抵押权登记;三是光船租赁登记;四是船舶的变更和注销登记。

(三)船舶所有权

1. 船舶所有权的概念和特点

船舶所有权是以船舶为客体的所有权。[①]《海商法》第 7 条规定:"船舶所有权,是指船舶所有人依法对其船舶享有占有、使用、收益和处分的权利。"

船舶作为物的一种,具有所有权的一般特性,同时又具有其自己的特点,具体表现在以下几个方面:

---

① 李海:《船舶物权之研究》,法律出版社 2002 年版,第 44 页。

(1)船舶所有权的主体。我国法律规定,只有中国公民和法人才能拥有中国船舶。中国国籍船舶的全体船员都必须具有中国国籍。如果船舶属于中外合资公司,则船舶的船长、轮机长、大副、大管轮、报务员则必须是中国公民,中国籍船员不得少于船员总人数的60%,应持适任证书的船员,必须持有中华人民共和国船员考试机关签发的船员适任证书。

(2)船舶所有权的客体。船舶是唯一的客体,即船舶所有权主体的权利、义务所指向的对象是船舶,具有单一性。

(3)船舶所有权的内容。船舶所有权的内容包括船舶所有权人的权利和义务,本书主要讨论船舶所有权人的权利。船舶所有权人的权利是指船舶所有人对其船舶依法享有占有、使用、收益和处分的权利。其中占有权只是表明船舶所有权的一种状态;使用权在通常情况下并非船舶所有人自己行使;处分权,如转让等通常并非船舶所有人的目的;收益权能是船舶所有人经营最重要的目的,船舶所有人唯一注重的是如何通过船舶的运营获得收益,即赚得运费和租金。

(4)船舶所有权的实现。船舶所有权很少由所有人自己行使,大多是通过他人的行为来实现。即船舶所有人通过签订合同使船舶置于非所有人的直接控制之下,如雇佣具有航海技能的人管理和驾驶船舶,而不是处于船舶所有人的直接控制之下。

2. 船舶共有

由于经营船舶的投资较大,因而往往会产生多人投资的情况,形成对一船的共有关系。《海商法》第10条规定的船舶共有可以是两人以上的法人共有,也可以是两人以上的自然人共有。依我国《海商法》第10条规定,船舶共有的应该进行登记,否则不能对抗第三人。

(四)船舶抵押权

1. 船舶抵押权的概念

《海商法》第11条规定:"船舶抵押权,是指抵押权人对于抵押人提供的作为债务担保的船舶,在抵押人不履行债务时,可以依法拍卖,从卖得的价款中优先受偿的权利。"

2. 船舶抵押权的设定

根据我国《海商法》和《担保法》的有关规定,船舶抵押权的设定应符合下列条件:(1)船舶所有人或者船舶所有人授权的人可以设定船舶抵押权;(2)船舶抵押权的设定,应当签订书面合同;(3)抵押人和抵押权人应共同向船舶登记机关办理抵押权登记,未经登记的,不得对抗第三人;(4)船舶抵押权的标的物应当是船舶或建造中的船舶,船舶作为抵押权的标的物,包括其设备和属具。建造中的船舶不属于海商法上的船舶,但建造中的船舶也具有一定的价值。因此,《海商法》允许建造中的船舶设定船舶抵押权。

3. 船舶抵押权的受偿顺序

根据《海商法》的规定，船舶抵押权的受偿顺序按照下列标准确定：

(1)船舶抵押权和船舶优先权的位次。在同一航次的船舶上同时存在船舶抵押权和船舶优先权的，船舶优先权优先于船舶抵押权受偿。

(2)船舶抵押权和船舶留置权的位次。船舶留置权是指造船人、修船人在合同另一方未履行合同时，可以留置占有的船舶，以保证造船费用或修船费用得以偿还的权利。同一船舶同时存在留置权和抵押权时，船舶抵押权后于船舶留置权受偿。

(3)船舶抵押权之间的位次。同一船舶上的数个抵押权，按登记的先后顺序受偿，同日登记的抵押权按同一顺序受偿。

4. 船舶抵押权的消灭

船舶抵押权通常因下列原因而消灭：(1)船舶灭失；(2)船舶抵押权担保的主债权消灭；(3)抵押船舶被强制拍卖。

(五)船舶优先权

1. 船舶优先权的概念和特点

根据《海商法》第 21 条规定："船舶优先权，是指海事请求人依照本法第 22 条的规定，向船舶所有人、光船承租人、船舶经营人提出海事请求，对产生该海事请求的船舶具有优先受偿的权利。"

船舶优先权具有下列法律特点：

(1)船舶优先权的法定性。船舶优先权是法律赋予某些海事请求人的一种特权。

(2)船舶优先权的追及性。船舶优先权的追及性表现为不论当时船舶航行于何地，船舶所有权有何变更，船舶优先权享有人均可追及并主张其权利。

(3)船舶优先权的非公示性。船舶优先权不必登记即可对抗第三者。正如英国学者托马斯指出的，船舶优先权是一种特权性的权利主张或质押性权利，它在导致诉因产生的事件发生之时就秘密地、无条件地附于海上财产之上。[①]

(4)船舶优先权的优先性。船舶优先权的优先性主要表现在：受船舶优先权担保的债权先于一般债权受偿；受船舶优先权担保的债权在清偿时先于受普通担保物权担保的债权受偿。

2. 船舶优先权的顺序

船舶优先权的顺序主要涉及以下几个方面的问题：

(1)船舶优先权受偿的一般顺序。依据《海商法》第 22、23 条规定，船舶优先权受

① D. R. Thomas. Maritime Liens. Steven & Sons London, 1980, 10.

偿顺序是船员工资、生活、家庭生计等为第一顺序；以人身伤亡赔偿等为第二顺序；以船舶税费等公益性支出为第三顺序；以海难救助报酬、鼓励海上救助事业和保护共同海损的债权为第四顺序；以营运中船舶的侵权赔偿为第五顺序。

(2)船舶优先权受偿的特殊顺序。依《海商法》第 23 条、第 22 条第 4 项有关海难救助的债权，后于第一项至第三项发生的，采用“时间倒序原则”，以后发生的先受偿，其理由是后一次救助对已存的债权起到了保全的作用，没有第二次救助，船舶就有可能灭失，则先产生的债权也无从受偿。

(3)船舶优先权同一项目的受偿顺序。同一项目的船舶优先受偿权是指两个或两个以上的同类债权并存时，其受偿顺序将不分先后，同时受偿；不足受偿的，按比例受偿。

(4)船舶优先权与其他海事请求权受偿顺序。实践中会发生船舶优先权与其他海事请求权的竞合，对此《海商法》第 25 条第 1 款规定了受偿程序，首先是船舶优先权，其次是船舶留置权，最后是船舶抵押权。

3. 船舶优先权的消灭

船舶优先权具有随船而行的特点，它不因船舶所有权的转移而消灭。这一特点使无法知道船舶是否附有优先权的旧船购买人处于一种很不稳定的地位。为了保护旧船购买人的利益，各国一般都规定，在船舶所有权转移后，法院可依船舶受让人的申请进行公告，在规定的公告时间内不行使优先权的，该船舶优先权即告消灭。

概括地讲，船舶优先权可能因下列原因而消灭：因担保的债权的消灭而消灭；因法律规定的时效届满而消灭；因拍卖而消灭；因船舶灭失而消灭；因公告消灭船舶优先权而消灭。

二、船员

（一）船员的概念和资格

1. 船员的概念

船员从事的是一种特殊职业，各国海商法或船员法都有专门规定。《海商法》第 31 条规定：“船员，是指包括船长在内的船上一切任职人员”。但这一概念外延较大，如何界定“一切任职人员”？职务达到什么程度？在我国《海商法》的条文中都找不到答案。事实上，英美法系国家和大陆法系国家的法律都对船员的外延加以限制，如将厨师、私人服务员、信使等排除在船员范围之外。

2. 船员的资格和配备

为保证船舶的航行安全，各国法律通常对船员的资格进行严格的管理，其主要根据《1978 年海员培训、发证和值班标准国际公约》的规定，在 200 吨以上船舶工作的船员必须经过海上救生、救生艇筏操作、船舶消防和急救四项训练,考试合格后须领取四种证书。我国已经加入了该公约,并颁布了《海船船员考试发证办法》,具体规定了船员考试的条件和程序。《海商法》第 32 条规定:"船长、驾驶员、轮机长、轮机员、电机员、报务员,必须由持有相应适任证书的人担任。"

船员的配备是为保证船舶安全航行,而为船舶安排一定数额的合格船员。船员的配备包括两个方面的内容:一是船舶应配备的所有船员的总数;二是船舶必须保证持有职务证书的船员的定额。船员编制总数,一般由船舶所有人安排,国际上并无统一的标准,各国通常是根据船舶的类型、大小、技术标准和建造上的要求确定自己的船员配备标准。持证船员的定额,通常由港务监督部门根据船舶种类、航行区域和航行停泊的不同情况确定。

(二)船员的权利和义务

1. 船员的权利

船员具有以下一般的权利:(1)船员享有生活保障的权利;(2)船员有请求返回原籍的权利;(3)在航期间有获得保险的权利;(4)有救助报酬请求权。

2. 船员的义务

各国海商法对船员的义务规定主要有:(1)提供劳务的义务;(2)在职务上,船员应服从上级命令,忠于职守,听从指挥,不经船长批准,不得任意离船,准许离船的船员,在规定的开航时间必须回船,不得迟延,否则要受到惩戒;(3)船员当班时,不得酗酒、斗殴,要遵纪守法,不得扰乱船上秩序;(4)不得私载货物,更不能进行走私活动;(5)雇佣合同解除后,如果遇到海难事故,应提供救助劳务,但有权要求对此领取报酬。

(三)船长的职能

船舶在海上航行,船长是驾驶船舶和管理船舶的总负责人,他受国家的信任,对船舶及船员生命安全负统一管理之责。《1978 年海员培训、发证和值班标准国际公约》给"船长"下了一个非常简单的定义:"船长是指挥一条船的人。"事实上,船长是受船舶所有人、经营人或光船承租人聘请、委派或雇佣,负责管理、指挥船上一切事务的人。这是一种特殊的职务,既不同于一般船员,也不同于船舶管理人员。

船长具有以下的职能:(1)船长的管理和驾驶职能;(2)船长的保卫安全职能;(3)船长的紧急处置职能;(4)船长应行使自己的公证职能;(5)船长的代理职能;(6)制作法律文书的职能。

第三节　海上运输合同

一、海上运输合同的概述

(一)海上运输的概念和种类

海上运输是与陆上运输、空中运输相对而言的，是指承运人收取运费，将货物或旅客经海路由一港运至另一港的行为。

海上运输从不同的角度，可分为不同的种类，主要有两类：一是根据航行的地点，海上运输可分为国内海上运输和国际海上运输；二是根据运送的对象，海上运输可分为海上货物运输和海上旅客运输。本书主要介绍海上货物运输合同。

(二)海上运输合同的概念和特征

海上运输合同是指承运人收取运费，将货物或旅客经海路由一港运至另一港的协议。海上运输合同具有以下特征：

(1)海上运输合同的适用范围限于海上运输。海上运输合同仅适用于港口与港口之间的海路运输，不包括陆路运输和空中运输。所谓海上，也包括与海相通的可航水域。

(2)海上运输合同是双务、有偿和诺成合同。海上货物运输合同的双方当事人之间互相享有权利和承担义务，双方的权利和义务是相对应的；承运人为运送货物或旅客，是以收取运费为前提的；当事人双方的意思表示一致，海上运输合同即告成立。

(3)海上运输合同的客体为运送行为。海上运输合同以运送货物或旅客为目的，其客体是承运人的运送行为，即将货物或旅客从一港运至另一港的行为。

(三)海上货物运输合同的种类

1. 班轮运输合同和航次租船合同

班轮运输合同是指承运人以固定的航线、固定的航期和固定的运费将众多托运人的件杂货运至目的地而由托运人(收货人)支付运费的合同，又称件杂货运输合同或零担运输合同。

航次租船合同是指船舶出租人提供船舶或者船舶的部分舱位，装运约定的货物，从一港运至另一港，由承租人支付约定运费的合同。航次租船合同主要用于不定期船运输。

2. 联运合同和多式联运合同

联运合同，又称转船运输合同，是指承运人负责将货物自一港经两段或两段以上的海路运至另一港，而由托运人(收货人)支付运费的合同。这种合同通常以联运提单的形式表现出来。多式联运合同，是多式联运经营人以两种以上的不同运输方式，其中一种是海上运输方式，负责将货物从接收地运至目的地交付收货人，而由托运人(收货人)支付运费的合同。这种合同一般以多式联运单证为表现形式。

3. 海上货物运输总合同

海上货物运输总合同，又称包运合同或数量合同，是指承运人负责将一定数量的货物，在规定的时间内，分批经海路由一港运至另一港，而由托运人(收货人)支付运费的合同。

二、海上货物运输合同当事人的责任

(一)承运人的责任

我国《海商法》有关承运人的责任基础，是参照《海牙—维斯比规则》制定的，就责任基础而言，该规则与《海牙规则》是一致的，即为"不完全过失责任制"；同时，结合我国的实际情况，适当引入了《汉堡规则》的某些内容。

1. 承运人的责任期间

《海商法》第46条区别两种情况规定了承运人的责任期间。对于集装箱装运货物的责任期间，是指从装运港接收货物时起至卸货港交付货物时止，货物处于承运人掌管之下的全部期间。对于非集装箱装运货物的，该条采用了《海牙规则》规定的责任期间，即承运人的责任期间为从货物装上船时起至卸下船时止，货物处于承运人掌管下的全部期间；也就是通常所说的"钩至钩"原则。

2. 承运人的基本责任

即承运人在海上货物运输合同中所承担的义务，具体包括：适航义务、管货义务、按时开航并直达航行的义务。

3. 承运人的迟延交货责任

《海商法》第50条规定，货物未能在明确约定的时间内，在约定的卸货港交付的为迟延交付。承运人除可以免责的情形外，应对因迟延交货引起的损失负赔偿责任。这种损失包括货物的灭失或损坏和因迟延造成的经济损失，如价格下跌的损失、利息损失、工厂停工待料的损失等。承运人对迟延交货的损失赔偿也可以限制责任，《汉堡规则》将该责任限制在运费的2.5倍以内，而我国《海商法》第57条规定迟延交货的赔偿责任以运费为限。

4. 承运人的免责

依照《海商法》第51条的规定，在责任期间货物发生的灭失或者损坏是由于下列原因之一造成的，承运人不负赔偿责任：船长、船员、引航员或者承运人的其他受雇人在驾驶船舶或者管理船舶中的过失;火灾,但是由于承运人本人的过失所造成的除外;天灾,海上或者其他可航水域的危险或者意外事故;战争或者武装冲突;政府或者主管部门的行为、检疫限制或者司法扣押;罢工、停工或者劳动受到限制;在海上救助或者企图救助人命或者财产;托运人、货物所有人或者他们的代理人的行为;货物的自然特性或者固有缺陷;货物包装不良或者标志欠缺、不清;经谨慎处理仍未发现的船舶潜在缺陷;非由于承运人或者承运人的受雇人、代理人的过失造成的其他原因。

5. 承运人的责任限额

在承运人的责任限额上,我国《海商法》采用了 1979 年《海牙—维斯比规则》议定书的规定,即承运人对货物的灭失或者损坏的赔偿限额,按照货物件数或者其他货运单位数计算,每件或者每个其他货运单位为 666.67 计算单位,或者按照货物毛重计算,每公斤为 2 计算单位,以二者中赔偿限额较高的为准。

6. 实际承运人的责任

依《海商法》第 42 条第 2 款的规定,实际承运人是指接受承运人委托,从事货物运输或者部分运输的人,包括接受转委托从事此项运输的其他人。实际承运人的责任主要出现在下述情况中:在直达运输下,由于意外而安排转船时,转船运输人为实际承运人;在租船运输中,如承租人与托运人订立海上运输合同,则出租人为实际承运人;在联运的情况下,二程船的承运人为实际承运人。

依《海商法》第 60 条的规定,在订约承运人将运输的全部或部分委托给实际承运人时,订约承运人仍应对运输的全程负责。第 63 条规定,如承运人和实际承运人均有责任的,二者负连带责任。

(二)托运人的责任

1. 托运人应保证其提供的货物资料的正确性

依《海商法》第 66 条的规定,托运人对由于包装不良或所提供的货物资料不正确而造成的承运人的损失应负赔偿责任。

2. 托运人应及时办理货物运输所需的各种手续

包括港口、海关、检疫、检验等方面。如因办理上述手续不及时、不完备或不正确而使承运人的利益受到损害的,托运人应负赔偿责任。

3. 关于危险品的运输

依我国《海商法》第 68 条的规定,托运人托运危险货物,应当依照有关海上危险货物运输的规定,妥善包装,作出危险品标志和标签,并将其正式名称和性质以及应当采取的预防危害措施书面通知承运人;托运人未通知或者通知有误的,承运人可以在任何时间、任何地点根据情况需要将货物卸下、销毁或者使之不能为害,而不负赔偿责任。托运人对承运人因运输此类货物所受到的损害,应当负赔偿责任。

4. 关于托运人支付运费的义务

我国《海商法》第69条规定，托运人应当按照约定向承运人支付运费。托运人与承运人可以约定运费由收货人支付，但此项约定应在运输单证中载明。在运费到付的情况下，运费由收货人支付，此项支付应在提单中载明，否则就是运费不由收货人支付的初步证据。

三、提单

（一）提单的概念和性质

提单既是重要的国际海上货物运输单证，也是重要的国际货物贸易单证。为了统一对提单规定，便于海上贸易和运输，《汉堡规则》将国际社会公认的提单的三个最重要的性质概括为提单的定义。《汉堡规则》第1条第7款规定："'提单'，是指用以证明海上运输契约和由承运人接管或装载货物，以及承运人保证据以交付货物的单证。单证中关于货物应按记名人的指示或不记名人的指示交付，或者交付给提单持有人的规定，便是这一保证。"我国《海商法》第71条的规定与《汉堡规则》的规定相同。

关于提单的性质，学者们虽然有不同的看法，但均认为提单具有以下三种性质：

1. 提单是承运人接收货物的收据

一般而言，承运人或船长在接收货物或将货物装船后，即应按托运人的要求签发提单，并在提单中记载货物的主要标志、包装、件数或数量、质量和货物的外表状况等具体情况。对托运人而言，提单即为承运人或船长已收到该提单所记载的关于货物各项说明的表面证据或初步证据。

2. 提单是海上货物运输合同的证明

提单多在班轮运输的情况下签发，租船运输时，出租人或船长也可签发提单。在班轮运输下，托运人与承运人一般并不专门订立详细的海运合同，而以提单条款确定双方的权利义务，但是这些提单条款并非海上货运合同本身，而是海上货运合同的证明，这是因为托运人和承运人之间的海上货运合同早于承运人在托运人依据班轮公司规定的船期、运费率等情况填写的托运单上签字盖章时就已成立，签发提单不过是承运人履行海运合同的行为而已。况且，如前所述，海运合同为双务有偿合同，而提单仅由承运人单方制作和签发，托运人在提单的制作过程中并未参与，对其内容和条款在当时不可能表示同意与否，也不在提单上签字盖章，因此提单仅为承运人单方法律行为的结果，不能构成海上货运合同，仅是海上货物运输合同的证明。

3. 提单是承运人据以向收货人交付货物的物权凭证

提单具有物权凭证的效力，原则上谁合法持有提单，谁就享有提单上记载的货物的所有权。由于提单具有物权的凭证效力，使其成为在卸货港承运人凭其交付货物的凭证。我国《海商法》第 71 条规定:“提单中载明的向记名人交付货物,或者按照指示人的指示交付货物,或者向提单持有人交付货物的条款,构成承运人据以交付货物的保证。”

(二)提单的种类

1. 依提单签发时货物是否已装船,可将提单分为已装船提单和收货待运提单

已装船提单,是指船长、承运人或其代理人在货物装上指定的船舶后签发的提单。收货待运提单,是指承运人或其代理人、船长在接收货物后尚未装船,应托运人的请求而签发的提单。

2. 依提单上收货人抬头的记载不同,可将提单分为记名提单、指示提单和不记名提单

记名提单是在收货人一栏载明将货物交付给某一特定主体的提单。指示提单,是指在提单收货人一栏载明“凭某某指示”或“凭指示”字样的提单,前者为记名指示提单,后者为不记名指示提单。不记名提单,又称空白提单,是指在提单的收货人一栏中不写明具体的收货人或由某人指示,仅注明“持有人”或“交与持有人”的字样,甚至将收货人一栏空白不填的提单。

3. 依提单有无批注,可将提单分为清洁提单和不清洁提单

清洁提单,是指在提单上对货物的表面状况是否良好未作批注的提单。不清洁提单,是指在提单上批注了货物表面状况有缺陷的提单。

4. 依运输方式的不同,可将提单分为直达提单、转船提单和多式联运提单

直达提单,是指在提单中无中途转船的批注,表明货物自装货港装船后直接运往卸货港的提单。转船提单,是指由两艘以上的船舶将货物在中途转船,相继运往目的港而由第一程海运承运人签发的提单。多式联运提单,是指多式联运经营人以两种以上的运输方式(其中一种为海运)负责将货物从接收地运至目的地而签发的提单。

5. 依签发日期的不同,可将提单分为预借提单和倒签提单

预借提单,是指在货物尚未全部装船,或者货物虽已由承运人接管但尚未装船的情况下签发的已装船提单。倒签提单,是指承运人在货物装船后签发的,但提单中注明的装船日期早于实际装船日期的提单。

(三)有关提单的国际公约

提单的国际公约主要有三个:《海牙规则》《维斯比规则》和《汉堡规则》。我国虽然未参加上述三个公约,但我国的《海商法》有关提单的规定是以海牙—维斯比体系为基础的,同时也吸收了《汉堡规则》的内容。

1.《海牙规则》

1924 年 8 月 25 日,在比利时召开的有 26 个国家代表出席的外交会议上制定了

《统一提单若干法律规定的国际公约》，简称《海牙规则》，该规则于 1931 年 6 月生效。《海牙规则》中有关承运人责任和免责的规定，基本被我国的《海商法》第四章所采纳。

《海牙规则》共有 16 条，其主要内容有：(1)承运人最低限度义务；(2)承运人运输货物的责任期间；(3)承运人的责任限制；(4)承运人的免责条款；(5)索赔与诉讼时效；(6)公约的适用范围。

2.《维斯比规则》

1968 年 2 月 23 日，在布鲁塞尔召开的外交会议上通过了《关于修订统一提单若干法律规定的国际公约议定书》，简称《维斯比规则》，该规则于 1977 年 6 月生效。我国的《海商法》中有关提单的证据效力、非合同之诉讼、承运人的受雇人或代理人的法律地位和诉讼时效的规定，都是以《维斯比规则》为基础而制定的。

《维斯比规则》共有 17 条，对《海牙规则》的第 3、4、9、10 条进行了修改，其修改内容有：(1)提高了承运人对货物损害赔偿的限额；(2)扩大了责任主体；(3)扩大了规则的适用范围；(4)明确了提单的最终效力；(5)延长了诉讼时效。

3.《汉堡规则》

《汉堡规则》全称为《1978 年联合国海上货物运输公约》，于 1978 年在汉堡召开的联合国海上货物运输公约外交会议上通过，该规则于 1992 年 11 月生效。《汉堡规则》对《海牙规则》进行了全面彻底的修改，共分 7 部分 34 条和 1 项共同理解，是一个较为完备的国际海上货物运输公约，也是国际海运领域建立新的国际经济秩序的一项成就。《汉堡规则》中一些比较成熟和合理的内容被我国《海商法》所采纳。

《汉堡规则》主要内容有：(1)承运人的责任原则；(2)承运人的责任期间；(3)承运人的责任限制；(4)承运人和实际承运人的赔偿责任；(5)活动物与舱面货；(6)保函的法律效力；(7)诉讼时效；(8)管辖权；(9)适用范围。

《汉堡规则》不适用于租船合同，但如提单根据租船合同签发，并调整承运人与承租人以外的提单持有人之间的关系，则适用该规则之规定。

第四节　船舶租用合同和海上拖航合同

一、船舶租用合同

船舶租用合同是指船舶出租人和承租人之间就出租人向承租人提供约定的船舶，

由承租人在租期内按约定使用船舶，并由承租人支付租金的一种协议。[①] 船舶租用合同分为定期租船合同、光船租船合同和航次租船合同，根据《海商法》第128条规定："船舶租用合同，包括定期租船合同和光船租赁合同，均应当书面订立。"本书主要介绍定期租船合同、光船租船合同。

（一）定期租船合同

1. 定期租船合同的概念和特征

定期租船合同又称期租合同，根据《海商法》第129条的规定，该合同是指船舶出租人向承租人提供约定的由出租人配备船员的船舶，由承租人在约定的期间内按照约定的用途使用，并支付租金的合同。

定期租船合同具有以下特征：(1)出租人提供配备船员的船舶。这一点是与光船租赁的主要区别，正由于出租人负责配备船员，因此也就必须负责船员的工资、给养、船舶的维修保养、物料以及船舶的保险等费用，并享有船舶所有权和管理权。而承租人则负责燃料、淡水、港口使用、货物装卸等费用，并享有船舶调动权和经营权。(2)按约定租期支付租金。在定期租船合同下，租金是根据租期和船舶状况来确定的。(3)按约定用途使用船舶。定期租船合同和航次租船合同都有约定运载的货物，但前者通常只约定一个大的货物种类而不详细列明，而后者则约定具体的货物种类。

2. 定期租船合同的主要内容

定期租船合同的主要内容包括：船舶的说明，航速与燃料消耗，交船时间与违约条款，航行区域与安全港口，运送合法货物，租金的支付，留置权，停租条款，还船，共同海损，仲裁条款。

（二）光船租船合同

1. 光船租船合同的概念和特征

光船租船合同，又称光船租赁合同，是指船舶出租人向承租人提供不配备船员的船舶，在约定的期间内由承租人占有、使用和营运，并向出租人支付租金的合同。

光船租船合同具有以下法律特征：(1)出租人仅保留船舶的所有权，而把船舶的使用权和占有权都转移给了承租人；(2)出租人除提供适航船舶和备有船舶文书外，不承担其他义务。承租人有权指派船长、轮机长和其他船员，完全承担船舶在营运中所发生的风险和责任，船舶的一切开支与费用均由承租人负担。

光船租船合同纯粹是一种财产租赁合同，光船租船的标的物仅局限于船舶这一特定物体，因而它属于海商法的调整范围。同时，又因它属于财产租赁合同，因而也受制于民法中有关财产租赁法律规定的约束。

---

① 张湘兰等：《海商法论》，武汉大学出版社2003年版，第154页。

2. 光船租船合同的主要内容

光船租船合同的主要内容包括：有关船舶的说明，交船，船舶的保养与维修，船舶保险，船舶转租，船舶抵押，租金支付，无担保物权的保证，光船租购。

二、海上拖航合同

（一）海上拖航合同的概念和特征

《海商法》第155条第1款规定："海上拖航合同，是指承拖方用拖轮将被拖物经海路从一地拖至另一地，而由被拖方支付拖航费的合同。"

另外，《海商法》第七章关于海上拖航合同的规定，不适用下列三种情况：(1)拖船在港区内对船舶靠离码头及其他操纵所提供的服务。因为拖船协助大船靠离码头是由大船指挥，持续时间较短，手续简便，而且这种服务十分频繁，可以按其他有关规定处理。(2)救助方拖带被救助物的拖带行为。(3)拖轮所有人拖带其所有的或者经营的驳船载运货物，经海路由一港运至另一港的，视为海上货物运输。

海上拖航合同具有以下法律特征：

1. 合同当事人为承拖方和被拖方

海上拖航合同作为一种独立的合同法律关系，是由承拖方和被拖方建立起来的，双方相互对对方行使权利，承担义务。承拖方是指用自己所有或租用的拖轮的动力或设备为他人提供海上拖航服务并收取拖航费的人。承拖方可以是专业性的海上拖航公司，也可以是兼营或主营打捞救助业务的企业或一家航运公司。

2. 海上拖航合同是双务、有偿、诺成和非要式合同

在海上拖航作业中，无论承拖方提供何种性质和方式的拖航服务以及拖航的目的如何，以海上拖航合同形式所确定的承拖方和被拖方之间的核心义务是，承拖方以适合拖航的拖轮之动力与设备协助被拖方将被拖物从一地拖至另一地，即成功地完成一定的工作，被拖方在承拖方完成工作后依合同规定支付拖航报酬。这一核心义务决定了海上拖航合同是一种双务有偿合同。承拖方与被拖方经协商就合同主要条款达成一致，合同即告成立，合同订立无须以特定的法律形式和手续，口头和书面形式均可。虽然有许多国家强调书面形式，但对这种书面合同的格式、订立程序、生效条件等不作强制性规定。因而在本质上海上拖航合同是一种诺成、非要式合同。

（二）海上拖航合同的内容

海上拖航合同的格式多种多样，但其基本内容是一致的。根据《海商法》第156条的规定，海上拖航合同的主要内容包括：承拖方和被拖方的名称和住所，拖航和被拖物的名称和主要尺度，拖轮马力，起拖地和目的地，起拖日期，拖航费及其支付方式，其他有关事项。

第五节 船舶碰撞

一、船舶碰撞的概念和构成要件

船舶碰撞是直接威胁海上安全的海损事故之一，它是海事侵权纠纷中最普遍、专业性最强、审理难度最大的一类案件。国际公约和各国海商法都毫无例外地对船舶碰撞问题专门做出规定。《海商法》第 165 条规定："船舶碰撞，是指船舶在海上或者与海相通的可航水域发生接触造成损害的事故。"根据《海商法》的规定，构成船舶碰撞必须具备以下要件：

1. 船舶碰撞必须符合《海商法》的要求

《海商法》第 3 条规定："本法所称船舶，是指海船和其他海上移动式装置，但是用于军事的、政府公务的船舶和 20 总吨以下的小型船艇除外。前款所称船舶，包括船舶属具。"因此，碰撞仅限于海船和其他海上移动式装置，同时排除用于军事的或者政府公务的船艇。简言之，我国海商法意义上的船舶碰撞是指海船或者其他海上移动式装置相互之间或者与任何其他非用于军事或政府公务的船艇之间的碰撞。

2. 船舶碰撞必须发生在船舶之间

《海商法》第 165 条规定："船舶碰撞，是指船舶在海上或者与海相通的可航水域发生接触造成损害的事故。"因此，船舶与码头、灯塔、浮筒、防波堤以及其他水上或水下固定物体相撞，不能构成海商法意义上的船舶碰撞。

3. 船舶之间必须有接触

所谓接触，是指两船或多船的某一部位同时占据同一空间而碰撞。因此，船舶碰撞只能是直接碰撞，间接碰撞和浪损排除在外。但根据《海商法》第 170 条的规定，船舶因操纵不当或者不遵守航行规章，虽然实际上没有同其他船舶发生碰撞，但是使其他船舶以及船上的人员、货物或者其他财产遭受损失的，有关责任问题仍适用海商法中船舶碰撞的有关规定来处理。

4. 必须有损害后果

船舶碰撞的损害包括一方或双方甚至几方船舶上的货物、人员或其他财产遭受到的损失或伤亡。损害后果是船舶碰撞损害赔偿的必要条件，有损害才有赔偿。该条件之所以必要，就是为了解决损害赔偿问题。

5. 碰撞必须发生在海上或者与海相通的可航水域

这一要件界定了船舶碰撞的地理区域，也明确了法院管辖的地域，便于当事人诉讼。

二、船舶碰撞的损害赔偿

（一）船舶碰撞及其损害赔偿的分类

根据海商惯例和各国的法律与实践，船舶碰撞及其损害赔偿主要有以下几种：

1. 无过失的船舶碰撞

无过失的船舶碰撞是指碰撞完全是因为客观原因或者原因不明造成的，不存在任何人为因素。《海商法》第 167 条规定："船舶发生碰撞，是由于不可抗力或者其他不能归责于任何一方的原因或者无法查明的原因造成的，碰撞各方互相不负赔偿责任。"

无过失碰撞具体有以下几种情形：(1)不可抗力。这是指不能预见、不能避免并不能克服的客观情况。(2)意外事故。这是指船方已达到了通常的谨慎和技术要求仍不能避免的事故。(3)原因不明。这是指碰撞的原因无法查明。属于这种情况的碰撞极为少见。

2. 过失碰撞

船舶碰撞事故的发生，大多是由于一方或双方的过失，如操作不当、违反航行规则和避碰规则或疏忽大意等原因引起的。

因责任人的不同，过失碰撞可以分为：(1)单方过失造成的船舶碰撞。船舶碰撞完全是由于一方的过失造成的，便构成单方过失责任，该有过失责任的船舶应对碰撞造成的全部损失负责。(2)互有过失造成的船舶碰撞。双方互有过失造成的船舶碰撞，一般原则是根据各船舶的过失程度，按比例分担。如果双方过失程度相当或无法判定时，则平均分担责任。

特殊作业中的过失碰撞责任包括：引航员的过失碰撞责任；拖航作业中的过失碰撞责任；救助作业中的过失碰撞责任。

（二）船舶碰撞损害赔偿的基本原则

船舶碰撞损害赔偿的基本原则，是指在确定船舶碰撞致损的赔偿范围时应遵循的基本法律准则和指导思想。由于船舶碰撞属于一种特殊的民事侵权行为，其损害赔偿除适用民法关于侵权行为损害赔偿的一般原则和规则外，还适用各国法律针对其特殊性而作的特殊规定。结合我国《民法总则》《海商法》以及最高人民法院 1995 年 8 月 18 日发布的《关于审理船舶碰撞和触碰案件财产损害赔偿的规定》（以下简称《损害赔偿规定》）的规定，船舶碰撞造成财产损害的，应适用以下赔偿原则。

1. 恢复原状原则

恢复原状原则在英美法中叫"完全赔偿权"，在船舶碰撞案件中，这是受害方追偿损害的尺度与标准。[1]《1985 年碰撞损害公约》[2]第 3 条规定，所谓“恢复原状”，是指“损害赔偿应使受害方尽量接近受害事故发生前的状况”。比较而言，民法意义上的恢复原状多指物质形态上的复原，而海商法意义上的恢复原状在多数情况下体现为对受害方的金钱补偿。

2. 直接损失赔偿原则

《1985 年碰撞损害公约》第 5 条规定：“除本公约另有规定外，碰撞直接造成的损害方可追偿。”判断某一损失是否属于碰撞直接损失，应当把握：(1)损失必须是碰撞的直接后果，如碰撞直接造成的财产损失和人身伤亡等；(2)损失必须是继碰撞事故之后立即发生的以及可以合理预见的后果。

3. 受害方尽力减少损失原则

与国际海事司法实践相一致，在我国，“受损方负有尽力减少损害的义务”也是船舶碰撞损害赔偿的一项基本原则。根据《损害赔偿规定》第 1 条第 2 款的规定，在确定碰撞损害赔偿范围时，“因请求人的过错造成的损失或者使损失扩大的部分，不予赔偿”。因此，在船舶碰撞中，受损方有义务采取一切合理措施尽力防止和减少损失的发生和扩大，否则，由此扩大的损失不能列入赔偿范围。

（三）船舶碰撞损害赔偿责任的构成要件

船舶碰撞作为一种民事侵权行为，其损害赔偿责任必须具备以下构成要件：

1. 主观要件

在船舶碰撞中，当事人有过失才承担赔偿责任，没有过失则不承担赔偿责任。当事人的过失是构成船舶碰撞民事责任的主观要件。

2. 客观要件

船舶碰撞是一种侵权行为，但是仅仅具有侵权行为并不足以构成民事赔偿责任，重要的是具备由于碰撞这种侵权行为所造成的损害事实。只有产生了损害事实，受害人才能提出索赔请求，如果没有损害后果，索赔就失去了事实基础。

3. 过失和损害事实之间的因果关系

过失行为与损害事实之间必须存在因果关系，这是构成船舶碰撞民事责任的客观要件，也是过失责任制的内在要求。如果当事人的过失行为没有造成损害后果，或者有关损害事实并不是因为其过失行为所造成的，就不具备构成民事责任的客观要件，从而不能确定过失方对损害事实承担赔偿责任。

---

① 司玉琢：《海商法专论》，中国人民大学出版社 2015 年版，第 245 页。

② 国际海事委员会于 1957 年着手准备碰撞损害赔偿的国际公约，1985 年草拟出《确定海上碰撞损害的国际公约草案》，简称《1985 年碰撞损害公约》。该公约于 1987 年讨论修改一次，简称《1987 年里斯本规则》，但至今尚未通过。

（四）船舶碰撞损害赔偿的范围

对船舶碰撞损害赔偿的范围及计算方法等问题，《海商法》未作规定，主要适用专门法规、司法解释等。根据《损害赔偿规定》，船舶碰撞损害赔偿的范围主要包括：

1. 船舶的损害赔偿

船舶损害赔偿是指船舶实际全部损失，或者损坏已达到相当严重的程度，以至于救助、打捞、修理费等费用之和达到或超过碰撞或者触碰发生前的船舶价值。它分为全损赔偿和部分损害赔偿。船舶全损，包括实际全损和推定全损。

2. 船上财产的损失

船上财产的损失包括：船上财产的灭失或者部分损坏引起的贬值损失；合理的修复或者处理费用；合理的财产救助、打捞和清除费用；共同海损分摊以及其他合理费用。

3. 运费、营业收入及捕捞利益等间接损失

碰撞导致期租合同承租人停租或者不付租金的，以停租或者不付租金额，扣除可节省的费用计算。因货物灭失或者损坏导致到付运费损失的，以尚未收取的运费金额扣除可节省的费用计算。

4. 利息损失

利息损失的计算主要涉及支付利息的期间及利率两个方面。关于支付利息的期间，最高人民法院规定：船舶价值的损失利息，以船期损失停止计算之日起至判决或者调解指定的应付之日止；其他各项损失的利息，从损失发生之日或者费用产生之日起计算至判决或调解指定的应付之日止。关于利率，按本金性质的同期利率计算。

5. 人身伤亡的损害赔偿

人身伤亡的赔偿计算分为人身伤害和人身死亡两种。在我国，有关侵权行为造成人身伤亡的法律依据是《民法总则》《侵权责任法》。即国内船舶碰撞案件造成的人身伤亡按照《民法通则》《侵权责任法》来处理，而对于涉外碰撞案件造成的人身伤亡则依据《最高人民法院关于审理涉外海上人身伤亡案件损害赔偿的具体规定（试行）》来处理。

三、有关船舶碰撞的国际公约

为了避免在处理船舶碰撞案件方面产生法律冲突，国际社会相继制定了几个有关船舶碰撞的重要公约，主要是《1910 年统一船舶碰撞若干法律规定的国际公约》《1952 年船舶碰撞中民事管辖权方面若干规定的国际公约》《1952 年统一船舶碰撞或其他航行事故中刑事管辖权方面若干规定的国际公约》《1972 年国际海上避碰规则》等。

(一)《1910年统一船舶碰撞若干法律规定的国际公约》

《1910年统一船舶碰撞若干法律规定的国际公约》,简称《1910年碰撞公约》,是1910年9月23日在布鲁塞尔举行的第三届海洋法会议上签订的,是有关船舶碰撞方面最重要的国际公约,该公约得到了世界上许多国家的承认和接受,因而在很大程度上统一了各国海商法中有关船舶碰撞的法律规定。该公约于1913年3月1日起生效,截至1997年2月,批准或加入该公约的国家和地区共有88个。我国于1994年3月5日正式参加该公约。在此之前,我国通过的《海商法》中关于船舶碰撞的条款实际上是参照该公约制定的。公约自生效以后,先后于1960年、1972年、1981年和1987年进行了4次修订,但基本精神和基本规则并未改变。

公约共有17条,其主要内容包括:公约的适用范围,船舶碰撞责任的原则,诉讼时效,碰撞的救助责任,其他规定。

(二)《1952年统一船舶碰撞中民事管辖权方面若干规定的国际公约》

为了解决碰撞案件民事管辖权的法律冲突,国际海事委员会于1952年5月10日在比利时布鲁塞尔召开第九届海洋法外交会议上主持通过了《1952年统一船舶碰撞中民事管辖权方面若干规定的国际公约》,简称《1952年民事管辖权公约》。截至1997年2月,共有64个国家和地区参加了这个公约。

公约共有16条,主要内容包括:(1)确定了碰撞案件有管辖权的法院;(2)确定了原告对法院的选择权;(3)承认协议管辖和协议仲裁的效力;(4)反诉得向对本诉具有管辖权的法院提出;(5)公约适用于间接碰撞引起争议的管辖;(6)关于军用船舶或由国家所有或为国家使用的船舶发生碰撞的管辖权问题,将此问题留给各国国内法解决;(7)关于公约的适用范围。

(三)《1952年统一船舶碰撞或其他航行事故中刑事管辖权方面若干规定的国际公约》

《1952统一船舶碰撞或其他航行事故中刑事管辖权方面若干规定的国际公约》,简称《1952年刑事管辖权公约》,是为了谋求各国关于碰撞或其他航行事故中刑事管辖权方面的统一而制定,该公约作为《1952年民事管辖权公约》的配套公约,也是1952年5月10日在布鲁塞尔举行的第九届海洋法外交会议上正式通过的,于1955年11月20日起正式生效。截至1997年2月,共有66个国家和地区批准和加入了该公约。

公约共有12条,主要内容包括:(1)发生船舶碰撞或任何其他航行事故时,涉及船长或船上任何其他工作人员的刑事或纪律案件,仅能向当事船舶所悬挂旗帜国家的司法或行政机关提出。(2)在前条所述情况下,除船舶所悬旗帜国家以外,任何当局都不得下令扣押船舶,即使作为调查手段也不例外。(3)任何国家都可以允许该国有关当局在发生碰撞或其他航行事故时,就该国所发权限证书或许可证问题采取任何措施,或对其本国人民在悬挂另一国旗帜船上的犯法行为提出控告。(4)本公约不适用于在港区范围内或在内河水域发生的碰撞或其他航行事故。(5)缔约国在签署与批准加入本公约时,得保留对在其本国领海以内发生的刑事案件采取措施的权利。

《1952年刑事管辖权公约》并没有得到广大海运国家的认同,因此对船舶碰撞和其他航行事故的刑事管辖权问题产生的影响甚微。

(四)《1972年国际海上避碰规则》

《1972年国际海上避碰规则》,简称《1972年避碰规则》,是目前国际海上船舶的航行规则。这是为了避免碰撞、保障航海安全而制定的海上交通规则,它对于避免和减少海上碰撞事故的发生起着重要的作用,也是确定船舶碰撞事故中过失责任的主要法律依据。该公约已于1977年7月15日生效。截至1997年2月,世界上已有128个国家参加了该公约。自公约生效以来,国际海事组织于1981年、1987年、1989年和1993年对其进行了多次修订,目前在国际上广泛使用的是1993年修订、1995年生效的公约修正案。我国政府于1980年1月5日正式加入该公约,但作出一项保留:"属于中华人民共和国的非机动船舶不受海上避碰规则的约束。"

《1972年避碰规则》共有38条和4个附录,主要内容包括:驾驶和航行规则,号灯和号型。

《1972年避碰规则》在国际海运界得到了广泛的适用,它统一了船舶避碰的技术规范,从而减少了船舶碰撞事故的发生。虽然规则的内容并不涉及船舶碰撞所产生的法律责任问题,但当船舶碰撞事故发生后,它通常是判定碰撞当事人责任的重要依据。

第六节 海难救助

一、海难救助的概述

(一)海难救助的概念和成立条件

海难救助是指对在海上或者与海相通的可航水域遇险的船舶和其他财产进行救助的活动。海难救助有广义和狭义之分。广义的海难救助是指对海上遇难的人命和财产的救助,狭义的海难救助是指对海上遇难财产的救助。《海商法》第171条规定:"本章规定适用于在海上或者与海相通的可航水域,对遇险的船舶和其他财产进行的救助。"可见,《海商法》所指的海难救助指的是狭义上的海难救助。[①]

① 范健:《商法》,高等教育出版社、北京大学出版社2002年版,第606页。

海难救助法律关系的成立，应具备如下要件：

1. 被救物必须是法律所承认的

这一要件明确了两个问题：一是救助的标的是物，不包括对人的救助。也就是说，人命救助无报酬请求权。[①] 二是救助标的是法律所承认的，这里所说的法律，既包括国际救助公约，也包括国内有关法律。

2. 被救物处于危险之中

何种危险构成海难救助的危险，国际公约没有统一规定，各国海商法一般也未列明。英国海事法列举了 26 种海上危险，比如，遭遇台风、船有倾覆的危险，碰撞后船有沉没的危险，船被海盗掠走，船舶搁浅，火灾等。

3. 救助行为是自愿的行为

自愿救助是指救助方或被救助方在发生救助法律关系时，其作为或不作为完全出于自愿。救助成有权获得报酬；不救不承担任何法律责任。

4. 救助必须有效果

从救助报酬的角度看，需以船舶或货物的全部或部分获救为必要条件(《1910 年救助公约》第 2 条)。所以，纵有海难救助的前述三个要件，而无救助之效果，仍不得请求报酬，救助报酬的要件仍不能成立。这是海难救助有关救助报酬法律制度的特殊原则。国际公约和各国海商法均普遍接受这一原则——“无效果，无报酬”原则。《海商法》第 179 条规定，救助方对遇险的船舶和其他财产的救助取得效果的，有权获得救助报酬；否则，除法律另有规定[②]或合同另有约定外，无权获得救助报酬。

(二)海难救助的种类

1. 依遇难财产是否被所有人或其雇员占有，可分为救助和捞救

救助，是指船舶及其他财产尚未脱离财产所有人、代理人或雇员占有，而由救助人对其实行援救，使其脱离危险的行为。捞救，是指遇难船舶或其他财产已经脱离船员或所有人或其雇员、代理人的占有，行将沉没或漂流，而由救助人施以救助，使其得以解救的行为。

2. 依救助人的性质与地位不同，可分为强制救助、义务救助、契约救助和自愿救助

强制救助，是指沿海国家或其主管机关依照法律对发生在其管辖范围内的港口、内水、领海、专属经济区内的某些重大危害的海难事件采取强制性救助措施。义务救助，是指依照强制性法律有责任有义务对遇难船舶、其他财产和人员进行的救助。契约救助，是指救助人与被救助人达成救助合同，并依据此合同规定进行的救助。自愿

---

① 对人救助，英国法律承认有报酬请求权，但国际公约、我国《海商法》、日本商法、德国商法等，原则上不承认有报酬请求权，除非救财产的同时又救了人命。

② 这里所说的“法律另有规定”，是指《海商法》第 182 条或者其他法律另有规定。

救助,是指既无法定救助义务又无合同救助义务的救助人对遇难船舶、财产自愿实施的救助。

3. 依救助作业方式与内容不同,可分为拖航救助、搁浅救助、抢险救助、守护救助和打捞救助

拖航救助,即拖带救助或救助拖航,是指救助人将遇难船舶或其他可漂浮物体拖至安全地点的救助方式。搁浅救助由两个方面构成:一是帮助即将沉没的遇难船舶有意搁浅,以避免船舶沉没而受更大的损失;二是脱浅,即帮助已搁浅的船舶脱离搁浅状态,使其恢复漂浮状态,如将搁浅船舶拖下浅滩,卸载或转运搁浅船舶所载货物使其起浮,开挖航槽,炸礁开辟航道,使船舶回到水中。抢险救助,是指救助人或有关机关对处于紧急危险的船舶或其他财产、人员采取的紧急救助。守护救助包括两个方面:一是救助人根据遇难船舶的需要守候在遇难船舶旁帮助其进行通信联络,注意险情变化,提供建议或跟随航行或提供其他帮助。二是在多艘船救助遇难船舶时,一些船舶实施救助,另一些船舶应请求守护在附近,以备需要时实施救助。打捞救助,是指救助人对沉船及其所载物品、船舶属件或被抛离船舶的物品进行打捞的救助方式。在打捞救助中,救助人可以对沉船及其所载或所属物品,或其他飘散于海上的物品进行打捞,但通常是打捞有重要价值的物品。

4. 依救助对象不同,可分为对人的救助和对物的救助

对人的救助,是指对处于淹没或即将淹没或其他危难情形的人员所实施拯救其生命的救助。对物的救助,是指救助人对遇难船舶和其他财产所实施的救助,属海商法的海难救助,或狭义的海难救助,这是海商法专门调整的海难救助。如果海难救助兼指对人的救助,则为广义之海难救助。

二、救助报酬

(一)救助报酬请求权的当事人

海难救助法律关系成立,便发生救助报酬的请求权问题。该项请求权的当事人是:

1. 债权人

救助报酬请求权的债权人是实施海难救助的人。施救人为多个人时,便发生报酬分配问题。[①] 对于姊妹船救助,《1910年救助公约》第5条规定:“属于同一船舶所有人的船舶之间的救助,也应给予报酬。”各国海商法做了类似的规定,我国《海商法》第

---

① 《1910年救助公约》第6条规定,救助方之间分配报酬的比例,“根据当事人协议确定,协议不成,由法院决定。”

191条也如此。这是因为:其一,两船都是独立船舶,一般涉及不同的保险人;其二,参与救助的船长及其他船员享有救助报酬的请求权,这种权利不因被救船舶系属于同一船舶所有人而被剥夺。所以姊妹船之间的救助,救助的一方仍享有报酬请求权。

2. 债务人

根据现行法律,债务人为被救助船舶所有人、货物、运费所有人或其他海上获救财产所有人。对此项债务,被救助船舶所有人不享有责任限制,这是国际公约和多数海运国家一致接受的,[①]但少数国家和地区规定船舶所有人对救助报酬负有限责任。[②]救助报酬的债权人享有船舶优先权和船舶留置权,在这一点上,国际公约和各国海商法的规定都是统一的。

(二)救助报酬的确定原则

根据现行国际公约和各国海商法的规定,救助报酬的确定通常遵循以下原则:

1. 救助报酬金额不得超过获救财产的价值

《海商法》第180条、第181条规定,救助报酬不得超过船舶和其他财产的获救价值。船舶和其他财产的获救价值,是指船舶和其他财产获救后的估计价值或者实际出卖的收入,扣除有关税款和海关、检疫、检验费用以及进行卸载、保管、估价、出卖而产生的费用后的价值。

2. 救助方有过失,报酬将予以减免,以致赔偿

《海商法》第187条规定:"由于救助方的过失致使救助作业成为必须或者更加困难的,或者救助方有欺诈或者其他不诚实行为的,应当取消或者减少向救助方支付的救助款项。"

3. 救助报酬金额的确定

救助报酬通常都以金钱支付,其数额应由救助方和被救助方协议确定,协议提请受理争议的机构确定,如仲裁裁决或法院裁定或判决。

三、海难救助国际公约

(一)《1910年救助公约》

《1910年救助公约》,全称为《统一海难援助和救助某些规则的公约》,由国际海事委员会倡导和制定,1910年9月23日在布鲁塞尔召开的第3届海洋法会议上签订,1913年3月1日生效。目前,该公约的成员有70多个国家和地区。我国在实践中按公约的精神、基本规则处理国内外海难救助事务,《海商法》也接纳了公约的有关法律

---

① 见《1957年船舶所有人责任限制公约》第1条第4款、《1976年海事赔偿责任限制公约》第3条第1款、我国《海商法》第208条第1款。

② 见中国台湾地区"海商法"第21条第1款。

原则和基本规定。

该公约的主要内容有:(1)公约的适用范围;(2)无效果无报酬原则;(3)救助报酬请求的拒绝与例外;(4)救助报酬金额的确定与分配;(5)救助合同的变更与无效;(6)人命救助的法定义务与分配救助报酬。

(二)《1967 年议定书》

《1967 年议定书》,全称为《修改〈统一海难援助和救助某些规则的公约〉议定书》,于 1967 年 5 月 27 日由国际海事委员会主持召开的第 12 届海洋法外交会议上签订。该公约的核心部分,是将 1910 年救助公约扩大适用于军事船舶和公用的政府船舶。

(三)《1989 年国际救助公约》

《1910 年救助公约》所确立的主要法律制度,特别是"无效果,无报酬"的救助原则,已不适应现代航运事业的发展和海难救助的重大变化,尤其不适应对油轮的救助和危害海洋环境事故的救助。1978 年"Amoco Cadiz"号油轮的灾难性事件促使联合国国际海事组织法律委员会与国际海事委员会研究制定新的国际救助公约以代替 1910 年救助公约。为此,1989 年 4 月 15 日至 28 日,国际海事组织在伦敦召开的外交大会上正式通过《国际救助公约》。我国已于 1993 年 12 月 29 日由八届全国人大第五次会议通过了加入此公约的决定。

《1989 年国际救助公约》相对于《1910 年救助公约》做了较大的改动,其主要内容是:(1)扩大了救助标的的范围,其主要表现在船舶、财产、防止或减轻环境污损以及人命救助;(2)扩大了公约的适用范围;(3)增设了特别补充条款;(4)明确了船长有权代表船货双方签订救助合同;(5)增设了一些新条款,如被救助方接受救助财产的义务、被救助财产所有人提供担保的义务、被救助财产所有人先行给付的义务、评定救助报酬的标准体现了鼓励救助方的宗旨。

第七节 共同海损

一、共同海损的概念和构成要件

根据《海商法》第 193 条和第 199 条第 1 款、2004 年《约克—安特卫普规则》A 第 1 款的规定,共同海损是指在同一海上航程中,当船舶、货物和其他财产遭遇共同危险时,为了共同安全,有意而合理地采取措施所直接造成的特殊牺牲、支付的特殊费用,由各受益方按各自的分摊价值的比例分摊的法律制度。根据此概念表述,共同海损一词,应该包括共同海损行为、共同海损牺牲与费用、共同海损分担三方面的内容,三者结合,构成共同海损法律制度。

海损,有单独海损和共同海损之分。凡由于自然灾害、意外事故或不可抗力所直接造成的船舶或货物的损害,属于单独海损,应由各受害方自行承担,或按海上货物运输合同的有关约定处理。为了摆脱自然灾害、意外事故或不可抗力对船舶和货物所造成的威胁,由船长决定并有意采取的合理措施,因而对船舶和货物所直接造成的特殊牺牲或为此而支付的特殊费用,则属于共同海损。例如,为了使船、货免遭沉没的危险,有意将某些货物抛弃入海,或为了灭火而向舱内灌水,使货物受损;或当船舶触礁、搁浅时,主动雇请拖船前来救助,因而支付了救助费等。既然共同海损措施是为了保护船、货各方的利益而采取,由此所造成的损失就应由各受益方按比例分摊。

共同海损经常与单独海损交织在一起,要区分哪些损失和费用属共同海损并应由各受益方分摊,哪些损失是单独海损而应由受害方自行承担,其中必须遵循一定的原则和条件。按照共同海损的定义,共同海损必须符合下列条件:(1)同一海上航程中的财产遭遇了共同危险;(2)采取的措施必须是有意且合理的;(3)做出的牺牲和支付的费用必须是特殊的;(4)采取的措施必须有效果。

二、共同海损的表现形式

根据 2004 年《约克—安特卫普规则》所列举的表现形式,共同海损可以分为共同海损牺牲和共同海损费用。

(一)共同海损牺牲

共同海损牺牲,是指由共同海损措施直接造成的船舶、货物或其他财产在形态上的灭失或损害。

共同海损牺牲包括船舶牺牲、货物牺牲和运费牺牲。船舶牺牲是因采取共同海损措施而造成的船舶损失。货物牺牲是因采取共同海损措施而造成的货物损失。运费牺牲是因采取共同海损措施而未能获得运费的损失。

共同海损牺牲主要形式如下:(1)抛弃货物,如果不符合航运惯例,被抛弃的货物不得列为特殊牺牲请求分摊;(2)扑灭船上火灾,为了简化手续便于理算,烟熏或热烤所造成的损失,不作为共同海损;(3)切除残损物造成的损失,如果被切除残损物已经丧失使用价值,将其割舍时不能作为共同海损处理;(4)机器和锅炉的损害,船舶在浮动情况下因使用推进器和锅炉而造成的损害,一般不能列入共同海损;(5)有意搁浅所致的损害,只要这种搁浅是为了船货或其他财产的共同安全,由此造成的损失均可以作为共同海损。

(二)共同海损费用

共同海损费用,是指因采取共同海损措施而支付的额外费用。

共同海损费用通常包括以下几种：(1)救助费用；(2)搁浅船舶减载费用；(3)船舶在避难港口发生的费用；(4)驶往和停留在避难港等地的船员工资、给养和其他费用；(5)修理费用；(6)代替费用；(7)共同海损牺牲的利息和垫付手续费；(8)其他杂项费用。

三、共同海损的担保

共同海损担保，是指为了确保共同海损分摊，经利益关系人的要求，由各受益方或分摊方作出的保证行为。通常船长宣布共同海损后，船方要求货方担保，货方不提供担保，船方有权留置货物。《海商法》第 202 条第 1 款规定："经利益关系人要求，各分摊方应为共同海损提供担保。"

共同海损的担保方式表现为：(1)由货方提供保证金；(2)由货方保险人提供共同海损担保函或由货方提供其保险人签署的共同海损协议书；(3)由船方和货方共同签署的协议书；(4)由船方和货方签署的不分离协议。上述有关保证金应当交给海损理算师，以保管人名义存入银行。有关保证金的利息应属于保证金交付人，如保证金超过分摊的金额时，余额部分应退给保证金交付人。

四、共同海损理算

(一)共同海损理算概述

共同海损理算，是指发生共同海损事故后，由被委托的理算人根据共同海损的事实依法进行调查、审核、计算、确定分摊金额和编制理算书的行为。

1. 共同海损理算人

共同海损理算人是专门办理共同海损理算的机构或理算师。共同海损被确认后，为了分摊共同海损损失，就要进行理算。共同海损理算技术性很强，一般都由船舶所有人委托专门的理算人进行理算。我国的国际贸易促进委员会下设海损理算处，专门负责共同海损的理算工作。

2. 共同海损理算程序

共同海损理算是一个复杂的过程，首先要由申请人提出委托，然后理算人再进行调查，并由各有关方提供有关资料，最后确定共同海损的范围。

3. 共同海损理算规则

理算规则是理算人办理共同海损理算时所依据的准则。《海商法》第 203 条规定，共同海损理算，适用合同约定的理算规则；合同未约定的，适用海商法的规定。目前，各海运国家都制定有自己的理算规则。目前，世界上适用最广泛的是《约克—安特卫普规则》。中国国际贸易促进委员会于 1975 年 1 月制定了《北京理算规则》。

(二)共同海损分摊价值的确定

共同海损分摊价值,是指由于共同海损行为而获救并负有分摊义务的财产价值。共同海损分摊价值包括船舶分摊价值、货物分摊价值和到付运费的分摊价值。根据《海商法》第199条的规定,共同海损应当由各受益方按照各自的分摊价值的比例计算。船舶、货物和运费的共同海损分摊价值,分别依照下列标准确定:

一是船舶共同海损分摊价值,按照船舶在航程终止时的完好价值,减除不属于共同海损的损失金额计算,或者按照船舶在航程终止时的实际价值,加上共同海损牺牲的金额计算。

二是货物共同海损分摊价值,按照货物在装船时的价值加保险费加运费,减除不属于共同海损的损失金额和承运人承担风险的运费计算。货物在抵达目的港以前售出的,按照出售净得金额,加上共同海损牺牲金额计算。旅客的行李和私人物品,不分摊共同海损。根据《海商法》第200条的规定,未申报的货物或者谎报的货物,应当参加共同海损分摊;其遭受的特殊牺牲,不得列入共同海损。不正当地以低于货物实际价值作为申报价值的,按照实际价值分摊共同海损;在发生共同海损牺牲时,按照申报价值计算牺牲金额。

三是运费分摊价值,按照承运人承担风险并于航程终止时有权收取的运费,减除为取得该项运费而在共同海损事故发生后,为完成本航程所本应支付的营运费用,加上属于共同海损牺牲的金额计算。

五、共同海损分摊请求权的诉讼时效

《海商法》第263条规定,有关共同海损分摊的请求权,时效期间为1年,自理算结束之日起计算。共同海损分摊请求权的时效期间,适用《海商法》关于时效期间中止、中断的规定。

第八节 海事赔偿责任限制

一、海事赔偿责任限制概述

(一)海事赔偿责任限制的概念和特征

海事赔偿责任限制,是指在发生重大海损事故时,责任人根据法律规定,将自己的

赔偿责任限制在一定范围内的法律制度。[①]

海事赔偿责任限制具有如下特征：

1. 海事赔偿责任限制是赔偿总额的限制

在海商法中，责任限制包括海事赔偿责任限制和单位责任限制。单位责任限制是承运人对每件或每个货运单位的赔偿限制，适用于海上货物运输合同。海事赔偿责任限制是责任人承担全部赔偿责任的限制，而不是单项赔偿责任的最高限制。

2. 海事赔偿责任限制是同时责任限制

海事赔偿责任限制并非是确定责任人承担全部责任的限额，而是针对具体的、特定的赔偿责任所为的限制。只有同一航次发生的全部赔偿责任或者同一海难事故造成的全部赔偿责任，才能适用海事赔偿责任限制。这就是海事赔偿责任限制与赔偿责任适用的“同时性”或“同时适用性”。

3. 海事赔偿责任限制是船舶责任限制

海事赔偿责任限制所限制的“责任”是与船舶营运有关的责任，并且责任限制以船舶为计算单位。无论是实行何种海事赔偿责任限制制度，海事赔偿责任限额都是以船舶为标准进行计算的限额。

（二）海事赔偿责任限制的制度

由于各国历史传统、政治制度、经济体制以及航运政策的不同，关于海事赔偿责任限制的立法也有所不同。从历史和现状看，海事赔偿责任限制的方式主要有以下几种制度：

1. 执行制

执行制，是指仅以船舶所有人的海上财产为执行标的的一种责任限制制度。在这种制度下，债权人可以对债务人的海上财产请求强制执行，但不得提出其他请求。执行制源于德国法。

2. 委付制

委付制，是指以债务人承担无限责任为原则，但债务人将海上财产委付给债权人即可免除责任的一种责任限制制度。委付制度也采用航次制，即在同一航次中，不论发生几次责任事故，都以委付责任人的海上财产为最高责任限额。委付制源于法国法。

3. 船价制

船价制，是指责任人的赔偿责任以航次终了时船舶的价值为限的责任限制制度。船舶价值包括船舶本身的价值、应收取的运费及其他与船舶直接有关的权益。船价制

---

① 司玉琢：《海商法专论》，中国人民大学出版社 2015 年版，第 314 页。

一般采用航次制，不论该航次发生几次责任事故，都以船舶价值为最高赔偿责任限额。船价制为美国最先采用。

4. 金额制

金额制，是指责任人根据船舶吨位计算得到的金额为最高赔偿限额的责任限制制度。金额制一般采用事故制，在同一航次中，不论发生几次责任事故，每次事故都要按法律规定的责任限额进行赔偿。金额制最先为英国所采用。

可见，执行制、委付制和船价制都采取航次制，即一个航次一个限额；而金额制则采取事故制，一次事故一个限额。金额制与肇事船舶的价值无关，使海事赔偿责任限制比较稳定，既有利于责任人，也有利于债权人，因此，金额制为多数国家所采用。我国《海商法》规定的海事赔偿责任限制采取的也是金额制。

二、海事赔偿责任限制的内容

根据各国立法及国际公约的规定，海事赔偿责任限制作为一种法律制度，一般对以下几个方面的问题做了明确的规定。

（一）适用的船舶

适用的船舶，即海事赔偿责任限制的法律所适用的船舶。换言之，因哪些船舶引起的海事赔偿，船舶所有人、经营人等可根据海事赔偿责任限制的法律限制自己的赔偿责任。对此，各国法律规定不尽一致。我国《海商法》第 11 章所规定的海事赔偿责任限制的限额是以 300 总吨以上的船舶为起点的。同时，《海商法》第 210 条规定："总吨位不满 300 吨的船舶，从事中华人民共和国港口之间的运输的船舶，以及从事沿海作业的船舶，其赔偿限额由国务院交通主管部门制定，报国务院批准后施行。"

（二）责任主体

责任主体，一般是指需要承担一定责任的人，但此处仅指根据海事赔偿责任限制的法律可以限制自己赔偿责任的人。根据《海商法》相关规定，我国海事赔偿责任限制的主体包括以下四类：(1)船舶所有人，包括船舶承租人和船舶经营人；(2)救助人；(3)船舶所有人和救助人对其行为、过失负有责任的人，这主要指的是船长、船员和其他受雇人员；(4)对海事赔偿请求承担责任的责任保险人。

（三）限制责任的条件

限制责任的条件，是指责任主体限制其责任所必须具备的条件。这意味着，责任主体并非在任何情况下都能享受责任限制。《海商法》第 209 条规定："经证明，引起赔偿请求的损失是由于责任人的故意或者明知可能造成损失而轻率地作为或者不作为造成的，责任人无权依照本章规定限制赔偿责任。"在一些国际公约中也有类似规定。如《1957 年公约》规定，若损害是船舶所有人的"实际过失或参与"所引起的话，则其不能限制其赔偿责任;《1976 年公约》则规定,如经证明,损害是由于责任人本人的故意造成损害或明知可能造成损害仍轻率地作为或不作为造成的话,则责任人不得限制其赔偿责任。

(四)限制性债权

限制性债权,是指责任主体可根据海事赔偿责任限制的法律限制其赔偿责任的海事请求。这意味着并不是所有的海事请求,责任主体都可限制其赔偿责任。具体哪些海事请求属限制性债权,取决于海商法或国际公约的明确规定。

我国《海商法》第 207 条规定的限制性债权有以下四类:(1)在船上发生的或者与船舶营运、救助作业直接相关的人身伤亡或者财产的灭失、损坏,包括对港口工程、港池、航道和助航设施造成的损坏,以及由此引起的相应损失的赔偿请求;(2)海上货物运输因迟延交付或者旅客及其行李运输因迟延到达造成损失的赔偿请求;(3)与船舶营运或者救助作业直接相关的,侵犯非合同权利的行为造成其他损失的赔偿请求;(4)责任人以外的其他人,为避免或者减少责任人依照本章规定可以限制赔偿责任的损失而采取措施的赔偿请求,以及因此项措施造成进一步损失的赔偿请求。以上所列赔偿请求无论提出的方式有何不同,均可以限制赔偿责任。但第 4 项涉及责任人以合同约定支付的报酬,责任人的支付责任不得援用本条赔偿责任限制的规定。

(五)非限制性债权

非限制性债权,是指责任主体不能依法进行限制其赔偿责任的海事请求。这里讲的“依法”,可能是海事赔偿责任限制的法律,也可能是船舶污染或核损害的法律。

《海商法》第 208 条规定了非限制性债权,具体包括:(1)对救助款项或者共同海损分摊的请求;(2)我国参加的国际油污损害民事责任公约规定的油污损害的赔偿请求;(3)我国参加的国际核能损害责任限制公约规定的核能损害的赔偿请求;(4)核动力船舶造成的核能损害的赔偿请求;(5)船舶所有人或者救助人的受雇人提出的赔偿请求,根据调整劳务合同的法律,船舶所有人或者救助人对该类赔偿请求无权限制赔偿责任,或者该项法律做了高于海商法规定的赔偿限额的规定。

(六)责任限额

责任限额,即责任主体依法对所有限制性债权的最高赔偿额。对此,各国分别采用了金额制、船价制、委付制和执行制等。但从发展趋势看,越来越多的国家采用了金额制。

(七)责任基金的分配

责任基金,也称责任限制基金,是指责任主体要求限制责任的申请一经法院审查认可,就须向法院提交一笔与责任限额等值的款项,作为分配给所有限制性债权的基金。对此,《海商法》第 210 条第 3、4 项规定,依照一般人身伤亡的赔偿请求的限额不足以支付全部人身伤亡的赔偿请求的，其差额应当与非人身伤亡的赔偿请求并列，并按照非人身伤亡的赔偿请求数额中的比例受偿；另外，在不影响人身伤亡赔偿请求的情况下，就港口工程、港池、航道和助航设施的损害提出的赔偿请求，应当较非人身伤亡的赔偿请求优先受偿。

应特别注意的是，船舶所有人（含船舶经营人、管理人和承租人）、救助人或责任保险人之一所设立的责任限制基金应视为是由上述所有当事人各自设立的。[①]

（八）“海事赔偿责任限制”与“单位责任限制”的关系

如前所述，“海事赔偿责任限制”又称“综合责任限制”，而“单位责任限制”，除旅客运输外，则是提单法中规定的承运人对每件或每一单位货物的最高赔偿额，二者分属海商法的不同法律制度。如某船发生了事故，除造成他船人身伤亡及财产损害外，也造成根据提单承运的船上所载货物的损害。根据提单可确定出承运人对提单持有人的赔偿限额，同时根据“海事赔偿责任限制”的有关规定，还可给作为承运人的责任主体确定一个对提单持有人的赔偿限额。二者不一致时，大多数国家法律规定，若前者小于后者，则以前者为准；若前者大于后者，则以后者为准。此时，前者是一次限制，后者又称为二次限制。我国《海商法》对此虽未作明确规定，但上述两次限制的原则仍是适用的。

（九）相互索赔的冲抵

相互索赔的冲抵，是指在当事人双方互为责任人和索赔人的情况下，责任限额是分别适用于各自的索赔额还是仅适用于双方的索赔额相互冲抵后的差额的问题。前者在保险法中称为“交叉责任限制”，一般称为“先限制，后冲抵”原则；后者在保险法中称为“单一责任限制”，一般称为“先冲抵，后限制”原则。大多数国家采用的是后者。我国《海商法》和《1976年公约》所采用的都是“先冲抵，后限制”的原则。[②]

（十）责任限制的程序

责任限制的程序是指在责任主体根据法律规定申请限制其责任时所必须履行的法定程序。一般来说，责任人要限制其责任，首先必须向法院提出申请。法院经初步审查认为其具备限制责任的条件，即接受其申请，并要求申请人设置责任基金；若法院经审查认为其不具备限制责任的条件，则驳回其申请。同时，一般还规定，提出责任限制的申请，并不意味着申请人对其责任的承认或确认。

---

① 根据《1976年海事赔偿责任限制公约》第11条第3款的规定，责任人一人设立的基金应视作为所有当事人各自设立的。

② 见我国《海商法》第215条、《1976年公约》第5条。

三、海事赔偿责任限制的国际公约

海事赔偿常常可能发生在不同国籍的当事人之间。国际航运界为统一有关海事赔偿责任限制法律制度的尝试可追溯到1897年，但直到1924年才产生了第一个有关的国际公约，即《1924年关于统一海运船舶所有人责任限制若干法律规定的国际公约》(以下简称《1924年公约》)。30多年后，第10届海事法外交大会又通过了《1957年船舶所有人责任限制的国际公约》(以下简称《1957年公约》)。在此之后，国际海事组织在伦敦开的外交大会又通过了《1976年海事赔偿责任限制公约》(以下简称《1976年公约》)。其中《1957年公约》及《1976年公约》均已生效。

(一)《1957年公约》

由于《1924年公约》采用的是"并用制度"，同时，还存在着其他一些方面的不足，因而始终未能被大多数海运国家所接受。在这种背景下，国际海事委员会于1955年在马德里起草了一个新的公约草案，并于1957年10月在布鲁塞尔召开的第10届海洋法外交大会上获得了通过。《1957年公约》至今已有近50个参加国。

《1957年公约》采用了"事故制度"及"金额制度"，并采用"金法郎"作为计算单位，对用于计算责任限额的船舶吨位还做了特别规定。此外，还就以下几个方面的问题做了明确规定：(1)适用的船舶；(2)责任限制主体；(3)责任限制的条件；(4)限制性债权；(5)非限制性债权；(6)责任限额及基金分配。

(二)《1976年公约》

《1957年公约》虽得到较为广泛的承认，但由于航运业的发展和通货膨胀的影响，使公约规定的责任限额显得越来越低。国际航运界开始意识到现行的船舶所有人责任限制制度已不能适应航运发展的需要。此外，自从1957年公约制定后又相继通过了有关核能船舶事故和油污事故新的责任公约以及有关计算船舶吨位的丈量公约，有关责任限制的公约有必要与这些公约相协调，在这种背景下，国际海事组织经过充分的讨论和协商，制定了新的公约草案，并于1976年在伦敦召开的外交大会上获得通过，已于1986年开始生效。

《1976年公约》采用了"事故制度"及超额递减的"金额制度"，并以"特别提款权"作为计算单位，以《1969年船舶吨位丈量公约》确定的总吨作为计算责任限额的吨位，此外，公约还包括以下主要内容：(1)适用的船舶；(2)责任限制主体；(3)责任限制的条件；(4)限制性债权；(5)非限制性债权；(6)责任限额及基金分配。

复习思考题

1. 简述海商法的概念和特征。
2. 谈谈海上货物运输合同当事人的责任。
3. 如何理解提单的性质?
4. 什么是船舶碰撞? 构成船舶碰撞的要件有哪些?
5. 论述共同海损的概念和表现形式。

参考书目

1. 徐学鹿:《商法概论》,中国商业出版社 1986 年版。
2. 王保树:《中国商事法》,人民法院出版社 2001 年版。
3. 顾功耘:《商法教程》,上海人民出版社、北京大学出版社 2006 年版。
4. 叶林、黎建飞:《商法学原理与案例教程》,中国人民大学出版社 2006 年版。
5. 覃有土:《商法学》,高等教育出版社 2012 年版。
6. 范健、王建文:《商法学》,法律出版社 2015 年版。
7. 张国键:《商事法论》,中国台湾三民书局 1980 年版。
8. 谢瑞智:《商事法概论》,中国台湾商务印书馆 2010 年版。
9. 梁慧星、王利明:《经济法的理论问题》,中国政法大学出版社 1986 年版。
10. 董安生、王文钦、王艳萍:《中国商法总论》,吉林人民出版社 1994 年版。
11. 赵中孚:《商法总论》,中国人民大学出版社 1999 年版。
12. 任先行、周林彬:《比较商法导论》,北京大学出版社 2000 年版。
13. 赵万一:《商法基本问题研究》,法律出版社 2002 年版。
14. 柳经纬:《商法总论》,厦门大学出版社 2004 年版。
15. 张民安、龚赛红:《商法总则》,中山大学出版社 2004 年版。
16. 范健、王建文:《商法基础理论专题研究》,高等教育出版社 2005 年版。
17. 王保树:《商法总论》,清华大学出版社 2007 年版。
18. 苗延波:《中国商法体系研究》,法律出版社 2007 年版。
19. 赵中孚主编:《商法总论》,中国人民大学出版社 2009 年版。
20. 徐学鹿、梁鹏:《商法总论》,中国人民大学出版社 2009 年版。
21. 范健、王建文:《商法总论》,法律出版社 2011 年版。
22. 樊涛:《中国商法总论》,法律出版社 2016 年版。
23. 吴志忠:《美国商事法研究》,武汉大学出版社 1998 年版。
24. 沈达明:《法国商法导论》,对外经济贸易大学出版社 2001 年版。
25. 吴建斌:《现代日本商法研究》,人民出版社 2003 年版。
26. 范健:《德国商法:传统框架与新规则》,法律出版社 2003 年版。

27.(德)C. W. 卡纳里斯著，杨继译：《德国商法》，法律出版社 2006 年版。

28. 刘成杰译注、柳经纬审校：《日本最新商法典译注》，中国政法大学出版社 2012 年版。

29. 罗结珍译：《法国商法典》，北京大学出版社 2015 年版。

30. 杜景林、卢谌译：《德国商法典》，法律出版社 2010 年版。

31. 费安玲、丁枚译：《意大利民法典》，中国政法大学出版社 1997 年版。

32. 王书江译：《日本民法典》，中国法制出版社 2000 年版。

33. 江平：《新编公司法教程》，法律出版社 1994 年版。

34. 柯芳枝：《公司法论》，中国政法大学出版社 2004 年版。

35. 石少侠：《公司法学》，中国政法大学出版社 2012 年版。

36. 刘俊海：《现代公司法》，法律出版社 2015 年版。

37. 赵旭东：《公司法学》，高等教育出版社 2015 年版。

38. 施天涛：《公司法论》，法律出版社 2018 年版。

39. 范健、王建文：《公司法》，法律出版社 2018 年版。

40. 江平：《法人制度论》，中国政法大学出版社 1994 年版。

41. 梅慎实：《现代公司机关权力构造论》，中国政法大学出版社 2000 年版。

42. 赵万一：《公司治理法律问题研究》，法律出版社 2004 年版。

43. 吴谦立：《公司治理——建立利益共存的监督机制》，中国政法大学出版社 2006 年版。

44. 刘俊海：《股份有限责任公司股东权的保护》，法律出版社 2004 年版。

45. 蒋建湘：《公司诉讼研究》，法律出版社 2008 年版。

46. 王丹：《公司派生诉讼论：理论基础与制度构建》，中国法制出版社 2012 年版。

47. 卞耀武：《当代外国公司法》，法律出版社 1995 年版。

48. 全国人大财经委员会：《合伙企业法、独资企业法热点问题研究》，人民法院出版社 1996 年版。

49. 高富平、苏号朋、刘智慧：《合伙企业法原理与实务》，中国法制出版社 1997 年版。

50. 马强：《合伙法律制度研究》，人民法院出版社 2000 年版。

51. 邹海林：《破产程序和破产法实体制度比较研究》，法律出版社 1995 年版。

52. 王卫国：《破产法》，人民法院出版社 1999 年版。

53. 李永军：《破产法律制度》，中国法制出版社 2000 年版。

54. 汤维建：《破产程序与破产立法研究》，人民法院出版社 2001 年版。

55. 齐树洁：《破产法研究》，厦门大学出版社 2004 年版。